MONUMENTA GERMANIAE HISTORICA

HILFSMITTEL

31

Shigeto Kikuchi

Herrschaft, Delegation und Kommunikation in der Karolingerzeit

Untersuchungen zu den Missi dominici (751–888)

Teil 1

2021

Harrassowitz Verlag · Wiesbaden

Shigeto Kikuchi

Herrschaft, Delegation und Kommunikation in der Karolingerzeit

Untersuchungen zu den Missi dominici (751–888)

Teil 1

2021
Harrassowitz Verlag · Wiesbaden

Bibliographische Information der Deutschen Nationalbibliothek
Die Deutsche Nationalbibliothek verzeichnet diese Publikation
in der Deutschen Nationalbibliografie; detaillierte bibliografische Daten
sind im Internet über https://dnb.de abrufbar.

Bibliographic information published by the Deutsche Nationalbibliothek
The Deutsche Nationalbibliothek lists this publication
in the Deutsche Nationalbibliografie; detailed bibliographic data
are available in the Internet at https://dnb.de.

Gedruckt auf alterungsbeständigem Papier
Satz: Dr. Anton Thanner, Weihungszell
Druck und Verarbeitung: Hubert & Co, Göttingen
Printed in Germany
ISBN 978-3-447-11180-5 (Teil 1)
ISSN 0343-1266

Vorwort

Die vorliegende Arbeit wurde im Wintersemester 2012/2013 von der Fakultät für Geschichts- und Kunstwissenschaften an der Ludwig-Maximilians-Universität München als Dissertation angenommen und für die Publikation inhaltlich und sprachlich überarbeitet. Die inzwischen neuveröffentlichte Forschungsliteratur wurde auch berücksichtigt, soweit sie direkt die Darlegungen dieser Arbeit betrifft.

Die Entstehung dieser Arbeit verdanke ich vielen Personen, deren Namen ich hier leider nicht alle aufführen kann. Mein aufrichtiger Dank gilt zuallererst meinem verehrten Doktorvater, Herrn Prof. Dr. Rudolf Schieffer, der mich während der langen Promotionsphase und auch danach geduldig und warmherzig betreute und die Untersuchung mit kritischem Rat förderte. Es ist sehr bedauerlich, dass er während der letzten Kontrolle des Manuskripts am 14. September 2018 verstorben ist und die Publikation nicht mehr erleben konnte. Ebenso möchte ich Herrn Dr. habil. Roman Deutinger herzlich Dank sagen, der die Untersuchung mit großem Interesse begleitete und das Korreferat übernahm. Für fachliche Beratungen danke ich zudem Herrn Prof. Dr. Gerhard Schmitz, Herrn Prof. Dr. Steffen Patzold, Herrn Prof. Dr. Franz J. Felten, Herrn Prof. Dr. Philippe Depreux und Herrn Prof. Dr. Stefan Esders.

Danken möchte ich an dieser Stelle ebenso meinen akademischen Lehrern in Japan, Herrn Prof. Koichi Kabayama, Herrn Prof. Dr. Hiroshi Takayama, Herrn Prof. Dr. Takashi Jinno und Herrn Prof. Dr. Osamu Kano, unter deren Betreuung ich begonnen habe, mich wissenschaftlich mit der Karolingerzeit zu befassen. Ohne die Hilfe von Herrn Prof. Yoichi Nishikawa hätte ich mein Studium in München nicht verwirklichen können.

Mein Promotionsstudium wurde finanziell von vielen Seiten unterstützt. Ich führe die Namen der Förderer und Arbeitgeber mit großer Dankbarkeit auf: Deutscher Akademischer Austauschdienst (Stipendium, 2005–2009), Matsushita International Foundation (Stipendium, 2009–2010), Bayerische Akademie der Wissenschaften (Arbeitsstelle als wissenschaftliche Hilfskraft beim Projekt Repertorium „Geschichtsquellen des deutschen Mittelalters“, 2010–2011), Ludwig-Maximilians-Universität München (Arbeitsstelle als wissenschaftliche Hilfskraft beim Projekt Carolingian Canon Law, 2010, und beim Projekt Herausgabe der Urkunden Kaiser Friedrichs II., 2011–2012) und The University of Tokyo (Program for Evolving Humanities and Sociology, 2011–2013). Während der Überarbeitung der Arbeit wurde ich mehrmalig durch die Japan Society for the Promotion of Science gefördert (besonders JSPS KAKENHI JP26770252 und JP17K03186), sodass ich auch in Japan den neuesten Entwicklungen in der Forschung folgen konnte.

Es ist mir eine große Ehre, dieses Buch bei den Monumenta Germaniae Historica in der Reihe Hilfsmittel publizieren zu können. Für die Aufnahme in die Serie danke ich der Präsidentin des Instituts, Prof. Dr. Martina Hartmann, die darüber hinaus freundlicherweise Korrekturen in der letzten Arbeitsphase übernommen hat. Für die große Mühe des kritischen Korrekturlesens bin ich Frau Dr. Sabine Buttinger, Frau Monika Köhler, Herrn Christopher Kast, Herrn Philipp Laumer und Herrn Dr. Kai Grundmann sehr dankbar. In besonderem Maße danke ich meinen Münchner Kommilitonen, nämlich Dr. Johannes Bernwieser, Mirjam Eisermann, Konrad Frenzl, Dr. Maximilian Schuh, Dr. Jens Späth, Prof. Dr. Georg Strack und Britta Voss, die sowohl in fachlichen Gesprächen und Lektoraten, als auch in gemütlichen Mittagspausen die Entstehung dieser Arbeit begleiteten.

Nicht zuletzt möchte ich drei weitere mir nahestehenden Personen würdigen: Meinen Eltern bin ich zu Dank verpflichtet, da sie mich während meines Studiums in vielerlei Hinsicht unterstützt haben. Meinen liebsten Dank schulde ich meiner Frau Mizuho, ohne deren Beistand ich die Publikation hätte nicht verwirklichen können.

Dieses Buch widme ich dem Gedächtnis meines verstorbenen Lehrers Rudolf Schieffer.

Berlin, Oktober 2019 Shigeto Kikuchi

Während der Drucklegung übte die Corona-Krise einen negativen Einfluss auf unser alltägliches Leben und wissenschaftliche Arbeiten aus, was mich leider verhindert hat, dieses Buch zügig zu publizieren. Ich danke Frau Kathrin Henschel sehr herzlich, die in dieser schwierigen Situation den Umbruch sehr kritisch durchlas und mir eine große Hilfe war.

Tokyo, Juli 2021 Shigeto Kikuchi

Inhaltsverzeichnis

[Teil 1]

Abkürzungsverzeichnis

ABEL/SIMSON 1	Sigurd ABEL, bearbeitet von Bernhard SIMSON, Jahrbücher des fränkischen Reiches unter Karl dem Großen (Jahrbücher der Deutschen Geschichte 1: 768–788, ²Leipzig 1888)
ABEL/SIMSON 2	Sigurd ABEL, fortgesetzt von Bernhard SIMSON, Jahrbücher des fränkischen Reiches unter Karl dem Großen (Jahrbücher der Deutschen Geschichte 2: 789–814, Leipzig 1883)
Admonitio generalis	Die Admonitio generalis Karls des Großen, hrsg. v. Hubert MORDEK, Klaus ZECHIEL-ECKES und Michael GLATTHAAR (MGH Fontes iuris 16, Hannover 2012)
AB	Annales de Saint-Bertin, hrsg. v. Félix GRAT, Jeanne VIELLIARD u.a. (Paris 1964)
Nelson, AB	Englische Übersetzung und Kommentar: The Annals of St-Bertin, übers. v. Janet L. NELSON (Manchester Medieval Sources series. Ninth-century histories 1, Manchester – New York 1991)
AF	Annales Fuldenses sive Annales regni Francorum orientalis, hrsg. v. Friedrich KURZE (MGH SS rer. Germ. 7, Hannover 1891)
REUTER, AF	Englische Übersetzung und Kommentar: The Annals of Fulda, übers. v. Timothy REUTER (Manchester Medieval Sources series. Ninth-century histories 2, Manchester – New York 1992)
AfD	Archiv für Diplomatik. Schriftgeschichte, Siegel- und Wappenkunde
Alkuins Briefe	Alcuini sive Albini epistolae, hrsg. v. Ernst DÜMMLER, in: MGH Epp. 4 (Berlin 1895) S. 1–493
Ann. Alam.	Annales Alamannici, in: Walter LENDI, Untersuchungen zur frühalemannischen Annalistik. Die Murbacher Annalen mit Edition (Freiburg/Schweiz 1971) S. 146–192 (Spalten: Codex Turicensis und Codex Modoetiensis)
Ann. Guelf.	Annales Guelferbytani, in: Walter LENDI, Untersuchungen zur frühalemannischen Annalistik. Die Murbacher Annalen mit Edition (Freiburg/Schweiz 1971) S. 147–181 (Spalte: Codex Guelferbytanus Augustensis 67.5.8°)
Ann. Iuv. maiores	Annales Iuvavenses maiores, hrsg. v. Harry BRESSLAU, in: MGH SS 30,2 (Leipzig 1926) S. 732–740 (Spalte: Annales Iuvavenses maiores)
Ann. Iuv. maximi	Annales Iuvavenses maximi, hrsg. v. Harry BRESSLAU, in: MGH SS 30,2 (Leipzig 1926) S. 732–743 (Spalte: Annales Iuvavenses maximi)

Ann. Iuv. minores	Annales Iuvavenses minores, hrsg. v. Harry BRESSLAU, in: MGH SS 30,2 (Leipzig 1926) S. 733–739 (Spalte: Annales Iuvavenses minores)
Ann. Laures. emend.	Annalium Laureshamensium editio emendata secundum codicem St. Paulensem, hrsg. v. Eberhard KATZ (Jahresberichte des öffentlichen Stifts-Untergymnasiums der Benediktiner zu St. Paul in Kärnten, St. Paul 1889)
Ann. Maxim.	Annales Maximiniani, hrsg. v. Georg WAITZ, in: MGH SS 13 (Hannover 1881) S. 19–25
Ann. Met. pri.	Annales Mettenses priores, hrsg. v. Bernhard SIMSON (MGH SS rer. Germ. 10, Hannover – Leipzig 1905)
Ann. Mosel.	Annales Mosellani, hrsg. v. Johann Martin LAPPENBERG, in: MGH SS 16 (Hannover 1859) S. 494–499
Ann. Nazar.	Annales Nazariani, in: Walter LENDI, Untersuchungen zur frühalemannischen Annalistik. Die Murbacher Annalen mit Edition (Freiburg/Schweiz 1971) S. 147–181 (Spalte: Codex Palatinus 966, fol. 53v–59v)
Ann. Petav.	Annales Petaviani, hrsg. v. Georg Heinrich PERTZ, in: MGH SS 1 (Hannover 1826) S. 7–13 (Spalte IV.) S. 16–18 und MGH SS 3 (Hannover 1839) S. 170
Ann. q. d. Einhardi	Annales qui dicuntur Einhardi, in: Annales regni Francorum inde ab a. 741 usque ad a. 829, qui dicuntur Annales Laurissenses maiores et Einhardi, hrsg. v. Friedrich KURZE (MGH SS rer. Germ. 6, Hannover 1895)
Ann. s. Amandi	Annales sancti Amandi, hrsg. v. Georg Heinrich PERTZ, in: MGH SS 1 (Hannover 1826) S. 6–12, 14 (Spalte I.)
Ann. s. Emmerammi	Annales s. Emmerammi maiores, hrsg. v. Harry BRESSLAU, in: MGH SS 30,2 (Leipzig 1926) S. 733–741 (Spalte: Annales s. Emmerammi maiores)
Ann. Vedastini	Annales Vedastini, in: Annales Xantenses et Annales Vedastini, hrsg. v. Bernhard SIMSON (MGH SS rer. Germ. 12, Hannover – Leipzig 1909)
Ann. Xant.	Annales Xantenses, in: Annales Xantenses et Annales Vedastini, hrsg. v. Bernhard SIMSON (MGH SS rer. Germ. 12, Hannover – Leipzig 1909)
Ansegis	Die Kapitulariensammlung des Ansegis (Collectio Capitularium Ansegisi), hrsg. v. Gerhard SCHMITZ (MGH Capit. N.S. 1, Hannover 1996)
ARF	Annales regni Francorum, in: Annales regni Francorum inde ab a. 741 usque ad a. 829, qui dicuntur Annales Laurissenses maiores et Einhardi, hrsg. v. Friedrich KURZE (MGH SS rer. Germ. 6, Hannover 1895)
Astronomus	Astronomus, Vita Hludowici imperatoris, in: Thegan, Die Taten Kaiser Ludwigs. Astronomus, Das Leben

	Kaiser Ludwigs, hrsg. v. Ernst TREMP (MGH SS rer. Germ. 64, Hannover 1995) S. 53–155 (Einleitung) und S. 279–555 (Edition und dt. Übersetzung)
BBKL	Biographisch-bibliographisches Kirchenlexikon, hrsg. v. Friedrich-Wilhelm BAUTZ und Traugott BAUTZ (Hamm – Herzberg – Nordhausen 1990ff.) (URL: http://www.bautz.de/bbkl/)
BEC	Bibliothèque de l'École des chartes
Bündner UB	Bündner Urkundenbuch 1: 390–1199, hrsg. v. Elisabeth MEYER-MARTHALER und Franz PERRET (Chur 1955)
Cart. Brioude (Baudot)	Grand cartulaire du capitre Saint-Julien de Brioude. Essai de restitution, hrsg. v. Anne Marcel BAUDOT und Marcel BAUDOT (Memoires de l'académie des sciences, belles-lettres et arts de Clermont-Ferrand 35, Clermont-Ferrand 1935)
Cart. Brioude (Doniol)	Cartulaire de Brioude (Liber de honoribus S[to] Juliano collatis), hrsg. v. Henry DONIOL (Académie des sciences, belles-lettres et arts de Clermont-Ferrand, Clermont-Ferrand – Paris 1863)
Cart. Flavigny	The cartulary of Flavigny 717–1113, hrsg. v. Constance Brittain BOUCHARD (Medieval Academy Books 99, Cambridge/Mass. 1991)
Cart. Montier-en-Der	The cartulary of Montier-en-Der 666–1129, hrsg. v. Constance Brittain BOUCHARD (Medieval Academy books 108, Toronto [u.a.] 2004)
Cart. Redon	Cartulaire de l'abbaye de Redon en Bretagne, hrsg. v. Aurélien DE COURSON (Collection de documents inédits sur l'histoire de France. 1. série. Histoire politique, Paris 1863)
Cart. Saint-Vincent	Cartulaire de Saint-Vincent de Mâcon, connu sous le nom de „Livre enchaîné", hrsg. v. Camille RAGUT (Collection des documents inédits sur l'histoire de France, Mâcon 1864)
CC Cont. Med.	Corpus Christianorum, Continuatio Mediaevalis
CCM 1	Initia consuetudinis Benedictinae. Consuetudines saeculi octavi et noni, hrsg. v. Kassius HALLINGER (Corpus consuetudinum monasticarum 1, Siegburg 1963)
CD Fulda	Codex diplomaticus Fuldensis, hrsg. v. Ernst Friedrich Johann DRONKE, 2 Bde. (Kassel 1850/1862)
CD Istriano	Codice Diplomatico Istriano, hrsg. v. Pietro KANDLER, Bd. 1: anni 50–1194 (Triest 1862)
CDL	Codex diplomaticus Langobardiae (Historiae patriae Monumenta 13, Turin 1873)
CDLM	Codice diplomatico della Lombardia medievale (secoli VIII–XII). (URL: http://www.lombardiabeniculturali.it/cdlm/)

Cremona/Sicardo	*Privilegia episcopii Cremonensis* o Codice di Sicardo (715/730–1331), hrsg. v. Valeria LEONI (2004)
Lodi	Le carte della Mensa vescovile di Lodi (883–1200), hrsg. v. Ada GROSSI (2004)
Chart. Sangall.	Chartularium Sangallense 1: 700–840, hrsg. v. Herausgeber- und Verlagsgemeinschaft Chartularium Sangallense, bearbeitet v. Peter ERHART u.a. (Ostfildern 2013)
ChLA	Chartae Latinae Antiquiores. Facsimile-edition of the Latin charters prior to the ninth century, hrsg. v. Albert BRUCKNER und Tiziano DORANDI (Dietikon – Zürich u. a. 1954–1998) (Bde. 1–49); Facsimile-edition of the Latin charters, 2nd series, ninth century, hrsg. v. Guglielmo CAVALLO (Dietikon – Zürich 1997ff.) (Bde. 50 ff.)
Chron. Lauris. breve	Hans SCHNORR VON CAROLSFELD, Das Chronicon Laurissense breve, in: NA 36 (1911) S. 13–39, hier S. 23ff.
Chron. Mois.	‚Chronicon Moissiacense' und ‚Chronicon Anianense'. Synoptische Edition der Handschriften Paris BN lat. 4886, f. 43^{v}–54^{v}, und Paris BN lat. 5941, f. 2^{r}–49^{v}, in: Walter KETTEMANN , Subsidia Anianensia. Überlieferungs- und textgeschichtliche Untersuchungen zur Geschichte Witiza-Benedikts, seines Klosters Aniane und zur sogenannten „anianischen Reform". Mit kommentierten Editionen der ‚Vita Benedicti Anianensis', ‚Notitia de servitio monasteriorum', des ‚Chronicon Moissiacense/Anianense' sowie zweier Lokaltraditionen aus Aniane, 2 Bde. (Diss. Uni. Duisburg 2000) Bd. 2, Beilage. Chronicon Moissiacense, hrsg. v. Georg Heinrich PERTZ, in: MGH SS 1 (Hannover 1826) S. 280–313 und MGH SS 2 (Hannover 1829) S. 257–259 (Überarbeitung für a. 803–813)
Cod. Carol.	Codex Carolinus, hrsg. v. Wilhelm GUNDLACH, in: MGH Epp. 3 (Berlin 1892) S. 469–657
Cod. Carol. dep.	Briefdeperdita rekonstruiert aus den Schreiben des Codex Carolinus, zusammengestellt und nummeriert, in: Achim Thomas HACK, Codex Carolinus, Päpstliche Epistolographie im 8. Jahrhundert (Päpste und Papsttum 35,2, Stuttgart 2006) S. 952–986
Codex Eberhardi	Der Codex Eberhardi des Klosters Fulda, hrsg. v. Heinrich MEYER ZU ERMGASSEN, 4 Bde. (Veröffentlichungen der Historischen Kommission für Hessen 58, Marburg 1995–2009)

Cod. Laures.	Codex Laureshamensis, hrsg. v. Karl GLÖCKNER, 3 Bde. (Arbeiten der Historischen Kommission für den Volksstaat Hessen, Darmstadt 1929–1936)
Conversio	Fritz LOŠEK, Die Conversio Bagoariorum et Carantanorum und der Brief des Erzbischofs Theotmar von Salzburg (MGH Studien und Texte 15, Hannover 1997) Zu dieser Ausgabe vgl. die Rezension von Gottfried MAYER in: Francia 25 (1998) S. 316f.
D Aq	Recueil des actes de Pépin Ier et de Pépin II rois d'Aquitaine (814–848), hrsg. v. Léon LEVILLAIN (Chartes et diplômes relatifs à l'histoire de France (Paris 1926)
D Arn	Die Urkunden Arnolfs, hrsg. v. Paul F. KEHR (MGH Diplomata regum Germaniae ex stirpe Karolinorum 3, Berlin 1940)
D Arnulf.	Die Urkunden der Arnulfinger, hrsg. v. Ingrid HEIDRICH (MGH Diplomata maiorum domus regiae e stirpe Arnulforum, Hannover 2011)
D K III.	Die Urkunden Karls III., hrsg. v. Paul F. KEHR (MGH Diplomata regum Germaniae ex stirpe Karolinorum 2, Berlin 1937)
D Karlmann	Urkunden Karlmanns, in: Die Urkunden Pippins, Karlmanns und Karls des Großen, hrsg. v. Engelbert MÜHLBACHER (MGH Diplomata Karolinorum 1, Hannover 1906)
D Karlmann (O)	Urkunden Karlmanns, in: Die Urkunden Ludwigs des Deutschen, Karlmanns und Ludwigs des Jüngeren, hrsg. v. Paul F. KEHR (MGH Diplomata regum Germaniae ex stirpe Karolinorum 1, Berlin 1934)
D Karlmann II (W)	Actes de Carloman II, in: Recueil des actes de Louis II le Bègue, Louis III et Carloman II, rois de France (877–884), hrsg. v. Félix GRAT, Jacques de FONT-RÉAULX, Georges TESSIER und Robert-Henri BAUTIER (Chartes et diplômes relatifs à l'histoire de France, Paris 1978)
D KdG	Urkunden Karls des Großen, in: Die Urkunden Pippins, Karlmanns und Karls des Großen, hrsg. v. Engelbert MÜHLBACHER (MGH Diplomata Karolinorum 1, Hannover 1906)
D KdK	Recueil des actes de Charles II le Chauve, roi de France, hrsg. v. Georges TESSIER, 3 Bde. (Chartes et diplômes relatifs à l'histoire de France, Paris 1943)
D Lu II.	Die Urkunden Ludwigs II., hrsg. v. Konrad WANNER (MGH Diplomata Karolinorum 4, Hannover 1994)
D LdD	Urkunden Ludwig des Deutschen, in: Die Urkunden Ludwigs des Deutschen, Karlmanns und Ludwigs des

	Jüngeren, hrsg. v. Paul F. KEHR (MGH Diplomata regum Germaniae ex stirpe Karolinorum 1, Berlin 1934) Vgl. Diplômes de Louis le Germanique (817–876), übers. v. Sophie GLANSDORFF (Interpres. Textes et documents médiévaux 1, Limoges 2009)
D LdF	Die Urkunden Ludwigs des Frommen, hrsg. v. Theo KÖLZER (MGH Diplomata Karolinorum 2, Wiesbaden 2016)
D LdSt	Actes de Louis II le Bègue, in: Recueil des actes de Louis II le Bègue, Louis III et Carloman II, rois de France (877–884), hrsg. v. Félix GRAT, Jacques de FONT-RÉAULX, Georges TESSIER und Robert-Henri BAUTIER (Chartes et diplômes relatifs à l'histoire de France (Paris 1978)
D Lo I.	Urkunden Lothars I., in: Die Urkunden Lothars I. und Lothars II., hrsg. v. Theodor SCHIEFFER (MGH Diplomata Karolinorum 3, Hannover 1966)
D Lo II.	Urkunden Lothars II., in: Die Urkunden Lothars I. und Lothars II., hrsg. v. Theodor SCHIEFFER (MGH Diplomata Karolinorum 3, Hannover 1966)
D Merov.	Die Urkunden der Merowinger, nach Vorarbeiten von Carlrichard BRÜHL (†) hrsg. v. Theo KÖLZER unter Mitwirkung von Martina HARTMANN und Andrea STIELDORF, 2 Bde. (MGH Diplomata regum Francorum e stirpe Merovingica, Hannover 2001)
D Odo	Recueil des actes d'Eudes, Roi de France (888–898), hrsg. v. Robert-Henri BAUTIER (Chartes et diplômes relatifs à l'histoire de France, Paris 1967)
D PdJ	Urkunden Pippins des Jüngeren, in: Die Urkunden Pippins, Karlmanns und Karls des Großen, hrsg. v. Engelbert MÜHLBACHER (MGH Diplomata Karolinorum 1, Hannover 1906)
D Prov	Recueil des actes des rois de Provence (855–928), hrsg. v. René POUPARDIN (Chartes et diplômes relatifs à l'histoire de France, Paris 1920)
DA	Deutsches Archiv für Erforschung (bis 1944: Geschichte) des Mittelalters
DHGE	Dictionnaire d'histoire et de géographie ecclésiastiques (Paris 1912ff.)
EHR	English Historical Review
EME	Early Medieval Europe
Ermoldus, Carmen	Ermold le Noir, Poème sur Louis le Pieux et épitres au roi Pépin, hrsg. v. Edmond FARAL (Les classiques de l'histoire de France au moyen âge 14, Paris 1932)
Fastes	Louis DUCHESNE, Fastes épiscopaux de l'ancienne Gaule: 1: Provinces du sud-est, ([2]Paris 1907); 2: L'

	Aquitaine et les Lyonnaises (²Paris 1910); 3: Les provinces du nord et de l'est (Paris 1915)
FmSt	Frühmittelalterliche Studien
Form. imp.	Formulae imperiales e curia Ludovici Pii, in: Formulae Merowingici et Karolini aevi, hrsg. v. Karl ZEUMER (MGH Formulae, Hannover 1886) S. 285–328
Fredegar	Fredegarii chronicorum liber quartus cum continuationibus: The fourth book of the Chronicle of Fredegar with its continuations, hrsg. u. übers. v. John Michael WALLACE-HADRILL (London – Edinburgh – Paris u.a 1960)
Frothar	La correspondance d'un évêque carolingien: Frothaire de Toul (ca. 813–847), avec les lettres de Theuthilde, abbesse de Remiremont, hrsg. v. Michel PARISSE (Textes et Documents d'Histoire Medievale 2, Paris 1998)
Gesta Aldrici	Gesta domni Aldrici Cenomannicae urbis episcopi, in: Geschichte des Bistums Le Mans von der Spätantike bis zur Karolingerzeit. Actus Pontificum Cenomannis in urbe degentium und Gesta Aldrici. Teil 1: Die erzählenden Texte, hrsg. v. Margarete WEIDEMANN (Römisch-Germanisches Zentralmuseum, Forschungsinstitut für Vor- und Frühgeschichte, Monographien 56, Mainz 2002) S. 115–179
HJb	Historisches Jahrbuch
HRE	Flodoard von Reims, Die Geschichte der Reimser Kirche (Flodoardus Remensis Historia Remensis ecclesiae), hrsg. v. Martina STRATMANN (MGH SS 36, Hannover 1998)
HRG	Handwörterbuch zur deutschen Rechtsgeschichte, hrsg. v. Wolfgang STAMMLER, Adalbert ERLER, Ekkehard KAUFMANN und Dieter WERKMÜLLER, unter philologischer Mitarbeit von Ruth SCHMIDT-WIEGAND, 5 Bde. (Berlin 1964–1998)
HRG²	Handwörterbuch zur deutschen Rechtsgeschichte, hrsg. v. Albrecht CORDES, Heiner LÜCK, Dieter WERKMÜLLER, Christa BERTELSMEIER-KIERST und Ruth SCHMIDT-WIEGAND (²Berlin 2004ff.)
HZ	Historische Zeitschrift
IEMA	International Encyclopaedia for the Middle Ages-Online. A Supplement to LexMA-Online (Turnhout 2006) in: Brepolis Medieval Encyclopaedias (URL: http://www.brepolis.net)
Jaffé	Philipp JAFFÉ, Regesta pontificum Romanorum: ab condita Ecclesia ad annum post Christum natum MCXCVIII, Bd. 1, 2. Aufl. bearbeitet von Wilhelm

	WATTENBACH, Samuel LOEWENFELD, Ferdinand KALTENBRUNNER und Paul EWALD (Leipzig 1885)
Jaffé³	Regesta pontificum Romanorum ab condita ecclesia ad annum post Christum natum MCXCVIII, edidit Philippus JAFFÉ. Editionis tertiae emendatae et auctae iubente Academia Gottingensi sub auspiciis Nicolai HERBERS: 1: a s. Petro usque ad a DCIV, bearb. v. Markus SCHÜTZ unter Mitarb. v. Victoria TRENKLE, Judith WERNER, Catharina GOWERS und Waldemar KÖNIGHAUS (Göttingen 2016); 2: ab a. DCIV ad a. DCCCXLIV, bearb. v. Waldemar KÖNIGHAUS und Thorsten SCHLAUWITZ unter Mitarb. v. Cornelia SCHERER und Markus SCHÜTZ (Göttingen 2017); 3: ab a. DCCCXLIV usque ad a. MXXIV, bearb. v. Judith WERNER unter Mitarb. v. Waldemar KÖNIGHAUS (Göttingen 2017)
KRAUSE	Victor KRAUSE, Geschichte des Institutes der missi dominici, in: MIÖG 11 (1890) S. 193–300 (KRAUSE I/II + Nummer = Eintrag in Anhang I. und II., S. 258–300)
Lex Cham.	Lex Francorum Chamavorum, in: Lex Ribuaria 2: Text und Lex Francorum Chamavorum, hrsg. v. Karl August ECKHARDT (Germanenrechte Neue Folge. Westgermanisches Recht, Witzenhausen 1966) S. 87–94
Lex.MA	Lexikon des Mittelalters, 9 Bde. (München – Zürich 1980–1998)
LThK³	Lexikon für Theologie und Kirche, hrsg. v. Michael BUCHBERGER und Walter KASPER (³Freiburg i. Br. 1993–2001)
Lib. Pont.	Le Liber Pontificalis. Texte, introduction et commentaire, 3 Bde., hrsg. v. Louis DUCHESNE, bearbeitet v. Cyrille VOGEL (Paris 1955–1957) Englische Übersetzung und Kommentar: The lives of the eighth-century popes (Liber Pontificalis). The ancient biographies of nine popes from AD 715 to AD 817, übers. v. Raymond DAVIS (Translated texts for historians 13, ²Liverpool 2007); The lives of the ninth-century popes (Liber Pontificalis). The ancient biographies of the popes from A.D. 817–891, übers. v. Raymond DAVIS (Translated texts for historians 20, Liverpool 1995)
Lupus	Loup de Ferrières, Correspondance, hrsg. v. Léon LEVILLAIN, 2 Bde. (Les classiques de l'histoire de France au Moyen Âge 10/16, Paris 1927)

MANARESI	I Placiti del „Regnum Italiae" 1, hrsg. v. Cesare MANARESI (Fonti per la storia d'Italia pubblicate dall'Istituto storico italiano per il Medio Evo 97, Rom 1955)
MANSI	MANSI, Giovanni Domenico, Sacrorum Conciliorum Nova et Amplissima Collectio, editio novissima 17 (Venedig 1772)
MB	Monumenta Boica
MB 28,1	Monumenta Boica 28,1 (= Collectio Nova 1,1, München 1829)
MGH	Monumenta Germaniae Historica
Capit. 1	Capitularia regum Francorum, hrsg. v. Alfred BORETIUS (MGH Capitularia regum Francorum 1, Hannover 1883)
Capit. 2	Capitularia regum Francorum, hrsg. v. Alfred BORETIUS und Victor KRAUSE (MGH Capitularia regum Francorum 2, Hannover 1890)
Capit. episc. 1	Capitula episcoporum, Bd. 1, hrsg. v. Peter BROMMER (MGH Capitula episcoporum 1, Hannover 1984)
Capit. episc. 2	Capitula episcoporum, Bd. 2, hrsg. v. Rudolf POKORNY und Martina STRATMANN unter Mitwirkung v. Wolf-Dieter RUNGE (MGH Capitula episcoporum 2, Hannover 1995)
Capit. episc. 3	Capitula episcoporum, Bd. 3, hrsg. v. Rudolf POKORNY (MGH Capitula episcoporum 3, Hannover 1995)
Capit. episc. 4	Capitula episcoporum, Bd. 4, hrsg. v. Rudolf POKORNY unter Mitwirkung v. Veronika LUKAS (MGH Capitula episcoporum 4, Hannover 2005)
Capit. N.S.	Capitularia regum Francorum, Nova series
Conc. 2,1	Concilia aevi Karolini 742–842, Bd. 2,1 (742–817), hrsg. v. Albert WERMINGHOFF (MGH Concilia 2,1, Hannover 1906)
Conc. 2,2	Concilia aevi Karolini 819–842, Bd. 2,2 (819–842), hrsg. v. Albert WERMINGHOFF (MGH Concilia 2,2, Hannover 1908)
Conc. 2, Suppl. 1	Opus Caroli Regis contra synodum (Libri Carolini), hrsg. v. Ann FREEMAN unter Mitwirkung von Paul MEYVAERT (MGH Conc. 2, Suppl. 1, Hannover 1998)
Conc. 2, Suppl. 2	Das Konzil von Aachen 809, hrsg. v. Harald WILLJUNG (MGH Conc. 2, Suppl. 2, Hannover 1998)
Conc. 3	Die Konzilien der karolingischen Teilreiche 843–859, hrsg. v. Wilfried HARTMANN (MGH Concilia 3, Hannover 1984)

Conc. 4	Die Konzilien der karolingischen Teilreiche 860–874, hrsg. v. Wilfried HARTMANN (MGH Concilia 4, Hannover 1998)
Conc. 5	Die Konzilien der karolingischen Teilreiche 875–911, hrsg. v. Wilfried HARTMANN, Isolde SCHRÖDER und Gerhard SCHMITZ (MGH Concilia 5, Hannover 2012)
Conc. 4, Suppl. 2	Die Streitschriften Hinkmars von Reims und Hinkmars von Laon 869–871, hrsg. v. Rudolf SCHIEFFER (MGH Concilia 4, Suppl. 2, Hannover 2003)
Epp.	Epistolae
Epp. 8,1	Die Briefe des Erzbischofs Hinkmar von Reims, Teil 1, hrsg. v. Ernst PERELS (MGH Epistolae 8,1, Berlin 1939)
Epp. 8,2	Die Briefe des Erzbischofs Hinkmar von Reims, Teil 2, hrsg. v. Rudolf SCHIEFFER nach Vorarbeiten v. Ernst PERELS und Nelly ERTL (MGH Epistolae 8,2, Wiesbaden 2018)
Epp. sel.	Epistolae selectae
Fontes iuris	Fontes iuris Germanici antiqui in usum scholarum separatim editi
Form.	Formulae Merowingici et Karolini aevi, hrsg. v. Karl ZEUMER (MGH Formulae Merowingici et Karolini aevi, Hannover 1886)
Libri mem. N. S.	Libri memoriales et Necrologia, Nova series
LL 1	Capitularia regum Francorum, hrsg. v. Georg Heinrich PERTZ (MGH Leges 1, Hannover 1835)
LL nat. Germ.	Leges nationum Germanicarum
Necr.	Necrologia Germaniae
Poetae	Poetae Latini aevi Carolini
SS rer. Germ.	Scriptores rerum Germanicarum in usum scholarum separatim editi
SS rer. Germ. N.S.	Scriptores rerum Germanicarum, Nova series
SS rer. Lang.	Scriptores rerum Langobardicarum et Italicarum
SS rer. Merov.	Scriptores rerum Merovingicarum
MIÖG	Mitteilungen des Instituts für Österreichische Geschichtsforschung
MORDEK Nr.	Die durchnummerierten Texte vom Anhang I, in: Hubert MORDEK, Bibliotheca capitularium regum Francorum manuscripta. Überlieferung und Traditionszusammenhang der fränkischen Herrschererlasse (MGH Hilfsmittel 15, München 1995) S. 969–1028
MrhUB	Urkundenbuch zur Geschichte der, jetzt die Preussischen Regierungsbezirke Coblenz und Trier bildenden mittelrheinischen Territorien 1: Von den ältesten

	Zeiten bis zum Jahre 1169, hrsg. v. Heinrich BEYER (Koblenz 1860)
NA	Neues Archiv der Gesellschaft für Ältere Deutsche Geschichtskunde
NDB	Neue deutsche Biographie, hrsg. v. der Historischen Kommission bei der Bayerischen Akademie der Wissenschaften, unter der Schriftleitung v. Otto GRAF ZU STOLBERG-WERNIGERODE u.a. (Berlin 1954ff.)
NIERMEYER, Lexicon	Jan Frederik NIERMEYER, C. van de KIEFT und J. W. J. BURGERS, Mediae Latinitatis Lexicon Minus. Lexique latin médiéval – Medieval Latin Dictionary – Mittellateinisches Wörterbuch (CD-ROM) (Leiden – Boston 2004)
Nithard	Nithard, Histoire des fils de Louis le Pieux, hrsg. v. Philippe LAUER, überarbeitet v. Sophie GLANSDORFF (Les Classiques de l'Histoire au Moyen Âge 51, Paris 2012)
Notker	Notker der Stammler, Taten Kaiser Karls des Großen, hrsg. v. Hans F. HAEFELE (MGH SS rer. Germ. N.S. 12, Berlin 1959)
P&P	Past and Present
PL	Patrologia Latina = Patrologiae cursus completus, Series Latina, hrsg. v. Jacques Paul MIGNE (1844–1865)
PUU Frkr. NF 9	Papsturkunden in Frankreich, Neue Folge 9: Diözese Paris, bearb. v. Rolf GROSSE (Abhandlungen der Akademie der Wissenschaften in Göttingen, Phil.-Histor. Klasse 3. Folge 225, Göttingen 1998)
QFIAB	Quellen und Forschungen aus italienischen Archiven und Bibliotheken
Reg. Alsatiae	Regesta Alsatiae aevi Merovingici et Karolini 496–918: 1: Quellenband, hrsg. v. Albert BRUCKNER (Strasbourg – Zürich 1949)
Reg. Augsburg	Die Regesten der Bischöfe und des Domkapitels von Augsburg 1: Von den Anfängen bis 1152, bearbeitet von Wilhelm VOLKERT (Veröffentlichungen der Schwäbischen Forschungsgemeinschaft bei der Kommission für bayerische Landesgeschichte. Reihe 2b, 1, Augsburg 1985)
Reg. Farfa	Il regesto di Farfa compilato da Gregorio di Catino, hrsg. v. Ignazio GIORGI und Ugo BALZANI, 5 Bde. (Rom 1879–1914)
Reg. Freising	Die Regesten der Bischöfe von Freising 1: 739–118, bearbeitet v. Alois WEISSTHANNER, Gertrud THOMA und Martin OTT (Regesten zur bayerischen Geschichte, München 2009)

Reg. Hornbach — Regesten des ehemaligen Benediktiner-Klosters Hornbach, hrsg. v. Andreas NEUBAUER (Mitteilungen des Historischen Vereins der Pfalz 27, Speyer 1904)

Reg. Mainz — Regesta archiepiscoporum Maguntinensium: Regesten zur Geschichte der Mainzer Erzbischöfe von Bonifatius bis Uriel von Gemmingen 742?–1514: 1: Von Bonifatius bis Arnold von Selenhofen 742?–1160, hrsg. v. Johann Friedrich BÖHMER und Cornelius WILL (Innsbruck 1877)

Reg. Passau — Die Regesten der Bischöfe von Passau 1: 731–1206, hrsg. v. Egon BOSHOF (Regesten zur bayerischen Geschichte 1, München 1992)

RI — Regesta Imperii:

- BF — J. F. BÖHMER, Regesta Imperii, I. Die Regesten des Kaiserreichs unter den Karolingern 751–918: 2: Die Regesten des Westfrankenreichs und Aquitaniens, Teil 1: Die Regesten Karls des Kahlen 840 (823)–877: Lfg. 1. 840 (823)–848, bearb. von Irmgard FEES (Wien – Weimar – Köln 2007)
- BH — J. F. BÖHMER, Regesta Imperii, I. Die Regesten des Kaiserreichs unter den Karolingern 751–918 (926/962): 4: Papstregesten 800–911, Teil 2: 844–872: Lfg. 1. 844–858, bearb. v. Klaus HERBERS (Köln – Weimar– Wien 1999); Lf. 2. 858–867 (Nikolaus I.), bearb. v. Klaus HERBERS (Wien – Köln – Weimar 2012)
- BM² — J. F. BÖHMER, Regesta Imperii, I. Die Regesten des Kaiserreichs unter den Karolingern 751–918: 1: Neubearb. von Engelbert MÜHLBACHER, nach Mühlbachers Tod vollend. von Johann LECHNER (²Innsbruck 1908), 3. Aufl. mit einem Geleitwort von Leo SANTIFALLER und einem Vorwort, Konkordanztabellen und Ergänzung von Carlrichard BRÜHL und Hans H. KAMINSKY (Hildesheim 1966)
- BU — J. F. BÖHMER, Regesta Imperii, I. Die Regesten des Kaiserreichs unter den Karolingern 751–918 (926/962): 4: Papstregesten, 800–911, Teil 3: 872–882, bearb. v. Veronika UNGER (Wien – Köln – Weimar 2013)
- BZ — J. F. BÖHMER, Regesta Imperii, I. Die Regesten des Kaiserreichs unter den Karolingern 751–918 (926): 3: Die Regesten des Regnum Italiae und der burgundischen Regna, Teil 1: Die Karolinger im Regnum Italiae 840–887 (888), bearb. von Herbert ZIELINSKI (Köln – Wien 1991); Teil 4: Die Regesten der burgundischen Regna 855–1023: Fasz. 1:

	Niederburgund bis zur Vereinigung mit Hochburgund (855–940er Jahre), bearb. v. Herbert ZIELINSKI (Wien – Köln – Weimar 2013)
Rep. Geschichtsquellen	Repertorium „Geschichtsquellen des deutschen Mittelalters", bearbeitet von der Kommission für das Repertorium „Geschichtsquellen des deutschen Mittelalters" der Bayerischen Akademie der Wissenschaften, 2006ff., veröffentlicht zuerst unter: http://www.repfont.badw.de/quellen.htm, jetzt unter http://www.geschichtsquellen.de
RGA	Reallexikon der germanischen Altertumskunde, hrsg. v. Johannes HOOPS, Heinrich BECK, Dieter GEUENICH, Heiko STEUER und Rosemarie MÜLLER, 35 Bde., 2., völlig neu bearbeitete und stark erweiterte Aufl. (Berlin – New York 1968/73–2007)
SCHRÖRS Reg.	Die Regesten Hinkmars, in: Heinrich SCHRÖRS, Hinkmar, Erzbischof von Reims. Sein Leben und seine Schriften (Freiburg i. Br. 1884) S. 512–588
SIMSON	Bernhard SIMSON, Jahrbücher des fränkischen Reichs unter Ludwig dem Frommen:1: 814–830; 2: 831–840 (Jahrbücher der deutschen Geschichte 6, Leipzig 1874–1876)
Telma Nr.	Transkription der Urkunden in: Chartes originales antérieures à 1121 conservées en France, hrsg. v. Cédric GIRAUD, Jean-Baptiste RENAULT und Benoît-Michel TOCK, Nancy; elektorische Aufl., Orléans, Institut de Recherche et d'Histoire des Textes, 2010. (Telma) (http://www.cn-telma.fr/originaux/charteXXX/ [XXX = Nr.])
Thegan	Theganus, Gesta Hludowici imperatoris, in: Thegan, Die Taten Kaiser Ludwigs. Astronomus, Das Leben Kaiser Ludwigs, hrsg. v. Ernst TREMP (MGH SS rer. Germ. 64, Hannover 1995) S. 1–52 (Einleitung) und 197–277 (Edition und dt. Übersetzung)
Trad. Freising	Die Traditionen des Hochstifts Freising 1: 744–926, hrsg. v. Theodor BITTERAUF (Quellen und Erörterungen zur bayerischen Geschichte. Neue Folge 4, München 1905)
Trad. Mondsee	Das älteste Traditionsbuch des Klosters Mondsee, hrsg. v. Gebhard RATH und Erich REITER (Forschungen zur Geschichte Oberösterreichs 16, Linz 1989)
Trad. Passau	Die Traditionen des Hochstifts Passau, hrsg. v. Max HEUWIESER (Quellen und Erörterungen zur bayerischen Geschichte. Neue Folge 6, München 1930)
Trad. Regensburg	Die Traditionen des Hochstifts Regensburg und des Klosters St. Emmeram, hrsg. v. Josef WIDEMANN

	(Quellen und Erörterungen zur bayerischen Geschichte. Neue Folge 8, München 1943)
Trad. Weissenburg	Traditiones Wizenburgenses. Die Urkunden des Klosters Weissenburg 661–864, hrsg. v. Karl GLÖCKNER und Ludwig Anton DOLL (Arbeiten der Historischen Kommission Darmstadt, Darmstadt 1979)
TRE	Theologische Realenzyklopädie, hrsg. v. Gerhard MÜLLER in Gemeinschaft mit Horst BALZ, 38 Bde. (Berlin – New York 1976–2007)
UB Belg.	Diplomata Belgica ante annum millesimum centesimum scripta 1: Teksten, hrsg. v. Maurits GYSSELING und A. C. F. KOCH (Bouwstoffen en studiën voor de geschiedenis en de lexicografie van het Nederlands 1,1, Brüssel 1950)
UB Cluny	Recueil des chartes de l'abbaye de Cluny 1: 802–954, hrsg. v. Auguste BERNARD und Alexandre BRUEL (Collection de documents inédits sur l'histoire de France. Première série. Histoire politique (Paris 1876)
UB Frankfurt	Codex diplomaticus Moenofrancofurtanus. Urkundenbuch der Reichsstadt Frankfurt 1: 794–1314, hrsg. v. Johann Friedrich BÖHMER und Friedrich LAU (Frankfurt am Main 1901)
UB Fulda	Urkundenbuch des Klosters Fulda, hrsg. v. Edmund Ernst STENGEL (Veröffentlichungen der Historischen Kommission für Hessen und Waldeck 10, Marburg 1958)
UB Hersfeld	Urkundenbuch der Reichsabtei Hersfeld 1, hrsg. v. Hans WEIRICH (Veröffentlichungen der Historischen Kommission für Hessen und Waldeck 19,1, Marburg 1936)
UB Lucca	Memorie e documenti per servire all'istoria di Lucca 4,2 (Lucca 1836); Memorie e documenti per servire all'istoria del ducato di Lucca 5,2 (Lucca 1837)
UB Nouaillé	Chartes de l'abbaye de Nouaillé de 678 à 1200, hrsg. v. Pierre de MONSABERT (Archives historiques du Poitou 49, Poitiers 1936)
UB Saint-Benoît-sur-Loire	Recueil des chartes de l'abbaye de Saint-Benoît-sur-Loire 1, hrsg. v. Maurice PROU und Alexandre VIDIER (Documents publiés par la Société historique et archéologique du Gâtinais 5, Paris – Orléans 1900)
UB St. Gallen	Urkundenbuch der Abtei Sanct Gallen, hrsg. v. Herrmann WARTMANN: 1: Jahr 700–840 (Zürich 1863); 2: Jahr 840–920 (Zürich 1866)
UB Salzburg	Salzburger Urkundenbuch 2: Urkunden von 790–1199, hrsg. v. Willibald HAUTHALER und Franz MARTIN (Salzburg 1916)

UB Zürich	Urkundenbuch der Stadt und Landschaft Zürich 1, hrsg. v. Jakob ESCHER und Paul SCHWEIZER (Zürich 1888)
Urk. Dijon	Chartes et documents de Saint-Benigne de Dijon. Prieurés et dépendances, des origines à 1300, Bd. 1: VIe–Xe siècles, hrsg. v. Robert FOLZ (Analecta Burgundica, Dijon 1986)
Urk. Languedoc	Chartes et diplomes, in: Histoire générale de Languedoc avec des notes et les pieces justificatives 2, hrsg. v. Claude DE VIC und Joseph VAISSÈTE (²Toulouse 1875) Preuves de l'histoire de Languedoc Sp. 35 ff.
Urk. Le Mans	Geschichte des Bistums Le Mans von der Spätantike bis zur Karolingerzeit. Actus Pontificum Cenomannis in urbe degentium und Gesta Aldrici, Teil 2: Die Urkunden, hrsg. v. Margarete WEIDEMANN (Römisch-Germanisches Zentralmuseum Forschungsinstitut für Vor- und Frühgeschichte Monographien 56, Mainz 2002)
Urk. Piacenza	Le carte private della cattedrale di Piacenza 1 (784–848), hrsg. v. Paola GALETTI (Deputazione di storia patria per le province Parmensi, Fonti e Studi. Serie I 9, Parma 1978)
Urk. St-Germain-des-Prés	Recueil des chartes de l'abbaye de Saint-Germain-des-Prés 1: 558–1182, hrsg. v. René POUPARDIN (Paris 1909)
Urk. Westfalen	Die Kaiserurkunden der Provinz Westfalen 777–1313: 1: Die Urkunden des karolingischen Zeitalters 777–900, hrsg. v. Roger WILMANS (Münster 1867)
Urk. Württemberg	Württembergisches Urkundenbuch Online, hrsg. v. Landesarchiv Baden-Württemberg (URL: http://www.wubonline.de/index.php; einzelne Urkunden sind verfügbar unter: http://www.wubonline.de/?wub=[Nummer])
Vita Karoli	Éginhard, Vie de Charlemagne, übers. v. Michel SOT, Christiane VEYRARD-COSME und Julien BELLARBRE (Les classiques de l'histoire de France au moyen âge 53, ²Paris 2014)
VL²	Die deutsche Literatur des Mittelalters. Verfasserlexikon, hrsg. v. Wolfgang STAMMLER, Karl LANGOSCH, Kurt RUH, Gundolf KEIL, Werner SCHRÖDER, Burghardt WACHINGER und Franz Josef WORSTBROCK, 14 Bde. (²Berlin – New York 1978–2008)
VuF	Vorträge und Forschungen
WATTENBACH-LEVISON II	Wilhelm WATTENBACH und Wilhelm LEVISON, Deutschlands Geschichtsquellen im Mittelalter. Vorzeit und Karolinger. II. Heft: Die Karolinger vom

	Anfang des 8. Jahrhunderts bis zum Tode Karls des Grossen, bearb. v. Wilhelm LEVISON und Heinz LÖWE (Weimar 1953)
WATTENBACH-LEVISON III	Wilhelm WATTENBACH und Wilhelm LEVISON, Deutschlands Geschichtsquellen im Mittelalter. Vorzeit und Karolinger. III. Heft: Die Karolinger vom Tode Karls des Grossen bis zum Vertrag von Verdun, bearb. v. Heinz LÖWE (Weimar 1957)
WATTENBACH-LEVISON IV	Wilhelm WATTENBACH und Wilhelm LEVISON, Deutschlands Geschichtsquellen im Mittelalter. Vorzeit und Karolinger. IV. Heft: Die Karolinger vom Vertrag von Verdun bis zum Herrschaftsantritt der Herrscher aus dem sächsischen Hause. Italien und das Papsttum, bearb. v. Heinz LÖWE (Weimar 1963)
WATTENBACH-LEVISON VI	Wilhelm WATTENBACH und Wilhelm LEVISON, Deutschlands Geschichtsquellen im Mittelalter. Vorzeit und Karolinger. VI. Heft: Die Karolinger vom Vertrag von Verdun bis zum Herrschaftsantritt der Herrscher aus dem sächsischen Hause. Das ostfränkische Reich, bearb. v. Heinz LÖWE (Weimar 1990)
ZBLG	Zeitschrift für bayerische Landesgeschichte
ZGORh	Zeitschrift für die Geschichte des Oberrheins
ZRG	Zeitschrift der Savigny-Stiftung für Rechtsgeschichte
Germ.	Germanische Abteilung
Kan.	Kanonistische Abteilung

Quellen- und Literaturverzeichnis

a) Quellen und Regesten

Addimenta ad Chronicon Casauriense. Nunc primum edita ex manuscripto codice Regiæ Parisiensis bibliothecæ, in: Rerum Italicarum Scriptores ab anno aerae christianae quingentesimo ad millesimumquingentesimum 2,2, hrsg. v. Lodovico Antonio MURATORI (Mailand 1726) Sp. 923–1018

Adonis Chronicon = Ex Adonis archiepiscopi Viennensis chronico, hrsg. v. Georg Heinrich PERTZ, in: MGH SS 2 (Hannover 1829) S. 315–325 (mit der 1. continuatio)

Adrevaldus, Miraculorum sancti Benedicti liber primus, in: Les miracles de Saint Benoît. Ecrits par Abrevald, Aimoin, André, Raoul Tortaire et Hugues de Sainte Marie, hrsg. v. E. DE CERTAIN (Paris 1858) S. 15–89 (vgl. auch Ex Adrevaldi Floriacensis miraculis s. Benedicti, hrsg. v. Oswald HOLDER-EGGER, in: MGH SS 15,1 [Hannover 1887] S. 474–497)

Agnelli Ravennatis Liber pontificalis ecclesiae Ravennatis, hrsg. v. D. M. DELIYANNIS (CC Cont. Med. 199, Turnhout 2006)

Agobardi Lugdunensis opera omnia, hrsg. v. Lieven VAN ACKER (CC Cont. Med. 52, Turnhout 1981)

Alsatia Aevi Merovingici Carolingici Saxonici Salici Suevici Diplomatica 1, hrsg. v. Johann Daniel SCHÖPFLIN und Andreas LAMEY (Mannheim 1772)

Die alten Mönchslisten und die Traditionen von Corvey, 1, hrsg. v. Klemens HONSELMANN und Leopold SCHÜTTE (Veröffentlichungen der Historischen Kommission für Westfalen 10; Abhandlungen zur Corveyer Geschichtsschreibung 6,1, Paderborn 1982); 2: Indices und andere Hilfsmittel, hrsg. v. Klemens HONSELMANN und Leopold SCHÜTTE (Veröffentlichungen der Historischen Kommission für Westfalen 10, Abhandlungen zur Corveyer Geschichtsschreibung 6,2, Paderborn 1992)

Amalarii Episcopi Opera liturgica omnia, 3 Bde., hrsg. v. Jean Michel HANSSENS (Studi e testi 138–140, Città del Vaticano 1948–1950)

Anastasii bibliothecarii epistolae sive praefationes, hrsg. v. Ernst PERELS und Gerhard LAEHR, in: MGH Epp. 7 (Berlin 1928) S. 395–442

Andreae Bergomatis historia, in: MGH SS rer. Lang., hrsg. v. Georg WAITZ (Hannover 1878) S. 220–230

Angilberti abbatis de ecclesia Centulensi libellus (mit zwei Appendices), hrsg. v. Georg WAITZ, in: MGH SS 15,1 (Hannover 1887) S. 173–181; auch in: Hariulf, Chronique de l'abbaye de Saint-Riquier (Ve siècle–1104), hrsg. v. Ferdinand LOT (Collection de textes pour servir à l'étude et à l'enseignement de l'histoire 17, Paris 1894) S. 57–69 (eingefügt in Lib. 2, cc. 8–10)

Annales Engolismenses, hrsg. v. Georg Heinrich PERTZ, in: MGH SS 16 (Hannover 1859) S. 485–487

Annales Laubienses, hrsg. v. Georg Heinrich PERTZ, in: MGH SS 4 (Hannover 1841) S. 9–28

Annales S. Benigni Divionensis, hrsg. v. Georg WAITZ, in: MGH SS 5 (Hannover 1844) S. 37–50

Annales Sithienses, hrsg. v. Georg WAITZ, in: MGH SS 13 (Hannover 1881) S. 34–38

Antiquum Besuensis abbatiæ chronicon authore Joanne monacho, in: Chronique de l'abbaye de Saint-Bénigne de Dijon suivie de la chronique de Saint-Pierre de Bèze publiées d'après les textes originaux, hrsg. v. Louis-Émile BOUGAUD und Joseph GARNIER (Dijon 1875)

BALUZIUS, Stephanus (BALUZE, Etienne), Capitularia regum Francorum, 2. Bde., Sacrorum conciliorum nova et amplissima collectio, Supplementum ad tomum XVII (Paris 1902)

Benedicti sancti Andreae monachi Chronicon, hrsg. v. Georg Heinrich PERTZ, in: MGH SS 3 (Hannover 1839) S. 695–719

BÖHMER, Johann Friedrich und WILL, Cornelius (Hrsgg.), Regesta archiepiscoporum Maguntinensium: Regesten zur Geschichte der Mainzer Erzbischöfe von Bonifatius bis Uriel von Gemmingen 742?–1514: 1: Von Bonifatius bis Arnold von Selenhofen 742?–1160 (Innsbruck 1877)

Die Briefe des Heiligen Bonifatius und Lullus, hrsg. v. Michael TANGL (MGH Epp. sel. 1, Berlin 1916)

Le carte cremonesi dei secoli VIII–XII, Bd. 1: Documenti dei fondi cremonesi (759–1069), hrsg. v. Ettone FALCONI (Biblioteca Statale di Cremona. Fonti e sussidi I/1, Cremona 1979)

Le carte più antiche di S. Antonio di Piacenza, hrsg. v. Ettore FALCONI (Parma 1959)

Le carte ravennati dei secoli ottavo e nono, hrsg. v. R. BENERICETTI (Faenza 2006)

Cartulaire de l'abbaye de Cysoing et de ses dépendances, hrsg. v. Ignace de COUSSEMAKER (Lille 1886)

Cartulaire de l'abbaye de Gorze. Ms. 826 de la Bibliothèque de Metz, hrsg. v. Armand D'HERBOMEZ (Mettensia 2, Paris 1898)

Cartulaire de l'abbaye de Saint-Bertin, Bd. 1, hrsg. v. Benjamin Edme Charles GUÉRARD (Collection de documents inédits sur l'histoire de France. Collection des cartulaires de France 3,1, Paris 1841)

Cartulaire de l'église d'Autun, hrsg. v. Anatole de CHARMASSE (Paris – Autun 1865)

Cartulaire de la seigneurie de Fontjoncouse, in: Bulletin de la Commission archéologique et littéraire de l'arrondissement de Narbonne 1: (1876–1877), hrsg. v. G. MOUYNÈS (Narbonne 1877) S. 307–339

Cartulaire de Saint-Aubin d'Angers, Bd. 1: Cartulaire du XIIe siècle, 769 – vers 1175, hrsg. v. Bertrand de BROUSSILLON (Documents historiques sur l'Anjou 1, Angers 1903)

Cartulaire de Sainte-Croix d'Orléans (814–1300), hrsg. v. J. THILLIER und E. JARRY (Mémoires de la Société archéologique et historique de l'Orléanais 30, Paris 1906)

Cartulaire général de l'Yonne. Recueil de documents authentiques pour servir à l'histoire des pays qui forment ce département 1, hrsg. v. Maximilien QUANTIN (Auxerre 1954)

Cartulaire général de Paris ou recueil de documents relatifs à l'histoire et à la topographie de Paris 1: 528–1180, hrsg. v. Robert de LASTEYRIE (Histoire générale de Paris. Collection de documents, Paris 1887)
Catalogus abbatum Floriacensium, hrsg. v. Oswald HOLDER-EGGER, in: MGH SS 15,1 (Hannover 1887) S. 500f.
Catalogus archiepiscoporum Mediolanensium, hrsg. v. Ludwig Conrad BETHMANN und Wilhelm WATTENBACH, in: MGH SS 8 (Hannover 1848) S. 101–110
Catalunya Carolíngia 2,1: Els diplomes Carolingis à Catalunya, Bd. 1, hrsg. v. Ramon d'ABADAL I DE VINYALS (Memories de la Secció Historico-Arqueològica 2,2,1, Barcelona 1950)
Catalunya Carolíngia 5: Els comtats de Girona, Besalú, Empúries i Peralada, hrsg. v. Santiago SOBREQUÉS I VIDAL, Sebastià RIERA I VIADER und Manuel ROVIRA I SOLÀ, 2 Bde. (Memories de la Secció Historico-Arqueològica 61, Barcelona 2003)
Catalunya Carolíngia 6: Els comtas de Rosselló, Conflent, Vallespir i Fenollet, 2 Bde., hrsg. v. Pierre PONSICH und Ramon ORDEIG I MATA (Memories de la Secció Historico-Arqueològica 70, Barcelona 2006)
The Chrodegang Rules. The rules for the common life of the secular clergy from the eighth and ninth centuries. Critical texts with translations and commentary, hrsg. v. Jerome BERTRAM (Church, Faith and Culture in the Medieval West, Aldershot – Burlington 2005)
Chronica s. Benedicti Casinensis, hrsg. v. Georg WAITZ, in: MGH SS rer. Lang. (Hannover 1878) S. 467–488
Chronicon Aquitanicum, hrsg. v. Georg Heinrich PERTZ, in: MGH SS 2 (Hannover 1829) S. 252f.
Chronicon Fontanellense, hrsg. v. Georg Heinrich PERTZ, in: MGH SS 2 (Hannover 1829) S. 301–304; Les premières annales de Fontenelle, in: Mélanges. Documents publiés et annotés par P. DARDEL, H. de FRONDEVILLE et J. LAPORTE, hrsg. v. Jean LAPORTE (Société de l'histoire de Normandie 15e série, Rouen – Paris 1951) S. 63–91
Chronicon Salernitanum. A critical edition with studies on literary and historical sources and on language, hrsg. v. Ulla WESTERBERGH (Stockholms Universitet. Acta Universitatis Stockholmiensis. Studia latina Stockholmiensis 3, Stockholms 1956)
Chronicon Trenorchiense auctore Falcone Trenorchiensi monaco, in: Monuments de l'histoire des abbayes de Saint-Philibert (Noirmoutier, Grandlieu, Tournus), publiées d'après les notes d'Arthur GIRY, hrsg. v. René POUPARDIN (Collection de textes pour servir a l'étude et à l'enseignement de l'histoire 38, Paris 1905) S. 71–106, Appendice: Liste des diplômes des rois carolingiens et des bulles concernant les abbayes de Saint-Philibert S. 107–121
Chronicon Vedastinum, hrsg. v. Georg WAITZ, in: MGH SS 13 (Hannover 1881) S. 674–709
Chronique de abbés de Fontenelle (Saint-Wandrille), hrsg. v. Pascal PRADIÉ (Les classiques de l'histoire de France au moyen âge 40, Paris 1999)
Chronique de l'abbaye de Saint-Bénigne de Dijon suivie de la chronique de Saint-Pierre de Bèze publiées d'après les textes originaux, hrsg. v. Louis-Émile BOUGAUD und Joseph GARNIER (Dijon 1875)

Chronique et chartes de Saint-Mihiel, hrsg. v. André LESORT (Mettensia 6, Paris 1909/1912)

Codex diplomaticus Nassoicus. Nassauisches Urkundenbuch: 1: Die Urkunden des ehemals kurmainzischen Gebiets, einschließlich der Herrschaften Eppenstein, Königstein und Falkenstein; der Niedergrafschaft Katzenelnbogen und des kurpfälzischen Amts Caub, hrsg. v. Karl MENZEL und Wilhelm SAUER (Wiesbaden 1885)

Codice diplomatico della Chiesa Bolognese. Documenti autentici e spuri (secoli IV–XII), hrsg. v. Mario FANTI und Lorenzo PAOLINI (Fonti per la storia dell'Italia Medievale: Regesta chartarum 54, Rom 2004)

Codice diplomatico Nonantolano, hrsg. v. Girolamo TIRABOSCHI (Storia dell'augusta Badia di S. Silvestro di Nonantola, aggiuntovi il Codice diplomatico della medesima 2, Modena 1785)

Codice diplomatico Veronese. Dalla caduta dell'impero romano alla fine del periodo carolingio, Bd. 1, hrsg. v. Vittorio FAINELLI (Monumenti storici. Nuova serie 1, Venezia 1940)

De pretioso sanguine domini nostri, in: Theodor KLÜPPEL, Reichenauer Hagiographie zwischen Walahfrid und Berno (Sigmaringen 1980) S. 152–164

Diplomata Imperatorum Apographa (Monumenta Boica 31,1, München 1836)

Diplomatari del monestir de Sant Sadurní de Tavérnoles (segles IX–XIII), hrsg. v. Cebrià BARAUT, in: Urgellia 12 (1994–1995) S. 7–414

Eigilis vita sancti Sturmi, hrsg. v. Georg Heinrich PERTZ, in: MGH SS 2 (Hannover 1829) S. 365–377; Die Vita Sturmi des Eigil von Fulda. Literaturkritisch-historische Untersuchung und Edition, hrsg. v. Pius ENGELBERT (Veröffentlichungen der Historischen Kommission für Hessen und Waldeck 29, Marburg 1968) S. 129ff. [Vita Sturmi (Engelbert)]

Einhards Briefe. Kommunikation und Mobilität im Frühmittelalter, hrsg. v. Annette GRABOWSKY, Christoph HAACK, Thomas KOHL und Steffen PATZOLD (Acta Einhardi 3, Seligenstadt 2018)

Einharti epistolae, hrsg. v. Karl HAMPE, in: MGH Epp. 5 (Berlin 1898–1899) S. 105–145

Epistolae variorum Carolo Magno regnante scriptae, hrsg. v. Ernst DÜMMLER, in: MGH Epp. 4 (Berlin 1895) S. 494–567

Epistolae variorum inde a morte Caroli Magni usque ad divisionem imperii collectae, hrsg. v. Ernst DÜMMLER, in: MGH Epp. 5 (Berlin 1899) S. 299–360

Epitaphium Acardi (Epitaphia varia 6), hrsg. v. Karl STRECKER, in: MGH Poetae 4 (Berlin 1929) S. 1029

Folcuini Gesta abbatum Lobiensium, hrsg. v. Georg Heinrich PERTZ, in: MGH SS 4 (Hannover 1841) S. 52–74

Fragmenta Registri Iohannis VIII. papae ind. VI–IX (a. 872–876), hrsg. v. Erich CASPAR, in: MGH Epp. 7 (Berlin 1928) S. 273–312

Frechulfi Lexoviensis episcopi Opera omnia. Textus, hrsg. v. Michael I. ALLEN (CC Cont. Med. 169A, Turnhout 2002)

Gallia christiana novissima. Histoire des archevêchés, évêques et abbayes de France 2: Marseille, hrsg. v. J. H. ALBANÈS und Cyr Ulysse Joseph CHEVALIER (Montbéliard 1899)

Gallia christiana novissima. Histoire des archevêchés, évêques et abbayes de France 3: Arles, hrsg. v. Joseph Hyacinthe ALBANÈS und U. CHEVALIER (Montbéliard 1901)

Gesta abbatum S. Bertini Sithiensium, hrsg. v. Oswald HOLDER-EGGER, in: MGH SS 13 (Hannover 1881) S. 600–673

Gesta episcoporum Cameracensium, hrsg. v. Ludwig Conrad BETHMANN, in: MGH SS 7 (Hannover 1846) S. 402–489

Gesta episcoporum Tullensium, hrsg. v. Georg WAITZ, in: MGH SS 8 (Hannover 1848) S. 632–648

Les gestes des évêques d'Auxerre, Bd. 1, unter Leitung. v. Michel SOT, bearb. v. Guy LOBRICHON u.a. (Les classiques de l'histoire de France au Moyen Âge 42, Paris 2002)

Hariulf, Chronique de l'abbaye de Saint-Riquier (Ve siècle–1104), hrsg. v. Ferdinand LOT (Collection de textes pour servir à l'étude et à l'enseignement de l'histoire 17, Paris 1894)

Hinkmar von Reims, Collectio de ecclesiis et capellis, hrsg. v. Martina STRATMANN (MGH Fontes iuris 14, Hannover 1990)

Hinkamr von Reims, De villa Novilliaco, Gesta und Capitula, in: Hubert MORDEK, Ein exemplarischer Rechtsstreit: Hinkmar von Reims und das Landgut Neuilly-Saint-Front, in: ZRG Kan. 83 (1997) S. 86–112, hier 100–112

Hinkmar von Reims, De ordine palatii, hrsg. v. Thomas GROSS und Rudolf SCHIEFFER (MGH Fontes iuris 3, Hannover 1980)

Historia fundationis monasterii Tegernseensis, in: Thesaurus anecdotorum novissimus seu veterum monumentorum, praecipue ecclesiasticorum, ex Germanicis potissimum bibliothecis adornata collectio recentissima 3,3, hrsg. v. Bernhard PEZ (Augsburg 1721) Sp. 475–496

Inventari altomedievali di terre, coloni e redditi, hrsg. v. Andrea CASTAGNETTI, Michele LUZZATI, Gianfranco PASQUALI und Augusto VASINA (Fonti per la storia d'Italia 104, Rom 1979)

JOPPI, Vincenzo, Unedirte Diplome aus Aquileja (799–1082). Ergänzt aus dem Apparat der Monumenta Germaniae. Mit einer Einleitung von E. MÜHLBACHER, in: MIÖG 1 (1880) S. 259–297

Kaiserurkunden in Abbildungen. Tafeln, hrsg. v. Heinrich von SYBEL und Theodor von SICKEL (Berlin 1880–1890)

Kaiserurkunden in Abbildungen. Text, hrsg. v. Heinrich von SYBEL und Theodor von SICKEL (Berlin 1891)

Karolus Magnus et Leo papa, hrsg. v. Franz BRUNHÖLZL, in: Karolus Magnus et Leo papa. Ein Paderborner Epos vom Jahre 799 (Studien und Quellen zur westfälischen Geschichte 8, Paderborn 1966) S. 55–97

Lamperti Annales, in: Lamperti monachi Hersfeldensis Opera, hrsg. v. Oswald HOLDER-EGGER (MGH SS rer. Germ. 38, Hannover – Leipzig 1894) S. 1–304

Die Lebensbeschreibungen Bischof Burchards von Würzburg Vita antiquior – Vita posterior – Vita metrica, hrsg. v. Desirée BARLAVA (MGH SS rer. Germ. 76, Hannover 2005)

Leges Alamannorum, hrsg. v. Karl LEHMANN und Karl August ECKHARDT (MGH LL nat. Germ. 5,1, Hannover 1966)

Leonis III. papae epistolae X, hrsg. v. Karl HAMPE, in: MGH Epp. 5 (Berlin 1899) S. 85–104

LEVISON, Wilhelm, Die Bonner Urkunden des frühen Mittelalters. Neu herausgegeben, in: Bonner Jahrbücher 136/137 (1932) S. 217–270

Lex Baiwariorum, hrsg. v. Ernst VON SCHWIND (MGH LL nat. Germ. 5,2, Hannover 1926)

Lex Frisionum, hrsg. u. übers. v. Karl August ECKHARDT und Albrecht ECKHARDT (MGH Fontes iuris 12, Hannover 1982)

Lex Ribuaria, Bd. II. Text und Lex Francorum Chamavorum, hrsg. v. Karl August ECKHARDT (Germanenrechte Neue Folge. Westgermanisches Recht, Witzenhausen 1966)

Lex Ribvaria, hrsg. v. Franz BEYERLE und Rudolf BUCHNER (MGH LL nat. Germ. 3,2, Hannover 1954)

Libellus de imperatoria potestate in urbe Roma, in: Il *Chronicon* di Benedetto, monaco di S. Andrea del Soratte e il *Libellus de imperatoria potestate in urbe Roma*, hrsg. v. Giuseppe ZUCCHETTI (Fonti per la storia d'Italia 55, Rom 1920) S. 189–210

Liber confraternitatis monasterii s. Petri Salisburgensis vetustior, hrsg. v. Sigismund HERZBERG-FRÄNKEL, in: Dioecesis Salisburgensis (MGH Necr. 2, Berlin 1904) S. 4–44

Der Memorial- und Liturgiecodex von San Salvatore / Santa Giulia in Brescia, hrsg. v. Dieter GEUENICH und Uwe LUDWIG (MGH Libri mem. N. S. 4, Hannover 2000)

Mittelrheinische Regesten oder chronologische Zusammenstellung des Quellenmaterials für die Geschichte der Territorien der beiden Regierungsbezirke Koblenz und Trier in kurzen Auszügen 1: Vom Jahre 509 bis 1152, hrsg. v. Adam GOERZ (Koblenz 1876)

The Monks of Redon: Gesta sanctorum Rotonensium and Vita Conuuoionis, hrsg. v. Caroline BRETT, Woodbridge (Suffolk – Wolfebro, New Hampshire 1989)

Monuments historiques. Cartons des rois, hrsg. v. Jules TARDIF (Inventaires et documents, Paris 1866)

Monumenta novaliciensia vetustiora: raccolta degli atti e delle cronache riguardanti l'abbazia della Novalesa, hrsg. v. Carlo CIPOLLA, 2 Bde. (Fonti per la storia d'Italia 31/32, Rom 1898–1901)

Musée des archives départementales. Recueil de fac-similés héliographiques de documents tirés des Archives des préfectures, mairies et hospices (Paris 1878)

Nicolai I. papae epistolae, hrsg. v. Ernst PERELS, in: MGH Epp. 6 (Berlin 1925) S. 257–690
Notarum laterculi, in: Grammatici Latini 4, hrsg. v. Theodor MOMMSEN (Leipzig 1864) S. 265–352
Notitia Arnonis und Breves Notitiae. Die Salzburger Güterverzeichnisse aus der Zeit um 800: Sprachlich-historische Einleitung, Text und Übersetzung, bearb. v. Fritz LOŠEK, in: Quellen zur Salzburger Frühgeschichte, hrsg. v. Herwig WOLFRAM (Veröffentlichungen des Instituts für Österreichische Geschichtsforschung 44 = Mitteilungen der Gesellschaft für Salzburger Landeskunde 22. Ergänzungsband, Wien – München 2006) S. 9–178

Obituaires de la province de Lyon 1,1: Diocese de Lyon, hrsg. v. Georges GUIGUE und Jacques LAURENT, unter der Leitung v. Henri Auguste OMONT (Recueil des historiens de la France. Obituaires 5, Paris 1933)
Obituaires de la province de Sens 1: Diocèses de Sens et de Paris, hrsg. v. Auguste MOLINIER und Auguste LONGNON, 2 Teile (Recueil des historiens de la France. Obituaires 1, Paris 1902)
L'oeuvre poétique de Pauline d'Aquilée. Edition critique avec introduction et commentaire, hrsg. v. Dag NORBERG (Kungliga Vitterhets. Historie och Antikvitets Akademiens handlingar. Filologisk-filosofiska serien 18, Stockholm 1979)
Ordines coronationis Franciae. Texts and ordines for the coronation of Frankish and French kings and queens in the Middle Ages, hrsg. v. Richard A. JACKSON, 2 Bde. (Philadelphia 1995)

Pactus legis Salicae 1,1: Einführung und 80 Titel-Text, hrsg. v. Karl August ECKHARDT (Germanenrechte Neue Folge. Westgermanisches Recht, Göttingen 1954)
Pactus legis Salicae, hrsg. v. Karl August ECKHARDT (MGH LL nat. Germ. 4,1, Hannover 1962)
Pauli Warnefridi Liber de episcopis Mettensibus, hrsg. v. Georg Heinrich PERTZ, in: MGH SS 2 (Hannover 1829) S. 260–270
Paulini Aquileiensis Opera omnia 1: Contra Felicem libri tres, hrsg. v. Dag NORBERG (CC Cont. Med. 95, Turnhout 1990)
Paolino Patriarca di Aquileia. Opere 1: Littere di Alcuino a Paolino; Lettere di Paolino; Libello sacrosillabo; Convegno di vescovi sulle rive del Danubio; Il sinodo di Cividale del Friuli; Libro dell'esortazione; Contro Felice, hrsg. v. Giuseppe CUSCITO (Scrittori della chiesa di Aquileia 10,1, Città Nuova 2007)
Paolino Patriarca di Aquileia. Opere 2: Ritmi e carmi, hrsg. v. Alessio PERŠIČ und Sandro PIUSSI (Scrittori della chiesa di Aquileia 10,2, Città Nuova 2007)
PERLBACH, Max, Aus einem verlorenen Codex traditionum der Bonner Münsterkirche St. Cassius und Florentius, in: NA 13 (1888) S. 145–170
Le piú antiche carte dello Archivio capitolare di Asti, hrsg. v. Ferdinando GABOTTO (Biblioteca della Società storica subalpina 28, Pinerolo 1904)
Das Polyptychon von Saint-Germain-des-Prés, hrsg. v. Dieter HÄGERMANN unter Mitwirkung v. Konrad ELMSHÄUSER und Andreas HEDWIG (Köln – Wien – Weimar 1993)

Le polyptyque et les listes de cens de l'abbaye de Saint-Remi de Reims (IXe–XIe siècles), hrsg. v. Jean-Pierre DEVROEY (Travaux de l'Académie nationale de Reims 163, Reims 1984)

Radbert's Epitaphium Arsenii, hrsg. v. Ernst DÜMMLER (Abhandlungen der Königlichen Preußischen Akademie der Wissenschaften zu Berlin. Philologisch-historische Classe, Berlin 1900)

Ratpert, St. Galler Klostergeschichten (Casus sancti Galli), hrsg. v. Hannes STEINER (MGH SS rer. Germ. 75, Hannover 2002)

Recherches sur les cartulaires d'Anjou, in: Archives d'Anjou, recueil de documents et mémoires inédits sur cette province 1, hrsg. v. Paul MARCHEGAY (Angers 1843) S. 185–429

Recueil des actes des rois de Provence (855–928), hrsg. v. René POUPARDIN (Chartes et diplômes relatifs à l'histoire de France, Paris 1920)

Recueil des chartes de l'abbaye de La Grasse, hrsg. v. Elisabeth MAGNOU-NORTIER und Anne-Marie MAGNON (Collection de documents inédits sur l'histoire de France. Section d'histoire médiévale et de philologie. Série in-8° 24, Paris 1996)

Recueil des chartes de l'abbaye de Stavelot-Malmedy 1, hrsg. v. Joseph HALKIN und Camille-G. ROLAND (Bruxelles 1909)

Regesten der Bischöfe von Strassburg 1: Regesten der Bischöfe von Strassburg bis zum Jahre 1202, hrsg. v. Paul WENTZCKE (Innsbruck 1908)

Die Regesten der Erzbischöfe von Köln im Mittelalter 1: 313–1099, bearbeitet von Friedrich Wilhelm OEDIGER (Publikation der Gesellschaft für Rheinische Geschichte 21, Bonn 1961)

Regestes des évêques de Thérouanne 1: 500–1414, bearb. v. O. BLED (Saint-Omer 1904)

Regesto della chiesa cattedrale di Modena 1, hrsg. v. Emilio Paolo VICINI (Regesta Chartarum Italiae 16, Rom 1931)

Reginonis abbatis Prumiensis Chronicon cum continuatione Treverensi, hrsg. v. Friedrich KURZE (MGH SS rer. Germ. 50, Hannover 1890) [Englische Übersetzung und Kommentar, in: History and politics in late Carolingian and Ottonian Europe. The Chronicle of Regino of Prüm and Adalbert of Magdeburg, übers. v. Simon MACLEAN (Manchester medieval sources series, Manchester – New York 2009)]

Registrum Iohannis VIII. papae, hrsg. v. Erich CASPAR, in: MGH Epp. 7 (Berlin 1928) S. 1–272

Rimbert, Vita Anskarii, in: Quellen des 9. und 11. Jahrhunderts zur Geschichte der Hamburgischen Kirche und des Reiches, hrsg. v. Werner TRILLMICH (Ausgewählte Quellen zur deutschen Geschichte des Mittelalters. Freiherr vom Stein-Gedächtnisausgabe 11, Darmstadt 1961) S. 3–133

SCHMID, Karl, Versuch einer Rekonstruktion der St. Galler Verbrüderungsbücher des 9. Jahrhunderts, in: Subsidia Sangallensia 1 S. 81–276

Translatio sancti Viti martyris. Übertragung des hl. Märtyrers Vitus, hrsg. v. Irene SCHMALE-OTT (Veröffentlichungen der Historischen Kommission für Westfalen 41, Fontes minores 1, Münster 1979)

Tanslatione sanguinis Domini, hrsg. v. Georg WAITZ, in: MGH SS 4 (Hannover 1841) S. 446–449

Das Verbrüderungsbuch der Abtei Reichenau, hrsg. v. Johanne AUTENRIETH, Dieter GEUENICH und Karl SCHMID (MGH Libri mem. N. S. 1, Hannover 1979)

Visio Wettini Walahfridi, in: Heito und Walahfrid Strabo: Visio Wettini. Einführung, lateinisch-deutsche Ausgabe und Erläuterungen, hrsg. v. Hermann KNITTEL, mit einem Gleitwort von Walter BERSCHIN (Reichenauer Texte und Bilder 12, 3Heidelberg 2009) S. 66–125

Vita Aegil Abbatis Fuldensis a Candido ad modestum edita prosa et versibus. Ein Opus geminum des IX. Jahrhunderts, hrsg. v. Gereon BECHT-JÖRDENS (Marburg 1994)

Vita Anskarii auctore Rimberto, hrsg. Georg WAITZ (MGH SS rer. Germ. 55, Hannover 1884)

‚Vita Benedicti Anianensis'. Edition mit Übersetzung, in: Walter KETTEMANN, Subsidia Anianensia. Überlieferungs- und textgeschichtliche Untersuchungen zur Geschichte Witiza-Benedikts, seines Klosters Aniane und zur sogenannten „anianischen Reform". Mit kommentierten Editionen der ‚Vita Benedicti Anianensis', ‚Notitia de servitio monasteriorum', des ‚Chronicon Moissiacense/Anianense' sowie zweier Lokaltraditionen aus Aniane (Diss. Uni. Duisburg 2000) Bd. 1 S. 139–223. Vgl. auch Vita Benedicti Abbatis Anianensis et Indensis auctore Ardone, hrsg. v. Georg WAITZ, in: MGH SS 15,1 (Hannover 1887) S. 198–220

Vita et translatio s. Severi auctore Liutolfo presbytero, hrsg. v. Lothar von HEINEMANN, in: MGH SS 15,1 (Hannover 1887) S. 289–293

Vita Folquini episcopi Morinensis auct. Folquino abbate Laubiensi, hrsg. v. Oswald HOLDER-EGGER, in: MGH SS 15,1 (Hannover 1887) S. 423–430

Vita Remigii episcopi Remensis auctore Hincmaro, hrsg. v. Bruno KRUSCH, in: MGH SS rer. Merov. 3 (Hannover 1896) S. 250–347

Vita sancti Adalhardi Corbeiensis abbatis auctore s. Paschasio Radberto, in: PL 120 Sp. 1507–1556

Vita sancti Aldrici auctore monacho Ferrariensi, in: Acta Sanctorum, Junii 1 (Antwerpen 1695) S. 752–758

Die Vita Sturmi des Eigil von Fulda. Literaturkritisch-historische Untersuchung und Edition, hrsg. v. Pius ENGELBERT (Veröffentlichungen der Historischen Kommission für Hessen und Waldeck 29, Marburg 1968)

VOLPINI, Raffaello, Placiti del „Regnum Italiae" (secc. IX–XI). Primi contributi per un nuovo censimento, in: Contributi dell'Istituto di storia medioevale 3 (1975) S. 245–520

Walahfrid Strabo's Libellus de exordiis et incrementis quarundam in observationibus ecclesiasticis rerum. A translation and liturgical commentary, übers. v. A.

L. HARTING-CORREA (Mittellateinische Studien und Texte 19, Leiden – New York – Köln 1996)
Walahfridi Strabi carmina, hrsg. v. Ernst DÜMMLER, in: Poetae Latini aevi Carolini (II) (MGH Poetae 2, Berlin 1884) S. 259–473
Walahfridi Strabonis Vita sancti Galli confessoris, hrsg. v. Bruno KRUSCH, in: Passiones vitaeque sanctorum aevi Merovingici (II) (MGH SS rer. Merov. 4, Hannover – Leipzig 1902) S. 280–337
Walafridi Prologus, in: Einhardi Vita Karoli Magni, hrsg. v. Oswald HOLDER-EGGER (MGH SS rer. Germ. 25, Hannover – Leipzig 1911) S. XXVIII–XXIX
Wandalbert von Prüm. Vita et miracula sancti Goaris, hrsg. v. Heinz Erich STIENE (Lateinische Sprache und Literatur des Mittelalters 11, Frankfurt am Main – Bern 1981)
WATTENBACH, Wilhelm, Die Uebertragung der Reliquien des h. Genesius nach Schienen, in: ZGORh 24 (1872) S. 1–21

b) Literatur

ABADAL I DE VINYALS, Ramon d', La Catalogne sous l'empire de Louis le Pieux, in: Études roussillonnaises 4 (1954/55) S. 239–272; 5 (1956) S. 31–50 und S. 147–177; 6 (1957) S. 67–95
– Els primers comtes catalans (Biografies catalanes. Sèrie històrica 1, Barcelona 1958)
– La institució comtal carolíngia en la pre-Catalunya del segle IX, in: Anuario de estudios medievales 1 (1964) S. 29–75
– El domini carolingi a Catalunya (Catalunya Carolíngia 1,1. Memories de la Secció Historico-Arqueològica 35,1, Barcelona 1986)
ADAM, Hildegard, Das Zollwesen im fränkischen Reich und das spätkarolingische Wirtschaftsleben. Ein Überblick über Zoll, Handel und Verkehr im 9. Jahrhundert (Vierteljahrschrift für Sozial- und Wirtschaftsgeschichte. Beihefte 126, Stuttgart 1996)
AFFELDT, Werner, Das Problem der Mitwirkung des Adels an politischen Entscheidungsprozessen im Frankenreich vornehmlich des 8. Jahrhunderts, in: Aus Theorie und Praxis der Geschichtswissenschaft. Festschrift für Hans Herzfeld zum 80. Geburtstag, hrsg. v. D. KURZE (Veröffentlichung der Historischen Kommission zu Berlin 37, Berlin – New York 1972) S. 404–423
– Untersuchungen zur Königserhebung Pippins. Das Papsttum und die Begründung des karolingischen Königtums im Jahre 751, in: FmSt 14 (1980) S. 95–187
AGNELLI, Giovanni, Dei Monasteri del Lodigiano, in: Archivio storico per la città e comuni del circondario di Lodi 26 (1907) S. 113–128 und S. 145–157
AIRLIE, Stuart, Talking heads: Assemblies in early medieval Germany, in: Political Assemblies in the Earlier Middle Ages, hrsg. v. P. S. BARNWELL und M. MOSTERT (Turnhout 2003) S. 29–46
– ‚For it is written in the law': Ansegis and the writing of Carolingian royal authority, in: Early medieval studies in memory of Patrick Wormald, hrsg. v. S. BAXTER, C. KARKOV, u.a. (Farnham – Burlington 2009) S. 219–235

– The nearly men: Boso of Vienne and Arnulf of Bavaria, in: Nobles and nobility in medieval Europe: concepts, origins, transformations, hrsg. v. A. J. DUGGAN (Woodbridge 2000) S. 25–41
– Bonds of power and bonds of association in the court circle of Louis the Pious, in: Charlemagne's heir: New perspectives on the reign of Louis the Pious (814–840), hrsg. v. P. GODMAN und R. COLLINS (Oxford 1990) S. 191–204
ALEXANDRENKO, Nikolai A., The poetry of Theodulf of Orléans: a translation and critical study (Diss. Tulane University 1970)
ALLEMANG, G., Bernard, in: DHGE 8 (1935) Sp. 768–769
ALLEN, Michael Idomir, Frechulfi Lexoviensis episcopi Opera omnia. Prolegomena. Indices (CC Cont. Med. 169, Turnhout 2002)
– Fréculf de Lisieux: l'histoire de l'Antiquité comme témoignage de l'actualité, in: Tabularia 8 (2008) S. 59–79
ALLES, Stefan, Lampert von Hersfeld und Eberhard von Fulda. Zwei gelehrte Mönche als kritische Repräsentanten ihrer benachbarten Reichsabteien in den Umbrüchen des 11. und 12. Jahrhunderts. Eine vergleichende Würdigung von Umfeld, Werk und Bedeutung aus landesgeschichtlicher Perspektive (Marburg 2011)
ALTHOFF, Gerd, Colloquium familiare – Colloquium secretum – Colloquium publicum. Beratung im politischen Leben des früheren Mittelalters, in: FmSt 24 (1990) S. 145–167
AMIRA, Karl von, Germanisches Recht 1: Rechtsdenkmäler, 4. Aufl., bearbeitet von K. A. ECKHARDT (Grundriss der germanischen Philologie 5/1, Berlin 1960)
ANGENENDT, Arnold, Das geistliche Bündnis der Päpste mit den Karolingern (754-796), in: HJb 100 (1980) S. 1–94
ANTON, Hans Hubert, Fürstenspiegel und Herrscherethos in der Karolingerzeit (Bonner Historische Forschungen 32, Bonn 1968)
– Verfassungsgeschichtliche Kontinuität und Wandlungen von der Spätantike zum hohen Mittelalter: das Beispiel Trier, in: Francia 14 (1986) S. 1–25
APSNER, Burkhard, Die hoch- und spätkarolingische Zeit (9. und frühes 10. Jahrhundert), in: Geschichte des Bistums Trier 1: Im Umbruch der Kulturen. Spätantike und Frühmittelalter, hrsg. v. H. HEINEN, H. H. ANTON und W. WEBER (Veröffentlichungen des Bistumsarchivs Trier 35, Trier 2003) S. 255–282
– Vertrag und Konsens im früheren Mittelalter. Studien zur Gesellschaftsprogrammatik und Staatlichkeit im westfränkischen Reich (Trierer historische Forschungen 58, Trier 2006)
ARBOIS DE JUBAINVILLE, Henri d', Histoire des Ducs et des Comtes de Champagne depuis le VIe siècle jusqu'à la fin du XIe siècle (Paris – Troyes 1859)
ARNALDI, Girolamo, Anastasio Bibliotecario, antipapa, in: Enciclopedia dei papi 1, hrsg. v. M. BRAY (Rom 2000) S. 735–746
ARNOLD, Dorothee, Johannes VIII. Päpstliche Herrschaft in den karolingischen Teilreichen am Ende des 9. Jahrhunderts (Europäische Hochschulschriften. Reihe 23. Theologie 797, Frankfurt am Main – Berlin – Bern u.a 2005)
ATSMA, Hartmut und VEZIN, Jean, Le dossier suspect des possessions de Saint-Denis en Angleterre revisité (VIIe–IXe siècle), in: Fälschungen im Mittelalter. Internationaler Kongreß der Monumenta Germaniae Historica, München, 16.–

19. September 1986, 4: Diplomatische Fälschungen (II) (Schriften der MGH 33,4, Hannover, 1988), S. 211–236

AUBERT, R., Foulques, Fulco, in: DHGE 17 (1971) Sp. 1307–1309

AUZIAS, Léonce, L'Aquitaine carolingienne (778–987) (Toulouse 1937)

BACCOU, Philippe, Les débuts de Robert le Fort. Une chronologie à réviser?, in: Francia 36 (2009) S. 265–276

BACHRACH, Bernard S., Adalhard of Corbie's *De ordine palatii*: Some Methodological Observations Regarding Chapters 29–36, in: Cithara 41 (2001) S. 3–34

BANNIARD, Michel, La voix et l'écriture: émergences médiévales, in: Médiévales 25 (1993) S. 5–16

BARBIER, Josiane, L'évêque et le palais, in: La correspondance d'un éveque carolingien: Frothaire de Toul (ca 813–847), avec les lettres de Theuthilde, abbesse de Remiremont, hrsg. v. Michel PARISSE (Textes et Documents d'Histoire Medievale 2, Paris 1998) S. 27–40

BAUER, Thomas, Kontinuität und Wandel synodaler Praxis nach der Reichsteilung von Verdun: Versuch einer Typisierung und Einordnung der karolingischen Synoden und concilia mixta von 843 bis 870, in: Annuarium Historiae Conciliorum 23 (1991) S. 11–115

– Lotharingien als historischer Raum. Raumbildung und Raumbewußtsein im Mittelalter (Rheinisches Archiv 136, Köln – Weimar – Wien 1997)

BAUNARD, Louis, Théodulfe, évêque d'Orléans et abbé de Fleury-sur-Loire (Paris – Orléans 1860)

BAUTIER, Robert-Henri, La chancellerie et les actes royaux dans les royaumes carolingiens, in: BEC 142 (1984) S. 5–80

– Les actes royaux de l'époque carolingienne, in: Typologie der Königsurkunden. Kolloquium de Commission Internationale de Diplomatique in Olmütz 30. 8. – 3. 9. 1992, hrsg. v. J. BISTŘICKÝ (Acta Colloquii Olomucensis 1992, Olomouci 1998) S. 23–41

BAUTZ, Friedrich-Wilhelm, Amalarius von Metz, in: BBKL 1 Sp. 138

BECHER, Matthias, Eid und Herrschaft. Untersuchungen zum Herrscherethos Karls des Großen (VuF Sonderband 39, Sigmaringen 1993)

– Rex, Dux und Gens. Untersuchungen zur Entstehung des sächsischen Herzogtums im 9. und 10. Jahrhundert (Historische Studien 444, Husum 1996)

– Die Reise Papst Leos III. zu Karl dem Großen. Überlegungen zu Chronologie, Verlauf und Inhalt der Paderborner Verhandlungen des Jahres 799, in: Am Vorabend der Kaiserkrönung. Das Epos „Karolus Magnus et Leo papa" und der Papstbesuch in Paderborn 799, hrsg. v. P. GODMAN, J. JARNUT und P. JOHANEK (Berlin 2002) S. 87–112

BECK, Henry G. J., The selection of bishops suffragan to Hincmar of Rheims, 845–882, in: The Catholic Historical Review 45/3 (1959) S. 273–308

BEDOS-REZAK, Brigitte Miriam, Ritual in the royal chancery: text, image, and the representation of kingship in medieval French diplomas (700–1200), in: European monarchy. Its evolution and practice from Roman antiquity to modern times, hrsg. v. H. DUCHHARDT, R. A. JACKSON und D. J. STURDY (Stuttgart 1992) S. 27–40

BEGRICH, Ursula, Reichenau, in: Frühe Klöster, die Benediktiner und Benediktinerinnen in der Schweiz, hrsg. v. E. GILOMEN-SCHENKEL (Helvetia Sacra 3,1,2, Bern 1986) S. 1059–1100

BERTOLINI, Margherita Giuliana, Angilberto, in: Dizionario biografico degli Italiani 3 (Rom 1961) S. 260–263

BERTOLINI, Ottorino, Carlomagno e Benevento, in: Karl der Große. Lebenswerk und Nachleben 1: Persönlichkeit und Geschichte, hrsg. v. W. BRAUNFELS und H. BEUMANN ([3]Düsseldorf 1967) S. 609–671

BIEBERSTEIN, Klaus, Der Gesandtenaustausch zwischen Karl dem Großen und Hārūn ar-Rašīd und seine Bedeutung für die Kirchen Jerusalems, in: Zeitschrift des Deutschen Palästina-Vereins 109/2 (1993) S. 152–173

BIGOTT, Boris, Ludwig der Deutsche und die Reichskirche im Ostfränkischen Reich (826–876) (Historische Studien 470, Husum 2002)

BILY, Lothar, Simpert, Bischof von Augsburg, in: BBKL 10 Sp. 478–480

BISCHOFF, Bernhard, Die südostdeutschen Schreibschulen und Bibliotheken in der Karolingerzeit 2: Die vorwiegend österreichischen Diözesen (Wiesbaden 1980)

– Katalog der festländischen Handschriften des neunten Jahrhunderts (mit Ausnahme der wisigotischen), 3 Bde. und Gesamtregister (Veröffentlichungen der Kommission für die Herausgabe der mittelalterlichen Bibliothekskataloge Deutschlands und der Schweiz, Wiesbaden 1998–2017)

BLAISE, Albert, Lexicon latinitatis medii aevi. Dictionnaire latin-français des auteurs du moyen-âge (CC Cont. Med., Turnhout 1975)

BOLÒS, Jordi und HURTADO, Víctor, Atles del comtat de Girona (785–993) (Atles dels comtats de la Catalunya carolíngia, Barcelona 2000)

BORETIUS, Alfred, Die Capitularien im Langobardenreich. Eine rechtsgeschichtliche Abhandlung (Halle 1864)

– Beitraege zur Capitularienkritik (Leipzig 1874)

BORGOLTE, Michael, Der Gesandtenaustausch der Karolinger mit den Abbasiden (Münchener Beiträge zur Mediävistik und Renaissance-Forschung 25, München 1976)

– Karl III. und Neudingen. Zum Problem der Nachfolgeregelung Ludwigs des Deutschen, in: ZGORh 125 (1977) S. 21–55

– Chronologische Studien an den alemannischen Urkunden des Stiftsarchivs St. Gallen, in: AfD 24 (1978) S. 54–202

– Geschichte der Grafschaften Alemanniens in fränkischer Zeit (VuF Sonderband 31, Sigmaringen 1984)

– Die Grafen Alemanniens in merowingischer und karolingischer Zeit: Eine Prosopographie (Archäologie und Geschichte. Freiburger Forschungen zum ersten Jahrtausend in Südwestdeutschland 2, Sigmaringen 1986)

– Die Alaholfingerurkunden. Zeugnisse vom Selbstverständnis einer adligen Verwandtengemeinschaft des frühen Mittelalters, in: Subsidia Sangallensia 1 S. 287–322

– Kommentar zu Ausstellungsdaten, Actum- und Güterorten der älteren St. Galler Urkunden (Wartmann I und II mit Nachträgen in III und IV), in: Subsidia Sangallensia 1 S. 323–475

BOSHOF, Egon, Erzbischof Agobard von Lyon. Leben und Werk (Kölner historische Abhandlungen 17, Köln – Wien 1969)

– Odo von Beauvais, Hinkmar von Reims und die kirchenpolitischen Auseinandersetzungen im westfränkischen Reich, in: Ecclesia et regnum. Beiträge zur Geschichte von Kirche, Recht und Staat im Mittelalter. Festschrift für Franz-Josef Schmale zu seinem 65. Geburtstag, hrsg. v. D. BERG und H. W. GOETZ (Bochum 1989) S. 39–59

– Ludwig der Fromme (Gestalten des Mittelalters und der Renaissance, Darmstadt 1996)

– Salzburg und Köln. Die ältesten noch bestehenden Metropolitanverbände im deutsch Sprachraum, in: 1200 Jahre Erzbistum Salzburg. Die älteste Metropole im deutschen Sprachraum. Beiträge des Internationalen Kongresses in Salzburg vom 11. bis 13. Juni 1998, hrsg. v. H. DOPSCH, P. F. KRAMML und A. S. WEISS (Mitteilungen der Gesellschaft für Salzburger Landeskunde 18. Ergänzungsband und Salzburgstudien. Forschungen zu Geschichte, Kunst und Kultur 1, Salzburg 1999) S. 61–86

– Kaiser Lothar I.: Das Ringen um die Einheit des Frankenreiches, in: Lothar I. Kaiser und Mönch in Prüm. Zum 1150. Jahr seines Todes, hrsg. v. R. NOLDEN (Veröffentlichungen des Geschichtsvereins Prümer Land 55, Prüm 2005) S. 11–71

BOSL, Karl, Franken um 800. Strukturanalyse einer fränkischen Königsprovinz ([2]München 1969)

BOUCHARD, Constance Brittain, Family structure and family consciousness among the aristocracy in the ninth to eleventh centuries, in: Francia 14 (1986) S. 639–658

– The Bosonids. Or rising to power in the late Carolingian age, in: French Historical Review 15 (1988) S. 407–431

– Burgundy and Provence, 879–1032, in: The New Cambridge Medieval History 3: c. 900–1024, hrsg. v. T. REUTER (Cambridge 1999) S. 328–345

BOUGARD, François, Entre Gandolfinigi et Obertenghi: les comtes de Plaisance aux Xe et XIe siècles , in: Mélanges de l›Ecole française de Rome. Moyen-Age 101 (1989) S. 11–66

– La justice dans le royaume d'Italie de la fin du VIIIe siècle au début du XIe siècle (Bibliothèque des Ecoles françaises d'Athènes et de Rome 291, Rome 1995)

– La justice dans le royaume d'Italie aux IXe–Xe siècles; in: La giustizia nell'alto Medioevo 1 (secoli IX–XI) (Settimane di studio del Centro Italiano di Studi sull'Alto Medioevo 44, Spoleto 1997) S. 133–176

– En marge du divorce de Lothaire II: Boson de Vienne, le cocu qui fut fait roi?, in: Francia 27/1 (2000) S. 33–51

– Les Supponides: échec à la reine, in: Les élites au haut Moyen Âge. Crises et renouvellements, hrsg. v. F. BOUGARD, L. FELLER und R. LE JAN (Collection Haut Moyen Âge 1, Turnhout 2006) S. 381–401

– *Tempore barbarici*? La production documentaire publique et privée, in: 774 ipotesi su una transizione. Atti del Seminario di Poggibonsi, 16–18 febbraio 2006, hrsg. v. S. GASPARRI (Turnhout 2008) S. 331–352

– Adalhard de Corbie entre Nonantola et Brescia (813): *commutatio*, gestion des biens monastiques et marché de terre, in: *Puer Apuliae*. Mélanges offerts à

Jean-Marie Martin 1, hrsg. v. E. CUOZZO u. a. (Centre de recherche d'histoire et civilisation de Byzance, Monographies 30, Paris, 2008) S. 51–67

BOURGEOIS, Émile, Le capitulaire de Kiersy-sur-Oise (877). Étude sur l'état et le régime politique de la société carolingienne à la fin du IXe siècle d'après la législation de Charles le Chauve (Paris 1885)

BRAUN, Patrick, DEGLER-SPENGLER, Brigitte und GILOMEN-SCHENKEL, Elsanne (Hrsgg.), Das Bistum Sitten, L'Archidiocèse de Tarentaise (Helvetia sacra Abt. 1: Erzbistümer und Bistümer 5, Basel 2001)

BRESSLAU, Harry, Die ältere Salzburger Annalistik (Abhandlungen der Preussischen Akademie der Wissenschaften. Philosophisch-Historische Klasse. 1923,2, Berlin 1923)

BROMMER, Peter, Die bischöfliche Gesetzgebung Theodulfs von Orléans, in: ZRG Kan. 60 (1974) S. 1–120

BROUETTE, É., Folcuin (Saint), in: DHGE 17 (1971) Sp. 750–751

BROWN, Thomas S., Louis the Pious and the papacy. A Ravenna perspective, in: Charlemagne's heir: New perspectives on the reign of Louis the Pious (814–840), hrsg. v. P. GODMAN und R. COLLINS (Oxford 1990) S. 297–307

BROWN, Warren, Unjust Seizure: Conflict, Interest, and Authority in an Early Medieval Society (Ithaca – London 2001)

– Conflict, Letters, and Personal Relationships in the Carolingian Formula Collections, in: Law and History Review 25/2 (2007) S. 323–344

BRUCKNER, Albert u.a., Die Bischöfe von Basel, in: Schweizerische Kardinäle. Das apostolische Gesandtschaftswesen in der Schweiz. Erzbistümer und Bistümer 1, hrsg. v. A. BRUCKNER (Helvetia Sacra 1,1, Bern 1972) S. 159ff.

BRUNHÖLZL, Franz, Geschichte der lateinischen Literatur des Mittelalters: 1: Von Cassiodor bis zum Ausklang der karolingischen Erneuerung (²München 1996); 2: Die Zwischenzeit vom Ausgang des karolingischen Zeitalters bis zur Mitte des elften Jahrhunderts (München 1992)

BRUNNER, Heinrich, Die Entstehung der Schwurgerichte (Berlin 1871)

– Zeugen- und Inquisitionsbeweis der karolingischen Zeit, in: Forschungen zur Geschichte des deutschen und französischen Rechts. Gesammelte Aufsätze (Stuttgart 1894) S. 88–247

– Deutsche Rechtsgeschichte 1 (Systematisches Handbuch der Deutschen Rechtswissenschaft 2,1,1, ³Berlin 1961)

BRUNNER, Karl, Der fränkische Fürstentitel im neunten und zehnten Jahrhundert, in: Intitulatio II. Lateinische Herrscher- und Fürstentitel im neunten und zehnten Jahrhundert, hrsg. v. H. WOLFRAM (MIÖG Ergänzungsband 24, Wien – Köln – Graz 1973) S. 179–340

– Oppositionelle Gruppen im Karolingerreich (Wien – Köln – Graz 1979)

BRÜHL, Carlrichard, Fodrum, gistum, servitium regis. Studien zu den wirtschaftlichen Grundlagen des Königtums im Frankenreich und in den fränkischen Nachfolgestaaten Deutschland, Frankreich und Italien vom 6. bis zur Mitte des 14. Jahrhunderts, 2 Bde. (Kölner historische Abhandlungen 14, Köln – Wien1968)

BUCHNER, Rudolf, Deutschlands Geschichtsquellen im Mittelalter. Vorzeit und Karolinger. Beiheft. Die Rechtsquellen (Weimar 1953)

BUCK, Thomas Martin, Admonitio und Praedicatio. Zur religiös-pastoralen Dimension von Kapitularien und kapitulariennahen Texten (Freiburger Beiträge zur mittelalterlichen Geschichte 9, Frankfurt am Main – Berlin – Bern u.a. 1997)

– „Capitularia imperatoria". Zur Kaisergesetzgebung Karls des Großen von 802, in: HJb 122 (2002) S. 3–26

BULLOUGH, Donald Auberon, Leo, *qui apud Hlotharium magni loci habebatur*, et le gouvernement du *Regnum Italiae* à l'époque carolingienne, in: Le Moyen Âge 67 (1961) S. 221–245

– Albuinus deliciosus Karoli regis. Alcuin of York and the shaping of the early Carolingian court, in: Institutionen, Kultur und Gesellschaft im Mittelalter. Festschrift für Josef Fleckenstein zu seinem 65. Geburtstag, hrsg. v. L. FENSKE, W. RÖSENER und Th. ZOTZ (Sigmaringen 1984) S. 73–92

– Alcuin. Achievement and reputation (Education and society in the Middle Ages and Renaissance 16, Being part of the Ford lectures delivered in Oxford in Hilary Term 1980, Leiden – Boston 2004)

BUSCH, Jörg W., Die Herrschaften der Karolinger 714–911 (Enzyklopädie deutscher Geschichte 88, München 2011)

BÜHLER, Arnold, Capitularia Relecta. Studien zur Entstehung und Überlieferung der Kapitularien Karls des Großen und Ludwigs des Frommen, in: AfD 32 (1986) S. 305–502

– Wort und Schrift im karolingischen Recht, in: Archiv für Kulturgeschichte 72 (1990) S. 275–296

BÜHRER-THIERRY, Geneviève, Évêques et pouvoir dans le royaume de Germanie. Les églises de Bavière et de Souabe 876–973 (Paris 1997)

BYER, Glenn C., Charlemagne and baptism. A study of responses to the circular letter of 811/812 (San Francisco 1999)

CALMETTE, Joseph, Gaucelme. Marquis de Gothie sous Louis le Pieux, in: Annales du Midi 18 (1906) S. 166–171

– Les comtes Bernard sous Charles le Chauve. État actuel d'une énigme historique, in: Mélanges d'histoire du moyen âge dédiés à la mémoire de Louis Halphen (Paris 1951) S. 103–109

CAMPBELL, Darryl, The Capitulare de Villis, the Brevium exempla, and the Carolingian court at Aachen, in: EME 18/3 (2010) S. 243–264

CAMPBELL, Phillip, Die Kapitularien: Entstehung und Bedeutung, in: Funktion und Form. Quellen- und Methodenprobleme der mittelalterlichen Rechtsgeschichte, hrsg. v. K. KROESCHELL und A. CORDES (Schriften zur Europäischen Rechts- und Verfassungsgeschichte 18, Berlin 1996) S. 23–38

CASTAGNETTI, Andrea, Transalpini e vassalli in area milanese (secolo IX), in: Medioevo. Studi e documenti 1, hrsg. v. A. CASTAGNETTI, A. CIARALLI und G. M. VARANINI (Verona 2005) S. 7–109

– Il conte Leone (801–847) e i suoi figli (840–881) nell'amministrazione missatica della giustizia, in: Medioevo. Studi e documenti 2, hrsg. v. A. CASTAGNETTI, A. CIARALLI und G. M. VARANINI (Verona 2007) S. 7–126

CHANDLER, Cullen J., Carolingian Catalonia. Politics, culture, and identity in an imperial province, 778–987 (Cambridge Studies in Medieval Life and Thought. Fourth Series 111, Cambridge 2019)

CHAUME, Maurice, Les origines du duché de Bourgogne 1: Histoire politique (Dijon 1925)

CLASSEN, Peter, Die Verträge von Verdun und von Coulaines 843 als politische Grundlagen des westfränkischen Reiches, in: HZ 196 (1963) S. 1–35

– Kaiserreskript und Königsurkunde. Diplomatische Studien zum Problem der Kontinuität zwischen Altertum und Mittelalter (Byzantina keimena kai meletai 15, Thessaloniki 1977)

– Karl der Große, das Papsttum und Byzanz. Die Begründung des karolingischen Kaisertums (Beiträge zur Geschichte und Quellenkunde des Mittelalters 9, Sigmaringen 1985)

CLAUSSEN, Martin A., The reform of the Frankish church. Chrodegang of Metz and the Regula canonicorum in the eighth century (Cambridge Studies in Medieval Life and Thought. Fourth Series 61, Cambridge u.a. 2004)

CLAVADETSCHER, Otto Paul, Das churrätische Reichsgutsurbar als Quelle zur Geschichte des Vertrags von Verdun, in: ZRG Germ. 70 (1953) S. 1–63

– Die Einführung der Grafschaftsverfassung in Rätien und die Klageschriften Bischof Viktors III. von Chur, in: ZRG Kan. 39 (1953) S. 46–111

DE CLERCQ, Carlo, La législation religieuse franque. Étude sur les actes de conciles et les capitulaires, les statuts diocésains et les règles monastiques 1: De Clovis à Charlemagne (507–814) (Louvain – Paris 1936)

– La législation religieuse franque. Étude sur les actes de conciles et les capitulaires, les statuts diocésains et les règles monastiques 2: De Louis le Pieux à la fin du IXe siècle (814–900) (Antwerpen 1958)

CÒ, Giulia, Vescovi, re, imperatori. Anastasio Bibliotecario tra Occidente e Oriente (Diss. Università di Trento und Universität Innsbruck 2015)

COLLINS, Roger, Pippin I and the kingdom of Aquitaine, in: Charlemagne's heir: New perspectives on the reign of Louis the Pious (814–840), hrsg. v. P. GODMAN und R. COLLINS (Oxford 1990) S. 363–389

COLLINS, S. T., Sur quelques vers de Théodulfe, in: Revue bénédictine 60 (1950) S. 214–218

CONRAT (COHN), Max, Hludowici imperatoris epistola ad Agobardum missa, in: NA 37 (1912) S. 771–772

CONSTABLE, Giles, *Nona et decima*. An aspect of Carolingian economy, in: Speculum 35 (1960) S. 224–250

COSTAMBEYS, Marios, Power and patronage in early medieval Italy. Local society, Italian politics and the abbey of Farfa, c. 700–900 (Cambridge Studies in Medieval Life and Thought. Forth Series 70, Cambridge – New York – Melbourne u.a. 2007)

COUPLAND, Simon, The Frankish tribute payments to the vikings and their consequences, in: Francia 26/1 (1999) S. 57–75

DAHLHAUS-BERG, Elisabeth, Nova antiquitas et antiqua novitas. Typologische Exegese und isidorianisches Geschichtsbild bei Theodulf von Orléans (Kölner historische Abhandlungen 23, Köln – Wien 1975)

DARMSTÄDTER, Paul, Das Reichsgut in der Lombardei und Piemont (568–1250) (Straßburg 1895)

DAVIS, Jennifer R., A pattern for power: Charlemagne's delegation of judicial responsibilities, in: The long morning of medieval Europe: new directions in early medieval studies, hrsg. v. J. R. DAVIS und M. MCCORMICK (Aldershot 2008) S. 235–246

– Charlemagne's settlement of disputes, in: Streit am Hof im frühen Mittelalter, hrsg. v. M. BECHER und A. PLASSMANN (Super alta perennis. Studien zur Nachwirkung der Klassischen Antike 11, Göttingen 2011) S. 149–173

– Charlemagne's practice of empire (Cambridge 2015)

– Inventing the *missi*. Delegating power in the late eighth and early ninth centuries, in: The 'Abbasid and Carolingian Empires. Comparative Studies in Civilizational Formation, hrsg. v. D. G. TOR (Islamic History and Civilization. Studies and Texts 150, Leiden, 2017) S. 13–51

DEBAX, Hélène, Des vice-comtes aux vicomtes, des vicomtes aux vicomtés. Introduction, in: Vicomtes et vicomtés dans l'Occident médiéval, hrsg. v. H. DEBAX (Toulouse 2008) S. 7–19

DEGLER-SPENGLER, Brigitte (Hrsg.), Das Bistum Konstanz. Das Erzbistum Mainz. Das Bistum St. Gallen (Helvetia Sacra 1,2,1, Basel – Frankfurt am Main 1993)

DENDORFER, Jürgen, König und Adel in Alemannien: Narrative der Forschung zum 8. und 9. Jahrhundert, in: 817 – Die urkundliche Ersterwähnung von Villingen und Schwenningen. Alemannien und das Reich in der Zeit Kaiser Ludwigs des Frommen, hrsg. v. J. DENDORFER, H. MAULHARDT u.a. (Veröffentlichung des Alemannischen Instituts Freiburg i. Br. 83, Veröffentlichungen des Stadtarchivs und der Städtischen Museen Villingen-Schwenningen 39, Ostfildern 2017) S. 177–196

DEPREUX, Philippe, Poètes et historiens au temps de l'empereur Louis le Pieux, in: Le Moyen Âge 99 (1993) S. 311–332

– Le comte Matfrid d'Orléans (av. 815–836), in: BEC 152 (1994) S. 331–374

– L'Entourage et le gouvernement de Louis le Pieux (roi des Aquitains de 781 à 814, puis empereur jusqu'en 840), 3 Bde. (Thèse de Doctorat de l'Université de Paris IV-Sorbonne) (Paris 1994)

– Wann begann Kaiser Ludwig der Fromme zu regieren?, in: MIÖG 102 (1994) S. 253–270

– Prosopographie de l'entourage de Louis le Pieux (781–840) (Instrumenta 1, Sigmaringen 1997)

– Lieux de rencontre, temps de négociation: Quelques observations sur les plaids généraux sous le règne de Louis le Pieux, in: La royauté et les élites dans l'Europe carolingienne (du début du IXe aux environs de 920), hrsg. v. R. LE JAN (Villeneuve d'Ascq 1998) S. 213–231

– The development of charters confirming exchange by the royal administration (eight–tenth centuries), in: Charters and the use of the written word in medieval society, hrsg. v. K. HEIDECKER (Utrecht studies in medieval literacy 5, Turnhout 2000) S. 43–62

– L'absence de jugement datant du règne de Louis le Pieux. L'expression d'un mode de gouvernement reposant plus systématiquement sur le recours aux *missi*?, in: Annales de Bretagne et des Pays de l'Ouest 108 (2001) S. 7–20
– Les préceptes pour les Hispani de Charlemagne, Louis le Pieux et Charles le Chauve, in: Aquitaine-Espagne (VIIIe–XIIIe siècle), hrsg. v. P. SÉNAC (Civilisation médiévale 12, Poitiers 2001) S. 19–38
– Le souverain, maître de l'échange? , in: Tauschgeschäft und Tauschurkunde vom 8. bis zum 12. Jahrhundert / L'acte d'échange, du VIIIe au XIIe siècle, hrsg. v. I. FEES und Ph. DEPREUX (AfD Beiheft 13, Köln – Weimar – Wien 2013) S. 45–64
– Zur Nützlichkeit bzw. Nutzlosigkeit von Kunsttiteln für Kapitularien (am Beispiel der Nummern 134–135, 143–145 und 178 aus der Boretius-Edition), in: DA 70 (2014) S. 87–106
– Der karolingische Hof als Institution und Personenverband, in: Le corti nell'alto Medioevo: Spoleto, 24–29 aprile 2014 (Settimane di studio della Fondazione Centro Italiano di Studi sull'Alto Medioevo 62, Spoleto 2015) S. 137–164
– Charlemagne et les capitulaires. Formation et réception d'un corpus normatif, in: Charlemagne. Les temps, les espaces, les hommes, hrsg. v. R. GROSSE und M. SOT (Haut Moyen Âge 34, Turnhout 2018) S. 19–41
– Gesandteninstruktion in der Karolingerzeit vom Mandat bis zum Kapitular. Die Königsboten als Empfänger und Übermittler königlicher Anweisungen und Ermahnungen, in: Frühmittelalterliche Briefe. Übermittlung und Überlieferung (4.–11. Jahrhundert) = La lettre au haut Moyen Age. Transmission et tradition épistolaires (IVe–XIe siècles), hrsg. v. T. DESWARTE, K. HERBERS und C. SCHERER (Beihefte zum Archiv für Kulturgeschichte 84, Köln – Weimar – Wien 2018) S. 51–64

DEUTINGER, Roman, Königsherrschaft im ostfränkischen Reich. Eine pragmatische Verfassungsgeschichte der späten Karolingerzeit (Beiträge zur Geschichte und Quellenkunde des Mittelalters 20, Stuttgart 2006)
– Concilia: Konzilien und Synoden 742–1002 des Frankenreichs, des Deutschen Reichs und Reichsitaliens (Version März 2008: http://www.repfont.badw.de/Concilia742.pdf), jetzt integriert im Digitalen Repertorium „Geschichtsquellen des deutschen Mittelalters" (URL: http://www.geschichtsquellen.de/index.html)

DEVISSE, Jean, Hincmar. Archevêque de Reims 845–882, 3 Bde. (Travaux d'histoire éthico-politique 29, Genève 1975)

DHONDT, Jan, Études sur la naissance des principautés territoriales en France (IXe–Xe siècle) (Brugge 1948)
– Le titre du Marquis à l'époque carolingienne, in: Archivum latinitatis medii aevi. Bulletin du Cange, 1945–1946 XIX (1948) S. 407–417

DIEPOLDER, Gertrud, Freisinger Traditionen und Memorialeinträge im Salzburger Liber Vitae und im Reichenauer Verbrüderungsbuch. Auswertung der Parallelüberlieferung aus der Zeit der Bischöfe Hitto und Erchanbert von Freising, in: ZBLG 58 (1995) S. 147–189

DIESENBERGER, Maximilian, Predigt und Politik im frühmittelalterlichen Bayern. Karl der Große, Arn von Salzburg und die Salzburger Sermones-Sammlung (Millennium-Studien 58, Berlin – Boston 2016)

DILCHER, Gerhard, Leges – Gentes – Regna. Zur Rolle normativer Tradition germanischer Völkerschaften bei der Ausbildung der mittelalterlichen Rechtskultur: Fragen und Probleme, in: Leges – Gentes – Regna. Zur Rolle von germanischen Rechtsgewohnheiten und lateinischer Schrifttradition bei der Ausbildung der frühmittelalterlichen Rechtskultur, hrsg. v. G. DILCHER und E.-M. DISTLER (Berlin 2006) S. 15–42

DOPSCH, Heinz, Die Zeit der Karolinger und Ottonen, in: Geschichte Salzburgs. Stadt und Land 1/1: Vorgeschichte – Altertum – Mittelalter, hrsg. v. H. DOPSCH, ([2]Salzburg 1983) S. 157–228

– Arn von Salzburg (ca. 740–821), in: Große Gestalten der bayerischen Geschichte, hrsg. v. K. WEIGAND (München 2012) S. 13–29 und S. 537–538

DOUBLET, Jacques, Histoire de l'Abbaye de S. Denys en France (Paris 1625)

DUCKETT, Eleanor Shipley, Carolingian portraits. A study in the ninth century (Ann Arbor 1962)

DUPRAZ, Louis, Le Capitulaire de Lothaire I, empereur : de expeditione contra Sarracenos facienda, et la Suisse romande (847), in: Zeitschrift für schweizerische Geschichte 16 (1936) S. 241–293

DÜMMLER, Ernst, Gesta Berengarii imperatoris. Beiträge zur Geschichte Italiens im Anfange des zehnten Jarhunderts (Halle 1871)

EBERHARDT, Otto, Via Regia. Der Fürstenspiegel Smaragds von St. Mihiel und seine literarische Gattung (Münstersche Mittelalter-Schriften 28, München 1977)

ECKHARDT, Wilhelm Alfred, Die Kapitulariensammlung Bischof Ghaerbalds von Lüttich (Germanenrechte Neue Folge. Deutschrechtliches Archiv 5, Göttingen – Berlin – Frankfurt 1955)

– Die Capitularia missorum specialia von 802, in: DA 12 (1956) S. 498–516

– Was waren die Kapitularien?, in: ZRG Germ. 79 (1962) S. 237–241

– Das Protokoll von Ravenna 877 über die Kaiserkrönung Karls des Kahlen, in: DA 23 (1967) S. 295–311

EDWARDS, Cyril, German vernacular literature: a survey, in: Carolingian Culture: emulation and innovation, hrsg. v. R. MCKITTERICK (Cambridge 1994) S. 141–170

EHLERS, Caspar, Die Integration Sachsens in das fränkische Reich (751–1024) (Göttingen 2007)

EICHLER, Daniel, Fränkische Reichsversammlungen unter Ludwig dem Frommen (MGH Studien und Texte 45, Hannover 2007)

– Karolingische Höfe und Versammlungen – Grundvoraussetzung, in: Streit am Hof im frühen Mittelalter, hrsg. v. Matthias BECHER und Alheydis PLASSMANN (Super alta perennis. Studien zur Nachwirkung der Klassischen Antike 11, Göttingen 2011) S. 121–148

EITEN, Gustav, Das Unterkönigtum im Reiche der Merowinger und Karolinger (Heidelberger Abhandlungen zur mittleren und neueren Geschichte 18, Heidelberg 1907)

ENGELBERT, Pius, Sturmi von Fulda. Versuch eines Porträts, in: Studien und Mitteilungen zur Geschichte des Benediktinerordens und seiner Zweige 77 (1966) S. 74–92

ESDERS, Stefan, Regionale Selbstbehauptung zwischen Byzanz und dem Frankenreich. Die inquisitio der Rechtsgewohnheiten Istriens durch die Sendboten Karls des Großen und Pippins von Italien, in: Eid und Wahrheitssuche. Studien zu rechtlichen Befragungspraktiken in Mittelalter und früher Neuzeit, hrsg. v. S. ESDERS und T. SCHARFF (Gesellschaft, Kultur und Schrift. Mediävistische Beiträge 7, Frankfurt am Main 1999) S. 49–112

– Die römischen Wurzeln der fiskalischen inquisitio der Karolingerzeit, in: L'enquête au Moyen Âge, hrsg. v. C. GAUVARD (Collection de l'École Française de Rome 399, Rome 2008) S. 13–28

– Rechtliche Grundlagen frühmittelalterlicher Staatlichkeit: der allgemeine Treueid, in: Der frühmittelalterliche Staat – europäische Perspektiven, hrsg. v. W. POHL und V. WIESER (Denkschriften der Österreichischen Akademie der Wissenschaften, Philosophisch-Historische Klasse 386, Forschungen zur Geschichte des Mittelalters 16, Wien 2009) S. 423–432

– Deux *libri legum* au service des fonctionnaires du royaume d'Italie à l'époque carolingienne, in: Imago libri. Représentations carolingiennes du livre, hrsg. v. C. DENOËL, A.-O. POILPRÉ und S. SHIMAHARA (Bibliologia 47, Turnhout 2018) S. 79–84 und S. 292–294

– Die „Capitula de expeditione Corsicana" Lothars I. vom Februar 825, in: QFIAB 98 (2019) S. 91–144

ESDERS, Stefan und MIERAU, Heike Johanna, Der althochdeutsche Klerikereid. Bischöfliche Diözesangewalt, kirchliches Benefizialwesen und volkssprachliche Rechtspraxis im frühmittelalterlichen Baiern (MGH Studien und Texte 28, Hannover 2000)

EWIG, Eugen, Civitas Ubiorum, Francia Rinensis, das Land Ribuarien, in: Spätantikes und fränkisches Gallien. Gesammtelte Schriften (1952–1973) 1, hrsg. v. H. ATSMA (Beihefte der Francia 3/1, Zürich – München 1976) S. 472–503

FAULKNER, Thomas, Carolingian kings and the *leges barbarorum,* in: Historical Research 86–233 (2013) S. 443–464

– Law and authority in the early middle ages. The Frankish leges in the Carolingian period (Cambridge Studies in Medieval Life and Thought. Fourth Series 104, Cambridge 2016)

FEES, Irmgard, Eberardo, marchese del Friuli, in: Dizionario Biografico degli Italiani 42 (Rom 1993) S. 252–255

FELTEN, Franz J., Äbte und Laienäbte im Frankenreich. Studien zum Verhältnis von Kirche und Staat im früheren Mittelalter (Monographien zur Geschichte des Mittelalters 20, Stuttgart 1980)

FICHTENAU, Heinrich, Das karolingische Imperium. Soziale und geistige Problematik eines Grossreiches (Zürich 1949)

– Karl der Große und das Kaisertum, in: MIÖG 61 (1953) S. 257–334

FICKER, Julius, Forschungen zur Reichs- und Rechtsgeschichte Italiens, 2 Bde. (Innsbruck 1868–1869)

FINE, John V. A., The early Medieval Balkans. A critical survey from the sixth to the late twelfth century (Ann Arbor 1983)

FINSTERWALDER, Paul Willem, Quellenkritische Untersuchungen zu den Capitularien Karls des Großen, in: HJb 58 (1938) S. 419–434

FISCHER, Joachim, Königtum, Adel und Kirche im Königreich Italien (774–875) (Habelts Dissertationsdrucke. Reihe mittelalterliche Geschichte 1, Bonn 1965)

FISCHER, Balthasar, Amalar v. Metz, in: LThK³ 1 (Freiburg i. Br. 1993) Sp. 482f.

FLACH, Dietmar, Untersuchungen zur Verfassung und Verwaltung des Aachener Reichsgutes von der Karlingerzeit bis zur Mitte des 14. Jahrhunderts (Veröffentlichungen des Max-Planck-Instituts für Geschichte 46, Göttingen 1976)

FLECKENSTEIN, Josef, Die Hofkapelle der deutschen Könige. 1. Teil: Grundlegung. Die karolingische Hofkapelle (Schriften der MGH 16,1, Stuttgart 1959)

– Fulrad von Saint-Denis und der fränkische Ausgriff in den süddeutschen Raum, in: TELLENBACH, Gerd (Hrsg.), Studien und Vorarbeiten S. 9–39

– Karl der Große und sein Hof, in: Karl der Große. Lebenswerk und Nachleben 1: Persönlichkeit und Geschichte, hrsg. v. W. BRAUNFELS und H. BEUMANN (³Düsseldorf 1967) S. 24–50

– Das großfränkische Reich: Möglichkeiten und Grenzen der Großreichsbildung im Mittelalter, in: HZ 233 (1981) S. 265–294

FRANCE, John, The composition and raising of the armies of Charlemagne, in: The journal of medieval military history 1 (2002) S. 61–82

FREEMAN, Ann, Theodulf of Orléans: a Visigoth at Charlemagne's court, in: L'Europe héritière de l'Espagne wisigothique. Colloque international du C.N.R.S. tenu à la Fondation Singer-Polignac (Paris, 14 – 16 mai 1990), hrsg. v. J. FONTAINE (Collection de la Casa de Velázquez 35, Madrid 1992) S. 185–194

FREISE, Eckhard, Die ‚Genealogia Arnulfi comitis' des Priesters Witger, in: FmSt 23 (1989) S. 203–243

FREUND, Stephan, Von den Agilolfingern zu den Karolingern. Bayerns Bischöfe zwischen Kirchenorganisation, Reichsintegration und Karolingischer Reform (700–847) (Schriftenreihe zur bayerischen Landesgeschichte 144, München 2004)

– Sintpert, Bischof von Augsburg, in: NDB 24 (2010) S. 472–473

– Stephan, Sintpert, Bischof von Regensburg, in: NDB 24 (2010) S. 473–474

FRIED, Johannes, Der karolingische Herrschaftsverband im 9. Jh. zwischen „Kirche" und „Königshaus", in: HZ 235 (1982) S. 1–43

– Die Formierung Europas 840–1046 (³München 2008)

– Erfahrung und Ordnung: Die Friedenskonstitution Karls des Großen vom Jahr 806, in: Herrscher- und Fürstentestamente im westeuropäischen Mittelalter, hrsg. v. B. KASTEN (Norm und Struktur. Studien zum sozialen Wandel in Mittelalter und früher Neuzeit 29, Köln – Weimar – Wien 2008) S. 145–192

– Karl der Große. Gewalt und Glaube. Eine Biographie (München 2013)

FRIEDMANN, Andreas Urban, Das Bistum von der Römerzeit bis ins hohe Mittelalter, in: Das Bistum Worms. Von der Römerzeit bis zur Auflösung 1801, hrsg. v. F. JÜRGENSMEIER (Beiträge zur Mainzer Kirchengeschichte 5, Würzburg 1997) S. 13–43

FUHRMANN, Horst, Papst Nikolaus I. und die Absetzung des Erzbischofs Johann von Ravenna, in: ZRG Kan. 44 (1958) S. 353–358

FUHRMANN, Manfred, Philologische Bemerkungen zu Theodulfs Paraenesis ad iudices, in: Das Profil des Juristen in der europäischen Tradition. Symposion aus Anlaß des 70. Geburtstages von Franz Wieacker, hrsg. v. K. LUIG und D. LIEBS (Ebelsbach 1980) S. 257–277

FUSTEL DE COULANGES, Numa Denis, Les Transformations de la Royauté pendant l'époque Carolingienne (Revue et completée sur le manuscrit et d'après les notes de l'auteur par Camille JULLIAN) (Histoire des institutions politiques de l'ancienne France 6, [5]Paris 1923)

GAILLARD, Michèle, Frothaire, évêque de Toul, in: La correspondance d'un éveque carolingien: Frothaire de Toul (ca 813–847), avec les lettres de Theuthilde, abbesse de Remiremont, hrsg. v. Michel PARISSE (Textes et Documents d'Histoire Medievale 2, Paris 1998) S. 11–26

GAMS, Pius Bonifacius, Series episcoporum ecclesiae catholicae quotquot innotuerunt a beato Petro apostolo 1 (Regensburg 1873)

GANSHOF, François Louis, La tractoria. Contribution à l'étude des origines du droit de gîte, in: Tijdschrift voor rechtsgeschiedenis 8 (1928) S. 69–91

– Note sur deux capitulaires non datés de Charlemagne, in: Miscellanea historica in honorem Leonis van der Essen Universitatis Catholicae in oppido Lovaniensi iam anno XXXV professoris (Leuven 1947) S. 123–133

– La fin du règne de Charlemagne: une décomposition, in: Zeitschrift für schweizerische Geschichte 28 (1948) S. 433–452

– Charlemagne et l'usage de l'écrit en matière administrative, in: Le Moyen Âge 57 (1951) S. 1–25

– Observations sur la date de deux documents administratifs émanant de Charlemagne, in: MIÖG 62 (1954) S. 83–91

– Zur Datierung eines Aachener Kapitulars Karls des Großen, in: Annalen des Historischen Vereins für den Niederrhein insbesondere das alte Erzbistum Köln 155/156 (1954) S. 62–66

– Note sur la date de deux documents administratifs émanant de Louis le Pieux. La circulaire aux archevêque de 816 et le „capitulare missorum“ de 818–819, in: Recueil des travaux offerts à M. C. Brunel 1 (Mémoires et documents 12, Paris 1955) S. 510–526

– Zur Entstehungsgeschichte und Bedeutung des Vertrages von Verdun (843), in: DA 12 (1956) S. 313–30

– Merowingisches Gesandtschaftswesen, in: Aus Geschichte und Landeskunde. Forschungen und Darstellungen. Franz Steinbach zum 65. Geburtstag gewidmet von seinen Freunden und Schülern (Bonn 1960) S. 166–183

– Karl der Große in seiner Aachener Pfalz während der Jahre 802 und 803, in: Schriftenreihe des Rheinischen Heimatbundes 8 (1961) S. 3–8

– Was waren die Kapitularien? (Weimar 1961)

– Les réformes judiciaires de Louis le Pieux, in: Comptes-rendus des séances de l'Académie des Inscriptions et Belles-Lettres 109/2 (1965) S. 418–427

– Note sur les „Capitula de causis cum episcopis et abbatibus tractandis” de 811, in: Studi Gratiana 13 (1967) S. 1–25

– Frankish institutions under Charlemagne (Providence 1968)

– Charlemagne's failure, in: The Carolingians and the Frankish monarchy. Studies in Carolingian history (London 1971) S. 256–260
– Am Vorabend der ersten Krise der Regierung Ludwigs des Frommen. Die Jahre 828 und 829, in: FmSt 6 (1972) S. 39–54
GANZ, David, *Temptabat et scribere*: Vom Schreiben in der Karolingerzeit, in: R. SCHIEFFER (Hrsg.), Schriftkultur und Reichsverwaltung S. 13–33
GARVER, Valerie Louise, Childbearing and infancy in the Carolingian world, in: Journal of the History of Sexuality 21/2 (2012) S. 208–244
GAVINELLI, Simona, Il vescovo Giuseppe di Ivrea nel circuito culturale carolingio, in: Paolino d'Aquileia e il contributo italiano all'Europa carolingia. Atti del Convegno Internazionale di Studi, Cividale del Friuli-Premariacco, 10–13 ottobre 2002, hrsg. v. P. CHIESA (Libri e biblioteche 12, Udine 2003) S. 167–196
GEARY, Patrick J., Die Provence zur Zeit Karl Martells, in: Karl Martell in seiner Zeit, hrsg. v. J. JARNUT, U. NONN und M. RICHTER (Beihefte der Francia 37, Sigmaringen 1994) S. 381–392
GEISEL, Christof, Die Juden im Frankenreich. Von den Merowingern bis zum Tode Ludwigs des Frommen (Freiburger Beiträge zur mittelalterlichen Geschichte 10, Frankfurt am Main 1998)
GEISELHART, Mathias, Die Kapitulariengesetzgebung Lothars I. in Italien (Freiburger Beiträge zur mittelalterlichen Geschichte 15, Frankfurt am Main – Berlin – Bern u.a. 2002)
GERNER, Hubert, Lyon im Frühmittelalter. Studien zur Geschichte der Stadt, des Erzbistums und der Grafschaft im 9. u. 10. Jahrhundert (Köln 1968)
GEUENICH, Dieter, Zur Stellung und Wahl des Abtes in der Karolingerzeit, in: Person und Gemeinschaft im Mittelalter. Karl Schmid zum fünfundsechzigsten Geburtstag, hrsg. v. G. ALTHOFF, D. GEUENICH, O. G. OEXLE und J. WOLLASCH (Sigmaringen 1988) S. 171–186
GIANNONI, Carl, Paulinus II. Patriarch von Aquileia. Ein Beitrag zur Kirchengeschichte Österreichs im Zeitalter Karls des Großen (Wien 1896)
GILOMEN-SCHENKEL, Elsanne (Hrsg.), Frühe Klöster, die Benediktiner und Benediktinerinnen in der Schweiz (Helvetia Sacra 3,1,2, Bern 1986)
GLANSDORFF, Sophie, Comites in regno Hludouici regis constituti. Prosopographie des détenteurs d'offices séculieren Francie orientale, de Louis le Germanique à Charles le Gros 826–887 (Instrumenta 20, Ostfildern 2011)
GLATTHAAR, Michael, Zur Datierung der Epistola generalis Karls des Großen, in: DA 66 (2010) S. 455–477
– Die drei Fassungen des Doppelkapitulars von Diedenhofen/Thionville (805/806). Entwurf – Erlass – Revision, in: DA 69 (2013) S. 443–477
– Subjektiver und indirekter Stil in den Kapitularien Karls des Großen. Ein Beitrag zur Frage ihrer Entstehung, in: DA 70 (2014) S. 1–42
GLÖCKNER, Karl, Lorsch und Lothringen, Robertiner und Capetinger, in: ZGORh 89 (NF 50) (1937) S. 301–354
GOCKEL, Michael, Karolingische Königshöfe am Mittelrhein (Veröffentlichungen des Max-Planck-Instituts für Geschichte 31, Göttingen 1970)
GODMAN, Peter (Hrsg.), Poetry of the Carolingian Renaissance (Norman 1985)
– Poets and emperors. Frankish politics and Carolingian poetry (Oxford 1987)

GOETTING, Hans, Die Bistümer der Kirchenprovinz Mainz. Das Bistum Hildesheim 3. Die Hildesheimer Bischöfe von 815 bis 1221 (1227) (Germania sacra. Neue Folge 20, Berlin – New York 1984)

GOETZ, Hans-Werner, Moderne Mediävistik. Stand und Perspektiven der Mittelalterforschung (Darmstadt 1999)

– Europa im frühen Mittelalter 500–1050 (Handbuch der Geschichte Europas 2, Stuttgart 2003)

GOFFART, Walter, The Le Mans forgeries. A chapter from the history of church property in the ninth century (Harvard Historical Studies 76, Cambridge, Mass. 1966)

GOLDBERG, Eric J., Struggle for Empire. Kingship and Conflict under Louis the German, 817–876 (Ithaca – London 2006)

GOOD, Leanne Marie, Land and Landscape: The transition from Agilolfing to Carolingian Bavaria, 700–900 (Diss. University of California, Los Angeles 2012) (URL: https://escholarship.org/uc/item/4j80j1t5)

GÖRICH, Knut, Die Reichslegaten Kaiser Friedrichs II, in: Aus der Frühzeit europäischer Diplomatie. Zum geistlichen und weltlichen Gesandtschaftswesen vom 12. bis zum 15. Jahrhundert, hrsg. v. C. ZEY und C. MÄRTL (Zürich 2008) S. 119–149

GOULLET, Monique und VULLIEZ, Charles, Etude littéraire de la correspondance, in: La correspondance d'un éveque carolingien: Frothaire de Toul (ca 813–847), avec les lettres de Theuthilde, abbesse de Remiremont, hrsg. v. M. PARISSE (Textes et Documents d'Histoire Medievale 2, Paris 1998) S. 41–55

GRABOWSKY, Annette und RADL, Clemens, The second Benedict. A review of recent scholarship, in: Benedict of Aniane, the Emperor's monk. Ardo's *life* (Cistercian studies series 220, Kalamazoo, Mich. 2008) S. 1–26

GRAUS, František, Verfassungsgeschichte des Mittelalters, in: HZ 243 (1986) S. 529–589

GRAVEL, Martin, Du rôle des *missi* impériaux dans la supervision de la vie chrétienne. Témoignage d'une collection de capitulaires du début du IXe siècle, in: Memini. Travaux et documents 11 (2007) S. 61–92

– Distances, rencontres, communications. Réaliser l'empire sous Charlemagne et Louis le Pieux (Collection Haut Moyen Âge 15, Turnhout 2012)

GREEN, Dennis H., Das Mittelalter – Eine orale Gesellschaft?, in: Mediävistik im 21. Jahrhundert. Stand und Perspektiven der internationalen und interdisziplinären Mittelalterforschung, hrsg. v. H. W. GOETZ und J. JARNUT (Paderborn 2003) S. 333–337

GRIERSON, Philip, L'origine des comtes d'Amiens, Valois et Vexin, in: Le Moyen Âge 49 (1939) S. 81–125

– Abbot Fulco and the date of the ‚Gesta abbatum Fontanellensium', in: EHR 55 (1940) S. 275–284

GROTEFEND, Hermann, Zeitrechnung des deutschen Mittelalters und der Neuzeit, 2 Bde. (Hannover 1891–1898)

GUILLOT, Olivier, L'exhortation au partage des responsabilités entre l'empereur, l'episcopat et les autres sujets vers le milieu du règne de Louis le Pieux, in: Arcana imperii (IVe–XIe siècle). Recueil d'articles (Cahiers de l'Institut d'Anthropologie Juridique 10, Limoges 2003) S. 409–430

– Une ordinatio méconnue: le capitulaire de 823–825, in: Arcana imperii (IVe–XIe siècle). Recueil d'articles (Cahiers de l'Institut d'Anthropologie Juridique 10, Limoges 2003) S. 371–408
– Des réformes carolingiennes avant la lettre? Quelques indices sur une double innovation institutionnelle remontant probablement à Charles Martel et à Pépin, maires du palais, in: Le monde carolingien. Bilan, perspectives, champs de recherches: actes du colloque international de Poitiers, Centre d'Études supérieures de Civilisation médiévale, 28–20 novembre 2004, hrsg. v. W. FALKOWSKI und Y. SASSIER (Culture et société médiévales 18, Turnhout, 2009) S. 1–29

HACK, Achim Thomas, Das Empfangszeremoniell bei mittelalterlichen Papst-Kaiser-Treffen (Forschungen zur Kaiser- und Papstgeschichte des Mittelalters. Beihefte zu J. F. BÖHMER, Regesta Imperii 18, Köln – Weimar – Wien 1999)
– Codex Carolinus. Päpstliche Epistolographie im 8. Jahrhundert, 2 Bde. (Päpste und Papsttum 35, Stuttgart 2006–2007)
HAGEN, Hermann, Theodulfi episcopi Aurelianensis De iudicibus versus (Sollemnia anniversaria conditae Universitatis et munus auspicantis novi rectoris una cum certaminibus litterariis die XIV ante kalendas Decembres rite obeunda indicit rector et senatus Universitatis Bernensis) (Bern 1882)
HAHN, Heinrich, Jahrbücher des fränkischen Reichs 741–752 (Berlin 1863)
HELTEN, Volker, Zwischen Kooperation und Konfrontation. Dänemark und das Frankenreich im 9. Jahrhundert (Köln 2011)
HAMMER, Carl I., From Ducatus to Regnum. Ruling Bavaria under the Merovingians and early Carolingians (Collection Haut Moyen Âge 2, Turnhout 2007)
HAMPE, Karl, Zur Lebensgeschichte Einhards, in: NA 21 (1896) S. 599–631
– Zur Datierung der Briefe des Bischofs Frothar von Toul, in: NA 21 (1896) S. 747–760
HANNIG, Jürgen, Pauperiores vassi de infra palatio? Zur Entstehung der karolingischen Königsbotenorganisation, in: MIÖG 91 (1983) S. 309–374
– Zentrale Kontrolle und regionale Machtbalance. Beobachtungen zum System der karolingischen Königsboten am Beispiel des Mittelrheingebietes, in: Archiv für Kulturgeschichte 66 (1984) S. 1–46
– Zur Funktion der karolingischen „missi dominici" in Bayern und in den südöstlichen Grenzgebieten, in: ZRG Germ. 101 (1984) S. 256–300
HARTMANN, Wilfried, Laien auf Synoden der Karolingerzeit, in: Annuarium Historiae Conciliorum 10 (1978) S. 249–269
– Neue Texte zur bischöflichen Reformgesetzgebung aus den Jahren 829/31, in: DA 35 (1979) S. 368–394
– Unterschriftenlisten karolingischer Synoden, in: Annuarium Historiae Conciliorum 14 (1982) S. 124–139
– Die Synoden der Karolingerzeit im Frankenreich und in Italien (Paderborn – München – Wien – Zürich 1989)
– Rechtskenntnis und Rechtsverständnis bei den Laien des früheren Mittelalters, in: Aus Archiven und Bibliotheken. Festschrift für Raymund Kottje zum 65. Geburtstag, hrsg. v. H. MORDEK (Freiburger Beiträge zur mittelalterlichen Geschichte 3, Frankfurt am Main – Bern – New York – Paris 1992) S. 1–20

– Karl der Große und das Recht, in: Karl der Große und sein Nachwirken. 1200 Jahre Kultur und Wissenschaft in Europa, hrsg. v. P. L. BUTZER, M. KERNER und W. OBERSCHELP (Turnhout 1997) S. 173–192
– Ludwig der Deutsche (Darmstadt 2002)
– Karl der Große (Urban-Taschenbücher 643, Stuttgart 2010)
HAUCK, Albert, Kirchengeschichte Deutschlands 2 (⁹Berlin 1958)
HAUSMANN, Friedrich und GAWLIK, Alfred, Arengenverzeichnis zu den Königs- und Kaiserurkunden von den Merowingern bis Heinrich VI (MGH Hilfsmittel 9, München 1987)
HÄGERMANN, Dieter, Karl der Große. Herrscher des Abendlandes. Biographie (²Berlin 2003)
– Quellenkritische Bemerkungen zu den karolingerzeitlichen Urbaren und Güterverzeichnissen, in: Strukturen der Grundherrschaft im frühen Mittelalter, hrsg. v. W. RÖSENER (Veröffentlichungen des Max-Planck-Instituts für Geschichte 92, Göttingen 1989) S. 47–73
HECHBERGER, Werner, Adel im fränkisch-deutschen Mittelalter. Zur Anatomie eines Forschungsproblems (Mittelalter-Forschungen 17, Ostfildern 2005)
HEFELE, Karl Joseph von, Conciliengeschichte 3 (²Freiburg i. Br. 1877)
HEIDECKER, Karl, The divorce of Lothar II. Christian marriage and political power in the Carolingian world, übers. v. T. M. GUEST (Conjunctions of religion and power in the medieval past, Ithaca – London 2010)
HEIDRICH, Ingrid, Titulatur und Urkunden der arnulfingischen Hausmeier, in: AfD 11/12 (1965/1966) S. 71–279
– Die Verbindung von Schutz und Immunität. Beobachtungen zu den merowingischen und frühkarolingischen Schutzurkunden für St. Calais, in: ZRG Germ. 90 (1973) S. 10–30
– Das Breve der Bischofskirche von Mâcon aus der Zeit König Pippins (751–768). Mit Textedition (avec résumé français), in: Francia 24 (1997) S. 17–38
– Befragung durch Beauftragte. Beeidung durch Betroffene. Zum Verfahren bei mittelalterlichen Besitzaufzeichnungen, in: Vierteljahrschrift für Sozial- und Wirtschaftsgeschichte 85 (1998) S. 352–358
HEIL, Wilhelm, Der Adoptianismus, Alkuin und Spanien, in: Karl der Große. Lebenswerk und Nachleben 2: Das geistige Leben, hrsg. v. W. BRAUNFELS und B. BISCHOFF (Düsseldorf 1965) S. 95–155
– Alkuinstudien I. Zur Chronologie und Bedeutung des Adoptianismusstreites (Düsseldorf 1970)
HEN, Yitzhak, Paul the deacon and the Frankish liturgy, in: Paolo Diacono. Uno scrittore fra tradizione longobarda e rinnovamento carolingio. Atti del Convegno Internazionale di Studi. Cividale del Friuli – Udine, 6–9 maggio 1999, hrsg. v. P. CHIESA (Udine 2000) S. 205–221
HENNEBICQUE-LE JAN, Régine, Prosopographica Neustrica: Les agents du roi en Neustrie de 639 à 840, in: La Neustrie. Les pays au nord de la Loire de 650 à 850. Colloque historique international 1, hrsg. v. H. ATSMA (Beihefte der Francia 16, Sigmaringen 1989) S. 231–269
HERBERS, Klaus, Der Konflikt Papst Nikolaus' I. mit Erzbischof Johannes VII. von Ravenna (861), in: Diplomatische und chronologische Studien aus der Ar-

beit an den Regesta Imperii, hrsg. v. P.-J. HEINIG (Forschungen zur Kaiser- und Papstgeschichte des Mittelalters 8, Köln – Wien 1991) S. 51–66

HEUCLIN, Jean, Les abbés des monastères neustriens 650–850, in: La Neustrie. Les pays au nord de la Loire de 650 à 850. Colloque historique international 2, hrsg. v. H. ATSMA, (Beihefte der Francia 16, Sigmaringen 1989) S. 321–340

HEUTGER, Nicolaus, Sturmius, in: BBKL 11 Sp. 149–150

HLAWITSCHKA, Eduard, Franken, Alemannen, Bayern und Burgunder in Oberitalien (774–962). Zum Verständnis der fränkischen Königsherrschaft in Italien (Forschungen zur Oberrheinischen Landesgeschichte 8, Freiburg i. Br. 1960)

– Die Vorfahren Karls des Großen, in: Karl der Große. Lebenswerk und Nachleben 1: Persönlichkeit und Geschichte, hrsg. v. W. BRAUNFELS und H. BEUMANN ([3]Düsseldorf 1967) S. 51–82

– Die Widonen im Dukat von Spoleto, in: QFIAB 63 (1983) S. 20–92

– Ratold, Bischof von Verona und Begründer von Radolfzell, in: Hegau 54/55 (1997/98) (1998) S. 5–44

HOFFMANN, Hartmut, Zur mittelalterlichen Brieftechnik, in: Spiegel der Geschichte. Festgabe für Max Braubach zum 10. April 1964, hrsg. v. K. REPGEN und S. SKALWEIT (Münster 1964) S. 141–170

HOFMEISTER, Adolf, Markgrafen und Markgrafschaften im Italischen Königreich in der Zeit von Karl dem Grossen bis auf Otto den Grossen 774–962, in: MIÖG Ergänzungsband 7 (Innsbruck 1907) S. 215–435

HOLENSTEIN, André, Die Huldigung. Rechtskultur und Herrschaftsordnung (800–1800) (Quellen und Forschungen zur Agrargeschichte 36, Stuttgart – New York 1991)

HÖLK, Erwin, Zehnten und Zehntkämpfe der Reichsabtei Hersfeld im frühen Mittelalter (Marburger Studien zur älteren deutschen Geschichte 2,4, Marburg 1933)

HOPPENBROUWERS, Peter, Leges Nationum and ethnic personality of law in Charlemagne's empire, in: Law and empire. Ideas, practices, actors, hrsg. J. F. J. Duindam u. a. (Rulers & elites. Comparative studies in governance 3, Leiden – Boston, 2013) S. 251–274

HUCK, Thomas-Sergej, Beobachtungen zur Einleitung des Strafverfahrens in fränkischer Zeit. Am Beispiel von handhafter Tat, Inquisition und Rügeverfahren, in: Hoheitliches Strafen in der Spätantike und im frühen Mittelalter, hrsg. v. J. WEITZEL (Köln – Weimar – Wien 2002) S. 191–210

HUISKES, Manfred, Andernach im Mittelalter. Von den Anfängen bis zum Ende des 14. Jahrhunderts (Rheinisches Archiv 111, Bonn 1980)

HUMMER, Hans J., Politics and power in early medieval Europe: Alsace and the Frankish Realm, 600–1000 (Cambridge Studies in Medieval Life and Thought. Fourth Series 65, Cambridge 2005)

INNES, Matthew, State and society in the early Middle Ages: The middle Rhine valley, 400–1000 (Cambridge Studies in Medieval Life and Thought. Fourth Series 47, Cambridge – New York 2000)

– ‚A place of discipline‘: Carolingian courts and aristocratic youth, in: Court culture in the early middle ages. The proceedings of the first Alcuin Conference, hrsg. v. C. CUBITT (Studies in the early middle ages 3, Turnhout 2003) S. 59–76

– Charlemagne's government, in: Charlemagne. Empire and society, hrsg. v. J. Story (Manchester – New York 2005) S. 71–89
– Introduction to early medieval Western Europe, 300–900. The sword, the plough and the book, London – New York 2007
– Charlemagne, justice and written law, in: Law, custom, and justice in late antiquity and the Early Middle Ages. Proceedings of the 2008 Byzantine Colloquium, hrsg. v. A. Rio (Centre for Hellenic Studies, King's College London. Occasional publications, London 2011) S. 155–203
Isphording, Bernd, Prüm. Studien zur Geschichte der Abtei von ihrer Gründung bis zum Tod Kaiser Lothars I. (721–855) (Quellen und Abhandlungen zur mittelrheinischen Kirchengeschichte 116, Mainz 2005)

Jahn, Joachim, Ducatus Baiuvariorum. Das bairische Herzogtum der Agilolfinger (Monographien zur Geschichte des Mittelalters 35, Stuttgart 1991)
Jänichen, Hans, Baar und Huntari, in: Grundfragen der alamannischen Geschichte (VuF 1, Sigmaringen 1952) S. 83–148
Jarnut, Jörg, Bergamo 568–1098. Verfassungs-, Sozial- und Wirtschaftsgeschichte einer lombardischen Stadt im Mittelalter (Vierteljahrschrift für Sozial- und Wirtschaftsgeschichte. Beihefte 67, Wiesbaden 1979)
Jégou, Laurent, Les déplacements des ‚missi dominici' dans l'Empire carolingien (fin VIIIe – fin IXe siècle), in: Des sociétés en mouvement. Migrations et mobilité au Moyen Âge. XLe congrès de la SHMESP (Nice, 1–6 juin 2009) (Publications de la Sorbonne. Histoire ancienne et médiévale 104, Paris 2010) S. 223–235
– Les enjeux sociaux et politiques des réformes judiciaires de Louis le Pieux (816–829), in: La productivité d'une crise. Le règne de Louis le Pieux (814–840) et la transformation de l'Empire carolingien / Produktivität einer Krise. Die Regierungszeit Ludwigs des Frommen (814–840) und die Transformation des karolingischen Imperiums, hrsg. v. Ph. Depreux und S. Esders (RELECTIO. Karolingische Perspektiven / Perspectives carolingiennes / Carolingian Perspectives 1, Ostfildern 2018) S. 205–216
Johanek, Peter, Die Raffelstetter Zollordnung und das Urkundenwesen der Karolingerzeit, in: Festschrift für Berent Schwineköper zu seinem 70. Geburtstag, hrsg. v. H. Maurer und H. Patze (Sigmaringen 1982) S. 87–103
De Jong, Mayke, The penitential state. Authority and atonement in the age of Louis the Pious, 814–840 (Cambridge 2009)
– Epitaph for an era. Politics and rhetoric in the Carolingian world (Cambridge 2019)

Kaiser, Reinhold, Karls des Großen Immunitätsprivilegien für Trier (772) und Metz (775), in: Jahrbuch für westdeutsche Landesgeschichte 2 (1976) S. 1–22
– Bischofsherrschaft zwischen Königtum und Fürstenmacht. Studien zur bischöflichen Stadtherrschaft im westfränkisch-französischen Reich im frühen und hohen Mittelalter (Pariser Historische Studien 17, Bonn 1981)
– Les évêques de Langres dans leur fonction de „missi dominici", in: Aux origines d'une seigneurie ecclésiastique. Langres et ses évêques VIIIe–XIe siècles.

Actes du colloque Langres-Ellwangen, Langres, 28 juin 1985 (Langres 1986) S. 91–113

– Royauté et pouvoir épiscopal au nord de la Gaule (VIIe–IXe siècles), in: La Neustrie. Les pays au nord de la Loire de 650 à 850. Colloque historique international 1, hrsg. v. H. ATSMA (Beihefte der Francia 16, Sigmaringen 1989) S. 143–160

– Churrätien im frühen Mittelalter. Ende 5. bis Mitte 10. Jahrhundert (2Basel 2008)

– Die *Capitula Remedii*: Veranlassung, Autorschaft und Geltungsgrund, Verbreitung und Wirkung, in: Schrift, Schriftgebrauch und Textsorten im frühmittelalterlichen Churrätien. Vorträge des internationalen Kolloquiums vom 18. bis 20. Mai 2006 im Rätischen Museum in Chur, hrsg. v. H. EISENHUT, K. FUCHS u.a. (Basel 2008) S. 146–181

KANO, Osamu, La genèse du capitulaire et son contexte diplomatique, in: Genesis of Historical Text – Text/Context, 21st Century COE Program International Conference Series No. 4. Proceedings of the Fourth International Conference. Studies for the Integrated Text Science, hrsg. v. S. SATO (Nagoya 2004) S. 91–100

KANTROWICZ, Ernst H., The Carolingian King in the Bible of San Paolo Fuori le Mura, in: Selected Studies (New York 1965) S. 82–94

KASCHKE, Sören, Tradition und Adaption. Die „Divisio regnorum" und die fränkische Herrschaftsnachfolge, in: Herrscher- und Fürstentestamente im westeuropäischen Mittelalter, hrsg. v. B. KASTEN (Norm und Struktur. Studien zum sozialen Wandel in Mittelalter und früher Neuzeit 29, Köln – Weimar – Wien 2008) S. 259–289

KASCHKE, Sören und MISCHKE, Britta, Capitularies in the Carolingian period, in: History Compass 17/10 (2019), e12592

KASTEN, Brigitte, Adalhard von Corbie. Die Biographie eines karolingischen Politikers und Klostervorstehers (Studia humaniora 3, Düsseldorf 1986)

– Erbrechtliche Verfügungen des 8. und 9. Jahrhunderts. Zugleich ein Beitrag zur Organisation und zur Schriftlichkeit bei der Verwaltung adeliger Grundherrschaften am Beispiel des Grafen Heccard aus Burgund, in: ZRG Germ. 107 (1990) S. 236–338

– Königssöhne und Königsherrschaft. Untersuchungen zur Teilhabe am Reich in der Merowinger- und Karolingerzeit (Schriften der MGH 44, Hannover 1997)

– Beneficium zwischen Landleihe und Lehen – eine alte Frage, neu gestellt, in: Mönchtum – Kirche – Herrschaft 750–1000, hrsg. v. D. R. BAUER, R. HIESTAND u.a. (Sigmaringen 1998) S. 243–260

– Laikale Mittelgewalten: Beobachtungen zur Herrschaftspraxis der Karolinger, in: Karl der Große und das Erbe der Kulturen, hrsg. v. F.-R. ERKENS (Berlin 2001) S. 54–66

– Das Lehnswesen – Fakt oder Fiktion?, in: Der frühmittelalterliche Staat – europäische Perspektiven, hrsg. v. W. POHL und V. WIESER (Denkschriften der Österreichischen Akademie der Wissenschaften, Philosophisch-Historische Klasse 386, Forschungen zur Geschichte des Mittelalters 16, Wien 2009) S. 331–353

KAUFMANN, Ekkehard, Aequitatis iudicium. Königsgericht und Billigkeit in der Rechtsordnung des frühen Mittelalters (Frankfurt am Main 1959)

KÄUPER, Sascha, Bischof Badurad von Paderborn (815–862), in: Splendor palatii. Neue Forschungen zu Paderborn und anderen Pfalzen der Karolingerzeit, hrsg. v. L. FENSKE, J. JARNUT und M. WEMHOFF (Deutsche Königspfalzen 5 = Veröffentlichungen des Max-Planck-Instituts für Geschichte 11/5, Göttingen 2001) S. 123–154

KEEFE, Susan A., Water and the Word. Baptism and the education of the clergy in the Carolingian empire, 2 Bde. (Publications in medieval studies, Notre Dame 2002)

KELLER, Hagen, Zur Struktur der Königsherrschaft im karolingischen und nachkarolingischen Italien. Der „consiliarius regis" in den italienischen Königsdiplomen des 9. und 10. Jahrhunderts, in: QFIAB 47 (1967) S. 123–223

KIENAST, Walther, Studien über die französischen Volksstämme des Frühmittelalters (Pariser Historische Studien 7, Stuttgart 1968)

– Die fränkische Vasallität. Von den Hausmeiern bis zu Ludwig dem Kind und Karl dem Einfältigen, hrsg. v. P. HERDE (Frankfurter wissenschaftliche Beiträge: Kulturwissenschaftliche Reihe 18, Frankfurt am Main 1990)

KIKUCHI, Shigeto, Carolingian capitularies as texts: significance of texts in the government of the Frankish kingdom especially under Charlemagne, in: Configuration du texte en histoire, hrsg. v. O. KANO (Global COE Program International Conference Series 12, Graduate School of Letters, Nagoya University 2012) S. 67–80

KING, P. David, Charlemagne: translated sources (Lancaster 1987)

KLEBEL, Ernst, Die Ostgrenze des Karolingischen Reiches, in: Die Entstehung des Deutschen Reiches (Wege der Forschung 1, Darmstadt 1956) S. 1–41

KLÜPPEL, Theodor, Reichenauer Hagiographie zwischen Walahfrid und Berno (Sigmaringen 1980)

KNIBBS, Eric, Ansgar, Rimbert and the forged foundations of Hamburg-Bremen (Church, faith and culture in the Medieval West, Farnham – Burlington 2011)

KOAL, Valeska, Studien zur Nachwirkung der Kapitularien in den Kanonessammlungen des Frühmittelalters (Freiburger Beiträge zur mittelalterlichen Geschichte 13, Frankfurt am Main – Berlin – Bern u.a. 2001)

KOCH, Armin, Kaiserin Judith. Eine politische Biographie (Historische Studien 486, Husum 2005)

KÖHN, Rolf, Latein und Volkssprache, Schriftlichkeit und Mündlichkeit in der Korrespondenz des lateinischen Mittelalters, in: Zusammenhänge, Einflüsse, Wirkungen. Kongressakten zum ersten Symposium des Mediävistenverbandes in Tübingen, 1984, hrsg. v. J. O. FICHTE, K. H. GÖLLER und B. SCHIMMELPFENNIG (Kongressakten zum 1. Symposium des Mediävistenverbandes, Berlin – New York 1986) S. 340–356

KÖLZER, Theo, Die merowingischen Kapitularien in diplomatischer Sicht, in: Scientia veritatis. Festschrift für Hubert Mordek zum 65. Geburtstag, hrsg. v. O. MÜNSCH und Th. ZOTZ (Ostfildern 2004) S. 13–23

– Die Edition der Urkunden Kaiser Ludwigs des Frommen, in: Zwischen Tradition und Innovation. Die Urkunden Kaiser Ludwigs des Frommen (814–840). Referate des Kolloquiums der Nordrhein-Westfälischen Akademie der Wissenschaften und der Künste am 19. April 2013 in Bonn, hrsg. v. T. KÖLZER (Abhandlungen der Nordrhein-Westfälischen Akademie der Wissenschaften und der Künste 128, Paderborn 2014) S. 15–30

KÖRNTGEN, Ludger, Studien zu den Quellen der frühmittelalterlichen Bußbücher (Quellen und Forschungen zum Recht im Mittelalter 7, Sigmaringen 1993)

KOSTO, Adam J., Hostages in the Carolingian world (714–840), in: EME 11/2 (2002) S. 123–147

KOTTJE, Raymund, Die Bussbücher Halitgars von Cambrai und des Hrabanus Maurus: ihre Überlieferung und ihre Quellen (Beiträge zur Geschichte und Quellenkunde des Mittelalters 8, Berlin – New York 1980)

KRAH, Adelheid, Absetzungsverfahren als Spiegelbild von Königsmacht. Untersuchungen zum Kräfteverhältnis zwischen Königtum und Adel im Karolingerreich und seinen Nachfolgestaaten (Untersuchungen zur deutschen Staats- und Rechtsgeschichte Neue Folge 26, Aalen 1987)

– Zur Kapitulariengesetzgebung in und für Neustrien, in: La Neustrie. Les pays au nord de la Loire de 650 à 850. Colloque historique international 1, hrsg. v. H. ATSMA (Beihefte der Francia 16, Sigmaringen 1989) S. 565–581

KRAHWINKLER, Harald, Friaul im Frühmittelalter. Geschichte einer Region vom Ende des fünften bis zum Ende des zehnten Jahrhunderts (Veröffentlichungen des Instituts für Österreichische Geschichtsforschung 30, Wien – Köln – Weimar 1992)

– ... *In loco qui dicitur Riziano* ... Zbor z Rižani pri Kopru leta 804 = Die Versammlung in Rižana/Risano bei Koper/Capodistria im Jahre 804 (Knjižnica Annales 40, Koper 2004)

KRAMER, Rutger, The exemption that proves the rule. Autonomy and authority between Alcuin, Theodulf and Charlemagne (802), in: Medieval Worlds: Comparative & Interdisciplinary Studies 6 (2017) S. 231–261

KRAUSE, Hermann, Mittelalterliche Anschauungen vom Gericht im Lichte der Formel, iustitiam facere et recipere, Recht geben und nehmen: vorgetragen am 8. November 1974 (Bayerische Akademie der Wissenschaften, Philosophisch-Historische Klasse. Sitzungsberichte. Jahrgang 1974, Heft 11, München 1974)

KRAUSE, Victor, Geschichte des Institutes der missi dominici, in: MIÖG 11 (1890) S. 193–300

KRÄNZLE, Andreas, Theodulf, Bischof (ab 800 Ebf.) von Orléans, in: BBKL 11 Sp. 1003–1008

KROESCHELL, Karl, Recht und Gericht in den merowingischen „Kapitularien“, in: La giustizia nell'alto Medioevo (secoli V–VIII). 7–13 aprile 1994 (Settimane di studio del Centro italiano di studi sull'Alto Medioevo 42, Spoleto 1995) S. 737–765

– Deutsche Rechtsgeschichte 1: Bis 1250 ([13]Köln – Weimar – Wien 2008)

KRÜGER, Karl Heinrich, Zur Nachfolgeregelung von 826 in den Klöstern Corbie und Corvey, in: Tradition als historische Kraft. Interdisziplinäre Forschungen zur Geschichte des früheren Mittelalters. Karl Hauck zum 21. 12. 1981, hrsg. v. N. KAMP und J. WOLLASCH (Berlin – New York 1982) S. 181–196

KRÜGER, Sabine, Studien zur sächsischen Grafschaftsverfassung im 9. Jahrhundert (Studien und Vorarbeiten zum historischen Atlas Niedersachsens 19, Göttingen 1950)

LABANDE, Léon Honoré, Histoire de Beauvais et de ses institutions communales jusqu'au commencement du XVe siècle (Paris 1892)
LANGENWALTER, Anna, Agobard of Lyon: An Exploration of Carolingian Jewish-Christian Relations (Diss. Uni. Toronto 2009)
LAURANSON-ROSAZ, Christian, L'Auvergne et ses marges (Velay, Gévaudan) du VIIIe au XIe siècle. La fin du monde antique? (Le Puy-en-Velay 1987)
LECLERCQ, Henri, Lyon, in: Dictionnaire d'archéologie chrétienne et de liturgie 10,1 (Paris 1931) Sp. 1–402
LE JAN, Régine, Famille et pouvoir dans le monde franc (VIIe–Xe siècle). Essai d'anthropologie sociale (Paris 1995)
LENDI W, Untersuchungen zur frühalemannischen Annalistik. Die Murbacher Annalen mit Edition (Freiburg/Schweiz 1971)
LESNE, Emile, Histoire de la propriété ecclésiastique en France (Mémoires et travaux publiés par les professeurs des Facultés catholiques de Lille 30) 2: La propriété ecclésiastique et les droits régaliens à l'époque carolingienne. Fascicule 2: Le droit du roi sur les églises et les biens d'église, VIIIe–Xe siècle (Lille 1926)
LEVILLAIN, Léon, Études sur l'abbaye de Saint-Denis à l'époque mérovingienne. IV. Les documents d'histoire économique, in: BEC 91 (1930) S. 5–65
– Essai sur le comte Eudes, fils de Harduin et de Guérinbourg. 845–871, in: Le Moyen Âge 47 (1937) S. 153–182 und S. 233–271
– Les Nibelungen historiques et leurs alliances de famille, in: Annales du Midi 49 (1937) S. 337–408
– Les Nibelungen historiques et leurs alliances de famille (Suite et fin.), in: Annales du Midi 50 (1938) S. 5–66
– Les comtes de Paris a l'époque franque, in: Le Moyen Âge 41 (1941) S. 137–205
– Note critique sur la charte du comte Étienne et de la comtesse Amaltrude de 811, in: Revue d'histoire de l'Église de France 29–115 (1943) S. 54–74
– Les personnages du nom de Bernard dans la seconde moitié du IXe siècle, in: Le Moyen Âge 53 (1947) S. 197–242
– Les personnages du nom de Bernard dans la seconde moitié du IXe siècle (bis), in: Le Moyen Âge 54 (1948) S. 1–35
– Girart, comte de Vienne. À propos d'un livre récent, in: Le Moyen Âge 55 (1949) S. 225–245
LEVISON, Wilhelm, Handschriften des Museum Meermanno- Westreenianum im Haag, in: NA 38 (1913) S. 503–524
– Das Formularbuch von Saint-Denis, in: NA 41 (1919) S. 283–304
– England and the continent in the eighth century (The Ford lectures delivered in the University of Oxford in the Hilary term, 1943, Oxford 1946)
LEWIS, Archibald Ross, The development of southern French and Catalan society, 718–1050 (Austin 1965)
LOHRMANN, Dietrich, Alcuin und Karl der Große vor ihrem Treffen 781 in Parma, in: FmSt 49 (2016) S. 1–20
LOT, Ferdinand, Notes historiques sur *Aye d'Avignon*, in: Romania 33 (1904) S. 145–162
– Mélanges carolingiens. V. Note sur le sénéchal Alard: VI. Actum et Datum, in: Le Moyen Âge 21 (1908) S. 185–209

– Études carolingiennes. I. Les comtes d'Auvergne entre 846 et 877, in: BEC 102 (1941) S. 282–291

LOT, Ferdinand und HALPHEN, Louis, Le règne de Charles le Chauve: 840–877: 1: 840–851 (Bibliothèque de l'Ecole des hautes études. Sciences historiques et philologiques 175, Paris 1909)

LOUIS, René, De l'histoire à la légende 1: Girart, Comte de Vienne (... 819–877), et ses fondations monastiques (Auxerre 1946)

LÜCK, Heiner, Der wilde Osten: Fränkische Herrschaftsstrukturen im Geltungsbereich der *Lex Saxonum* und *Lex Thuringorum* um 800, in: Von den Leges Barbarorum bis zum ius barbarum des Nationalsozialismus. Festschrift für Hermann Nehlsen zum 70. Geburtstag, hrsg. v. H. G. HERMANN, T. GUTMANN u.a., Köln – Weimar – Wien 2008) S. 118–131

LUDWIG, Uwe, Transalpine Beziehungen der Karolingerzeit im Spiegel der Gedenküberlieferung. Prosopographische und sozialgeschichtliche Studien unter besonderer Berücksichtigung des Liber vitae von San Salvatore in Brescia und des Evangeliars von Cividale (MGH Studien und Texte 25, Hannover 1999)

MABILLE, Émile (Hg.), Chroniques des Comtes d'Anjou 2: Introduction (Paris 1871)

MABILLON, Jean, Annales Ordinis S. Benedicti Occidentalium Monachorum Patriarchae 2 (Paris 1704)

MACLEAN, Simon, Kingship and politics in the late ninth century. Charles the Fat and the end of the Carolingian Empire (Cambridge Studies in Medieval Life and Thought. Fourth Series 57, Cambridge 2003)

– Legislation and politics in late Carolingian Italy: the Ravenna constitutions, in: EME 18/4 (2010) S. 394–416

MAGNOU-NORTIER, Elisabeth, La société laïque et l'Église dans la province ecclésiastique de Narbonne (zone cispyrénéenne) de la fin du VIIIe la fin du XIe siècle (Toulouse 1974)

– Note sur l'expression *iustitiam facere* dans les capitulaires carolingiens, in: Haut Moyen Âge: culture, éducation et société. Études offertes à Pierre Riché, hrsg. v. Michel SOT (La Garenne-Colombes 1990) S. 249–264

– La mission financière de Théodulf en Gaule méridionale d'après le *Contra iudices*, in: Papauté, monachisme et théories politiques. Études d'histoire médiévale offertes à Marcel Pacaut 1: Le pouvoir et l'institution ecclésiale, hrsg. v. P. GUICHARD, M. T. LORCHIN u.a. (Collection d'histoire et d'archéologie médiévales, Lyon 1994) S. 89–110

MANACORDA, Francesco, Ricerche sugli inizii della dominazione dei Carolingi in Italia (Istituto Storico Italiano per il Medio Evo. Studi storici 71–72, Rom 1968)

MANZINI, Luigi Maria, I Vescovi dell'antica Lodi, in: Archivio storico per la città e comuni del circondario di Lodi (1905) S. 28–91, S. 121–136 und S. 151–187

MAURER, Helmut, Die Bistümer der Kirchenprovinz Mainz. Das Bistum Konstanz 5. Konstanzer Bischöfe vom Ende des 6. Jahrhundert bis 1206 (Germania sacra. Neue Folge 42,1, Berlin – New York 2003)

MAYR, Gottfried, Studien zum Adel im frühmittelalterlichen Bayern (Studien zur bayerischen Verfassungs- und Sozialgeschichte. Arbeiten aus der historischen Atlasforschung in Bayern 5, München 1974)
MCCORMICK, Michael, The liturgy of war in the early middle ages: crisis, litanies, and the Carolingian monarchy, in: Viator 15 (1984) S. 1–23
– Pippin III, the embassy of Caliph al Mansur, and the Mediterranean world, in: Der Dynastiewechsel von 751. Vorgeschichte, Legitimationsstrategien und Erinnerung, hrsg. v. M. BECHER und J. JARNUT (Münster 2004) S. 221–241
– Charlemagne's survey of the Holy Land. Wealth, personnel, and buildings of a Mediterranean church between antiquity and the Middle Ages (Dumbarton Oaks medieval humanities, Washington, D.C. 2011)
MCKEON, Peter R., Hincmar of Laon and Carolingian Politics (Urbana – Chicago – London 1978)
MCKITTERICK, Rosamond, The Frankish Church and the Carolingian Reforms, 789–895 (London 1977)
– The Carolingians and the Written Word (Cambridge 1989)
– Zur Herstellung von Kapitularien: Die Arbeit des Leges-Skriptoriums, in: MIÖG 101 (1993) S. 3–16
– Unity and diversity in the Carolingian church, in: Unity and diversity in the church, hrsg. v. R. N. SWANSON (Studies in Church history 32, Oxford 1996) S. 59–82
– Perceptions of justice in Western Europe in the ninth and tenth centuries, in: La giustizia nell'alto Medioevo (secoli IX–XI) (Settimane di studio del Centro Italiano di Studi sull'Alto Medioevo 44, Spoleto 1997) S. 1075–1102
– History and Memory in the Carolingian World, Cambridge 2004
– Geschichte und Gedächtnis im frühmittelalterlichen Bayern: Virgil, Arn und der Liber Vitae von St. Peter zu Salzburg, in: Erzbischof Arn von Salzburg, hrsg. v. M. NIEDERKORN-BRUCK und A. SCHARER (Veröffentlichungen des Instituts für Österreichische Geschichtsforschung 40, Wien – München 2004) S. 68–80
– History, law and communication with the past in the Carolingian period, in: Comunicare e significare nell'alto medioevo (Settimane di studio del Centro Italiano di Studi sull'Alto Medioevo 52, Spoleto 2005) S. 941–982
– Charlemagne. The Formation of a European Identity (Cambridge 2008)
– Charlemagne's missi and their books, in: Early medieval studies in memory of Patrick Wormald, hrsg. v. S. BAXTER, C. KARKOV u.a. (Farnham – Burlington 2009) S. 253–267
– Unity and diversity in Carolingian administrative practice, in: Die Privaturkunden der Karolingerzeit, hrsg. v. P. ERHART, K. HEIDECKER und B. ZELLER (Dietikon – Zürich 2009) S. 85–94
– Court and communication in the early Middle Ages: the Frankish kingdom under Charlemagne, in: Der frühmittelalterliche Staat – europäische Perspektiven, hrsg. v. W. POHL und V. WIESER (Denkschriften der Österreichischen Akademie der Wissenschaften, Philosophisch-Historische Klasse 386, Forschungen zur Geschichte des Mittelalters 16, Wien 2009) S. 357–368

MERSIOWSKY, Mark, Regierungspraxis und Schriftlichkeit im Karolingerreich. Das Fallbeispiel der Mandate und Briefe, in: R. SCHIEFFER (Hrsg.), Schriftkultur und Reichsverwaltung S. 109–166

– Die Urkunde in der Karolingerzeit. Originale, Urkundenpraxis und politische Kommunikation, 2 Bde. (MGH Schriften 60, Wiesbaden 2015)

METZ, Wolfgang, Miszellen zur Geschichte der Widonen und Salier, vornehmlich in Deutschland, in: HJb 85 (1965) S. 1–27

– Zur Erforschung des karolingischen Reichsgutes (Erträge der Forschung 4, Darmstadt 1971)

MEYER, Hans Eugen, Die Pfalzgrafen der Merowinger und Karolinger, in: ZRG Germ. 42 (1921) S. 380–463

MEYER, Christoph H. F., Zum Streit um den Staat im frühen Mittelalter, in: Rechtsgeschichte. Zeitschrift des Max-Planck-Instituts für europäische Rechtsgeschichte 17 (2010) S. 164–175

MÉRIAUX, Charles, Thérouanne et son diocèse jusqu'à la fin de l'époque carolingienne: les étapes de la christianisation d'après les sources écrites, in: BEC 158 (2000) S. 377–406

MISCHKE, Britta, Kapitularienrecht und Urkundenpraxis unter Kaiser Ludwig dem Frommen (814–840), (Diss. Uni. Bonn 2013) (http://hss.ulb.uni-bonn.de/2013/3157/3157.htm)

– Die postume Zusammenführung einer italienischen Kapitularien-Überlieferung. Ein zerstörtes Turiner Fragment und die Handschrift Ivrea XXXIV, in: DA 74 (2018) S. 193–200

MISONNE, Daniel, Mandement inédit d'Adventius de Metz à l'occasion d'une incursion normande (mai–juin 867), in: Revue bénédictine 93 (1983) S. 71–79

MISTRY, Zubin, Ermentrude's consecration (866): queen-making rites and biblical templates for Carolingian fertility, in: EME 27/4 (2019) S. 567–588

MITTERAUER, Michael, Karolingische Markgrafen im Südosten. Fränkische Reichsaristokratie und bayerischer Stammesadel im österreichischen Raum (Archiv für österreichische Geschichte 123, Wien 1963)

MONOD, Gabriel, Les moeurs judiciaires au VIIIe siècle d'après la Paraenesis ad judices de Théodulf, in: Revue historique 35 (1887) S. 1–20

MORDEK, Hubert, Unbekannte Texte zur karolingischen Gesetzgebung. Ludwig der Fromme, Einhard und die Capitula adhuc conferenda, in: DA 42 (1986) S. 446–470

– Bibliotheca capitularium regum Francorum manuscripta. Überlieferung und Traditionszusammenhang der fränkischen Herrschererlasse (MGH Hilfsmittel 15, München 1995)

– Ein exemplarischer Rechtsstreit: Hinkmar von Reims und das Landgut Neuilly-Saint-Front, in: ZRG Kan. 83 (1997) S. 86–112

– Aachen, Frankfurt, Reims. Beobachtungen zu Genese und Tradition des „Capitulare Francofurtense“ (794), in: Das Frankfurter Konzil von 794. Kristallisationspunkt karolingischer Kultur. Akten zweier Symposien (vom 23. bis 27. Februar und vom 13. bis 15. Oktober 1994) anläßlich der 1200-Jahrfeier der Stadt Frankfurt am Main. 1: Politik und Kirche, hrsg. v. R. BERNDT (Quellen und Abhandlungen zur mittelrheinischen Kirchengeschichte 80, Mainz 1997) S. 125–148

– Fränkische Kapitularien und Kapitulariensammlungen. Eine Einführung, in: Studien zur fränkischen Herrschergesetzgebung. Aufsätze über Kapitularien und Kapitulariensammlungen – ausgewählt zum 60. Geburtstag (Frankfurt am Main – Berlin – Bruxelles u.a. 2000) S. 1–53
– Karolingische Kapitularien, in: Überlieferung und Geltung normativer Texte des frühen und hohen Mittelalters. Vier Vorträge, gehalten auf dem 35. Deutschen Historikertag 1984 in Berlin, hrsg. v. H. MORDEK (Sigmaringen 1986) S. 25–50.
Wiederabgedruckt in: DERS., Studien zur fränkischen Herrschergesetzgebung. Aufsätze über Kapitularien und Kapitulariensammlungen – ausgewählt zum 60. Geburtstag (Frankfurt am Main – Berlin – Bruxelles u.a. 2000) S. 55–80
– Weltliches Recht im Kloster Weißenburg/Elsaß. Hinkmar von Reims und die Kapitulariensammlung des Cod. Sélestat, Bibliothèque humaniste, 14 (104), in: Litterae medii aevi. Festschrift für Johanne Autenrieth zu ihrem 65. Geburtstag, hrsg. v. M. BORGOLTE und H. SPILLING (Sigmaringen 1988) S. 69–85.
Wiederabgedruckt in: DERS., Studien zur fränkischen Herrschergesetzgebung. Aufsätze über Kapitularien und Kapitulariensammlungen – ausgewählt zum 60. Geburtstag (Frankfurt am Main – Berlin – Bruxelles u.a. 2000) S. 261–278
– Kapitularien und Schriftlichkeit, in: R. SCHIEFFER (Hrsg.), Schriftkultur und Reichsverwaltung S. 34–66.
Wiederabgedruckt in: Ders., Studien zur fränkischen Herrschergesetzgebung. Aufsätze über Kapitularien und Kapitulariensammlungen – ausgewählt zum 60. Geburtstag (Frankfurt am Main – Berlin – Bruxelles u.a. 2000) S. 307–339
– Die Anfänge der fränkischen Gesetzgebung für Italien, in: QFIAB 85 (2005) S. 1–35
– Karls des Großen zweites Kapitular von Herstal und die Hungersnot der Jahre 778/779, in: DA 61 (2005) S. 1–52

MORDEK, Hubert und GLATTHAAR, Michael, Von Wahrsagerinnen und Zauberern. Ein Beitrag zur Religionspolitik Karls des Großen, in: Archiv für Kulturgeschichte 75 (1993) S. 33–64

MORDEK, Hubert und SCHMITZ, Gerhard, Neue Kapitularien und Kapitulariensammlungen, in: DA 43 (1987) S. 361–439

MÜLLENHOFF, Karl und SCHERER, Wilhelm (Hrsgg.), Denkmäler deutscher Poesie und Prosa aus dem VIII.–XII. Jahrhundert (²Berlin 1873)

MÜLLER, Heribert, Die Kirche von Lyon im Karolingerreich. Studien zur Bischofsliste des 8. und 9. Jahrhunderts, in: HJ 107 (1987) S. 225–253

MÜNSCH, Oliver, Der Liber legum des Lupus von Ferrières (Freiburger Beiträge zur mittelalterlichen Geschichte: Studien und Texte 14, Frankfurt am Main – Berlin – Bern u.a. 2001)

NEHLSEN, Hermann, Aktualität und Effektivität der ältesten germanischen Rechtsaufzeichnungen, in: Recht und Schrift im Mittelalter, hrsg. v. P. CLASSEN (VuF 23, Sigmaringen 1977) S. 449–502

NEHLSEN VON STRYK, Karin, Die boni homines des frühen Mittelalters unter besonderer Berücksichtigung der fränkischen Quellen (Freiburger rechtsgeschichtliche Abhandlungen. Neue Folge 2, Berlin 1981)

NEISKE, Franz, Konvents- und Totenlisten von Montier-en-Der, in: FmSt 14 (1980) S. 243–273

NELSON, Janet L., Charles the Bald and the church in town and countryside, in: Politics and Ritual in Early Medieval Europe (London – Ronceverte 1986) S. 75–90

– Legislation and consensus in the reign of Charles the Bald, in: Politics and Ritual in Early Medieval Europe (London – Ronceverte 1986) S. 91–116

– The church's military service in the ninth century: a contemporary comparative view?, in: Politics and Ritual in Early Medieval Europe (London – Ronceverte 1986) S. 117–132

– Dispute settlement in Carolingian West Francia, in: The Settlement of Disputes in Early Medieval Europe, hrsg. v. W. DAVIES und P. FOURACRE (Cambridge 1986) S. 45–64

– The ‚Annals of St Bertin', in: Charles the Bald. Court and kingdom, hrsg. v. M. T. GIBSON und J. L. NELSON ([2]Aldershot 1990) S. 23–40

– Literacy in Carolingian government, in: The Uses of Literacy in Early Medieval Europe, hrsg. v. R. MCKITTERICK (Cambridge – New York 1990) S. 258–296

– Charles the Bald (London – New York 1992)

– Kings with justice, kings without justice: an early medieval paradox, in: La giustizia nell'alto Medioevo (secoli IX–XI) (Settimane di studio del Centro Italiano di Studi sull'Alto Medioevo 44, Spoleto 1997) S. 797–826

– Carolingian royal funerals, in: Rituals of power: From Late Antiquity to the Early Middle Ages, hrsg. v. F. THEUWS und J. L. NELSON (Transformation of the Roman World 8, Leiden – Boston 2000) S. 131–184

– The voice of Charlemagne; in: Belief and culture in the middle ages. Studies presented to Henry Mayr-Harting, hrsg. v. R. GAMESON und H. LEYSER (Oxford 2001) S. 76–88

– Liturgy or law: misconceived alternatives?, in: Early medieval studies in memory of Patrick Wormald, hrsg. v. S. BAXTER, C. KARKOV u.a. (Farnham – Burlington 2009) S. 433–447

– How Carolingians created consensus, in: Le monde carolingien. Bilan, perspectives, champs de recherches: actes du colloque international de Poitiers, Centre d'Études supérieures de Civilisation médiévale, 28–20 novembre 2004, hrsg. v. W. FALKOWSKI und Y. SASSIER (Culture et société médiévales 18, Turnhout, 2009) S. 67–82

NERLICH, Daniel, Diplomatische Gesandtschaften zwischen Ost- und Westkaisern 756–1002 (Geist und Werk der Zeiten 92, Bern – Berlin – Bruxelles u.a. 1999)

NIERMEYER, Jan Frederik, Het midden-Nederlands rivierengebied in de Frankische tijd op grond van de *Ewa quae se ad Amorem habet,* in: Tijdschrift voor geschiedenis 66 (1953) S. 145–169

NOBLE, Thomas F. X., Louis the Pious and his piety re-reconsidered, in: Revue belge de philologie et d'histoire 58–2 (1980) S. 297–316

– The Republic of St. Peter. The birth of the Papal State, 680–825 (The Middle Ages series, Philadelphia 1984)

– Lupus of Ferrières in his Carolingian context, in: After Rome's fall. Narrators and sources of early medieval history. Essays presented to Walter Goffart, hrsg. v. A. C. MURRAY (Tronto – Buffalo – London, 1998) S. 232–250

NONN, Ulrich, Pagus und Comitatus in Niederlothringen. Untersuchungen zur politischen Raumgliederung im frühen Mittelalter (Bonner Historische Forschungen 49, Bonn 1983)

NUSBAUM, Daniel Charles, Lupus of Ferrieres: scholar, humanist, monk (Diss. Fordham University 1977)

OBREEN, H, La patrie de la „Ewa Francorum Chamavorum", in: Revue belge de philologie et d'histoire 3 (1924) S. 317–319

OELSNER, Ludwig, Jahrbücher des fränkischen Reiches unter König Pippin (Leipzig 1871)

OEXLE, Otto Gerhard, Die Karolinger und die Stadt des heiligen Arnulf, in: FmSt 1 (1967) S. 250–364

– Bischof Ebroin von Poitiers und seine Verwandten, in: FmSt 3 (1969) S. 138–210

– Le monastère de Charroux au IXe siècle, in: Le Moyen Âge 76 (1970) S. 193–204

– Forschungen zu monastischen und geistlichen Gemeinschaften im westfränkischen Bereich (Münstersche Mittelalter-Schriften 31, Bestandteil des Quellenwerkes Societas et fraternitas, München 1978)

PADBERG, Lutz E. von, Die Diskussion missionarischer Programme zur Zeit Karls des Großen, in: Am Vorabend der Kaiserkrönung. Das Epos „Karolus Magnus et Leo papa" und der Papstbesuch in Paderborn 799, hrsg. v. P. GODMAN, J. JARNUT und P. JOHANEK (Berlin 2002) S. 125–143

PANGERL, Daniel Carlo, Magnardus, Erzbischof von Rouen, in: BBKL 31 Sp. 822–823

– Nibridius, Erzbischof von Narbonne, in: BBKL 31 Sp. 969–970

– Die Metropolitanverfassung des karolingischen Frankenreiches (MGH Schriften 63, Hannover 2011)

– Die Metropolitanverfassung des karolingischen Regnum Italiae, in: ZRG Kan. 99 (2013) S. 72–104

PATT, Sarah, Studien zu den ‚Formulae imperiales'. Urkundenkonzeption und Formulargebrauch in der Kanzlei Kaiser Ludwigs des Frommen (814–840) (MGH Studien und Texte 59, Wiesbaden 2016)

PATZOLD, Steffen, Konflikte im Kloster Fulda zur Zeit der Karolinger, in: Fuldaer Geschichtsblätter 76 (2000) S. 69–162

– Die Veränderung frühmittelalterlichen Rechts im Spiegel der ‚Leges'-Reformen Karls des Großen und Ludwigs des Frommen, in: Rechtsveränderungen im politischen und sozialen Kontext mittelalterlicher Rechtsvielfalt, hrsg. v. S. ESDERS und C. REINLE (Neue Aspekte der europäischen Mittelalterforschung 5, Münster 2005) S. 63–99

– Normen im Buch. Überlegungen zu Geltungsansprüchen so genannter ‚Kapitularien', in: FmSt 41 (2007) S. 331–350

– Episcopus. Wissen über Bischöfe im Frankenreich des späten 8. bis frühen 10. Jahrhunderts (Mittelalter-Forschungen 25, Ostfildern 2008)
– Consensus – Concordia – Unitas. Überlegungen zu einem politisch-religiösen Ideal der Karolingerzeit, in: Exemplaris Imago. Ideale in Mittelalter und Früher Neuzeit, hrsg. v. N. STAUBACH (Tradition, Reform, Innovation 15, Frankfurt am Main 2012) S. 31–56
– Ich und Karl der Große. Das Leben des Höflings Einhard (Stuttgart 2013)
– Benedictus Levita I, 279 – ein echtes Capitulum von 829? Vorarbeiten zur Neuedition der Kapitularien Ludwigs des Frommen, in: DA, 70 (2014) S. 67–86
– Das sogenannte ‚Capitulare Aquisgranense' Karls des Großen und die letzte Reforminitiative Ludwigs des Frommen im Jahr 829, in: DA, 71–2 (2015) S. 459–473
– Integration durch Kommunikation. Ein Versuch über Herrscher, missi und Kapitularien im Karolingerreich, in: Die Interaktion von Herrschern und Eliten in imperialen Ordnungen des Mittelalters, hrsg. v. W. DREWS (Das Mittelalter. Perspektiven mediävistischer Forschung. Beihefte 8, Berlin – Boston, 2018) S. 191–211

PAULUS, Christof, Das Pfalzgrafenamt in Bayern im Frühen und Hohen Mittelalter (Studien zur bayerischen Verfassungs- und Sozialgeschichte 25, München 2007)

PERELS, Ernst, Ein erhaltener Brief aus der verschollenen Fuldaer Briefsammlung, in: NA 30 (1905) S. 145–147
– Papst Nikolaus I. und Anastasius Bibliothecarius. Ein Beitrag zur Geschichte des Papsttums in neunten Jahrhundert (Berlin 1920)

PETERS, Ralf, Die Entwicklung des Grundbesitzes der Abtei Saint-Denis in merowingischer und karolingischer Zeit (Aachen 1993)

PIJCKE, Jacques, Fulrad (Saint), abbé de Saint-Denis, in: DHGE 19 (1981) Sp. 383–385
– Fulrad, abbé de Saint-Quentin et de Lobbes, in: DHGE 19 (1981) Sp. 386–387

PIVANO, Silvio, Il „comitato" di Parma e la „marca" lombardo-emiliana, in: Archivio storico per le province Parmensi NS 22 (1922) S. 1–80
– Le famiglie comitali di Parma dal secolo IX all' XI, in: Archivio storico per le province Parmensi NS 22 (1922) S. 501–525

PLATELLE, H., Foulques, archevêque de Reims de 883 à 900, in: DHGE 17 (1971) Sp. 1309–1312

POHL, Walter, Die Awaren. Ein Steppenvolk in Mitteleuropa 567–822 n. Chr (Frühe Völker) ([2]München 2002)
– Probleme einer Sinngeschichte ethnischer Gemeinschaften. Identität und Tradition, in: Leges – Gentes – Regna. Zur Rolle von germanischen Rechtsgewohnheiten und lateinischer Schrifttradition bei der Ausbildung der frühmittelalterlichen Rechtskultur, hrsg. v. G. DILCHER und E.-M. DISTLER (Berlin 2006) S. 51–67

POHL, Walter und WIESER, Veronika (Hrsgg.), Der frühmittelalterliche Staat – europäische Perspektiven (Denkschriften der Österreichischen Akademie der Wissenschaften, Philosophisch-Historische Klasse 386, Forschungen zur Geschichte des Mittelalters 16, Wien 2009)

POKORNY, Rudolf, Ein unbekannter Synodalsermo Arns von Salzburg, in: DA 39 (1983) S. 379–394
– Eine Brief-Instruktion aus dem Hofkreis Karls des Großen an einen geistlichen Missus, in: DA 52 (1996) S. 57–83
PONESSE, Matthew, Standing distant from the fathers. Smaragdus of Saint-Mihiel and the reception of early medieval learning, in: Traditio 67 (2012) S. 71–99
PÖSSEL, Christina, Authors and recipients of Carolingian capitularies, 779–829, in: Texts and identities in the early middle ages, hrsg. v. R. CORRADINI, R. MEENS u.a. (Forschungen zur Geschichte des Mittelalters 12, Wien 2006) S. 253–274
PRINZ, Friedrich, Klerus und Krieg im früheren Mittelalter. Untersuchungen zur Rolle der Kirche beim Aufbau der Königsherrschaft (Monographien zur Geschichte des Mittelalters 2, Stuttgart 1971)
PYCKE, Jacques, Hugues l'Abbé, in: DHGE 25 (1995) Sp. 179–186

RAACH, Theo, Kloster Mettlach/Saar und sein Grundbesitz. Untersuchungen zur Frühgeschichte und zur Grundherrschaft der ehemaligen Benediktinerabtei im Mittelalter (Quellen und Abhandlungen zur mittelrheinischen Kirchengeschichte 19, Mainz 1974)
RAAIJMAKERS, Janneke Ellen, Sacred time, sacred space. History and identity at the monastery of Fulda (744–856) (Diss. Uni. Amsterdam 2003)
– The making of the monastic community of Fulda, c.744 – c.900 (Cambridge Studies in Medieval Life and Thought. Fourth Series 83, Cambridge 2012)
RÄDLE, Fidel, Studien zu Smaragd von Saint-Mihiel (Medium aevum 29, München 1974)
RAPPMANN, Roland, Das Totengedenken der Abtei: Necrologien und kommemorierte Personen, in: Die Reichenauer Mönchsgemeinschaft und ihr Totengedenken im frühen Mittelalter, hrsg. von R. RAPPMANN und A. ZETTLER (Archäologie und Geschichte 5, Sigmaringen 1998) S. 279–524
REINDEL, Kurt, Grundlegung: Das Zeitalter der Agilolfinger (bis 788), in: Handbuch der Bayerischen Geschichte 1, hrsg. v. M. SPINDLER (²München 1981) S. 97–245
REUTER, Timothy, Assembly politics in western Europe from the eighth century to the twelfth, in: The Medieval World, hrsg. v. P. LINEHAN und J. L. NELSON (London – New York 2001) S. 432–450
REVIRON, Jean, Jonas d'Orléans et son „De institutione regia". Les idées politico-religieuses d'un évêque du IXe siècle (L'église et l'état au moyen âge 1, Paris 1930)
RICHÉ, Pierre, Les réfugiés wisigoths dans le monde carolingien, in: L'Europe héritière de l'Espagne wisigothique. Colloque international du C.N.R.S. tenu à la Fondation Singer-Polignac (Paris, 14 – 16 mai 1990), hrsg. v. J. FONTAINE (Collection de la Casa de Velázquez 35, Madrid 1992) S. 177–183
RICHTER, Michael, Die Sprachenpolitik Karls des Großen, in: Sprachwissenschaft 7 (1982) S. 412–437
RIESENBERGER, Dieter, Prosopographie der päpstlichen Legaten von Stephan II. bis Silvester II. (Freiburg i. Br. 1967)

Rio, Alice, Legal Practice and the Written Word in the Early Middle Ages. Frankish Formulae, c. 500–1000 (Cambridge Studies in Medieval Life and Thought. Fourth Series 75, Cambridge – New York 2009)

Rosenthal, Joel T., The public assembly in the time of Louis the Pious, in: Traditio 20 (1964) S. 25–40

Rösener, Werner, Königshof und Herrschaftsraum: Norm und Praxis der Hof- und Reichsverwaltung im Karolingerreich, in: Uomo e spazio nell'alto medioevo. 4–8 aprile 2002 (Settimane di Studio del Centro Italiano di studi sull'Alto medioevo 50, Spoleto 2003) S. 443–478

Salten, Oliver, Vasallität und Benefizialwesen im 9. Jahrhundert. Studien zur Entwicklung personaler und dinglicher Beziehungen im frühen Mittelalter (Texte zur historischen Forschung und Lehre 1, Hildesheim 2013)

Sassier, Yves, Les Carolingiens et Auxerre, in: L'école carolingienne d'Auxerre de Murethach à Remi 830–908. Entretiens d'Auxerre 1989, hrsg. v. D. Iogna-Prat, C. Jeudy und G. Lobrichon (Paris 1991) S. 21–36

– Représentation, délégation, Ministerium dans les textes législatifs et parénétiques du règne de Louis le Pieux, in: La productivité d'une crise. Le règne de Louis le Pieux (814–840) et la transformation de l'Empire carolingien / Produktivität einer Krise. Die Regierungszeit Ludwigs des Frommen (814–840) und die Transformation des karolingischen Imperiums, hrsg. v. Ph. Depreux und S. Esders (RELECTIO. Karolingische Perspektiven / Perspectives carolingiennes / Carolingian Perspectives 1, Ostfildern 2018) S. 175–184

Sato, Shoichi, À propos du plaid judiciaire pour la restitution du patrimoine ecclésiastique de Narbonne en 782, in: Thématique et rêve d'un éternel globetrotter. Mélanges offerts à Shin-ichi Ichikawa, hrsg. v. S. Fujii, Y. Sumi und S. Tada (Tokyo 2003) S. 34–49

Savio, Fedele, Gli antichi vescovi d'Italia dalle origini al 1300 descritti per regioni, 1: Piemonte (Turin 1899)

– Gli antichi vescovi d'Italia dalle origini al 1300 descritti per regioni, 2: Lombardia. 1. Milano, (Florenz 1913)

– Gli antichi vescovi d'Italia dalle origini al 1300 descritti per regioni, 2: Lombardia. 2,1. Bergamo – Brescia – Como (Florenz 1929)

Schaller, Dieter, Philologische Untersuchungen zu den Gedichten Theodulfs von Orléans, in: DA 18 (1962) S. 13–91

– Briefgedichte als Zeitzeugen: Thodulfs Sturz 817/818, in: Aus Archiven und Bibliotheken. Festschrift für Raymund Kottje zum 65. Geburtstag, hrsg. v. H. Mordek (Freiburger Beiträge zur mittelalterlichen Geschichte 3, Frankfurt am Main – Bern – New York – Paris 1992) S. 107–119

– Der Dichter des „Carmen de conversione Saxonum“, in: Studien zur lateinischen Dichtung des Frühmittelalters (Quellen und Untersuchungen zur lateinischen Philologie des Mittelalters 11, Stuttgart 1995) S. 313–331 mit Nachträgen (S. 429f.)

– Pippins Heimkehr von Avarensieg (Angilbert, carm. 1), in: Studien zur lateinischen Dichtung des Frühmittelalters (Quellen und Untersuchungen zur lateinischen Philologie des Mittelalters 11, Stuttgart 1995) S. 332–345 mit Nachträgen (S. 430)

SCHÄPERS, Maria, Lothar I. (795 – 855) und das Frankenreich (Rheinisches Archiv 159, Wien – Köln – Weinar 2018)

SCHEFERS, Hermann (Hrsg.), Einhard. Studien zu Leben und Werk (Arbeiten der Hessischen Historischen Kommission NF 12, Darmstadt 1997)

SCHEFFER-BOICHORST, Paul, Zur Geschichte der Reichsabtei Erstein, in: ZGORh 43 (1889) S. 283–299

SCHENK ZU SCHWEINSBERG, Guntram Freiherr, Reims in merowingischer Zeit: Stadt, Civitas, Bistum. Anhang: Die Geschichte der Reimser Bischöfe in karolingischer Zeit bis zur Bischofserhebung Hinkmars (845) (Bonn 1971)

SCHERER, Cornelia, Der Pontifikat Gregors IV. (827–844). Vorstellungen und Wahrnehmungen päpstlichen Handelns im 9. Jahrhundert (Päpste und Papsttum 42, Stuttgart 2013)

SCHERZER, Walter, Der Übergang des Klosters St. Gumbert zu Ansbach aus dem Besitz Karls des Großen in die Zuständigkeit Bischof Bernwelfs von Würzburg (Ein Beitrag zur Diplomatik Karls des Großen und Ludwigs des Frommen), in: Würzburger Diözesangeschichtsblätter 14/15 (= Herbipolis jubilans. 1200 Jahre Bistum Würzburg. Festschrift zur Säkularfeier der Erhebung der Kiliansreliquien, 1952) S. 97–117

SCHIEFFER, Rudolf, Die Entstehung von Domkapiteln in Deutschland (Bonner Historische Forschungen 43, Bonn 1976)

– Möglichkeiten und Grenzen der biographischen Darstellung frühmittelalterlicher Persönlichkeiten: Zu dem neuen Hinkmar-Buch von J. Devisse, in: HZ 229/1 (1979) S. 85–95

– Regno e Chiesa sotto Carlo il Calvo, in: Giovanni Scoto nel suo tempo. L'organizzazione del sapere in età carolingia. Atti del XXIV Convegno storico internazionale Todi, 11–14 ottobre 1987 (Spoleto 1989) S. 1–24

– (Hrsg.), Schriftkultur und Reichsverwaltung unter den Karolingern. Referate des Kolloquiums der Nordrhein-Westfälischen Akademie der Wissenschaften am 17./18. Februar 1994 in Bonn (Abhandlungen der Nordrhein-Westfälischen Akademie der Wissenschaften 97, Opladen 1996)

– Karl der Große, die *schola Francorum* und die Kirchen der Fremden in Rom, in: Römische Quartalschrift für christliche Altertumskunde und Kirchengeschichte 93 (1998) S. 20–37

– Arn von Salzburg und die Kaiserkrönung Karls des Großen, in: Bayern und Italien. Politik, Kultur, Kommunikation (8.–15. Jahrhundert). Festschrift für Kurt Reindel zum 75. Geburtstag, hrsg. v. H. DOPSCH, S. FREUND und A. SCHMID (ZBLG. Beiheft. Reihe B 18, München 2001) S. 104–121

– Karl der Große – Intentionen und Wirkungen, in: Karl der Große und das Erbe der Kulturen, hrsg. v. F.-R. ERKENS (Berlin 2001) S. 3–14

– Das Attentat auf Papst Leo III, in: Am Vorabend der Kaiserkrönung. Das Epos „Karolus Magnus et Leo papa" und der Papstbesuch in Paderborn 799, hrsg. v. P. GODMAN, J. JARNUT und P. JOHANEK (Berlin 2002) S. 75–85

– Die Zeit des Karolingischen Großreichs (714–887) (Gebhardt Handbuch der deutschen Geschichte 2, [10]Stuttgart 2005)

– Die Einheit des Karolingerreiches als praktisches Problem und als theoretische Forderung, in: Fragen der politischen Integration im mittelalterlichen Europa, hrsg. v. W. MALECZEK (VuF 63, Ostfildern 2005) S. 33–47

– Karl der Große und die Einsetzung der Bischöfe im Frankenreich, in: DA 63 (2007) S. 451–467
– Die Karolinger (Urban-Taschenbücher 411, [5]Stuttgart – Berlin – Köln 2014)
– Ein Schwiegersohn Lothars I., in: DA 71 (2015) S. 179–184
– Kaiser Ludwig der Fromme und die Klöster, in: 817 – Die urkundliche Ersterwähnung von Villingen und Schwenningen. Alemannien und das Reich in der Zeit Kaiser Ludwigs des Frommen, hrsg. v. J. DENDORFER, H. MAULHARDT u.a. (Veröffentlichung des Alemannischen Instituts Freiburg i. Br. 83, Veröffentlichungen des Stadtarchivs und der Städtischen Museen Villingen-Schwenningen 39, Ostfildern 2017) S. 113–122
SCHIEFFER, Theodor, Erzbischof Richulf 787–813, in: Jahrbuch für das Bistum Mainz 5 (1950) S. 329–342
– Angelsachsen und Franken. Zwei Studien zur Kirchengeschichte des 8. Jahrhunderts (Abhandlungen der Geistes- und Sozialwissenschaftlichen Klasse / Akademie der Wissenschaften und der Literatur 1950, 20, Wiesbaden 1951)
– Die Urkunden Lothars I. für Lyon, in: AfD 9/10 (1963/64) S. 1–41
– Die Urkunden Lothars I. (Einleitung zur Edition), in: Die Urkunden Lothars I. und Lothars II. (MGH Diplomata Karolinorum 3, Berlin – Zürich 1966) S. 1–50
SCHLESINGER, Walter, Die Entstehung der Landesherrschaft. Untersuchungen vorwiegend nach mitteldeutschen Quellen (Sächsische Forschungen zur Geschichte 1, Dresden 1941)
SCHMALE, Franz-Josef, Das Bistum Würzburg und seine Bischöfe im früheren Mittelalter, in: ZBLG 29 (1966) S. 616–661
SCHMID, Karl, Kloster Hirsau und seine Stifter (Forschungen zur oberrheinischen Landesgeschichte 9, Freiburg i. Br. 1959)
– Von Hunfrid zu Burkard. Bemerkungen zur rätischen Geschichte aus der Sicht von Gedenkbucheinträgen, in: Geschichte und Kultur Churrätiens. Festschrift für Pater Iso Müller OSB zu seinem 85. Geburtstag, hrsg. v. U. BRUNOLD und L. DEPLAZES (Disentis 1986) S. 181–209
SCHMID, Karl und OEXLE, Otto Gerhard, Voraussetzungen und Wirkung des Gebetsbundes von Attigny, in: Francia 2 (1974) S. 71–122
SCHMIDT-WIEGAND, Ruth, Stammesrecht und Volkssprache in karolingischer Zeit, in: Stammesrecht und Volkssprache. Ausgewählte Aufsätze zu den Leges barbarorum. Festgabe für Ruth Schmidt-Wiegand zum 1. 1. 1991, hrsg. v. D. HÜPPER, C. SCHOTT, H. HÖFINGHOFF und U. LADE-MESSERSCHMIED (Weinheim 1991) S. 148–180
SCHMITT, Johannes, Untersuchungen zu den Liberi Homines der Karolingerzeit (Frankfurt am Main – Bern 1977)
SCHMITZ, Gerhard, Hinkmar von Reims, die Synode von Fismes 881 und der Streit um das Bistum Beauvais, in: DA 35 (1979) S. 463–486
– Wucher in Laon: Eine neue Quelle zu Karl dem Kahlen und Hinkmar von Reims, in: DA 37 (1981) S. 529–558
– Zur Kapitulariengesetzgebung Ludwigs des Frommen, in: DA 42 (1986) S. 471–516
– Die Reformkonzilien von 813 und die Sammlung des Benedictus Levita, in: DA 56 (2000) S. 1–31

SCHNEEWEISS, Jens, Neue Überlegungen zur Lokalisierung von Schezla, in: Archäologische Berichte des Landkreises Rotenburg (Wümme) 16 (2010) S. 119–161

SCHNEIDER, Fedor, Die Reichsverwaltung in Toscana. Von der Gründung des Langobardenreiches bis zum Ausgang der Staufer (568–1268) (Bibliothek des Preußischen Historischen Instituts in Rom 11, Rom 1914)

SCHNEIDER, Gerhard, Erzbischof Fulco von Reims (883–900) und das Frankenreich (Münchener Beiträge zur Mediävistik und Renaissance-Forschung 14, München 1973)

SCHNEIDER, Herbert, Karolingische Kapitularien und ihre bischöfliche Vermittlung. Unbekannte Texte aus dem Vaticanus latinus 7701, in: DA 63 (2007) S. 469–496

SCHNEIDER, Olaf, Die Königserhebung Pippins 751 in der Erinnerung der Karolingischen Quellen: Die Glaubwürdigkeit der Reichsannalen und die Verformung der Vergangenheit, in: Der Dynastiewechsel von 751. Vorgeschichte, Legitimationsstrategien und Erinnerung, hrsg. v. M. BECHER und J. JARNUT (Münster 2004) S. 243–275

SCHNEIDER, Reinhard, Brüdergemeine und Schwurfreundschaft. Der Auflösungsprozeß des Karlingerreiches im Spiegel der caritas-Terminologie in den Verträgen der karlingischen Teilkönige des 9. Jahrhunderts (Historische Studien 388, Lübeck – Hamburg 1964)

– Zur rechtlichen Bedeutung der Kapitularientexte, in: DA 23 (1967) S. 272–294

– Schriftlichkeit und Mündlichkeit im Bereich der Kapitularien, in: Recht und Schrift im Mittelalter, hrsg. v. P. CLASSEN (VuF 23, Sigmaringen 1977) S. 257–279

– Das Frankenreich (Oldenbourg-Grundriß der Geschichte 5, ⁴München 2001)

SCHNEIDMÜLLER, Bernd, Die Welfen. Herrschaft und Erinnerung (819–1252) (Urban-Taschenbücher 465, ²Stuttgart 2014)

– Konsensuale Herrschaft. Ein Essay über Formen und Konzepte politischer Ordnung im Mittelalter, in: Reich, Regionen und Europa in Mittelalter und Neuzeit. Festschrift für Peter Moraw, hrsg. v. P.-J. HEINIG, S. JAHNS u.a. (Historische Forschungen 67, Berlin 2000) S. 53–87

SCHOLZ, Sebastian, Normierung durch Konzile. Die Reformsynoden von 813 und das Problem der Überschneidung von geistlicher und weltlicher Sphäre, in: Charlemagne. Les temps, les espaces, les hommes, hrsg. v. R. GROSSE und M. SOT (Haut Moyen Âge 34, Turnhout 2018) S. 271–280

SCHRAMM, Percy Ernst, Der König von Frankreich. Das Wesen der Monarchie vom 9. zum 16. Jahrhundert. Ein Kapitel aus der Geschichte des abendländischen Staates, 2 Bde. (²Weimar 1960)

SCHREIBMÜLLER, Hermann, Audulf. Der frühest bezeugte Graf im Taubergau, in: Mainfränkisches Jahrbuch für Geschichte und Kunst 3 (1951) S. 53–69

SCHRÖR, Matthias, Aufstieg und Fall des Erzbischofs Ebo von Reims, in: Streit am Hof im frühen Mittelalter, hrsg. v. M. BECHER und A. PLASSMANN (Super alta perennis. Studien zur Nachwirkung der Klassischen Antike 11, Göttingen 2011) S. 203–221

SCHRÖRS, Heinrich, Hinkmar, Erzbischof von Reims. Sein Leben und seine Schriften (Freiburg i. Br. 1884)

SCHULZE, Hans K., Die Grafschaftsverfassung der Karolingerzeit in den Gebieten östlich des Rheins (Schriften zur Verfassungsgeschichte 19, Berlin 1973)

SCHWARZMAIER, Hansmartin, Lucca und das Reich bis zum Ende des 11. Jahrhunderts. Studien zur Sozialstruktur einer Herzogstadt in der Toskana (Bibliothek des Deutschen Historischen Instituts in Rom 41, Tübingen 1972)

SCIOR, Volker, Stimme, Schrift und Performanz. ‚Übertragungen' und ‚Reproduktionen' durch frühmittelalterliche Boten, in: Übertragungen. Formen und Konzepte von Reproduktion in Mittelalter und Früher Neuzeit, hrsg. v. B. BUSSMANN, A. HAUSMANN u.a. (Trends in medieval philology 5, Berlin – New York 2005) S. 77–99

– Vergegenwärtigung. Zur Präsenz des Boten in der brieflichen Kommunikation, in: Frühmittelalterliche Briefe. Übermittlung und Überlieferung (4.–11. Jahrhundert) = La lettre au haut Moyen Age. Transmission et tradition épistolaires (IVe–XIe siècles), hrsg. v. T. DESWARTE, K. HERBERS und C. SCHERER (Beihefte zum Archiv für Kulturgeschichte 84, Köln – Weimar – Wien 2018) S. 35–50

SCREEN, Elina, Lothar I: the man and his entourage, in: De la mer du Nord à la Méditerranée. Francia Media, une région au cœur de l'Europe, hrsg. v. M. GAILLARD, M. MARGUE u.a. (Publications du CLUDEM 25, Luxemburg 2011) S. 255–274

SECKEL, Emil, Studien zu Benedictus Levita VI, in: NA 31 (1906) S. 59–139 und S. 238f.

SEELIGER, Gerhard, Die Kapitularien der Karolinger, München 1893

– Volksrecht und Königsrecht? Untersuchungen zur fränkischen Verfassungs- und Rechtsgeschichte, in: Historische Vierteljahrschrift NF 1 (1898) S. 1–40 und S. 313–369

SELLE-HOSBACH, Karin, Prosopographie merowingischer Amtsträger in der Zeit von 511 bis 613 (Bonn 1974)

SELLERT, Wolfgang, Aufzeichnung des Rechts und Gesetz, in: Das Gesetz in Spätantike und frühem Mittelalter. 4. Symposion der Kommission „Die Funktion des Gesetzes in Geschichte und Gegenwart", hrsg. v. W. SELLERT (Abhandlungen der Akademie der Wissenschaften in Göttingen, Phil.-Hist. Kl., 3. Folge 196, Göttingen 1992) S. 67–102

SEMMLER, Josef, Studien zum Supplex Libellus und zur anianischen Reform in Fulda, in: Zeitschrift für Kirchengeschichte 69 (1958) S. 268–298

– Reichsidee und kirchliche Gesetzgebung, in: Zeitschrift für Kirchengeschichte 71 (1960) S. 37–65

– Zur Überlieferung der monastischen Gesetzgebung Ludwigs des Frommen, in: DA 16 (1960) S. 309–388

– Zu den bayrisch-westfränkischen Beziehungen in karolingischer Zeit, in: ZBLG 29 (1966) S. 344–424

– Corvey und Herford in der benediktinischen Reformbewegung des 9. Jahrhunderts, in: FmSt 4 (1970) S. 289–319

– Die Geschichte der Abtei Lorsch von der Gründung bis zum Ende der Salierzeit (764–1125), in: Die Reichsabtei Lorsch. Festschriften zum Gedenken an ihre Stiftung 764, hrsg. v. F. KNÖPP (Darmstadt 1973) S. 75–173

– Chrodegang, Bischof von Metz 747–766, in: Die Reichsabtei Lorsch. Festschriften zum Gedenken an ihre Stiftung 764, hrsg. v. F. KNÖPP (Darmstadt 1973) S. 229–245
– Episcopi potestas und karolingische Klosterpolitik, in: Mönchtum, Episkopat und Adel zur Gründungszeit des Klosters Reichenau, hrsg. v. A. BORST (VuF 20, Sigmaringen 1974) S. 305–395
– *Iussit ... princeps renovare ... praecepta.* Zur verfassungsrechtlichen Einordnung der Hochstifte und Abteien in die Karolingische Reichskirche, in: Consuetudines monasticae. Eine Festgabe für Kassius Hallinger aus Anlass seines 70. Geburtstages, hrsg. v. J. F. ANGERER und J. LENZENWEGER (Studia Anselmiana 85, Rom 1982) S. 97–124
– Benedictus II: una regula – una consuetudo, in: Benedictine culture 750 – 1050, hrsg. v. W. LOURDAUX und D. VERHELST (Mediaevalia Lovaniensia. Series 1: Studia 11, Leuven 1983) S. 1–49
– Die Aufrichtung der karolingischen Herrschaft in nördlichen Burgund im 8. Jahrhundert, in: Aux origines d'une seigneurie ecclésiastique. Langres et ses évêques VIIIe–XIe siècles. Actes du colloque Langres-Ellwangen, Langres, 28 juin 1985 (Langres 1986) S. 19–42
– Saint-Denis. Von der bischöflichen Coemeterialbasilika zur königlichen Benediktinerabtei, in: La Neustrie. Les pays au nord de la Loire de 650 à 850. Colloque historique international 2, hrsg. v. H. ATSMA (Beihefte der Francia 16, Sigmaringen 1989) S. 75–123
– *Renovatio Regni Francorum.* Die Herrschaft Ludwigs des Frommen im Frankenreich 814–829/830, in: Charlemagne's heir: New perspectives on the reign of Louis the Pious (814–840), hrsg. v. P. GODMAN und R. COLLINS (Oxford 1990) S. 125–146
– Benediktinische Reform und kaiserliches Privileg. Zur Frage des institutionellen Zusammenschlusses der Klöster um Benedikt von Aniane, in: Institutionen und Geschichte. Theoretische Aspekte und mittelalterliche Befunde, hrsg. v. G. MELVILLE (Norm und Struktur. Studien zum sozialen Wandel in Mittelalter und früher Neuzeit 1, Köln – Weimar – Wien 1992) S. 259–293
– Die Kanoniker und ihre Regel im 9. Jahrhundert, in: Studien zum weltlichen Kollegiatstift in Deutschland, hrsg. v. I. CRUSIUS (Veröffentlichungen des Max-Planck-Instituts für Geschichte 114, Studien zur Germania Sacra 18, Göttingen 1995) S. 62–109
– Administration und Schriftlichkeit im Dienste der Reform, in: R. SCHIEFFER (Hrsg.), Schriftkultur und Reichsverwaltung S. 67–84
– Der Dynastiewechsel von 751 und die fränkische Königssalbung (Düsseldorf 2003)
– Verdient um das karolingische Königtum und den werdenden Kirchenstaat: Fulrad von Saint-Denis, in: Scientia veritatis. Festschrift für Hubert Mordek zum 65. Geburtstag, hrsg. v. O. MÜNSCH und Th. ZOTZ (Ostfildern 2004) S. 91–115
SETTIPANI, Christian, La préhistoire des Capétiens 481–987. Première partie – Mérovingiens, Carolingiens et Robertiens. Avec la collaboration de Patrick Van KERREBROUCK, préface de Karl Ferdinand WERNER (Nouvelle histoire généalogique de l'auguste maison de France, 1,1, Villeneuve d'Ascq 1993)

– La noblesse du Midi carolingien. Etudes sur quelques grandes familles d'Aquitaine et du Languedoc du IXe au XIe siècles. Toulousain, Perigord, Limousin, Poitou, Auvergne (Prosopographica et genealogica 5, Oxford 2004)

SEVERUS, Emmanuel von, Benedikt von Aniane (ca. 750–821), in: TRE 5 (1980) S. 535–538

SEYFARTH, Erich, Fränkische Reichsversammlungen unter Karl dem Großen und Ludwig dem Frommen (Borna – Leipzig 1910)

SICKEL, Theodor, Lehre von den Urkunden der ersten Karolinger (751–840) (Acta Karolinorum digesta et enarrata. Die Urkunden der Karolinger 1, Wien 1867)

SIEMS, Harald, Studien zur Lex Frisionum (Abhandlungen zur rechtswissenschaftlichen Grundlagenforschung 42, Ebelsbach 1980)

– Handel und Wucher im Spiegel frühmittelalterlicher Rechtsquellen (Schriften der MGH 35, Hannover 1992)

– Bestechliche und ungerechte Richter in frühmittelalterlichen Rechtsquellen, in: La giustizia nell'alto Medioevo (secoli V–VIII). 7–13 aprile 1994 (Settimane di studio del Centro Italiano di Studi sull'Alto Medioevo 42, Spoleto 1995) S. 509–567

– Recht in Rätien zur Zeit Karls des Großen. Ein Beitrag zu den Capitula Remedii in: Wandel und Konstanz zwischen Bodensee und Lombardei zur Zeit Karls des Grossen. Kloster St. Johann in Müstair und Churrätien, hrsg. v. Hans Rudolf SENNHAUSER (Acta Müstair 3, Zürich 2013) S. 199–238

SIERCK, Michael, Festtag und Politik. Studien zur Tagewahl karolingischer Herrscher (Beihefte zum Archiv für Kulturgeschichte 38, Köln 1995)

SIMSON, Bernhard, Der Poëta Saxo und der angebliche Friedensschluss Karls des Grossen mit den Sachsen, in: NA 32 (1907) S. 27–50

SMITH, Julia M. H., Province and empire. Brittany and the Carolingians (Cambridge Studies in Medieval Life and Thought. Fourth Series 18, Cambridge – New York – Port Chester u.a. 1992)

SOUSA COSTA, Annette de, Studien zu volkssprachigen Wörtern in karolingischen Kapitularien (Studien zum Althochdeutschen 21, Göttingen 1993)

SPRINGER, Matthias, Die Sachsen (Urban-Taschenbücher 598, Stuttgart 2004)

STAAB, Franz, Untersuchungen zur Gesellschaft am Mittelrhein in der Karolingerzeit (Geschichtliche Landeskunde 11, Wiesbaden 1975)

STECK, Wolfgang, Der Liturgiker Amalarius. Eine quellenkritische Untersuchung zu Leben und Werk eines Theologen der Karolingerzeit (Münchener theologische Studien 1, Historische Abteilung 35, St. Ottilien 2000)

STEINEN, Wolfram von den, Karl und die Dichter, in: Karl der Große. Lebenswerk und Nachleben 2: Das geistige Leben, hrsg. v. W. BRAUNFELS und B. BISCHOFF (Düsseldorf 1965) S. 63–94

STEINMEYER, Elias von, Die kleineren althochdeutschen Sprachdenkmäler (Berlin 1916)

STIELDORF, Andrea, Siegelkunde. Basiswissen (Hahnsche Historische Hilfswissenschaften 2, Hannover 2004)

– Marken und Markgrafen. Studien zur Grenzsicherung durch die fränkisch-deutschen Herrscher (MGH Schriften 64, Hannover 2012)

STOCLET, Alain J., Autour de Fulrad de Saint-Denis (v. 710–784) (École Pratique des Hautes Études. Sciences historiques et philologiques V. Hautes Études médiévales et modernes 72, Genève – Paris 1993)

STONE, Rachel und WEST, Charles (Hrsgg.), Hincmar of Rheims: life and work (Manchester 2015)

– Introduction: Hincmar's world, in: STONE/WEST, Hincmar of Rheims S. 1–43

STORY, Joanna E., Cathwulf, kingship, and the royal abbey of Saint-Denis, in: Speculum 74/1 (1999) S. 1–21

– Carolingian connections. Anglo-Saxon England and Carolingian Francia, c. 750–870 (Studies in early medieval Britain 2, Aldershot 2003)

STÖRMER, Wilhelm, Eine Adelsgruppe um die Fuldaer Äbte Sturmi und Eigil und den Holzkirchener Klostergründer Troand. Beobachtungen zum bayerisch-alemannisch-ostfränkischen Adel des 8./9. Jahrhunderts, in: Gesellschaft und Herrschaft. Forschungen zu sozial- und landesgeschichtlichen Problemen vornehmlich in Bayern. Eine Festgabe für Karl Bosl zum 60. Geburtstag (München 1969) S. 1–34

– Adelsgruppen im früh- und hochmittelalterlichen Bayern (Studien zur bayerischen Verfassungs- und Sozialgeschichte. Arbeiten aus der historischen Atlasforschung in Bayern 4, München 1972)

– Früher Adel. Studien zur politischen Führungsschicht im fränkisch-deutschen Reich vom 8. bis 11. Jahrhundert (Monographien zur Geschichte des Mittelalters 6, Stuttgart 1973)

– Augsburg zwischen Antike und Mittelalter. Überlegungen zur Frage eines herzoglichen Zentralortes im 6. Jahrhundert und eines vorbonifatianischen Bistums, in: Adel und Königtum im mittelalterlichen Schwaben. Festschrift für Thomas Zotz zum 65. Geburtstag, hrsg. v. A. BIHRER (Veröffentlichungen der Kommission für geschichtliche Landeskunde in Baden-Württemberg. Reihe B 175, Stuttgart 2009) S. 71–85

STRATMANN, Martina, Hinkmar von Reims als Verwalter von Bistum und Kirchenprovinz (Quellen und Forschungen zum Recht im Mittelalter 6, Sigmaringen 1991)

– Schriftlichkeit in der Verwaltung von Bistümern und Klöstern, in: R. SCHIEFFER (Hrsg.), Schriftkultur und Reichsverwaltung S. 85–108

– Einhards letzte Lebensjahre (830–840) im Spiegel seiner Briefe, in: Einhard. Studien zu Leben und Werk, hrsg. v. H. SCHEFERS (Arbeiten der Hessischen Historischen Kommission NF 12, Darmstadt 1997) S. 323–339

STROTHMANN, Jürgen, Karolingische politische Ordnung als Funktion sozialer Kategorien, in: Der frühmittelalterliche Staat – europäische Perspektiven, hrsg. v. W. POHL und V. WIESER (Denkschriften der Österreichischen Akademie der Wissenschaften, Philosophisch-Historische Klasse 386, Forschungen zur Geschichte des Mittelalters 16, Wien 2009) S. 51–61

STRZEWITZEK, Hubert, Die Sippenbeziehungen der Freisinger Bischöfe im Mittelalter (Beiträge zur altbayerischen Kirchengeschichte 16 = 3. Folge 3, München 1938)

Subsidia Sangallensia 1: Materialien und Untersuchungen zu den Verbrüderungsbüchern und zu den ältesten Urkunden des Stiftsarchivs St. Gallen, hrsg. v.

Michael Borgolte, Dieter Geuenich und Karl Schmid (Sankt Galler Kultur und Geschichte 16, St. Gallen 1986)

Tafi, Angelo, La chiesa aretina dalle origini al 1032 (Arezzo 1972)
Tangl, Michael, Das Testament Fulrads von Saint-Denis, in: NA 32 (1907) S. 167–218
Taurino, Emma, Osservazioni sui „missi domini regis“ e sui „comites sacri palacii“ nel ducato di Spoleto in età carolingia, in: Studia Picena 42 (1975) S. 76–95
Tellenbach, Gerd, Königtum und Stämme in der Werdezeit des Deutschen Reiches (Weimar 1939)
– (Hrsg.), Studien und Vorarbeiten zur Geschichte des großfränkischen und frühdeutschen Adels (Forschungen zur oberrheinischen Landesgeschichte 4, Freiburg i. Br. 1957)
– Der großfränkische Adel und die Regierung Italiens in der Blütezeit des Karolingerreiches, in: Tellenbach, Gerd (Hrsg.), Studien und Vorarbeiten S. 40–70
– Über die ältesten Welfen im West- und Ostfrankenreich, in: Tellenbach, Gerd (Hrsg.), Studien und Vorarbeiten S. 335–340
Theuerkauf, Gerhard, Lex, speculum, compendium iuris. Rechtsaufzeichnung und Rechtsbewußtsein in Norddeutschland vom 8. bis zum 16. Jahrhundert (Köln – Graz 1968)
Thompson, James Westfall, The decline of the missi dominici in Frankish Gaul, in: The Decennial Publications 1–4 (University of Chicago 1903) S. 291–310
Tiefenbach, Heinrich, Die Namen des Breviarius Urolfi. Mit einer Textedition und zwei Karten, in: Ortsname und Urkunde. Frühmittelalterliche Ortsnamenüberlieferung. Münchener Symposion, hrsg. v. Rudolf Schützeichel (Beiträge zur Namenforschung: Beiheft N.F. 29, Heidelberg 1990) S. 60–96
Tignolet, Claire, Les élites et la mobilité à l'époque carolingienne: L'exemple de Théodulfe d' Orlèans, in: Des sociétés en mouvement. Migrations et mobilité au Moyen Âge. XLe congrès de la SHMESP (Nice, 1–6 juin 2009) (Publications de la Sorbonne. Histoire ancienne et médiévale 104, Paris 2010) S. 237–241
– Théodulf et Orléans, in: Bulletin du centre d'études médiévales d'Auxerre. Hors-série 11 (2019) (URL: http://journals.openedition.org/cem/16011)
Tischler, Matthias Martin, Einharts Vita Karoli. Studien zur Entstehung, Überlieferung und Rezeption, 2 Bde. (MGH Schriften 48, Hannover 2001)
Tremp, Ernst, St. Gallen, Reichenau und Konstanz im 8. und frühen 9. Jahrhundert, in: 817 – Die urkundliche Ersterwähnung von Villingen und Schwenningen. Alemannien und das Reich in der Zeit Kaiser Ludwigs des Frommen, hrsg. v. J. Dendorfer, H. Maulhardt u.a. (Veröffentlichung des Alemannischen Instituts Freiburg i. Br. 83, Veröffentlichungen des Stadtarchivs und der Städtischen Museen Villingen-Schwenningen 39, Ostfildern 2017) S. 123–143
Tsuda, Takuro, Was hat Ansegis gesammelt? Über die zeitgenössische Wahrnehmung der „Kapitularien“ in der Karolingerzeit, in: Concilium medii aevi 16 (2013) S. 209–231
– War die Zeit Karls des Großen ‚die eigentliche Ära der Kapitularien‘?, in: FmSt 49 (2015) S. 21–48

UBL, Karl, Inzestverbot und Gesetzgebung. Die Konstruktion eines Verbrechens (300–1100) (Millennium-Studien zu Kultur und Geschichte des ersten Jahrtausends n. Chr. 20, Berlin – New York 2008)
– Gab es das Leges-Skriptorium Ludwigs des Frommen?, in: DA 70 (2014) S. 43–65
– Die erste *Leges*-Reform Karls des Großen, in: Das Gesetz – the law – la loi, hrsg. v. A. SPEER und G. GULDENTOPS (Miscellanea mediaevalia 38, Berlin – Boston 2014) S. 75–92
– Recht in der Region. Die Rezeption von *leges* und *capitula* im karolingischen Alemannien, in: 817 – Die urkundliche Ersterwähnung von Villingen und Schwenningen. Alemannien und das Reich in der Zeit Kaiser Ludwigs des Frommen, hrsg. v. J. DENDORFER, H. MAULHARDT u.a. (Veröffentlichung des Alemannischen Instituts Freiburg i. Br. 83, Veröffentlichungen des Stadtarchivs und der Städtischen Museen Villingen-Schwenningen 39, Ostfildern 2017) S. 207–223
– Sinnstiftungen eines Rechtsbuchs. Die Lex Salica im Frankenreich (Quellen und Forschungen zum Recht im Mittelalter 9, Ostfildern 2017)
– Kapitularien, Version 2, in: Germanische Altertumskunde Online. Kulturgeschichte bis ins Frühmittelalter – Archäologie, Geschichte, Philologie, hrsg. v. S. BRATHER, W. HEIZMANN und S. PATZOLD (Berlin – Boston 2017)
– Der Entwurf einer imaginären Rechtsordnung im 9. Jahrhundert. Die Kapitulariensammlung des Benedictus Levita, in: La productivité d'une crise. Le règne de Louis le Pieux (814–840) et la transformation de l'Empire carolingien / Produktivität einer Krise. Die Regierungszeit Ludwigs des Frommen (814–840) und die Transformation des karolingischen Imperiums, hrsg. v. Ph. DEPREUX und S. ESDERS (RELECTIO. Karolingische Perspektiven / Perspectives carolingiennes / Carolingian Perspectives 1, Ostfildern 2018) S. 185–204
– Intentionen der Gesetzgebung. Überlegungen zu den Capitula legi Salicae addita Kaiser Ludwigs des Frommen, in: Absichten, Pläne, Strategien. Erkundungen einer historischen Intentionalitätsforschung, hrsg. v. J.-H. DE BOER und M. BUBERT (Kontingenzgeschichten 5, Frankfurt am Main – New York 2018), S. 95–110
– Die *Recapitulatio solidorum* aus der Zeit Karls des Großen. Studie und Edition, in: Charlemagne. Les temps, les espaces, les hommes, hrsg. v. R. GROSSE und M. SOT (Haut Moyen Âge 34, Turnhout 2018) S. 61–79
ULRICH, Jörg, Leidradus von Lyon, in: BBKL 16 Sp. 951–953

VERHEIN, Klaus, Studien zu den Quellen zum Reichsgut der Karolingerzeit. II, in: DA 11 (1954) S. 339–392
VIANELLO, Carlo Antonio, Gli Unruochingi e la famiglia di Beggo conte di Parigi, in: Bullettino dell'Istituto Storico Italiano per il Medio Evo 91 (1984) S. 337–369
VOLLRATH, Hanna, Das Mittelalter in der Typik oraler Gesellschaften, in: HZ 233 (1981) S. 571–594
VOSS, Ingrid, Herrschertreffen im frühen und hohen Mittelalter. Untersuchungen zu den Begegnungen der ostfränkischen und westfränkischen Herrscher im 9. und 10. Jahrhundert sowie der deutschen und französischen Könige vom

11. bis 13. Jahrhundert (Beihefte zum Archiv für Kulturgeschichte 26, Köln – Wien 1987)

WAGNER, Heinrich, Die Würzburger Bischöfe 741–842, in: Würzburger Diözesangeschichtsblätter 65 (2003) S. 17–43

WAITZ, Georg, Deutsche Verfassungsgeschichte. Die Verfassung des Fränkischen Reichs 2,2 (³Berlin 1882)

– Deutsche Verfassungsgeschichte. Die Verfassung des Fränkischen Reichs 3 (²Berlin 1883)

– Deutsche Verfassungsgeschichte. Die Verfassung des Fränkischen Reichs 4 (²Berlin 1885)

WALLACE-HADRILL, John Michael, Charlemagne and England, in: Karl der Große. Lebenswerk und Nachleben 1: Persönlichkeit und Geschichte, hrsg. v. W. BRAUNFELS und H. BEUMANN (³Düsseldorf 1967) S. 683–698

WALLACH, Luitpold, Alcuin and Charlemagne. Studies in Carolingian history and literature (Cornell studies in classical philology 32, Ithaca 1959)

WATTENBACH, Wilhelm, Die Uebertragung der Reliquien des h. Genesius nach Schienen, in: ZGORh 24 (1872) S. 1–21

WAVRA, Brigitte, Salzburg und Hamburg. Erzbistumsgründung und Missionspolitik in karolingischer Zeit (Osteuropastudien der Hochschulen des Landes Hessen. Reihe I. Giessener Abhandlungen zur Agrar- und Wirtschaftsforschung des europäischen Ostens 179, Berlin 1991)

WEBER, Heinrich, Die Reichsversammlungen im ostfränkischen Reich 840–918. Eine entwicklungsgeschichtliche Untersuchung vom karolingischen Großreich zum deutschen Reich (Würzburg 1962)

WEINFURTER, Stefan und ENGELS, Odilo (Hrsgg.), Archiepiscopatus Coloniensis (Series episcoporum ecclesiae catholicae occidentalis ab initio usque ad annum MXCXVIII. Series 5. Germania. Tomus 1, Stuttgart 1982)

WEINRICH, Lorenz, Wala, Graf, Mönch und Rebell. Die Biographie eines Karolingers (Historische Studien 386, Lübeck – Hamburg 1963)

WEITLAUFF, Manfred, Bistum Augsburg, in: Die Bistümer des Heiligen Römischen Reiches. Von ihren Anfängen bis zur Säkularisation, hrsg. v. E. GATZ (Freiburg i. Br. 2003) S. 52–69

WEITZEL, Jürgen, Dinggenossenschaft und Recht. Untersuchungen zum Rechtsverständnis im fränkisch-deutschen Mittelalter (Quellen und Forschungen zur höchsten Gerichtsbarkeit im alten Reich 15, Köln – Wien 1985)

WENDEHORST, Alfred, Die Bistümer der Kirchenprovinz Mainz. Das Bistum Würzburg 1. Die Bischofsreihe bis 1254 (Germania sacra. Neue Folge 1, Berlin 1962)

– Die Bistümer der Kirchenprovinz Mainz. Das Bistum Eichstätt 1. Die Bischofsreihe bis 1535 (Germania sacra. Neue Folge 45, Berlin – New York 2006)

WENSKUS, Reinhard, Sächsischer Stammesadel und fränkischer Reichsadel (Abhandlungen der Akademie der Wissenschaften in Göttingen. Philologisch-historische Klasse. Dritte Folge 93, Göttingen 1976)

WERMINGHOFF, Albert, Verzeichnis der Akten fränkischer Synoden von 742–843, in: NA 24 (1899) S. 457–502

– Zu den bayrischen Synoden am Ausgang des achten Jahrhunderts, in: Festschrift Heinrich Brunner zum siebzigsten Geburtstag (Weimar 1910) S. 39–55
WERNER, Karl Ferdinand, Untersuchungen zur Frühzeit des französischen Fürstentums (9.–10. Jahrhundert), in: Die Welt als Geschichte 18 (1958) S. 256–289; 19 (1959) S. 146–193; 20 (1960) S. 87–119
– Bedeutende Adelsfamilien im Reich Karls des Großen, in: Karl der Große. Lebenswerk und Nachleben 1: Persönlichkeit und Geschichte, hrsg. v. W. BRAUNFELS und H. BEUMANN ([3]Düsseldorf 1967) S. 83–142
– Die Nachkommen Karls des Großen bis um das Jahr 1000 (1.–8. Generation), in: Karl der Große. Lebenswerk und Nachleben 4: Das Nachleben, hrsg. v. W. BRAUNFELS und P. E. SCHRAMM (Düsseldorf 1967) S. 403–482
– Gauzlin von Saint-Denis und die westfränkische Reichsteilung von Amiens (März 880). Ein Beitrag zur Vorgeschichte von Odos Königtum, in: DA 35 (1979) S. 395–462
– Missus – Marchio – Comes. Entre l'administration centrale et l'administration locale de l'Empire carolingien, in: Histoire comparée de l'administration (IVe–XVIIIe siècles), hrsg. v. W. PARAVICINI und K. F. WERNER (Beihefte der Francia 9, München – Zürich 1980) S. 191–239
– Hludovicus Augustus: Gouverner l'empire chrétien; Idées et réalités, in: Charlemagne's heir: New perspectives on the reign of Louis the Pious (814–840), hrsg. v. P. GODMAN und R. COLLINS (Oxford 1990) S. 3–123
– Les premiers Robertiens et les premiers Anjou (IXe siècle–début Xe siècle), in: Pays de Loire et Aquitaine de Robert le Fort aux premiers Capétiens. Actes du colloque scientifique international tenu à Angers en septembre 1987, réunis et préparés par Olivier GUILLOT et Robert FAVREAU (Mémoires de la Société des Antiquaires de l'Ouest et des Musées de Poitiers. 5e série, tome 4, année 1996, Poitiers 1997) S. 9–67
WEST, Charles, Reframing the feudal revolution. Political and social transformation between Marne and Moselle, c. 800 – c. 1100 (Cambridge Studies in Medieval Life and Thought. Fourth Series 90, Cambridge u.a. 2013)
WEST, Geoffrey V. B., Charlemagne's involvement in central and southern Italy: power and the limits of authority, in: EME 8/3 (1999) S. 341–367
WICKHAM, Chris, Early medieval Italy. Central power and local society 400–1000 (London 1981)
WILSDORF, Christian, Les Étichonides aux temps carolingiens et ottoniens, in: Bulletin philologique et historique (à 1610) du Comité des Travaux Historiques et Scientifiques 89 (1967) S. 1–33
WOLFF, Philippe, L'Aquitaine et ses marges, in: Karl der Große. Lebenswerk und Nachleben 1: Persönlichkeit und Geschichte, hrsg. v. W. BRAUNFELS und H. BEUMANN ([3]Düsseldorf 1967) S. 269–306
WOLFRAM, Herwig, Zusammenfassung, in: Die transalpinen Verbindungen der Bayern, Alemannen und Franken bis zum 10. Jahrhundert, hrsg. v. H. BEUMANN und W. SCHRÖDER (Nationes 6, Sigmaringen 1987) S. 405–411
– Grenzen und Räume. Geschichte Österreichs vor seiner Entstehung (Österreichische Geschichte 378–907, Wien 1995)
– Salzburg, Bayern, Österreich. Die Conversio Bagoariorum et Carantanorum und die Quellen ihrer Zeit (MIÖG Ergänzungsband 31, Wien – München 1995)

– Arn von Salzburg und Karl der Große, in: 1200 Jahre Erzbistum Salzburg. Die älteste Metropole im deutschen Sprachraum. Beiträge des Internationalen Kongresses in Salzburg vom 11. bis 13. Juni 1998, hrsg. v. H. DOPSCH, P. F. KRAMML und A. S. WEISS (Mitteilungen der Gesellschaft für Salzburger Landeskunde, 18. Ergänzungsband und Salzburgstudien. Forschungen zu Geschichte, Kunst und Kultur 1, Salzburg 1999) S. 21–32

– Conversio Bagoariorum et Carantanorum. Das Weissbuch der Salzburger Kirche über die erfolgreiche Mission in Karantanien und Pannonien (Dela / Slovenska akademija znanosti in umetnosti, Razred za zgodovinske in družbene vede = Opera / Academia scientarum et artium Slovenica, Classis I: Historia et sociologia 38, Zbirka Zgodovinskega časopisa 44, [2]Ljubljana 2012)

WOLL, Ingrid, Untersuchungen zu Überlieferung und Eigenart der merowingischen Kapitularien (Freiburger Beiträge zur mittelalterlichen Geschichte. Studien und Texte 6, Frankfurt am Main – Berlin – Bern u.a. 1995)

WORM, Peter, Beobachtungen zum Privilegierungsakt am Beispiel einer Urkunde Pippins II. von Aquitanien, in: AfD 49 (2003) S. 15–48

WORMALD, Patrick, The Making of English law: King Alfred to the twelfth century 1: Legislation and its limits (Oxford – Malden 2001)

ZECHIEL-ECKES, Klaus, Florus von Lyon als Kirchenpolitiker und Publizist. Studien zur Persönlichkeit eines karolingischen „Intellektuellen“ am Beispiel der Auseinandersetzung mit Amalarius (835–838) und des Prädestinationsstreits (851–855) (Quellen und Forschungen zum Recht im Mittelalter 8, Stuttgart 1999)

ZELL, Venena, Erzbischof Hildebald von Köln. Untersuchungen zu seiner Rolle im Reformprogramm Karls des Großen (Studien zur Geschichtsforschung des Mittelalters 33, Hamburg 2016)

ZETTLER, Alfons, Die karolingischen Grafen von Verona. Überlegungen und Annäherungsversuche, in: Adel und Königtum im mittelalterlichen Schwaben. Festschrift für Thomas Zotz zum 65. Geburtstag, hrsg. v. A. BIHRER (Veröffentlichungen der Kommission für geschichtliche Landeskunde in Baden-Württemberg. Reihe B 175, Stuttgart 2009) S. 89–114

ZEUMER, Karl, Ueber die älteren fränkischen Formelsammlungen, in: NA 6 (1881) S. 9–115

ZIEGLER, Elisabeth, Mit Mitra und Krummstab. Die Äbte des Reichsklosters (der Reichsabtei) Hersfeld, in: Bad Hersfelder Jahresheft 16 (1970) S. 6–22

ZIELINSKI, Herbert, Ein unbeachteter Italienzug Kaiser Lothars I. im Jahre 847, in: QFIAB 70 (1990) S. 1–22

– Reisegeschwindigkeit und Nachrichtenübermittlung als Problem der Regestenarbeit am Beispiel eines undatierten Kapitulars Lothars I. von 847 Frühjahr (846 Herbst?), in: Diplomatische und chronologische Studien aus der Arbeit an den Regesta Imperii, hrsg. v. P.-J. HEINIG (Forschungen zur Kaiser- und Papstgeschichte des Mittelalters 8, Köln – Wien 1991) S. 37–49

ZOTZ, Thomas, Ratold, Bischof von Verona, in: NDB 21(2003) S. 183–184

ZWIERLEIN, Susanne, Studien zu den Arengen in den Urkunden Kaiser Ludwigs des Frommen (814–840) (MGH Studien und Texte 60, 2016)

Einleitung

Tale ex hoc habeto studium, sicut per te bene confidimus,
et sicut in hoc nostram cognoscis voluntatem.
(Ludwig der Fromme an seinen *missus*, Bischof Jonas von Orléans)

Das Frankenreich der Karolinger erstreckte sich über einen – auch aus heutiger Sicht – gewaltigen geographischen Raum, der aus historisch heterogenen Regionen bestand[1]. Wegen dieser gigantischen Größe des Reiches und der auf den Reichskern beschränkten Reichweite des Itinerars waren die persönlichen Treffen von Herrscher und Reichsbewohnern nur in begrenzten Fällen möglich[2]. Wenn moderne Historiker die Einheit dieses Großreichs im administrativen oder herrschaftlichen Sinn erörtern, wird neben der Kirchenorganisation und der Grafschaftsverfassung häufig das „Institut" der Missi dominici als Kontrollorgan zur Bewahrung der Reichseinheit herangezogen[3]. Ob dieser Herrschaftsapparat wirklich bewusst zur Vereinheitlichung geschaffen wurde, ist dabei durchaus umstritten[4]. Fest steht aber, dass die häufige Entsendung von Missi dominici – in der

1) Vgl. GRAVEL, Distances S. 46–51.

2) Vgl. WERNER, Missus – Marchio – Comes S. 191–194; GRAVEL, Distances S. 51–62.

3) FLECKENSTEIN, Das großfränkische Reich S. 283.

4) Vgl. etwa die zurückhaltende Einschätzung von SCHIEFFER, Die Einheit des Karolingerreiches S. 36: „Eher einem nüchternen Machtkalkül als bewußtem Einheitsstreben dürfte selbst noch das Institut der Königsboten zuzuschreiben sein, die von Karl mit außerordentlichen Befugnissen ausgesandt wurden, um den regionalen Machthabern auf die Finger zu sehen und Beschwerden aufzugreifen, also bedenklicher Mißstimmung vorzubeugen und des Königs Gerechtigkeit in besseres Licht zu rücken. Kaum zufällig traten sie übrigens als fest umrissenes Herrschaftsinstrument erst in den Jahren in Erscheinung, da Karl sich ständig in Aachen niederließ. Soweit *missi* freilich ihr Augenmerk der Befolgung zentral verordneter Reformerlasse widmeten (was nicht leicht exakt zu belegen ist), wäre ihr Dienst an der Einheit höher zu veranschlagen." Vgl. auch seine Überlegungen zum Problem der Intentionen und (Nach-)Wirkungen in Karls Handeln: SCHIEFFER, Intentionen und Wirkungen, hier bes. S. 9–11.

Forschung meistens mit Königsboten übersetzt[5] – die karolingische Herrschaft über einen längeren Zeitraum charakterisierte. Die tatsächliche und pragmatische Bedeutung[6] dieser Königsboten für die karolingischen Königsherrschaft zu analysieren, soll das Ziel der vorliegenden Untersuchungen sein.

Forschungsgeschichtlicher Überblick

Die karolingischen Königsboten sind keineswegs ein neues Forschungsthema. Schon im 19. Jahrhundert wurden sie im Rahmen der verfassungsgeschichtlichen Forschung behandelt[7]. Als Ausgangspunkt der heutigen Missusforschung gilt die 1890 publizierte Dissertation von Victor Krause. Er interpretierte das „Institut der missi dominici" als eine durch Karl den Großen vollendete Beamtenverfassung. Die zentralen Thesen seiner Studie sind: 1) Die „ordentlichen" Missi seien jährlich durch „freie" Wahl Karls des Großen ernannt und reichsweit in ein abgegrenztes Gebiet (*missaticum*) abgeschickt worden; 2) Sie seien mit einem unbegrenzten, allgemeinen Auftrag delegiert worden, anders als ein *missus ad hoc specialiter directus*; 3) Solche Delegationen seien ab 779 belegbar, dürften aber wahrscheinlich schon mit oder bald nach Karls Regierungsantritt institutionalisiert worden sein; 4) Es habe 802 eine Personalreform der Missi gegeben, durch die sich deren Rekrutierung geändert habe, weg von den bescheidenen Vasallen am Hof (*pauperiores vassi de infra palatio*) hin

5) Zur Übersetzung von *missi dominici* in der älteren deutschsprachigen Forschung vgl. WAITZ, Verfassungsgeschichte 3 S. 443 f. mit Anm. 2. Von der neueren internationalen Forschung werden sie üblicherweise ohne Übersetzung einfach als *missi (dominici)* bezeichnet. In der deutschen Forschung ist daneben weiter die Bezeichnung „Königsboten" üblich.

6) Hier folge ich dem methodischen Konzept der „Pragmatischen Verfassungsgeschichte" von Roman Deutinger bezüglich der ostfränkischen Königsherrschaft. Vgl. DEUTINGER, Königsherrschaft S. 13 f.

7) Z. B. WAITZ, Verfassungsgeschichte 3 S. 441–492; FUSTEL DE COULANGES, Les Transformations S. 534–569 (postum). Nicht berücksichtigt ist in der vorliegenden Arbeit die noch ältere Literatur wie eine systematische Darstellung der Missi dominici aus dem 18. Jahrhundert: François de Roye, De missis dominicis, eorum officio et potestate ubi multa ad ecclesiasticam et forensem disciplinam. Recensuit, duplicem indicem, novamque huic editioni præfationem adiecit D. IO. Wendelinus Neuhaus, als Appendix in: MANSI.

zu den Magnaten wie (Erz-)Bischöfen, Äbten, Herzögen und Grafen; 5) Diese missatische Organisation unter Karl mit den wandernden, in ihrem „Amtsbezirk" fremden Missi sei unter Karls Nachfolgern verfallen, und die Missusstellung sei von den machtgierigen Magnaten in jeder Region usurpiert worden. Dies sei parallel zum Verfall der Zentralgewalt verlaufen[8]. Krauses Studie bildete lange Zeit die Grundlage für jede Beschäftigung mit den karolingischen Königsboten und beeinflusste noch die grundlegende Arbeit von François Louis Ganshof über die Reichsverwaltung unter Karl dem Großen[9].

Diese Vorstellung von den karolingischen Missi wurde allmählich von der Forschung korrigiert. Wilhelm Alfred Eckhardt hat nachgewiesen, dass die Missi schon unter Karl dem Großen um 802 in ihren eigentlichen Machtbereichen eingesetzt wurden und dauerhaft in dem gleichen Missaticum tätig waren[10]. Außerdem hat Karl Ferdinand Werner das Bild vom karolingischen Missatswesen als Teil der Regierungsstruktur des gesamten Karolingerreiches revidiert. Er ging von einer dreifachen Reichsstruktur mit jeweils verschiedener Verwaltungsmöglichkeit aus: von dem in Missatica eingeteilten Reichskern; den ihn umgebenden Regna, die jeweils quasi als Missatica funktionieren konnten; den am Rand des Reiches liegenden *marcae*. Die Institution der Missi, die erst 802 systematisch organisiert wurde, sei – angelagert an die hierarchische Kirchenorganisation – noch bis in die Zeit Karls des Kahlen im Westfrankenreich und Kaiser Ludwigs II. in Italien als administratives System funktionsfähig geblieben[11]. Hier ist anzumerken, dass Krauses Vorstellung vom Missi-Institut als dem zentralistischen Kontrollorgan des karolingischen Herrschers, trotz der wichtigen Beiträge von Eckhardt und Werner zur Forschung, weiter lebendig blieb, obwohl im Bereich der Verfassungsgeschichte indessen die bürokratisch-zentralistische Staatsauffassung des 19. Jahrhunderts und die darauf aufbauenden Lehrgebäude, auf denen auch Krauses These basierte, durchaus stark kritisiert wurden[12].

---

8) KRAUSE. Über den „Verfall" dieser Institution spricht auch THOMPSON, The decline, aber ohne Kenntnis von Krauses Arbeit.

9) GANSHOF, Frankish Institutions under Charlemagne, bes. S. 23–26.

10) ECKHARDT, Capitularia missorum specialia.

11) WERNER, Missus – Marchio – Comes.

12) Dies geschah mit dem Aufschwung der sog. „neuen" Verfassungsgeschichte. Dazu HANNIG, Pauperiores vassi S. 313 f.; GRAUS, Verfassungsgeschichte, bes. S. 552 ff.; GOETZ, Moderne Mediävistik S. 174–176.

Hier entwickelte nun Jürgen Hannig einen neuen Ansatz für die Forschung. Erstens behauptete er, dass man auf traditionelle verfassungsgeschichtliche Kategorien verzichten sollte wie zum Beispiel die Gegenüberstellung von ordentlichen (*ad justitias faciendas* usw.) und außerordentlichen (*ad hoc specialiter directi*) Missi, vielmehr sei nach Funktionen zu fragen. Man solle nicht mehr fragen, „ob und seit wann ein missatisches System im Frankenreich existiert hat und welche seine tragenden Prinzipien gewesen sind, sondern zunächst, in welchem Umfang und mit welchen je unterschiedlichen Funktionen als *missi* titulierte Personen mit Aufträgen der Zentralgewalt ausgeschickt worden sind."[13] Zweitens sah Hannig schon Erzbischöfe und Bischöfe, auch ohne konkrete missatische Beauftragung, als „latente Missi" in ihren (Erz-)Diözesen an[14], da sich ihre Funktionen innerhalb der kirchlichen Hierarchie und ihre Rolle als „Großvasallen des Herrschers"[15] überschnitten hätten. Der Begriff *missi dominici* habe nach Hannig genau diesen Schnittpunkt ihrer Funktionen bezeichnet. Drittens betonte er die Wichtigkeit der prosopographischen Faktoren und des regionalen Blickwinkels für die Missusforschung. Schließlich stellte er die These auf, dass schon vor 802 die Großen, also nicht die *pauperiores vassi*, sowohl in ihrem eigentlichen Machtbereich als auch in anderen Gebieten als Missi tätig gewesen seien. Ihre Auswahl habe vor allem das Interesse an dieser Region widergespiegelt, sodass die Zentralgewalt durch die Missi in die regionale Gesellschaft eingegriffen habe, um eine regionale Machtbalance zu schaffen oder zu erhalten und den Einfluss des Hofes zu bewahren[16].

---

13) HANNIG, Zentrale Kontrolle S. 6.

14) Schon WERNER, Missus – Marchio – Comes S. 201 f.

15) Dieser Begriff ist bei Betrachtungen der politischen Ordnung in der Karolingerzeit problematisch geworden. Fest steht, dass grundsätzlich weder in der früh- noch in der spätkarolingischen Zeit ein höherer Amtsträger in den Quellen als Vasall bezeichnet wird. Die soziale und politische Stellung der Vasallen steigerte sich zwar in der zweiten Hälfte des 8. Jahrhunderts, sodass sie mit einigen, besonders militärischen Aufgaben betraut wurden und zu höheren Ämtern aufsteigen konnten. Aber sie wurden nach dem Aufstieg nie als Vasallen bezeichnet. Vgl. dazu KIENAST, Vasallität S. 172–185; BECHER, Eid S. 149–155; KASTEN, Beneficium; DEUTINGER, Königsherrschaft S. 87–92; KASTEN, Fakt oder Fiktion, hier bes. S. 345–352; SALTEN, Vasallität und Benefizialwesen S. 13–63, bes. S. 17–26.

16) HANNIG, Pauperiores vassi; HANNIG, Zentrale Kontrolle; HANNIG, Zur Funktion.

In Hannigs Studie steht die urkundliche Überlieferung im Vordergrund, während die frühere Forschung hauptsächlich die Kapitularien analysiert hat. Hannigs Ansatz ist allein daher schon weiterführend und wird es noch mehr, wenn man die Regionalgeschichte berücksichtigt. So hat Matthew Innes in seiner regionalgeschichtlichen Untersuchung, auf der Analyse von Urkunden aufbauend, die mittelrheinische Gesellschaft im Frühmittelalter erforscht. Nach seinen Untersuchungen ist, überspitzt gesagt, die Macht in der Region nicht vom Königtum „delegiert". Das Königtum habe gelegentlich in Regionen eingreifen können, im Grunde aber die regionalen Machthaber auf seine Seite ziehen müssen, während diese ihrerseits durch die Verbindung mit dem Königtum ihre Machtstellung „legitimiert" hätten. In diesem Schema hätten die Missi dominici, die aus den führenden adligen Familien der Region ausgewählt wurden, an der Spitze der regionalen Gesellschaft agiert und die Kommunikation zwischen Hof und Region getragen[17].

Fragestellung

Im Anschluss an diesen kurzen Überblick über die (historischen) Positionen der Forschung, möchte ich einige Leitfragen formulieren:

1) Die Missi dominici als „Institut"?

Wie der Titel seines Aufsatzes zeigt, fasste Krause die karolingischen Königsboten als „Institut" auf. Diese Vorstellung des karolingischen Missatswesens als einem von Karl dem Großen geschaffenen „Institut" oder einer „Institution" lässt sich bis heute in der Literatur finden[18]. In den zeitgenössischen Traktaten über die politische Ordnung

17) INNES, State and society; INNES, Charlemagne's government. Vgl. auch DEUTINGER, Königsherrschaft, hier bes. den ersten Teil.

18) Beispiele der neueren Literatur: GOETZ, Europa S. 26: „Karl der Große und Ludwig der Fromme suchten, unter vermehrtem Einsatz der Schriftlichkeit, offenbar sogar eine hierarchisch gestufte Verwaltungsgliederung, mit den ‚Königsboten' als kontrollierenden Zwischengewalten zwischen Hof und Grafschaft, aufzubauen. Nicht das Fehlen von Institutionen war also das Kennzeichen des frühmittelalterlichen Staates ..."; ebd. S. 63: „die Ausgestaltung der so genannten Königsboten, der ‚missi dominici', zu einem festen Institut und einem notwendigen Bindeglied zwischen Hof und Regionen ..."; vgl. auch ebd. S. 145. FRIED,

fehlt hingegen eine solche exakte Definition der Königsboten. Als Walahfrid Strabo einen – wenn auch teilweise anachronistischen – systematischen Vergleich zwischen der kirchlichen und der weltlichen Amtshierarchie versuchte, wurde der *missus regis* gar nicht erwähnt. Das ist umso bemerkenswerter, als Walahfrid die *missi comitis* als Untergeordnete des Grafen mit Chorbischöfen vergleicht[19]. Auch bei der Darstellung der Reichsregierung in De ordine palatii des Hinkmar von Reims[20] findet der *missus dominicus* keine Erwähnung. Bedenkt man, dass Hinkmar selbst, genauso wie der Verfasser der Vorlage, Adalhard von Corbie, jeweils über lange Jahre als *missi dominici* tätig waren, ist das ein durchaus überraschender Befund[21]. Es bleibt auch anzumerken, dass die für innenpolitische, administrative Zwecke eingesetzten Königsboten keinen besonderen Titel trugen, sondern ebenso wie diplomatische Gesandte *missus* oder *legatus* genannt wurden.

Folglich wäre es besser, die karolingischen Königsboten nicht von Anfang an als „Institution" zu betrachten. Damit will ich zwar nicht sagen, dass der Begriff „Institut" oder „Institution" für das Ver-

---

Formierung S. 62 f.: „Das Institut der missi dominici etwa, dem die Herrschaft Karls d. Gr. einen guten Teil seiner Stabilität verdankte, verfällt schon im 9. Jh." McKITTERICK, Charlemagne S. 213: „the elaborated system of counties and *missatica* (administrative districts) regularly inspected by the king's agents known as the *missi dominici*".

19) Walafridi Strabonis Libellus de exordiis et incrementis quarundam in observationibus ecclesiasticis rerum c. 32, in: MGH Capit. 2 S. 514–516. Über die *missi comitis*: *Porro sicut comites quidam missos suos praeponunt popularibus, qui minores causas determinent, ipsis maiora reservent, ita quidam episcopi chorepiscopos habent, qui in rebus sibi congruentibus, quae iniunguntur, efficiunt*. Ebd. S. 515. Zu dem anachronistischen Charakter der Darstellung Walafrids in c. 32 vgl. Walahfrid Strabo's Libellus, übers. v. HARTING-CORREA S. 314 f.

20) Hinkmar, De ordine palatii.

21) Zu diesem Traktat mit Überlegungen dazu, ob die darin beschriebenen Regierungsmethoden die Regierungspraxis der Zeit Karls des Großen widerspiegeln, in anderen Worten, ob Hinkmar in seinem Werk Adalhards Darstellung als solche übernommen hat oder ob sich darin eher Hinkmars Erfahrung als einflussreicher Berater Karls des Kahlen widerspiegelt, vgl. Hinkmar, De ordine palatii S. 10 f. und 18–20; BACHRACH, Adalhard. Auch wenn Adalhard in den 780er Jahren seinen Traktat geschrieben hätte, als er einer der Regenten und Erzieher Pippins von Italien war (vgl. McKITTERICK, Charlemagne S. 151–155; BOUGARD, Adalhard de Corbie S. 52), war eine Art Missatswesen in Italien schon in Gebrauch. Siehe unten Kapitel 3, § 2 und ADALHARD (I) in der Prosopographie.

ständnis karolingischer Staatlichkeit gänzlich ungeeignet wäre[22], aber er impliziert zu sehr eine lineare Institutionengeschichte, die – recht vorhersehbar – Entstehung, Blütezeit und Verfall behandeln würde. Stattdessen scheint es sinnvoller herauszuarbeiten, in welcher Form einzelne karolingische Herrscher Königsboten als ihre Stellvertreter herangezogen haben – in diesem Sinn, also im Hinblick auf die konkreten Einsatzmöglichkeiten, benutze ich in dieser Untersuchung das Wort „Missatswesen". Dabei werden nicht nur die konkret belegten einzelnen Fälle[23], sondern auch die in den Kapitularien als normative Quellen entworfenen Konzepte analysiert, was dazu beitragen soll, historische Veränderungen auf verschiedenen Ebenen deutlich zu machen[24]. Der Zweck der Missusernennung dürfte schließlich nicht immer derselbe gewesen sein, sei es im Hinblick auf die Kontrolle der regionalen Machthaber oder auf die Herstellung einer regionalen Machtbalance.

2) Die historische Stellung des karolingischen Missatswesens

Zunächst ist festzuhalten, dass Botenwesen und Stellvertreterschaft durch einen *missus* oder *legatus* keine Besonderheit karolingischer Königsherrschaft waren[25]. In der fränkischen Zeit – natürlich auch in der Karolingerzeit – benutzten außer den Königen auch verschiedene andere Personen wie Grafen, Bischöfe, Äbte und Königinnen ihre eigenen *missi*[26]. Die Funktion solcher *missi* war nicht auf die Rolle

22) Vgl. GOETZ, Europa S. 287 f.

23) Diese Einzelfälle werden im Prosopographieteil zusammengestellt.

24) Vgl. DAVIS, A pattern for power S. 238, Anm. 19, wonach man Hannigs Ansatz der regionalen Untersuchung einzelner Missi doch um eine Analyse des in den normativen Quellen erkennbaren herrscherlichen Willens ergänzen sollte. Vgl. zuletzt auch DAVIS, Inventing the *missi* S. 17 f.

25) Zu den merowingischen Sonderbeauftragten siehe unten Kapitel 3. Besonders bemerkenswert sind Königsboten und Reichslegaten in Italien von der Karolingerzeit bis zur Stauferzeit. Dazu FICKER, Forschungen 2 S. 1–60 und 118–179. Zur Zeit Kaiser Friedrichs II. vgl. auch GÖRICH, Die Reichslegaten Kaiser Friedrichs II.

26) Kaiserin Angilberga ordnete z. B. 872 ihre Missi, nämlich Bischof Erorius von Padua und die Hofrichter Rotfred, Teutulf und Simpert, nach Piacenza ab. Das Placitum dieser Missi ist inseriert in einem Placitum vom Juli 874, bei dessen Verhandlung die Kaiserin selbst zusammen mit dem Pfalzgrafen Boderad den Vorsitz führte. MANARESI Nr. 77 (Piacenza, 874. 7.) S. 278–283; BZ 352 und 392. Zu den

als einfache Boten beschränkt. Ein *missus comitis* zum Beispiel dürfte eine Eigenschaft als Stellvertreter des Grafen in der Grafschaftsverwaltung gehabt haben. Seine Funktion kann in manchen Fällen mit der eines späteren *vicecomes* gleichgesetzt werden[27]. Wollte man trotz dieser Feststellung noch das karolingische Missatswesen als Sondermerkmal der karolingischen Königsherrschaft betrachten, müsste man unter einer vergleichenden Sichtweise die spezifischen Charakteristika des karolingischen Missatswesens herausarbeiten.

3) Personelle Aspekte des Missatswesens

Die Analyse einzelner Legationen erfordert es, unsere Aufmerksamkeit auf die Personen der Missi zu richten. Es wird danach zu fragen sein, welche Personengruppe das Reservoir für die Missi bildete und welcher Grad von „Königsnähe" bei der Auswahl der einzelnen Missi wichtig war. Zugleich stellt sich das Problem der Abgrenzung des jeweiligen Missaticums. Darüber gibt die prosopographische Methode Auskunft. Im Zusammenhang damit möchte ich auch nach dem Kontakt und der Kommunikation zwischen dem Hof und den einzelnen Missi fragen[28]. Hier muss einerseits die Reichsversammlung,

---

missi der verschiedenen Amtsträger in Bayern (Herzog, Präfekten, Grafen usw.) vgl. HANNIG, Zur Funktion S. 264–270. Zu den *missi* der langobardischen Könige vgl. TAURINO, Osservazioni S. 77 f. Anm. 4. Sonst vgl. KRAUSE S. 194. Vgl. zuletzt auch DAVIS, Inventing the *missi* S. 14 Anm. 10.

27) Vgl. WAITZ, Verfassungsgeschichte 3 S. 397–402; DEBAX, Introduction, hier bes. S. 13. Im Regnum Italiae konnte ein Gastalde *missus* eines Grafen werden. MANARESI Nr. 79 (Chieti, 875. 5.) S. 287–289. Die Gerichtsurkunden aus dem Territorium des Grafen Wido von Camerino sind interessant in Bezug auf die Titulatur seiner Untergebenen. Ebd. Nr. 82 (Chieti, 877. 8.) S. 296–301: *Dum resideremus nos Ildeprandus, auditor Widonis comitis et Ello castaldio ... per missum et demandatum Widonis comitis in placito...* (S. 297). Ello unterschieb dieses Placitum als *missus*. Vgl. ebd. Nr. 85 (*Serena*, 878. 4.) S. 306–308 (S. 306: *per missum et de mandato Widonis comitis*) und Nr. 86 (Penne, 878. 5.), S 308–312, wobei Hildebrand, *auditor* des Grafen Wido, das Placitum als *missus* unterschrieb. Im ersten Fall sei auf Hildebrands Sohn Tresidius hingewiesen, der die Gerichtsurkunde als *missus* unterschrieb, während er in der Narratio unter den Schöffen, aber ohne Titel genannt wird. In Nr. 86 wird der Beisitzer Suado als *castaldio et vicecomes de Pinne* bezeichnet.

28) Unter diesem Aspekt behandelt Rosamond McKitterick neuerdings die Regierungspraxis Karls des Großen. MCKITTERICK, Charlemagne, bes. S. 214–291; MCKITTERICK, Court and communication. Vgl. zu ersterem auch die Rezension

auf der die Missi normalerweise ernannt und entsendet wurden, als der Ort der persönlichen Kommunikation, der Besprechung und der Entscheidung bzw. der Beauftragung in Betracht gezogen werden. Andererseits werden Methoden der schriftlichen Kommunikation wie Mandate, Briefe und auch Kapitularien zu behandeln sein.

4) Beziehung zu anderen üblichen Ämtern

Die Ernennung und Aussendung der Missi, die ihre kontrollierende Funktion dauerhaft ausübten, bedeutete selbstverständlich die Einschaltung einer Mittelgewalt zwischen dem Königtum und der regionalen Führungsschicht, und daher werden zum einen die Bezüge zwischen den Missi und anderen Formen der Herrschaftsdelegation in den Regionen, beispielsweise an Königssöhne, Pfalzgrafen, Grafen usw. zu erörtern sein[29]. Dabei dürften die neu eroberten oder (wieder) ins Reich zu integrierenden Regionen gute Beispiele bieten. Zum anderen sind die Machtpositionen der Missi in einzelnen Gebieten und immer im Hinblick auf mögliche Veränderungen im Laufe der Zeit zu beobachten. Es ist dabei zu fragen, ob die Personen, die als Missi eingesetzt wurden, ihre eigene Machtbasis (Ämter, Landbesitz) schon in ihren Missatssprengeln besaßen, welche Befugnisse ihnen mit dem Missatstitel erteilt wurden und in welchen Bereichen die Missi als Kontrolleure anderer Herrschaftsträger oder gleichberechtigte Mitarbeiter fungierten.

5) Einheit und Vielfalt

Dass die umfangreiche Aussendung der Missi dominici als ein Regierungsinstrument angesehen werden kann, das zur Vereinheitlichung der politischen, religiösen und sozialen Ordnung – auch wenn eine Vereinheitlichung von vornherein von den Herrschern nicht beabsichtigt war, sondern nur als Resultat zu erkennen ist[30] – beitragen konnte, ist schwer zu leugnen. Die Rolle der Missi bei der Bekannt-

von Rudolf SCHIEFFER in: Bulletin des German Historical Institute London, 31–1 (2009) S. 36–40; Wilfried HARTMANN in: Concilium medii aevi 11 (2008) S. 1019–1025; Max KERNER in: H-Soz-u-Kult, 25. 03. 2009, <http://hsozkult.geschichte.hu-berlin.de/ rezensionen/2009-1-243>; und Roger COLLINS in: EME 18 (2010) S. 356–360. Vgl. zuletzt auch PATZOLD, Integration durch Kommunikation.

29) Vgl. DAVIS, A pattern for power; DAVIS, Charlemagne's practice S. 47–89.

30) Vgl. SCHIEFFER, Die Einheit des Karolingerreiches.

machung und Durchsetzung des im Zentrum Beschlossenen macht dies besonders augenfällig[31]. Dass sich missatische Tätigkeit auch in jenen Regionen feststellen lässt, welche sich erst in der Integrationsphase in das Frankenreich befanden, ist außerdem bemerkenswert[32].

Diese Tendenz zur Vereinheitlichung und Integration ist allerdings nur ein Aspekt des karolingischen Missatswesens. Von der Forschung sind verschiedene Varianten der administrativen oder liturgischen Praxis im Karolingerreich beobachtet worden[33]. Bezüglich des Missatswesens ist zum Beispiel feststellbar, dass eine Abweichung von den Normen in Einzelfällen dann erlaubt war, wenn die dafür ausgesandten Missi sorgfältig die Umstände untersuchen und die Angemessenheit solcher Abweichung begründen konnten[34]. Obwohl so ein Fall mit einer Kontrolle durch Missi verbunden ist, kann man doch sagen, dass eine Vereinheitlichung nicht immer ganz strikt verfolgt wurde.

Das Missatswesen ist also unter dem Aspekt von „Einheit und Vielfalt im Karolingerreich" zu erörtern. Für die vorliegende Arbeit mit dem Schwerpunkt im innenpolitisch-administrativen Bereich ist dabei wichtig, den von Karl Ferdinand Werner und Jürgen Hannig vorgeschlagenen Forschungsansatz aufzunehmen, nämlich die regionalen Unterschiede in der Praxis der missatischen Legation zu betrachten. Beabsichtigt ist, die vielleicht zu schematisch dargestellte Dreiteilung Werners zu verfeinern und die auf halbem Weg unterbrochene regionalgeschichtliche Arbeit Hannigs zu ergänzen.

6) Delegation oder Legitimation der Herrschaft

„Der König ist berechtigt, die Regierungsgewalt, mit Umgehung der von ihm eingesetzten ordentlichen Beamten, auf ausserordentli-

31) Siehe dazu Kapitel 2, § 2.

32) Siehe dazu Kapitel 3, § 1 und § 2.

33) Vgl. McKitterick, Unity and diversity in the Carolingian church; McKitterick, Unity and diversity.

34) Vgl. z. B. Capitula notitiarum c. 1, in: CCM 1 S. 341: *In primis ut nulla in rebus ullis inter huius professionis uiros in toto regno suo, nisi ubi impossibilitas non permittit, inueniatur uarietas. Cuius impossibilitatis qualitatem summo studio missi pro hoc directi satagunt inquirere*. Zur Datierung (wahrscheinlich 817) dieses Textes in die Zeit nach den beiden Aachener Reformkonzilien unter Ludwig dem Frommen von 816/817 und seiner anonymen Verfasserschaft vgl. ebd. S. 340 (Josef Semmlers Kommentar)..

chem Wege, in eigener Person oder durch seine eigens dazu Bevollmächtigen auszuüben. Diese Delegierten sind die missi regis oder missi dominici."[35] – soweit der Beginn von Krauses grundlegender Studie. Diese Auffassung, die Missi seien Delegierte des Königs gewesen, wird nun mit den Forschungsansätzen von Hannig und Innes zu konfrontieren sein. Beide Autoren legten nämlich den Fokus auf die Motivation der regionalen Machthaber, eine missatische Stellung zu erwerben, die vermutlich darin bestand, den Ranggleichen in der jeweiligen Region übergeordnet zu werden. Also ist die letzte Frage, zugespitzt formuliert, so zu stellen: Hatte die Ernennung zum Missus den Charakter einer Herrschaftsdelegation zugunsten der Königsherrschaft oder eher den einer Herrschaftslegitimation zugunsten regionaler Adelsherrschaft? Zwar hat die neuere Forschung zur frühmittelalterlichen (Königs-)Herrschaft gerade solche dichotome Fragestellungen wie der nach „delegiert oder autogen" sehr kritisch betrachtet[36], trotzdem dürfte es sinnvoll sein, verschiedene Facetten des karolingischen Missatswesens unter den zwei Aspekten der Herrschaftsdelegation und -legitimation zu analysieren, wenn man darauf verzichtet, nur mit einem dieser Aspekte das ganze Phänomen erklären zu wollen[37]. Bei den einzelnen missatischen Legationen könnten je nach politischem Kontext, den einzelnen Regionen, den einzelnen Herrschaftsträgern und den einzelnen Herrschern die Aspekte der Delegation und Legitimation unterschiedlich stark gewichtet sein. Eine Zusammenführung derartiger Einzelbeobachtungen verspricht, das karolingische Missatswesen besser charakterisieren zu können.

Die vorliegende Untersuchung ist keine Rechts-, Verfassungs- oder Institutionengeschichte. Stattdessen möchte ich analysieren, welche Rolle den herrscherlichen *missi* zugeschrieben wurde und welche sie bei der Schaffung und Erhaltung der politischen und sozialen Ordnung in der Karolingerzeit tatsächlich gespielt haben. Gegenstand der Untersuchung sind dabei hauptsächlich solche Personen, die als *missi* oder *legati* mit einer innenpolitischen Funktion betraut waren, aber auch „außenpolitische" Gesandtschaften in ein anderes karolingisches Teilreich, nach Byzanz oder nach Rom, sowie Empfangsge-

35) KRAUSE S. 193 f.

36) DEUTINGER, Königsherrschaft S. 110 f. und 188.

37) Vgl. zuletzt WEST, Reframing the feudal revolution S. 17–105; DAVIS, Inventing the *missi*.

sandtschaften[38] bei Papstbesuchen im Frankenreich und schließlich *missi* in militärischer Funktion als stellvertretende Heerführer. So wird sich der Personenkreis, aus dem die Stellvertreter des Herrschers ausgewählt und abgesandt worden sind, sehr viel besser beschreiben lassen[39]. Im Gegensatz dazu werden einfache Boten, die meistens anonym bleiben und nur mit der Zustellung von Botschaften beauftragt wurden, in der Regel nicht behandelt. Was schließlich den Untersuchungszeitraum dieser Studie betrifft, so beginnt er mit der Königserhebung Pippins des Jüngeren im Jahr 751 und endet mit dem Tod Karls III. Anfang 888. Diese beiden zeitlichen „Marksteine" sollen dabei allerdings keine Zäsuren in der Regierungspraxis suggerieren, sondern sind rein durch die Arbeitsökonomie begründet.

38) Zu diesem Begriff vgl. HACK, Empfangszeremoniell S. 418–423. Die Entsendung der Empfangsgesandtschaften (*fideles missi*) wurde in der Ordinatio imperii (a. 817) als Norm schriftlich fixiert. MGH Capit. 1 Nr. 136 c. 8 S. 272.

39) Hier vertrete ich eine abweichende Meinung zu KRAUSE S. 195 über die merowingischen Königsboten: „Da sich aber die Verfassungsgeschichte eines Staates in erster Linie nicht mit den Thatsachen des äusseren politischen Lebens, sondern mit den Erscheinungen auf dem Gebiete des Rechtes und der Verwaltung zu beschäftigen hat, so muss auch eine Geschichte des Institutes der Königsboten, als eines Theiles der fränkischen Verfassungsgeschichte, die Berücksichtigung der unter dem Namen von missi regis auftauchenden politischen Gesandten grundsätzlich ablehnen".

1. Missus dominicus als Person: Reservoir der Missi und ihre einzelnen Tätigkeitsbereiche

Am Anfang dieser Untersuchungen sollen Fragen nach dem personellen Profil des karolingischen Missatswesens stehen: Zu welchem Personenkreis gehörten die herrscherlichen Missi? Welche Beziehungen zum Herrscher hatten sie? Über welche Eigenschaften sollte ein herrscherlicher Missus verfügen? Welchen Einfluss hatte die Persönlichkeit des Missus auf seinen Auftrag? Gab es Unterschiede unter den Missi?

§ 1 Zur Persönlichkeit der Missi

1. Charakter der Missi

In den Quellen erscheinen Boten der karolingischen Herrscher in ganz unterschiedlichen Bereichen – in der Diplomatie und zu Zwecken der Kommunikation, in der Innenpolitik mit administrativen Aufträgen. Aber in keinem dieser Bereiche des karolingischen Boten- und Gesandtschaftswesens setzte sich ein Titel als einzige Bezeichnung durch. Die Boten sind mit den lateinischen Worten *missus*, *legatus*, *nuntius* oder *cursor* bezeichnet, aber im innenpolitisch-administrativen Bereich ist eine Tendenz festzustellen: Ein solcher Königsbote wurde niemals als *cursor* und nur sehr selten als *nuntius* bezeichnet. Der am häufigsten verwendete Titel für administrative Königsboten war *missus*. In den Herrscherkapitularien wurden sie fast ausschließlich so bezeichnet[1]. Ihre Aufgaben, Funktionen (einschließlich den von ihnen übermittelten Botschaften) oder ihre Einsatzbereiche sind dementsprechend als *missaticum* (pl. *missatica*) oder *legatio* (pl. *lega-*

1) Die Ausnahmen sind: MGH Capit. 2 Nr. 216 (865. 2. 4., Ludwig II. von Italien) c. 7 S. 93; ebd. Nr. 217 (nach 865. 2. 4., Ludwig II. von Italien) c. 4 S. 93; ebd. Nr. 221 (Pavia, 876, Karl der Kahle) c. 5 S. 101 (*Legati* können hier aber auch einfache Boten gewesen sein.). Alle Belege stammen also aus Italien. In den von Bischöfen verfassten Kapitellisten (Konzilsbeschlüsse sowie Berichte/Vorschläge an den Herrscher) findet sich die Bezeichnung *legatus* für administrative Königsboten. Vgl. MGH Conc. 3 Nr. 27 (Soissons, 853. 4), Version B c. 5 S. 283.

tiones) bezeichnet. Die Zugehörigkeit der Boten zum Herrscher wird durch Zusätze wie *noster [vester, suus], dominicus, regis, regalis, imperatoris, imperialis, de latere nostro [vestro, suo], de palatio nostro* usw. ausgedrückt. Obwohl zusätzliche Bezeichnungen wie *palatinus* vereinzelt belegt sind, waren die Boten prinzipiell die Abgesandten des Herrschers – im Gegensatz zu den Gesandten der Antike und der späteren Zeit, die oft Vertreter des Gemeinwesens waren[2].

Die Missi dominici – wie dieser wissenschaftliche Terminus technicus gut widerspiegelt – wurden also *ad vicem nostram (sc. regis/imperatoris)*[3], quasi als *„alter ego"* des Herrschers[4] innerhalb seines Reiches ausgesandt. Durch seine Stellvertreter wurde der Herrscher selbst präsent. Diese Vorstellung wird in einem Gedicht belegt, das um 834 in Freising verfasst und Ludwig dem Deutschen gewidmet wurde. Zum Lob des ostfränkischen Königs wurde darin die richterliche Tätigkeit des *comes missusque* Timo beschrieben. Die Schaffung und Wahrung von Gerechtigkeit, wie sie Timo hier ausübt, galt als eine der wichtigsten Tugenden des Herrschers[5]. Aber auch das Umgekehrte wäre denkbar: Da die Missi theoretisch sehr viel stärker mit dem Herrscher verbunden waren als andere Amtsträger wie Grafen und Bischöfe, konnte ein schlechter, ungerechter Missus leichter Ruhm und Ehre seines Herrschers verletzen[6]. Das führt zu folgenden Fragen: Welche Persönlichkeit war für die Stellvertreterschaft des Herrschers wichtig? Wie sollten sich herrscherliche Missi verhalten?

---

2) Zur Bezeichnung einzelner Königsboten siehe unten die Prosopographie. Vgl. WAITZ, Verfassungsgeschichte 3 S. 442 f. und 449; BOURGEOIS, Kiersy-sur-Oise S. 241 Anm. 2; KRAUSE S. 194; SZABÓ, Botenwesen, Allgemein. Westliches Europa, in: Lex.MA 2 Sp. 484–487; KEHNE und BERG, Gesandtschaft, in: RGA 11 S. 457–465; NERLICH, Diplomatische Gesandtschaften S. 103–106.

3) MGH Capit. 1 Nr. 63 c. 11 S. 152.

4) WERNER, Missus – Marchio – Comes S. 195.

5) Zu diesem Gedicht als fürstenspiegelartige Schrift vgl. ANTON, Fürstenspiegel S. 245–247. Zur Gerechtigkeit als Herrschertugend vgl. MCKITTERICK, Perceptions. Zu diesem Gedicht im Allgemeinen und zur Person Timos siehe TIMO in der Prosopographie.

6) Vgl. MGH Capit. 1 Nr. 150 c. 13 S. 305, worin Ludwig der Fromme allen Bewohnern des Reiches gebot, in Anbetracht der Ehre des Kaisers auch seine Missi zu ehren: *Omnibus etiam generaliter dicimus, ut [...] et missis nostris, pro qualicumque scilicet aut ecclesiastica aut publica utilitate vel oportunitate a nobis directis, nostri honoris causa honorem exhibeatis et propter nostrae auctoritatis venerationem ea quae per illos iniungimus agere non neglegatis.*

Was war die Erwartung an die herrscherlichen Missi? Auch wenn die Aussagen der Quellen manchmal stereotyp zu sein scheinen, ist es zunächst wichtig, die zeitgenössische Vorstellung von den Königsboten zu erfassen[7].

Einige Indizien können wir in den Quellentexten finden. Zum einen sind da die Kapitel der Kapitularien, welche die Tätigkeit der Missi betrafen. Bei der Legation von 789 – die Legation, bei der sich das Missatswesen und das Kapitularienwesen miteinander verbanden[8] – wurden die Missi aufgefordert, in der Einhaltung der Normen, die sie bekanntmachen sollten, Vorbilder für das Volk zu sein[9]. Im ersten Kapitel des sog. Capitulare generale von 802 wird von den Eigenschaften der neu zu Missi ernannten Würdenträger berichtet: Sie seien sehr einsichtsvoll und weise gewesen, heißt es dort[10]. Bei diesen Würdenträgern hätte der Kaiser keine Angst haben müssen, sie könnten bestechlich sein – anders als bei weniger mächtigen Vasallen[11]. Diese Erwartung an die Vorbildlichkeit der Missi wird im Vergleich zu den niedrigeren Würdenträgern hervorgehoben, als Karl der Große seinen Missi versagte, sich *inferioris ordinis homines* anzuschließen, die Dinge immer rückgängig machen würden[12]. Auch Ermoldus Nigellus lobt die vorbildliche Moral der von Ludwig dem Frommen 814

7) Diesen Ansatz verdanke ich den Diskussionen in der Übung von Prof. Dr. Knut Görich im Sommersemester 2007: „Herrschen durch Delegation. Die Reichslegaten Friedrichs II." Vgl. GÖRICH, Die Reichslegaten Kaiser Friedrichs II, hier bes. S. 122–128.

8) Siehe unten Kapitel 2, § 2, 1.

9) Duplex legationis edictum (a. 789) c. 37, MGH Capit. 1 Nr. 23 S. 64: *Et omnino missis nostris praecipimus, ut bona quae aliis per verbum nostrum docent facere factis in se ipsis ostendant.*

10) MGH Capit. 1 Nr. 33 c. 1 S. 91 f.: *Karolus elegit ex optimatibus suis prudentissimis et sapientissimos viros, tam archiepiscopis quam et reliqui episcopis simulque et abbates venerabiles laicosque religiosos …*

11) Ann. Laures. a. 802 S. 45: *Noluit de infra palatio pauperiores uasos suos transmittere ad iusticias faciendum propter munera, sed elegit in regno suo archiepiscopos et reliquos episcopos et abbates cum ducibus et comitibus, qui iam opus non abebant super innocentes munera accipere.* Zur Diskussion über die Unbestechlichkeit und Unbefangenheit der Richter im Frankenreich vgl. SIEMS, Bestechliche und ungerechte Richter S. 546–563; DIESENBERGER, Predigt und Politik S. 219–247.

12) MGH Capit. 1 Nr. 66 c. 2 S. 155… *et non sibi faciant socios inferioris ordinis homines, qui semper inde retro res qualescumque tractare volunt, sed illos sibi socient qui ad effectum unamquamque rem deduci cupiunt.*

ausgewählten Missi: rechtschaffen in ihrem Leben, edel im Glauben und widerstandsfähig gegen Bestechung, Schmeichelei, Begünstigung und Verderben[13]. In den Quellen finden sich einige Begriffe, die zur positiven Charakterisierung der herrscherlichen Missi verwendet wurden. Einmal wünschte Ludwig der Fromme, einen *bonus missus* einzusetzen[14]. Die gewünschte Tüchtigkeit der Missi wurde zum Beispiel mit dem Begriff *strenuus* ausgedrückt[15]. Er wurde in diesem Zusammenhang besonders von den Bischöfen oft benutzt[16]. Auch *idonei missi* waren erwünscht[17]. Wahrscheinlich im Sinne von „tüchtig" und „fähig" wurde der Begriff *potens* in einer alemannischen Urkunde verwendet[18]. Und als der Astronomus die Aussendung von Missi zur Kontrolle der Vervielfältigung und Durchsetzung der Aachener Kanoniker- und Kanonissenregel beschrieb, charakterisierte er diese Boten als *prudentes*[19]. Die Charakterisierung *fidelis* dürfte man vielleicht für banal halten, aber dass ein Missus nicht nur dem Herrscher, sondern auch Gott treu war, war für die Zeitgenosen sicher eine wichtige Anforderung[20]. Zuverlässigkeit war schließlich eine wichtige und notwendige Eigenschaft der Gesandten im Allgemeinen[21]. Interessant ist ein Brief Alkuins an Karl den Großen zur Verteidigung seiner Person und der Mönche von St-Martin zu Tours.

---

13) Ermoldus, Carmen, v. 824–827 S. 64: *Eligit extemplo missos, quos mittat in orbem, / Quorum vita proba sit, generosa fides, / Munera quos nequeant flecti, nec saeva potentum / Blandities, favor, aut ingeniosa lues.* Hierzu NOBLE, Louis the Pious and his piety re-reconsidered S. 310.

14) MGH Capit. 1 Nr. 148 c. 10 S. 301.

15) MGH Capit. 1 Nr. 66 c. 1 S. 155.

16) MGH Conc. 2, 2 Nr. 50 (Paris, 829) c. 69 S. 671; MGH Conc. 3 Nr. 11 (Meaux–Paris, 845. 6. – 846. 2.) c. 20 S. 95 (Zitat aus dem Beschluss von Beauvais 845) und c. 46 S. 104.

17) Vgl. MGH Conc. 3 Nr. 27 (Soissons, 853. 4.) c. 6 B S. 282 f. Vgl. auch die Bitte des Papstes Johannes VIII. an Karl III. um die Entsendung eines herrscherlichen *idoneus missus/legatus* nach Rom: Registrum Iohannis VIII. papae Nr. 168 S. 136 (Jaffé³ 6773; BU 501: 879. 4. 3.); ebd. Nr. 225 S. 200 (Jaffé³ 6905; BU 622: 880. 4.); ebd. Nr. 260 S. 230 (Jaffé³ 6928; BU 643: 880. 9. 10.).

18) UB St. Gallen 2, Anhang Nr. 17 (Stammheim, ca. 808–823. 4.) S. 394 = Chart. Sangall. Nr. 285 (um 808. 4. – vor 824. 6. 2.), hier S. 271.

19) Astronomus c. 28 S. 376.

20) Bündner UB Nr. 49 (Bischof Viktor III. von Chur an Ludwig den Frommen, 824–827) S. 41 f., hier S. 42: … *quatenus pietas vestra per fideles deo et vobis missos hoc emendaret…*

21) Vgl. SCIOR, Stimme S. 92–94. Etwas anders charakterisiert werden von Er-

Während er Klage gegen eine willkürliche Inquisition durch den Missus Theotbert erhob, lobte er den anderen Missus Wido, aus dessen Inquisitionsverfahren wahrscheinlich ein für die Abtei von St-Martin positives Ergebnis resultiert hatte, als *vir perfectus et judex incorruptus et missus fidelis*[22].

Der zuletzt genannte Brief von Alkuin zeigt auch, dass die Personen, die als herrscherliche Missi eingesetzt wurden, in den Augen der Betroffenen keineswegs immer absolut tadellos handelten. Die Herrscher selbst waren durchaus bereit, Beschwerden über ihre Missi anzuhören[23]. Die Entscheidungen der Missi dominici konnten gegebenenfalls sogar rückgängig gemacht werden. Aber zu solchen Fällen kam es nicht unbedingt wegen falscher oder ungerechter Maßnahmen der Missi, sondern aus politischem Kalkül des Herrschers. Karl der Große zum Beispiel übertrug einem getreuen Sachsen namens Adalricus (Asig genannt) durch eine Urkunde vom 9. Mai 813 einen Teil des Waldes namens *Bocchonia*. Der Behauptung Asigs nach hätte ihm sein Vater Hiddi, der beim Aufstand der Sachsen Karl treu geblieben wäre, diesen Wald als Erbgut hinterlassen, aber später wären die Missi dominici gekommen und hätten diesen Wald als Erbgut des ehemaligen *dux* Gerhao zugunsten des Kaisers (*ad opus nostrum*) konfisziert. Wegen der Treue Asigs und seines Vaters (*propter fidele servitium praedicti fidelis nostri Asig sive patris petitionem eius ad effectum perducere volentes*) überließ Karl ihm den betroffenen Wald und verlieh diese Urkunde als Besitzbestätigung. Auffällig ist, dass diese Urkunde keineswegs das Vorgehen der Missi kritisiert, deren Namen anonym

moldus die Missi, die Papst Stephan IV. von Reims nach Rom begleiteten. Sie seien mit Ehren (*honore*) ausgewählt worden. Ermoldus, Carmen, v. 1130 f. S. 88.

22) Siehe THEOTBERT und WIDO (I) in der Prosopographie.

23) Vgl. z.B. MGH Capit. 1 Nr. 25 (a. 789) c. 5 S. 67: ... *et si alicui contra legem factum est, non est voluntas nec sua iussio. Verumtamen si comis aut missus vel quislibet homo hoc fecit, fiat annuntiatum domni regi, quia ipse plenissime haec emendare vult.* Gleichwohl waren die Missi in diesem Fall diejenigen, die dem Herrscher eine Beschwerde wegen Gesetzesübertretung eines Missus überbringen sollten. Vgl. auch ein Formular aus der Zeit Ludwigs des Frommen. Form. imp. Nr. 51 S. 324 f. (BM^2 815; D LdF F 51 S. 1205 f.) über die Rückgabe der von einem Königsboten unrechtmäßig entzogenen Güter. Anzumerken ist, dass diese Rückgabe erst nach einer nochmaligen missatischen Inquisition vollgezogen werden sollte.

bleiben, vielleicht um Unehre für sie zu vermeiden[24]. Ähnliche Fälle finden wir auch in anderen Urkunden[25]. Ihnen gemeinsam ist, dass die Namen der Missi in den Urkunden, egal ob Herrscherurkunden oder Privaturkunden, nicht erwähnt werden, aber wir wissen nicht, ob es wirklich darum ging, die Ehre der Missi zu wahren. Doch ist mit den oben in diesem Abschnitt angeführten Beispielen zumindest festzustellen, dass die zeitgenössischen Erwartungen, was die zu Missi ernannten Personen betrifft, hoch gesteckt waren. Ein Mann, der *strenuus*, *idoneus*, *potens* und *fidelis* war, konnte als Missus gemäß dem herrscherlichen Willen Aufträge ausführen. Obwohl es schwer nachzuweisen ist, dass diese abstrakten Attribute tatsächlich Kriterien waren, die der Auswahl der Missi zugrunde gelegt wurden, liegt die Annahme nahe, dass die Herrscher tatsächlich solche Personen delegierten, die derartige Kriterien erfüllten[26]. Aus welchem Personenkreis wurden solche Personen also rekrutiert?

2. Abstammung, Karriere und Königsnähe der Missi

Es ist sehr schwierig, ein einziges „Reservoir" für herrscherliche Missi zu ermitteln oder alle Missi in eine homogene Personengruppe einzuordnen. Wir können mit Philippe Depreux die Königsboten, an die besondere Kompetenzen vom Herrscher delegiert wurden, unter die herrscherliche „Entourage" einreihen, aber bereits diese „Entourage" eines Herrschers war eine heterogene Personengruppe[27]. Dazu kommt noch, dass es aufgrund der Quellenlage bei nicht wenigen Missi schwierig oder sogar unmöglich ist, außer ihren Legationen weitere Details über sie zu erfahren. Deswegen will ich versuchen, einige Merkmale anzuführen, die mehreren Missi gemeinsam zuzuschreiben sind.

Das erste ist ihre adlige Abstammung. Wie Jürgen Hannig gezeigt hat, ist diese Grundlinie schon seit der ersten Phase des karolingischen Missatswesens im 8. Jahrhundert in allen Reichsteilen –

24) D KdG 218 (Aachen, 813. 5. 9.) S. 290–292. Siehe die anonymen Missi „vor 813. 5. 9." in der Prosopographie.

25) Siehe die anonymen Missi „um 788 (vor 793)", „793" und „800–814" in der Prosopographie.

26) Vgl. Ermoldus' Beschreibung der Auswahl von Missi durch Ludwig den Frommen (wahrscheinlich 817), Ermoldus, Carmen, v. 1140 f. S. 88: *Ordinat electos cleri notosque fideles, / Quorum vita sibi cognita sive placens.*

27) DEPREUX, Prosopographie, bes. S. 2 f. und 60–64.

sofern die Quellen es erlauben – feststellbar. In diesem Sinne gab es 802 keine institutionelle „Personalreform" im Missatswesen von den *pauperiores vasi (sic)* zu den *optimates*, wie die ältere Forschung oft aufgrund der Aussage der Lorscher Annalen annahm[28]. Aber es wäre zu voreilig, alle Personen, die als Missi der karolingischen Herrscher tätig waren, allgemein unter den Adligen zu vermuten. Von den 111 Personen, die Gerd Tellenbach als „Reichsaristokratie" vom ausgehenden 8. bis zum frühen 10. Jahrhundert aufgezählt hat[29], wurden 29 Personen mit innenpolitischen, militärischen oder diplomatischen Aufgaben als herrscherliche Missi delegiert[30]. Obwohl sich mit dem Begriff „Reichsaristokratie" keine stabile und geschlossene Sozialschicht bezeichnen lässt[31], lässt sich doch feststellen, dass nicht wenige weltliche Mitglieder der obersten politischen Führungsschicht als herrscherliche Missi eingesetzt wurden. Während die von Tellenbach aufgelisteten Aristokraten meistens Franken waren, traf dies für die als Missi eingesetzten Adligen keineswegs durchgehend zu. Die Heranziehung von örtlichen Mächtigen als herrscherliche Stellvertreter, versehen mit dem Missustitel, ist in den eroberten Regionen, besonders deutlich aber in Bayern zu beobachten, während nach Italien hauptsächlich die fränkischen, bayerischen und alemanni-

---

28) Ann. Laures. emend., a. 802 S. 45. Vgl. MGH Capit. 1 Nr. 33 c. 1 S. 91 f.; HANNIG, Pauperiores vassi.

29) TELLENBACH, Königtum und Stämme S. 43–55.

30) Siehe ADALBERT (II), AUDULF, BONIFACIUS, BOSO (IV), BURCHARD (II), CHADALOH, EBERHARD (II), ERCHANGARIUS, FOLCRAD (II), GEROLD (I), GEROLD (II), HATTO, HELMGAUD, HUGO (I), HUNFRID (I), KOBBO, LAMBERT, LIUTFRID (II), MATFRIED, RICHARD (III), ROBERT, ROTGAR, RUDOLF, SUPPO, UNLOCH, WALA*, WIDO (I), WIDO (III), WIDO (IV) in der Prosopographie. Außerhalb des Rahmens der vorliegenden Arbeit ist Reginar, *missus dominicus* in Lothringen. Zu ihm vgl. TELLENBACH, Königtum und Stämme S. 50; DEUTINGER, Königsherrschaft S. 185 f. Nicht berücksichtigt werden die Gesandtschaften unter den Karolingern seit den 830er Jahren. Sie waren zwar jeweils Repräsentanten der Herrscher, aber ihre Titulatur ist in den Quellen (z. B. Nithard) uneinheitlich, sie begegnen bald als *missus* oder *legatus*, bald ohne Titel. Tellenbach nennt: Seneschall Adalhard; Graf Gebhard von Lahngau; der Welf Konrad; Megingoz/Megingaud; Graf Warin von Mâcon. Zu diesen Personen siehe auch unten den Appendix der Prosopographie: Beispiele für Gesandtschaften unter den Karolingern.

31) Vgl. eine Zusammenfassung der Forschungspositionen von HECHBERGER, Adel im fränkisch-deutschen Mittelalter S. 186–194.

schen Adligen über die Alpen ausgesandt wurden[32]. In Bezug darauf werden in der Forschung die Personen, die mehrmals von Pippin dem Jüngeren, Karl dem Großen und Ludwig dem Frommen als Missi nach Italien delegiert wurden, als Experten der italienischen Verhältnisse bezeichnet[33]. Außerdem wurden die im Reichszentrum ansässigen Personen manchmal als Missi in ihre Heimat ausgesendet, denn sie hatten bessere Kenntnisse der dortigen Sprache und Rechtskultur. Beispiele hierfür sind Theodulf von Orléans und Fardulf von St-Denis. Während der Westgote Theodulf im Süden des Reiches, nämlich in der Nähe seiner Heimat eine Inspektionsreise machte, erhielt der Langobarde Fardulf nicht nur in Italien, sondern auch in der Pariser Gegend, d. h. im Kern des Reiches, das allgemeine königliche Mandat[34].

Auch die Verwandtschaft zum karolingischen Herrscherhaus scheint bei der Ernennung der Missi von Bedeutung gewesen zu sein. Es handelt sich hier nicht nur um illegitime Königssöhne und ihre Nachkommen[35], sondern auch um Schwiegerväter, Schwäger und Vettern der Herrscher und Herrscherkinder[36]. Doch während die karolingischen Königssöhne ohne Bezeichnung als herrscherliche *missi*[37], aber in der Funktion herrscherlicher Stellvertreter in die Teilreiche „geschickt“ (*missus*) wurden und sich an der Reichsregierung beteiligten, wurden die Verwandten der Karolinger oft als herrscher-

---

32) Siehe Kapitel 3, § 2 über Aquitanien, Italien, Bayern und Sachsen unter Karl dem Großen.

33) Vgl. TELLENBACH, Der großfränkische Adel S. 44 f.; KELLER, Zur Struktur S. 128 f.; NOBLE, Republic S. 154. Gemeint sind hier: ADALHARD (I), ANGILBERT (I), AUTCHAR, FULRAD (I), ITHERIUS, MAGINARIUS, WALA*.

34) Siehe FARDULF und THEODULF in der Prosopographie.

35) Siehe in der Prosopographie: ADALHARD (I), FULCO (IV), FULRAD (II), HIERONYMUS, HILDEBRAND (I) (und seine Nachkommen HILDEBRAND [II] und ECCHARDUS), LUDWIG, MADELGAUDUS, REMIGIUS, WALA*.

36) Siehe in der Prosopographie: ANGILBERT (I), ADALHARD (IV), BOSO (IV), GEROLD (I), HUGO (I), HUGO (II), RUDOLF.

37) Lothar I. und Matfried wurden wohl 822 von Ludwig dem Frommen mit einer Untersuchung bezüglich der Güter des Klosters Hornbach beauftragt. UB Frankfurt Nr. 5 (823. 1. 8.) S. 2. Die Urkunde wurde von der bisherigen Forschung, hier vertreten durch KRAUSE II 77 und HANNIG, Zentrale Kontrolle S. 25 f., als Beleg für ihre Tätigkeit als Ludwigs *missi* interpretiert. Aber in der betreffenden Urkunde wurde weder Lothar noch Matfried mit dem *missus*-Titel bezeichnet.

liche Missi besonders tituliert und in verschiedenen Regierungsangelegenheiten mit der Durchsetzung des herrscherlichen Willens beauftragt.

Auch wenn die genannten Kriterien der adligen Abstammung und Verwandtschaft keineswegs die ewige Treue gegenüber dem König einerseits und dessen dauerhafte Begünstigung andererseits garantieren konnten[38], dürften diese engen Beziehungen den Herrscher veranlasst haben, Personen aus diesem ihm verbundenen Personenkreis zu seinen Missi zu ernennen.

Auch in Bezug auf die Karrieren sind unter den karolingischen Missi dominici einige Gemeinsamkeiten erkennbar. Die Königsboten, die – oft im Zusammenhang mit dem Kapitularienwesen – mit einem missatischen Bezirk betraut wurden, waren nördlich der Alpen in der Regel örtliche Grafen, Bischöfe und Äbte, d.h. sie gehörten schon zu der Zeit ihrer Legationen zur Führungsschicht des Reichs[39]. Dies trifft auch auf die Gesandten zwischen den Karolingern[40] und die Gesandtschaften nach Konstantinopel[41] sowie nach Rom zu[42], während über die Gesandten zu den Abbasiden und nach Jerusalem fast nichts bekannt sind[43]. Die Missi mit einmaligen Aufträgen (*missi ad hoc*)

---

38) Wir können neben den rebellischen Königssöhnen viele Beispiel dafür anführen. Aus der Zeit Karls des Kahlen: Adalhard und Wilhelm, Onkel und Bruder der Königin Irmintrud. Vgl. Nithard IV c. 6 S. 154; AB a. 861 S. 85 und a. 866 S. 130; NELSON, Charles the Bald S. 175 f.

39) So schon ECKHARDT, Capitularia missorum specialia S. 509 ff.; WERNER, Missus – Marchio – Comes S. 197. Vgl. auch HANNIG, Pauperiores vassi; JÉGOU, Les déplacements S. 231 f. Da diese Personalunion sehr üblich war, war der Unterschied zwischen der missatischen und der gräflichen (oder bischöflichen) Befugnis auch für einen Missus selbst schwierig. Vgl. einen Brief Hinkmars von Reims an Grafen Goiramnus, der nur im Briefregister zusammengefasst ist: ... (Hinkmar) *praecatur* [...], *ut eum* (sc. Straftäter) *ad se venire iubeat discutiendum ab ipso; quia, si non fecerit, distringetur gravius ab illo tam de ministerio episcopali quam de missatico regis*. HRE III c. 26 S. 343.

40) Siehe die Tabelle im Appendix der Prosopographie: Beispiele für Gesandtschaften unter den Karolingern nach 830.

41) Vgl. NERLICH, Diplomatische Gesandtschaften S. 107 f., der von „geistlich-weltlich Doppelgesandtschaften der Karolinger“ unter dem entscheidenden Einfluss durch das „Institut der Königsmissi“ spricht.

42) Vgl. HACK, Codex Carolinus 2 S. 987–1028 (Prosopographie).

43) Vgl. BORGOLTE, Gesandtenaustausch S. 36–40, 46–58, 61–67, 76–83 und 110 f.; MCCORMICK, Pippin III., bes. S. 237 f.; BIEBERSTEIN, Der Gesandtenaustausch, bes. S. 163–168. Namentlich bekannt sind Lantfrid, Sigismund und ein

sind auch Grafen, Bischöfe oder Äbte[44], aber man kann mitunter Hofbeamte, königliche Vasallen oder Hofkapelläne – also die weniger mächtigen Personen, die potenziell später Grafen oder Bischöfe werden konnten – als Missi feststellen[45]. Auch die *iudices* auf den königlichen Gütern wurden mit einem herrscherlichen Auftrag entsandt[46]. Aber die Optionen für die Herrscher dürften nicht so zahlreich gewesen sein. Ein und derselbe Mann konnte sowohl zum Missus mit einem Missaticum als auch zum Missus mit einem einmaligen Auftrag außerhalb seines eigenen Amtssprengels ernannt werden[47]. Bei den Geistlichen finden sich zudem unter den diplomatischen Boten an den Papsthof ehemalige oder zukünftige Missi[48]. Bischof Jonas von Orléans ist in diesem Sinne Vertreter der „Generalisten": Er ist 825 als Bote nach Rom belegt. Zweimal wurde er wahrscheinlich zwischen den späten 20er- und den frühen 30er-Jahren des 9. Jahrhunderts als Missus in sein Bistum entsandt. Außerdem ist er 837 als Missus im Bistum Le Mans belegt[49]. Ein Vertrauter des Herrschers

---

Jude Issak (797–802 nach Badgad, als *legati* bezeichnet in den Ann. q. d. Einhardi S. 116 mit Anm. z), *presbyter de palatio* Zacharias (799–800 nach Jerusalem, aber ohne *missus/legatus* Titel), Radbert mit anderen anonymen *legati* (ca. 802–806/807 über Jerusalem nach Bagdad), Agamus und Roculphus (wahrscheinlich HROCCULF) *fideles servientes* des Kaisers (808–809 nach Jerusalem) und ein Mönch Raganarius und weitere anonyme Gesandte (vielleicht in den 830er-Jahren nach Jerusalem). Diese Gesandten wurden in die Prosopographie nicht aufgenommen. Zu den Dokumenten über die Kirchen im Heiligen Land, die auf den örtlichen Untersuchungen der fränkischen Gesandten basiert haben dürften, vgl. zuletzt McCormick, Charlemagne's survey.

44) Auch in diesen Fällen kann ein Zusammenhang zwischen dem missatischen Tätigkeitsraum und dem Ort bestehen, an dem der Missus einen seiner *honores* hatte. Vgl. Jégou, Les déplacements S. 228 f. mit dem Beispiel von Helisachar.

45) Siehe z. B. HITERIUS, LIUDO in der Prosopographie. Die Verbindung der missatischen Tätigkeit mit dem Herrscherhof ist unter Ludwig II. von Italien am besten sichtbar. Hofkapellan Aistulfus, Seneschall Eberhard, Erzkanzler Johannes waren sogar Missi bei der generellen Legation von 865. Siehe AISTULFUS, EBERHARD (III) und JOHANNES (VI) in der Prosopographie. Vgl. Bougard, La justice S. 189–194.

46) Cf. MGH Capit. 1 Nr. 32 c. 16 S. 84: … *Et si iudex in exercitu aut in wacta, seu in ambasiato vel aliubi fuerit…* Zum Judex in den Königsgütern vgl. McKitterick, Charlemagne S. 149 f.

47) Siehe WULFAR, WENILO in der Prosopographie.

48) Siehe z. B. JEREMIAS in der Prosopographie.

49) Siehe JONAS (I) in der Prosopographie.

konnte – und musste wahrscheinlich – mit verschiedenartigen Geschäften an verschiedenen Orten beauftragt werden[50]. Hier sei an die bereits erwähnten „Spezialisten“ erinnert. Wiederholte Einsetzung einer Person als Missus in einem bestimmten Tätigkeitsbereich spricht sehr dafür, dass der Herrscher dieser Person oder einem bestimmten Personenkreis vertraute. Dies lässt sich nicht nur bei den italienischen Legationen erkennen. Alle missatischen Tätigkeiten des Grafen Adalbert von Metz sind nur in der mittelrheinischen Gegend zu beobachten[51]. Die zu administrativen, politischen oder diplomatischen Zwecken abgesandten Stellvertreter des Herrschers hätten also aus einem bestimmten Kreis der politischen Oberschicht ausgewählt werden können. Welche Gemeinsamkeiten hatten nun die zu Missi zu ernennenden Personen? Hierzu will ich einige wichtige Punkte bezüglich der Königsnähe der Missi anführen.

Da ist zunächst die verwandtschaftliche Nähe zum Herrscher zu nennen. Wie oben schon dargestellt, wurden Angehörige der Karolingerdynastie im weiteren Sinn, nämlich illegitime Söhne, Verwandte der Seitenlinien und angeheiratete Verwandtschaft, als Missi dominici von den Herrschern eingesetzt.

Zum zweiten ist der Einfluss des Königs manchmal bei der Einsetzung von Personen in das Amt eines Grafen[52], Bischofs[53] oder Abts[54] erkennbar, die danach als Missi tätig waren. Zu diesen kann man z. B. Erzbischöfe wie Wulfar von Reims, Ebbo von Reims und Hinkmar von Reims zählen[55]. Deutlich lässt sich ein Einfluss des Königs auf die Einsetzung einer bestimmten Person auf einen Bischofssitz erkennen, wenn ein Mitglied der Hofkapelle zum Bischof erhoben wurde. In der Zeit Karls des Kahlen sind mindestens sechs *notarii* Karls Bischöfe geworden[56], von denen zwei zu seinen Missi ernannt wurden: Jonas von Autun sowie Adalgar von Autun[57]. Agius von Orléans war

50) Zur Flexibilität der Missi vgl. JÉGOU, Les déplacements.

51) Siehe ADALBERT (II) in der Prosopographie.

52) Klarer erkennbar in den eroberten Regionen. Vgl. HLAWITSCHKA, Franken S. 25–30; DEUTINGER, Königsherrschaft S. 153–156.

53) Vgl. SCHIEFFER, Karl der Große und die Einsetzung der Bischöfe, bes. S. 461 f.; DEUTINGER, Königsherrschaft S. 112–128.

54) Vgl. GEUENICH, Zur Stellung und Wahl; DEUTINGER, Königsherrschaft S. 129–136.

55) Siehe EBBO, HINKMAR (I) und WULFAR in der Prosopographie.

56) TESSIER, Introduction, in D KdK 3 S. 49–87.

57) Siehe ADALGAR (II) und JONAS (II) in der Prosopographie.

vor seiner Bischofserhebung *presbyter palatii*[58]. Liudo von Nevers hat mit dem Grafen Adalhard als Missus im Autunois die *inquisitio* übernommen, während er zuvor, wahrscheinlich zwischen 853 und 860, als *minister sacri palatii* mit der Verwaltung des Bistums Nevers betraut worden war[59]. Die Äbte Ludwig und Gauzlin, die jeweils als Missi eingesetzt wurden, waren auch am Hof tätig[60].

Zum dritten ist der häufigere Kontakt mit dem Herrscher zu nennen. Belegt ist, zumindest unter Karl dem Kahlen, die häufigere Teilnahme der als Missi belegten Bischöfe an den Reichsversammlungen oder den vom König einberufenen Synoden[61]. In diesen Zusammenhang gehört auch, dass mehrere Missi kurz vor oder nach ihrer missatischen Tätigkeit eine oder mehrere Herrscherurkunden erhielten, oder als Vermittler bei der Urkundenausstellung auftraten[62].

Exkurs: Begünstigung und Schutz der Missi dominici

Anders als Bischöfe, Äbte und Grafen, die in Kirchen-, Kloster- oder Amtsgütern ihre finanzielle Basis hatten, wurden die Missi aufgrund ihrer Legationen nicht mit Gütern ausgestattet[63]. Die Urkunden, die

58) Siehe AGIUS in der Prosopographie.

59) D KdK Nr. 224, 1 S. 563 f.; FLECKENSTEIN, Hofkapelle S. 148.

60) Siehe GAUZLIN und LUDWIG in der Prosopographie.

61) Siehe Kapitel 2, § 1.

62) Vgl. Prosopographie, passim.

63) Vgl. WAITZ, Verfassungsgeschichte 4 S. 174 f. Waitz hielt es für eine Besonderheit, dass die Missi von 805/6 an der Ostgrenze bei der Aufdeckung einer widerrechtlichen Ausfuhr von Waffen die Hälfte der beschlagnahmten Waren behalten konnten. Vgl. AITO, AUDULF, HREDI, MADALGAUD (II), WERNER (II) in der Prosopographie. Auch Bußgelder bei Gerichtsverhandlungen hätten ihr Verdienst werden können. Vgl. MGH Capit. 1 Nr. 27 (a. 797, für die Sachsen) c. 4 S. 71, in dem die Mühe der Missi betont ist: *Si autem in presentia missorum regalium causae definitae fuerint, pro iamdicta wargida suprascriptos solidos duodecim ipsi pagenses habeant concessos, et pro hoc quia missus regalis ex hac re fatigatus fuerit, alios duodecim solidos inde recipiat ad partem regis.* Ein Formular in den Formulae Marculfi über die Erbschaftsteilung, das KRAUSE S. 196 als Beispiel der Begünstigung der Missi anführt, muss auch unter diesem Aspekt betrachtet werden. Zwar hatte, wie Krause darstellt, „der zur Vornahme einer Erbschaftstheilung abgeschickte Missus den Erbschaftszehnt, welcher sonst wohl in den Fiskus floss, zu freier Verfügung“, am Anfang des Formulars wird allerdings ausdrücklich betont, dass die Erben selbst den König um die Absendung der Missi baten. Formulae Marculfi, 1, 20, in: MGH Form. S. 56. Es bleibt aber unklar, ob der in

für die Missi um die Zeit ihrer missatischen Legation ausgestellt wurden, könnten zwar als eine Art Belohnung für ihren Reichsdienst angesehen werden, aber diese Art Belohnung dürfte nicht bei jeder Legation erwartet worden sein. Es ist allerdings nur schwer quellenmäßig nachzuweisen, dass alle Missi für ihre Legation gleichmäßig belohnt wurden: Meines Wissens gibt es nur ein Beispiel dafür, nämlich die Belohnung der Missi von 817 durch Ludwig den Frommen nach ihrer Rückkehr[64]. Ansonsten konnten die Missi gegebenenfalls während ihrer Legationsreise auch im eigenen Interesse handeln: Die Gesandten nach Italien hatten zum Beispiel Gelegenheit, mit dem Papst in Kontakt zu treten und ihr Recht von ihm mit der obersten kirchlichen Autorität bestätigen zu lassen[65].

Es lässt sich aber zumindest nachweisen, dass die Missi als königliche Bevollmächtigte während ihrer Legationsreise unterstützt und begünstigt wurden[66], denn eine Reise im Auftrag des Herrschers war finanziell eine große Last und gegebenenfalls sogar mit Lebensgefahr verbunden. Damit sorgte der Herrscher dafür, dass Legationen störungsfrei, sicher und erfolgreich durchgeführt werden konnten. Diese Aspekte der Begünstigung sind zu betonen, nämlich die Versorgung und der Königsschutz der Missi auf der Legationsreise. Da schon in der Merowingerzeit die königlichen Gesandten unter besonderem Königsschutz standen, möchte ich hier eine Besonderheit der Karolingerzeit aufzeigen.

Zuerst soll es um die Gastung für die Missi gehen. Wie die anderen reisenden königlichen Beamten hatten die Missi Anspruch auf Herberge und Gastung[67]. Aber das Anspruchsrecht der Missi war ein spezielles im Hinblick darauf, dass ein Immunitätsprivileg den Empfänger nicht wie sonst üblich aus der Gastungspflicht befreite[68]. Dafür brauchten die kirchlichen Institutionen ein Sonderprivileg, so wie Ludwig der Fromme 833 das Kloster Herrieden wegen seiner tiefen

---

diesem Formular beschriebene administrative Usus noch in der Karolingerzeit üblich war.

64) Ermoldus, Carmen, III, v. 1756–1795 S. 134–136. Siehe die anonymen Missi „817. 9. a“ in der Prosopographie.

65) Siehe z. B. ADALGAR (II) in der Prosopographie.

66) KRAUSE S. 196.

67) BRÜHL, Fodrum S. 107 ff.

68) WAITZ, Verfassungsgeschichte 4 S. 13 und 21 f.; LESNE, propriété ecclésiastique II/2 S. 401 und 404–410; BRÜHL, Fodrum S. 109 f.

Armut (*quia idem ipse locus rebus pauperrimus erat*) der Versorgung der *legationes, missi discurrentes* und des kaiserlichen Hofes enthob[69].

Zur Unterstützung der Legationsreise wurde ein besonderer Herrscherbrief ausgestellt, den man als Tractoria bezeichnet. Mit diesem Brief konnte ein Missus auf Kosten des Fiskus reisen[70]. Dieses System der Reiseverpflegung hatte seinen Ursprung in der römischen Kaiserzeit[71]. Aus der Merowingerzeit sind einige Beispiele dieses Typs von Herrscherurkunden als Formel überliefert[72]. Auch

69) BM² 901; MB 31,1 Nr. 27 S. 63 f. = D LdF 312 (Frankfurt, 832. 7. 13.) S. 769–771. Ein anderes Beispiel findet sich in: D LdD 147 (Aachen, 873. 6. 10.) S. 204–206 (für das Kloster Stablo), hier S. 205: *Et ut nullus iudex vel missus audeat pro ipsis decimis dona accipere; et si aliquis pro hoc subtraxerit, sicut in capitulari domni genitoris nostri continetur, ita qui fecerit emendare cogatur. Neque in villis eorum quilibet missus ad freda exigenda vel publicas causas audiendas aut mansiones vel paratas faciendas sive paraveredos seu carra exienda ingredi presumat neque theloneum rotaticum pontionaticum exiendum in aliquo loco, sed quicquid exinde ad nos venire debuerat, in luminaribus basilice ipsius conferatur.* Zu den anderen Beispielen vgl. LESNE, propriété ecclésiastique II/2 S. 407. Ein Kapitel eines undatierbaren Kapitulars Kaiser Karls zeigt, wie außergewöhnlich eine Befreiung von der Unterstützungspflicht der Königsboten war. Zum Schutz der Freien gegen Unterdrückung untersagte dieses Kapitel den Grafen und ihren Untergebenen, bei bestimmten Gelegenheiten wie bei der Ernte oder beim Pflügen einen Dienst zu fordern oder Abgaben einzukassieren. Von diesem Verbot wurde das *servitium* für die Königsboten jedoch ausgeschlossen. MGH Capit. 1 Nr. 57 c. 2 S. 144: *Ut liberi homines nullum obsequium comitibus faciant nec vicariis neque in prato neque in messe neque in aratura aut vinea et coniectum ullum vel residuum eis resolvant, excepto servitio quod ad regem pertinet et ad haribannitores vel his qui legationem ducunt.* Zu diesem Kapitel vgl. WAITZ, Verfassungsgeschichte 4 S. 18 und 20 Anm. 2; LESNE, propriété ecclésiastique II/2 S. 405 Anm. 2. Zu den weiteren Beispielen vgl. ebd. S. 406–408.

70) Gegebenenfalls konnte ein Missus anscheinend erst auf Anfrage eine Tractoria erhalten. Lupus 1 Nr. 41, hier S. 174.

71) Zur Geschichte der Tractoria vgl. GANSHOF, La Tractoria; CLASSEN, Kaiserreskript S. 50–53.

72) Vgl. Marc. I Nr. 11, in: MGH Form. S. 49 = Collectio Flaviniacensis Nr. 56, in: MGH Form. S. 483: *Ille rex omnibus agentibus. Dum et nos in Dei nomen apostolico vero illo necnon et inluster vero illo partibus illis legationis causa direximus, adeo iubemus, ut locis convenientibus eisdem a vobis eveccio semul et humanitas ministretur…*; Formulae Salicae Bignonianae Nr. 16, in: MGH Form. S. 234 (Tractoria eines Hausmeiers für einen Reisenden nach Rom). Vgl. GANSHOF, Merowingisches Gesandtschaftswesen S. 176 f.

die karolingischen Herrscher gaben ihren Missi die Tractoria mit auf den Weg. Dass die Missi dominici auf ihrer Missionsreise tatsächlich Traktorien mit sich führten, ist in einem Brief Agobards von Lyon an Ludwig den Frommen belegt[73]. Anzumerken ist, dass die Menge der Lebensmittel, welche die Missi mit einer Tractoria bekommen konnten, je nach Legation und Amt, das der Missus innehatte, unterschiedlich war[74]. Auch in einigen Kapitularien und Herrscherurkunden fin-

73) Agobardi Lugdunensis opera omnia Nr. 11 S. 192.

74) Aus der Zeit Karls des Großen: Form. Marc. Karol. Nr. 20 (Epistola tractoria, quam rex missis suis facere iubet, quando eos in legationem premittit. In dem anderen Codex: Regis tractoria missis domni), in: MGH Form. S. 121 f., Tractoria für *legationes*, die *nos* (sc. König) *in Dei nomen apostolicum virum illum necnon et inlustrem virum [illum] partibus illis legationis causa direximus* (ohne konkrete Zahlenangabe). Dieses Formel übernimmt fast wörtlich die Tractoria aus der merowingischen Formelsammlung Markulfs (Marc. I Nr. 11 S. 49): *hoc est veridos sive parafridos tautos, pane nitido mod. tant., sequenti pane mod. tant., vino mod. tant., cervisa mod. tant., lardo libras tant., carnis lib. tant., porcos tant., porcellos tant., verbices tant., agnellos tant., aucas tant., fasianus tant., pullos tant., ova tant., oleo lib. tant., garo lib. tant, mel lib. tant., acoeto, cumino vel piper, costo, gariofilo, spico, cinamo, granomastico, dactilas, pestitio, amandolas, cereos lib. tant., caseo lib. tant., sal, olera, ligna carra tanta, faculas tant., ita victum ad caballos eorum: foeno carra tant., suffusa mod. tantos. Haec omnia diebus singulis, tam ad ambulandum quam ad nos in Dei nomine revertendum, ut unusquisque vestrum loco oportuno eisdem viris ministrare et adimplere procuretis, qualiter nec moram habeant nec aliquam iniuriam perferant, si gratiam nostram optatis habere.* Aus der Zeit Ludwigs des Frommen: Form. Imp. Nr. 7 S. 292, Tractoria für die *ad has partes ad exercitum promovendum et heribannum exactandum* gesandten Vasallen (ohne Bezeichnung als *missi* oder *legati*): *Propter hoc volumus atque iubemus, ut ad stipendia eorum cotidie unicuique illorum dare faciatis panes 20, friscingas duas, porcellum sive agnum unum, pullos duos, ova 10, de potu modium unum, sal, herbola ortolanas, ligna sufficienter et intra quadragesimam cotidie formaticos quattuor, legumina sextaria duo, pisces, iuxta quod invenire possunt, et ad caballos eorum de annona cotidie modios quatuor et inter ambos de feno karradam, vecturam*; MGH Capit. 1. Nr. 141 c. 29 S. 291: *De dispensa missorum nostrorum, qualiter unicuique iuxta suam qualitatem dandum vel accipiendum sit: videlicet episcopo panes quadraginta, friskingas tres, de potu modii tres, porcellus unus, pulli tres, ova quindecim, annona ad caballos modii quatuor. Abbati, comiti atque ministeriali nostro unicuique dentur cottidie panes triginta, friskingas duas, de potu modii duo, porcellum unum, pulli tres, ova quindecim, annona ad caballos modii tres. Vassallo nostro panes decem et septem, friskinga una, porcellus unus, de potu modius unus, pulli duo, ova decem, annona ad caballos modii duo*; MGH Capit. 2 Nr. 189 (829 Frühjahr) S. 11: *Volumus, ut tale coniectum missi nostri accipiant, quando per*

den sich Bestimmungen über die Aufnahme der Boten (*missi* und *legati*), obwohl manchmal unklar ist, welche Typen von Boten – diplomatische Gesandtschaften, administrative Missi, einfache Boten usw. – die dort betreffenden *missi/legati* sind[75]. Aber auch in den Kapitula-

---

missaticum suum perrexerint: hoc est, ut unusquisque accipiat panes quadraginta, friskingas duas, porcellum aut agnum unum, pullos quatuor, ova viginti, vino sextarios octo, cervisa modios duos, annona modios duos; et quando prope sunt de illorum domibus, nullum accipiant coniectum. Vgl. eine als mässig empfundene Menge der Verpflegung für Bischöfe bei ihrer Visitation in Italien in der Zeit Ludwigs II. von Italien, MGH Capit. 2 Nr. 210 c. 15 S. 83 = MGH Conc. 3 Nr. 21 c. 15 S. 214: *Statuimus etiam, ne episcopi, quando pro confirmando populo parroechias circumeunt, archipresbyteros suos gravent, ut huiusmodi dispensa contenti sint: panes C, frischingas IIII, vinum sextaria L, pullos X, ova L, agnum I, porcellum I, annonam ad caballos modios VI, fenum carradas III, mel, oleum, cera, quod sufficit.*

75) Unter Karl dem Großen: MGH Capit. 1 Nr. 32 c. 27 S. 85: *Casae nostrae indesinenter foca et wactas habeant, ita ut salvae sint. Et quando missi vel legatio ad palatium veniunt vel redeunt, nullo modo in curtes dominicas mansionaticas prendant, nisi specialiter iussio nostra aut reginae fuerit. Et comes de suo ministerio vel homines illi qui antiquitus consueti fuerint missos aut legationes soniare, ita et modo inantea et de parveridis et omnia eis necessaria solito more soniare faciant, qualiter bene et honorifice ad palatium venire vel redire possint.* Vgl. McKitterick, Charlemagne S. 150, die hier „king's missi" sieht. Siehe auch MGH Capit. 1 Nr. 20 (a. 779) c. 17 S. 51: *Et nemo alterius erbam defensionis tempore tollere praesumat, nisi in hoste pergendum aut missus noster sit; et qui aliter facere praesumit, emendet.* Unter Ludwig dem Frommen: MGH Capit. 1 Nr. 139 (a. 818/819) c. 16 S. 284: *De dispectu litterarum dominicarum. Si quis litteras nostras dispexerit, id est tractoriam quae propter missos recipiendos dirigitur, aut honores quos habet amittat aut in eo loco ubi praedictos missos suscipere debuit tamdiu resideat et de suis rebus legationes illuc venientes suscipiat, quousque animo nostro satisfactum habeat. Qui vero epistolam nostram quocumque modo dispexerit, iussu nostro ad palatium veniat et iuxta voluntatem nostram congruam stulticiae suae castigationem accipiat. Et si homo liber vel ministerialis comitis hoc fecerit, honorem, qualemcumque habuerit, sive beneficium amittat; et si servus fuerit, nudus ad palum vapulet et caput eius tondeatur*; ebd. Nr. 141 (a. 819) c. 26 S. 291: *Ut missi nostri qui vel episcopi vel abbates vel comites sunt, quamdiu prope suum beneficium fuerint, nihil de aliorum coniecto accipiant; postquam vero inde longe recesserint, tunc accipiant secundum quod in sua tractoria continetur. Vassi vero nostri et ministeriales qui missi sunt, ubicumque venerint, coniectum accipiant*; ebd. Nr. 141 c. 29 S. 291 (oben zitiert); ebd. Nr. 150 (a. 825) c. 19 S. 306 = Ansegis 2, 17 S. 535: *In illis vero locis, ubi modo via et mansionatici a genitore nostro et a nobis per capitulare ordinati sunt, missos ad hoc specialiter constitutos, qui hoc iugiter praevideant, habeant, ut omnia, quae ad easdem legationes suscipiendas pertinent, fideles*

rien, zumindest in einigen Fällen, versuchten die Herrscher, nach Art der jeweiligen Legation oder der Würde der Missi entsprechend für eine angemessene Verpflegung zu sorgen. Daraus ergab sich, wie viele Gefährten der Missus auf seiner Legationsreise mitnehmen konnte[76].

---

nostri ad hoc constituti ad tempus praeparare studeant, ut non tunc sit necesse de longe quaerere vel adducere, quando tempus est illa dare vel persolvere. In ceteris vero locis per totum imperium nostrum unusquisque fidelium nostrorum et per se et per ministros suos, sicut diximus, sedulam vigilantiam adhibeat; MGH Capit. 2 Nr. 189 (a. 829) S. 11 (oben zitiert). Unter Ludwig II. von Italien: ebd. Nr. 213 (a. 850) c. 9 S. 88: *Quia racionabiliter in singulis civitatibus cognovimus, unde missi transeuntes vel stipendia vel paravaredos acciperent, et nunc eorum temeritate violatum est, quibus ipsa loca commissa sunt, et ab ordine suo res ad hoc deputatae ad alios usus convertuntur, precipimus, ut iuxta priorum dispositionem, unde stipendia et paravaredos exigere consueverant, inde exigant et nullatenus ad alios usus res ad hoc deputatae ullo modo retorqueantur.* Unter Karl dem Kahlen: ebd. Nr. 274 (a. 865) c. 16 S. 332: *Ut ministri comitum in unoquoque comitatu dispensam missorum nostrorum, a quibuscumque dari debet, recipiant, sicut in tractoria nostra continetur; et ipsi ministerialibus missorum nostrorum eam reddant. Missi autem nostri provideant, ne pro hac occasione inde ministri comitum amplius, nisi quantum in tractoria nostra continetur, inde exigant.* Die hier erwähnte Tractoria ist nicht überliefert. *Missi/legati ad palatium venientes* ohne Zusätze wie *nostri* oder *regis/imperatoris* könnten allderdings auch auswärtige Gesandte sein. Vgl. MGH Capit. 1 Nr. 150 (a. 825) c. 18 S. 305 f. = Ansegis 2, 16 S. 534 f.: *De inhonoratione quoque regis et regni et mala fama in exteras nationes dispersa propter neglegentiam eorum, qui legationes ad nos directas in suis mansionibus aut male recipiunt aut constitutam a nobis expensam non tribuunt aut parvareda dare nolunt aut furtu aliquid eis subripiunt aut, quod perpessimum est, apertas violentias eos cedendo et res eorum diripiendo in ipsis exercere non pertimescunt, hoc omnibus notum esse volumus, quod quicumque ex his, qui honores nostros habent, abhinc neglegentiam hanc emendare non certaverit et suos homines, qui eius vice hoc agere debent, ut id bene perficiant, non instruxerit aut non constrinxerit, ut ulterius illud neglegere non praesumant, et honorem nostrum et regnum nobis commissum custodire contempserit, nec nostrum nec regni nostri honorem ulterius nolumus, ut habeat, sed volumus, ut unusquisque fidelium nostrorum procuratores rerum suarum de his specialiter instruat, ut, quandocumque et undecumque legatio advenerit, et aut litteras aut missum viderint, honorifice illam in omni loco imperii nostri propter nostrum et totius regni honorem omnes suscipere valeant.*

76) So schon Waitz, Verfassungsgeschichte 4 S. 22 f. Dass die Missi tatsächlich bei ihren Legationen ihre Gefährten wie Vasallen mitnahmen, zeigt das Beispiel der Legation Hinkmars von Laon nach Gothien. Siehe HINKMAR (II) in der Prosopographie.

Die Missi konnten aus bestimmten Königsgütern[77], den Kirchengütern oder anderen Gütern, für deren Verwaltung die Grafen zuständig waren, verpflegt werden[78]. Die Ressourcen für die Gastung der Missi scheinen während der in dieser Studie behandelten Zeit unverändert geblieben zu sein. Aber die Gastungs- und Verpflegungspflicht konnte eine schwere Last darstellen[79]. Deswegen konnte die Armut eines Klosters eine Befreiung von dieser Pflicht begründen, wie das oben genannte Beispiel des Klosters Herrieden zeigt. Dass

77) Nicht zu vergessen ist, dass die Missi auch bei der Fiskalverwaltung eine nicht unwesentliche Rolle spielten. Ein Kapitel des Kapitulars von 802/803 bestimmt, dass derjenige als Fiskalverwalter (*villicus*) eingesetzt werden sollte, der gut, vernünftig und einsichtig ist und den Missi Rechenschaft ablegen kann. Da die hier erwähnte Rechenschaftspflicht der örtlichen Fiskalverwalter nicht auf die Zeitdauer dieser Legation von 802/803 beschränkt worden zu sein scheint, dürfte dieser Satz darauf hinweisen, dass die Missi allgemein mit der Aufsicht über die örtliche Fiskalverwaltung beauftragt wurden. MGH Capit. 1 Nr. 77 c. 19 S. 172: *Ut vilicus bonus, sapiens et prudens in opus nostrum eligatur, qui sciat rationem misso nostro reddere et servitium perficere*… Vgl. NELSON, Literacy S. 272 f. Schwierig ist, dass in der Fiskalverwaltung die niedrigeren mit der Abgabenerhebung Beauftragten auch *missi dominici* genannt werden konnten. Vgl. das Urbar des Reichsgutes in Churrätien, in: Bündner UB S. 394: *De ministerio Adhalgisi, id est de Impitinis solidos .XLVII. camerario .II. et pecora .XVI. quae ideo reddunt, ne ab eis vinum. missis dominicis exequiretur, sed a curte dominica detur. Similiter reddunt pecora et supradicta ministeria.*

78) Nicht alle Königsgüter standen den Missi zur Verfügung. Im Capitulare de villis sollten die Grafen und die dazu verpflichteten *homines* die Missi und Legaten verpflegen. MGH Capit. 1 Nr. 32 c. 27 S. 85 (oben zitiert). Dazu BRÜHL, Fodrum S. 110 f. Als ein weiteres Beispiel aus der Zeit Karls des Großen vgl. MGH Capit. 1 Nr. 57 c. 2 S. 144 (oben zitiert). Zur Verpflegung der Missi aus den Kirchengütern vgl. die oben zitierte Studie Lesnes. Zur Verpflegungspflicht des Volkes vgl. das Placitum von Risano (a. 804), in dem es zur Rechtsgewohnheit in Istrien erklärt wurde, dass die Kirche und das Volk die Kosten für den Unterhalt der *missi imperii* (auch in der Zeit der byzantinischen Herrschaft?) stets zur Hälfte teilten. KRAHWINKLER, *In loco qui dicitur Riziano* S. 70. Vgl. auch die Pflicht der Hispani, die Missi unterzubringen und zu verpflegen. MGH Capit. 1 Nr. 132 c. 1 S. 261 f.; ebd. Nr. 133 S. 263 f.; MGH Capit. 2 Nr. 256 c. 1 S. 259 = D KdK Nr. 46, 1 S. 130.

79) Wahrscheinlich schon in der Merowingerzeit. Vgl. Lex Ribvaria, 68,3 S. 119: *Si quis autem legatarium regis vel ad regem seu in utilitate regis pergentem in hospitio suscipere contempserit, nisi emunitas regis hoc contradixerit, sexaginta solidos culpabilis iudicetur. Aut si regius, Romanus aut ecclesiasticus homo hoc fecerit, unusquisque contra auctorem suum 30 solid. multetur.*

die Grafen und die gräflichen Untergebenen unter dem Vorwand, die herrscherlichen Missi zu verpflegen, die Bewohner ihrer Amtsbezierke überforderten, war auch problematisch. Dies scheint besonders in der Zeit Ludwigs des Frommen allgemeine Kritik hervorgerufen zu haben, denn dieser ergriff zweimal in seinen Kapitularien Gegenmaßnahmen[80]. In diesem Sinn bietet das Capitulare missorum de exercitu promovendo von 808 noch ein weiteres interessantes Beispiel: Die Missi konnten auf ihrer Legationsreise, die der Untersuchung der Vernachlässigung des kaiserlichen Aufrufes zum Kriegsdienst diente, auf Kosten derjenigen reisen, die tatsächlich den Mobilmachungsbefehl von 807 verweigert oder ignoriert hatten. Ein solcher Anspruch auf Verpflegung dürfte zugleich als Strafe für die Pflichtvergessenheit gegolten haben[81].

Die zweite Begünstigung der Missi dominici war ihr Schutz. In einem ungefähr auf 810/811 zu datierenden Kapitular Karls des Großen ist ein Angriff auf die Missi unter Androhung von Todesstrafe verboten[82]. Diese harte Bestrafung hatte ihre historische Wurzel in den Bestimmungen der Leges, in denen ein höheres Wergeld für Missi dominici festgesetzt ist. In den Septem Causas des Pactus legis Sali-

---

80) MGH Capit. 2 Nr. 190 (a. 829) c. 3 S. 11: *De comitibus et vicariis eorum, qui in aliquibus locis tantum accipiunt de coniectu populi ad minorem legationem quantum ad maiorem.* Vgl. auch die oben zitierten Kapitel, besonders MGH Capit. 1 Nr. 141 (a. 818/819) c. 29 und die Vorschrift Karls des Kahlen, MGH Capit. 2 Nr. 274 (a. 865) c. 16 S. 332.

81) MGH Capit. 1 Nr. 50 c. 7 S. 138: *Volumus ut isti missi nostri qui hac legatione fungi debent ab his hominibus coniectum accipiant qui in hostem pergere debuerunt et non perrexerunt; similiter et a comite vel vicario vel centenario, qui ad hoc consenserunt ut domi remansissent necnon et ab omnibus praedictum coniectum accipiant, qui anno praeterito constitutam a nobis exercitatis itineris iussionem irritam fecerunt.* Das 21. Kapitel des Herstaler Kapitulars von 779 ähnelt dieser Vorschrift von 808 im Hinblick darauf, dass derjenige Graf oder königliche Vasall, der nicht in der Lage war, *justitias facere*, den Missus beherbergen und verpflegen musste, bis *justitiae factae fuerint*. MGH Capit. 1 Nr. 20 c. 21 S. 51.

82) MGH Capit. 1 Nr. 70 c. 1 S. 160 = Ansegis, 3, 64 S. 600 f.: *Si quis super missum dominicum cum collecta et armis venerit et missaticum illi iniunctum contradixerit aut contradicere voluerit et hoc ei adprobatum fuerit, quod sciens contra missum dominicum ad resistendum venisset, de vita componat. Et si negaverit, cum XII suis iuratoribus se idoniare faciat; et pro eo quod cum collecta contra missum dominicum armatus venit ad resistendum, bannum dominicum componat. Simili modo domnus imperator de suis vassis iudicavit. Et si servus hoc fecerit, disciplina corporali subiaceat.*

cae beträgt das Wergeld für einen *legadarius* (Gesandten) des Königs 1800 Solidi[83]: Das ist das Dreifache dessen, was ein Franke für einen von ihm getöteten Franken an Wergeld zu zahlen verpflichtet war[84]. Dennoch genießen die königlichen Missi hier keine Sonderstellung, denn mit „solidos MDCCC" gesühnt wurden auch der Totschlag eines *homo ingenuus in hoste* (§ 1), eines *grafio* (§ 2), einer *femina ingenua, que infantis potuit habere* (§ 3), eines *puer crinitus* (§ 4) und *episcopus* (§ 5)[85]. Anzumerken ist, dass die hier angeführte Bestimmung des höheren Wergelds für die königlichen Gesandten in den sieben Kapiteln der *sententiae de septem septinas, hoc sunt pariculas causas* in der Klasse „Karolina" des Pactus legis Salicae fehlt. Diese Sententiae de septem septinas sind „in K 33, 34, 35 (und 36) zwischen dem Capitulare Haristallense von 779 und der Recapitulatio legis Salicae überliefert"[86], während die Septem Causas „in nur einem merowingerzeitlichen Text zw. Prolog und Titelverz. überliefert ist, aber in mehrere Hss. der karol. ‚Lex emendata' übernommen wurde"[87].

Diese Festsetzung des dreimal so hohen Wergelds für die Missi dominici findet sich auch in den karolingischen Rechtsquellen, näm-

83) Septem Causas, 8,6, in: Pactus legis Salicae S. 273: *VIII. De solidis MDCCC.* [...] *§ 6. Si quis legadario regi in ui(a) adsallierit et occiserit et in mordrem miserit, soledos MDCCC culpabilis iudicetur.* In fast gleichem Sinn zu verstehen ist ebd., 8,7: *Si quis andrustione, qui inter duos reges pagauerit, qui eum adsallierit et occiserit et in mordrem miserit, soledos MDCCC culpabilis iudicetur.*

84) Ebd., 8,7 S. 272: *Si quis Francus Francum occiserit, soledos DC.*

85) Ebd. S. 273.

86) Ebd. S. 271 f. K 33 = Paris, Lat. 10758 (2. Hälfte des 9. Jhs. zu Reims); K 34 = Paris, Lat. 4760 (10. Jh.); K 35 = Paris, Lat. 4628A (Mitte 9. Jh.); K 36 = Paris, Lat 4631 (15 Jh. Abschrift von K 35) ebd., S. xx.

87) SCHMIDT-WIEGAND, Wergeld, in: RGA 33 S. 459. Der hier gemeinte „merowingerzeitliche Text" ist in der Handschrift C 6 (Paris, Lat. 18237: 2. Viertel des 9. Jhs.) erhalten. Pactus legis Salicae, S. xv. Vgl. auch ECKHARDT (hg.), Einführung und 80 Titel-Text S. 163 f.: „Der achte Abschnitt, der die Buße von 1800 Solidi behandelt, fügt sich nicht in das Schema sieben mal sieben ein und erscheint auch aus inhaltlichen Gründen als Nachtrag: er stellt Straffälle zusammen, bei denen die Tat an sich mit 600 Solidi gebüßt werden müßte und erreicht deren rechnerische Verdreifachung durch den stereotypen Zusatz ‚et in mordrem miserit'. Auch dieser achte Abschnitt gehört noch der Merowingerzeit an; denn die Bestimmung von 8 § 7 ‚Si quis andrustione, qui inter duos reges pagauerit ...' paßt nicht auf die politischen Zustände des Karolingerreiches" (S. 163).

lich im Capitulare Saxonicum von 797[88] und der Lex Francorum Chamavorum[89]. In der Lex Frisonum ist das Wergeld der Missi sogar neunmal so hoch[90]. Aber auch hier sind die königlichen Missi nicht alleine besonders geschützt: In der Lex Chamavorum ist ihr Wergeld mit dem für die Grafen, in der Lex Frisonum mit dem für die Gesandten des Herzogs gleichgestellt[91].

Aus diesem Quellenüberblick lassen sich einige Merkmale hinsichtlich des Schutzes der Missi feststellen. Erstens standen die herrscherlichen Missi zwar unter Königsschutz, unterstanden den Leges zufolge im Vergleich zu anderen Würdenträgern aber keiner speziellen Fürsorge. Aber gleichzeitig ist zu betonen, dass alle herrscherlichen Missi, unabhängig von den Inhalten ihrer Aufgabe und ihrer sozialen sowie amtlichen Stellung, den gleichen Königsschutz genießen konnten. Dies ist auffällig, da das Gastungsrecht der Missi je nach ihren ordentlichen Ämtern unterschiedlich festgelegt wurde. Zum anderen ist zu erwähnen, dass in Sachsen, mithin im neu in das Frankenreich integrierten Gebiet, die Sonderstellung der königlichen Missi im Konsens zwischen den Franken und den Sachsen festgestellt wurde[92]. Zum dritten müssen wir auf die Maßnahmen Karls des Großen von 810/811 zurückkommen. Wir kennen nicht den konkreten Hintergrund der Festlegung, dass Angriffe auf Missi mit dem Tod zu sühnen seien, aber denkbar ist, dass diese härtere Bestimmung nötig wurde, nachdem das Missatswesen nach 801/802 immer intensiver betrieben wurde[93]. Je mehr Missi im Reich tätig waren, desto öfter gerieten sie vielleicht mit den Menschen in den Regionen in Konflikt.

***

88) MGH Capit. 1 Nr. 27 c. 7 S. 72: *De missis regis statuerunt, ut si ab eis aliquis interfectus evenerit, in triplum eum conponere debeat qui hoc facere praesumpserit. Similiter quicquid aut eorum hominibus factum fuerit, omnia tripliciter faciant restaurare et secundm eorum ewa conponere.*

89) Lex Cham. c. 8 S. 89: *Si quis missum dominicum occiderit, quando in missatico directus fuerit, in tres weregildos, sicut sua nativitas est, componere faciat.* Hier ist das Wergeld für die Grafen wiederum genauso hoch wie für die Missi.

90) Lex Frisionum, Titel 17, § 3 S. 62: *Si quis legatum regis vel ducis occiderit, similiter novies illum componat, et fredam similiter novies ad partem dominicam.*

91) Das dreifache Wergeld für die herzoglichen Missi findet sich auch in der Lex Alamannorum. Lex Alamannorum, (A) c. 29; (B) c. 30 S. 88 f.: *Si quis missum ducis infra provincia (provintiam,* [B]*) occiderit, tripliciter eum solvat, sicut lex habet.* Vgl. hierzu SIEMS, Studien S. 322–324.

92) Vgl. MGH Capit. 1 Nr. 27 praefatio und c. 7 S. 71 f.

93) Siehe dazu unten Kapitel 2, § 2, 1.

Entscheidend für die Qualifikation als herrscherliche Missi waren also die beiden Faktoren, nämlich die Persönlichkeit – soziale und politische Stellung, Fähigkeit, Zuverlässigkeit usw. – der Beauftragten sowie ihre Königsnähe. Dies wird sehr deutlich sichtbar bei einer Krise und bei einen Herrscherwechsel, denn die missatische Stellvertretung eines Herrschers gewann grundsätzlich erst durch seine persönliche Beauftragung Gestalt, im Gegensatz zu Grafen oder Bischöfen, deren Ämter unabhängig von einem bestimmten Herrscher bestanden und, da sie sehr schwer absetzbar waren, über einen Herrscherwechsel hinaus Bestand hatten[94]. Als Karl der Kahle und die Magnaten sich 858 in einer schwierigen Lage Karls in Quierzy den gegenseitigen Treueid leisteten, können wir unter den 17 dort anwesenden Magnaten zehn weltliche Große und drei Bischöfe erkennen, die im Jahr 853 in Servais als Missi dominici eingesetzt worden waren[95]. Die Magnaten, auf die Karl sich in der Zeit der Krise verlassen wollte, scheinen die vertrautesten zu sein[96] und aus dem Kreis dieser Vertrauten wählte Karl die Mittelgewalten aus[97].

Während einige Personen über einen Herrscherwechsel hinaus als Missi eingesetzt wurden, sind andere trotz der dauerhaften Bewahrung ihrer sonstigen Ämter nur vor oder nach dem Herrscherwechsel als Missi nachweisbar. Arn von Salzburg beispielweise trat vor der Integration Bayerns ins karolingische Frankenreich im Jahr 788 zuerst als Missus des Herzogs Tassilo III. auf. Schon kurz nach dem Herrschaftswechsel, im Jahr 791, ist er als Missus Karls des Großen nachweisbar. Während seine missatische Tätigkeit in Italien und Bayern bis zum Tod Karls mehrfach belegt ist, gibt es keine Spur derartiger Tätigkeit unter Ludwig dem Frommen, obwohl Arn als Erzbischof weiter an der Spitze der kirchlich-administrativen Struktur blieb[98]. Ein prägnantes Beispiel ist noch zu nennen[99]: Graf Hildebold

94) Vgl. KRAH, Absetzungsverfahren.

95) MGH Capit. 2 Nr. 260 S. 275 f. und Nr. 269 S. 296 f.

96) Odo, Graf von Troyes (ODO [II]), fiel trotzdem kurz danach von Karl ab und schloss sich der Seite Robert des Tapferen (ROBERT) an. Vgl. NELSON, Charles the Bald S. 187.

97) Im Jahr 865, als Karl wieder einmal den Untertaneneid verlangte, wurde zum ersten Mal offiziell konstatiert, dass gegen eine Einung der *infideles* eine Gegeneinung der *fideles* innerhalb eines Missatsprengels nicht nur gestattet, sondern sogar wünschenswert sei. Vgl. BRUNNER, Oppositionelle Gruppen S. 133 f.

98) Siehe ARN in der Prosopographie.

99) Siehe auch WOLMOD in der Prosopographie.

war Missus der drei ostfränkischen Könige (Ludwigs des Deutschen, Karls III. und dann Arnolfs) in Alemannien[100]. Pfalzgraf Adalgis, der später Graf von Parma wurde, wurde ebenfalls mehrmals – von Ludwig dem Frommen, Lothar I., dann Ludwig II. von Italien – mit einer missatischen Funktion betraut[101]. Zu nennen ist in diesem Zusammenhang auch Georg von Ostia und Amiens, der sowohl als päpstlicher Legat beim fränkischen König als auch als königlicher Missus beim Papst nachweisbar ist[102].

§ 2 Gruppen der Missi, Entsendungsorte und Abgrenzungen der Missatica

Ungünstig ist die Quellenlage für die Frage, wie viele Missi jeweils bei einer reichsweiten oder überregionalen Legation eingesetzt wurden. Man kann nur für einige Jahre, d. h. nur aus den Kapitularien von 825[103] und 853[104] und teilweise aus denen von 802[105] und 857[106] die Namenlisten der gleichzeitig in verschiedene Regionen ausgeschickten Missi und die Abgrenzung ihrer Missatica erkennen. Allein identifizierbar sind davon die weltlichen oder geistlichen Großen, also Grafen, (Erz-)Bischöfe oder Äbte. Jede Missusgruppe besteht zwar aus Laien und Geistlichen[107], aber eine Eins-zu-eins-Kombination ist im Gegensatz zu der oft in der Forschung vertretenen Meinung[108]

100) Siehe HILDEBOLD in der Prosopographie.

101) Siehe ADALGIS (II) in der Prosopographie.

102) Siehe GEORG in der Prosopographie. In diesem Zusammenhang zu erwähnen sind auch die päpstlichen Legaten Johannes und Paschalis, die in der *curtes Fa(g)edo* nahe Lodi auf ihrer Rückreise von Ötting nach Rom zusammen mit zwei königlichen Missi auf Befehl des Königs Karlmann von Bayern, aber nicht als königliche Missi, das Kloster S. Sisto in Piacenza mit zwei königlichen Höfen investierten. Siehe DIDO in der Prosopographie.

103) MGH Capit. 1 Nr. 151 c. 1 S. 308 = Ansegis 2, 25 S. 541–545.

104) MGH Capit. 2 Nr. 260, hier S. 275 f.

105) ECKHARDT, Capitularia missorum specialia S. 500–504.

106) MGH Conc. 3 Nr. 38 S. 389.

107) Dass ein König einen Bischof und einen Grafen als seine Gesandten ausschickte, ist auch unter den Merowingern zu beobachten. WERNER, Missus – Marchio – Comes S. 197 Anm. 19 mit Verweis auf Form. Marc., lib. 1 Nr. 11, in: MGH Form. S. 49.

108) Einige Beispiele aus der neueren Literatur: GOETZ, Europa S. 145; SCHIEFFER, Die Zeit des Karolingischen Großreichs (714–887) S. 120; INNES, Introduc-

kein fester Grundsatz. 802 und 825 wurden Paare von jeweils einem weltlichen und einem geistlichen Großen in einzelne Missatica eingesetzt – und dies scheint die Vorstellung der Eins-zu-eins-Kombination in der Literatur bestimmt zu haben – , aber wenn man einzelne Legationen betrachtet, lässt sich leicht erkennen, dass nicht selten mehrere Missi zusammenarbeiteten[109]. Dies ist nicht nur bei den für einzelne Fälle ausgesandten Legationen nachweisbar. Die Anzahl der Missi in einem Missaticum war schon unter Karl dem Großen flexibel, wie die Legation von 806 in die Region um Lüttich zeigt: Als Rado von St-Vaast wegen Krankheit von seiner missatischen Tätigkeit zurücktrat, wurden die übrigen Missi, Fulrad von St-Quentin und Graf Unroch, mit zwei neuen Missi verstärkt, nämlich Graf Hrocculf und Adalhard von Corbie[110].

Also ist danach zu fragen, welchen Zusammenhang es zwischen der Auswahl der Missi und der Einrichtung und Abgrenzung der Missatica gab. Auf die Frage, ob die Missi für die Missatica ausgewählt worden waren oder die Missatica für die Missi eingerichtet wurden, gibt es allerdings keine eindeutige Antwort. Die Einrichtung und Abgrenzung der Missatica scheint unter den einzelnen Herrschern einerseits von der pragmatischen Machtpolitik, anderseits von dem Konzept der politischen Ordnung abhängig gewesen zu sein. Hierzu einige Beobachtungen:

Die neuere Forschung hat in zweierlei Hinsicht den engen Zusammenhang zwischen den Missi und der Kirchenorganisation betont[111].

---

tion S. 439; BUSCH, Karolinger S. 85; HARDT, Königsbote, in: HRG² 3 Sp. 32.

109) Siehe z. B. verschiedene Legationen bei ARN in der Prosopographie. Er führte seine Legationsaufgabe oftmals als Mitglied einer ganzen Missusgruppe in Bayern aus, wobei man seine Spitzenposition erkennen kann. Vgl. zuletzt DAVIS, Inventing the *missi* S. 26 f. Obwohl sie etwas aus der Reihe fällt, ist ein extremes Beispiel eine Gesandtschaft Karls des Großen nach Italien, wahrscheinlich 798, die aus zwölf(!) Missi einschließlich Paulinus von Aquileia, Arn von Salzburg und Fardulf von St-Denis bestand. MANARESI, Placiti Nr. 25 S. 79.

110) Siehe ADALHARD (I), FULRAD (II), HROCCULF, RADO (II) und UNROCH in der Prosopographie. Vgl. hierzu zuletzt auch DAVIS, Inventing the *missi* S. 22 f.

111) Schon ECKHARDT, Capitularia missorum specialia S. 515 f. und zur Zeit Ludwigs des Frommen BOURGEOIS, Kiersy-sur-Oise S. 243. Dann noch nachdrücklicher WERNER, Missus – Marchio – Comes S. 197–205; PANGERL, Metropolitanverfassung S. 307–313; GRAVEL, Distances S. 205–217.

Die Metropoliten und Bischöfe wurden oft als Missi tätig[112]. Es gibt einige Beispiele dafür, dass eine Instruktion des Herrschers von oben nach unten durch die kirchliche Organisation, d. h. von einem Erzbischof an der Spitze der Kirchenprovinz an seinen Suffraganbischof, übermittelt worden ist[113]. Eine weitgehende territoriale Übereinstimmung der Missatica mit den Kirchenprovinzen ist besonders im Kapitular Ludwigs des Frommen von 825 erkennbar[114].

Andererseits sollte diese Verbindung nicht überschätzt werden, denn die Einteilung der Missatica unter Karl dem Großen und Karl dem Kahlen scheint nicht der Abgrenzung der Bistümer oder Kirchenprovinzen zu entsprechen. Die Beschreibung der einzelnen Missatica in einem Kapitular Karls des Großen von 802 beruht hauptsächlich auf der Aufführung der Namen der Gaue und der Städte. Zwar kann man in den vier dort beschriebenen Missatica drei Erzbischöfe als Missi erkennen, aber das Missaticum des Erzbischofs von Rouen beispielsweise umfasst zwar einen großen Teil seiner Kirchenprovinz, jedoch nicht Rouen selbst, wenn der rechts der Seine gelegene Teil des Gaues Rouen nicht zu seinem Missaticum gehörte[115]. Auch unter Ludwig dem Frommen wurde die enge Verbindung der Missatica und der Kirchenorganisation nicht sofort eingeführt. In Sachsen waren 818/819 zwei Missi namens Albwin und Wigbald tätig, die die auf der Aachener Reichsversammlung verfassten Kapitularien mit sich führten[116]. Wenn die Missatica schon mit den Kirchenpro-

---

112) Daniel C. Pangerl spricht über „einen Vorrang (der Metropoliten) gegenüber den übrigen Geistlichen“ bei der Einsetzung als Missi dominici. PANGERL, Metropolitanverfassung S. 312.

113) Ein in der Forschung oft zitiertes Beispiel davon ist ein Brief des Erzbischofs Hetti von Trier an Bischof Frothar von Toul. Frothar Nr. 26 S. 136. Siehe HETTI und FROTHAR in der Prosopographie. Eine von Herbert Schneider neu entdeckte und edierte Quelle zeigt die Bekanntmachung eines kaiserlichen Befehls (eines Kapitulars) durch einen Erzbischof, wahrscheinlich Arn von Salzburg, auf einer regionalen Synode. SCHNEIDER, Karolingische Kapitularien. Vgl. auch MGH Capit. 1 Nr. 38 S. 109–111 und MGH Capit. episc. 3, Capitula Frisingensia secunda S. 206–211.

114) Ansegis 2, 25 S. 541–545.

115) Vgl. ECKHARDT, Capitularia missorum specialia S. 505 und 512 f. (Karte); PANGERL, Metropolitanverfassung S. 309 f. Siehe MAGENARDUS in der Prosopographie. WULFARs Missaticum umfasst im Gegensatz zu Pangerls Beobachtung (ebd.) auch Reims, weil WULFAR als *missus … constitutus super totam Campaniam* wurde. Siehe WULFAR in der Prosopographie.

116) Siehe ALBWIN und WIGBALD in der Prosopographie.

vinzen großteils identisch gewesen wären, wäre auch in Sachsen einer der eigentlich zuständigen Erzbischöfe von Mainz oder Köln tätig gewesen. Weder Albwin noch Wigbald waren Erzbischof oder Bischof. Die Beschreibung der Missatica im Kapitular von 853 enthält einige Namen von Grafen, deren *comitatus* zu den aufgeführten Missatica gehörten. Hier ist zu beachten, dass die im Kapitular genannten Zuständigen für die *comitatus* nicht unbedingt Missi waren[117]. Man kann also vermuten, dass es je nach Regenten verschiedene Kriterien für die Einteilung gab und dass das Kriterium nicht immer die kirchliche Organisation war, sondern gegebenenfalls auch die weltliche[118].

Die Erzbischöfe der Region waren außerdem nicht immer als zuständige Missi tätig. In einem Missaticum von 825, das die Kirchenprovinzen von Lyon, Vienne und Tarentaise umfasste, war der geistliche Missus nicht der Erzbischof dieser drei Kirchenprovinzen, sondern der Bischof von Langres, Alberich[119]. Der Missus im Missaticum Besançon von 825 war ebenfalls nicht der zuständige Erzbischof, sondern Bischof Heiminus von Sitten. Da Sitten nicht zur Kirchenprovinz von Besançon, sondern zu Tarentaise gehörte, muss man eine enge Verbindung des Missatswesens und der kirchlichen Hierarchie bezweifeln[120]. In der Zeit Karls des Kahlen waren die einzelnen Missatica kleiner als zuvor und mehrere dieser Missatica waren nicht

---

117) MGH Capit. 2 Nr. 260 S. 275 f. Vgl. die Karte und Tabelle in NELSON, Charles the Bald S. 326 f.

118) Hier ist das Kapitular Ludwigs II. von Italien zu erwähnen, mit dem er 865/866 das Heeresaufgebot anordnete. Einzelne Tätigkeitsbezirke der Missi, die diese Mobilmachung kontrollieren sollten, wurden von Norden nach Süden jeweils nach naturgeographischen Elementen (Namen der Flüsse und der Region), administrativen Elementen (Stadtnamen) und den personenbezogenen Elementen (Amtsbezirke von WIDO [III] und Berengar) definiert. Die Anzahl der zuständigen Missi schwankt zwischen eins und drei, vermutlich je nach den Begebenheiten in den einzelnen Missatica, z. B. der Anzahl der waffenfähigen Bevölkerung oder der Größe des Missaticums. MGH Capit. 2 Nr. 218 c. 3 S. 95. Vgl. hierzu FICKER, Forschungen 2 S. 125 f. Die betreffenden Missi sind: ANDREAS (II), ARTHEMIUS, EREMBERTUS, ERIULFUS, ERMENFRID (II), HISELMUNDUS, IOTSELMUS, JOHANNES (VII), LANDEBERT, MACEDO, PETRUS (VI), RIMMO, RODSELMUS, TEODOLDUS, TEUTMUNDUS, WULFERICUS.

119) MGH Capit. 1 Nr. 151 c. 1 S. 308 = Ansegis 2, 25 S. 545. Vgl. dazu KAISER, Les évêques de Langres S. 99; DEPREUX, Prosopographie S. 62. Siehe ALBERICH (II) in der Prosopographie.

120) Siehe HEIMINUS in der Prosopographie.

mehr in Händen der Erzbischöfe[121]. Um ein Beispiel zu nennen: Der Missus in dem Angers und Tours umfassenden Missaticum von 853 war nicht der Erzbischof von Tours, sondern Bischof Dodo von Angers[122]. Der oberste Amtsträger im Missaticum wurde also nicht immer zum Missus ernannt. Ergänzend ist noch darauf hinzuweisen, dass besonders in der Zeit Karls des Großen und seines gleichnamigen Enkels auch Äbte als Missi für ein Missaticum zuständig waren[123]. Da die Äbte im Gegensatz zu den Bischöfen und den Grafen keinen Amtssprengel hatten, ist zu vermuten, dass sich die Missatica Karls des Großen und Karls des Kahlen weniger auf die Organisationsstruktur der Kirche bezogen. Bei der Einsetzung eines Abts als Missus dürfte vor allem sein politisch-sozialer Einfluss in Betracht gezogen worden sein[124].

Es gibt andererseits einige Hinweise, wie das obige Beispiel von 806 zeigt, dass sich beim Personenwechsel der Missi in einem Missaticum die Abgrenzung des Missaticum nicht verändert haben dürfte[125]. Hier blieb es wahrscheinlich bei der Änderung der zuständigen Personen in demselben Missaticum. Das kann durch folgendes Beispiel erhärtet werden: Im Kapitular von 854 wird angeordnet, dass die 853 ernannten Missi zur Vollziehung der damals angewiesenen Aufgaben personell ergänzt werden sollten[126]. Auch hier kann man vermuten, dass die Abgrenzung des Missaticums jeweils unverändert blieb. Vielleicht ist in diesem Zusammenhang die Tendenz zu erwähnen, dass bestimmte Orte, die meistens Bischofssitze waren, dauerhaft die Zen-

121) Vgl. Karte bei: NELSON, Charles the Bald S. 326 f.

122) Siehe DODO in der Prosopographie.

123) Siehe Pokornys Beobachtung: „Zur Zeit Karls [des Großen] sind unter den geistlichen Missi Äbte noch stärker vertreten; erst ab 820 sind nahezu ausschließlich nur noch Bischöfe zu fassen." POKORNY, Eine Brief-Instruktion S. 63 Anm. 30.

124) 802: Fardulf von St-Denis und wahrscheinlich schon Fulrad von St-Quentin. 853: Adalhard von St-Bertin, Ludwig von St-Denis, Theodericus von Jumièges, Hugo von St-Germain-de-Auxerre und zwei Äbte (Henricus und Abbo). Hierin liegt ein wichtiger Unterschied zur Zeit Ludwigs des Frommen. Aber auch in seiner Zeit konnten einige Äbte als Missi mit den Sonderaufträgen betraut werden, z. B. Helisachar. Siehe jeweils die Einträge in der Prosopographie. Vgl. auch FELTEN, Laienäbte S. 127 f.

125) MGH Capit. 1 Nr. 85 S. 183 f.; ECKHARDT, Capitularia missorum specialia S. 516; KASTEN, Adalhard S. 60.

126) MGH Capit. 2 Nr. 261 c. 1 S. 277.

tren von Missatica bildeten, z. B. Langres, Mailand, Orléans, Reims, Rouen, Sens und Thérouanne.

Zwei Tendenzen sind demnach sichtbar: Zum einen lässt sich feststellen, dass jeder Herrscher nach seinem Konzept (bzw. dem Konzept seiner Umgebung) oder nach Notwendigkeit beabsichtigte, einen mehr oder weniger dauerhaft geltenden regionalen Herrschaftsrahmen zu schaffen, um in diesem Rahmen seine Politik vor Ort durchzusetzen. Zum anderen konnte gegebenenfalls die Auswahl der Person den Vorrang haben. Nach der Auswahl der Missusgruppe dürften einige administrative oder geographische Gegebenheiten zu einem Missaticum vereint werden, damit sie dieses als Einheit gut kontrollieren konnten[127].

Im Zusammenhang damit ist noch ein Punkt zu betonen. Wie schon erwähnt, war es unter Karl dem Kahlen üblich, dass die Missi nicht zu zweit, sondern als Gruppe ernannt wurden und tatsächlich als solche tätig waren, z. B. als Gruppe dem Gericht vorsaßen[128]. Daraus kann man schließen, dass ein Missus in dieser Zeit nie alleine an der Spitze eines Missaticums stehen durfte. Die einzelnen Missatica waren außerdem viel kleiner geworden als unter dem Vater und Großvater Karls des Kahlen. In der Tat bestimmt ein Kapitular von 876, dass alle Bischöfe in den einzelnen Bistümern die *potestas* als Missi dominici haben sollten[129]. Dies könnte als eine Art Relativierung der Gewalt der einzelnen Missi zu verstehen sein, scheint aber nicht zu bedeuten, dass Bischöfe aus Eigennutz einen wichtigen Teil der Königsgewalt an sich gerissen hatten, sondern weist vielmehr auf Karls Absicht hin, dass Bischöfe die Rolle des Stellvertreters des Herrschers einnehmen sollten[130].

---

127) Vgl. zuletzt auch DAVIS, Inventing the *missi* S. 35 f.: zur Zeit Karl des Großen „*missatica* varied along with the *missi*".

128) Siehe die Tätigkeiten ISAAKs von Langres und seiner Missatskollegen in der Prosopographie.

129) MGH Capit. 2 Nr. 279 (D) c. 12 = Nr. 220 c. 12 S. 103. Siehe die anonymen Missi „876. 6." in der Prosopographie.

130) Hierzu siehe Kapitel 2, § 1, 1 und Kapitel 3, § 7. Die Frage, ob die Verleihung der Missusgewalt die Entstehung der späteren Fürstentümer verursachte und förderte, ist zwar ein wichtiges Forschungsproblem, jedoch nicht Gegenstand der vorliegenden Studie.

§ 3 „Mehrschichtigkeit“ der missatischen Beauftragten

Obwohl die meisten identifizierbaren Missi dominici zur Führungsschicht des Karolingerreiches gehört zu haben scheinen, war ihre Qualifikation als Missi nicht immer gleichartig. Neben den im einzelnen konkret nachweisbaren verschiedenen Tätigkeiten der Missi[131] kommt die Unterscheidung unter den Missi oder ihren Aufträgen manchmal in den Kapitularien zur Sprache[132]. Das Kapitular Karls des Kahlen von 860[133] ist in diesem Zusammenhang deshalb bemerkenswert, weil es zwei Typen der Missi dominici erwähnt: *missi maiores* und *missi discurrentes*. Auf den ersten Blick scheint diese Gegenüberstellung – zumal mit dem Komparativ *maior* – auf eine Hierarchisierung der Missi hinzuweisen. Um das Verhältnis zwischen diesen beiden Arten von Missi zu verstehen, sind zunächst Aufgaben und Funktionen jeder missatischen Kategorie vergleichend zu analysieren. Außerdem ist danach zu fragen, wer jeweils die *missi maiores* oder *missi discurrentes* waren.

Das erwähnte Kapitular ist in drei frühneuzeitlichen Handschriften überliefert, die alle aus der heute verschollenen Kapitularienhandschrift von Beauvais abgeschrieben wurden[134]. Es gliedert sich in fünf Teile, von denen jeder eine Überschrift hat: (A.) Aufgaben der Missi, (B.) Auszug aus dem in Koblenz von Ludwig dem Deutschen abgelegten Eid (überschrieben als „Bestätigung unserer Herren“), (C.) Abriss der in Koblenz von den Anwesenden gebilligten Kapitel, (D.) Verkündung der Könige und (E.) Exzerpte früherer Kapitularien Karls des Großen, Ludwigs des Frommen und Karls des Kahlen mit der Anweisung für die nun ausgesandten Missi. In (A.) und (E.) spricht der König, Karl der Kahle, in der ersten Person Plural, während in (B.) bis (D.) die Missi anstelle des Königs sprechen. Es handelt sich demnach um ein Dossier, einen Komplex von Texten[135]. Hier

131) Diese werden im Detail in den folgenden Kapiteln analysiert.

132) Zum Beispiel: MGH Capit. 1 Nr. 50 (Capitulare missorum de exercitu promovendo) c. 8 S. 138 (*missi nostri* [*qui hac legatione fungi debent* (c. 7)] und *missi nostri qui super exercitum nostrum constituendi sunt*); MGH Capit. 2 Nr. 190 (Capitula incerta) c. 3 S. 11 (*minor* und *maior legatio*).

133) MGH Capit. 2 Nr. 270 S. 297–301.

134) Vgl. MGH Capit. 2 S. 297; MORDEK, Bibliotheca S. 631, 635, 810 f., 815, 865 und 873 f.

135) Es ist unklar, ob die Form und die Reihenfolge der Texte aus der am Hof ausgestellten Form oder vielmehr aus der von einem Missus für sich abgefassten

geht es um die Teile (A.) und (E.), die die Aufgaben der *missi discurrentes* erklären.

Der Überschrift von (A.), *Haec missi nostri discurrentes faciant*[136], folgt das Kapitel 1: „Dass sie allen in ihren Missatica das Abkommen, das von uns, unserem liebsten Bruder und unseren lieben Neffen geschlossen worden ist, bekannt machen sollen"[137]. Und im Kapitel 8 heißt es, dass diese Missi in jedem Missaticum dafür sorgen sollen, im Reich den Frieden zu erhalten, und dass sie untersuchen und dem König berichten sollen, wie jeder diesen Frieden bewahre. Bemerkenswert ist die Anweisung in diesem Kapitel, dass, sollten sie allein ihre Aufgabe nicht vollziehen können, „sie bei den in demselben Missaticum eingesetzten *missi maiores* anfragen sollten, mit deren Beratung und Hilfe sie alles durchführen könnten"[138]. Daraus können wir erkennen, dass jeder *missus discurrens* sein eigenes Missaticum hatte, in dem er mit der Bekanntmachung und der Durchführung des Erlasses beauftragt wurde. In jedem Missaticum gab es offenbar daneben einen *missus maior*, der seinem Titel zufolge über größere Autorität verfügte.

Krause meint, dass die *missi discurrentes* fremd in ihrem jeweiligen Missaticum gewesen seien und die *missi maiores* die lokalen Amtsträger wie Bischöfe und Grafen. Nach ihm dürften die nach 825 tätigen Missi in zwei Kategorien zerfallen sein, nämlich in die „wandernden"

Kapitulariensammlung stammt. Krause weist auf die beiden Möglichkeiten hin. MGH Capit. 2 S. 297.

136) MGH Capit. 2 Nr. 270 (A.) S. 297.

137) Ebd. Nr. 270 (A.) c. 1 S. 297: *Omnibus in suo missatico firmitatem, quae inter nos et carissimum fratrem nostrum atque dilectos nepotes [sic!] facta est, notam faciant.* Obgleich von *nepotes* die Rede ist, war von den Neffen Ludwigs und Karls nur Lothar II. in Koblenz anwesend. In das dort geschlossene friedliche Bündnis der Könige (*firmitas*) sollten aber auch die abwesenden Neffen, nämlich Ludwig II. von Italien und Karl von der Provence, eingeschlossen werden, die Ludwig der Deutsche in seinem Eid namentlich erwähnte. MGH Capit. 2 Nr. 242 S. 154 f., Sacramentum firmitatis Hludowici regis. Dazu vgl. APSNER, Vertrag und Konsens S. 171.

138) Ebd. Nr. 270 (A.) c. 8 S. 298: *Et ut pax in regno nostro per illorum missaticum, sicut nos adcognitavimus et capitula a nobis directa commendant, omnibus modis observetur, diligenter provideant; et qualiter eam quisque observaverit, absque respectu alicuius personae, ut veritatem inde nobis renuntient, diligenter inspiciant. Et quicquid exinde, quod commendamus, per se adimplere non potuerint, ad missos maiores per ipsum missaticum constitutos referant, ut cum illorum consilio et auxilio omnia impleant.*

Missi, die vom Hof als Reichszentrum ausgesandt worden seien und in ihren Einsatzgebieten keine eigene Machtbasis gehabt hätten, und in die „ständigen“ Missi, die in ihren Missatica über Ämter und Eigentum verfügt hätten. Während bei den Ersteren die Aussendung (*dirigere/mittere*) durch den Herrscher und dessen Initiative die wesentlichen Merkmale gewesen seien und ihre Amtsdauer auf ein Jahr begrenzt war, seien die Letzteren die lokalen Machthaber gewesen, die dort als ständige Repräsentanten der herrscherlichen Autorität eingesetzt (*constituere*) worden seien, aber ohne Initiative des Herrschers, d. h. er habe die Kandidaten nicht frei wählen können. Diese Unterscheidung der Missi sei zeitgenössisch durch die Quellensprache (*dirigere* und *constituere*) bewusst in den Kapitularien ausgedrückt worden. Hinter diesen Gedanken steht Krauses Auffassung, das Institut der Missi dominici sei seit der Regierungszeit Ludwigs des Frommen durch die Usurpation der als Missi agierenden lokalen Großen verfallen[139]. Diese Auffassung ist allerdings, wie oben schon erwähnt, seit Eckhardts Studie[140] nicht mehr haltbar: Schon unter Karl dem Großen wurden die regionalen Machthaber in ihren Machtbereichen zu Missi ernannt. Krauses Gegenüberstellung der *missi directi* und *missi constituti* kann daher auch in unserem Fall von *missi discurrentes* und *missi maiores* nicht mehr einfach so übernommen werden.

Über die Terminologie selbst haben wir nur wenige Informationen. Der Terminus *missus maior* kommt meines Wissens nur im Kapitular von 860 vor. Die *missi discurrentes* tauchen zwar oft in den Hausmeier- und Königsurkunden des 8. Jahrhunderts auf, sollten aber nach Hannig als Beauftragte des unteren Administrationsniveaus besonders mit fiskalischen Aufgaben betraut angesehen werden. Hannig lehnt eine direkte institutionelle Entwicklung von diesen früheren *missi discurrentes* zu den späteren Königsboten mit administrativen Aufgaben auf höherer Ebene ab[141]. Demnach können wir diese früheren *missi discurrentes* keineswegs mit denen von 860 gleichstellen,

---

139) KRAUSE S. 222 ff.

140) ECKHARDT, Capitularia missorum specialia.

141) HANNIG, Pauperiores vassi S. 351–363. Hannig (ebd. S. 361 f.) weist auf das Verschwinden des Terminus *missi discurrentes* aus den Herrscherurkunden Karls des Großen in seiner späteren Regierungszeit (ab 782, ungefähr gleichzeitig mit dem Beginn des neuen Missatswesens) hin. In den Herrscherurkunden seiner Nachfolger, etwa Ludwigs des Frommen und Karls des Kahlen, werden *missi discurrentes* jedoch wieder erwähnt.

denn die Aufgaben der Letzteren waren nicht die Steuererhebung o. ä. Vielmehr waren sie beispielsweise mit der Bekanntmachung des Kapitulars (c. 2), der Abnahme des Treueides vormaliger Rebellen (cc. 3 und 9), der Rückgabe des Besitzes desjenigen, der den Treueid abgelegt hatte (c. 4) usw. beauftragt[142]. Auch die anderen Kapitularien können uns nur wenig Hilfe bieten. Das Kapitel 17 des Capitulare missorum von 803 spricht über die Unterkunft der *missi discurrentes* und der anderen für den König Reisenden[143]. Aber es ist nicht völlig klar, ob diese *missi nostri discurrentes* diejenigen Missi bezeichnen, die das Kapitular von 803 mitführten, oder vielmehr die allgemeinen Gesandten und Boten[144]. Ebenso ist im Kapitel 9 der Capitula de rebus exercitalibus in placito tractanda von 811 unklar, wer die neben den Grafen angeführten *missi decurrentes* waren[145].

Hierzu soll ein Blick auf die Umstände der Ausstellung des Kapitulars von 860 geworfen werden: Am 1. Juni 860 traf sich Karl der Kahle mit Ludwig dem Deutschen und Lothar II. in Koblenz. Dieses Treffen war eine der Friedenskonferenzen nach Ludwigs Einfall in das Westreich 858[146]. Der Überschrift zufolge promulgierte Karl auf dem Heimweg dieses Kapitular[147]. Das Treffen in Koblenz endete am 7. Juni[148]. Am 23. August desselben Jahres befand sich Karl in Quierzy[149]. Es gibt keine Quellen, die auf die Abhaltung irgendeiner Versammlung zwischen diesem Treffen in Koblenz und der Synode

142) MGH Capit. 2 Nr. 270 (A.), cc. 2, 3, 4, 9 S. 297 f.

143) MGH Capit. 1 Nr. 40 c. 17 S. 116: *De missis nostris discurrentibus vel caeteris hominibus propter utilitatem nostram iter agentibus, ut nullus mansionem contradicere praesumat.*

144) Wenn diese *missi discurrentes* die mit den Kapitularien von 803 beauftragten Missi waren, könnte man darunter Große wie etwa den Pariser Grafen Stephan rechnen. Vgl. MGH Capit. 1 S. 112.

145) MGH Capit. 1 Nr. 73 c. 9 S. 165: *Quod super omnia maius fiunt inoboedientes ipsi pagenses comiti et missos decurrentes, quam antea fuissent.* Aufgrund des Charakters dieses Dokuments ist allerdings anzunehmen, dass derartige *missi decurrentes* seit Langem zur Mobilmachung abgesandt worden sind.

146) AB a. 860 S. 83: *Ludoicus, Karlus et Lotharius reges kalendas iunias apud castrum quod Confluentes uocatur conueniunt, ibique de pace inter se diu tractantes, tandem concordiam atque amicitiam ipsi per se iuramento firmant.*

147) MGH Capit. 2 Nr. 270 S. 297: *Haec, quae sequuntur, domnus Karolus reversus a Confluente cum consilio fidelium suorum per regnum suum denuntianda et observanda direxit.*

148) MGH Capit. 2 Nr. 242 S. 153; Mordek, Bibliotheca S. 574 und 794.

149) D KdK Nr. 219, 1 S. 547–549.

zu Tusey im Oktober hinweisen. Daher dürfen wir auf die Angabe der Überschrift vertrauen und vermuten, dass Karl irgendwo zwischen Koblenz und Quierzy nach Beratung mit seinen Vertrauten dieses Kapitular erließ und es den *missi discurrentes* übergab. Damit können wir auch die Kandidaten, die als *missi* in Frage kamen, fassen, denn nur die Begleiter des Königs konnten bei dieser Gelegenheit als Missi mit dem Kapitular in die verschiedenen Reichsteile gesandt worden sein. Daher müssen wir eruieren, wer mit Karl dem Kahlen zusammen in Koblenz war.

Überliefert ist die Teilnehmerliste des Koblenzer Treffens[150]. In dieser Liste sind die folgenden westfränkischen Großen zu erkennen: die Geistlichen Erzbischof Hinkmar von Reims, Bischof Christian von Auxerre und Abt Wulfad von St. Médard zu Soissons und Rebais; die weltlichen Großen Rudolf, Radbod, Konrad, Richuin, Widric und Hunfrid[151]. Die Tatsache, dass sie an einem wichtigen Herrschertreffen teilnahmen, zeigt ihre politische Bedeutung für Karl. Von diesen wurden Hinkmar, Rudolf und Richuin schon 853 zu Missi ernannt[152], aber die Zahl der hier genannten Großen ist für die Aussendung der Missi im Vergleich zur Legation von 853 sehr klein: während 853 43 Große als Missi eingesetzt wurden[153], waren nur neun mit ihnen vergleichbare Große 860 bei Karl in Koblenz. Außerdem waren diese Begleiter Karls in Koblenz für die niedrigere Qualifikation der *missi discurrentes* von 860 nicht geeignet, denn diese *missi dis-*

150) MGH Capit. 2 Nr. 242 S. 154: *Haec sunt nomina episcoporum, qui anno incarnationis dominicae DCCCLX, Nonis Iuniis in secretario basilicae sancti Castoris consideraverunt cum nobilibus ac fidelibus laicis firmitatem, quam gloriosi reges nostri Hludowicus et Karolus atque Hlotharius inter se fecerunt VII. Idus Iunias in eodem monasterio, et qui haec capitula ab omnibus conservanda acceptaverunt: Hincmarus, Guntharius, Altfridus, Salomon, Adventius, Atto, Franco, Teudericus, Luitbertus, Gebehardus, Christianus, Vulfadus abbas, Witgarius abbas. Haec nomina laicorum: Chuonradus, Evrardus, Adalardus, Arnustus, Warnarius, Liutfridus, Hruodulfus, Erkingarius, Gislebertus, Ratbodus, Arnulfus, Hugo, item Chuonradus, Liutharius, Beringarius, Matfridus, Boso, Sigeri, Hartmannus, Liuthardus, Richuinus, Wigricus, Hunfridus, Bernoldus, Atto, Adalbertus, Burchardus, Christianus, Leutulfus, Hessi, Herimannus, item Hruodulfus, Sigeardus.*

151) Zur Identifikation vgl. MGH Capit. 2 S. 154 Anm. 1–32; NELSON, Charles the Bald S. 192 f.

152) Vgl. unten HINKMAR (I), RUDOLF und RICHUIN in der Prosopographie.

153) MGH Capit. 2 Nr. 260, S 275 f.

currentes sollten den *missi maiores* untergeordnet sein: Die genannten Begleiter des Königs waren gewissermaßen überqualifiziert und eher Anwärter auf die Übernahme des Amtes eines *missus maior*. Deshalb müssen wir nach anderen Kandidaten als *missi discurrentes* suchen.

Hier kann die Analyse der Quellen zu anderen karolingischen Herrschertreffen einen Ansatz für weitere Untersuchungen ergeben. Neben den mächtigen Würdenträgern wie Bischöfen, Grafen und Äbten kamen auch die Hofleute und die königlichen Vasallen bei den Herrschertreffen zusammen[154], aber die Größe karolingischer Herrschertreffen war unterschiedlich. Die überlieferten Quellen zeigen, dass „je nach Bedeutung der Treffen die Zahl der Großen und die Zusammensetzung der Hofhaltung nicht gleich waren“[155], aber wenn jeder Herrscher mit der gleichen Anzahl der Begleiter zum Treffen kam[156], scheint die Anzahl vorher ausgemacht worden zu sein.

Einerseits konnten die karolingischen Herrscher bei einigen Zusammenkünften eine große Menge Mächtige als ihre Berater mitbringen. Beim Treffen von 862 in Savonnières waren ungefähr 200 *consiliarii* der drei Könige anwesend, die *tam episcopi quam abbates et laici* gewesen seien. Jeden König begleiteten also durchschnittlich etwa 60–65 kirchliche und weltliche Machthaber. Die Halle (*casa*), in der die Könige ihre *adnuntiationes* veröffentlichten, war mit diesen 200 Anwesenden fast voll, aber neben diesen Mächtigen waren auch *alii*, nämlich weniger mächtige Vasallen und *ministeriales* (königliche Diener im weiteren Sinn einschließlich der Hofleute), in Savonnières: Die Gesamtanzahl dieser Personen ist unklar, aber nur wenige von ihnen konnten bei der letzten Verkündung Karls des Kahlen in die Halle eintreten[157]. Diese ungefähre Übereinstimmung in der Kapazi-

---

154) VOSS, Herrschertreffen S. 129 f. betont die Bedeutung des Mitwirkens der zur Reichsaristokratie gehörenden Großen/Würdenträger bei den karolingischen Herrschertreffen, erwähnt aber die weniger mächtigen Königsvasallen in diesem Abschnitt über die „Gefolge“ der Herrscher nicht.

155) VOSS, Herrschertreffen S. 89 f.

156) Zum Beispiel beim Treffen im Juni 842 auf der Insel „Ansilla“ nahe Mâcon. Nithard, IV, 4 S. 140.

157) MGH Capit. 2 Nr. 243 S. 165, Anm. *: *[...] postquam coram omnibus, qui adfuerunt, trium regum consiliariis fere ducentis, tam episcopis quam abbatibus et laicis, relectas penitus reiecerunt, [...] in ipsa casa, ubi relectae sunt praecedentes adnuntiationes, in quam pauci alii intraverunt, quam qui antea fuerunt, quoniam fere plena de ipsis erat.* Vgl. dazu SCHNEIDER, Brüdergemeine S. 40–42; BRÜHL, Fodrum S. 70 f.

tät der Gebäude und der Anzahl der anwesenden Großen könnte darauf hinweisen, dass drei Könige, nämlich Ludwig der Deutsche, Karl der Kahle und Lothar II. gemäß der Größe dieser königlichen Halle in Savonnières vorher die Anzahl der Begleiter miteinander vereinbart hatten.

Dass dieses Treffen zu den größten der karolingischen Herrschertreffen gezählt werden muss, zeigt ein Vergleich mit den Verhandlungen von 842 über die Reichsteilung. Im Oktober 842 kamen insgesamt 120 *missi* von Lothar I., Ludwig dem Deutschen und Karl dem Kahlen (d. h. jeweils 40 Mächtige eines Königs) in Koblenz zusammen, die *ex omni multitudine omni nobilitate praestantes* waren. Diese Anzahl wurde im Voraus von den Herrschern ausgemacht, aber es ist unklar, ob die Bischöfe, die auch in der Basilika St. Kastor in Koblenz waren und eine eigene Kommission bildeten, auch zu diesen 120 Mächtigen gerechnet wurden[158]. Jedenfalls scheint der Umfang des Treffens in Savonnières größer gewesen zu sein.

Eine Verhandlung über die Reichsteilung konnte allerdings einem noch kleineren Kreis Mächtiger aufgetragen werden. Im März 842, also vor der oben genannten Verhandlung in Koblenz, versuchten Ludwig und Karl in Aachen auf Rat von Geistlichen, das Reich ihres Bruders Lothar zu teilen, nachdem dieser von dort geflohen war. Dazu wählten die beiden Könige jeweils zwölf Personen aus ihrer Umgebung, zu denen auch Nithard, der über dieses Ereignis berichtet, gezählt wurde[159]. Etwa 30 Jahre später kam es wieder zu einer Reichsteilung, und auch diesmal wurde die Verhandlung in kleinem Kreis geführt. Vor der Zusammenkunft mit Karl 870 schlug Ludwig zum Beispiel vor, jeder König solle jeweils vier Bischöfe, zehn Berater (*consiliarii*) und 30 königliche *ministeriales* und Vasallen mitbringen[160]. Dieser Vorschlag ist als Vorstufe der Reichsteilung *regni Hlotharii* in Meerssen 870 zu werten[161].

Die von Ludwig vorgeschlagene Zahl läßt sich sicher nicht als ideales Maß für die Anzahl der Begleiter bei einem karolingischen Herrschertreffen werten, denn die vorgeschlagene Anzahl, besonders die für königliche *ministeriales* und Vasallen, war zumindest für den

158) Nithard, IV, 4–5 S. 146–148. Vgl. auch AF a. 842 S. 33 f.

159) Nithard, IV, 1 S. 126–130, bes. S. 128–130: *Hinc autem uterque illorum duodecim e suis ad hoc opus elegit, quorum unus extiti.*

160) AB a. 870 S. 171: *...et unusquisque eorum IIII episcopos et X consiliarios et inter ministeriales et uassallos XXX tantummodo ad idem colloquium ducerent.*

161) Hierzu vgl. DEUTINGER, Königsherrschaft S. 234–236.

Verfasser der Annales von St-Bertin, Hinkmar von Reims, so auffallend, dass er dies vermerkte[162]. Trotzdem können wir die Zahl der Begleiter in Meersen 870 mit der in Koblenz 860 vergleichen, denn die Anzahl der für das Meersener Treffen erwarteten hochrangigen Umgebung eines Königs (14[163]) entspricht fast einem Drittel der gesamten Großen der drei Könige in Koblenz 860 ([13 Geistliche + 33 Weltliche] ÷ 3 = 15,33...). Wenn die politische Bedeutung des Zusammentreffens in Koblenz nicht geringer war als die der oben angeführten Zusammenkünfte, und wenn die Beschränkung der Begleiter von 870 tatsächlich außergewöhnlich war, kommt man bei der Anzahl der weniger mächtigen Begleiter eines Königs in Koblenz, nämlich seiner *ministeriales* und Vasallen, auf mindestens 30. Obwohl die drei Geistlichen und die sechs weltlichen Großen Karls in Koblenz nur weniger als zwei Drittel der idealen Anzahl ausmachen, d. h. Karl nur eine geringere Anzahl von Großen nach Koblenz mitgebracht hat, bedeutet das nicht unbedingt, dass Karl von weniger Vasallen begleitet wurde als sein Bruder und sein Neffe. Karl war wahrscheinlich in Begleitung von mindestens 30 königliche *ministeriales* und Vasallen. Diese Anzahl des königlichen Gefolges scheint nicht ungeeignet dafür, sie als *missi discurrentes* auszusenden: Gesetzt den Fall, dass die Missatica nur nördlich der Loire, wie es vor diesem Zeitpunkt (860) in Karls Reich üblich war[164], eingerichtet waren, konnten diese 30 Missi ihre Aufgabe erfüllen, weil sie mit Unterstützung der *missi maiores* rechnen konnten. Demnach ist zu fragen, ob solche weniger mächtigen königlichen *ministeriales* oder Vasallen als Missi mit wichtigen Aufgaben, die mit der Bekanntmachung und Durchsetzung der Kapitularien vergleichbar sind, beauftragt wurden.

Während die anderen Karolinger ihre Hofkapelläne und (die sowohl zum Hof gehörenden als auch lokalen) Vasallen hauptsächlich zur Inquisition oder zu Besitzbestätigungen als Missi aussendeten,

---

162) Vgl. SCHNEIDER, Brüdergemeine S. 43, der bei Hinkmars Ausdruck *tantummodo* einen Hinweis darauf sieht, dass „die Zahl 30 ungewöhnlich klein war“. Ihm folgt BRÜHL, Fodrum S. 70, dem zufolge ein gegenseitiges Misstrauen von Karl und Ludwig diese ungewöhnliche Beschränkung verursacht habe. Vgl. auch VOSS, Herrschertreffen S. 89.

163) Vier Bischöfe und zehn *consiliarii*. Das Wort *consiliarius* in Hinkmars Vokabular bezeichnet den politisch wichtigen Ratgeber des Königs. Vgl. NELSON, Legislation S. 103.

164) Zur Einrichtung der Missatica unter Karl dem Kahlen siehe oben Kapitel 1, § 2 und unten Kapitel 2, § 1 und Kapitel 3, § 7.

gibt es unter Karl dem Kahlen ein merkwürdiges Beispiel: Irgendwann zwischen 853 und 860[165] schickte Karl einen Brief an Wenilo, Erzbischof von Sens. Es ging um die Geisteskrankheit (*insania*) des Bischofs Hermann von Nevers, über die Karl die Klage der Bewohner von Nevers gehört hatte[166]. Er teilte Wenilo in diesem Brief seine Entscheidung mit, dass er den *sacri palatii nostri minister* Liudo und den *missus noster sacrae capelle nostrae minister* Geilo mit der Verwaltung des Bistums Nevers beauftragt hätte[167]. Da uns dieser Brief nur partiell überliefert ist, können wir nicht alles über diese Delegation wissen. Aber die Aufgabe der Bistumsverwaltung ist eine dauerhafte, deren Bedeutung schwerer wiegen dürfte als eine einmalige Reise zu einem Inquisitionsverfahren oder zu einer Besitzbestätigung.

In Bezug auf dieses Beispiel ist noch ein Punkt zu erwähnen: Diese königlichen Beauftragten, unter denen nur Geilo sicher als *missus* qualifiziert werden kann, sollten unter Wenilos Aufsicht das Bistum administrieren, weshalb Karl ihn über diese Delegation informierte. Wenn man in Betracht zieht, dass Wenilo 853 und wahrscheinlich auch 854 zum Missus um Sens ernannt wurde, dann lässt sich hier vielleicht eine ähnliche Hierarchie des Missatswesens sehen wie bei den *missi maiores* und *missi discurrentes* von 860. Allerdings ist es möglich, dass Wenilo in diesem Fall nicht mit seiner Befugnis als Missus, sondern mit der als Erzbischof die Vertretung der Bistumsverwaltung durch die königlichen Beauftragten beaufsichtigen sollte, denn das Bistum Nevers gehörte nicht zu Wenilos Missaticum von 853, wohl aber gehörte es zur Kirchenprovinz Sens: Karl titulierte ihn in diesem fragmentarisch überlieferten Brief jedenfalls nicht als Missus. Aus diesem Brief kann man deshalb nur schließen, dass die königlichen Beauftragten einschließlich eines *missus dominicus* gegebenenfalls einem Mächtigen untergeordnet werden konnten.

In anderen, wenngleich nicht vielen Quellen finden sich einige Hinweise auf das mehrschichtige Missatswesen. Ludwig der Fromme legte zum Beispiel 819 im Capitulare missorum das Verpflegungsrecht der Missi je nach ihren übrigen Würden fest[168]. Die Missi Karls

165) Zur Datierung des Briefes vgl. D KdK Nr. 224, 1 S. 564.

166) Dieses Problem wurde 853 auf den Synoden in Soissons und in Verberie, bei denen Karl der Kahle anwesend war, verhandelt. MGH Conc. 3 Nr. 27 S. 253–293, hier bes. c. 5 S. 280; ebd. Nr. 31 S. 302–307, hier bes. c. 1 S. 304.

167) D KdK Nr. 224, 1 S. 564. Siehe GEILO in der Prosopographie.

168) MGH Capit. 1 Nr. 141 c. 26 S. 291; ebd. Nr. 141 c. 29 S. 291. Siehe oben Kapitel 1, § 2 zur Aufnahme und Verpflegung der Missi. Zu den *ministeriales* und

des Kahlen, die zwischen Ende 869 und Oktober 874 zur Regelung eines Güterstreits des Klosters Charroux geschickt wurden, waren Pfalzgraf Himemno und sein *junior* Hiterius[169]. Es fällt schwer zu glauben, dass bei ihrer Delegation ihre Rangordnung keine Bedeutung gehabt hätte. Obwohl es aus den beiden Fällen nicht klar wird, ob die Befugnis des jeweiligen Missus unterschiedlich war oder nicht, ist es doch wahrscheinlich, dass es unter den gleichzeitig gesandten Missi einen Unterschied der Qualifikation gab[170].

Kommen wir zum Kapitular von 860 zurück. Das Kapitel 7 des Teils (E.) spricht über die Bereiche, die der höheren Jurisdiktion bedürfen und um die sich daher die *missi discurrentes* mit der Unterstützung der *missi maiores* kümmern sollten[171]. Hier ist der Unterschied bezüglich der Jurisdiktion zwischen den beiden Typen der Missi klar. Die Ursache der Ungleichheit in ihren Befugnissen dürfte im Rangunterschied zu suchen sein, was zu folgendem Ergebnis führt: Die *missi discurrentes* von 860 wurden aus den Hofdienern und Vasallen Karls des Kahlen, die ihn zum Herrschertreffen nach Koblenz begleiteten, ausgewählt, während die *missi maiores* im Kapitular von 860 jene Missi meinen, die mit Karls vorherigen Missi von 853, 854 und 857 vergleichbar sind. Die Ernennung der Hofdiener zu Missi erinnert an die Passage der Lorscher Annalen zum Jahr 802 über die *de infra palatio pauperiores uasos* als schlechtere Kandidaten für ein Mis-

vassi, besonders im Ostfrankenreich im 9. Jahrhundert, vgl. DEUTINGER, Königsherrschaft S. 66–93. Vgl. auch MGH Capit. 2 Nr. 190 c. 3 S. 11: *De comitibus et vicariis eorum, qui in aliquibus locis tantum accipiunt de coniectu populi ad minorem legationem quantum ad maiorem.* Auch hier hängt die Menge der Verpflegung von der Art der jeweiligen Legation ab.

169) D KdK Nr. 375, 2 S. 334–336. Siehe HIMEMNO und HITERIUS in der Prosopographie.

170) Vgl. auch WITHAR in der Prosopographie.

171) MGH Capit. 2 Nr. 270 (E.) c. 7 S. 301: *Capitula autem legum divinarum atque mundanarum et imperatorum de raptis feminarum et de conspirationibus et de coniurationibus et de ecclesiarum infracturis atque clericorum dehonorationibus et de comitibus, qui in comitatibus suis iniusta faciunt, hic non adnotavimus, quia cognita sunt et maiori districtione indigent, de quibus omnes admonere atque omnes ex Dei banno et nostro cavere praecipimus. De his interim missi nostri discurrentes cum consilio maiorum missorum, ut praemisimus, studeant, donec plenitudinem capitulorum et adnuntiandam et observandam ad communem omnium nostrum salutem et pacem per regnum nostrum adiuvante Domino disponamus.*

saticum[172]. Hier ist anzumerken, dass das Adjektiv *pauperiores* und nicht *pauperes* ist. Die Hofdiener und die königlichen Vasallen im Hof waren keineswegs niedere, machtlose Männer. Viele von ihnen waren adlige junge Männer, die am Hof die Chance auf weiteren Aufstieg, entweder in der kirchlichen oder weltlichen Laufbahn, suchten, auch wenn sie manchmal sicher schwer zu kontrollieren oder machtgierig gewesen sein dürften[173]. Sie waren weniger mächtig im Vergleich zu den weltlichen und geistlichen Würdenträgern wie (Erz-)Bischöfen, Äbten, Herzögen und Grafen. Es ist ohne Parallelbeleg unmöglich, nur aus diesem Kapitular von 860 eine allgemeine, ständige Zweischichtigkeit der Königsboten zu erschließen. Doch lässt sich in anderen Fällen, besonders wenn die Missi anonym bleiben, die Möglichkeit nicht kategorisch ausschließen, dass je nach Situation, auch bei der Bekanntmachung von Kapitularien, die weltlichen und geistlichen Hofdiener einschließlich der Vasallen als Missi beauftragt werden konnten, die gegebenenfalls mit den früher als Missi eingesetzten Mächtigen zusammenarbeiten mussten[174].

Ergebnis des Kapitels

Die karolingischen Missi dominici waren eigentlich die Gesandten/Stellvertreter/Bevollmächtigten des Herrschers. Im karolingischen Missatswesen hatten also persönliche Elemente großes Gewicht. Als Karl der Kahle 853 über die Unersetzlichkeit seiner Missi bei ihrer Legation sprach[175], ist sein Vertrauen zu den von ihm ausgewählten Personen sichtbar. Zum derartigen Personenkreis der Vertrauten des

172) Ann. Laures. emend., a. 802 S. 45: *Sed recordatus misericordiae suae de pauperibus, qui in regno suo erant et iusticias suas pleniter abere non poterant. Noluit de infra palatio pauperiores uasos suos transmittere ad iusticias faciendum propter munera, sed elegit in regno suo archiepiscopos et reliquos episcopos et abbates cum ducibus et comitibus, qui iam opus non abebant super innocentes munera accipere; ei ipsos misit per uniuersum regnum suum, ut ecclesiis, uiduis et orfanis et pauberibus et cuncto populo iusticiam facerent.*

173) Zum Hof als Ort der Ausbildung in Aussicht auf Macht und *honores* vgl. AIRLIE, Bonds of power; INNES, A place of discipline.

174) Das Thema der Bekanntmachung und Durchsetzung der Kapitularien durch die Missi dominici wird im folgenden Kapitel ausführlich behandelt.

175) MGH Capit. 2 Nr. 260, Proömium S. 271: *Et si contigerit, ut aliquis vestrum nostro servitio vel infirmitate aut quacumque occasione detentus fuerit, pro hoc*

Herrschers gehörten auch seine weniger mächtigen Diener wie Vasallen und Hofgeistliche. Sie konnten als Missi eingesetzt werden, aber manchmal mit weniger Befugnissen, wobei Zusammenarbeiten mit den Mächtigeren erforderlich waren. Die Persönlichkeit der Missi, ihre Fähigkeiten und ihre Beziehungen zum Herrscher machten die wesentliche Grundlage des erfolgreichen Missatswesens aus.

---

alii non dimittant, ut commendata exsequi non studeant; etiam si unus vacaverit a praedictis occasionibus, ipse, quantum Deus dederit, iussa perficere studeat.

2. Die Missi zwischen dem Zentrum und den Regionen des Reiches: Kommunikative Aspekte in der Reichsregierung

In der mediävistischen Forschung wurde und wird das Thema „Kommunikation" in den letzten zwei Jahrzehnten lebhaft diskutiert[1]. Der Ansatz, die politische Ordnung des Karolingerreiches – hier sei zunächst die Kontroverse zum Begriff „Staat" beiseite gelassen[2] – besonders unter dem Aspekt der Kommunikation zu betrachten, wurde vor Kurzem von Rosamond McKitterick und dann umfangreicher von Martin Gravel versucht[3]. In diesem Kapitel schließe ich mich dieser Forschungstendenz an und werde das Missatswesen unter dem Aspekt der Kommunikation darstellen.

Das Wort *missus dominicus* bedeutet Bote oder Gesandter des Herrschers. Nach diesem Wortsinn wurden die Missi vom Herrscher in bestimmte Regionen ausgesandt – gleichsam fiktiv, wenn sie ihren eigenen Machtbasen in ihren missatischen Tätigkeitsbereichen hatten[4]. Das grundlegende Schema des Missatswesens ist daher als Kommunikation zwischen dem Sender = Herrscher und dem/den Empfänger(n) der Missi in den Regionen anzusehen. Außerdem ist der kommunikative Aspekt der Beziehung zwischen dem Herrscher und seinen Missi sowie zwischen den Missi und den Menschen in

1) Vgl. GOETZ, Moderne Mediävistik S. 360–362.

2) Vgl. den neueren Forschungsstand in: POHL und WIESER (Hrsgg.), Der frühmittelalterliche Staat, bes. die Aufsätze von Schieffer und Strothmann über die Karolingerzeit. Vgl. auch die Rezension aus rechtshistorischer Perspektive bei MEYER, Zum Streit. Hier folge ich der Richtlinie, die Schieffer im oben genannten Aufsatz (S. 49) vorschlägt: „Sinn hat die ausdrückliche Beschäftigung mit dieser Terminologie [d. h. mit dem Begriff Staat] nur, wenn sie dazu dient, die Eigenart der politisch-sozialen Ordnung des Karlsreiches präziser zu erfassen und von den Formationen der Zeiten davor und danach sowie in anderen Teiles des lateinischen Europa abzuheben. Die Frage nach Vorhandensein und Qualität staatstheoretischer Konzepte ist zu trennen von der Untersuchung des Aufbaus und der Effizienz des Herrschaftsapparates."

3) MCKITTERICK, Charlemagne S. 214–291; GRAVEL, Distances. Vgl. zuletzt auch PATZOLD, Integration durch Kommunikation.

4) NELSON, Charles the Bald S. 52, betont den Charakter des Wortes „*missus*" als Partizip Perfekt, d. h. „ein gesandter Mann".

den Regionen zu betrachten. Im Folgenden werden zwei Formen der Kommunikation, nämlich die mündlich-persönliche und die schriftlich-distanzierte, im Zusammenhang mit dem Missatswesen analysiert.

§ 1 Persönliche Kommunikation zwischen dem Herrscher und den Missi

Obwohl die Missi dominici auch aus der Ferne durch Mandate schriftlich mit der Durchsetzung des herrscherlichen Willens beauftragt werden konnten[5], dürfte es doch üblich gewesen sein, dass sie vom Herrscher persönlich mit einem Auftrag „entsendet“ wurden[6]. Dies ist besonders dann der Fall, wenn er mehrere Missi gleichzeitig in verschiedene Regionen des Reiches aussenden wollte. Für die Aussendung der Missi vom Hof standen dem Herrscher folgende Personen zur Verfügung: die ständigen Mitglieder des Hofes wie Hofamtsinhaber[7], Hofgeistliche[8] und Vasallen[9], oder die Begleiter des Herrschers auf seiner Reise z. B. zu einem Herrschertreffen[10]; verfügbar waren auch die temporären Besucher des Hofes, die sich dort aus verschiedenen Gründen aufhielten, z. B. zur Beratung[11] oder Bittstellung. Aber die günstigsten Gelegenheiten für den Herrscher waren die Reichsversammlungen, auf denen er mit möglichst vielen zuverlässigen Personen zusammenkam. Auch wenn viele Missi als Machthaber in ihren Missatica und als geistliche/weltliche Würdenträger nachweisbar sind, scheinen diese Missi grundsätzlich erst auf

5) Vgl. dazu unten Kapitel 2, § 2, 2.

6) Man ging davon aus, dass der Herrscher seine Missi persönlich mit der Legation beauftragte. Beim Rechtsstreit mit dem Papst wollte Abt Ingoald von Farfa, dass die kaiserlichen Missi (Bischof Joseph von Ivrea und Graf Leo) darüber gerichtlich entschieden, „wie der Kaiser Euch mündlich befohlen hat“. MANARESI Nr. 38 (Rom, 829. 1.) S. 121: „... *iudicate nobis exinde iustitiam sicut domnus imperator in verbis vobis mandavit*“. Siehe JOSEPH (II) und LEO (I) in der Prosopographie.

7) WAITZ, Verfassungsgeschichte 3 S. 503; FLECKENSTEIN, Hof S. 32 f. Vgl. auch RÖSENER, Königshof und Herrschaftsraum S. 457–461.

8) Vgl. FLECKENSTEIN, Hofkapelle, hier bes. S. 91 f.

9) Siehe oben Kapitel 1, § 3.

10) Hierzu siehe oben Kapitel 1, § 3.

11) Vgl. EICHLER, Karolingische Höfe und Versammlungen S. 138–140.

den Reichsversammlungen ernannt, instruiert und autorisiert worden zu sein[12]. Deswegen ist es im Rahmen dieser Studie über die Missi dominici sinnvoll, den Reichsversammlungen einen eigenen Abschnitt zu widmen. Hier ist der Begriff „Reichsversammlung“ im weiteren Sinn zu verstehen, wie ihn Daniel Eichler vor kurzem erläutert hat. Eine Differenzierung der Versammlungen nach verschiedenen Kriterien, die jeder Art von Versammlung eine bestimmte „Kompetenz“ zuschreibt, wie es die ältere verfassungsgeschichtliche Forschung versuchte, ist für das Verständnis der karolingischen Herrschaftspraxis wenig sinnvoll. „Als Reichsversammlung sollen alle herrscherberufenen und herrschergeleiteten Zusammenkünfte gelten, die der Erledigung politischer Angelegenheiten dienten oder zumindest dienen konnten und die in den zeitgenössischen Quellen mit den Substantiven *conventus*, *placitum*, *colloquium*, *consilium* oder *synodus* oder entsprechenden Wendungen bezeichnet werden.“[13]

Trotz ihrer großen Bedeutung in der Politik gibt es meines Wissens noch keine umfassende Monographie, die alle Reichsversammlungen der gesamten Karolingerzeit ausführlich behandelt[14], aber wir haben heute dank der durch die bisherigen Forschungen seit dem 19. Jahrhundert zusammengetragenen Erkenntnisse durchaus eine Vorstellung davon[15]. Einige Merkmale der karolingischen Reichsversammlungen, die für die folgende Analyse bedeutend sind, seien kurz skizziert: Der König und die weltlichen und geistlichen Magnaten befassten sich auf einer Reichsversammlung mit verschiedenen Angelegenheiten: Willensbildung zum Frieden oder zum Krieg, Be-

---

12) WERNER, Missus – Marchio – Comes S. 196–205; NELSON, Literacy S. 280.

13) EICHLER, Fränkische Reichsversammlungen S. 29–51, Zitat S. 51. Vgl. EICHLER, Karolingische Höfe und Versammlungen S. 137–147.

14) Zu den karolingischen Synoden HARTMANN, Die Synoden.

15) Zur folgenden Zusammenfassung vgl. WAITZ, Verfassungsgeschichte 3 S. 554–599; SEYFARTH, Reichsversammlungen; FUSTEL DE COULANGES, Les Transformations S. 356–412; WEBER, Reichsversammlungen; ROSENTHAL, Assembly; GANSHOF, Frankish Institutions under Charlemagne S. 21–23; NELSON, Legislation; HARTMANN, Die Synoden; ALTHOFF, Colloquium; BAUER, Kontinuität; DEPREUX, Lieux de rencontre; REUTER, Assembly politics; AIRLIE, Talking heads; DEUTINGER, Königsherrschaft S. 238–272; EICHLER, Fränkische Reichsversammlungen; MCKITTERICK, Charlemagne S. 222–233; NELSON, How Carolingians created consensus; EICHLER, Karolingische Höfe und Versammlungen; Gravel, Distances S. 130–134, und 141 f.; PATZOLD, Integration durch Kommunikation S. 202–204.

strafung eines Rebellen, Belohnung eines Getreuen, Gerichtsverhandlung, Normsetzung meistens in der Form der Kapitularien, Aufnahme diplomatischer Gesandtschaften, verschiedene Rituale usw. Eine Reichsversammlung war manchmal der Sammelpunkt des Heeres, von dem aus der Herrscher oder seine stellvertretenden Heerführer (Sie werden in den Quellen auch als *missi* bezeichnet!) mit dem Heer aufbrach(en)[16]. Wer zu einer Versammlung an den Hof kam, der konnte diese Gelegenheit auch dazu nutzen, an den König eine Bitte zu stellen. Der Herrscher entsandte nicht selten infolge solcher Bitten seine Missi zur örtlichen Untersuchung. Aufgrund ihrer Berichte fällte er Entscheidungen oder stellte Urkunden aus[17]. Reichsversammlungen gaben den Teilnehmern zugleich die Möglichkeit, sich untereinander kennenzulernen und miteinander Beziehungen zu knüpfen und zu stärken: Sie konnten bei der Reichsversammlung z. B. Güter tauschen, während ein Teil der anderen Anwesenden als Zeugen diesen Vertrag unterzeichneten. Natürlich konnten solche Verträge durch die Herrscher mit Urkunden bestätigt werden[18]. Die anwesenden Adligen nahmen gelegentlich ein Eheversprechen (von ihren Kindern oder für sich selbst) ab. Ludwig der Fromme bot sogar jugendlichen Adligen einen „Heiratsmarkt“[19]. Eine andere Form der Netzwerkbildung auf der Reichsversammlung ist der Abschluss eines Gebetsbündnisses, dessen berühmtestes Beispiel in der Karolingerzeit wahrscheinlich das von 762 in Attigny sein dürfte[20]. Wenn eine Namenliste auf dem Folio 36r des Liber memorialis von Remire-

---

16) Zu den Missi als Heerführer siehe unten Kapitel 3, § 2.

17) Dazu vgl. DEPREUX, L'absence de jugement, der den Höhepunkt des Einsatzes von Missi in der Regierungszeit Ludwigs des Frommen sieht. Beispiele finden sich verstreut in der Prosopographie.

18) Ein Beispiel ist ein vom Kaiser anerkannter Besitztausch zwischen HUGO (I) von Tours und BERNHARIUS von Worms auf der Reichsversammlung in Quierzy von 820, als dessen Zeugen mehrere Missatskollegen nachweisbar sind. Siehe dazu unten und zur Tauschbestätigung durch den Herrscher vgl. DEPREUX, The development of charters; DEPREUX, Le souverain, maître de l'échange? .

19) DEPREUX, Lieux de rencontre S. 227 mit Anm. 103, stellt allerdings fest, dass es schwierig ist, die Qualität und die Verschiedenartigkeit solcher Handlungen in allen Details einzuschätzen, aber möglicherweise lässt sich aus Ludwigs Heiratsvermittlung seine Absicht herauslesen, Beziehungen zwischen Adligen besser kontrollieren zu wollen.

20) Dazu vgl. SCHMID und OEXLE, Voraussetzungen.

mont wirklich auf einer Versammlung in der Francia 847[21] entstand, wie Alain Stoclet meint[22], könnte auch diese Liste, die neben den Familienmitgliedern Kaisers Lothar I. auch Namen von Mächtigen enthält, von denen mindestens Folcrad von Arles und Bischof Noting als herrscherliche Missi nachweisbar sind[23], als Zeugnis dafür verstanden werden, dass persönliche Kontakte auf einer Reichsversammlung zur Herstellung oder/und Verstärkung der Verbindung zwischen dem Herrscher und bestimmten Mächtigen beitragen konnten, denen der Herrscher mehr vertrauen und herrschaftliche Aufgaben übergeben konnte.

Die Reichsversammlungen standen also im Mittelpunkt der karolingischen Reichsregierung. Nach Timothy Reuters gab es die „durch" Versammlungen betriebene Politik und die „auf" Versammlungen betriebene Politik: Durch diese beiden Arten Politik konnte die karolingische Reichsregierung in Funktion gesetzt werden[24]. Die Teilnahme an der Reichsversammlung kann in diesem Sinne die Teilnahme an der Reichsregierung bedeuten. Auch das Missatswesen war eine Komponente dieses Regierungssystems, zumal ein Teil der Versammelten als herrscherliche Missi mit dem Auftrag abgeordnet wurden, das auf der Versammlung Beschlossene bekannt zu machen, zu verwirklichen und durchzuführen. Unter diesem Aspekt wird im Folgenden das Missatswesen dargestellt.

1. Reichsversammlung und Absendung der Missi

Nur wenige Quellen lassen deutlich erkennen, dass die Missi nach den Beratungen auf den Reichsversammlungen ernannt und abgesandt worden sind[25]. Daher meinte Victor Krause, dass „die Ernennung der Königsboten allein durch den Kaiser (sc. Karl den Großen), nur mit Zuziehung seiner Räthe, aber ohne Mitwirkung des Reichstages, vorgenommen wurde."[26] Als „schlagendste(n)" Beweis für

21) BZ 46.

22) STOCLET, Fulrad S. 524–527.

23) Siehe FOLCRAD (II) und NOTING in der Prosopgraphie.

24) REUTER, Assembly politics, bes. S. 432: „it was mainly at assemblies that early and high medieval polities were able to act and indeed to exist". Vgl. zuletzt auch PATZOLD, Integration durch Kommunikation.

25) Siehe unten Kapitel 2, § 2, 1, iv, „801/802–803" und die anonymen Missi „814a" sowie „834. 11." in der Prosopographie.

26) KRAUSE S. 221 mit Anm. 3.

seine Ansicht führte er einen Brief Alkuins an Arn von Salzburg an. Der von Krause zitierte Satz: *Quod vero tua bona pro multorum salute providentia suadendum mihi censuit dulcissimo meo David de missorum electione, qui discurrere iubentur iustitias faciendas, scias certissime et hoc me saepius fecisse, et suis quoque suadere consiliariis*, erwähnt zwar nur *consiliarii*, also Berater, und nicht ein *conventum*, eine Versammlung[27], und aus dem in dieser Arbeit behandelten Zeitraum ist keine Quelle überliefert, die darauf hindeutet, dass eine Reichsversammlung ein entscheidendes Votum oder ein körperschaftliches Zustimmungsrecht bei der Ernennung der herrscherlichen Missi gehabt hätte[28], aber eine Gegenüberstellung von einem kleineren Beraterkreis und einer Reichsversammlung ist hier weniger sinnvoll, da der Herrscher über die Auswahl der auszusendenden Missi nicht allein entschied, sondern darüber mit seiner Umgebung beraten musste.

Daher ist danach zu fragen, wer an einer solchen Beratung mit dem Herrscher teilnahm und wer ihm als auszusendender Missus zur Verfügung stand. Es ist allerdings nach der Quellenlage nicht möglich, die *consiliarii* mit einem bestimmten Personenkreis gleichzusetzen, vielmehr ist die Forschung der Auffassung, dass sich der Kreis der *consiliarii*, oder die Umgebung des Herrschers, je nach der politischen Situation oder dem Aufenthaltsort des Herrschers, verändern konnte[29]. Die Teilnehmer einzelner Reichsversammlungen waren auch nicht immer identisch. Der König kündigte im Voraus die Versammlung an. In den Quellen ist manchmal von einer allgemeinen Einberufung durch Missi oder Boten die Rede[30]. Denkbar ist auch,

---

27) Alkuins Briefe Nr. 186 (a. 799), hier S. 312. Als Kandidaten für Missi werden hier solche Personen genannt, die nicht geizig sind.

28) Natürlich ist ein anderes Verfahren zu vermuten, wenn eine Synode Legaten als ihre Vertreter wählte, wie die Synode von 859 zu Metz, die aus den Bischöfen des West- und Mittelreichs zusammengesetzt war und Legaten – darunter z. B. Hinkmar von Reims – an Ludwig den Deutschen schickte. MGH Conc. 3 Nr. 41, bes. S. 438.

29) Vgl. KELLER, Zur Struktur S. 125–137; REUTER, Assembly politics S. 432; DEUTINGER, Königsherrschaft S. 227–238; SCREEN, entourage S. 260.

30) Vgl. die Einberufung durch die Boten AB a. 832 S. 5: *Quibus ita consideratis, et ubique ad hoc adnunciandum legatis directis*. Zur Einberufung zur Zeit Ludwigs des Frommen im allgemeinen vgl. EICHLER, Fränkische Reichsversammlungen S. 77–83. Zur Zeit Karls des Kahlen vgl. AB 862 S. 91. Vgl. auch MGH Capit. 1 Nr. 40 c. 29 S. 116: Vor der offiziellen Einberufung einer Versammlung sollten

dass Einladungsbriefe in großem Umfang ausgeschickt wurden, so wie Abt Fulrad von St-Quentin durch ein Mandat Karls des Großen zum Heeresversammlungsort einberufen wurde[31]. Ein Brief des Abtes Lupus von Ferrières beweist, dass ein Fehlen auf der einberufenen Versammlung zur Ursache des Zorns des Herrschers werden konnte[32], aber wir wissen nicht, ob alle Teilnehmer einer Reichsversammlung vom König eingeladen wurden. Ebenso ist nicht vorauszusetzen, dass immer alle Mächtigen und Würdenträger zu einer Reichsversammlung eingeladen wurden. Aufgrund diverser Beispiele während der Regierungszeit Ludwigs des Frommen vermutet Philippe Depreux einen Zusammenhang zwischen den auf der Reichsversammlung gestellten und zu diskutierenden Problemen und dem Kreis der Teilnehmer. Ludwig konnte auch Experten für eine ad hoc-Angelegenheit – z.B. einen diplomatischen Experten beim Empfang einer ausländischen Delegation oder einen bestimmten Theologen für eine theologische Diskussion – einladen[33]. Im Gegensatz dazu sind einige Leute, etwa auch eine hochrangige Persönlichkeit wie Lupus von Ferrières, zu einer Reichsversammlung nicht geladen worden[34]. Daraus kann man folgern, dass sich in der Zusammensetzung der Teilnehmer an der Reichsversammlung eine (wenn auch temporäre) Absicht des Herrschers (oder des Hofes) widerspiegeln konnte, allerdings sollte man auch berücksichtigen, dass jemandes langfristige Abwesenheit von den Versammlungen nicht unbedingt auf eine Entfremdung vom

---

die Missi 803 bekanntmachen, dass der Kaiser am 24. Juni eine Reichsversammlung in Mainz oder Chalon-sur-Saône abhalten wollte. Da diese zwei Städte mehr als 500km voneinander entfernt sind, stellt sich die Frage, welche Bedeutung diese unbestimmte Ankündigung hatte.

31) MGH Capit. 1 Nr. 75 S. 168. Vgl. auch das Rundschreiben vom Winter 828/829 im Namen Ludwigs des Frommen und Lothars I. MGH Capit. 2 Nr. 184 und 185 B S. 2–6. Siehe dazu unten Kapitel 2, § 2, 1, iv, „828–829“.

32) Lupus 2 Nr. 72 S. 10–12: *Sacris domini regis non sum evocatus. Propterea ad conventum non veni. Litterarum ipsarum exemplar dirigendum curavi, ut si forte mentio de me inciderit, juste me remansisse possitis ostendere.* Hierzu vgl. GRAVEL, Distances S. 140. Vgl. auch Lupus 2 Nr. 74 S. 14: *Quoniam ad conventum non evocatus ...*

33) DEPREUX, Lieux de rencontre S. 225–30. Z. B. zog Karl der Kahle 846 in der Diskussion über die Juden den Erzbischof von Lyon Amolo hinzu. MGH Capit. 2 Nr. 257 S. 260–262; HRE III c. 21 S. 269 (=MGH Epp. VIII,1 Nr. 10); HARTMANN, Die Synoden S. 219f.

34) Lupus 2 Nr. 72 S. 10 und Nr. 74 S. 14.

Herrscher hindeuten muss. Zu nennen ist hier ein Beispiel aus der Zeit Karls des Kahlen. Erzbischof Radulf von Bourges war zwischen dem Konzil von Paris (14. 2. 846) und dem Konzil von Savonnières (14. 6. 859) bei den Versammlungen, die Karl einberief, nicht anwesend: Allerdings konnte Radulf während dieser Zeit am Hof zweimal die Ausstellung von Königsurkunden erwirken[35]. Zu betonen ist, dass der Herrscher von den einberufenen Mächtigen eine aktive Teilnahme an der auf und von der Reichsversammlung zu verwirklichenden Politik erwartet haben dürfte, die aktuelle Probleme betraf.

Aufgrund der Quellenlage können wir allerdings die Teilnehmerlisten einzelner Versammlungen nur mit Mühe rekonstruieren. Aus der Zeit Ludwigs des Frommen gibt es immerhin ein aufschlussreiches Beispiel: In der Zeugenliste eines Tauschvertrags zwischen Graf Hugo von Tours und Bischof Bernharius von Worms können wir einen Teil der Teilnehmer an der Reichsversammlung von 820 in Quierzy ausmachen. Die beiden Tauschpartner sind als Missi nachweisbar. Unter den 13 mit einem Titel (*episcopus*, *abbas* oder *comes*) genannten Zeugen[36] können wir Einhard, Bischof Adaloch von Straßburg, Graf Lambert von Nantes, Graf Ruotbert (I) im Wormsgau, Graf Gerold (II) von der Ostmark, Graf Aledramnus von Troyes, Graf Ingobert und Wido (II), also acht frühere oder spätere Missi finden[37]. Außer derartigen zufällig überlieferten Einzelfällen sind die Auskünfte über die Teilnehmer einzelner Versammlungen allerdings spärlich[38].

Aber aus der Zeit Karls des Kahlen sind die Teilnehmerlisten der Synoden – oder der geistlichen Sitzungen der Reichsversammlungen[39] –

35) D KdK Nr. 89 (St-Benoit-sur-Loire, 846. 10. 30.) 1 S. 241 f. und Nr. 178 (*Ad illum Casnum* [Le Chesne-Herbelot?], 855. 9. 25.) 1 S. 469–475. Vgl. auch die Teilnehmerliste in den online angebotenen Anhängen.

36) Glöckner ist der Auffassung, der Grafentitel sei bei *signum Ruadberti* übersehen worden.

37) Trad. Weissenburg Nr. 69 (Quierzy, 820. 9. 2. Tauschvertrag zwischen HUGO (I) von Tours und BERNHARIUS von Worms), hier S. 271. Siehe Einträge einzelner Personen in der Prosopographie.

38) Vgl. die Analyse der einzelnen Reichsversammlungen unter Ludwig dem Frommen jeweils mit einer Liste der nachweisbaren Teilnehmer bei DEPREUX, L'Entourage 1 S. 149–309 (Index der Teilnehmer S. 310–321). Vgl. GRAVEL, Distances S. 137 f.

39) Nach der oben aufgeführten flexiblen Definition von Reichsversammlungen ist die von Thomas Bauer versuchte „Typisierung“ der kirchlichen Versammlun-

relativ gut überliefert[40]. Bei der Durchsicht dieser Listen fällt auf, dass die Teilnehmer der vom König innerhalb des Westfrankenreiches einberufenen Synoden zwischen 845 und 862 nur aus der Francia und Burgund kamen. Seit 862 waren dann die Bischöfe aus Aquitanien bei den nördlich der Loire abgehaltenen Synoden sehr häufig anwesend. Die Abwesenheit der aquitanischen Bischöfe vor 862 kann man nicht nur der unsicheren Situation in Aquitanien in der ersten Hälfte der Regentschaft Karls zuschreiben, denn auch in dieser Zeit waren die Beziehungen zwischen dem König und den aquitanischen Bischöfen nicht schlecht, wie das oben erwähnte Beispiel des Erzbischofs Radulf von Bourges zeigt. Obwohl die hier herangezogenen Quellen kaum über Laien sprechen, lässt sich sagen, dass Karl nach 862 zu den Reichsversammlungen bewusst mehr Personen aus seinem gesamten Reich einlud. Die Angabe der Annales Bertiniani zum Jahr 868 belegt die Teilnahme von drei *marchiones* namens Bernard aus dem heutigen Südfrankreich an der Reichsversammlung[41]. Dieser Befund ist sehr wichtig für das Verständnis des Missatswesens unter Karl dem Kahlen. Zumindest das Kapitular von Pîtres im Jahr 864 enthält eine Aquitanien betreffende Anweisung und deutet damit darauf hin, dass dieses Kapitular auch in Aquitanien zur Geltung gebracht worden ist[42]. Ein Teil der aquitanischen Anwesenden dürfte dafür zu Missi ernannt worden sein. Das heißt, dass Karl nach 862 auch in Aquitanien Missatica eingerichtet haben dürfte. Der Höhepunkt dieser Entwicklung ist das Kapitular von 876. In Ponthion proklamierte Karl, dass alle Bischöfe die *potestas* als Missi in ihrem jeweiligen Bistum haben sollten[43]. Diese Verordnung hatte nur deshalb eine pragmatische Bedeutung, weil die meisten Bi-

---

gen als Synoden oder *Concilia mixita* von geringer Bedeutung. Vgl. BAUER, Kontinuität.

40) Vgl. MGH Capit. 2 Nr. 221, 257, 260, 269, 279 und 281; MGH Conc. 3 Nr. 1, 7, 11, 18, 20, 27, 31, 34, 38 und (47); MGH Conc. 4 Nr. (3), 6, 10, 18, 19, 23, 31, 33 und 37; MGH Conc. 5 Nr. 1, 3 und 6. Vgl. die Teilnehmerliste in den online angebotenen Anhängen.

41) AB a. 868 S. 151.

42) MGH Capit. 2 Nr. 273 (B), bes. c. 12 S. 315. Hierzu vgl. NELSON, Charles the Bald S. 207–209. Die hier bestimmte Münzreform scheint allerdings in Aquitanien nicht vollzogen worden zu sein. Ebd. S. 34.

43) MGH Capit. 2 Nr. 279 (D) c. 12 = Nr. 221 c. 12 S. 103. Vgl. dazu HARTMANN, Die Synoden S. 335 f. Siehe die anonymen Missi „876. 6."

schöfe seines Reiches, abgesehen von der Kirchenprovinz Tours, bei dieser Reichsversammlung anwesend waren[44].

2. Politische Willensbildung und Missi dominici

Wie oben skizziert, war die Willensbildung durch den Herrscher und die anwesenden weltlichen und geistlichen Eliten eine der wichtigen Funktionen der Reichsversammlungen. Aus der idealisierten Darstellung der Reichsversammlungen als eine der zwei wichtigsten Grundlagen der Königsherrschaft in De ordine palatii Hinkmars von Reims ist deutlich erkennbar, dass Diskussionen, Entscheidungen und deren (sowohl tatsächliche als auch scheinbare) Bestätigungen auf einer Reichsversammlung im politischen Leben der Karolingerzeit von zentraler Bedeutung waren[45]. Hier ist im Zusammenhang mit dem Missatswesen zu thematisieren, wie politische Entscheidungen angenommen, neue Normen gesetzt und ihre Durchführung angestrebt wurden.

Nachgewiesen ist, dass der Herrscher und seine enge Umgebung unter Umständen eine Tagesordnung für eine Reichsversammlung vorbereiteten[46]. Dabei konnten die Teilnehmer der Beratung gegebenenfalls neben der Berücksichtigung des allgemeinen Nutzens für das ganze Reich auch ihre eigenen Interessen in die Diskussion einbringen[47]. Mit diesem „eigenen Interesse" meine ich nicht unbedingt ihren privaten Nutzen. Was sie in den Regionen für problematisch hielten, konnte auf der Reichsversammlung thematisiert und verhandelt werden[48]. Eine der Hauptquellen für die Diskussionsthemen einer Reichsversammlung sind allerdings die Berichte der Missi über ihre Legationen[49]. In den Kapitularien finden sich oft Vorschriften,

---

44) Vgl. die Karten in NELSON, Charles the Bald S. 328 f.

45) Hinkmar, De ordine palatii, cc. 6–7 S. 82–96.

46) Vgl. die angeführten Quellen bei: MORDEK, Unbekannte Texte S. 447 f. mit Anm. 8 und 9, sowie eine weitere Kapitelliste, ebd. S. 469 f.

47) NELSON, Legislation S. 99 ff.

48) Vgl. MGH Capit. 1 Nr. 73 S. 164 f.; Hinkmar, De ordine palatii c. 7 S. 94.

49) Vgl. zum Jahr 819 in Aachen: Astronomus c. 32 S. 390, 392: *Qua hieme imperator in eodem palatio conventum populi sui celebravit publicum et renuntiantes sibi missos de omni regno suo, quos pro statu ecclesię, restaurando deiecta vel confirmando stantia miserat, audivit, et quicquid utile iudicavit, sancta inpellente devotione superaddidit, nichilque intactum reliquit, quicquid ad honorem sanctae Dei ecclesię proficere posse visum fuit. Interea capitula quedam legibus superaddi-*

dass die Missi dem Herrscher Bericht darüber erstatten sollten, was sie in seinem Auftrag untersuchten, und gegebenenfalls, was sie nicht erreichen konnten. Manchmal wurde ein schriftlich abgefasster Bericht deutlich gefordert[50], in anderen Fällen ist unklar, ob die Missi den Herrscher mündlich oder schriftlich über ihre Legation benachrichtigen sollten[51]. Diese Benachrichtigung sollte nicht nur über Ergebnisse ihrer Legationen, sondern auch darüber geleistet werden, was die Missi selbst vor Ort nicht entscheiden konnten. Solche Fälle sollten auf der Reichsversammlung untersucht werden[52], und auch

---

dit, in quibus cause forenses claudicare videbantur, que actenus veluti pernecessaria servantur.

50) Vgl. z. B. MGH Capit. 1 Nr. 25 c. 4 S. 67; ebd. Nr. 40, cc. 3 und 25 S. 115 f.; ebd. Nr. 49 c. 4 S. 136; ebd. Nr. 67 c. 4 S. 157; ebd. Nr. 141 c. 13 S. 290 (*tam verbis quam scriptis*); MGH Capit. 2 Nr. 274, cc. 8 und 13 S. 331. Hierzu vgl. NELSON, Literacy S. 281 f. Aus den zwei Mandaten Ludwigs des Frommen an seine *fideles* geht hervor, dass der Herrscher die reibungslose Rückmeldung seiner Missi sorgfältig vorbereitete. Einharti epistolae Nr. 21 und 22 S. 120 f. = D LdF B 18 und B 19 S. 1223 = Einhardi Briefe Nr. 20 und 21 S. 112–115. Zu diesen Briefen siehe unten in diesem Kapitel § 2, 2, i. MGH Capit. 1 Nr. 67 c. 4 S. 157, befiehlt den Missi, schriftlich zu berichten, wie viele Fremde in ihrem jeweiligen Missaticum seien, wie sie hießen und wer ihre Herren sein. Interessanterweise wird im nächsten Kapitel bestimmt, dass die Missi in Aquitanien und Italien solche Fremden und Flüchtlinge zur nächsten Reichsversammlung (*ad nostrum placitum*) führen sollten.

51) Vgl. MGH Capit. 1 Nr. 23 c. 27 und 35 S. 64; ebd. Nr. 60 c. 4 S. 147; ebd. Nr. 66, cc. 1 und 5 S. 155; MORDEK Nr. 12 c. 43 S. 989; MORDEK Nr. 13 c. 40 S. 994. Arn von Salzburg erklärte vor den Synodalen seine Pflicht, an den Kaiser zu berichten: *Et nunc ab unoquoque vestrum veraciter nosse volumus, quid ex his omnibus gustum(!) et adinpletum sit, quidque neglectum, vel quid inde domino nostro nuntiare debemus per vestrum consilium vel responsum; hoc ab omnibus vobis singulariter audire debemus, quia nullatenus hoc amplius in nostro plebio possumus reportare nec volumus.* SCHNEIDER, Karolingische Kapitularien S. 490. Siehe die anonymen Missi „817. 9. a“ und „817. 9. b“: Diese zwei Gruppen von Missi wurden gleichzeitig ausgesandt, wobei die zur Kontrolle der Einführung der Kanoniker- und Kanonissenregel geschickten Missi später mündlich Bericht erstatten sollten, während die monastischen Missi jeweils einen Bericht schreiben sollten.

52) Vgl. MGH Capit. 1 Nr. 44 c. 13 S. 124 f.: *De teloneis placet nobis, ut antiqua et iusta telonea a negotiatoribus exigantur, tam de pontibus quam et de navigiis seu mercatis; nova vero seu iniusta, ubi vel funes tenduntur, vel cum navibus sub pontibus transitur seu et his similia, in quibus nullum adiutorium iterantibus praestatur, ut non exigantur; similiter etiam nec de his qui sine negotiandi causa subs-*

über Klagen gegen die örtlichen Amtsträger sollten sie dem Herrscher Bericht erstatten[53]. Diese Informationen konnten die Basis für weitere Gespräche und Beratungen sowie für die nötigen Maßnahmen bilden[54]. Diese Rolle der Missi als Informanten ist in der Forschung seit langem bekannt[55], aber sie ist hier nochmals zu betonen, wenn man den Informationsweg und den Entscheidungsprozess gemeinsam betrachtet: Die auf der Beratung/Reichsversammlung getroffenen Entscheidungen wurden durch die Missi, die auch an der Beratung und der Entscheidung teilnahmen, in den Regionen bekanntgemacht und durchgeführt. Während des Durchführungsprozesses untersuchten und dokumentierten die Missi die Sachlagen und Probleme in ihrer jeweils zugewiesenen Region. Mit diesen Informationen kamen die Missi bei der nächsten Reichsversammlung zurück und erstatteten dem Herrscher Bericht. Aufgrund dieser neueren Informationen diskutierten der Herrscher, die Einberufenen und die Missi selbst über die neu zu behandelnden Themen. Angesichts dieses Untersuchungs-, Beratungs-, Entscheidungs- und Durchführungszyklus dürfte es vorteilhaft für die Reichsregierung gewesen sein, wenn dieselben zuverlässigen Personen dauerhaft mit missatischen Funktionen beauftragt wurden.

---

tantiam suam de una domo sua ad aliam ducunt aut ad palatium aut in exercitum. Si quid vero fuerit unde dubitetur, ad proximum placitum nostrum quod cum ipsis missis habituri sumus interrogetur; ebd. Nr. 58 c. 2 S. 145: ... *si autem ad Salicam pertinet legem et ibi minime repereris quid exinde facere debeas, ad placitum nostrum generale exinde interrogare facias.*

53) Vgl. ein Beispiel der ersten Phase des Missatswesens: MGH Capit. 1 Nr. 23 c. 27 S. 64: *De eo quod missi nostri providere debent, ne forte aliquis clamor super episcopum vel abbatem seu abbatissam vel comitem seu super qualemcumque gradum sit, et nobis renuntiare.*

54) NELSON, How Carolingians created consensus S. 77 f. Obwohl JOHANEK, Die Raffelstetter Zollordnung, hauptsächlich die Anfang des 10. Jahrhunderts entstandene Raffelstetter Zollordnung behandelt, ist sein Aufsatz auch für die vorliegende Arbeit hilfreich hinsichtlich der Schriftlichkeit im Missatswesen während des 8. und 9. Jahrhunderts. Die von den Missi erstellten Protokolle und Berichte über ihre Tätigkeit konnten einerseits am Herrscherhof als Grundlage für weitere Dokumente wie Diplome, Mandate oder Kapitularien dienen. Die von den Missi produzierten Texte konnten andererseits auch vor Ort dazu dienen, allgemeine, z. B. in den Kapitularien festgesetzte Normen in einzelnen konkreten Angelegenheiten zu ergänzen und zu präzisieren. Hierzu siehe auch unten Kapitel 3, § 2.

55) Vgl. schon WAITZ, Verfassungsgeschichte 3 S. 465.

In diesem Zusammenhang sind die Kapitularien zu erwähnen. In der Karolingerzeit konnten Entscheidungen und Anordnungen gegebenenfalls in Form von Kapitularien schriftlich fixiert werden, aber nicht immer. Da die Bekanntmachung und Durchsetzung der Kapitularien durch die Missi dominici im folgenden Abschnitt ausführlich behandelt wird, wird hier nur kurz ihre „Entstehung" behandelt. Christina Pössel wies vor kurzem auf zwei wichtige Fakten hin: Zum einen war ein Kapitular nicht unbedingt das Ergebnis der Beratung auf einer bestimmten Reichsversammlung; zum anderen können die meisten Kapitularien aus der Perspektive der Kommunikation in dem Sinn als *capitula missorum* angesehen werden, dass sie den Missi dominici als ersten Rezipienten der Dokumente gegeben wurden[56]. Wir sollten ihren Befund ernst nehmen. Die Reichsversammlungen sind daher nicht mehr als „ausschließlicher" Ort der „Gesetzgebung" und der Entstehungsort der Kapitularien zu betrachten[57], während der Zusammenhang zwischen der Tätigkeit der Missi und den Kapitularien intensiver zu analysieren ist. Trotz dieses Befundes müssen Missi, Reichsversammlungen und Kapitularien im Zusammenhang miteinander analysiert werden, um die Regierungsstruktur des Karolingerreiches zu verstehen. Auch wenn ein Kapitular nicht eins-zu-eins einer (Beratung auf einer) Reichsversammlung entspricht und auch wenn dieses außerhalb einer Reichsversammlung verschriftlicht wurde, war es das Ergebnis eines Prozesses der gemeinsamen politischen Willensbildung durch den Herrscher und die politischen Eliten, das gegebenenfalls mehrfache Beratungen hinter sich hatte. Die Grundlage dieser politischen Willensbildung war der Konsens, der erst nach einer oder mehrmaligen Verhandlung(en) verwirklicht werden konnte. Der Konsens der Eliten ist hier nicht als verfassungsrechtliche Grundlage der Gesetzgebung zu verstehen, sondern im Sinn der von Bernd Schneidmüller als „Konsensuale Herrschaft" etikettierten Charakterisierung der mittelalterlichen Herrschaft[58], die auch für die Früh-, Hoch- und Spätkarolingerzeit gültig ist[59]. Wenn man die Reichsversammlungen als Ort der Entscheidung – wenn auch nicht der „Gesetzgebung" – betrach-

56) PÖSSEL, Authors and recipients.

57) Dazu vgl. auch SEELIGER, Kapitularien S. 86.

58) SCHNEIDMÜLLER, Konsensuale Herrschaft.

59) AFFELDT, Mitwirkung; HECHBERGER, Adel im fränkisch-deutschen Mittelalter S. 212–214; DEUTINGER, Königsherrschaft S. 225–272; APSNER, Vertrag und Konsens, bes. S. 89–155.

tet, ist der Umstand von Bedeutung, dass die Anwesenden durch Beratungen und Zustimmungen sowohl praktisch als auch „rituell“ an dem Entscheidungsprozess mitwirkten[60]. Diese rituell hergestellte Verbindung zwischen den Anwesenden und dem Ergebnis der Beratung war wichtig, da sie nach dem Abschluss der Versammlung als Missi nach Hause zurückkehrten und vor Ort dieses Beratungsergebnis mündlich (wieder rituell?) kundtun mussten, wie etwa bei einer bayerischen (geistlichen) Versammlung unter der Leitung Arns von Salzburg als örtliches Missus[61]. Denn sie waren nun für die von ihnen selbst durchgesetzten Entscheidungen und deren Verwirklichung verantwortlich[62].

§ 2 Missi dominici in der Befehlsstruktur: Bekanntmachung des herrscherlichen Willens in den Regionen

Folgt man den Ausführungen Robert-Henri Bautiers in seinem Aufsatz über das karolingische Kanzlei- und Urkundenwesen, dann erscheint es kaum vorstellbar, dass die Rolle der Schriftlichkeit bei der Regierung des enormen Karolingerreiches nur eine untergeordnete war[63]. Ganz in dieselbe Richtung deuteten schon die Studien von François Louis Ganshof, der nachwies, dass verschiedene Texttypen im Bereich der Reichs- und Regionalregierung regelmäßig benutzt wurden[64]. Die Mediävistik hat sich seitdem mit Fragestellungen wie

60) Vgl. AIRLIE, Talking heads; NELSON, Liturgy or law S. 445 f., sowie die oben zitierten Erläuterungen Hinkmars zu den Reichsversammlungen. ALTHOFF, Colloquium, und AIRLIE, Talking heads, halten die Konversation auf den Versammlungen für wichtig. Während Althoff allerdings den Unterschied zwischen dem *Colloquium secretum* mit vertraulichem und dem *Colloquium publicum* mit inszeniertem Charakter besonders bei der Austragung von Konflikten betont, relativiert Airlie die Bedeutung von Vertraulichkeit und Inszenierung. Vgl. auch PATZOLD, Consensus, der den Begriff *consensus* im weiteren Kontext der politischen Kultur der Karolingerzeit in Zusammenhang mit anderen Begriffen wie *pax*, *concordia*, *unitas* usw. bewertet.

61) SCHNEIDER, Karolingische Kapitularien.

62) Vgl. zuletzt auch die Bemerkung über Adalhard von Corbie bei DAVIS, Inventing the *missi* S. 19 f.: „When Adalhard served as a *missus* one thing he was doing was enforcing court ideas that he himself played a role in shaping.“

63) BAUTIER, La chancellerie S. 40.

64) GANSHOF, L’usage de l’écrit.

der Problematik von Mündlichkeit und Schriftlichkeit im frühen Mittelalter (der in der englischsprachigen Forschung viel diskutierte Begriff „literacy“ scheint mir damit nicht vollständig synonym zu sein) und dem Problem der Sprachen usw. befasst[65].

Dieses Kapitel hat nicht zum Ziel, die Kapitularien, andere administrative Dokumente oder die Bedeutung und Funktion von Schriftlichkeit – oder den Begriff „literacy“ – umfassend und erschöpfend zu untersuchen, sondern diese Texte sollen hauptsächlich im Zusammenhang mit der Tätigkeit und der Funktion der Missi dominici innerhalb der Befehls- und Kommunikationsstruktur des karolingischen Reiches analysiert werden[66]. Diese Beschränkung wird durch die Vorstellung der späteren Karolingerzeit von herrscherlichen Anordnungen teilweise legitimiert: Die kaiserlichen Befehle, die zu beachten waren, wurden durch Schreiben und Kaisersboten (*legati*) übermittelt[67].

Bei der Quellenanalyse dieses Abschnitts stehen folgende Aspekte im Mittelpunkt:

1. Welche Texte benutzten die Missi? / Welche Texte werden den Missi zugeschrieben?

2. Welcher Typ „Missus“ hat in welchem Fall eine Rolle gespielt?

3. Wie haben die Missi ihre Aufgaben in der spezifischen Kommunikationsstruktur des Frühmittelalters erfüllt?

Zur Beantwortung dieser Fragen werden unter anderem die Reden der Missi, ihre Mandate, die Abschriften der jeweiligen herrscherlichen Mandate, die Abschriften der Kapitularien und die Übersetzungen in die jeweilige Volkssprache berücksichtigt werden.

1. Kapitularien

i) Missi und Kapitularien – Vorüberlegungen

Die wichtigsten Dokumente, die mit dem karolingischen Missatswesen in Verbindung stehen, sind die Kapitularien. Da diese Quellen-

65) Vgl. zum Beispiel RICHTER, Die Sprachenpolitik; MCKITTERICK, Written Word; NELSON, Literacy; BÜHLER, Wort und Schrift; SCHIEFFER (Hrsg.), Schriftkultur.

66) Zu diesem Aspekt vgl. MCKITTERICK, Charlemagne S. 213–266 und zuletzt auch DEPREUX, Gesandteninstruktion.

67) MGH Conc. 5 Nr. 3 C (Pavia, 876. 2.) c. 5 S. 22: … *et quae ab eo (sc. imperatore) seu per epistolam seu per legatos praecipiuntur, a nullo impune audeant violari.*

gattung von der bisherigen Forschung bereits intensiv untersucht wurde, werde ich mich für meine Analyse der Beziehungen zwischen Missatswesen und Kapitularien auf einige wenige Punkte konzentrieren[68].

Der Begriff „Kapitularien“ leitet sich vom lateinischen *capitulare* ab; er ist in der Forschung seit Langem als Terminus technicus für fränkische normative oder administrative Texte eingeführt. Am weitesten verbreitet scheint mir die Definition von Hubert Mordek zu sein, der unter Kapitularien Texte versteht, die „von den fränkischen Herrschern (Kaisern, Königen, Hausmeiern) [ausgingen],“ und die „meist in Kapitel – daher der Name – gegliederte Erlasse, Verordnungen, Verlautbarungen von gesetzgeberischem, administrativem, religiös-belehrendem Charakter“ waren[69]. Was genau unter den Begriff Kapitular fällt, oder anders gesagt: welche konkreten Kriterien Kapitularien auszeichnen, gilt in der Forschung jedoch keineswegs als gesichert. Denn – und darauf wies bereits Mordek hin – das Phänomen der Kapitularien ist „ein in Form und Inhalt, Entstehung und Wirkung äußerst mannigfaltiges und daher komplexes“ Phänomen[70]. Die Termini *capitula* oder *capitulare* in den zeitgenössischen Quellen an sich sind schon vieldeutig und bezeichnen neben verschiedenen einfachen Verzeichnissen sowohl die weltliche als auch die kirchliche Gesetzgebung, d. h. herrscherliche Erlasse, synodale Kanones und bischöfliche Gesetzgebung[71]. Dementsprechend spricht man beispielsweise von den „Herzogskapitularien“ und den „Bischofskapitularien“ in der Karolingerzeit[72]; gleichzeitig lassen sich inhaltliche und formale Ähnlichkeiten und Unterschiede zwischen diesen und

68) Als neueste Forschungsüberblicke sind hier nur die folgenden Werke anzuführen: SIEMS, Handel und Wucher S. 431–448; CAMPBELL, Die Kapitularien; MORDEK, Fränkische Kapitularien; SCHMIDT-WIEGAND, Kapitularien, in: RGA 16 S. 232–236; SCHMITZ, Kapitularien, in: HRG² 2 Sp. 1604–1612; MISCHKE, Kapitularienrecht S. 4–23. Vgl. zuletzt auch UBL, Kapitularien; KASCHKE und MISCHKE, Capitularies.

69) MORDEK, Fränkische Kapitularien S. 1 f.

70) MORDEK, Karolingische Kapitularien S. 25.

71) Zu diesen Quellenbegriffen vgl. GANSHOF, Was waren die Kapitularien? S. 13–18; BÜHLER, Capitularia Relecta S. 321–339; GLATTHAAR, Subjektiver und indirekter Stil S. 4–7 (im Vergleich zum Begriff *decretum*); PATZOLD, Integration durch Kommunikation S. 205.

72) Vgl. MORDEK, Karolingische Kapitularien S. 26 f.; BÜHLER, Capitularia Relecta S. 432–445.

den herrscherlichen Kapitularien sowie den synodalen Beschlüssen herausarbeiten. Schwieriger ist es mit entsprechenden Texten aus der Merowingerzeit: Hier ist es höchst umstritten, ob die entsprechenden Herrschererlasse unter dem Begriff „Kapitularien" subsumiert werden können[73]. Neben der Abgrenzung gegenüber anderen Quellengattungen erscheint auch die Einteilung innerhalb der Gattung „Kapitularien" als sehr problematisch. In diesem Zusammenhang soll beispielhaft auf zwei Klassifizierungsversuche im Hinblick auf die Herrschaftszeit Ludwigs des Frommen verwiesen werden: Dies ist zum einen die Einteilung in weltliche und kirchliche Kapitularien, die auf Ansegis' 827 angewendetes Prinzip zur Bearbeitung seiner Kapitulariensammlung zurückgeht[74], aber da viele Kapitularien inhaltlich sowohl weltliche als auch kirchliche Angelegenheiten behandeln und damit einen Charakter als *capitularia mixta* haben, ist diese Einteilung wohl nur schwer einzuhalten[75]. Zum anderen wäre die Einteilung in drei Typen von Kapitularien zu erwähnen, die Alfred Boretius im Zuge der Beschäftigung der Kapitularien Ludwigs des Frommen (818/819) vorschlug: *Capitula legibus addenda* (Ergänzung oder Modifikation einer Lex oder aller Leges)[76], *Capitularia per se scribenda* (Artikel mit eigenem „Daseinszweck" – also autonome Satzungen) und *Capitularia missorum* (Instruktionen für die Missi)[77]. Diese Klassifizierung findet sich auch in neueren Darstellungen über Kapitularien, wenn auch unter dem Vorbehalt, dass sie keineswegs immer zutrifft, da auch hier das Phänomen der *capitula mixta* zu finden ist: Einerseits fließen verschiedene Arten von Vorschriften in ein Kapitu-

---

73) Zu den merowingischen „Kapitularien" vgl. WOLL, Merowingische Kapitularien; KROESCHELL, Recht und Gericht; MORDEK, Fränkische Kapitularien S. 4 f. und 8–10; KÖLZER, Die merowingischen Kapitularien in diplomatischer Sicht; KANO, La genèse du capitulaire.

74) Zu Ansegis' Versuch der Systematisierung vgl. Ansegis, Einleitung S. 18 f. Zu Ansegis' Verwendung des Begriffs der *lex mundana* und seiner „Nähe zu den Vorstellungen über Recht, die am Hof Ludwigs des Frommen vorherrschend waren", vgl. UBL, Sinnstiftungen eines Rechtsbuchs S. 202–204 (Zitat aus S. 204).

75) GANSHOF, Was waren die Kapitularien? S. 27 f.; BÜHLER, Capitularia Relecta S. 421 mit Anm. 11; MORDEK, Fränkische Kapitularien S. 3.

76) Die heiklen Bezeichnungen wie „Volksrecht", „Germanenrecht", „Stammesrecht" oder „Leges barbarorum" sind heute zu vermeiden. Vgl. dazu SCHMIDT-WIEGAND, Leges, in: RGA 17 S. 195 f.; KROESCHELL, Deutsche Rechtsgeschichte S. 23.

77) BORETIUS, Langobardenreich S. 16–18.

lar ein, sodass es schwierig ist zu bestimmen, welches Kriterium den Vorrang bei der Klassifikation eines Kapitulars haben soll. Andererseits ist der Gegensatz von „Volksrecht“ und „Königsrecht“ (oder „Amtsrecht“) in der Karolingerzeit, der Boretius’ Unterscheidung von *Capitula legibus addenda* und *Capitularia per se scribenda* zugrunde liegt, in der heutigen Forschung nicht mehr haltbar[78]. Somit müssen wir feststellen, dass alle Versuche, die Kapitularien zu klassifizieren, stets auch Gefahr laufen, die sehr vielfältigen Dokumente simplifizierend in ein durch moderne Historiker konstruiertes Schema zu pressen[79]. Gleichzeitig muss berücksichtigt werden, dass der moderne Begriff „Gesetzgebung“ – egal ob als „Gesetzgebung“ des Herrschers oder als „Gesetzgebung“ der Reichsversammlung verstanden – einen Anachronismus darstellt, und dass sich dieser Terminus deswegen wohl kaum eignet, die Funktion dieser Quellengattung umfassend und angemessen zu beschreiben[80].

Vor dem Hintergrund dieses Forschungsstands zielt die vorliegende Studie über das karolingische Missatswesens nicht darauf ab, einen neuen Versuch der Definition und Klassifizierung der Kapitularien zu unternehmen[81]. Vielmehr soll analysiert werden, wie die Missi als Vertreter des Herrschers seinen Willen (oder den Willen seines Ho-

78) Vgl. WAITZ, Verfassungsgeschichte 3 S. 482–488; SEELIGER, Kapitularien; SEELIGER, Volksrecht; KAUFMANN, Aequitatis iudicium S. 60–92; GANSHOF, Was waren die Kapitularien? S. 28–31; BÜHLER, Capitularia Relecta S. 317 f.; BUCK, Admonitio S. 25–28; MORDEK, Fränkische Kapitularien S. 3; PÖSSEL, Authors and recipients S. 260–265. Die von Ganshof vorgeschlagene Dreiteilung der Kapitularien in „Gesetz“, „Verordnung“ und „Verwaltungsakt“ lehnt Eckhardt ab, weil diese modernen Begriffe auf der Gewaltenteilung von Legislative und Exekutive basieren und somit nicht zur Wirklichkeit der Karolingerzeit passen. Vgl. GANSHOF, Was waren die Kapitularien? S. 117–135; ECKHARDT, Was waren die Kapitularien?

79) BAUTIER, Les actes royaux S. 24. Vgl. zuletzt auch PATZOLD, Integration durch Kommunikation S. 204–207.

80) Dazu vgl. KROESCHELL, Gesetzgebung: B, I. Frühes Mittelalter, in: Lex.MA 4 Sp. 1394 f.; PÖSSEL, Authors and recipients; KROESCHELL, Deutsche Rechtsgeschichte S. 71; MERTENS, Gesetzgebung, in: HRG² 2 Sp. 302–315, hier S. 302 f.; HERMANN und MÜLLER, Rechtssatzung, in: RGA 24 S. 262–268; SCHMITZ, Kapitularien, in: HRG² 2 Sp. 1605–1606; MISCHKE, Kapitularienrecht S. 9–11.

81) Der moderne Forschungsbegriff „Kapitularien“ muss vorsichtig verwendet werden. Vgl. PATZOLD, Normen im Buch; PATZOLD, Das sogenannte „Capitulare Aquisgranense“; TSUDA, War die Zeit Karls des Großen; PATZOLD, Integration durch Kommunikation S. 205 f.

fes) mit Hilfe von Dokumenten – hier insbesondere die Kapitularien als in Kapitel gegliederte Dokumente – in den Regionen bekanntmachten, verbreiteten und durchsetzten, wobei angesichts der methodischen Schwierigkeiten (innere Einteilung und äußere Abgrenzung der Gattung)[82] zunächst alle Texte im Kapitularienbereich[83] gleichwertig behandelt werden sollen. Dabei hilft uns zum einen der Begriff „Herrscherkapitularien" in der Weise[84], dass dieser die herrscherliche Autorität hinter diesen Dokumenten als ihren wichtigsten Charakter betont[85], obwohl ich damit nicht beabsichtige, Kapitularien als „eine spezifische Gattung königlicher Rechtstexte" oder „Herrschererlasse" anzusehen[86]. Zum anderen sollen nicht nur Dokumente, die irgendwie als Kapitularien klassifiziert werden könnten, in Betracht gezogen werden, sondern auch jene Texte, die zum Beispiel bei Entstehung, Verbreitung oder Ergänzung der Kapitularien eine wichtige Rolle spielten, d. h. die in der Forschung als „den Kapitularien gleichgestellte Texte"[87] oder „kapitulariennahe Dokumente"[88] bezeichnet werden. Unter diesem Vorbehalt soll in der Untersuchung stets nur von „Kapitularien" die Rede sein.

Damit komme ich zur Analyse der Kapitularien und der kapitulariennahen Dokumente im Hinblick auf die Tätigkeit der Missi selbst. Die meisten Kapitularien könnte man deswegen als *capitula missorum* interpretieren, weil sie die Missi als Träger der Texte betreffen[89]. Neben den Kapitularien, die in ihren Proömien oder Inskriptionen als Dokumente für die missatische Aufgabe bezeichnet werden, erwäh-

---

82) Buck, Admonitio S. 30.

83) Zu diesem Begriff vgl. Schneider, Schriftlichkeit und Mündlichkeit S. 257.

84) Zur Berechtigung dieses Begriffs vgl. Schneider, Schriftlichkeit und Mündlichkeit S. 261; Buck, Admonitio S. 36.

85) Pössel bezeichnet „royal sponsorship" als „the minimum criterion" der vielfältigen Kapitularien. Pössel, Authors and recipients S. 266–270. Vgl. Schmitz, Kapitularien, in: HRG² 2 Sp. 1605.

86) Patzold, Integration durch Kommunikation S. 207. Vgl. auch Tsuda, War die Zeit Karls des Großen.

87) Ganshof, Was waren die Kapitularien? S. 25 f.

88) Mordek, Fränkische Kapitularien S. 3 f.

89) Pössel, Authors and recipients S. 264. Vgl. auch Ubl, Sinnstiftungen eines Rechtsbuchs S. 169, der im Bezug auf die erste Verwendung des Begriffs *capitulare* im Herstaller Kapitular von 779 darlegt: „Es handelte sich um Anweisungen an Legaten, die den Status eines Gesetzes, aber auch die Form einer Informationsübermittlung hatten."

nen auch einige andere Quellen den engen Zusammenhang zwischen den Herrscherkapitularien und den Missi dominici. Ein anonymer Erzbischof, wahrscheinlich Arn von Salzburg, spricht zum Beispiel vor einer Synode über Karls des Großen mehrjährige Aussendung seiner Missi und Kapitularien ins ganze Reich[90]. Da Arn selbst langjährig – obwohl er sich in der betreffenden Quelle nicht als *missus* bezeichnet – als Karls Missus in Bayern tätig war[91], muss man seine Kenntnis von der Verbindung zwischen Kapitularien- und Missatswesen ernst nehmen, doch der alleinige Hinweis auf die Verbindung dieser zwei für die karolingische Regierungspraxis so wichtigen Herrschaftsinstrumente scheint nicht ausreichend zu sein. So ist zu prüfen, welche Rolle die Missi dominici bei der Bekanntmachung, Verbreitung und Durchführung der Kapitularien und der in ihnen enthaltenen Vorschriften spielten und wie sie als Stellvertreter des Herrschers agierten. Außerdem ist zu fragen, inwieweit die Durchsetzung dieser Aufgabe in ihr Ermessen gestellt wurde, und zu ermitteln, inwieweit ein Zusammenhang zwischen der Entwicklung des Missatswesens und dem Aufschwung des Kapitularienwesens besteht. So werden beispielsweise die Jahre 779, 789, 802/803, 813, 818/819, 825, 829, 853 oder 864 von der Forschung mehr oder weniger als Wendepunkte des Kapitularienwesens und/oder des Missatswesens gesehen[92]. In diesem Zusammenhang muss auch erörtert werden, ob (oder inwieweit) diese einzelnen „Wendepunkte" miteinander in Beziehung standen.

Hier möchte ich die Thematik „Missi und Kapitularien" auch noch aus einem anderen Blickwinkel betrachten, nämlich durch einen Vergleich. Das mit dem Missatswesen verbundene Kapitularienwesen dürfte in der Karolingerzeit nämlich keineswegs die einzige Methode gewesen sein, die im Rechtsleben zu befolgenden (herrscherlichen)

---

90) SCHNEIDER, Karolingische Kapitularien S. 486: *Hac igitur cura et sollicitudine compunctus(?) a multis iam precedentibus diebus annis singulis(?) missos(?) et capitularios suos [sc.* Karl der Große*] secundum […] per(?) universum regnum sibi a deo datum direxit circuire, corrigere et commonere omnes […], deo pre omnibus et ante omnia et in omnibus fideles existere servientes, et quęcumque errata corrigere, superflua abscidere, recta et sancta non solum confirmare, sed etiam ampliare ad eternam sibi(?) […] et omnibus oboedientibus illi mercedem et gloriam.* Zur Verfasserschaft Arns vgl. ebd. S. 480–484.

91) Vgl. dazu ARN in der Prosopographie.

92) Vgl. z.B. WERNER, Missus – Marchio – Comes; SCHMITZ, Kapitulariengesetzgebung; BÜHLER, Capitularia Relecta S. 398–405; BÜHLER, Wort und Schrift S. 278 f.

Normen im Reich bekannt zu machen. Bevor das Kapitularien-Missatswesen genauer analysiert wird, erscheint es mir daher zum besseren Verständnis sinnvoll, einige andere mögliche Methoden zu beschreiben.

Karl der Große erlaubte und bestätigte in einem Privileg an den zum Rector Rätiens bestellten Bischof Constantius von Chur den Bewohnern dieser Region, dass sie ihr Recht (hier hauptsächlich die *lex romana Curiensis*) und ihre überkommenen Rechtsgewohnheiten behalten dürften[93]. Ebenfalls in der Form von Privilegien, oder besser gesagt: in der Form von Urkunden, bestätigten Ludwig der Fromme (zweimal) und Karl der Kahle das Recht der unter Königsschutz stehenden Flüchtlinge von der iberischen Halbinsel[94]. Ludwig

93) D KdG 78 (ca. 772–774) S. 112: *legem ac consuetudinem, quae parentes eorum iuste et racionabiliter habuerunt, se a nobis concessam esse cognoscant*. Vgl. hierzu SIEMS, Recht in Rätien S. 202–208. Die Bestätigung eines überkommenen Rechts musste scheinbar nicht unbedingt direkt vom Herrscher geleistet werden. Nach der Beschreibung des Chronicon Moissiacense hätten „die Franken“ bei der Belagerung von Narbonne den Goten erlaubt, ihre *lex* zu behalten, wenn sie König Pippin die Stadt übergäben. Chron. Mois. a. 759 S. 36 (als *Chronicon Anianense*): *Franci Narbonam obsident, datoque sacramento Gotis qui ibi erant, ut si civitatem partibus traderent Pippini regis Francorum, permitterent eos legem suam habere.*

94) MGH Capit. 1 Nr. 132 S. 261–263; ebd. Nr. 133 S. 263 f.; MGH Capit. 2 Nr. 256 S. 258–260 = D KdK Nr. 46, 1 S. 127–132. In diesem Kontext der *Hispani* ist auch Karls des Großen Mandat an die acht namentlich genannten Grafen in Septimanien zu nennen. Dabei ist die Vorgeschichte der Ausstellung dieses Mandats bemerkenswert: Karl befahl infolge einer Klage jener Flüchtlinge seinem Missus, Erzbischof Johannes von Arles – der wahrscheinlich durch ein anderes Mandat mit einer örtlichen *inquisitio* beauftragt worden war –, Ludwig den Frommen, damals König von Aquitanien, aufzusuchen und die Situation zu erklären. Danach befahl Karl Ludwig (nicht Johannes, wie MERSIOWSKY, Regierungspraxis S. 141, meint), in die betreffende Gegend zu reisen und dort zusammen mit den erwähnten Grafen anzuordnen, wie und unter welchen Bedingungen die *Hispani* leben sollten. MGH Capit. 1 Nr. 76 S. 169 = D KdG 217 (Aachen, 812. 4. 2.) S. 289 f.: *Quamobrem iussimus Iohanne archiepiscopo misso nostro, ut ad dilectum filium nostrum Lodoicum regem veniret et hanc causam ei per ordinem recitaret. Et mandavimus illi, ut tempore oportuno illuc veniens, et vos in eius praesentiam venientes, hordinare faciat, quomodo aut qualiter ipsi Ispani vivere debeant*. Zu diesen vier Dokumenten vgl. DEPREUX, Les préceptes pour les Hispani, bes. S. 21–23 zum legislativen Charakter dieser Dokumente. DEPREUX, ebd. S. 23, charakterisiert die im Dokument von 812 festgelegte Norm weniger als „imposée“, als vielmehr als „négociée“. Diesem Befund stimme ich zu.

ordnete an, dass von seinen *constitutiones* jeweils mehrere Kopien herzustellen und diese am Hof und in den betreffenden Städten aufzubewahren seien. Auffällig ist, dass in all diesen Dokumenten von den herrscherlichen Missi keine Rede ist[95]. Ebenso vergleichend heranzuziehen wäre die schriftliche Aufzeichnung der Leges, die Karl der Große auf der Aachener Reichsversammlung von 802/803 anordnete[96]. Angesichts der fragwürdigen Effektivität schriftlich fixierter Leges, die nicht alle mündlich tradierten Rechtsgewohnheiten einzelner Gentes umfassten[97], kann einerseits davon ausgegangen werden, dass für den Herrscher bei dieser Maßnahme eher die Sorge um die Identität einzelner Gentes in seinem Reich im Vordergrund stand als der Versuch, das Rechtsleben zu verändern und die Schriftlichkeit zu forcieren[98]. Die praktische Verwendung der geschriebenen Leges im

95) Mersiowskys Meinung, dass Johannes das Mandat Karls von 812 vor den betreffenden Grafen verkünden sollte, klingt plausibel. MERSIOWSKY, Regierungspraxis S. 141.

96) Auf das Fehlen einer umfassenden Würdigung dieses Unternehmens verweist DILCHER, Leges – Gentes – Regna S. 28 Anm. 44. Thomas Faulkner hat neuerdings versucht, die Verschriftlichung und die Revision verschiedener Leges nicht nur aus dem Kontext der Versammlungen gerade nach der Kaiserkrönung Karls, sondern auch aus einer herrscherlichen Initiative zu lösen. Mir scheint sein Argument allerdings bald zu vorsichtig, bald zu radikal. FAULKNER, Carolingian kings and the *leges barbarorum*; FAULKNER, Law and authority. In Bezug auf diese Auffassung Faulkners, der INNES, Charlemagne, justice and written law S. 161, folgt, teile ich die Kritik Karl Ubls in der Rezension zu: FAULKNER, Law and authority, in: H-Soz-Kult, 15.06.2016 (URL: https://www.hsozkult.de/publicationreview/id/rezbuecher–25786) [01.08.2019]. Vgl. auch UBL, Sinnstiftungen eines Rechtsbuchs S. 178; DEPREUX, Charlemagne et les capitulaires S. 30 f. Zur Vorstellung, dass verschiedene Leges auf einer vom Herrscher einberufenen Versammlung unter den Rechtskundigen zu Verhandlungen gekommen und aufgezeichnet werden, vgl. den Prolog der Lex Baiuvariorum, die spätestens bis zur Mitte des 8. Jahrhunderts entstand. Lex Baiwariorum, Prologus S. 201 f.: *Theuderichus rex Francorum, cum esset Catalaunis, elegit viros sapientes qui in regno suo legibus antiquis eruditi erant. Ipso autem dictante iussit conscribere legem Francorum et Alamannorum et Baioariorum unicuique genti quae in eius potestate erat, secundum consuetudinem suam, addidit quae addenda erant et inprovisa et inconposita resecavit.*

97) Vgl. NEHLSEN, Aktualität.

98) Vgl. POHL, Leges – Gentes – Regna; SCHIEFFER, Die Zeit des Karolingischen Großreichs (714–887) S. 71: „Die karolingische Pflege der Leges mag daher mehr auf Wahrung des gewachsenen ethnischen Gefüges bedacht gewesen sein als auf bewußte Rechtspolitik, die man eher in Kapitularien und Konzilsbeschlüssen zu

Rechtsleben ist keineswegs auszuschließen[99], obwohl eine herrscherliche Initiative in Bezug auf die Verbreitung von Leges-Handschriften schwer zu erkennen ist[100]. Im Kontrast dazu dürfte sich der herrscherliche Versuch, eine auf schriftlich fixierten Normtexten basierende Rechtsveränderung durchzusetzen, deutlicher in der Form der durch die Missi bekanntzumachenden *Capitula* (nicht *Capitularia*) *legibus addenda* widerspiegeln, die Karl der Große und sein Sohn erließen[101]. In diesem Zusammenhang ist besonders die sogenannte Lex Francorum Chamavorum zu erwähnen, die in der Handschrift mit *Notitia vel commemoratio de illa ewa, quae se ad Amorem habet* überschrieben ist und die in der Forschung manchmal im Bezug auf das Missatswesen behandelt worden ist[102]. Über ihre Entstehung im Zusammenhang mit dem oben genannten Unternehmen Karls des Großen und ihrem Charakter als „Weistum" (nämlich als Ergebnis einer Befragung der örtlichen Rechtskundigen nach ihrem herkömmlichen Recht [*ewa*]), herrschte in der Forschung lange Zeit Konsens[103]. Thomas Faulkner zuletzt ist dagegen der Meinung, dass dieser Text nicht das Recht eines Volks, sondern eine Vereinbarung gewesen sei, mit der eine Gemeinschaft in der Amor-Region die kaiserliche Herr-

gestalten suchte." Vgl. zuletzt UBL, Sinnstiftungen eines Rechtsbuchs, hier bes. S. 254: „Kodifikation leistete mehr als das, was unter den Stichworten ‚Aktualität und Effektivität' erfasst werden kann: Sie hatte gemeinschaftsbildende Funktionen, vermittelte der Gemeinschaft eine symbolische Wertordnung und sie konnte als mystisches Fundament für neue Gesetzgebung genutzt werden."

99) Vgl. MCKITTERICK, Perceptions S. 1095–1099 mit der dort genannten Literatur; HOPPENBROUWERS, Leges Nationum S. 265–273. Aber nicht alle Leges-Texte waren von praktischem Gebrauchswert. Vgl. die Bemerkung über die D-Fassung der Lex Salica bei UBL, Sinnstiftungen eines Rechtsbuchs S. 157.

100) Vgl. UBL, Leges-Skriptorium.

101) Vgl. PATZOLD, Veränderung. Vgl. zuletzt UBL, Sinnstiftungen eines Rechtsbuchs S. 165–219.

102) Lex Cham. S. 89–94.

103) BRUNNER, Deutsche Rechtsgeschichte S. 474 f.; BUCHNER, Die Rechtsquellen S. 42; AMIRA, Germanisches Recht 1 S. 65 f.; Lex Ribuaria II., hrsg. v. K. A. ECKHARDT S. 3; SCHMIDT-WIEGAND, Lex Francorum Chamavorum, in: RGA 18 S. 317 f. Zur Diskussion zu dem im Text als Amor bezeichneten Geltungsbereich dieses Rechts – vielleicht den *ducatus* Hamaland oder das Amorgebiet in den heutigen Niederlanden – vgl. OBREEN, La patrie; NIERMEYER, Het midden-Nederlands S. 146–151; EWIG, Civitas Ubiorum S. 488 und 490; FAULKNER, Law and authority S. 29–31. Zu *ewa* vgl. SCHMIDT-WIEGAND, Ewa, in: RGA 8 S. 35–37.

schaft akzeptiert habe[104]. Jedenfalls ist diese Ewa kein von nur einer Persönlichkeit des Hofes formulierter Text gewesen, weil die Ortsansässigen in den ersten beiden Kapiteln in der ersten Person Plural sprechen[105]. Zweifelhaft erscheint mir allerdings die Hypothese von Niermeyer, Eckhardt und Schmidt-Wiegand, denen zufolge diese Befragung durch einen *missus dominicus* durchgeführt worden sei[106]. Meines Erachtens gibt es im Text dieser Notitia keinen konkreten Anhaltspunkt, der diese Vermutung rechtfertigen würde[107]. Auch für die Annahme, dass es sich hier „offensichtlich" um „Antworten der Königsboten auf die Fragen der Rechtskundigen" handele, gibt es keine konkrete Begründung[108]. Im Gegensatz dazu dürfte die von der bisherigen Forschung ermittelte Vorbildfunktion der beiden anderen fränkischen Leges, d. h. der Lex Salica und der Lex Ribuaria sowie der Lex Baiuvariorum[109], vielmehr darauf hindeuten, dass die Befra-

---

104) FAULKNER, Law and authority S. 31–36. Vgl. auch HOPPENBROUWERS, Leges Nationum S. 258–262.

105) Lex Cham., cc. 1–2 S. 89.

106) NIERMEYER, Het midden-Nederlands S. 145; Lex Ribuaria II., hrsg. v. K. A. ECKHARDT S. 3; SCHMIDT-WIEGAND, Lex Francorum Chamavorum, in: RGA 18 S. 318. Daran knüpft KAISER, Die Capitula Remedii S. 179 mit Anm. 86, an. Vgl. auch SCHMIDT-WIEGAND, Stammesrecht und Volkssprache S. 168–170; HOPPENBROUWERS, Leges Nationum S. 258.

107) Vgl. zuletzt auch SIEMS, Recht in Rätien S. 213 mit Anm. 166; LÜCK, Lex Francorum Chamavorum, in: HRG^2 3 Sp. 884–886, hier S. 885. Es ist schwer, Eckhardts Gleichsetzung des *ducatus* Hamaland mit einem Missaticum zuzustimmen (Lex Ribuaria II., hrsg. v. K. A. ECKHARDT S. 3). Zwar findet sich das Wort *missaticum* im 8. Kapitel dieser Ewa (Lex Cham. c. 8 S. 89: *Si quis missum dominicum occiderit, quando in missatico directus fuerit, in tres weregildos, sicut sua nativitas est, componere faciat.*). Aber dieses Wort kann außer dem räumlichen Betätigungsfeld des Missus auch „eine Reise als Abgesandter oder Bote" oder „eine Dienstreise" bedeuten (Vgl. Art. missaticum, in: NIERMEYER, Lexicon). BUCHNER, Die Rechtsquellen S. 42, interpretiert dieses Wort von c. 8 als „Rundreise" eines Missus. Es ist auch zu bedenken, dass *missi dominici* gegebenenfalls keine administrativ Bevollmächtigen sein dürften, sondern nur königliche Gesandte. Zu den Schutzbestimmungen für die Missi auf der Reise siehe oben Kapitel 1, § 1, 2, Exkurs. Auch wenn dieses *missaticum* hier den missatischen Amtsbezirk beschreiben sollte, stimmt ein Missaticum in der Zeit Karls des Großen nicht immer mit dem vorgegebenen Amtsbezirk oder Sprengel überein. Dazu vgl. oben Kapitel 1, § 2.

108) Art. Lex Francorum Chamavorum, in: Rep. Geschichtsquellen (http://www.geschichtsquellen.de/repOpus_03235.html [01. 08. 2019]).

109) Vgl. SCHMIDT-WIEGAND, ebd. S. 318; FAULKNER, Carolingian kings and the

gung auf jener Aachener Versammlung vom Oktober 802 durchgeführt wurde, bei der viele Rechtskundige (*legislatores*) anwesend waren[110].

Diese Überlegungen sollten veranschaulichen, was die anderen Möglichkeiten, also die Herrschaft vermittels Urkunden und die Niederschrift von Leges, vom Kapitularienwesen unterscheidet. Zuerst wäre auf die intendierte räumliche Verbreitung und die Durchsetzung der Normen hinzuweisen: Während das Kapitularienwesen (hier einschließlich der Rundschreiben) in übergreifenden Zusammenhängen zum Einsatz kam, scheinen die anderen Methoden eher dann angewendet worden zu sein, wenn die Normsetzung einzelne, räumlich begrenzte Gentes oder Regionen betraf[111]. Zweitens spiegelt sich der herrscherliche Wille bei den Kapitularien, auch wenn die Bestimmungen auf dem Ergebnis einer vorherigen Beratung mit den Großen fußten, viel klarer im Inhalt des jeweiligen Dokuments wider als bei bloßen Bestätigungen oder bei der schriftlichen Fixierung von Rechtsgewohnheiten. Bemerkenswert ist drittens die Tatsache, dass bei den Kapitularien die Träger der Dokumente, meistens die Missi, in den Vordergrund treten. Bei der folgenden Analyse sollen diese als drei wesentliche Charakteristika des Kapitularienwesens betrachtet werden.

ii) Beginn der Verbindung von Kapitularien und Missi

Die Tätigkeit einzelner Missi lässt sich bereits in den fünfziger Jahren des 8. Jahrhunderts nachweisen, aber im Bereich der Kapitularien findet sich die erste Erwähnung der Missi erst im aquitanischen Kapitular Pippins des Jüngeren von 768, das Karl der Große nach dem Tod seines Vaters erneut zur Geltung brachte. Diese Missi in Aquitanien sollten die Führungsposition in der Region, wenn auch nur unter Mitwirkung der örtlichen Machthaber, einnehmen[112]. Wann aber die

---

leges barbarorum S. 452; FAULKNER, Law and authority S. 26–28, der sich zuletzt allerdings dagegen äußerte, dass die Lex Ribuaria die Ewa beeinflusst habe. Zur Vergleichbarkeit mit der Lex Ribuaria vgl. Lex Cham. S. 89–94 mit Verweisen auf diese Lex in den Fußnoten.

110) Ann. Laures. emend. a. 802 S. 46. Vgl. auch MGH Capit. 1 Nr. 77, Proömium S. 170. Skeptisch dagegen FAULKNER, Law and authority S. 23–26 und 30.

111) Es gibt jedoch auch Kapitularien für einzelne Regionen, z. B. Sachsen, Italien oder Burgund.

112) MGH Capit. 1 Nr. 18 c. 12 S. 43. MCKITTERICK, Charlemagne S. 80 und 237, vermutet, Karl habe wahrscheinlich mit seinem Bruder Karlmann dieses Ka-

weiträumige/reichsweite Aussendung der Missi dominici begann, ist nicht klar. Viktor Krause hält c. 21 des Kapitulars von Herstal (a. 779) für den ältesten Beleg dafür, dass bevollmächtigte „ordentliche" Missi in das ganze Reich entsendet wurden, der März 779 gilt ihm als *terminus ad quem* der Einführung der reichsweiten Delegation der Missi[113]. In diesem Dokument wird nämlich bestimmt, dass der Missus so lange bei einem Grafen, der die Durchsetzung der *justitia* verfehlt habe, auf dessen Kosten bleiben solle, bis der Gerechtigkeit Genüge getan worden sei[114]. In entsprechender Weise sollten Missus und Graf gemeinsam königliche Vasallen beaufsichtigen[115]. Schwerer nachzuvollziehen ist allerdings eine weitere Vermutung, die Krause in diesem Zusammenhang aufstellt, dass nämlich die plötzliche Erwähnung der Missi in diesem Kapitel die Bekanntschaft dieses Amtes (der „ordentlichen" Missi) unter den Leuten voraussetzte. Zum Beispiel wird in einer *tractoria* für das Kloster St-Denis (ausgestellt 774–776) der königliche Missus (oder die königlichen Missi) beauftragt, jeden vor dem königlichen Gericht erscheinen zu lassen, der das für dieses Kloster gewährte Privileg der Zollbefreiung verletze[116]. Im Gegen-

---

pitular bestätigt. Dass Karl seinen in Aquitanien eingesetzten Missi auftrug, die Vorschriften dieses Kapitulars durchzuführen, kann man aus einem späteren Kapitular für die aquitanischen Missi von 789 erkennen. Vgl. MGH Capit. 1 Nr. 24 c. 1 S. 65: *De illo edicto quod domnus et genitor noster Pippinus instituit et nos in postmodum pro nostros missos conservare et implere iussimus vel de nostros edictos, quomodo fuerunt custoditi.*

113) KRAUSE S. 205 f. Ihm folgen GANSHOF, Frankish institutions under Charlemagne S. 25 mit Anm. 164 und 165. Kürzlich auch MCKITTERICK, Charlemagne S. 258.

114) Zu dieser Bestimmung, siehe unten Zusammenfassung und Folgerungen.

115) MGH Capit. 1 Nr. 20 c. 21 S. 51: *Si comis in suo ministerio iustitias non fecerit, misso nostro de sua casa soniare faciat usque dum iustitiae ibidem factae fuerint; et si vassus noster iustitiam non fecerit, tunc et comis et missus ad ipsius casa sedeant et de suo vivant quousque iustitiam faciat.* Vgl. Hermann KRAUSE, Mittelalterliche Anschauungen S. 16–18. Der im 17. Kapitel erwähnte *missus noster* ist nicht unbedingt ein bevollmächtigter kontrollierender Königsstellvertreter, sondern eher ein Bote des Königs. MGH Capit. 1 Nr. Nr., 20 c. 17 S. 51: *Et nemo alterius erbam defensionis tempore tollere praesumat, nisi in hoste pergendum aut missus noster sit.*

116) D KdG 88 (Verberie, 774/775), hier S. 128 = ChLA 16, Nr. 621 (Verberie, 774–776) S. 12–15, hier 13: *Si quis vero contra precepta anteriorum regum uel nostro aliquid facere aut contraire uoluerit, tunc missus noster uel comitis super noctes XXI ante nos per bannum nostrum uenire faciat in rationes contra misso sancti*

satz zum Herstaler Kapitular wurde keine richterliche Funktion vom Missus erwartet. Vielmehr scheint es so, sofern der Wortlaut *missus noster et comitis* nicht verschrieben ist, dass der Missus hier mit dem gräflichen Missus gleichgestellt ist. Anhand dieses Textes lässt sich außerdem keine Aussage darüber treffen, ob dieser Missus anlässlich der Ausstellung dieser Urkunde nur kurzfristig ausgesendet worden ist oder ob er bereits früher im Pariser Pagus in irgendeinem dauerhaften Auftrag tätig gewesen war. Ja, wir haben keinen aussagekräftigen Beleg dafür, dass die vor 779 ausgesandten königlichen Missi eine mit den Missi von 779 vergleichbare richterliche, gerichtliche oder administrative Befugnis gehabt hätten.

Es ergibt sich noch ein weiteres Problem bei der Interpretation dieses 21. Kapitels: Zwar fand dieses Kapitular fast im ganzen Reich einschließlich Italiens eine weite Verbreitung[117], doch muss man den reformierenden[118] oder programmatischen[119] Charakter dieses Kapitulars in Betracht ziehen. Im 1. Kapitel ist zum Beispiel vorgeschrieben, dass die Suffraganbischöfe kirchenrechtlich ihren Metropoliten subordiniert werden sollten[120], aber die Struktur einer solchen hierarchischen Kirchenorganisation war damals noch nicht im ganzen Reich eingeführt, und als dieser Prozess der (Wieder-)Einrichtung der Metropolitanverfassung um 811 oder 813 vorläufig abgeschlossen war, wurde dieses Thema für eine Weile nicht mehr in den Kapitularien erwähnt[121]. Aus diesem Grund kann das 21. Kapitel dieses Kapitulars nicht als sicherer Beleg für die sofortige gleichmäßige Einführung des Missatswesens im ganzen Reich gewertet werden. Es könnte aber ein Hinweis auf die Intention sein, reichsweit ein Missatswesen zu etablieren. Voraussetzung dafür wäre, dass die zeitliche Parallele von zwei Sachverhalten nicht dem Zufall unterliegt, nämlich zum einen die erste Erwähnung der Missi in dem reichsweit verbreiteten Kapitular von Herstal 779 und zum anderen der Anfang der Zeit des

---

Dionisii et Folleradi abbatis. Similiter et si ullus telonearius vel aliquis homo ipsam inrumpere temptaverit, tunc missi nostri supradicti illum per fideiussores mittere faciant, ut ipse similiter ueniat infra noctes XXI ante nos in rationes. Taliter exinde agite, qualiter gratia nostra uultis habere.

117) Mordek, Die Anfänge S. 6 mit Anm. 21.

118) Ganshof, Frankish institutions under Charlemagne S. 4 f.

119) McKitterick, Charlemagne S. 236 f. und 239.

120) MGH Capit. 1 Nr. 20 c. 1 S. 47.

121) Hartmann, Die Synoden S. 413–415; Pangerl, Metropolitanverfassung S. 149–152.

intensiven Kapitularienwesens unter Karl dem Großen mit den zwei Kapitularien von Herstal 779[122].

Zu erwähnen ist noch, dass es völlig unbekannt ist, wer im Reich dieses Kapitular zur Kenntnis bringen sollte. Da erstmals die Admonitio generalis 789 ausdrücklich die Rolle der Missi bei der Bekanntmachung und Durchsetzung des Kapitulars im Text erwähnt[123], und da wir fast nichts darüber wissen, auf welche Weise die merowingischen Edikte oder die frühkarolingischen Synodalkapitularien im Reich kundgetan wurden, sollten wir nicht einfach voraussetzen, dass Missi mit der Verlautbarung und Geltendmachung dieses Kapitulars von 779 beauftragt wurden[124].

Es sieht so aus, als ob der zeitlich genau erkennbare Anfang des Zusammenwirkens der Kapitularien mit dem Missatswesen im Dunkeln bleibt, denn aufgrund der schwierigen Quellenlage dürfte diese Frage nie völlig geklärt werden können. Aber wir sind immerhin imstande, mit den folgenden vorläufigen Bemerkungen die Untersuchung des Themas „Kapitularien und Missi in der Karolingerzeit" zu beginnen[125]:

1) Angesichts der frühmittelalterlichen Regierungspraxis ist davon auszugehen, dass auch die merowingischen Herrscheredikte durch je-

---

122) MORDEK, Zweites Kapitular von Herstal, bezeichnet Nr. 21 der Boretiusschen MGH-Edition als „zweites Kapitular von Herstal" und datiert dies auf das Jahr 779. Die zwei Herstaler Kapitularien von 779 (Nr. 20 und 21) benutzen gemeinsam in ihren Texten das Wort *capitulare* als ihre Selbstbezeichnung und hier sieht Mordek „die fränkische Keimzelle für die Verbreitung des Namens capitulare als Gattungsbegriff". Ebd. S. 3 Anm. 12. Hartmann sieht bei dieser „Erfindung eines neuen Begriffs" Karls Absicht, dass „solche Verordnungen von jetzt an mit einiger Regelmäßigkeit erlassen werden sollten". HARTMANN, Karl der Große und das Recht S. 180; HARTMANN, Karl der Große S. 134.

123) MGH Capit. 1 Nr. 22, Proömium S. 53 = Admonitio generalis S. 182.

124) Zu den merowingischen „Kapitularien" vgl. WOLL, Merowingische Kapitularien. Aber hier zu erwähnen ist die Legation von Viernarius und Arimodus, 780 in Digne/Provence. Die dort diskutierte *precaria de verbo regis* ist das Thema der Bestimmung des 13. Kapitels des Herstaler Kapitulars. Trotzdem gibt es keinen Hinweis darauf, dass diese zwei Missi dieses Kapitular in die Provence mitgebracht und bekannt gemacht hätten. Siehe dazu VIERNARIUS in der Prosopographie.

125) Hier wird zuerst die Verbindung von Kapitularien und Missi im Rahmen des gesamten Reiches thematisiert, während die Missi, welche in den regionalen Kapitularien (gemeint sind die aquitanischen, sächsischen und italienischen) erwähnt sind, erst unten in Kapitel 3 behandelt werden.

manden (Boten, Amtsträger o.ä.) in den Regionen verbreitet worden sein müssen. In diesem Sinn ist zwischen der merowingischen und der karolingischen Befehlsstruktur weniger eine klare Zäsur anzunehmen, sondern viel eher ein Übergang oder eine leichte Modifikation.

2) Allerdings sollten einige Merkmale der Veränderungen oder Modifikationen zwischen der merowingischen und der karolingischen Zeit besonders beachtet werden: a) die Veränderung der diplomatischen Form der Herrschererlasse von den merowingischen urkundennahen Edikten, die ihre Wurzel in der spätantiken römischen Provinzialverwaltung hatten und anscheinend als Anordnung an die Adressaten formuliert wurden, hin zu den karolingischen, formal vielfältigen oder sogar formlosen „Kapitularien“[126]; b) die wachsende Zahl der Kapitularien seit Karl dem Großen und c) der damit fast gleichzeitige Auftritt der bewusst als Vermittler bezeichneten Missi dominici.

3) Aufmerksamkeit verdient auch folgende Passage aus dem Proömium der Admonitio generalis Karls des Großen von 789: *Quapropter et nostros ad vos direximus missos, qui ex nostri nominis auctoritate una vobiscum corrigerent quae corrigenda essent, sed et aliqua capitula ex canonicis institutionibus, quae magis nobis necessaria videbantur, subiunximus. [...] Nam legimus in regnorum libris, quomodo sanctus Iosias regnum sibi a Deo datum circumeundo, corrigendo, ammonendo ad cultum veri dei studuit revocare, non ut me eius sanctitate aequiparabilem faciam, sed quod nobis sunt ubique sanctorum semper exempla sequenda, et quoscumque poterimus, ad studium bonae vitae in laudem et in gloriam domini nostri Iesu Christi congregare necesse est. Quapropter, ut praediximus, aliqua capitula notare iussimus, ut simul haec eadem vos ammonere studeatis, et quaecumque vobis alia necessaria esse sciatis, ut et ista et illa aequali intentione praedicetis*[127]. Hier verweist Karl der Große auf den alttestamentarischen König Joschija als Vorbild. Während Joschija „selbst“ in seinem von Gott verliehenen Reich „rundreisend“ Falsches berichtigt und die Menschen zum Glauben ermahnt habe, habe Karl, so die Aussage des Proömiums, so nicht handeln wollen und können. Deswegen sei er sowohl auf seine Stellvertreter/Helfer – hier die Missi dominici und die Bischöfe – angewiesen als auch auf das „dokumentarische Instrument“,

---

126) Dazu vgl. WOLL, Merowingische Kapitularien S. 115–167; KÖLZER, Die merowingischen Kapitularien in diplomatischer Sicht; KANO, La genèse du capitulaire.

127) MGH Capit. 1 Nr. 22 S. 53 f. = Admonitio generalis S. 182–184.

das Kapitular. Selbstverständlich war Karls Reich schon zu groß, – viel größer als Joschijas – um es allein durch einen reisenden König regieren zu können[128]. Also hatte Karl einerseits einen administrativ praktischen Grund dafür, das Missats- und das Kapitularienwesen verbindlich einzuführen, und war andererseits dazu bereit, diesen (neuen) Regierungsstil auch theoretisch zu begründen[129].

iii) Rolle der Missi bei der Bekanntmachung des herrscherlichen Willens

Aus den Formulierungen der Admonitio generalis, des ersten Kapitulars, dessen Bekanntmachung nachweislich den Missi dominici anvertraut wurde, lässt sich ableiten, dass dieses Kapitular als Hilfsmittel verstanden wurde, das zur Besserung der christlichen Gesellschaft durch die Missi und die anderen Helfer des Königs (hier die Bischöfe) beitragen sollte[130]. Wie oben gesagt, lässt sich hier erkennen, dass Karl, anders als Joschija, nicht selbst im Reich umherreisen, sondern mithilfe seiner Stellvertreter die Christen im *regnum* ermahnen und zum ewigen Leben führen wollte[131]. Der herrscherliche Wille sollte durch seine Stellvertreter bekannt gemacht und verwirklicht werden; auf dieses Grundprinzip des Kapitularienwesens lassen Formulierun-

128) Vgl. WERNER, Missus – Marchio – Comes S. 191–194. Vgl. auch MGH Capit. 1 Nr. 33 (a. 802) c. 3 S. 92: *Primum, ut unusquisque et persona propria se in sancto Dei servitio secundum Dei preceptum et secundum sponsionem suam pleniter conservare studeat secundum intellectum et vires suas, quia ipse domnus imperator non omnibus singulariter necessariam potest exhibere curam et disciplinam.*

129) Vgl. auch die späteren Beispiele, d. h. die Angabe der persönlichen Qualifikation der Missi von 802 in den Lorscher Annalen und das Kapitel des missatischen Kapitulars von 803 über die *prudentia et constantia* der Missi dominici, was sie selbst bei der Bekanntmachung dieses Kapitulars öffentlich erklären (und versichern) mussten. Ann. Laures. a. 802 S. 38 = Ann. Laures. editio emendata, a. 802 S. 45; MGH Capit. 1 Nr. 40 c. 27 S. 116. Interessant ist in diesem Zusammenhang die Ansprache eines Salzburger Erzbischofs, wahrscheinlich Arns, aus der späteren Regierungszeit Karls. Darin setzte er die Aussendung der *fideles missos* ins ganze Reich mit Jesu Aussendung der Apostel zur Evangelisierung gleich. SCHNEIDER, Karolingische Kapitularien S. 492 f.

130) Vgl. MGH Capit. 1 Nr. 22, Proömium S. 53 = Admonitio generalis S. 182. Vgl. auch die Selbstbezeichnung dieses Kapitulars in ebd. Nr. 22, Eschatokoll S. 62 = Admonitio generalis S. 238: *huius legationis edictum.*

131) MGH Capit. 1 Nr. 22, Proömium S. 53 f. = Admonitio generalis S. 182–184.

gen wie *volumus* und *nobis placuit* ebenso schließen wie befehlende Ausdrücke wie zum Beispiel *iussimus*, *mandamus* oder *decrevimus*.

Im Anschluss an diese Beobachtungen stellt sich die Frage, wer die Vermittler des königlichen Willens waren[132]. In der Literatur wird es neben anderen Amtsträgern (wie den Bischöfen oder Grafen) hauptsächlich den Missi zugeschrieben, den Betroffenen in den verschiedenen Regionen des Reiches die im Reichszentrum gefällten Entscheidungen bekannt zu machen und ihren Vollzug zu überwachen[133]. Im Folgenden werde ich die einschlägigen Quellenstellen zusammenstellen und mit ihrer Hilfe die Tragfähigkeit dieser Hypothese überprüfen.

Auffällig ist, dass in den erzählenden Quellen nur weniges über die Ausfertigung der Kapitularien oder über die Aussendung der Missi berichtet wird. Das wahrscheinlich berühmteste Beispiel ist Einhards Vita Karoli Magni, in der mit keinem Wort auf die herrscherlichen Kapitularien eingegangen wird, wohingegen Karls Rechtsreform kurz nach der Kaiserkrönung (802/803) einige Aufmerksamkeit findet[134]. Anders verhält es sich mit den Königsboten (*legati*), die von Einhard als Kontrollorgan der mit der Restauration der Kirchen betrauten Prälaten erwähnt werden[135]. Auch wenn die schriftliche Fixierung der zentralen Entscheidungen oder die Aussendung der Missi (von den militärischen und den diplomatischen Stellvertretern abgesehen) in anderen erzählenden Quellen behandelt werden, werden sie miteinander nicht in Beziehung gesetzt[136]. Bemerkenswert sind in

132) Hier sind nur die ersten Vermittler des Herrscherwillens behandelt, d. h., dass z. B. die Capitula episcoporum, welche als zweite Stufe der Vermittlung, Verbreitung und Durchsetzung der vom Zentrum mitgeteilten Normen angesehen werden können, außer Betracht bleiben.

133) GANSHOF, Was waren die Kapitularien? S. 89–102; NELSON, Literacy S. 280–289; MORDEK, Fränkische Kapitularien S. 6. Vgl. auch PATZOLD, Integration durch Kommunikation S. 201 f. und 209 f. mit Anm. 72, der allerdings die „Dichotomie von Zentrum und Peripherie als analytisches Instrument" für das Karolingerreich als wenig tauglich betrachtet (S. 193–198).

134) Vita Karoli c. 29 S. 66–68.

135) Ebd. c. 17 S. 38: *Praecipue tamen aedes sacras ubicumque in toto regno suo vetustate conlapsas conperit, pontificibus et patribus ad quorum curam pertinebant ut restaurarentur imperavit, adhibens curam per legatos ut imperata perficerent.*

136) Vgl. ARF, a. 806 S. 121 (Divisio regnorum, durch Einhard nach Rom gebracht); ebd., a. 813 (die Beschlüsse der fünf Konzilien dieses Jahres, die im Hofarchiv aufbewahrt wurden); ebd., a. 814 S. 141 (Absendung der *legati* zur

diesem Kontext auch die Ausführungen Hinkmars von Reims in seinen Annales Bertiniani (861–882)[137]. Trotz seiner reichen Kenntnisse der Kapitularien und seiner mehrjährigen Erfahrung als Missus Karls des Kahlen verbindet er diese zwei Herrschaftsinstrumente in seinem Geschichtswerk nicht[138]. War die Verbreitung und Bekanntmachung der (als Kapitularien formulierten) herrscherlichen Entscheidungen durch Missi für die Zeitgenossen so banal, dass sie nicht mehr eigens erwähnt werden musste?

Die Quellenstellen, die uns die Verbindung zwischen den Kapitularien und den Missi zeigen, sind zuerst die Kapitularien selbst und dann die sie begleitenden Dokumente. In einigen Kapitularien oder ähnlichen Texten finden sich rückblickend allgemeine Aussagen darüber, dass früher die Missi dominici die herrscherlichen Entscheidungen in den einzelnen Regionen verbreitet hätten[139]. Verschiedene Textstellen deuten sogar konkret darauf hin, dass die Missi Empfän-

---

Gerechtigkeit im Reich am Anfang der Regierung Ludwigs); Ann. q. d. Einhardi, a. 794 S. 95 (ein „Buch" gegen den Adoptianismus); Ann. Laures. emend., a. 802 S. 45 (Absendung der Missi ins ganze Reich); ebd., a. 802 S. 46 (Verbesserung und Aufzeichnung der Leges); Chron. Mois., a. 813 S. 122 (46 Kapitel der Aachener Reichsversammlung, Sept. 813); ebd., a. 815, S. 311 f. (Befehl an die Missi und die Grafen *ad iustitias faciendas*, 816?); Ann. Guelf. a. 801 S. 173 (Aussendung der Missi); Poeta Saxo, a. 802 S. 47 (Aussendung der *legati*); AF a. 852 S. 43 (ein Dekret, in dem unter anderem auch das Gerichtswesen thematisiert wird; es ist jedoch unklar, ob dies in der Tat als Text formuliert und aufgezeichnet wurde.); ebd., a. 876 S. 86 (das in *theutonica lingua* geschriebene Dokument über die Reichsteilung); ebd. a. 882 S. 99 (wenig nützliches Dekret); Thegan c. 13 S. 192 f. (Absendung der Missi 814, um Unrecht zu emendieren); Astronomus c. 23 S. 354 (Aussendung der Missi 814, zur Ordnung im Reich); ebd. c. 32 S. 390–392 (Empfang der vorher gesandten Missi mit dem Bericht über die Zustände der Kirche, 819); ebd. c. 32 S. 392 (Verbesserung und Ergänzung der Leges, 819); ebd. c. 53 S. 498–500 (Aussendung der Missi zur Wiederaufrichtung der niedergegangenen Kirche); Ermoldus, Carmen, v. 824–830 (Aussendung der Missi zur Schaffung von Gerechtigkeit im Reich, 814); AB a. 851 S. 60–63 (Abschrift der Kapitel 1–8 des Meersener Vertrags); ebd. a. 864 S. 113, a. 873 S. 189, und a. 877 S. 212 f. (jeweils Ausstellung der *capitula* oder *leges*).

137) Zu seiner Verfasserschaft vgl. NELSON, The 'Annals of St Bertin' S. 34–40.

138) AB a. 864 S. 113, a. 873 S. 189, und a. 877 S. 212 f., jeweils nur über die Ausstellung der *capitula* oder *leges*. AB a. 864 S. 105 und 112 f. über die sonderbeauftragten Missi nach Toulouse und Gothien.

139) Vgl. MGH Capit. 1 Nr. 137 (a. 818/19) S. 274: … *licet saepe de statu ecclesiarum et de iustitiis praeterito tempore ordinassemus et missos per singula loca de-*

ger des betreffenden Kapitulars oder der jeweiligen Begleitschriften waren. Im Folgenden werden diese Quellentexte hinsichtlich folgender Aspekte überprüft: 1) Anscheinend originale Überschriften mit der Erwähnung der Missi, gegebenenfalls mit den Namen der Missi als Adressaten des Dokuments; 2) Allgemeine Instruktion für die Missi mit Erklärung von Zweck und/oder Inhalt der *legatio* / des *missaticum*; 3) Selbstbezeichnung des Sprechers im Text als Missus; 4) Beschreibung des einzelnen Missaticums als Betätigungsfeld des Empfängers des Dokuments; 5) Bekanntmachung durch Missi; 6) Konkrete Anordnungen, gerichtet an die Missi dominici mit einer Formel wie *Ut missi nostri...* oder *Praecipimus missis nostris...*, woraus geschlossen werden kann, dass die Missi das Dokument mit solchen Anweisungen empfangen haben.

Aber es ist nicht immer möglich, die in die MGH-Edition aufgenommenen Texte mit dem Missatswesen in Zusammenhang zu bringen, weil hier zunächst das Problem der Verbreitung des Textes in den Blick genommen werden muss. Man kann solche Texte außer Acht lassen, die klar (oder vermutlich) nicht dazu bestimmt waren, weit verbreitet zu werden[140], wozu beispielsweise die Tagesordnungen von Beratungen zählen[141]. Auch für die Anordnungen für einen eingeschränkten Personenkreis oder Institutionen dürfte gelten, dass sie – auch wenn durch irgendeinen Boten übermittelt – nicht durch die Missi dominici weit öffentlich bekanntgemacht und durchgesetzt zu werden brauchten. Dazu zählen zum Beispiel das Capitulum in pago Cenomannico datum[142], das Capitulare de disciplina palatii

---

stinassemus; vgl. auch die oben zitierte synodale Admonitio Arns von Salzburg, SCHNEIDER, Karolingische Kapitularien S. 486.

140) MGH Capit. 1 Nr. 31, 105 (einzelne), 106. Viele Stücke, die in die MGH-Edition als Addimenta aufgenommen sind, lassen sich in diese Kategorie einordnen. MGH Capit. 1 Nr. 107, 109, 111 (Instruktion für die Missi nach Rom), 112, 113, 114, 115, 116, 117, 119, 120, 123 (Ghaerbalds *capitula*), 126 (Odilberts Brief), 127 (Richulfs Brief), 129. Eindeutig nicht durch die Missi verbreitet wurden: MGH Capit. 1 Nr. 110, 132, 133.

141) MGH Capit. 1 Nr. 51 (c. 13 über *missi*), 71, 72, 73, 108, 118. Mordek Nr. 19. Natürlich mussten diese Tagesordnungen vor der Beratung an die Beteiligten verteilt werden.

142) MGH Capit. 1 Nr. 31 S. 81 f., das Pfalzgraf Adalhard anstelle des Königs öffentlich verkünden musste. Da die Bestimmung, als Karl der Große um 800 im *pagus* von Le Mans verweilte, wegen der Beschwerde der örtlichen kirchlichen und

Aquisgranensis[143] und das Capitulare de monasterio s. crucis Pictavensi[144].

Nach dieser Reduzierung des Materials bleiben immer noch etliche Dokumente übrig, bei denen es, auch wenn einige der in ihnen enthaltenen Kapitel die Missi erwähnen, auf den ersten Blick unklar ist, ob und wie diese Texte im Reich verbreitet werden sollten und wurden[145]. Einige Dokumente können als Rundschreiben oder Man-

---

fiskalen Hörigen erlassen wurde und daher nur eine regional beschränkte Bedeutung hatte, musste sie nicht durch Missi bekannt gemacht werden.

143) MGH Capit. 1 Nr. 146 S. 297 f., das ausschließlich die Ordnung der Aachener Pfalz betrifft. Zu diesem Dokument vgl. BM² 565; FLACH, Aachener Reichsgut S. 65–70; RÖSENER, Königshof und Herrschaftsraum S. 458–460. Während dieses Kapitular in der Literatur nach Boretius meistens auf ca. 820 datiert wird (z. B. MORDEK, Bibliotheca S. 548), hielt Mühlbacher (BM² 565) eine Entstehung dieses Textes kurz nach dem Regierungsantritt Ludwigs des Frommen 814 für plausibel; dieser Datierung folgt auch Rösener.

144) MGH Capit. 1 Nr. 149 S. 302, das *dominum Pippinum regem* in der dritten Person erwähnt. Der Überschrift in Mabillons Ausgabe zufolge, auf die wir uns bei diesem Text einzig stützen können, stammt diese Bestimmung von Kaiser Ludwig dem Frommen, der seinem Sohn Pippin I. von Aquitanien mit ihrer Durchsetzung beauftragt habe. Jean MABILLON, Vetera analecta, 2. Aufl., Paris 1723 S. 150: *Capitulare de monasterio sanctae Crucis, quod est situm intra Pictavensem urbem, quod piissimus imperator Lugdovicus fieri praecepit atque ut idem ab omnibus observaretur glorioso filio suo Pipino commisit.* Wenn der Normsetzer, der im zweiten Kapitel in der ersten Person spricht (*… nisi quantum ab eis quaesivi postquam eas sub regulari norma vivere constitui.* MGH Capit. 1 Nr. 149 S. 302), Ludwig ist, ist dieses Kapitular nicht als eines von Pippin, und somit auch nicht als Beispiel eines unterköniglichen Kapitulars (so COLLINS, Pippin I S. 369) anzusehen. Zu noch größer Verwirrung trägt Kasten bei, die sich in ihrer Untersuchung über die Königssöhne auf Collins beruft, welcher den in Jean MABILLON, Vetera analecta, 2. Aufl., Paris 1723 S. 150 f. gedruckten Text zitiert (ebd. S. 369 Anm. 36): „Ein erhaltenes Kapitular König Pippins I. von Aquitanien gibt jedoch Anlaß zu der Vermutung, daß auch in diesem Königreich Kapitularien erlassen wurden“ (S. 330). Was Collins in seinem Aufsatz zitiert, ist unser Kapitular Nr. 149, und genau dieses Kapitular nach der MGH Ausgabe behandelt Kasten als Kapitular Ludwigs (KASTEN, Königssöhne S. 318 und 335 f.). Vgl. auch GEISELHART, Die Kapitulariengesetzgebung S. 248 f. mit Anm. 10. Zur Möglichkeit der Kapitularienausstellung Pippins in Aquitanien siehe unten Kapitel 3, § 5.

145) Nur als einzelne Kapitel fragmentarisch überlieferte Stücke enthalten manchmal eine Erwähnung von Missi. Vgl. z. B. MGH Capit. 1 Nr. 104, 105, 130; Mordek Nr. 25.

dat des Herrschers definiert werden.[146] Diese Rundschreiben konnten direkt an die Adressaten durch einfache Boten zugestellt werden. Die Vermittlung durch die administrativen Missi dominici war nicht unbedingt nötig. Aber sonstige in Kapitel zusammengestellte Anweisungen und Normen mussten wahrscheinlich auch durch Vermittler verbreitet werden, wenn sie verbreitet werden sollten. Hier ist zu überlegen, was für einen Unterschied es bei diesen zwei Methoden herrscherlicher Anordnungen – entweder durch die einfachen Boten oder die Missi dominici – gab, besonders unter dem Gesichtspunkt der pragmatischen Reichsregierung. Eben die Überlieferung der Rundschreiben zeigt uns, dass die karolingischen Herrscher ihre Anordnungen auch ohne die Vermittlung der administrativen Missi verbreiten konnten. Wenn sie allerdings eine bessere Durchsetzung der Anordnungen und deren Kontrolle erwarteten, dann war es wahrscheinlich besser, dass die Vermittler mit Befugnissen als Durchsetzender und Kontrolleure ausgestattet wurden. Darin lag einer der Vorteile, die die Verbindung vom Missats- und dem Kapitularienwesen bot.

Außerdem muss überlegt werden, ob ein Unterschied besteht zwischen der Vermittlung der Kapitularien durch Missi und durch andere Würdenträger. Die Capitula per episcopos et comites nota facienda, welche die Forschung als Beispiel für die Bekanntmachung von Maßnahmen durch Grafen und Bischöfe angeführt hat, sind jedoch anders zu betrachten. Zum einen: Im Proömium befiehlt der Herrscher den Bischöfen, Äbten und Grafen zwar, dieses Kapitular bekannt zu machen, aber es ist nicht zu übersehen, dass ihre Amtsbezirke als *infra eorum parrochias et missaticos seu ministeria* bezeichnet werden. So kann auch die Verbreitung dieses Kapitulars im Zusammenhang mit dem Missatswesen, wenigstens durch die Äbte, die als solche keine eigentliche Amtsbezirke hatten, betrachtet werden. Zum anderen gab es zu diesem Zeitpunkt einen Feldzug und viele Große waren deswegen unterwegs und standen nicht für die übliche regionale Verwaltung zur Verfügung. Dass auch die Großen, die üblicherweise als Missi dominici in den Regionen tätig waren, aufgeboten wurden, ist nicht auszuschließen. So kann man die hier klar geforderte Bekanntmachung des

146) Rundschreiben, Brief, Mandat, privilegartiges Mandat o. ä. vgl. z. B. MGH Capit. 1 Nr. 29, 58, 75, 76, 103, 122, 124, 125, 132, 133, 185A und B. Nr. 30 (Epistola generalis) ist kein Rundschreiben. Dazu GLATTHAAR, Epistola generalis.

Kapitulars durch Bischöfe, Äbte und Grafen zumindest für die Zeit Karls des Großen als Sonderfall ansehen[147].

Die Annahme, dass die Anzahl der überlieferten Textstücke nicht signifikant von der Anzahl der in der Karolingerzeit tatsächlich ausgestellten Dokumente im Bereich der Kapitularien abweicht, ist nicht zutreffend[148]. Dennoch darf angesichts der eben gemachten Beobachtungen vorläufig festgehalten werden, dass der große Teil der Kapitularien (nämlich jener, der für einen größeren Verbreitungskreis konzipiert worden war) mit dem Missatswesen in Zusammenhang stand, aber diese bloße Feststellung scheint mir noch nicht auszureichen. Im Folgenden ist anhand einer Chronologie zu erklären, wie die Missi während ihrer Legationsreise verschiedene Dokumente behandelten.

iv) Dossiers der Missi und ihre Legationsreise

Obwohl die Datierung eines einzelnen Kapitulars ohne Protokoll und Eschatokoll keineswegs absolut sicher ist, kann man dank der bisherigen Forschung viele Kapitularien mehr oder weniger präzise auf ein Jahr datieren[149]. Auf dieser Grundlage können, wie Ganshof in seinem Kapitularienhandbuch nachweist, einige gleichzeitig ausgestellte Kapitularien einer Gruppe zugeordnet werden, indem in einem Dokument manchmal ein anderes erwähnt wird, oder es, ohne konkreten Hinweis auf ein anderes Schriftstück, einem anderen inhaltlich nahesteht[150]. Hier ist weniger die Frage wichtig, ob und inwieweit ein einzelnes Dokument als Kapitular klassifiziert werden kann oder nicht. Wichtig ist vielmehr die Tatsache, dass ein Missus/mehrere Missi auf seiner/ihrer Legationsreise verschiedene Dokumente mit sich führte(n) und brauchte(n), um den herrscherlichen Willen durch-

---

147) MGH Capit. 1 Nr. 54 S. 141, bes. Proömium: *Capitula quae volumus, ut episcopi, abbates et comites qui modo ad casam redeunt per singula loca eorum nota faciant et observare studeant, tam infra eorum parrochias et missaticos seu ministeria eorum convicinantium qui in exercitu simul cum equivoco nostro perrexerunt.*

148) Vgl. BOUGARD, La justice S. 22.

149) Für die aktuellste Kapitularienliste mit Datierungen siehe den Kapitularienindex von MORDEK, Bibliotheca S. 1079–1111.

150) GANSHOF, Was waren die Kapitularien? S. 84–86; PÖSSEL, Authors and recipients S. 259–265.

zusetzen[151]. Wenn man aber die Arbeitsweise der Missi mit Doku-

151) Da hier hauptsächlich die Bekanntmachung der Kapitularien behandelt wird, wird eine Analyse der Kapitulariensammlungen nicht versucht. DEPREUX, Charlemagne et les capitulaires S. 22 f., vertritt auch die Auffassung, dass die Verbreitung der Kapitularien unabhängig von ihrer Zusammenfassung in Codices gesichert wurde. Ich begnüge mich hier mit einer kurzen Bemerkung: Es ist möglich, die Herstellung einer Kapitularien- oder Rechtssammlung mit der Tätigkeit eines Missus zusammenzubringen. Vgl. z. B. MCKITTERICK, Charlemagne's missi; DEPREUX, Charlemagne et les capitulaires; ESDERS, Deux *libri legum* S. 82 f. Als Beispiel ist eine Sammlung in der Handschrift der Bibliothek der Rijksuniversiteit zu Leiden (Leiden Voss. Lat. Q. 119) zu nennen, deren Urheber von der Forschung mit einem aquitanischen Missus identifiziert wurde. Vgl. z. B. MORDEK, Bibliotheca S. 210; GRAVEL, Du rôle des *missi*; GRAVEL, Distance S. 297–300. Es wird allerdings nicht klar, ob ein *Adelardus*, dessen Name am unteren Rand auf fol. 139v neben dem Duplex capitulare missorum von 789 notiert wird, Adalhard von Corbie ist und ob diese Sammlung mit seinem missatischen Tätigkeit zusammenhängt. Vgl. MORDEK, Bibliotheca S. 216 (Zitat der Notiz: *De despensa Adelardi de tritico que sui homines receperunt*); Admonitio generalis S. 66; DAVIS, Inventing the *missi* S. 22 Anm. 52. Es ist jedoch nur schwer zu entscheiden, ob eine Kapitulariensammlung auf Initiative eines Missus, eines Bischofs o. ä. entstand. (Zu den bischöflichen Kapitulariensammlungen vgl. BÜHLER, Capitularia Relecta S. 432–439.) Nur ein Beispiel dafür sei hier angeführt: Obwohl McKitterick auch die Kapitulariensammlung des Bischofs Ghaerbald von Lüttich mit seiner Aktivität als Missus verbindet (MCKITTERICK, Charlemagne S. 218 u. 264 f.; MCKITTERICK, Charlemagne's missi S. 263 f. Vgl. auch DEPREUX, Charlemagne et les capitulaires S. 31), scheint er um die Entstehungszeit dieser Sammlung nicht Missus gewesen zu sein. Zum einen wäre es ungewöhnlich, dass ein Bischof – von einer Gesandtschaft und einem einmaligen herrscherlichen Auftrag abgesehen – in einer Gegend außerhalb seines Bistums ein mit dem Kapitularienwesen verbundener Missus gewesen sein soll, während andere als Missi für sein Bistum zuständig waren. Zum anderen gibt es keine Textstelle in den Quellen, die Ghaerbald als Missus dominicus beschreibt. In diesem Zusammenhang ist auch die Kapitulariensammlung von Ansegis, des Abts von Fontenelle, zu erwähnen. Der *liber legiloquus* von Ansegis erfuhr nach seiner Entstehung rasche Rezeption, enorme Verbreitung und allgemeine Anerkennung als *liber capitulorum*. Wenn man die Anzahl der überlieferten und verlorengegangenen Ansegis-Handschriften – d. h. insgesamt über 120 – in Betracht zieht, darf man mit Schmitz vermuten, dass nahezu jede bessere Bibliothek im Frankenreich – gegebenenfalls auch einzelne Personen – eine Kopie der Ansegis-Sammlung besaß (Ansegis, Einleitung S. 2 mit Anm. 5). Dass Hinkmar von Reims zum Beispiel eine Ansegis-Handschrift, Berlin Phill. 1762, beim Verfassen einiger Werke verwendete, ist nachweisbar (ebd. S. 320–330. Zur Handschrift vgl. ebd. S. 83–85; MORDEK, Bibliotheca S. 58–69). Aber es ist frag-

menten bei der weiträumigen Bekanntmachung und Durchsetzung des Herrscherwillens aufzeigen will, ist es nicht genug, nur „the logic behind a group of capitularies issued together“[152] in Betracht zu ziehen: Manchmal können einige chronologisch aufeinanderfolgende Kapitularien angesichts langfristiger missatischer Legationen miteinander zusammenhängen, wie unten gezeigt wird[153].

---

würdig, ob er bei seiner missatischen Tätigkeit, besonders auf der Legationsreise, tatsächlich diese Kapitulariensammlung (mit dem Codex Den Haag 10 D 2, der die Kapitularien Karls des Kahlen bis 856 enthält) benutzt hat. Diese Frage lässt sich auch auf andere Missi übertragen. In der vorliegenden Untersuchung kann die Kodifizierung der Kapitularien in den Sammelhandschriften fast außer Acht bleiben, denn dabei dürfte eine andere Denkform gewirkt haben; im Vergleich dazu konnten die Missi mehrere Pergamentblätter (*diversae membranulae*) mit sich führen – so hat es Ansegis bei seiner Suche nach Herrscherkapitularien am Hof und anderswo gesehen (Ansegis, Praefatio S. 432). Zu fragen ist bei solchen Sammlungen zum Beispiel nach: Kriterien für die Auswahl der zu kodifizierenden Textstücke; Kriterien für die Auswahl einzelner Sätze aus einem Dokument; Kriterien für die Zusammenstellung (Durchnummerierung) von mehreren Kapitularien, die die geschlossene Einheit einzelner Kapitularien nicht beachten, wie bei Ansegis. Es stellt sich die Frage, warum die Zeitgenossen solche Sammlungen überhaupt kodifizierten. Historiker wie Wilfried Hartmann sind z. B. sehr vorsichtig damit, einer spät entstandenen Kapitulariensammlung eine praktische Bedeutung beizumessen („... daß die Kapitularien und die Kapitulariensammlungen nach dem Ende des 9. Jahrhunderts eine praktische Bedeutung besessen hätten, ist nicht nachweisbar.“ HARTMANN, Karl der Große und das Recht S. 191). Zu diesem Thema wäre eine umfassende Untersuchung außerhalb des Rahmens dieser Studie notwendig. Eine derartige Untersuchung könnte auch zum Verständnis des frühmittelalterlichen Rechtsbewusstseins, der zeitgenössischen Vorstellung von Normen/Rechts oder des frühmittelalterlichen Geschichtsbewusstseins beitragen, zumal wir keine „originalen“ Einzelstücke der auf losen Pergamentblättern geschriebenen Kapitularien haben, sondern nur ihre Abschriften in Codices, die auf der Seiten der Empfänger im weiteren Sinn entstanden (PATZOLD, Integration durch Kommunikation S. 206 f.). Aus der bisherigen Forschung seien hier nur die folgenden Werke angeführt: THEUERKAUF, Rechtsaufzeichnung; BÜHLER, Capitularia Relecta; MORDEK, Bibliotheca; KOAL, Studien zur Nachwirkung; MCKITTERICK, History, law and communication; PATZOLD, Normen im Buch; TSUDA, Was hat Ansegis gesammelt?; DEPREUX, Charlemagne et les capitulaires.

152) PÖSSEL, Authors and recipients S. 254.

153) Zu einer Zusammenstellung von *capitula* und Kapitellisten für bestimmte Missi vgl. zuletzt auch DEPREUX, Gesandteninstruktion S. 57 f.

Bevor dazu nun einige Beispiele aufgeführt werden, ist noch eine Vorbemerkung nötig. Zwar wissen wir, dass die Missi, die gleichzeitig tätig waren, nicht immer dasselbe Dossier zur Hand hatten. Dies zeigt eine Bestimmung in den Capitula per missos cognita facienda Karls des Großen (805–813): Dort heißt es, „dass jeder Missus, der dieses Kapitular in Händen hält, dieses Schriftstück an die anderen Missi, die es nicht vorliegen haben, weitergeben soll, damit es keine Ausrede für ihre Unkenntnis davon geben kann“[154]. Aber diese Reaktion auf „Missi ohne Dokument“ weist auch auf die Erwartungen des Herrschers hin, dass grundsätzlich alle Missi auf einer gleichen schriftlichen Arbeitsgrundlage ihre Legation ausführen sollten. Obwohl aufgrund der Quellen- und Überlieferungslage keineswegs eine sichere Aussage darüber möglich ist, wie weit die Verteilung solcher Dokumente unter den Missi *realiter* verwirklicht werden konnte, kann davon ausgegangen werden, dass die Mehrzahl der Missi bei einer Legationsrunde – von spezifisch regionalen Dokumenten (z. B. für Aquitanien) abgesehen – ähnliche Dossiers[155] mit sich führten.

Hier die Beispiele für missatische Dossiers[156]:

Die Zeit des Karls des Großen

789

In diesem Jahr der ersten großen Reform Karls des Großen – besonders im Bereich des Rechts[157] – waren die Missi mit der Admonitio

154) MGH Capit. 1 Nr. 67 c. 6 S. 157: *Quicumque ista capitula habet, ad alios missos ea transmittat qui non habent, ut nulla excusatio de ignorantia fiat*. Vgl. auch Collectio sancti Dionysii Nr. 24, in: MGH Form. S. 509 f.

155) Ich spreche hier bewusst von einem „ähnlichen“ Dossier, denn der Wortlaut eines Kapitulars und die in einem Kapitular zusammengestellte Kapitelreihe müssen nicht unbedingt einheitlich gewesen sein.

156) Zum einfacheren Überblick nenne ich hier jedes Kapitular mit seiner Nummer in der Boretius-Krause-Edition, gegebenenfalls mit dem von den Herausgebern gegebenen Titel. Dies bedeutet jedoch nicht, dass ich dem bei ihrer Namensgebung zugrunde gelegten Klassifizierungsprinzip folge. Die in dieser Ausgabe nicht enthaltenen Stücke und Neuentdeckungen werden mit den Nummern aus MORDEK, Bibliotheca, Anhang I, gekennzeichnet. Zudem werden hier nicht alle Dokumente aufgelistet, welche den Missi übergeben wurden. Die Dokumente, die nicht exakt datierbar sind, werden an anderer Stelle behandelt.

157) Vgl. UBL, Die erste *Leges*-Reform.

generalis (Nr. 22) und dem Duplex capitulare missorum (Nr. 23) unterwegs[158]. Nr. 23 ist, mit Ausnahme des Codex Vesoul 79, der nur das Kapitel 19 dieses Kapitulars enthält, immer mit Nr. 22 überliefert[159]. Anzumerken ist, dass der Text von Nr. 22 selbst nicht an die Missi, sondern an die Bischöfe gerichtet ist und dass außer im Proömium die Missi nicht erwähnt sind. Also waren die Missi bei Nr. 22 in erster Linie Übermittler dieses Dokuments. Im Vergleich zu Nr. 22 sind die Kapitel von Nr. 23 zumeist stichwortartig verfasst, was zu der Vermutung führen darf, dass den Missi vor ihrer Legationsreise eine vollständige Instruktion, wahrscheinlich mündlich, gegeben wurde.

Michael Glatthaar hat die Texte der beiden Kapitularien vergleichend analysiert und ist zu der Ansicht gekommen, dass es im Jahr 789 zwei missatische Legationen gab. Das 30. Kapitel von Nr. 23 gilt Glatthaar zufolge als eine tatsächliche Lockerung der rigiden Geschäftsverbots des 23. Kapitels von Nr. 22. Die Missi wurden also zunächst mit Nr. 22 ins Reich geschickt und stießen während der Durchsetzung von Nr. 22 zusammen mit den örtlichen Bischöfen auf Kritik daran. Aufgrund der Berichte der Missi gab es eine Beratung am Hof, deren Ergebnisse wiederum als Kapitellisten formuliert wurden. Die Missi von 789 brachten erst bei der zweiten Legationsreise Nr. 23 in die Regionen mit[160].

Außerdem sind in diesem Kontext das Breviarium missorum Aquitanicum (Nr. 24) und das Capitulare missorum (Nr. 25)[161] zu beachten, denn diese Kapitularien enthalten wie das Duplex capitulare missorum eine Anordnung zur Abnahme des Treueids[162]. Nr. 24 und

158) Zur von Boretius falsch als Protokoll von Nr. 23 gedeuteten Datierungszeile der Admonitio und der besseren Bezeichnung von Nr. 23 „Duplex capitulare missorum" vgl. BUCK, Admonitio S. 76–78.

159) Vgl. MORDEK, Bibliotheca S. 1082 (Register).

160) Admonitio generalis, Einleitung S. 15 f. Die Argumentation anhand von Quellen aus der späteren Regierungszeit Karls scheint m. E. nicht überzeugend. Es ist für das Jahr 789 nicht ohne weiteres vorstellbar, dass Missi alle drei Monate zu einer Legation ausgeschickt werden sollten/konnten, wie es das Kapitular von 811 bestimmt. MGH Capit. 1 Nr. 80 c. 8 S. 177; Admonitio generalis, Einleitung S. 16 mit Anm. 78. Glatthaar argumentiert ähnlich für die chronologische Rekonstruktion der Legation von 805/806. GLATTHAAR, Die drei Fassungen S. 471.

161) Zur Datierung dieses Kapitulars Nr. 25 auf 789 vgl. BECHER, Eid S. 79–82.

162) MGH Capit. 1 Nr. 24, Proömium S. 65; ebd. Nr. 25, Überschrift, cc. 1, 2 und 4 S. 66 f. MORDEK, Zweites Kapitular von Herstal S. 43 f. Anm. 186. schreibt

Nr. 25 sind jeweils nur in einer Handschrift überliefert, aber jeweils zusammen mit Nr. 22 und 23: Nr. 24 ist in Leiden Voss. Lat. Q. 119, Nr. 25 ist in Paris Lat. 4613 enthalten[163]. Da die beiden Handschriften einen regionalen Bezug haben (der Leidener Codex zu Aquitanien, der Pariser Codex zu Italien), könnten diese Kapitularien die je nach den regionalen Umständen zusätzlich angefertigten Dokumente sein, die dem allgemeinen missatischen Dossier beigefügt wurden. Bei Nr. 24 ist dieser regional beschränkte Charakter aufgrund seiner Überschrift[164] klar. Eine Begründung für den italienischen Kontext von Nr. 25 ist außer der Herkunft des Codex die Reihenfolge der Kapitularien im Codex: Nr. 25 steht, getrennt von Nr. 22 und 23, in einer Reihe mit den italienischen Kapitularien Karls des Großen und Pippins von Italien[165], aber im Fall von Nr. 25 gibt es noch eine andere Möglichkeit, denn der Pariser Codex Lat. 4613 enthält neben Nr. 25 als Unikat auch Nr. 33, jenes bisher als „programmatisches Kapitular“ angesehene Dokument von 802, welches aber nach Patzold mehrere Kapitelreihen darstellt, die in verschiedenen Phasen der Beratung von 802 entstanden. Wenn die in diesen wichtigen Kapitellisten genannten Normen nicht nur in Italien, sondern im ganzen Reich gültig waren oder sein sollten, hätte auch Nr. 25 eine allgemeine Gültigkeit in Karls Reich besitzen können[166]. Auch wenn Nr. 25 nicht nur regional beschränkt gültig war, dürfte es nicht undenkbar sein, dass das Dokument nicht allen Missi bei der Legation von 789 ausgehändigt wurde, denn die Texte der anderen Unikate im Codex Paris Lat. 4613, nämlich Nr. 33 und Nr. 96 (Capitula cum Italiae episco-

---

diese vier Kapitularien auch der großen Gesetzgebungswelle von 789 zu. Martin Gravel dagegen datiert Nr. 24 auf ein Jahr zwischen 786–788. Gravel, Du rôle des *missi* S. 70 f.

163) Mordek, Bibliotheca S. 215 und 472.

164) *INCIP. BREUIARIUM DE ILLA CAP. QUE DOMNUS REX IN EQUITANIA MANCIONE <E>T EUGERIO MISSIS SUIS EXPLERE SACRAMENTUM FIDELITATI EI NRAE* (mit Kürzungshäckchen über A). Mordek, Bibliotheca S. 215. Wenn der Wortlaut dieser Überschrift zuverlässig ist, könnte es ursprünglich eine eigene *capitula* gegeben haben. Denn in den teils nur stichwortartig verfassten Kapiteln findet sich nichts über ein *sacramentum fidelitati(s)*, welches Nr. 23 c. 18 erwähnt.

165) Waitz, Verfassungsgeschichte 3 S. 447, scheint dieses Kapitular als Fassung für Italien anzusehen.

166) Dazu vgl. Mordek, Die Anfänge S. 14 f. Zu den Dokumenten von 802, siehe unten das Lemma 801/802–803.

pis deliberata)[167], scheinen auch nicht „wie sie waren“ systematisch zur weiteren Verbreitung ausgegeben worden zu sein[168]. Hätten die

---

167) MORDEK, Bibliotheca S. 469–476.

168) Zu Nr. 33 siehe unten. Bei Nr. 96 sind von sechs Kapiteln cc. 5 und 6 zu zitieren. MGH Capit. 1 Nr. 96 c. 5 S. 202: *Et hoc etiam scribimus, ut cunctis diligentes inquirat: ut si est homo uxorem habens, et supra ipsa cum alia adulterans et concubinam habuerint, a tali igitur inlicita perpetratione faciat eos cum omni sollicitudine separari*; ebd. c. 6 S. 203: *Sic placuit domni regi, ut qui as nefandas criminas emendare de terminibus sibi commissis, ut diximus, emendare neglexerit, ut in sacro palatio widrigildum suum componat.* Der Verfasser dieses Dokuments zeichnet also gewissermaßen protokollhaft das Ergebnis einer Beratung mit dem König, wahrscheinlich Pippin von Italien, auf. (Gegen diese Auffassung zählt Michael Glatthaar neuerdings diese Kapitelliste zu den „italienischen Regentschaftskapitularien“. GLATTHAAR, Subjektiver und indirekter Stil S. 16–18 mit Anm. 75.) Als anderes Beispiel für ein in Kapitel gegliederte protokollhafte Aufzeichnung ist das Frankfurter „Kapitular“ (Nr. 28) zu erwähnen. Dieses Dokument berichtet teils ausführlich, teils knapp über die Ergebnisse der Verhandlungen. Da das 3. Kapitel Tassilos endgültigen Verzicht auf die Herrschaft in Bayern und die Erbrechte seiner Nachkommen fordert und außerdem bestimmt, dass drei Urkunden auf der Grundlage dieses Kapitels verfasst und jeweils archiviert werden sollen, scheint es mir denkbar, dass dieses überlieferte Dokument aus der Frankfurter Synode mit seinem protokollhaften Charakter noch nicht als „Endprodukt“ der Versammlung angesehen und in dieser Form nicht sofort systematisch verbreitet wurde. MGH Capit. 1 Nr. 28 c. 3 S. 74 = MGH Conc. 2,1 Nr. 19 G c. 3 S. 165 f. In der Tat scheinen die Frankfurter Beschlüsse von 794 — deren endgültige Fassung kennen wir nicht — erst einige Jahre später in den Regionen bekannt gemacht und zur Diskussion und Durchführung gestellt worden zu sein: 796/797 in Cividale und 799/800 in Bayern, obwohl Patriarch Paulinus von Aquileia und die bayerischen Bischöfe an dieser Synode teilnahmen. Ann. Maxim. a. 794 S. 22. Vgl. dazu HARTMANN, Die Synoden S. 117–119 und 141–148. Interessant sind die folgenden Worte in Arns Einladungsschreiben zur Synode: *et si illa capitula, quae in illa synodo in Francia gesta fuerunt, scripta habeatis, vobiscum deferte.* MGH Conc. 2,1 Nr. 22 A S. 196 (Zur Zugehörigkeit dieses Schreibens vgl. HARTMANN, ebd. S. 142; FREUND, Bayerns Bischöfe S. 229 mit Anm. 325). Die zur Diskussion zu stellenden Texte (hier die Beschlüsse einer Synode in der Francia) waren also noch nicht systematisch verbreitet worden. Diesem Mangel scheint die Übersendung synodaler Akten von Aachen und Frankfurt durch Sintpert, Bischof von Neuburg/Augsburg, nach der betreffenden bayerischen Synode zu entsprechen. WERMINGHOFF, Zu den bayrischen Synoden S. 43. Dazu vgl. auch MORDEK Nr. 6 (*Karoli regis capitula ad Arnonem archiepiscopum Salisburgensem directa*) S. 974 f. Siehe SINTPERT* (II) in der Prosopographie. Zur geringen Überlieferungschance eines Textes als „Zwischenstand der Beratungen“, der nicht „vom Hof aus sys-

Missi mit Nr. 22 und 23, deren weite Verbreitung und Überlieferung erkennbar sind, auch Nr. 25 mitbringen und verbreiten sollen, wäre die knappe Überlieferung von Nr. 25 als Unikum sehr unnatürlich. Folgt man der Überschrift zu diesem Stück im Pariser Codex, so wies der König (oder sein Sprecher am Hof, weil Karl in der dritten Person Singular erwähnt wird,) mit den einzelnen Kapiteln von Nr. 25 seine Missi an, wie sie den Treueid abnehmen sollten[169]. Also dürfte dieses Dokument vom König hauptsächlich dazu benutzt worden sein, mündlich seine Missi zu instruieren, wie auch Nr. 187 (Capitula de missis instruendis) unter Ludwig dem Frommen[170]. Auch die relativ dichte gemeinsame Überlieferung von Nr. 22 und 23 außerhalb von Paris Lat. 4613 dürfte darauf hinweisen – und sogar innerhalb dieses Codex sind das Paar von Nr. 22 und 23 einerseits und Nr. 25 andererseits getrennt aufgezeichnet[171].

Die Missi führten nicht nur die neu für diese Legation ausgestellten Dokumente mit sich. Die Missi in Aquitanien, Mancio und Eugerius, brachten höchst wahrscheinlich außer den Kapitularien Nr. 22, 23 und 24 auch die Texte früherer Kapitularien mit – darunter sicher auch den des aquitanischen Kapitulars Pippins des Jüngeren, das Karl der Große bei seinem Regierungsantritt erneut verkündete (Nr. 18), und wahrscheinlich den des Capitulare Haristallense von 779 (Nr. 20), weil die Missi bei dieser aquitanischen Legation von 789 prüfen mussten, wie die in den früheren Erlassen bestimmten Vorschriften beachtet worden sind[172]. Ob ihre missatischen Kollegen für die an-

---

tematisch bekanntgemacht werden" sollte, vgl. PATZOLD, Veränderung S. 91 Anm. 111 (mit Beispielen von Nr. 134, 135 und 142. Zu Nr. 134 und 135 vgl. DEPREUX, Zur Nützlichkeit S. 89–95). Zum Charakter der Frankfurter Kapitelliste vgl. auch PÖSSEL, Authors and recipients S. 256 mit Anm. 23; PATZOLD, Normen im Buch S. 340 Anm. 46.

169) MGH Capit. 1 Nr. 25 S. 66: *De singulis capitulis quibus domnus rex missis suis praecepit, quomodo illa sacramenta debeant audire et facere.*

170) Zu diesem Dokument siehe unten. GLATTHAAR, Subjektiver und indirekter Stil S. 22 f. versucht, den Autor von Nr. 25 und Sprecher Karls des Großen mit Adalhard von Corbie zu identifizieren.

171) MORDEK, Bibliotheca S. 472 f. und 1082 f.

172) MGH Capit. 1 Nr. 24 c. 1 S. 65: *De illo edicto quod domnus et genitor noster Pippinus instituit et nos in postmodum pro nostros missos conservare et implere iussimus vel de nostros edictos, quomodo fuerunt custoditi.* Die cc. 2–10 entsprechen neun der insgesamt 12 Kapitel von Nr. 18, die cc. 13–18 (danach Pergamentverlust) sechs der insgesamt 23 Kapitel von Nr. 20. Viele Kapitel von Nr. 24 sind nur

deren Regionen auch ein (oder mehrere) früheres Erlasse mitbringen mussten, bleibt allerdings offen.

801/802–803

Vom Winter 801 bis zum Frühsommer 803 weilte Karl der Große in seiner Aachener Pfalz[173]. Aus dieser Zeit sind viele Dokumente überliefert, obwohl manche weder genau datierbar noch als eine bestimmte Textgattung klassifizierbar sind[174]. Außerdem ist auch nicht un-

stichwortartig und/oder ohne Erläuterung der notwendigen Massnahmen (cc. 6, 7, 9–13, 15–18) formuliert worden. Hierzu vgl. zuletzt auch DEPREUX, Gesandteninstruktion S. 58.

173) GANSHOF, Aachener Pfalz gibt einen Überblick über Karls diplomatische, administrative und gesetzgeberische Tätigkeit dieser Zeit.

174) Zu dieser Schwierigkeit vgl. BUCK, „Capitularia imperatoria" S. 5–7. SEMMLER, Reichsidee S. 37 Anm. 3 führt Nr. 33–42, 57, 59, 68, 69, 77, 120 und 121 als „die wichtigsten Quellen der Kaisergesetzgebung" an. INNES, Charlemagne, justice and written law S. 186–192, führt die folgenden Texte als „capitulary texts connected with the 'reforms' of 802" an: Nr. 33–41, 59, 77, 86, 116, und einen Brief in: POKORNY, Eine Brief-Instruktion. Ich datiere Nr. 35 (trotz der erneuten Datierung auf 802 durch Semmler, Patzold und Innes) mit Eckhardt auf 806. Siehe unten das Lemma zu 805–806. Obwohl die Zuschreibung von Nr. 36 (Capitula a sacerdotibus proposita) als ein „Bischofskapitular" an Ghaerbald von Lüttich (vgl. ECKHARDT, Die Kapitulariensammlung S. 54–59; MGH Cap. episc. 1 S. 3 f.) nicht unumstritten ist und Pokorny (MGH Cap. episc. 4 S. 93–96) erneut den Charakter dieser Kapitelliste als Beratungsergebnis der Geistlichen betont, bleibt es unsicher, welcher Versammlung um 800 dieses Dokument zugeschrieben werden sollte. Vgl. auch HARTMANN, Die Synoden S. 123; BUCK, Admonitio S. 343–345. Nr. 37 wird zwar der Aachener Synode vom Oktober 802 zugeordnet, aber der Text stellt kein Endprodukt der Verhandlung, sondern eine Tagesordnung oder dem Kaiser gemachte Vorschläge der Geistlichen dar. Vgl. dazu BUCK, Admonitio S. 345–348 mit der dort angeführten älteren Literatur. Nr. 57 ist nur schwer auf ein bestimmtes Jahr zwischen 802 und 813 datierbar. Nr. 120 wird nun als Bischofskapitular charakterisiert, „dessen Entstehung vielleicht am wahrscheinlichsten etwa im dritten Viertel des 9. Jahrhunderts in Nordfrankreich, am ehesten noch in der Reimser Kirchenprovinz, anzusetzen ist". MGH Capit. episc. 3 S. 93–96. Vgl. auch BUCK, Admonitio S. 368–372 mit der dort angeführten älteren Literatur. Nach Buck könnte man „mit einigem Vorbehalt" auch Nr. 60 ins Jahr 802 datieren, aber Karls Forderung in c. 4 an die Missi, die Wirksamkeit bisheriger Kapitularien zu prüfen, ist, wie Buck erkannt hat, ein Merkmal seiner späteren Regierungszeit und der Satz: *ea quae a multis iam annis per capitularios nostros in toto regno nostro mandavimus* setzt einen langjährigen Regierungsbrauch des Kapitularienwesens voraus. BUCK, Admonitio S. 355–358. Deshalb scheint es mir

umstritten, wie viele Versammlungen in diesem Zeitraum stattfanden, und wann[175]. Nach der Quellenlage ist es nun zwar unmöglich, eine endgültige Antwort auf diese Fragen zu geben, doch soll im Rahmen dieser Untersuchung eine möglichst exakte Rekonstruktion der chronologischen Reihenfolge der missatischen Legationen und der damit verbundenen Ausstellung der Dokumente erfolgen.

Nach seiner Kaiserkrönung in Rom hatte Karl schon während seines Aufenthalts in Italien ein innenpolitisches Reformprogramm in Angriff genommen. Das italische Kapitular (Nr. 98) ist 801 zur Verbesserung, Ergänzung und teilweise Frankisierung der langobardischen Leges und Edikte erlassen worden und gilt als Wegbereiter der cisalpinen Leges-Reform (und Aufzeichnung) von 802–803[176]. Aber über den Verlauf dieser innenpolitischen Reform nach seiner Rückkehr nach Aachen im Spätsommer/Herbst 801[177] sind die Informationen in den Annalen nicht einheitlich. Festzuhalten ist, dass Karl vor der Leges-Reform seine Missi in verschiedene Regionen des Reiches sandte. Unklar ist allerdings, ob diese Aussendung der Missi schon 801 oder erst 802 realisiert wurde. Während den Annales Guelferbytani zufolge Karls Abhaltung einer Versammlung in Aachen und die Aussendung der Missi direkt nach seiner Heimkehr 801 erfolgten[178], berichten die Lorscher Annalen von der Aussendung der

---

ungeeignet, diese Instruktion für die Missi im Kontext der Legation von 802–803 zu behandeln.

175) Vgl. Überlegungen und Datierungsversuche von MÜLLENHOFF und SCHERER (Hrsgg.), Denkmäler S. 506–508; HEFELE, Conciliengeschichte 3 S. 741–746; WAITZ, Verfassungsgeschichte 3 S. 331–333; ABEL/SIMSON 2 S. 270–280; WERMINGHOFF, Verzeichnis 742–843 S. 476–478; BM² 376a, 380c und 390a; HARTMANN, Die Synoden S. 123–126; MORDEK und GLATTHAAR, Von Wahrsagerinnen S. 58 f. mit Anm. 91; Synoden in Aachen 801/02, in: DEUTINGER, Concilia S. 4 (jetzt in: Rep. Geschichtsquellen).

176) Im Proömium dieses Kapitulars erklärt Karl, basierend auf seiner Erfahrung in Italien seit seiner Ankunft im Jahr 800, die langobardischen Leges verbessern zu wollen. MGH Capit. 1 Nr. 98 S. 204. Nicht zu übersehen ist, dass Karl nur das langobardische Recht verbesserte und bei dieser Rechtsveränderung das römische Recht (*Romana lex*) nicht berührte. Ebd. S. 204 f. Dazu mehr unten. Zu diesem Kapitular als „il primo *capitulare legibus additum*" und seinem Verhältnis zur Rechtsreform von 802–803 vgl. MANACORDA, Ricerche S. 94–100.

177) BM² 374b, d und e.

178) Ann. Guelf. a. 801 S. 173: *karolus imperator de roma perrexit in francia usque ad aquas et ibi plaidavit et inde transmisit missos suos super omnia regna sua iustitias faciendas et iurare fecerunt omnis liberi ad suam iustitiam.*

Missi als einem Ereignis von 802[179]. Eine Versammlung im Herbst 801 in Aachen wird auch in den Annales Mettenses priores[180] und den Annales Iuvavenses maiores sowie minores erwähnt. Auch wenn die letztgenannten beiden Salzburger Annalen in Wahrheit Auszüge aus den verschollenen Annales Iuvavenses antiqui sind und die Einträge zu 801 und 802 erst etwa zwei Jahrzehnte später abgeschrieben wurden[181], kann man diese Einträge mit der Tätigkeit des Erzbischofs Arn von Salzburg verbinden und deswegen ihrer Aussagekraft mehr oder weniger vertrauen[182]. Arn war im Herbst 801 in Aachen[183]. Wenn er wirklich an der in den Salzburger Annalen in den November 801 datierten Aachener *(prima) synodus examinationis episcoporum et clericorum* teilnahm, können die Capitula de examinandis ecclesiasti-

179) Ann. Laures. emend., a. 802 S. 45: *Eo anno demorauit Cęsar Carolus apud Aquis palatium, quietus cum Francis sine oste. Sed recordatus misericordiae suae de pauperibus, qui in regno suo erant et iusticias suas pleniter abere non poterant. Noluit de infra palatio pauperiores uasos suos transmittere ad iusticias faciendum propter munera, sed elegit in regno suo archiepiscopos et reliquos episcopos et abbates cum ducibus et comitibus, qui iam opus non abebant super innocentes munera accipere; ei ipsos misit per uniuersum regnum suum, ut ecclesiis, uiduis et orfanis et pauberibus et cuncto populo iusticiam facerent.* Vgl. auch Chron. Mois., a. 802 S. 101 f., dessen Bericht von 802 ein Auszug aus den Annales Laureshamenses ist. Der Poeta Saxo beschreibt die Rückkehr aus Italien, die Aussendung der Missi und die Emendation insgesamt unter der Rubrik *Anno DCCCII. Indictione IX.*, aber die Indiktion von 802 war nach Grotefend nicht 9 sondern 10. Poetae Saxonis annalium de gestis Caroli Magni imperatoris. Libri Quinque, in: MGH Poetae 4,1 S. 47: *Italie linquens fines augustus Aquensem / Expetiit sedem mansitque quietus hoc anno. / Perque sui partes regni direxerat omnes / Legatos, aequo legum moderamine mandans / Iusticias facere et varias componere lites, / Reddere ius civile bonis, terrere malignos: / Divinas mundique pias ex ordine leges / Tunc exerceri mandaverat et renovari.*

180) Ann. Met. pri., a. 801 S. 88: *Autumnalique tempore pervenit Aquis palacium et ibi more solito conventum Francorum habuit.*

181) BRESSLAU, Annalistik, bes. S. 10–17 und 35–43. Der Codex Würzburg, Univ. Bibl. M-p.th.f.46, der diese zwei Auszugsversionen der Annales Iuvavenses antiqui enthält, kam nach dem Gutachten von Bernhard Bischoff erst nach 821, aber vor 828 aus St-Amand nach Salzburg, also später als Bresslau dachte. BISCHOFF, Schreibschulen 2 S. 133 f. (Nr. 104).

182) So schon MÜHLBACHER, BM² 376a, auf Müllenhof beruhend. INNES, Charlemagne, justice and written law, S. 159. Dagegen sind allerdings WAITZ und ABEL/SIMSON.

183) Vgl. Alkuins Briefe Nr. 254 (802. 5. 24.), hier S. 410.

cis (Nr. 38), die von Mordek und Pokorny Arn zugeschrieben werden[184], auch auf das Jahr 801 datiert werden. Bei diesen dürfte es sich zwar nicht um ein Herrscherkapitular im engeren Sinn, aber um eine eigene Ausfertigung eines geistlichen Missus zur Durchführung eines Befehls Karls des Großen (seines verlorenen Kapitulars?) handeln[185]. Der allein in den Salzburger Annalen erwähnten *synodus examinationis* und den nur in den aus bayerischen Skriptorien stammenden Handschriften überlieferten Capitula de examinandis ecclesiasticis (Nr. 38) sind also ein bayerischer Kontext und eine nahe Beziehung zu Arn gemein. Die Überlieferung der beiden dürfte vielleicht einem hohen Interesse an und einem Bedürfnis nach einer guten Ausbildung der Geistlichen in Bayern am Anfang des 9. Jahrhunderts zu verdanken sein[186]. Darauf, dass Arn schon Ende 801 oder Anfang 802 als Karls Missus in Bayern tätig war, er nämlich als solcher von Aachen nach Bayern „ausgesendet" wurde, weist jedenfalls eine Gerichtsurkunde in den Passauer Traditionen hin. Dieser Urkunde zufolge hielt Arn zusammen mit einem Missatskollegen namens Kisalhard *judex* am 15. Februar 802 eine Gerichtsversammlung in Mattighofen

184) Zur möglichen Verbindung dieses Dokuments mit Arn vgl. MORDEK und GLATTHAAR, Von Wahrsagerinnen S. 48 f. mit Anm. 62; MGH Capit. episc. 3 S. 206 f. mit Anm. 5 und 10.

185) Zu diesem Text vgl. BM² 378; DE CLERCQ, La législation (500–814) S. 224 f.; SEMMLER, Reichsidee S. 64; HARTMANN, Die Synoden S. 125 f. mit Anm. 38; MORDEK und GLATTHAAR, Von Wahrsagerinnen S. 48 f. mit Anm. 62; MGH Capit. episc. 3 S. 206 f.; BUCK, Admonitio S. 350–355. Die von Finsterwalder (FINSTERWALDER, Quellenkritische Untersuchungen S. 423–425) vorgebrachte These, dass dieser Text ein Bischofskapitular sei, ist von der Forschung zurückgewiesen worden.

186) Nr. 38 wurde weiter durch einen bayerischen Bischof für den eigenen Gebrauch exzerpiert, um seine Diözesanpriester zu prüfen. Vgl. Capitula Frisingensia secunda, in: MGH Capit. episc. 3 S. 206–211. Vgl. auch die Interrogationes examinationis (Nr. 116), die wieder nur in einem bayerischen Codex überliefert sind (obwohl das nicht bedeutet, dass die Herkunft dieses Textes in Bayern zu finden sei) und wahrscheinlich als „ein Fragenkatalog recht persönlicher Natur" (Buck) in Zusammenhang mit der hier behandelten Reformbestrebung um 801–803 entstanden sind. Es besteht eine mehr oder weniger starke inhaltliche Parallelität zwischen diesem und den anderen aus dieser Zeit stammenden Texten wie Nr. 34, 38 und 40. Ob dieser Text allerdings von einem Bischof oder einem als Missus tätigen Bischof verfasst wurde, bleibt unklar. DE CLERCQ, La législation (500–814) S. 225 f.; POKORNY, Eine Brief-Instruktion S. 72 Anm. 66; MGH Capit. episc. 3 S. 212–215; BUCK, Admonitio S. 360–362, Zitat aus S. 362.

ab, *ad universorum causas examinandas vel recta iuditia terminanda*[187]. Aber zwischen dieser Gerichtsversammlung und der nächsten *ad universorum causas audiendas vel recta iudicia terminanda* abgehaltenen regionalen Versammlung, der Arn wieder vorsaß, vergingen etwa vier Monate. Anzumerken ist, dass seine missatischen Kollegen bei dieser Regensburger Versammlung vom 11. Juni 802 nicht mehr Kisalhard, sondern die Grafen Audulf und Werner, Bischof Adalwin von Regensburg sowie Abt Deotker von Herrieden waren, während Kisalhards Anwesenheit in der Zeugenliste aufgezeichnet ist[188]. Da die nächsten zwei missatischen Inquisitionen in Freising wieder durch Arn und Adalwin durchgeführt wurden[189], scheint mir nicht unmöglich zu sein, dass es ab Frühjahr 802 einen Wechsel bei den Missi oder eine andere Legationsreise gab[190]. Und wahrscheinlich erst bei dieser zweiten missatischen Legation wurde die Treueidabnahme, welche in den unten noch zu erläuternden Dokumenten Nr. 33 und 34 angeordnet wird, durchgeführt, worauf die Gerichtsurkunde vom 4. August hinweist[191].

---

187) Trad. Passau Nr. 54 (Mattighofen, 802. 2. 15.) S. 46: *Dum resedissent misi(!) domni Caroli serenissimi imperatoris in loco qui dicitur Matahgauue Arn videlicet archiepiscopus et Kislehardo iudex ad universorum causas examinandas vel recta iuditia terminanda [...].* Mattighofen war ein *fiscus publicus*, wie die Datierungszeile zeigt. Es gibt noch eine Gerichtsurkunde in diesen Traditionen, in der Arn und Kisalhard mit zwei anderen Personen wieder als Missi agierten: Trad. Passau Nr. 50 (Inzing, 800 – 804. 2. 17. [in der Edition falsch 2. 27.]) S. 43. Reg. Passau S. 17 (Nr. 62) datiert diese Urkunde auf 802. Mir scheint diese Datierung jedoch schwer haltbar zu sein, weil dann die Missi, zumindest Arn und Kisalhard, in knapp zwei Tagen mehr als 200 km hätten reisen müssen. Da Arn wohl im Februar 801 noch in Rom war (Vgl. Alkuins Briefe Nr. 218 [801, nach Apr. 4.] S. 361 f. Vgl. dazu SCHIEFFER, Arn von Salzburg S. 117 f.), ist diese Gerichtsurkunde auch nicht auf 801 zu datieren.

188) Trad. Freising Nr. 183 (Regensburg, 802. 6. 11.) S. 174.

189) Trad. Freising Nr. 184a und b (Freising, 802. 8. 4.) S. 175–177 und Nr. 186 (Freising, 802. 8. 4.) S. 178 f.

190) Vgl. LENDI, Die Murbacher Annalen S. 131, der die Aussendung der Missi ins Jahr 801 datiert und vermutet, ihre Tätigkeit dürfte sich „auch oder sogar hauptsächlich auf 802 erstreckt haben".

191) Trad. Freising Nr. 186 (802. 8. 4.) S. 178 f.: *Tunc praedicti missi dominici Arn archiepiscopus et Adaluuinus episcopus atque Orendil iudex ipsos homines qui hoc testificaverunt in medium vocaverunt et per sacramentum fidelitatis quem domno Karolo magno imperatori ipso praesente anno iuraverunt adtestati sunt eos, ut om-*

Es ist nicht völlig klar, welcher der anderen zwei Versammlungen, die die Annales Iuvavenses maoires in die Jahre 801 und 802 legen[192], diejenige Versammlung von 802 entspricht, die die Annales s. Amandi in Zusammenhang mit dem allgemeinen Treueid erwähnen[193]. Wenn die *alia synodus mense Aprilio* eine Versammlung in Italien im April 801 gewesen sein soll[194], dürfte die *tertia synodus* vom März 802 in den größeren Salzburger Annalen die hier betreffende Versammlung sein. Aber wenn man die *alia synodus* als die zweite Versammlung in den April 802 legen will, wäre es denkbar, dass die *tertia synodus* eigentlich in den März 803 datiert werden sollte, aber vom Abschreiber fälschlich dem Jahr 802 zugeordnet wurde. Die komplizierte Schreibweise im Würzburger Codex dürfte womöglich einen späteren Leser dazu angeregt haben, die Angabe über die *synodus* vom April zu rasieren, um den Text (für ihn) verständlicher zu machen. Die Frühlingsversammlung vom März oder April endete jedenfalls sicher vor dem 24. Mai, weil Alkuins Brief von diesem Datum Arns *legatio* erwähnt, während er den Letzteren ermahnt, bei Gerichtsverhandlungen (hier als *iudicium saeculare* thematisiert) keineswegs Geschenke

nimodis absque ulla fraude vel ingenio ita ut veracissime de ipsa causa scirent ita in palam adnuntiarent. Qui dixerunt: „Scimus, quia ...“

192) Ann. Iuv. maiores, a. 801 S. 736: *Carolus imperator synodum examinationis episcoporum et clericorum fecit in Aquis palatio mense Novembrio et alium mense Aprilio ita* (danach wegen Rasur unlesbar); a. 802 S. 736: *Iterum tertium synodum fecit mense Martio.* Vgl. auch Ann. Iuv. minores, a. 801 S. 737: *Karolus imperator factus est. Primum synodum examinationis fecit in Aquis.*

193) Ann. s. Amandi, a. 802 S. 14: *Carlus imperator ad Aquis palatium concilium habuit, ut ei omnes generaliter fidelitatem jurarent, monachi, canonici, ita et fecerunt.* Zu Arns „Einfluss“ auf diesen Eintrag vgl. INNES, Charlemagne, justice and written law S. 159.

194) So meinten Pertz, Müllenhof und Mühlbacher. Vgl. deren Ergänzungsversuche der rasierten Buchstaben: Annalium Iuvavensium maiorum supplementum, a. 801, in: MGH SS 3, hrsg. v. G. H. PERTZ S. 122: *Carolus imperator synodum examinationis episcoporum et clericorum fecit in Aquis palatio mense Novembrio, alium mense Aprilio Ita[licorum] fact[um est.]*; MÜLLENHOFF und SCHERER (Hrsgg.), Denkmäler S. 507 f. erkennt die Buchstaben *„itāp ... f...*(oder *frat*?)“ und schlägt vor: *... alium mense aprilio ita[lie (italorum? italicum?)] p[apie] f[ecerat]*; Mühlbacher (BM² 376a) hält Müllenhofs Ergänzung für „richtiger“ als Pertz’, aber Karls Anwesenheit in Pavia zu diesem Zeitpunkt hält er für unmöglich. Wenn Karl tatsächlich im April 801 eine Synode einberufen hätte, hätte sie in Italien, wahrscheinlich in Rom oder Umgebung, wo Karl selbst zu dem Zeitpunkt war, stattfinden müsste. Vgl. BM² 371a–c.

anzunehmen und Bestechung zu erlauben[195]. Alkuins Mahnung ent-

195) Alkuins Briefe Nr. 254 (802. 5. 24.) S. 410–412, bes. S. 411: *Vel quid scire valet de iudicio saeculari mea socordia, inter quae numquam fieri volui? [...] De bona siquidem voluntate domni imperatoris valde certus sum, quod omnia ad rectitudinis normam in regno sibi a Deo dato disponi desiderat, sed tantos non habet iustitiae adiutores, quantos etiam subversores, nec tantos praedicatores, quantos praedatores. Quia pluriores sunt qui sua desiderant quam Dei. Tua vero sanctitas a nemine munera suscipiat pro causis; quia optime nostri in lege dictum: „Munera excaecant corda sapientum et subvertunt verba iustorum". Quod malum nimię inter christioanos viget; quia ‚qui propria spernere iubentur, aliena cum iniquitate rapiunt. Hoc vero maxime tua bona providentia prohibeat omnibus, tuae venerandae veritatis legationem spectantibus.* Dass die Ablehnung von *munera* und eine gute Kenntnis der *lex* um einer gerechten Rechtsprechung willen gefordert wurden, taucht hier nicht zum ersten Mal auf, schon früher hatte er per Brief mit Arn über diese Thematik diskutiert. Ebd. Nr. 186 (Ende 799) S. 311–313, bes. S. 312. Vgl. noch frühere Beispiele wie: Cathwulfs Brief an Karl den Großen (um 775), in: MGH Epp. 4, Epistolae variorum Nr. 7 S. 501–505, hier S. 503 (gegen *munera*): *Non per laicos, quod scelus ...* [unlesbar], *sed per spiritales pastores emendare, super omnia Deum timentes, sicut scriptum [est] in lege: „Episcopos, presbiteros, diaconos" et reliqua, comites, centenarios quin[quagena]rios, decanos et rel. munera non accipientes, ut lex Dei destruae[tur] per a ...* [unlesbar] *paecuniae, set tecum omnia disponentes in timore Dei secundum legem; quia non sunt omnes episcopi, qui dicuntur episcopi, sic comites, sic et rel.*; hier S. 504 (über gute Berater und Mitarbeiter des Königs): *Et ex illis [sc. sapientibus, timentibus Deum] elegeris per civitates et monasteria et per omnem regnum tuum leges renovare et iniusta distruere. Et legem scientibus, munera non accipientibus, sed recta disponentibus, [id e]st cum episcopis et comitibus probatis et rel.; ut spinas et tribulas et scandala vitiorum possis [e regn]o tuo extirpare et exercitum christianorum, membra Christi, pie regere.*; MGH Capit. 1 Nr. 22 (Admonitio generalis) c. 63 S. 58: *Omnibus. Ut quibus data est potestas iudicandi iuste iudicent, sicut scriptum est: „iuste iudicate, fili hominum", non in muneribus, „quia munera excecant corda prudentium et subvertunt verba iustorum", non in adolatione, nec in consideratione personae, sicut in deuteronomio dictum est: „quod iustum est iudicate; sive civis sit ille sive peregrinus, nulla sit distantia personarum, quia Dei iudicium est". Primo namque iudici diligenter discenda est lex a sapientibus populo conposita, ne per ignorantiam a via veritatis erret. Et dum ille rectum intellegat iudicium, caveat ne declinet, aut per adolationem aliquorum aut per amorem cuiuslibet amici aut per timorem alicuius potentis aut propter praemium a recto iudicio declinet; et honestum nobis videtur, ut iudices ieiuni causas audiant et discernant.* Vgl. Hannigs Einschätzung von Cathwulfs Brief mit dem Verweis auf S. 503 f.: „Auf der Basis der ‚modernen', christlich-kirchlichen Herrschaftslegitimation skizziert er dort mit dem Programm der ‚missi'-Aussendung zur Realisierung der Kapitulariengesetzgebung auch neue,

spricht genau dem Auswahlkriterium für zuverlässige Missi, welches die Lorscher Annalen erwähnen[196], und das zeigt, dass die Frühlingslegation schon oder gerade begonnen hatte.

Obwohl die Lorscher Annalen bei der Datierung der nächsten Aachener Versammlung im Oktober 802 zur Rechtsreform zuverlässig sind[197], ist allerdings nicht definitiv klar, wie lange sie dauerte, und wann – noch 802 oder erst 803 – die Aufzeichnung der Leges und die Ausstellung der zusammenhängenden Dokumente (Nr. 39–41) abgeschlossen waren. Die Verhandlung und Ausarbeitung dürften lange Zeit gebraucht und nicht innerhalb der Herbstversammlung zu Aachen ihr Ende gefunden haben. Wie einige Inskriptionen von Nr. 39 und Nr. 41 zeigen[198], wurden diese Dokumente erst im Frühling 803 verkündet, wahrscheinlich noch in Aachen, obwohl man es offen lassen muss, ob nur eine lange Versammlung über die Jahreswende hinaus oder zwei Versammlungen, jeweils im Herbst 802 und im Frühjahr 803, in Aachen abgehalten wurde(n)[199].

---

rechtlich moralische Qualifikation für die Mitarbeiter des Herrschers." HANNIG, Pauperiores vassi S. 370 f.; HANNIG, Zur Funktion S. 261 Anm. 19. M. E. schreibt Cathwulf in diesem Brief nichts über das Missatswesen oder das Kapitularienwesen, denn um 775 war weder das Kapitularienwesen noch ein umfangreiches Missatswesen, und selbstverständlich auch nicht die Verbindung dieser zwei Herrschaftsinstrumente in Gang.

196) Ann. Laures. emend., a. 802 S. 45: *Noluit de infra palatio pauperiores uasos suos transmittere ad iusticias faciendum propter munera, sed elegit in regno suo archiepiscopos et reliquos episcopos et abbates cum ducibus et comitibus, qui iam opus non abebant super innocentes munera accipere.*

197) Vgl. HARTMANN, Die Synoden S. 124: „Gut bezeugt ist allein die Synode im Oktober 802, von der die Lorscher Annalen und das Chronicon von Moissac berichten."

198) Zusammengestellt in: MGH Capit. 1 S. 112 und 117. Vgl. besonders die Inskription von Nr. 41 in den Codices Paris Lat. 9654 und Vatikan Pal. Lat. 582: *Hoc fuit datum ad Aquis in tertio anno imperii domni karoli augusti quando synodus ibi magna fuit.* MORDEK, Bibliotheca S. 566 und 785.

199) Wie oben ausgeführt, könnte die *tertia synodus* in den Annales Iuvavenses maiores (a. 802) auf eine Frühjahrsversammlung von 803 in Aachen hinweisen. MANACORDA, Ricerche S. 97 Anm. 246 sieht wegen der Ausarbeitung der Leges „keine Zäsur" zwischen der Aachener Versammlung und der Mainzer Versammlung vom Sommer 803, aber da Missi mit Nr. 40 auch Nr. 39 verkünden mussten, wie deren zumeist gemeinsame Überlieferung und das in c. 19 von Nr. 40 bestimmte Verkündungsverfahren zeigen, musste Nr. 39 vor der Mainzer Versamm-

Nach diesen Überlegungen zur Chronologie der Ereignnisse sind nun die betreffenden Dokumente zu analysieren. In der Forschung wurden Capitulare generale (Nr. 33: nicht Capitulare missorum generale)[200] und Capitulare missorum (Nr. 34, ohne „specialia") bisher viel diskutiert, und als – sowohl ideologisch-programmatische als auch administrativ-praktische – Äußerung zur Neugestaltung der Reichsregierung nach Karls Kaiserkrönung interpretiert[201]. Obwohl die ältere Forschung Nr. 34 als Memorandum für die Missi zur Durchsetzung des in Nr. 33 neu bestimmten Regierungskonzepts angesehen hat[202], kann man nach Patzolds kritischer Bemerkung die 40 Kapitel von Nr. 33 nicht mehr ohne weiteres als insgesamt geschlossenes Endprodukt-Kapitular behandeln und zwischen diesen zwei Kapitellisten gleichsam eine Mutter-Kinder-Beziehung sehen[203]. In der Tat gibt es auch bei anderen Kapitularien keinen klaren Nachweis dafür, dass ein detailliertes umfangreiches authentisches „Musterkapitular" am Hof verwahrt worden wäre, während eine oder mehrere Sonderfassung(en) für die Missi mittels (gegebenenfalls stichwortartiger) Abkürzung und/oder Exzerption ausgestellt worden wäre(n)[204]. Ebenso wenig denkbar ist, dass einige Missi ein „vollständiges" Kapitular mit sich führten, während den anderen nur ein stichwortartig abgekürztes Kapitular ausgehändigt worden wäre.

Es gibt eine Quelle, welche uns einen Blick darauf erlaubt, wie die Dokumente den Missi auf dieser Versammlung ausgehändigt wurden. Einer der damaligen Missi, wahrscheinlich Wulfar, später Erzbischof von Reims, musste per Brief seinen Kollegen, wahrscheinlich Abt Fardulf von St-Denis, den er von seinen missatischen Kollegen für erfahren genug hielt, um Hilfe und Rat bitten, wie er seine *legatio*

---

lung bekannt gemacht werden. Tatsächlich wird am Ende von Nr. 40 Mainz als einer der möglichen nächsten Versammlungsorte angekündigt.

200) Gegen Boretius' Einschätzung als „Capitulare missorum generale" schon SEELIGER, Kapitularien S. 65 f., 69 und 79.

201) Dazu GANSHOF, Frankish institutions under Charlemagne S. 6 f.; BUCK, „Capitularia imperatoria"; MCKITTERICK, Charlemagne S. 256–263

202) Neuerdings noch BUCK, „Capitularia imperatoria" S. 8 f.; MCKITTERICK, Charlemagne S. 257.

203) PATZOLD, Normen im Buch. Vgl. auch INNES, Charlemagne, justice and written law S. 194–203, der zu zeigen versucht, dass Nr. 33 als verfeinertes Programm erst später im Herbst 802 entstanden sei, während Nr. 34 den Missi als Anweisung für die missatische Legation vom Frühjahr 802 gegeben worden sei.

204) Bei den Dokumenten von 808 und 810 bleibt eine Unklarheit. Siehe unten.

vollenden sollte[205]: Erstens fragte er bei ihm an, wie und mit welchen *capitula* er bei Bischöfen, Kanonikern und Mönchen jeweils deren *ordo* entsprechend Untersuchungen anstellen sollte. Wilhelm Levison bezeichnet seine Interpretation der Worte *sicut eam (sc. legationem) penes vos habetis depositam*, wonach Fardulf bei sich eine Aufzeichnung über die Ziele dieser *legatio* verwahrt habe, als eine „ungezwungene Erklärung“[206]. Aber es ist auch möglich, dass Fardulf nicht die Ziele, sondern die Ergebnisse seiner missatischen Inquisition aufgezeichnet hatte, die auch für Wulfars Legation hätten aufschlussreich sein können. Zweitens bat Wulfar den Abt darum, eine Kopie jenes Dokuments (*pagina*) zu schicken, das vor dem Kaiser und den Anwesenden verlesen worden war, bevor ihnen erlaubt wurde, die Versammlung zu verlassen. Drittens wünschte Wulfar außer den oben erwähnten Auskünften noch alles zu wissen, was seiner Legation dienlich sei.

Die Frage, was *pagina* und *capitula* in diesem Zusammenhang bedeuten, ist allerdings nicht eindeutig zu beantworten[207]. Welche Beziehung zwischen diesen *capitula* und der *pagina* bestand, erwähnt der Brief nicht. Sicher betrafen diese zwei Dokumente die *legatio* von Wulfar, Fardulf und ihren Kollegen (*omnes hanc legationem agentes*). Es ist freilich nicht klar, ob die *capitula* den Missi erst bei dieser Legation ausgehändigt wurden. Möglich ist einerseits, dass diese

205) Hier ist der betreffende Teil des Briefs zitiert: Collectio sancti Dionysii Nr. 24, in: MGH Form. S. 509: *Liquet namque, quod sagax efficatia vestra astutiam precellit omnium hanc legationem agentium, ut superius dictum declarat affectum. Et ideo quia pre cunctis excellentius subtiliusque eandem legationem a vobis ordinari scimus, de vestra inviolabile caritate freti, consilium expetimus, quomodo ipsam agere debeamus, ut, sicut eam penes vos habetis depositam, qualiter episcopos vel ca[no]nicos aut monachos vel quibus capitulis ab eis debeamus requirere, per ordinem cuncta celerius ad nos recurrens ostendat epistola. Illam quoque paginam, que coram domino imperatore et nobis omnibus lecta est, cum universis generaliter data fuit licentia eundi palatio, pariter cum prepetita epistola nobis mittite. Et non solum ea, que nominatim expressimus, sed prebete cuncta, que huic negotio scitis esse congrua.* Zu diesem fragmentarisch überlieferten Brief in der Formelsammlung von St-Denis vgl. LEVISON, Formularbuch S. 293–304.

206) LEVISON, Formularbuch S. 297. Levison weist noch darauf hin, dass man in dieser Aufzeichnung den Text von Nr. 33 als „allgemeinen Erlass“ sehen könnte. Ebd. S. 302 f.

207) Patzold lässt vorsichtig offen, auf welches Dokument von 802 jeweils durch die Begriffe *capitula* und *pagina* hingedeutet wurde. PATZOLD, Normen im Buch S. 345.

capitula auf den Text von Nr. 34 hinwiesen, dessen Sonderfassung Fardulf und Wulfar jeweils mit sich führten[208]. Andererseits könnten sie auch auf eine früher verteilte Kapitelliste oder eine Kapitelsammlung hinweisen. Da sich in cc. 2–4 von Nr. 34 Anweisungen zur Untersuchung zum Lebenswandel von Bischöfen, Priestern, Äbten und Mönchen finden und dabei allgemein von *canonicum institutum*, *canonicas* und *regulam* die Rede ist[209], dürfte es auch denkbar sein, dass die in diesem Brief genannten *capitula* sich auf die betreffenden Kapitel in einer Kanonessammlung (hier ist auch die Admonitio generalis denkbar) oder in der Benediktregel beziehen, aufgrund derer die Missi die genannten Geistlichen überprüfen sollten[210]. Auch über die *pagina* kann man nur Spekulationen anstellen. Gut möglich ist, dass diese *pagina* verschiedene Themen enthielt, welche auf der Aachener Versammlung diskutiert wurden und wahrscheinlich zum Abschluss gekommen sind, zumal sie kurz vor der Auflösung der Versammlung verlesen wurde. Aber es dürfte sich bei dieser *pagina* nicht um einen „Herrschererlass" im engeren Sinn handeln, weil sie nicht vom Kaiser selbst, sondern von einer anderen Person verkündet wurde[211]. Bemerkenswert ist, dass Wulfar wegen dieser *pagina* nicht beim

208) Diese Möglichkeit schlägt schon Levison vor: LEVISON, Formularbuch S. 302 f. Zu den (teilweise nur fragmentarisch) überlieferten Sonderfassungen von Nr. 34 vgl. ECKHARDT, Capitularia missorum specialia. Ich vertrete, trotz Patzolds Einwand, die Auffassung, dass diese verschiedenen Fassungen je nach der zuständigen Region unterschiedliche Ausfertigungen für die Missi sein dürften. Siehe dazu unten.

209) ECKHARDT, Capitularia missorum specialia S. 501, cc. 2–4. Interessanterweise fehlt c. 3 über Äbte in der Fassung im Codex Paris Lat. 4995, welche die Ausfertigung für Fardulf und Graf Stephan von Paris ist (Ich stimme Eckhardt zu, dass diese Fassung nicht eine gemeinsame Ausfertigung für die zwei Missatica jeweils um Paris und um Rouen, sondern die Ausfertigung für die Pariser Missi ist. Ebd. S. 504 f.). Möglicherweise ist Fardulfs Abtswürde der Grund für die Auslassung dieses Kapitels.

210) Es sei hier an die Legation von 789 erinnert. Als die Missi anhand der 16 Kapitel des Dokuments (Nr. 23) Mönche überprüfen mussten, entsprach jedes der ersten 13 Kapitel einem Kapitel der Benediktregel. Vgl. MGH Capit. 1 Nr. 23 S. 63 mit Anm. 1–13.

211) Allein eine Verlesung der Kapitelliste durch eine andere Person kann allerdings ihren Charakter als Herrschererlass nicht negieren. Zum Beispiel: Nr. 282 (877. 6. 16.) ist ein Auszug der vier Kapitel aus Nr. 281 (877. 7. 14.). Während Nr. 281 eine protokollhafte Aufzeichnung der Entscheidung auf der Großversammlung von Quierzy (bes. cc. 1–9 als Dialog zwischen Karl dem Kahlen und

Kaiserhof, sondern bei einem anderen Missus anfragte, obwohl ein verlorener Brief des Kaisers an ihn den Anlass zum Schreiben dieses Briefes gegeben hat[212]: Wulfar suchte also trotz seiner Kontaktmöglichkeit zum Hof diese *pagina* bewusst nicht dort. Sie dürfte deshalb nicht als ein offiziell-authentisches Dokument am Hof aufbewahrt worden sein. Vielmehr verblieb diese *pagina* wohl als Ergebnis der Beratungen bei den Personen – einschließlich des Vorlesers –, welche die Beratungen geführt hatten. Zu dieser Personengruppe wird wohl Fardulf als enger Berater des Kaisers gehört haben. In diesem Sinn dürfte Levisons „unsichere" Vermutung nicht unzutreffend sein, dass man den Text von Nr. 33 mit der hier genannten *pagina* gleichsetzen könnte[213], aber mit Korrektur und unter Vorbehalt: Nr. 33 ist kein allgemeiner Erlass, und diese *pagina* könnte neben den als Nr. 33 bekannten Texten noch weitere Texte oder Kapitellisten enthalten. Jedenfalls scheint aber ein umfangreiches und detailliertes Dokument als Ergebnis mehrfacher Beratungen auf der Aachener Versammlung vom Frühjahr 802 nicht systematisch den Missi zugeteilt worden zu sein. Dass Wulfars Unsicherheit über seine Legation kein Ausnahmefall war, wird klar aus einem Antwortschreiben, vielleicht verfasst von Angilbert von St-Riquier an Stelle des Kaisers, auf die Fragen eines geistlichen Missus zur Examinatio der Kanonikergemeinschaft hinsichtlich der *canones* und der Klostergemeinschaft hinsichtlich der *regula* und zu den weltlichen Leges. Diese drei Aufgaben werden freilich in Nr. 34 cc. 2–4 und 6 nur knapp, ohne konkrete Erklärung thematisiert[214]. Auch dieser Missus war mit den ihm vorlie-

---

den anwesenden Großen: Rede des Herrschers und *responsiones*) gewesen zu sein scheint, war Nr. 282 öffentlich vor den Anwesenden durch Kanzler Gauzlin vorzulesen, bevor ihnen erlaubt wurde, die Versammlung zu verlassen. Merkwürdig ist in diesem Fall, dass Nr. 282 als offiziell schriftlich fixiertes Dokument anerkannt worden zu sein scheint, weil es bei den Königserhebungsritualen von Karls Sohn und Enkel ausdrücklich erwähnt wurde (Nr. 283 B und C; Nr. 285). Siehe dazu unten in diesem Kapitel die Beschreibung der Legation von 877.

212) Collectio sancti Dionysii Nr. 24, in: MGH Form. S. 509: *Haec idcirco per singula studuimus scribere, quia epistola superius dicta per scriptum vobis [in]notescere iussit de singulis [...] Hoc etenim almitati vestrae notum fieri volumus, quia, domino nostro glorioso augusto iubente...*

213) LEVISON, Formularbuch S. 303.

214) Aufgrund dieser Übereinstimmung kann das Schreiben mit der Legation von 802 verbunden werden. Es ist ediert in: POKORNY, Eine Brief-Instruktion S. 80–83. Zu den Fragen der Datierung und der Verfasserschaft vgl. ebd. S. 62ff.,

genden Arbeitsmaterialien unsicher, ob er seine Legation richtig ausführen könne.

So müssen wir davon ausgehen, dass die Texte der in Nr. 33 betrachteten drei Teile, welche nach Patzold jeweils eine Phase der Beratung zeigen, den Missi bei ihrer Legation in der Regel nicht zur Verfügung standen. Vielmehr wurden an die Missi die knapp formulierten Anweisungen verteilt, die uns als Nr. 34 bekannt sind, obwohl Patzold gegen diese Auffassung vorsichtig die Möglichkeit vorschlägt, dass die als Nr. 34 bekannte Kapitelliste „auf ein internes Konzept für die Beratung zurückgehen [könnte], von dem mehrere (und zum Teil voneinander abweichende) Abschriften auf uns gekommen sind“[215]. Dies kann nicht völlig ausgeschlossen werden, aber die von Patzold angeführten Punkte sind noch nicht ausreichend, um sich dieser Auffassung anzuschließen. Erstens finden sich die stichwortartigen Kapitel wie *De legibus mundanis* (Nr. 34 c. 6) nicht nur bei den Tagesordnungen. Solche Kapitel enthält auch das Capitulare missorum von 803 (Nr. 40), dessen Überschrift in nicht wenigen Handschriften seinen Charakter als „zu verkündende Kapitel“ verrät[216]. Auch die protokollhafte Kapitelreihe der Frankfurter Synode von 794 enthält stichwortartige Kapitel[217]. „Dass sich in einer der Handschriften gleich zwei verschiedene Missatssprengel beschrieben finden“[218], spricht zweitens eher nicht dafür, dass die „sehr“ (so Patzold) uneinheitlich überlieferten Kapitellisten von Nr. 34 jeweils „eine Arbeitsgrundlage für die Beratung, eine Niederschrift von Zwischenergebnissen, [oder] vielleicht Kopien verschiedener Teilnehmer von einer solchen gemeinsamen Arbeitsgrundlage“ gewesen seien. Dass im Codex Pa-

---

obwohl Pokorny die mit Nr. 33 und 34 in Beziehung stehende Legation auf den Winter 802/803 datiert.

215) PATZOLD, Normen im Buch S. 342 f., auch zum Folgenden.

216) MGH Capit. 1 Nr. 40, cc. 14, 23, 24 und 27 S. 116. Die Überschriften wie *De causis admonendis* oder *De causis audiendis* sollten ernst genommen werden. Vgl. MGH Capit. 1 S. 115 mit der Handschriftenbeschreibung von Mordek (siehe dazu den Index in: MORDEK, Bibliotheca S. 1084 f.). Dass die Verschmelzung der Überschrift *De causis admonendis* mit dem 1. Kapitel in einigen Handschriften nicht ursprünglich ist, wird durch das von den anderen Kapiteln unabhängige Zitat dieses Kapitels ohne die fragliche Überschrift bei Ansegis deutlich. Vgl. Ansegis, App. I, 28 S. 668.

217) MGH Capit. 1 Nr. 28, cc. 34, 35 und 37 S. 77 = MGH Conc. 2,1 Nr. 19 G, cc. 34, 35 und 37 S. 169 f.

218) Gemeint ist hier der Codex Paris Lat. 4995.

ris Lat. 4995 die eine Missaticumsbeschreibung *vor* dem letzten Kapitel dieser Kapitelliste, die andere *nach* diesem Kapitel steht, scheint unnatürlich zu sein, wenn das den Charakter dieser Kapitelliste als „Zwischenergebnis“ der Diskussion über die Zuständigkeit der Missi zeigen sollte – in diesem Fall müssten diese zwei Beschreibungen doch eher zusammenstehen. Mir scheint immer noch die Auffassung von Eckhardt haltbarer zu sein, derzufolge der Kompilator der im Pariser Codex überlieferten wohl zeitgenössischen Kapitelsammlung[219] zwei Vorlagen von Nr. 34 vor sich hatte: Die eine Fassung wurde von/für den/die Missi um die Pariser Gegend verfasst, an deren Ende nur deswegen die weitere Missaticumsbeschreibung aus der anderen Textfassung durch den Kompilator hinzugefügt wurde, weil ihm die anderen Teile des Textes fast identisch ausgesehen haben dürften[220]. Dass ein Kompilator einer Kapitelsammlung Dokumente verschiedener Provenienzen vor sich haben konnte, lässt sich durch ein Beispiel belegen: Im Codex New Haven MS 413 und dem dritten Teil der Codices Paris Lat. 9654 und Vatikan Pal. Lat. 582 ist jeweils neben einer Fassung von Nr. 260 (a. 853) für die Missi um Sens auch eine Fassung von Nr. 266 (a. 857) für die Missi um Thérouanne aufgenommen worden. Das ist bemerkenswert, weil die beiden Codices von Paris und Vatikan dadurch, dass sie außerdem eine Fassung von Nr. 34 für die Missi um Sens enthalten, eine enge Beziehung zu Sens vermuten lassen, während die gerade genannten zwei Missatica um Sens und Thérouanne weit voneinander entfernt waren[221]. Deswegen bin ich der Meinung, dass die überlieferten unterschiedlichen Fassungen von Nr. 34 je nach den Missatica verschiedene Fassungen von/für den/die Missi widerspiegeln[222].

Zusammenfassend lässt sich zu den Dokumenten für die Legation vom Frühjahr 802 folgendes sagen: Auf der Aachener Versammlung wurde, zumindest der Überlieferung nach, kein umfassender Erlass

219) Nach Mordek dürfte die Sammlung der Kapitularien Karls des Großen in diesem Codex „vielleicht noch zur Zeit Karls des Großen“ entstanden sein. MORDEK, Bibliotheca S. 549.

220) ECKHARDT, Capitularia missorum specialia S. 504 f.

221) MORDEK, Bibliotheca S. 388 f., 562 f., 565, 573 f., 780 f., 784 und 793. Vgl. auch die Karten in ECKHARDT, Capitularia missorum specialia S. 512 f.; NELSON, Charles the Bald S. 326 f.

222) Auch bei den Dokumenten von 809 kann man wahrscheinlich beobachten, dass Kompilatoren Texte aus verschiedenen Provenienzen vor sich hatten. Siehe unten.

wie das von der Forschung postulierte „programmatische Kapitular“ ausgestellt. Den Missi, die aus den Anwesenden der Versammlung ausgewählt worden zu sein scheinen, wurden aufgrund der Ergebnisse mehrerer Beratungen, die man in den als Nr. 33 edierten Texten sehen kann, hauptsächlich mündlich angewiesen, worauf die Verlesung einer *pagina* kurz vor dem Ende der Versammlung hinweist. In diesem Sinn sind die als Nr. 34 bekannten Dokumente keine Kurzfassungen eines detaillierten, schriftlich fixierten Kapitulars, sondern die Memoranden für die Missi bei ihrer grundsätzlich mündlich beauftragten Legation. Zwischen den Ausfertigungen der missatischen Kapitelliste kann es Unterschiede geben, je nach den Regionen oder den Persönlichkeiten der Beauftragten[223]. Es dürfte unmöglich sein zu klären, warum einige der Diskussionsergebnisse ihren Weg nicht in die Aufgabenliste der Missi fanden. Ebenso schwierig dürfte es sein zu erklären, weshalb die Festlegungen über das nicht neue Thema der *nona et decima*, die nach den Quellen nicht Gegenstand der Beratungen gewesen sind, in den Dokumenten für die Missi auftauchen (Nr. 34 c. 17)[224]. Die meisten Themen, die bei den Beratungen diskutiert worden zu sein scheinen, wurden in die Legationsdokumente aufgenommen[225]. Einen ähnlichen Unterschied könnte man auch zwischen dem Legationsdokument von 789 (Nr. 23) und der oben erwähnten möglichen Vorlage des mündlichen herrscherlichen Befehls für die Missi (Nr. 25) sehen. Also ist es wahrscheinlich möglich zu sagen, dass diese starke Inanspruchnahme von Mündlichkeit und des Gedächtnisses der Missi in der ersten Phase der Zusammenwirkung von Missats- und Kapitularienwesen ein nicht zu übersehender Schwachpunkt war. Deswegen musste ein Missus wie Wulfar bei einem erfahrenen (und vermutlich mit weiteren Arbeitsmaterialien ausgestatteten) Kollegen wegen der Details der Legation anfragen. Auch wenn ein Missus beim Hof wegen seiner Legation per Brief – also schriftlich – angefragt hätte, hätte er gegebenenfalls nur eine einfache Antwort bekommen: „Über die weltlichen Leges, so wie Eure

223) Wie oben erwähnt, dürfte das Fehlen von Nr. 34 c. 3 über die Einhaltung der Benediktsregel in der Fassung für Abt Fardulf auf seinen Rang als Abt zurückzuführen sein. Die zwei Kapitel über die Küstenabwehr (cc. 13a und b) fehlen in der Fassung für die Missi in Burgund.

224) Constable, Nona, hier bes. S. 227 f.

225) Vgl. die Vergleichstabelle 1 in den online angebotenen Anhängen.

Väterlichkeit von unserer Wenigkeit verstanden und gehört hat."[226] Die Irritation Karls des Großen in seinem Antwortschreiben auf eine Anfrage eines Missus dürfte auch von diesen Umständen herrühren: „Wir haben dieses Euch früher doch persönlich mündlich befohlen, aber Ihr habt das überhaupt nicht verstanden."[227]

Außerdem ist noch ein Dokument im Kontext dieser Legation heranzuziehen, nämlich die Missi cuiusdam admonitio (Nr. 121). Sie ist ein Redemanuskript eines Missus auf einer regionalen Versammlung. Dass diese predigtartige Rede um 802 wohl in Italien gehalten wurde, kann man aus der Überlieferungslage schließen, aber man kann aufgrund der heutigen Quellenlage nicht definitiv beantworten, ob dieses Redemanuskript von diesem italischen Missus selbst verfasst wurde, oder ob es vielmehr als „eine exemplarische Predigtkonzeption […] vor dem Hintergrund jener stark religiös geprägten Herrschaftskonzeption" (Buck) nach der Kaiserkrönung an mehrere Missi verteilt wurde[228]. Jedenfalls ist die folgende Tatsache bemerkenswert: Bei der vorangegangenen großen Legation von 789 wies die Admonitio generalis (Nr. 22) die Bischöfe (als Hauptempfänger des Texts) an, die gemäß der am Ende der Admonitio ausführlich bestimmten Richtlinie aufgebaute Predigt zu halten[229]. Im Gegensatz dazu hielt 802 ein herrscherlicher Missus bei einer regionalen Versammlung an des Kaisers Statt eine religiös geprägte *admonitio* für alle geistlichen und weltlichen Anwesenden. Den Zuhörenden dürfte klar gewesen sein, dass hinter dieser religiös-moralisch mahnenden Rede die herrscherliche Autorität stand.

Nach der Legation des Frühjahrs 802 fand die nächste Aachener Versammlung im Oktober statt, welche die Lorscher Annalen mit der weltlichen und geistlichen Rechtsreform verbinden. Der Auffassung der Forschung, wonach Karls Leges-Reform nach seiner Kaiserkrö-

226) POKORNY, Eine Brief-Instruktion S. 82: *De legibus vero mundanis prout vestra paternitas nostra parvitate intellexit et audivit.*

227) MGH Capit. 1 Nr. 58 c. 6 S. 145: *Nam et hoc antea vobis ore proprio iniunximus et nequaquam intellexistis.*

228) Dass man bei der Analyse von Karls „Gesetzgebung" 802 dieses Stück zusammen mit den oben genannten zwei „Kapitularien" behandeln sollte, betonen schon GANSHOF, Was waren die Kapitularien? S. 91 f.; SCHMITT, Liberi Homines S. 216–218; BUCK, „Capitularia imperatoria" S. 7–10. Eine ausführliche Studie von Nr. 121 mit seiner Datierung ins Frühjahr 802 findet sich in BUCK, Admonitio S. 158–238, 376–394 und 397–401 (Transkription der zwei Handschriften).

229) MGH Capit. 1 Nr. 22 c. 82 S. 61 f.

nung als eine verbesserte und erweiterte Verschriftlichung der weltlichen Rechte und als „ein rascher und tiefgreifender Literalisierungsprozess des weltlichen Rechts“ (Patzold) betrachtet werden sollte, widerspreche ich nicht. Dabei sei angestrebt worden, wenigstens theoretisch, geschriebenem Recht den Vorrang vor Rechtsgewohnheit zu geben, damit durch authentische Texte (authentisch wegen der – nach dem Vorbild christlich-römischer Kaiser – mehr oder weniger verliehenen herrscherlichen Autorität) die Rechtssicherheit hergestellt werden konnte[230]. Zusätzlich ist zu betonen, dass diese Reform eng mit den kurz vorausgehenden Ereignissen verbunden war. Das oben erwähnte italische Kapitular (Nr. 98) als erste *capitula legibus addenda* erklärt den Zweck der Emendation der langobardischen Rechte: … *iuxta rerum et temporis considerationem addere curavimus, scilicet ut necessaria quae legi defuerant supplerentur, et in rebus dubiis non quorumlibet iudicum arbitrium, set nostrae regiae auctoritatis sanctio praevaleret*[231]. Die hier skizzierte Grundlinie der Rechtsreform sollte nördlich der Alpen angesichts der Größe des Reiches und der Heterogenität der Rechte in größerem Maßstab durchgeführt werden. Während seine eigene Erfahrung mit Rechtsfällen im Regnum Langobardorum Karl zur Emendation der Leges angeregt habe[232], wollte er

230) Zur Aufzeichnung der Leges von 802/803 vgl. THEUERKAUF, Rechtsaufzeichnung S. 54–57. Zu den Leges-Reformen Karls des Großen und Ludwigs des Frommen vgl. PATZOLD, Veränderung, Zitat aus S. 97. Zur Aufzeichnung der Leges im Frühmittelalter allgemein vgl. SELLERT, Aufzeichnung des Rechts und Gesetz.

231) MGH Capit. 1 Nr. 98, Proömium S. 205.

232) So lautet das Proömium von Nr. 98. Ebd. S. 204: *Cum Italiam propter utilitatem sanctae Dei ecclesiae ac provinciarum disponendarum venissemus, et multae atque diversae per urbes singulas ante conspectum nostrum quaestiones tam de ecclesiasticis quam publicis ac privatis rebus discuterentur, pleraque statim recitata ex Romana seu Langobardica lege competenti sententia terminata sunt, quaedam vero in nostri examinis arbitrium ad tempus dilata, quorum iudicialis sententia a legislatoribus aut penitus omissa est aut a posteris oblivioni tradita.* Nicht zu übersehen ist, dass Karl nur das langobardische Recht verbesserte und bei dieser Rechtsveränderung das römische Recht (*Romana lex*) nicht anrührte. Ebd. S. 204 f.: *Quocirca nos, considerantes utilitatem nostram et populi a Deo nobis concessi, ea quae ab antecessoribus nostris regibus Italiae in edictis legis Langorabdicae ab ipsis editae praetermissa sunt, iuxta rerum et temporis considerationem addere curavimus, scilicet ut necessaria quae legi defuerant supplerentur, et in rebus dubiis non quorumlibet iudicum arbitrium, set nostrae regiae auctoritatis sanctio praevaleret.*

im Frankenreich seinen vertrauten Vertretern als Missi dominici die umfangreiche Überprüfung der Rechtslage auftragen, wie das Kapitel 1 von Nr. 33 den Zweck der Legation erklärt. Falls die Missi befinden sollten, dass es bei Leges Unstimmigkeiten gebe, oder wenn es rechtliche Missstände gebe und die Missi diese selbst oder mit Hilfe von örtlichen Grafen nicht bereinigen könnten, sollten sie die Sachlage genau untersuchen und dem Kaiser berichten[233]. Hier kann man also die Aussendung der Missi als Vorbereitung verstehen, nämlich als Vorbereitung für die nächste Versammlung zur schriftlichen Fixierung der passenden Rechtslage *iuxta rerum et temporis considerationem* wie bei Nr. 98[234]. Der oft diskutierte Satz des Kapitels 26 von Nr. 33 ist auch auf Grundlage dieser kontinuierlichen Bestrebung der Rechtsreform zu interpretieren: *Ut iudices secundum scriptam legem iuste iudicent, non secundum arbitrium suum*[235]. Patzolds Bemerkung, dass hier nicht geschriebenes und mündlich überliefertes Recht,

233) MGH Capit. 1 Nr. 33 c. 1 S. 91 f.: *Serenissimus igitur et christianissimus domnus imperator Karolus elegit ex optimatibus suis prudentissimis et sapientissimos viros, tam archiepiscopis quam et reliqui episcopis simulque et abbates venerabiles laicosque religiosos, et direxit in universum regnum suum, et per eos cunctis subsequentibus secundum rectam legem vivere concessit. Ubi autem aliter quam recte et iuste in lege aliquit esse constitutum, hoc diligentissimo animo exquirere iussit et sibi innotescere: quod ipse donante Deo meliorare cupit. Et nemo per ingenium suum vel astutiam perscriptam legem, ut multi solent, vel sibi suam iustitiam marrire audeat vel prevaleat, neque ecclesiis Dei neque pauperibus nec viduis nec pupillis nullique homini christiano. Sed omnes omnino secundum Dei praeceptum iusta viverent rationem iusto iudicio, et unusquisque in suo proposito vel professione unianimiter permanere ammonere: canonici vita canonica absque turpis lucris negotio pleniter observassent, sanctemoniales sub diligenti custodia vitam suam custodirent, laici et seculares recte legibus suis uterentur absque fraude maligno, omnem in invicem in caritate et pace perfecte viverent. Et ut ipsi missi diligenter perquirere, ubicumque aliquis homo sibi iniustitiam factam ab aliquo reclamasset, sicut Dei omnipotentis gratiam sibi cupiant custodire et fidelitate sibi promissa conservare; ita ut omnino in omnibus ubicumque, sive in sanctis ecclesiis Dei vel etiam pauperibus, pupillis et viduis adque cuncto populo legem pleniter adque iustitia exhiberent secundum voluntatem et timorem Dei. Et si tale aliquit esset quod ipsi per se cum comitibus provincialibus emendare et ad iustitiam reducere nequivissent, hoc absque ulla ambiguitate cum brebitariis suis ad suum referent iudicium.*

234) In den sehr knappen Worten von Nr. 34 c. 6 (*De legibus mundanis, ut unusquisque sciat, qua lege vivat vel iudicat* oder nur *De legibus mundanis*) könnte vielleicht die gleiche Absicht des Kaisers gesehen werden.

235) MGH Capit. 1 Nr. 33 c. 26 S. 96.

sondern schriftlich fixierte Norm und Willkür der Richter gegenübergestellt werden, und dass von dem Vorrang der Schriftlichkeit vor der Mündlichkeit deswegen nicht die Rede ist, ist richtig[236]. In diesem Sinn hat dieses Kapitel eine fast gleiche Bedeutung wie ein Satz im Proömium von Nr. 98, dass in fraglichen Fällen nicht willkürliche Urteile, sondern durch herrscherliche Autorität begründete Bestimmungen den Vorrang haben sollten.

Ich komme nun zu den Dokumenten der missatischen Legation zurück. Die zumeist nebeneinander überlieferten zwei Quellentexte, das Capitulare legibus additum (Nr. 39) und das Capitulare missorum (Nr. 40)[237], sind neben der Aufzeichung der Leges selbst auch ein Ergebnis der Reform der weltlichen Rechte seit dem Herbst 802. Dem ist auch das Capitulare legi Ribuariae additum (Nr. 41) hinzuzufügen[238]. Dass die Missi über diese den Leges hinzuzufügenden Kapitel mit den Teilnehmern auf den regionalen Versammlung diskutieren und ihre mündliche Zustimmung und schriftliche Bestätigung einholen mussten, wird in c. 19 von Nr. 40 bestimmt[239]. Noch zu erwähnen ist das letzte Kapitel 29. Hier wird der Termin der nächsten

236) PATZOLD, Veränderung S. 73 Anm. 46. Vgl. auch INNES, Charlemagne, justice and written law, hier bes. S. 170–179; SIEMS, Recht in Rätien S. 231.

237) Diese Kapitelliste Nr. 40 hat in mehreren Handschriften die Überschrift: *de causis admonendis*. Daraus folgert Gerhard Seeliger, dass sie „doch wohl unzweideutig darauf hinweist, dass wir es hier mit einem Programme der Reichstagsverhandlungen zu thun haben, mit einem Programme, das – wie die Verbreitung der Handschriften beweist – thatsächlich auch eingehalten wurde“. SEELIGER, Kapitularien S. 69 f. Aber aufgrund der Schreibweise dieser Kapitelliste lässt sich vermuten, dass sie ein Ergebnis der Verhandlungen war und als solches in die Regionen gebracht und verbreitet wurde.

238) Einhard schreibt über die Reform der zwei Leges der Franken, nämlich der Leges Salica und Ribuaria, die Karl nach seiner Kaiserkrönung anstrebte. Vita Karoli c. 29 S. 66–68. Sigeberti Chronica, a. 802, in: MGH SS 6 S. 336, beschreibt die Legation von 802 folgendermaßen: *Karolus imperator per omne imperium suum legatos ad faciendum iudicium et iustitutiam cunctis dirigit, et legis capitula 23 instituit*. Mühlbacher konnte kein Kapitular von 802 mit 23 Kapiteln finden. BM[2] 380c. Aber die Zahl 23 ergibt sich aus der Summe der Kapitel von Nr. 39 und 41 (11+12). Vielleicht wurden zumindest Anfang des 12. Jahrhunderts diese zwei Leges-Ergänzungskapitularien zusammen als ein Versuch der Leges-Reform wahrgenommen.

239) MGH Capit. 1 Nr. 40 c. 19 S. 116: *Ut populus interrogetur de capitulis quae in lege noviter addita sunt; et postquam omnes consenserint, subscriptiones et manufirmationes suas in ipsis capitulis faciant.*

Versammlung entweder in Mainz oder Chalon-sur-Saône am 24. Juni genannt. An diesem Termin sollte grundsätzlich die Frist der missatischen Legation ablaufen, aber gegebenenfalls mussten vielleicht die Missi, die kontinuierlich als solche eingesetzt waren, auch bei der nächsten Legation neben den neuen Aufgaben noch offene Aufgaben der vorhergegangenen Legation vollenden. Denn auch die Missi von 803 scheinen die bei der Legation vom Frühjahr 802 ausgestellten Treueidformulare mitgeführt zu haben[240].

240) In zwei Handschriften, d. h. London Egerton 2832 + 269 und Paris Lat. 4633 (Anfang 10. Jahrhundert. MORDEK, Bibliotheca S. 226–231), sowie Montpellier H 136 ist das Treueidformular, das zu den Capitularia missorum specialia von 802 gehört, überliefert, aber ohne dieses Kapitular selbst (Zur folgenden auf die Handschriften bezogenen Beschreibung vgl. MORDEK, Bibliotheca S. 228 f. und 278 f.) Da der Codex von Montpellier vielleicht zu Lebzeiten Karls des Großen (UBL, Leges-Skriptorium S. 56 f. Vgl. MORDEK, Bibliotheca S. 276 f.; BISCHOFF, Katalog 2 S. 201) bearbeitet wurde, ist es wahrscheinlich, dass das Treueidformular nicht zufällig zu jeder der Sammlungen, zumindest aber in die von Monpellier, hinzugefügt wurde. Hierfür gibt es zwei mögliche Erklärungen: 1) In diesen Handschriften folgt das Eidformular dem Capitulare legibus additum (Nr. 39), Capitulare missorum (Nr. 40) und der Recapitulatio solidorum der Lex Salica. Wenn man in Betracht zieht, dass diese Recapitulatio wahrscheinlich bald nach der Reichsversammlung von 802/803 entstand (Vgl. R. SCHMIDT-WIEGAND, Recapitulatio legis Salicae, in: HRG 1 Sp. 223 f.; UBL, Die *Recapitulatio solidorum*. Während Schmidt-Wiegand sich über den offiziellen Charakter dieses Stücks zurückhaltend geäußert hat, zeigt Ubl, dass die Recapitulatio in Bezug zur Rechtsreform Karls des Großen um 802/803 steht und dass sie keine „Privatarbeit“ ist.), scheint es mir nicht unmöglich, alle vier Stücke als Dossier der Missi vom Frühjahr 803 zusammenzustellen. Wenn die Missi, zumindest diejenigen die ihren Zuständigkeitsbereich in einer südlichen Region hatten, wo Montpellier H 136 entstand (BISCHOFF, Katalog 2 S. 201), sich zu diesem Zeitpunkt immer noch mit dem missatischen Auftrag von 802 – in diesem Fall also der Treueidabnahme – beschäftigt haben sollten, wäre dieses Eidformular dem missatischen Dossier von 803 zuzurechnen. Diese Hypothese ist nicht unwahrscheinlich, wenn zum Beispiel Graf Stephan von Paris, der 802 Missus in der Pariser Gegend war, 803 in seinem zuständigen Bezirk – wahrscheinlich als Missus, trotz des Fehlens eines solchen Titels – das hier betreffende Capitulare legibus additum verkündigte, wie Nr. 40 c. 19 es bestimmt (Siehe STEPHAN in der Prosopographie). Wenn ein Missus von 803 schon 802 als solcher tätig war, sollte er die Treueidabnahme als Teil seines Auftrags verstanden haben und könnte sich auch nach 802, aber nun ohne erneute Anweisung darum bemüht haben, die unvollendeten Aufgaben zu erledigen. 2) Dieses Eidformular dient dem auch in diesen Handschriften aufgezeichneten Capitulare missorum in Theodonis villa datum secundum, generale von 805, das auch ein Ka-

Auch Nr. 77 gehört nach Ganshof in diesen Kontext von Kapitularienausstellung und missatischer Legation[241]. Steffen Patzold hat aber gezeigt, dass das berühmte „Proömium" der als Nr. 77 edierten Kapitelliste ursprünglich nicht zu dieser Liste gehörte. Damit kann man nicht mehr aufgrund dieser vermeintlichen „Vorrede", die über die Rechtsreform von 802/803 zu sprechen scheint, die *capitula* von Nr. 77 auf 802/803 datieren[242]. Aber da einige Kapitel die Aufgaben der Missi erwähnen, dürfte auch diese Kapitelliste irgendwie mit einer Legation zusammenhängen[243]. Die mit Nr. 77 zusammenhängende Aussendung der Missi kann vor der Legation um die Jahreswende 805/806 datiert werden, weil das im 6. Kapitel von Nr. 44 erwähnte *aliud capitulare* wahrscheinlich Nr. 77 ist, dessen 9. Kapitel ähnlich die Ausrüstung des Heeresaufgebots bestimmt[244]. Andererseits ist Mordeks Versuch abzulehnen, Nr. 67 (Capitula per missos cognita facienda) auf die Mainzer Versammlung vom Sommer 803 zu datieren. Die anderen Dokumente, die ebenfalls den Aachener Versammlungen vom März und vom Oktober 802 zugeschrieben werden können, haben mit meiner Fragestellung hinsichtlich der missatischen Dossiers wenig zu tun und bleiben hier außer Acht[245].

Exkurs: Zur Datierung von Nr. 67 (Capitula per missos cognita facienda)

Nach Mordek könnte der im 2. Kapitel dieses Kapitulars genannte Termin der Inkraftsetzung der Vorschrift, *post missam sancti Iohannis*[246], ein Hinweis sein, dass dieses Kapitular auf jenem *generale*

---

pitel über das Treueidsverfahren enthält (MGH Capit. 1 Nr. 44 c. 9 S. 124). Aber diese Erklärung ist weniger wahrscheinlich, weil zwischen dem Treueidformular und dem Diedenhofener Kapitular in diesen Handschriften das Herstaler Kapitular von 779 liegt.

241) GANSHOF, Aachener Kapitular. Vgl. auch INNES, Charlemagne, justice and written law, hier bes. S. 201 f. Dieses Kapitular dürfte nach der Überlieferungslage durch Ludwig den Frommen erneut bestätigt worden sein. SEELIGER, Kapitularien S. 20 f. Anm. 1; MORDEK, Bibliotheca S. 598.

242) PATZOLD, Das sogenannte „Capitulare Aquisgranense".

243) MGH Capit. 1 Nr. 77, cc. 2, 4, 7 und 19 S. 171 f.

244) MGH Capit. 1 Nr. Nr. 44 c. 6 S. 123; ebd. Nr. 77 c. 9 S. 171. Siehe unten Kapitel 2, § 2, 1, iv „805–806".

245) Gemeint sind Nr. 36 und 37.

246) MGH Capit. 1 Nr. 67 c. 2 S. 156. Das in der Boretiusschen Edition auf *Io-*

placitum in Mainz promulgiert wurde, welches in c. 29 des Capitulare missorum von 803 mit dem Hinweis angekündigt wurde, dass es *VIII. Kalendas Iulias, id est missa sancti Iohannis baptistae* in Mainz oder Chalon-sur Saône stattfinden sollte[247]. Mordek argumentiert zugunsten dieser Datierung damit, dass der Johannestag im Mittelalter eine Bedeutung gleichsam als sommerliches Weihnachten hatte[248], und dass eine gute Beziehung zwischen diesem Tag und dem am Ende der Capitula per missos cognita facienda bestimmten Terminus ante quem der Bekanntmachung dieses Kapitulars, vor dem 25. Dezember (*ante nativitatem Domini*), bestehe[249]. Wenn diese Datierung stimmt, hätten die im Sommer 803 ausgesandten Missi innerhalb eines halben Jahres überall in ihren Missatica das Kapitular bekanntzumachen gehabt. Diese Zeitspanne scheint lang genug für eine missatische Rundreise, obwohl dabei die Frage gestellt werden muss, ob dieses Kapitular schon gleich nach der Promulgation auf der Reichsversammlung – ab dem 24. Juni 803 –, obgleich von den Missi noch nicht in den Regionen öffentlich mündlich kundgetan, Gültigkeit erlangen sollte. In diesem Sinn ist auch das 6. Kapitel dieses Kapitulars zu betrachten. Darin wird den Missi befohlen, es an die Missi, die das Dokument noch nicht haben, zu übergeben, sodass es keine Entschuldigung für dessen Unkenntnis geben könne[250]. So wird deutlich, dass sogar manche Missi zum Zeitpunkt der herrscherlichen Promulgation noch nicht von dieser neuen Vorschrift Kenntnis hatten. Wenn eine neue Regelung, genauer gesagt eine Ergänzung zu den Leges, ohne Bekanntmachung vor Publikum und Zustimmung der anwesenden Personen als nicht gültig angesehen werden konnte[251], fällt es schwer, der Zurückführung dieses Kapitulars auf die Reichsversammlung

hannis folgende Wort *baptiste* ist nach Karl Zeumer wegzulassen, weil es in vielen Handschriften fehlt. MGH Capit. 2 S. 358.

247) MGH Capit. 1 Nr. 40 c. 29 S. 116. Zu der Reichsversammlung von 803 in Mainz vgl. BM² 398a.

248) MORDEK, Zweites Kapitular von Herstal S. 15 f. Zum Zusammenhang zwischen den Feiertagen und den Terminen der politischen Akte in der Karolingerzeit vgl. SIERCK, Festtag und Politik.

249) MGH Capit. 1 Nr. 67 c. 6 S. 157 mit Anm. y; MORDEK, Bibliotheca S. 216.

250) MGH Capit. 1 Nr. 67 c. 6 S. 157: *Quicumque ista capitula habet, ad alios missos ea transmittat qui non habent, ut nulla excusatio de ignorantia fiat.* (Anm. y) *Et hoc missi nostri ante nativitatem domini omnibus cognitum faciant.*

251) Vgl. MGH Capit. 1 Nr. 39 S. 112 (eine Notiz im Codex Paris Lat. 4995); Nr. 40 c. 19 S. 116; Nr. 103 S. 211 f.

vom Sommer 803 in Mainz nur mit der von Mordek in Bezug auf den Johannestag angeführten Argumentation zuzustimmen[252]. Ohne auf ein bestimmtes Jahr zu datieren – doch ohne die Datierung auf 803 auszuschließen – folge ich lieber der Interpretation Zeumers, das Datum *missa sancti Iohannis* im Kapitel 2 nicht mit dem Feiertag hl. Johannes des Täufers (24. Juni), sondern mit dem des Evangelisten Johannes (27. Dezember) zu identifizieren[253]. Auch der Evangelist Johannes erfuhr in der Karolingerzeit weit verbreitete Verehrung und sein Feiertag ist im Vergleich zu anderen Heiligen nicht seltener in den Herrscher- und Bischofskapitularien erwähnt[254]. Obwohl damit unklar bleibt, wie viel Zeit den Missi für die Vollendung ihrer Aufgabe zur Verfügung stand, ist für diese Studie wichtig, dass der Terminus ante quem der Bekanntmachung und der Terminnus post quem der Inkraftsetzung der neuen Vorschriften in einem engen Zusammenhang miteinander stehen: Die Missi sollten nämlich bis zum Jahresende im damaligen Sinn (24. Dezember) die neuen Vorschriften bekanntmachen und man sollte sie ab dem Anfang des neuen Jahres (27. Dezember) beachten[255]. Außerdem ist es aufschlussreich, dass c. 5 über die gleichzeitige Aussendung der Missi nach Aquitanien und Norditalien spricht[256]. Aus der Schreibweise („wir haben ebenso die Missi nach Aquitanien und Italien entsendet") kann man vermuten, dass diese Missi nach Aquitanien und Norditalien nicht ein gleichlau-

252) Leider ist die von Mordek angekündigte Studie zur Erhärtung seiner These nicht erschienen (MORDEK, Zweites Kapitular von Herstal S. 15 Anm. 66). Vgl. aber z. B. die Notitia Italica, wo der Tag der Verkündigung als der Tag der Inkraftsetzung der neuen Regelungen galt. MGH Capit. 1 Nr. 88 c. 4 S. 188: *Et hoc damus in mandatis, ut quicumque homo ab hac presenti die vicesimo mensis Februarii res suas vendere aut alienare voluerit, in omnibus eorum permaneat potestatem: tantum sic faciant, sicut eorum fuerit lex. Unde qualiter nobis complacuit, presentem deliberationis notitiam pro amputandas intentiones fieri iussimus et nobis relegi fecimus, et volumus ut sic procedat iudicium.*

253) MGH Capit. 2 S. 358.

254) Vgl. die systematische Tabelle in: SIERCK, Festtag und Politik S. 67.

255) In diesem Fall fällt auf, dass die beiden Weihnachtstage, der 25. und 26. Dezember, die die ersten beiden Tage des neuen Jahres waren, quasi als Aufschub gelten sollten.

256) MGH Capit. 1 Nr. 67 c. 5 S. 157: *Similiter dreximus missos in Aequitania et Langobardia, ut omnes fugitivos et adventicios ad nostrum placitum adducant.*

tendes Dokument mitgeführt hatten, zumal das 2. Kapitel von Nr. 76 hauptsächlich Diebe unter den Franken behandelt[257].

Obwohl kein Dokument mit der Mainzer Versammlung zu verbinden ist, gibt es noch weitere Schriftstücke, die nach dieser Versammlung ausgestellt wurden und auch in die Reihe der kontinuierlichen Legation und Neuordnung des Reiches nach der Kaiserkrönung gestellt werden können. Nach dem Ende der Mainzer Versammlung reiste der Kaiser nach Bayern ab. Wenn man die Inskriptionen von Nr. 42 (Capitula ecclesiastica ad Salz data) in den drei Codices, die dieses Kapitular auf Karls Aufenthalt in Salz in seinem vierten Regierungsjahr als Kaiser datieren[258], für falsch hält, dürfte es auf Karls Weg nach Bayern ausgestellt worden sein[259]. Dafür sprechen die Ausstellung einer Urkunde am 13. August 803 in Salz[260] und die älteren Metzer Annalen zu 803, die über eine Versammlung in Salz berichten[261]. Wenn man aber den Inskriptionen der fraglichen Handschriften, besonders der bekannten Schwestercodices Paris Lat. 9654 und Vatikan Pal. Lat. 582 vertrauen möchte, wäre diese Datierung unsicher. Dagegen sind die Capitula ad legem Baiuvariorum addita (Nr. 68) und das Capitulare Baiuvaricum (Nr. 69) auf einen späteren Zeitpunkt im Jahr 803 (Spätsommer oder Herbst) zu datieren. Aus der zumeist gemeinsamen Überlieferung ist wieder auf eine parallele Ausstellung der zwei inhaltlich unterschiedlichen Kapitularien zu schließen, obwohl in Nr. 69 von der Bekanntmachung, Zustimmung oder Bestätigung der der Lex Baiuvariorum neu zu addierenden Gesetzeskapitel keine Rede ist. Sie sind nur in bayerischen Handschriften überliefert und c. 8 von Nr. 69 spricht über Angelegenhei-

257) MGH Capit. 1 Nr. 67 c. 2 S. 156.

258) Vgl. MGH Capit. 1 S. 119.

259) BM² 402. Zumindest nach der Überlieferung kann man im Jahr 804 keinen Aufenthalt Karls in Salz beweisen. Vgl. BM² 406b–408d.

260) BM² 400; D KdG 200 (Salz, 803. 8. 13.) S. 269 f. (Immunität für die Kirche von Grado auf Bitte des Patriarchen Fortunatus). Bei BM² 401; D KdG 201 (–) S. 270, datiert Mühlbacher eine weitere undatierte Urkunde in diese Zeit, weil auch sie dem Patriarch Fortunatus die Zollfreiheit für vier Schiffe des Patriarchats verleiht. Aber diesmal wird Fortunatus nicht als Patriarch von Grado, sondern von Venedig und Istrien tituliert.

261) Ann. Met. pri., a. 803 S. 90: *Absolutis itaque cum honore imperiali missis dispositisque in eodem placito quae tunc oportuna esse videbantur…*; BM2 398b.

ten in der Zeit Tassilos III. und seiner Frau Liutperga[262]. Daher ist es wahrscheinlich, dass die hier erwähnten Missi nur in Bayern tätig waren[263]. Mit dieser Ergänzung zur bayerischen Lex scheint die lange Reihe der ersten aktiven kontinuierlichen Legationen und die Neuordnung des Reiches zum Abschluss gekommen zu sein. Dieses Projekt begann in Italien mit der Verbesserung des langobardischen Rechts und endete in Bayern mit der des bayerischen Rechts. Dazwischen gab es eine umfangreiche Vorbereitung zur Leges-Reform mittels der reichsweiten Untersuchungen durch die Missi und Diskussionen darüber in Aachen. Angesichts dieses geographischen Rahmens der Leges-Reform müssen wir vielleicht eine Aussage des Poeta Saxo heranziehen: Karl habe 803 in der Pfalz zu Salz einen Friedensvertrag mit den sächsischen Mächtigen schriftlich abgeschlossen und ihnen gestattet, unter der Gerichtsbarkeit der von Karl eingesetzten Richter und der Missi dominici ihr eigenes Recht beizubehalten[264]. Diese Quellenaussage ist besonders bezüglich des Friedensvertrags von der bisherigen Forschung als falsch betrachtet worden[265]. Wir können allerdings vermuten, dass Karl in Salz die schriftlich neu fixierte Lex der Sachsen vor den anwesenden sächsischen Mächtigen verlautbarte, so wie er in Italien und Bayern die Verbesserung der vor Ort meist gängigen Leges in seiner Gegenwart, vielleicht als politische Inszenierung, öffentlich verkündete. Diese drei Regionen – Italien, Bayern und Sachsen – sind diejenigen, die Karl während seiner Regierungs-

262) MGH Capit. 1 Nr. 69 c. 8 S. 159: *Quod non amplius de illis iustitiis missi nostri ad praesens modo faciunt nisi de temporibus Tassilonis seu Liutpirgae, excepto illis qui ad fidem avi et genitoris nostri vel ad nos venerint.* In c. 9 geht es außerdem um *marca nostra*, die zusammen mit den Missi dominici gegen außen geschützt werden musste; ebd. Vgl. WOLFRAM, Salzburg, Bayern, Österreich S. 188 mit Anm. 502.

263) Vgl. MORDEK, Bibliotheca S. 1088 (Register). Zur Datierung vgl. auch BM² 403 und 404.

264) Poeta Saxo, a. 803 S. 48: *Augustus prius ad sedem Salz nomine dictam/Venerat. Huc omni Saxonum nobilitate/Collecta, simul has pacis leges inierunt [...] Tum sub iudicibus, quos rex inponeret ipsis,/Legatisque suis permissi legibus uti* | *Saxones patriis et libertatis honore/Hoc sunt postremo sociati foedere Francis,/Ut gens et populus fieret concorditer unus/Ac semper regi parens aequaliter uni.*

265) BM² 398b (mit „Nachtrag" S. 943–4); SIMSON, Der Poëta Saxo; WATTENBACH-LEVISON VI S. 865f.; BECHER, Rex, Dux und Gens S. 42f.; SPRINGER, Die Sachsen S. 213–215. EHLERS, Die Integration Sachsens S. 525 (Reg. Nr. 104) scheint dieser Aussage des Poeta Saxo zu vertrauen.

zeit ins Frankenreich integrierte. Hier kann man einen Kontrast zu den anderen Regionen des Reichs sehen, wo die Verbesserung der fränkischen Leges durch die Missi dominici übermittelt und verfahrensmäßig vollendet worden zu sein scheint.

Wer mit der hier dargestellten kontinuierlichen Legation beauftragt wurde, ist nicht völlig klar. Zumindest für die vom Frühling 802 mit Nr. 34 sind die folgenden Missi nachweisbar: Abt Fardulf von St-Denis, Graf Stephan von Paris, Magnus von Sens, Graf Godefred, Erzbischof Magenardus von Rouen, Graf Madelgaudus (von Beauvais) sowie ein Missus/einige Missi für Aquitanien[266]. Eckhardt vermutet aufgrund des in der Lütticher Kapitulariensammlung Ghaerbalds überlieferten Fragmentes dieses Kapitulars, dass noch einige weitere Missi in der Region um Lüttich, Arras und Vermandois tätig waren. Während er nur Rado von St-Vaast und Fulrad von St-Quentin als Missi in dieser Region anführt[267], ist es auch möglich, dass ihr Kollege des Jahres 806, Graf Unroch, schon 802 Missus war. Unter den Personen, die in diesem Zeitraum als Missi belegbar sind, erblickt man wahrscheinlich einige, die sich mit der kontinuierlichen Legation von 801–803 befassten. Aber eine definitive Zuordnung solcher Missi ist nicht möglich[268].

805–806

Mehrere Dokumente, die in die Zeit zwischen Dezember 805 und März/April 806 datiert werden, sind zusammenhängend darzustellen. Um die Jahreswende 805/806 sind das Capitulare missorum in Theodonis villa datum primum, mere ecclesiasticum (Nr. 43) und das Capitulare missorum in Theodonis villa datum secundum, generale (Nr. 44) in Diedenhofen/Thionville ausgestellt worden[269]. Auch wenn diese nicht auf einer Reichsversammlung entstanden sind[270], waren die

266) ECKHARDT, Capitularia missorum specialia S. 504.

267) ECKHARDT, Capitularia missorum specialia S. 516.

268) Im Folgenden die belegbaren Missi: Im Winter 801/802: Erzbischof ARN von Salzburg und KISALHARD in Bayern, WIDO (I) in Neustrien oder im Grenzgebiet zur Bretagne; im Frühling–Sommer 802: WERNER (I) in Thüringen, ARN von Salzburg, ADALWIN von Regensburg, Abt DEOTKER und Graf WERNER (II) und AUDULF in Bayern. Zu den einzelnen Missi siehe die Prosopographie.

269) Zur Datierung von Nr. 44 auf 806 zuletzt Admonitio generalis S. 119 f. mit Anm. 466.

270) Das betont PÖSSEL, Authors and recipients S. 258 mit Anm. 30.

Königssöhne Karl der Jüngere, Pippin und Ludwig bereits dort anwesend, um Weihnachten zu feiern[271]. Wenn man diese Zusammenkunft der Herrscherfamilie und die Ausstellung der zwei Kapitularien im Kontext der zwei Monate später auf der Diedenhofener Reichsversammlung beschlossenen Reichsteilung (Divisio regnorum, Nr. 45) mit dem Ziel der Friedensherstellung sieht[272], könnte man vermuten, dass der Inhalt der Kapitularien Nr. 43 und 44 auf der Beratung mit den Mächtigen, die mit der Königsfamilie in Diedenhofen anwesend waren, beruhte. Dafür spricht, dass die Kapitel 1–2, 4–7 von Nr. 43 in den meisten Überlieferungen nur stichwortartige Rubriken wie *De lectionibus* haben und sich sicher nur die Personen, die bei dieser Beratung anwesend waren, anhand solcher Stichworte an die zu verkündenden Normen erinnern konnten[273].

271) Vgl. BM^{2} 411g, 414 und 414a.

272) Vgl. GANSHOF, Frankish institutions under Charlemagne S. 7; FRIED, Erfahrung und Ordnung S. 151 f.

273) Die anderen ausführlicheren Lesarten von Nr. 43, die besonders die bekannten Schwesterhandschriften einer verlorengegangenen älteren Kapitelsammlung (Paris Lat. 9654 und Vatikan Pal. Lat. 582) geben, werfen Fragen auf, die sich nicht ohne weiteres beantworten lassen. MGH Capit. 1 Nr. 43 f. S. 121–126 mit den kritischen Apparaten. Dazu vgl. auch MORDEK, Bibliotheca S. 567 u. 786 f. Mordek sieht in der von ihm neu gefundenen Kapitelliste (a. 805–813 = MORDEK Nr. 12; a. 806 nach Glatthaar: Admonitio generalis, Einleitung S. 126–135.) „wörtliche Anklänge an eben diese Sondertextfassung von Diedenhofen" und meint, dass diese Parallele „ihr Verbleiben am Hofe" und „ihre Anerkennung als vollgültiger Kapitularientext" oder „als offensichtlich genuin erwiesener Text" beweist. MORDEK, Karolingische Kapitularien S. 31 Anm. 34; MORDEK und SCHMITZ, Neue Kapitularien S. 412 Anm. zu c. 37. Aber die hier gesehene Parallele ist m. E. nicht wörtlich, sondern inhaltlich: *De nuper venientibus ad monasterium, ut primo discant regulam antequam foras mittantur ad ministeria, et quod non vadant ad iudicia secularia* (MGH Capit. 1 Nr. 43 c. 8 S. 121 Anm. p, als Cap. VII in den oben genannten Handschriften); *Et ut ad monasteria venientes secundum regularem ordinem in pulsatorio probentur et sic recipiantur; et qui ex secularis in monasterio veniunt, neque foris monasterio neque infra ad ministeria mittantur, antequam regulariter erudiant<ur>* (MORDEK Nr. 12 c. 37 S. 988). Dieser Satz von c. 37 stimmt fast wörtlich mit dem letzteren Teil von c. 73 der Admonitio generalis überein, wie Mordek in der Anmerkung notiert. MORDEK und SCHMITZ, Neue Kapitularien S. 411 f. Anm. zu c. 37 (Zu den Zitaten der Admonitio in Mordek Nr. 12 vgl. Admonitio generalis, Einleitung S. 128–131). Wahrscheinlich benutzte also der Verfasser der Pariser/vatikanischen Version von Nr. 43 den schriftlichen Text der Admonitio nicht als Vorlage, im Gegensatz zu dem von MORDEK Nr. 12,

Ob die im 13. Kapitel von Nr. 44 erwähnte nächste Reichsversammlung, auf der der Kaiser mit seinen Missi zweifelhafte Fälle im Bereich des Zollwesens diskutieren wollte, die größere Reichsversammlung von Diedenhofen im Februar 806 oder die wahrschein-

---

obwohl der erstere den Inhalt dieser Norm sicher kannte. Anders gesagt, orientiert sich der Text von Cap. VII in den Pariser und vatikanischen Codices sicher an der Absicht des Kaiserhofes. Vgl. Admonitio generalis, Einleitung S. 118. Es ist denkbar, dass der Verfasser dieser Pariser/vatikanischen Version nachträglich notiert hat, was er entweder bei der Hofberatung oder bei der Bekanntmachung dieses Kapitulars auf einer Regionalversammlung gehört hat. Im ersten Fall dürfte der Urheber dieses Textes ein Missus gewesen sein, der dieses Kapitular in seinem Missaticum bekannt machen sollte. Im zweiten Fall dürfte der Urheber ein Zuhörer auf der missatischen Regionalversammlung gewesen sein. Dass ein solcher Teilnehmer im Frühjahr 806 die Texte der betreffenden Kapitularien bekommen hat, darauf weist ein Rundbrief der Missi an Grafen in ihrem Missaticum hin. MGH Capit. 1 Nr. 85, Proömium S. 184; ECKHARDT, Die Kapitulariensammlung Nr. LXIV S. 100. Zu diesem Brief vgl. unten. Ganshofs These, dass die verschiedenen Versionen der einzelnen Kapitel, wie man bei den Diedenhofener Kapitularien von 805 beobachten kann, auf die Ergänzungen zu Rubriken im Verlauf oder am Ende der Beratung durch einen „Sekretär *ad hoc*" außerhalb der Kanzlei oder durch im Auftrag einzelner Missi tätige *notarii* zurückzuführen seien, ist wegen der fehlenden Quellenbasis schon kritisiert worden. GANSHOF, Was waren die Kapitularien? S. 76–83; MORDEK, Karolingische Kapitularien S. 31 mit Anm. 34; MORDEK, Kapitularien und Schriftlichkeit S. 39; GLATTHAAR, Die drei Fassungen. Ich kann Herkunft und Ursache für die verschiedenen Überlieferungsformen eines Kapitulars nicht völlig erklären. GLATTHAAR, Die drei Fassungen, sieht in den verschiedenen Überlieferungsformen drei Fassungen der Diedenhofener Kapitularien, die jeweils eine Stufe der Beratung und Mitwirkung der Großen am Hof widerspiegeln dürften: ein „Entwurf", ein „überarbeiteter Erlass" und eine „Revision mit gelegentlichen Ergänzungen" (Zitat S. 473). Dass man bei der Bekanntmachung den Text der Diedendorfer Kapitularien bearbeitet hat, kann man an der Auslese der zu verkündenden Kapitel durch Bischof Jesse von Amiens erkennen, wie die Überschrift zu diesem Kapitular im Paris Lat. 4626 zeigt: *EXCARPSV CAPLI. DOMNO IMPERATORE KAROLI QVEM IESSE EPISCOPUS EX ORDINATIONE IPSIUS AVGVSTI.* MORDEK, Bibliotheca S. 478. Dazu vgl. GLATTHAAR, Die drei Fassungen S. 463 f.; DEPREUX, Gesandteninstruktion S. 57. Was bei der Bekanntmachung der Herrscherkapitularien wichtig war, ist nicht unbedingt eine wörtliche Wiedergabe eines Textes, sondern die Vermittlung der herrscherlichen Ansichten vor Ort. Dazu siehe unten. Dass eine von anderen abweichende Version auch aus der Textbearbeitung eines Kompilators einer Kapitelsammlung stammen kann, zeige ich unten mit dem Beispiel der Kapitellisten von 809.

lich kleinere Beratung in Nimwegen im März 806 ist, ist nicht völlig klar. Aber jedenfalls ordnet das 10. Kapitel des ersten Nimwegener Kapitulars (Capitulare missorum Niumagae datum, Nr. 46), unter der Erwähnung eines anderen Kapitulars, erneut an, die alte Gewohnheit beizubehalten und eine neue Zollerhebung zu verbieten[274]. Das 3. Kapitel von Nr. 46 befiehlt den Missi außerdem die Kontrolle der im 1., 2. und 5. Kapitel von Nr. 43 geforderten Bestimmung[275]. Da diese Kapitel von Nr. 43 einfache Rubriken sind und das 3. Kapitel von Nr. 46 den genauen Inhalt der früheren Bestimmungen nicht erklärt, mussten die Übermittler von Nr. 46 die früheren Anordnungen von Nr. 43 gut kennen, um alle Bestimmungen korrekt bekannt zu machen. So darf man annehmen, dass vom Ende des Jahres 805 bis zum Frühling 806 in der Regel dieselben Personen als Missi tätig waren. Es geht hier also um kontinuierliche Normsetzung und -kontrolle[276]. Dass die mit der Durchführung von Nr. 46 beauftragten Missi den Inhalt der Divisio regnorum (Nr. 45) erklären und anerkennen lassen mussten[277], zeigt die Verbindung zwischen den beiden Ver-

274) MGH Capit. 1 Nr. 44 c. 13 S. 124 f.: *De teloneis placet nobis, ut antiqua et iusta telonea a negotiatoribus exigantur, tam de pontibus quam et de navigiis seu mercatis; nova vero seu iniusta, ubi vel funes tenduntur, vel cum navibus sub pontibus transitur seu et his similia, in quibus nullum adiutorium iterantibus praestatur, ut non exigantur … Si quid vero fuerit unde dubitetur, ad proximum placitum nostrum quod cum ipsis missis habituri sumus, interrogetur*; ebd. Nr. 46 c. 10 S. 132: *De teloneis et cespitaticis, sicut in alia capitula ordinavimus, teneant, id est ubi antiqua consuetudo fuit, ita exigantur, ubi nova fuerint inventa, destruantur.*

275) MGH Capit. 1 Nr. 46 c. 3 S. 131: *Ut praedicti missi … et diligenter inquirant de conversatione singulorum vel quomodo emendatum habeant quod iussimus de eorum lectione et canto caeterisque disciplinis aecclesiasticae regulae pertinentibus.* Vgl. ebd. Nr. 43, cc. 1, 2 und 5 S. 121.

276) Die Wahl des Wortes *addere* in der Inskription von Nr. 46 in den Handschriften ergänzt diese Auffassung: Capitula quae ad Niumaga sunt addita (München Lat. 19416; Paris Lat. 4995; Sankt Paul im Lavanttal 4/1; Vatikan Reg. Lat. 1036; Vatikan Reg. Lat. 1728; Paris Lat. 9654 und Vatikan Pal. Lat. 582 mit einer Ergänzung: *in sexto anno imperii infra quadragessimam.*) MORDEK, Bibliotheca S. 359, 553, 568, 689, 787, 845 und 853. Die Handschriften, die diese Inskriptionen nicht haben, enthalten nur wenige Kapitel von Nr. 46. Vgl. Register in MORDEK, Bibliotheca S. 1086.

277) MGH Capit. 1 Nr. 46 c. 2 S. 131: *De sacramento. Ut hi qui antea fidelitatem partibus nostris non promiserunt promittere faciant, et insuper omnes denuo repromittant, ut ea quae inter filios nostros propter pacis concordiam statuimus pleniter omnes consentire debeant.*

sammlungen von Diedenhofen und Nimwegen. Auch das von Eckhardt auf den März 806 datierte Kapitular (Nr. 55: Capitula post a. 805 addita) zeigt diese Kontinuität: das 3. Kapitel fordert nur mit Rubriken die Befolgung der Bestimmungen in Nr. 44, cc. 1, 2, 3, 4 und 14[278].

Im Zusammenhang damit ist in den Kapitularien von 805–806 eine klar ausgedrückte Verbindung zu den älteren schriftlichen Normsetzungen auffällig[279]. Das bedeutet nicht, dass die bisherigen Kapitularien in keiner Weise auf älteren Normen beruht hätten. Zum Beispiel beruhen die Admonitio generalis (Nr. 22) und das sog. Frankfurter Kapitular (Nr. 28) weitgehend auf der Kanonessammlung Dionysio-Hadriana – Nr. 28 auch auf Nr. 22[280]. Neu ist bei den Kapitularien von 805–806 die Erwähnung älterer unbestimmter Kapitularien ohne konkrete Erörterung der durch sie zu vollziehenden Normen. Das im 6. Kapitel von Nr. 44 erwähnte *aliud capitulare* ist wahrscheinlich Nr. 77 (von 802/803?), dessen 9. Kapitel die Ausrüstung des Heeresaufgebots bestimmt[281]. Das 21. Kapitel beglaubigt erneut die Gültigkeit der Bestimmung eines älteren Kapitulars über Räuber, hier wahrscheinlich das Capitulare Karoli M. de latronibus (Nr. 82) von 804[282].

278) MGH Capit. 1 Nr. 55 c. 3 S. 142: *Reliqua capitula quae in anteriore capitulari scripta sunt, tam de venundatione annonae et de reliquis iustitiis et de restauratione aecclesiarum et de pace et de fugitivis et de singulis quibusque causis, omnia ita observentur.* Zur Datierung ECKHARDT, Die Kapitulariensammlung S. 20.

279) Zu den inhaltlichen Zusammenhängen dieser Kapitularien mit der Admonitio generalis vgl. Admonitio generalis, Einleitung S. 118 f.

280) MORDEK, Kapitularien und Schriftlichkeit S. 40; MORDEK, Aachen, Frankfurt, Reims S. 131–133; MORDEK, Fränkische Kapitularien S. 15.

281) MGH Capit. 1 Nr. Nr. 44 c. 6 S. 123: *De armatura in exercitu, sicut antea in alio capitulare commendavimus, ita servetur…*; ebd. Nr. 77 c. 9 S. 171: *De hoste pergendi … Et ipse comis praevideat quomodo sint parati, id est lanceam, scutum et arcum cum duas cordas, sagittas duodecim. De his uterque habeant. Et episcopi, comites, abbates hos homines habeant qui hoc bene praevideant et ad diem denuntiati placiti veniant et ibi ostendant quomodo sint parati. Habeant loricas vel galeas et (ad?) temporalem hostem, id est aestivo tempore.* Dazu GANSHOF, Aachener Kapitular S. 65 mit Anm. 17, der *et* nach *galeas* zu *ad* korrigiert.

282) MGH Capit. 1 Nr. 44 S. 125 c. 21: *De latronibus, sicut iam antea in alio capitulare commendavimus ita maneat.* Ebd. Nr. 82, Inskription S. 180: *Capitularem qualiter missi nostri de latronibus agere debent* mit den folgenden neun Kapiteln über dieses Thema. Während schon Pertz unsere Nr. 82 in Zusammenhang mit Nr. 44 gestellt und auf 804 datiert hat, ließ Boretius eine genaue Datierung offen. MGH LL 1 S. 129; MGH Capit. 1 S. 180. Nun aber tendiert die Forschung wie-

Auch für andere Kapitel kann man jeweils ihre Entsprechungen in früheren Kapitularien konstatieren: Nr. 44 c. 14 in Nr. 40 c. 6[283], Nr. 44 c. 16 in Nr. 104 c. 4[284] oder Nr. 40 c. 20[285], Nr. 46 c. 10 in Nr. 43 c. 13[286].

Dieses rückblickende Verfahren bei der Kapitularienverkündung von 805–806 dürfte eine Stimmung geschaffen haben, die zur Entstehung der Kapitel- und Kapitulariensammlung in dieser Zeit geführt hat. Gemeint ist hier die Kapitelsammlung (Nr. 35) in der Ghaerbald von Lüttich zugeschriebenen Kapitulariensammlung. Nr. 35 enthält die Kapitelreihe, die von einem oder mehreren Missi hauptsächlich aus Nr. 22 und 34 exzerpiert und formell einheitlich umgeformt worden zu sein scheint[287]. Der Zweck dieser Kompilation wird aus dem auch in den März 806 datierbaren Brief der Missi an die Grafen in ihrem Missaticum ersichtlich. Die Missi dieser Zeit mussten überprüfen, ob die seit Jahren durch verschiedene Legationen angeordneten Normen wirklich durchgesetzt wurden oder nicht, und sie hatten außerdem bis zum April dem Kaiser darüber zu berichten. Deswegen mahnten sie in ihrem Brief an die Grafen zur Erinnerung und Lektüre der älteren Anordnungen[288]. Dabei ist anzumerken, dass Adalhard von Corbie und Graf Hrocculf erst bei dieser Gelegenheit an-

---

der dazu, sich Pertz' Auffassung anzuschließen. Vgl. BM² 411 (a. 805, vor Nr. 44); GANSHOF, Was waren die Kapitularien? S. 90 Anm. 222 und S. 167 (a. 804); MORDEK, Bibliotheca S. 462 und 829 (a. 804).

283) ECKHARDT, Die Kapitulariensammlung S. 19.

284) ECKHARDT, Die Kapitulariensammlung S. 19 f.

285) MGH Capit. 1 Nr. 40 c. 20 S. 116: *Ut nullus ad placitum banniatur, nisi qui causam suam quaerere aut si alter ei quaerere debet, exceptis scabineis septem qui ad omnia placita praeesse debent.* Vgl. ebd. Nr. 44 c. 16 S. 125: [...] *Et ut saepius non fiant manniti ad placita, nisi sicut in alio capitulare praecepimus ita servetur.*

286) MGH Capit. 1 S. 132 Anm. 3.

287) ECKHARDT, Die Kapitulariensammlung S. 25–33. Wieder auf 802 datieren SEMMLER, Reichsidee S. 37 Anm. 3; PATZOLD, Normen im Buch, bes. S. 344 Anm. 67; INNES, Charlemagne, justice and written law S. 187. Vorsichtig sind SIEMS, Handel und Wucher S. 737; BUCK, Admonitio S. 339 Anm. 499. Für die Datierung auf 806 ist zuletzt Michael Glatthaar eingetreten. Admonitio generalis, Einleitung S. 123–125.

288) MGH Capit. 1 Nr. 85 S. 184; ECKHARDT, Die Kapitulariensammlung Nr. LXIV S. 100: *Praeceptum est enim nobis omnino et omnibus reliquis missis a domino nostro, ut medio Apreli ei veraciter renunciemus, quid in regno suo ex his quae ipse in istis annis per missos suos fieri factum sit vel quid dimissum sit [...] Nunc autem admonemus vos, ut capitularia vestra relegatis et quaeque vobis per verba*

stelle des erkrankten Rado von St-Vaast zu Missi ernannt wurden[289]. Angesichts der Praxis, auf frühere Anordnungen Bezug zu nehmen, brauchten diese neu ernannten Missi[290], die vielleicht im Vergleich zu ihren schon erfahrenen Kollegen nur wenige Arbeitsmaterialien hatten, die Texte der älteren Kapitularien für ihre Tätigkeit in ihrem Missaticum. Die regional beschränkte Überlieferung von Nr. 35 kann auch die enge Beziehung dieser Kapitelsammlung mit den um Lüttich tätigen Missi bestätigen[291].

In diesem Kontext sind zwei weitere Kapitellisten heranzuziehen: Nr. 60 (Capitulare missorum, 802/813) und Mordek Nr. 12 (Capitulare ecclesiasticum, 805/813). Obwohl eine sichere Datierung der beiden Kapitellisten unmöglich scheint, datiert sie Michael Glatthaar auf 806[292]. Nr. 60 ist für die Thematik der Verbindung zwischen dem Kapitularien- und dem Missatswesen höchst interessant, denn das 4. Kapitel ist inhaltlich dem 40. Kapitel des Kapitulars von 813 gleich: Der Kaiser befahl seinen Missi zu untersuchen, wie das befolgt und durchgesetzt wurde, was er langjährig durch seine Kapitularien im ganzen Reich angewiesen hatte. Die Missi sollten dann erneut das Volk an die Einhaltung dieser Normen erinnern und dem Kaiser Bericht erstatten, wer sie erfüllt hatte und wer nicht[293]. Allein aufgrund dieser Ähnlichkeit kann man Nr. 60 nicht auf 813 datieren. Ein ko-

commendata sunt recolatis et tale exinde certamen habere studeatis. Zu diesem Brief vgl. Admonitio generalis, Einleitung S. 121–126.

289) MGH Capit. 1 Nr. 85 S. 183; ECKHARDT, Die Kapitulariensammlung Nr. LXIV S. 99.

290) In diesem Sinn weiche ich ein wenig von der Meinung Eckhardts ab, dass die Verfasser von Nr. 35 alle Missi in diesem Missaticum gewesen seien, nämlich Adalhard, Hrocculf, Fulrad von St-Quentin und Graf Unroch. ECKHARDT, Die Kapitulariensammlung S. 34.

291) ECKHARDT, Die Kapitulariensammlung S. 11–18 und 32; Admonitio generalis, Einleitung S. 123–125. Die beiden sprechen von *Capitula missorum dominicorum*.

292) Admonitio generalis, Einleitung S. 120 f. und 126–135.

293) MGH Capit. 1 Nr. 60 c. 4 S. 147: *Praecipimus autem missis nostris, ut ea quae a multis iam annis per capitularios nostros in toto regno nostro mandavimus agere, discere, observare vel in consuetudine habere, ut haec omnia nunc diligenter inquirant et omnino innovare ad servitium Dei et ad utilitatem nostram, vel ad omnium christianorum hominum profectum innovare studeant et, quantum Domino donante prevalent, ad perfectum usque perducant. Et nobis omnino adnuntient, quis inde certamen bonum hoc adimplere habuisset, ut a Deo et a nobis gratum habeat; qui autem neglegens inde fuerit, ut talem disciplinam percipiat, qualem talis*

dikologischer Befund dürfte auf die Entstehung von Nr. 60 im Kontext der Legation von 805/806 hinweisen: In der einzigen Handschrift (Wolfenbüttel HAB Blankenburg 130), die alle als Nr. 60 edierte Kapitel enthält, folgt das Dokument direkt dem zweiten Diedenhofener Kapitular Nr. 44[294]. Glatthaar stellt den herrscherlichen Befehl des 4. Kapitels, der die Kontrolle der Durchsetzung der früheren Anordnungen anweist, in den Kontext der Legation vom Frühjahr 806[295]. Ebenfalls mit dieser Aufgabe der Kontrolle dürfte Mordeks Nr. 12 zusammenhängen, wie Glatthaar meint[296]. Diese Kapitelliste ist für die vorliegende Arbeit besonders wichtig, weil wir wissen, wie diese Kapitelliste durch den kaiserlichen Missus – hier Arn von Salzburg – bekanntgemacht wurde[297].

Außerdem stellt François Louis Ganshof auch Nr. 49 (Capitula de causis diversis) in den Kontext der Legation von 805–806. Ihm zufolge ist Nr. 49 auch auf der Reichsversammlung von Nimwegen 806 erlassen worden[298]. Dass die Sachsen und Friesen jeweils in c. 2 und c. 3 behandelt werden, kann Ganshofs Auffassung untermauern. Außerdem nimmt c. 4 von Nr. 49 auf cc. 6 und 7 von Nr. 46 Bezug. Es ist jedoch nicht sicher, ob Nr. 49, wie Ganshof meint, als „un capitulaire de nature réglementaire" der gleichzeitig ausgestellten Instruktion für

---

sit contemptor percipere dignus, ita ut ceteri metum habeant amplius. Vgl. Mordek Nr. 13 c. 40 S. 993.

294) Mordek, Bibliotheca S. 925. Die italienische Herkunft der zwei Handschriften, die das 4. Kapitel überliefern, dürfte zeigen, dass Karls Bemühen um die Durchsetzung der durch Kapitularien gesetzten Normen auch in Italien sehr stark war. Ivrea, Bib. Capit. XXXIV (um 830, Pavia) enthält nur das 4. Kapitel. Wolfenbüttel HAB Blankenburg 130 (nach 855, Oberitalien) überliefert die vier Kapitel. Mordek, Bibliotheca S. 178, 182, 920 und 925. Im Wolfenbütteler Codex folgt Nr. 60 ein Brief Karls des Großen an Pippin von Italien, der die Durchsetzung der Rechtsreform von 803 betrifft. MGH Capit. 1 Nr. 103 (um 806) S. 211 f.

295) Admonitio generalis, Einleitung S. 120 f.

296) Admonitio generalis, Einleitung S. 126–135.

297) Schneider, Karolingische Kapitularien. Siehe ARN in der Prosopographie und unten in diesem Abschnitt. Auch wenn diese Kapitelliste nicht Herrscherkapitular, sondern die von Arn verfassten Königsbotenkapitel (*Capitula missorum dominicorum*) war, wie Glatthaar jüngst postuliert hat, verliert sie keineswegs ihre Bedeutung für die in diesem Kapitel angestellte Untersuchung. Admonitio generalis, Einleitung S. 126–135.

298) Ganshof, Deux documents de Charlemagne S. 83–87. In diesem Aufsatz datiert Ganshof auch Nr. 75 (Karoli ad Fulradum abbatem epistola) auf den Frühling 806. Ebd. S. 87–91, was hier nicht behandelt wird.

die Missi (Nr. 46) gegenübergestellt werden kann, zumal Nr. 49 wohl nicht vollständig überliefert ist[299].

Bei dieser etwa halbjährigen Legation kann man zum Teil erkennen, wer als Missus tätig war. Dass in dem viel diskutierten Kapitel 7 von Nr. 44 die Mächtigen im Osten[300] als *missi* zur Kontrolle des Handels an der Ostgrenze des Reiches eingesetzt wurden[301], lässt vermuten, dass sie bei der Beratung im Winter 805/806 in Diedenhofen waren und danach zur Legation ausgesandt wurden. In der Gegend um Lüttich werden Abt Fulrad von St-Quentin, Graf Unroch und Abt Rado von St-Vaast zu den Missi der Legation des Winters gezählt. Rado wurde im Frühling 806 wegen seiner Krankheit durch Abt Adalhard von Corbie und Grafen Hrocculf ersetzt[302]. Wenn Mordeks Nr. 12 auf 806 zu datieren ist, zählt auch Arn von Salzburg zu den Missi bei dieser Legation. Die Identifizierung weiterer Missi ist nicht möglich.

807

Wenn Nr. 49 ins Jahr 806 datiert wird, so ist nur ein Kapitular aus dem Frühling 807, entstanden in Aachen, überliefert, nämlich das Memoratorium de exercitu in Gallia occidentali praeparando (Nr. 48)[303]. C. 3 macht deutlich, dass Missi die Aufgebotsanordnung bekanntmachen sollten[304]. Da die durch dieses Dokument gegebene Anordnung

---

299) Vgl. BORETIUS, Beitraege S. 82 f.

300) Siehe AITO, AUDULF, HREDI, MADALGAUD (I), MADALGAUD (II) und WERNER (II) in der Prosopographie.

301) MGH Capit. 1 Nr. 44 c. 7 S. 123: *De negotiatoribus qui partibus Sclavorum et Avarorum pergunt, quousque procedere cum suis negotiis debeant: id est partibus Saxoniae usque ad Bardaenowic, ubi praevideat Hredi: et ad Schezla, ubi Madalgaudus praevideat; et ad Magadoburg praevideat Aito; et ad Erpesfurt praevideat Madalgaudus; et ad Halazstat praevideat item Madalgaudus; ad Forachheim et ad Breemberga et ad Ragenisburg praevideat Audulfus, et ad Lauriacum Warnarius. Et ut arma et brunias non ducant ad venundandum; quod si inventi fuerint portantes, ut omnis substantia eorum auferatur ab eis, dimidia quidem pars partibus palatii, alia vero medietas inter iamdictos missos et inventorem dividatur.*

302) Siehe die einzelnen Einträge in der Prosopographie.

303) Zur Datierung und zur Unabhängigkeit der in den Handschriften direkt nachfolgenden Nr. 49 vgl. BORETIUS, Beitraege S. 79–83; ABEL/SIMSON 2 S. 373 f.; BM² 426; DE CLERCQ, La législation (500–814) S. 209 f.

304) MGH Capit. 1 Nr. 48 c. 3 S. 135: *Et unusquisque missorum nostrorum per singula ministeria considerare faciat unum de vassallis nostris, et praecipiat de verbo nostro, ut …*

an die Bewohner des Gebiets zwischen Seine und Loire gerichtet war[305], ist zu vermuten, dass die Missi in Neustrien ansässig gewesen sind oder dort ein Amt innehatten. Nachdem eine Versammlung in Aachen zu dieser Zeit in den Quellen nicht erwähnt wird, gibt es leider nur eine mögliche Information darüber, wer in diesem Frühling in Aachen gewesen sein und als Missus ausgesandt worden sein könnte: Am 28. April 807 wurde in Aachen eine Urkunde für das Kloster Prüm ausgestellt; in ihr wird dem dortigen Abt Tankrad der Besitz eines gewissen Godebert im Anjou und im Rennois übertragen. Die Güter waren diesem wegen Inzests und anderer Verbrechen aberkannt und durch den Grafen Hugo von Tours[306], Tankrad und andere *fideles* gerichtlich vindiziert worden[307]. Obwohl Bernd Isphording von einer Einsetzung Tankrads als Missus spricht[308], gibt es keine Erwähnung dieses Titels in der Urkunde. Bemerkenswert ist allerdings, dass Tankrad vermutlich aus dem Anjou stammte[309] und der Gerichtsort entweder in eben dieser Region oder im Rennois lag. Es ist also durchaus möglich, dass Tankrad und Hugo in diesem Frühling mit Nr. 48 von Aachen nach Neustrien gesandt wurden und während dieser Legationsreise das in der Urkunde erwähnte Gericht hielten. Aber das bleibt Spekulation.

Zu erwähnen ist außerdem der Eintrag im Chronicon Moissiacense für dieses Jahr. Ihm zufolge hielt Karl in Ingelheim *conventum suum cum episcopis et comitibus vel aliis fidelibus* ab. Dort befahl er, im Reich *iustitiam facere*. Danach wurde den Anwesenden erlaubt, heimzukehren. Sie sollten Gott für *pax et concordia* danken[310]. An-

---

305) MGH Capit. 1 Nr. 48, Überschrift, S. 134: *Memoratorium qualiter ordinavimus propter famis inopiam, ut de ultra Sequane omnes exercitare debeant*; am Schluss S. 135: *Haec autem constituta volumus, ut observent omnes generaliter praesenti anno qui ultra Sequanam commanere videntur*. Die Bewohner „diesseits der Seine" (von Aachen) scheinen wegen der Hungersnot nicht aufgeboten worden zu sein. Dass auf die Aquitanier hier nicht abgezielt wurde, zeigt ABEL/SIMSON 2 S. 373 Anm. 3. Vgl. auch GANSHOF, Deux documents de Charlemagne S. 84 mit Anm. 7.

306) Siehe HUGO (II) in der Prosopographie.

307) D KdG 205 (Aachen, 807. 4. 28.) S. 274 f.

308) ISPHORDING, Prüm S. 246.

309) ISPHORDING, Prüm S. 243 f. und 246.

310) Chron. Mois., a. 807 S. 111: *Karolus imperator perrexit ad Ingelaeim palatium, et ibi habuit conuentum suum cum episcopis et comitibus uel aliis fidelibus et mandauit eis ut iusticias facerent in regno eius. Postea dedit eis licenciam ad pro-*

gesichts dieses in den Kapitularien nicht unüblichen Schemas vermuteten Sigurd Abel und Bernhard Simson, Karl habe auf dieser Versammlung ein Kapitular erlassen[311]. Freilich liefern die Quellen keinen Anhaltspunkt dafür, ob Karls Befehl schriftlich oder mündlich erteilt wurde. Unklar ist außerdem, wer in Ingelheim war und ob tatsächlich Missi von dort ausgesandt wurden. Ein Indiz dafür könnte sein, dass zwei Personen am 7. August 807 in Ingelheim durch herrscherliche Beurkundung begünstigt wurden, nämlich Bischof Agilward von Würzburg und Graf Audulf. Der letztere ist zwar zwischen 799 und 818 mehrmals als Missus in Bayern zu belegen[312], aber ob die beiden tatsächlich anwesend waren, bleibt unsicher. Denn Karl hat tatsächlich auf ihre „übersandte Bitte (*missa petitione*)“ hin ihren ihm vorgelegten Tauschvertrag (*duas commutationes [...] nobis ostenderunt ad relegendum*) bestätigt[313].

808

In den miteinander verwandten Codices Paris Lat. 9654 und Vatikan Pal. Lat. 582 befinden sich drei Kapitellisten, die auf das achte Regierungsjahr Karls als Kaiser datiert werden: Nr. 51 bis 53[314]. Alfred Boretius charakterisiert diese drei Stücke als „Tagesordnung“ einer Beratung (Nr. 51: Capitula cum primis conferenda), als Ergebnisprotokoll dieser Beratung (Nr. 52: Capitula cum primis constituta) und schließlich als diesbezügliche Instruktion für die Missi (Nr. 53: Capitulare missorum). Die Zuordnung von Nr. 51 zu den Tagesordnungen basiert auf der Inskription dieses Textes in den Handschriften[315]. Die Ausführlichkeit und der Stil des Textes einerseits und die weitgehende inhaltliche Übereinstimmung mit Nr. 51 machen es wahr-

---

pria remeare et quietos sedere, et ut deo gratias agerent ad pace et concordias ipsorum. Et illum annum fecit sine hoste.. Obwohl die *Annales s. Amandi* a. 807 als Versammlungsort *Confflem* (Koblenz?) nennen, wird dies in der Forschung nicht ernst genommen, denn nachweisbar ist Karls Aufenthalt in Ingelheim vom 7. August 807 durch die Ausstellung einer Urkunde für Agilward und AUDULF. Vgl. ABEL/SIMSON 2 S. 374 f. mit Anm. 4 und 6; BM² 428b und 429.

311) ABEL/SIMSON 2 S. 374 f.

312) Siehe AUDULF in der Prosopographie.

313) D KdG 206 (Ingelheim, 807. 8. 7.) S. 275 f.

314) CC. 1, 2 und 5 von Nr. 52 sind auch in den Codices Heiligenkreuz 217 und München Lat. 3853 überliefert. MORDEK, Bibliotheca S. 166 und 298.

315) *Anno octavo. Capitula cum primis conferendis.* MORDEK, Bibliotheca S. 568 und 787.

scheinlich, dass Nr. 52 das Ergebnis der Beratung über die in Nr. 51 genannten Punkte war[316].

Die Inskription datiert Nr. 53 auch auf 808[317]. Einen Schlüssel zum Verständnis dieses Textes halten Kapitel 9 und 10 bereit. Kapitel 9 berichtet über Arbeiten an der Pfalz von Verberie, Kapitel 10 über die umzäunte Weide bei der Pfalz von Attigny. Diese zwei Sachverhalte werden weder in Nr. 51 noch in Nr. 52 thematisiert. Diese zwei mit regional beschränkten Angelegenheiten befassten Kapitel veranlassten Boretius zu der Vermutung, die Missi hätten diese Kapitelliste in den Distrikten Paris und Reims mit sich geführt. Aus diesem Grund bezeichnete er diesen Text als „Capitulare missorum“[318]. Bei genauerer Betrachtung wird allerdings deutlich, dass diese Auffassung zu korrigieren ist: Die Pfalz Verberie, die Boretius mit dem Distrikt von Paris verband, dürfte im Pagus Vadense (Valois, heute Crépy-en-Valois) gelegen haben. Dieser Pagus gehörte zum Missaticum Wulfars von Reims 802[319]. Die Einteilung des Reiches in Missatica hätte sich natürlich nach 802 durchaus verändern können. Sollte dies aber nicht der Fall gewesen sein, dann scheint diese Kapitelliste nur mit einem Missaticum um Reims befasst zu sein, vorausgesetzt, dass es in diesem Text wirklich um die missatische Legation geht.

Als mindestens ebenso kompliziert muss die Beziehung von Nr. 53 zu den beiden anderen Listen von 808 bezeichnet werden. Aufgrund des 12. Kapitels von Nr. 51[320] vermutete Boretius, dass Nr. 53 das Ergebnis der von diesem Kapitel angekündigten nächsten Sitzung gewesen sein dürfte[321]. Da wir keine Information über Hofberatungen oder Reichsversammlungen in diesem Jahr haben[322], ist es zwar

316) Die Inskription in den beiden Handschriften: *Item ubi supra*. MORDEK, Bibliotheca S. 568 und 787.

317) *Item anno octavo*. MORDEK, Bibliotheca S. 568 und 787.

318) MGH Capit. 1 S. 140: „In provincias Parisiensem et Remensem missos cum his capitulis ablegatos esse, Attiniaci et Vermeriae (c. 9, 10) nomina suadere videntur“. De Clercq folgt ihm: „C’est sans doute un aide-mémoire destiné à leur [sc. „*missi* de Paris et de Reims“] usage“. DE CLERCQ, La législation (500–814) S. 211. Auch für Ganshof stellt diese Capitula-Liste eines der „Capitularia missorum“ dar. GANSHOF, Was waren die Kapitularien? S. 78 Anm. 184.

319) HRE II c. 18 S. 172.

320) MGH Capit. 1 Nr. 51 c. 12, S: 139: *De tempore alterius placiti nostri, et qui iterum ad illum placitum venire debeant.*

321) MGH Capit. 1 S. 140.

322) BM² 431b–439a; SEYFARTH, Reichsversammlungen S. 128.

schwer, mit anderen Quellen diese Vermutung zu begründen, aber die Tatsache, dass der Inhalt von Nr. 53 mit Nr. 52 nur teilweise übereinstimmt[323], könnte uns einerseits die Vermutung erlauben, dass nach der Versammlung, auf der Nr. 52 beschlossen wurde, eine andere Versammlung stattfand, mit der Nr. 53 zu tun hat. Zu bemerken ist allerdings dabei, dass Nr. 53 nur die Kapitellemmata und keine konkrete Bestimmung enthält. Hier wird die Kritik Seeligers wirksam, dass es sich bei Nr. 53 nicht um ein „Capitulare missorum", sondern um die Tagesordnung einer Beratung handeln könnte[324]. Dabei dürften die Nachrichten über die Sachlage in der Reimser Region die Diskussionsthemen beeinflusst haben, aber es ist mit den uns verfügbaren Quellen keineswegs definitiv zu beurteilen, ob solche Nachrichten wirklich von den Missi überbracht wurden. Andererseits ist es wegen der wenigen inhaltlichen Überschneidungen zwischen Nr. 52 und 53 auch möglich, dass die Missi Nr. 52 und 53 als Dossiers für ihre Legationen mit sich führten. Voraussetzung dafür ist das Festhalten an der These, dass Nr. 53 ein Kapitular für die Missi gewesen ist. Auf jeden Fall ist es schwierig, genau zu erklären, wie diese drei Kapitellisten mit dem Missatswesen zusammenhängen. Denn kein Kapitel dieser drei Kapitellisten erwähnt Missi dominici.

Im Gegensatz dazu wurde ein weiteres Dokument von 808, nämlich das Capitulare missorum de exercitu promovendo (Nr. 50)[325], sicher an Missi verteilt. Die Überschrift lautet: „Die Missi dominici müssen zur Mobilmachung diese Kapitelliste mitbringen"[326]. Diese Missi sollten neben der Bekanntmachung der neuen Bestimmungen für den Kriegsdienst[327] eine Untersuchung durchführen, deren Ziel es war herauszufinden, ob man dem herrscherlichen Einberufungsbefehl aus dem Vorjahr gehorchte. Sollte eine Nichtbeachtung ohne anerkannten Grund festgestellt werden, seien die betreffenden Personen aufgrund des herrscherlichen Heerbanns durch die Übergabe eines *wadium* zur Bezahlung eines Strafgeldes eidlich zu verpflich-

323) Nr. 53 c. 3, 5 und 8 entsprechen thematisch jeweils c. 3 und 4, 7 und 2 von Nr. 52.

324) SEELIGER, Kapitularien S. 59 f. Aber er selbst war sich dieser Auffassung nicht so sicher. Ebd. S. 68 f.

325) Zur Datierung vgl. BORETIUS, Beitraege S. 83–88. Vgl. BM² 432 (zu diesem Kapitular) und 435a (zum Feldzug im Nordosten).

326) MGH Capit. 1 Nr. 50 S. 137: *Brevis capitulorum quam missi dominici habere debent ad exercitum promovendum.*

327) MGH Capit. 1 Nr. 50 c. 1 und 9 S. 137 f.

ten[328]. Dabei ist interessant, dass diese missatische Legation von 808 auf Kosten jener Personen, die den Heerbann nicht beachtet hatten, unternommen werden sollte[329]. Dieses Kapitel dürfte quasi als eine Tractoria für die Missi funktioniert haben.

So beschränkt sich dieses Kapitular inhaltlich auf das Heerwesen, genaugenommen wird weniger das Heerwesen allgemein als vielmehr die nachträgliche Inspektion des Heeresaufgebots vom vorhergehenden Jahr 807 thematisiert. Übrigens ist im 8. Kapitel die Vervielfältigung dieses Kapitulars angeordnet: Vier Kopien des Kapitulars sollten anfertigt werden; die erste Kopie sollen die Missi zu ihrer Legation mitbringen, die zweite müsse der Graf bei sich haben, in dessen Grafschaft(en?) (*ministeria*) die Missi ihre Legation zu leisten hatten, die dritte sei für die anderen Missi anzufertigen, welche beim kommenden Feldzug das Heer anführen sollten[330] und die vierte sollte beim kaiserlichen Kanzler (*cancellarius*) aufbewahrt werden[331]. Diese Forderung der vierfachen Vervielfältigung diente der Kontrolle über die Ausführung des im Kapitular Angewiesenen. Man muss sich allerdings vor einer Verallgemeinerung dieser Bestimmung hüten. Die Tatsache, dass eine solche Aufbewahrung ausdrücklich bestimmt wurde, könnte auf ihre Besonderheit hinweisen.

Nicht völlig erklärbar ist, welchen Typs diese Missi waren und aus welchem Personenkreis sie ausgewählt wurden: anders formuliert, ob sich diese Missi mit einem eingeschränkten Aufgabenbereich wirklich aus dem gleichen Personenkreis rekrutierten, zu dem die Missi gehörten, die üblicherweise mit der Bekanntmachung und Durchführung der allgemein in Kapitularien vorgeschriebenen Bestimmungen beauftragt wurden. Also muss es offen bleiben, ob die Missi mit dem Dokument Nr. 50 auch die Dokumente einer Reichsversammlung von 808 (Nr. 52 und auch 53?) dabei hatten.

---

328) MGH Capit. 1 Nr. 50 c. 2–5 S. 137.

329) MGH Capit. 1 Nr. 50 c. 7 S. 138. Dass die Königsboten während ihrer Legation auf Kosten der Personen, die ihre Aufgaben nicht erfüllt hatten, verpflegt werden sollten, erinnert an das 21. Kapitel des Herstaller Kapitulars von 779. MGH Capit. 1 Nr. 19 c. 21 S. 51. Siehe oben Kapitel 1,2, Exkurs.

330) Wir wissen nicht, wer *missus* beim Feldzug von 808 war, den Karl der Jüngere anführte. Karl der Große schickte (*misit*) seinen Sohn nach Nordosten. ARF a. 808 S. 125; Chron. Mois. a. 808 S. 111; Ann. s. Amandi a. 808 S. 14.

331) MGH Capit. 1 Nr. 50 c. 8 S. 138.

809

Drei Dokumente ediert Boretius als Kapitularien von 809, jeweils mit einem Titel „Capitulare Aquisgranense“ (Nr. 61), „Capitulare missorum Aquisgranense primum“ (Nr. 62) und „Capitulare missorum Aquisgranense alterum“ (Nr. 63)[332]. Die Datierung und die Identifizierung des Entstehungsortes beruhen hauptsächlich auf den Inskriptionen, die Nr. 61 oder Nr. 62 in einigen Handschriften haben[333]. Über die Einordnung dieser Texte gibt es aber in der Forschung seit langem eine Diskussion. Georg Waitz und Gerhard Seeliger haben bei ihren Einwänden gegen Boretius' Kategorisierung von „Capitularia missorum“ als Instruktionen für die Missi auch Nr. 62 und Nr. 63 behandelt. Nach Waitz seien Nr. 62 und Nr. 63 als „eine Art Protokoll über [auf dem Reichstag] stattgefundene Verhandlungen“ zu verstehen[334]. Seeliger geht von Waitzs Meinung aus, bezieht sich aber darüber hinaus auf die handschriftlichen Überlieferungen von Nr. 61, 62 und 63 und außerdem auf die große Übereinstimmung und die doch bestehende Selbständigkeit in Wortlaut und Inhalt dieser drei Dokumente. Damit schließt er die Möglichkeit aus, dass diese drei Dokumente drei Fassungen desselben Erlasses seien, und sieht sie als „drei selbständige und nach einander ergangene Verordnungen“ an. Er hält die Reihenfolge in einer Handschrift (Er nennt sie nicht konkret, aber gemeint ist der Codex Nürnberg Cent. V. App. 96.) für ausschlaggebend dafür, „Nr. 62 mit seiner flüchtigen Bemerkung [habe] Nr. 61, aber auch das ausführlichere Nr. 63 zum Vorgänger“, die vor 809 entstanden[335]. Auch Carlo de Clercq analysiert die Beziehungen dieser drei Dokumente. Er charakterisiert Nr. 61 als kaiserliches Kapitular vom Frühling 809 aufgrund des thematischen Unterschieds zum Verhandlungsgegenstand der Aachener Reichsversammlung vom November 809, während Nr. 62 „sans doute“ das vom Kaiser selbst diktierte Memorandum sei. Nr. 63 sei ihm zufolge „nettement“ eine

332) Zur Editionsgeschichte dieser Kapitellisten vgl. KIKUCHI, Carolingian capitularies S. 67 f.

333) Die Codices Paris Lat. 9654 und Vatikan Pal. Lat. 582 tragen eine Inskription mit der Orts- und Zeitangabe: *CAPITVLA QVĘ DOMNUS IMPERATOR AQVIS PALATIO CONSTITVIT IN ANNO NONO.* MORDEK, Bibliotheca S. 568 und 789 Die anderen Inskriptionen tragen nur die Ortsangabe. MORDEK, Bibliotheca S. 403, 554, 712 und 759.

334) WAITZ, Verfassungsgeschichte 3 S. 487.

335) SEELIGER, Kapitularien S. 71 und 80–82.

Kompilation von Nr. 61 und 62[336]. Ganshof sieht Nr. 63 nach Seeliger als Beispiel für „Notizen über die im Verlauf eines Reichstags gefaßten Beschlüsse“ an, während er Nr. 61 als *capitulare per se scribendum*, also als allgemeinen Herrschererlass aus derselben Versammlung und Nr. 62 als „aide-mémoire“ für die Missi zur Durchsetzung der Beschlüsse betrachtet[337]. Im Zuge der Analyse der Quellen und Arbeitsweise von Ansegis behandelt auch Gerhard Schmitz Nr. 62 und 63. Er kommt durch den Vergleich einzelner Kapitel zu folgendem Schluss: „Von den Capitularia missorum des Jahres 809 gab es zwei Versionen, eine längere, 29 Kapitel umfassende [nämlich Nr. 62] und eine kürzere, 11 Kapitel umfassende [nämlich Nr. 63], und womöglich eben noch eine für ein besonderes Missaticum bestimmte, um die Kapitel 7 und 13 angereicherte Form [nämlich Nr. 63 im Nürnberger Codex]“[338].

Statt einem der Gelehrten zuzustimmen, will ich nochmals die Texte dieser drei Kapitelreihen kollationieren[339]. Mithilfe dieser Textanalyse wird folgendes klar: 1) Nr. 61 und Nr. 63 werden in den meisten Handschriften (außer Vatikan Chigi F. IV. 75)[340] gemeinsam überliefert und durchnummeriert. Dass die meisten Kapitel von Nr. 63 bei Ansegis getrennt von Nr. 61 im Appendix stehen, lässt sich durch Ansegis' Arbeitsweise erklären: „In den Appendices hat Ansegis die Kapitel untergebracht, die seiner Meinung nach nicht verständlich waren (weil zur Erinnerung lediglich stichwortartig aufnotiert).“[341] 2) Eine vollständig parallele Überlieferung von Nr. 61 und 63 einerseits und Nr. 62 andererseits ist nur für den Codex Nürnberg Cent. V, App. 96 zu bestätigen. 3) Wenn man Nr. 61 und 63 mit Nr. 62 vergleicht, ist eine inhaltlich oder wörtlich weitgehende Übereinstimmung untereinander festzustellen. 4) In den Codices Paris Lat. 4995 und Sélestat 14 (104) könnte man zwar Sonderfassungen des Kapitulars von 809 sehen, aber nicht auszuschließen ist, dass die Kompilatoren der Sammlungen zum Text von Nr. 61 und

336) De Clercq, La législation (500–814) S. 212.

337) Ganshof, L'usage de l'écrit S. 5 f. mit Anm. 13; Ganshof, Was waren die Kapitularien? S. 77–79.

338) Ansegis, Einleitung S. 49–51.

339) Vgl. die Vergleichstabelle 2a und 2b in den online angebotenen Anhängen.

340) In diese Handschrift sind allerdings keine rubrikartigen Kapitel aufgenommen, weder des Kapitulars von 809 (= Nr. 63) noch der Kapitularien von 803 und 805 (Nr. 40, 43 und 44). Vgl. Mordek, Bibliotheca S. 756–768.

341) Ansegis, Einleitung S. 17.

63 einige selbständige Kapitel von Nr. 62 hinzugefügt haben[342]. Bei den Schwesterhandschriften Paris Lat. 9654 und Vatikan Pal. Lat. 582 oder, genauer gesagt, bei der in ihnen erkennbaren gemeinsamen Vorlage ist denkbar, dass die auf 809 datierten Kapitellisten die durch einen Kompilator der Vorlage-Sammlung (oder mehrerer) bearbeiteten Redaktionswerke sind. Dieser Kompilator hätte sich dann wohl bemüht, den Text von Nr. 62 mit dem auch für ihn verfügbaren Text von Nr. 61 und 63 zu ergänzen, wie er es sicher mit den zwei Fassungen der missatischen Kapitellisten von 802 (Nr. 34) gemacht hat[343].

Damit lässt sich sagen, dass aus dem Jahr 809 nicht drei Dokumente verschiedener Kapitularientypen, sondern mehrere gleichwertige Kapitellisten überliefert sind, von denen man in Nr. 61 und 63 einerseits und in Nr. 62 andererseits zwei klar erkennbare Versionen sehen kann. Bei der Ersteren könnte man im Nürnberger Codex eine ausführlichere Version sehen, was wahrscheinlich regionale Umstände widerspiegelt. Bei Nr. 63 c. 11 und Nr. 62 c. 15 ist klar, dass diese beiden Listen mit der missatischen Legation zu tun hatten. Aber hier lässt sich nicht klären, warum diese mehreren, im Wortlaut und Inhalt voneinander etwas abweichenden Versionen der Kapitellisten ausgestellt worden sind[344].

810

Diesem Jahr werden von Boretius zwei *capitularia missorum* in seinem Sinn (Nr. 64, 65) und eine Kapitelliste über die Aufgaben der Missi (Nr. 66) zugeordnet. Alle drei sind in den Schwesterhandschriften Paris Lat. 9654 und Vatikan Pal. Lat. 582 überliefert, während nur c. 3 von Nr. 66 noch in zwei weiteren Handschriften überliefert ist. Die Datierung basiert auf ihren Inskriptionen und Platzierung in den Pariser- und Vatikanischen Codices. Nr. 64 ist beschriftet mit den Worten: *Capitula quae anno decimo imperii domni Karoli serenissimi augusti Aquis palatio commonita sunt*; Nr. 65 mit den knapperen Worten: *Item de anno decimo.* Nr. 66 (nach Boretius: die Capitula de missorum officiis) hat keine Überschrift, aber ihre Platzierung in den

342) Vgl. MORDEK, Weltliches Recht S. 80.

343) Siehe oben Kapitel 2, § 2, 1, iv, „801/802–803“.

344) Vgl. DAVIS, Charlemagne's practice S. 114 Anm. 132, die vermutet, dass man zwei verschiedene Texte („two separate texts to be distinguished“) unter den hier behandelten Nr. 61, 62 und 63 sehen darf.

Handschriften zwischen Nr. 65 und der auf 811 zu datierenden Nr. 72 macht seine Datierung auf 810 nicht unwahrscheinlich[345].

Zuerst ist festzustellen, dass die Kapitel von Nr. 64 und 65 inhaltlich zum großen Teil identisch sind. Nr. 65 ist allerdings im Vergleich zu Nr. 64 sehr knapp und stichwortartig formuliert. Boretius klassifizierte Nr. 64 und 65 als zwei Versionen der Instruktion für die Missi. Nr. 64 sei mit einem Kapitel über den Schiffsbau (c. 16) als Anweisung für die Missi in einem Küstengebiet anzusehen, während Nr. 65 den anderen Missi quasi als Notiz (*memoratorium*) gegeben worden sei[346]. Abermals dagegen war wiederum Seeliger, der Boretius' Kategorisierung der Capitularia missorum als Instruktionen für die Missi kritisierte: Nach Seeliger seien diese zwei Listen „zwei Fassungen einer Ordnung", nämlich „zwei Aufzeichnungen des Reichstagsbeschlusses". Dabei leugnete Seeliger die Möglichkeit, dass Nr. 65 „ein selbständiger, etwa von privater Seite gemachter Auszug" von Nr. 64 sei. Wahrscheinlicher sei es dagegen, „65 als Programmentwurf, 64 als Aufzeichnung des Beschlusses selbst zu beachten"[347]. Wenn De Clercq in Nr. 65 ein Resümee von Nr. 64 sieht[348], ist unklar, ob er dem Hof die Entstehung von Nr. 65 zuschreibt oder „privaten" Personen wie einem Missus[349], und wozu dieses Resümee aufgezeichnet wurde. Jedenfalls ist es unmöglich, mit einem definitiven Argument die Beziehung zwischen Nr. 64 und 65 zu klären. Aber es ist denkbar, dass zumindest Nr. 64 in den verschiedenen Versionen, wahrscheinlich durch die Missi dominici, verbreitet wurde, denn es gibt außer dem Überlieferungszweig von Nr. 64 in den Pariser-vatikanischen

345) MORDEK, Bibliotheca S. 167, 298, 569 und 788 f.

346) MGH Capit. 1 S. 153 f. Vgl. BORETIUS, Beitraege S. 104.

347) SEELIGER, Kapitularien S. 71 und 82.

348) DE CLERCQ, La législation (500–814) S. 213.

349) Hinsichtlich des/der Verfasser(s) der Kapitellisten von 810 lenkte Rudolf Pokorny seine Aufmerksamkeit darauf, dass in Nr. 64 und 66, anders als in den anderen Kapitularien für die Missi (er nennt Nr. 40, 44, 46, 50, 53 und 67), der Herrscher selbst nicht in der ersten Person Plural spricht, sondern in der dritten Person objektiv beschrieben wird. So seien diese zwei Kapitellisten nicht in der Form der vom Herrscher selbst verkündeten Rechtssatzungen niedergeschrieben. Sie „könnten auch nicht als Ansprachen eines Missus aufgefaßt werden, die ein zugrundeliegendes (verlorenes) Kapitular neu redigiert bekannt gemacht hätten". Sie wären „selbstverantwortlich von einem solchen Berater Karls d. Gr. redigiert worden [...], der für die Missi und ihren Aufgabenbereich zuständig gewesen wäre." POKORNY, Eine Brief-Instruktion S. 77 mit Anm. 89.

Schwestercodices noch eine andere Überlieferungslinie mit einer nicht völlig identischen Textformulierung, die in der Kapitulariensammlung von Ansegis feststellbar ist[350].

Die dritte auf 810 datierte Kapitelliste, Nr. 66, enthält fünf Kapitel, die die Verhaltensweise der Missi auf ihrer Legation regelten. Unter diesen fünf Kapiteln entspricht mindestens das 4. Kapitel über die Erhebung des Heerbanns und anderen Geldstrafen den Kapiteln 12 und 15 von Nr. 64[351]. Wir können die den Nr. 64 und 66 gemeinsame Vorschrift bezüglich des Heerbanns mit der Mobilmachung durch die kaiserlichen *nuntii* im Frühjahr 810 in Verbindung bringen[352]. Ansonsten sollten die Missi nach Nr. 66 ihr Hauptaugenmerk auf *iustitias facere* legen.

811

Überliefert sind drei Tagesordnungen für die Beratung von 811 (Nr. 71–73)[353], nämlich Memoranda im Ganshofschen Sinn[354]. In Bezug auf das Missatswesen ist Nr. 73 über das Heeresaufgebot in Betracht

350) Ansegis S. 54–56.

351) MGH Capit. 1 Nr. 64 cc. 12 und 15 S. 153; Nr. 66 c. 4 S. 155.

352) Siehe die anonymen Missi „810, Frühjahr" in der Prosopographie.

353) Zu Nr. 71 und 72 vgl. GANSHOF, Note sur les „Capitula de causis" (mit einer Neuedition von Nr. 72 S. 20–25); NELSON, The voice of Charlemagne S. 80–88 (mit einer englischen Übersetzung der beiden *capitula* S. 85–88); PATZOLD, Episcopus S. 75 f. (mit dem Themenschwerpunkt in der Abgrenzung zwischen der weltlichen und der geistlichen Sphäre).

354) „*Memoranda*, die im Hinblick auf die Behandlung verschiedener Fragen auf einer künftigen Sitzung des Reichstags, einer begrenzteren Versammlung oder auf vom Kaiser einberufenen Konzilien abgefaßt wurden." GANSHOF, Was waren die Kapitularien? S. 25. Er führt als Beispiele Nr. 37, 51, 71–73, 186 und 187 auf. Ebd. S. 25 f. mit Anm. 30. Zu dieser Thematik vgl. auch MORDEK, Unbekannte Texte S. 447 f. mit Anm. 9 und 450 ff. Ob solche Memoranda, wie Pokorny meint, immer „offenbar im Vorfeld größerer Hoftage versandt wurden", ist allerdings fragwürdig. POKORNY, Eine Brief-Instruktion S. 70 Anm. 59. Belegbar ist nur die Übersendung von Nr. 71. MGH Capit. 1 Nr. 71 c. 13 S. 162: *Bene valete in Domino*; GANSHOF, L'usage de l'écrit S. 5 mit Anm. 12. Nelson vermutete, die Textversion von Nr. 71 in den Codices Paris Lat. 9654 und Vatikan Pal. Lat. 582 gehe auf einen Brief an den Erzbischof Magnus von Sens zurück. NELSON, The voice of Charlemagne S. 80 f. mit Anm. 31, skeptisch dagegen PATZOLD, Episcopus S. 76. Denkbar sind auch die Verteilung einer solchen Themenliste auf einer Versammlung und die Verlesung der Liste durch den Herrscher oder den Vorsitzenden einer Beratung.

zu ziehen. Die 10 Kapitel behandeln Ursachen und Gründe dafür, dass man dem Mobilmachungsbefehl nicht gehorchen wollte[355]. Im Zusammenhang mit dem Missatswesen ist hier die Beschwerde einiger Grafen zu erwähnen, die *pagenses* in ihrem Grafschaften seien ihnen ungehorsam und würden den kaiserlichen Befehl der Mobilmachung nicht befolgen, wobei diese Ortsansässigen behaupteten, dass sie bezüglich des Heerbanns nicht vor den Grafen, sondern vor den kaiserlichen Missi Rechenschaft ablegen müssten[356]. Ich halte es für höchst wahrscheinlich, dass diese Tagesordnung hauptsächlich aufgrund der Berichte der Missi von 810 aufgestellt wurde, nachdem sie Untersuchungen zur Leistung des zu leistenden Heerbanns angestellt hatten[357]. Auf welcher Versammlung diese Tagesordnungen verwendet wurden, ist nicht völlig klar[358]. Aber im Oktober dieses Jahres wurde in Boulogne ein Kapitular ausgestellt, das hauptsächlich das Heerwesen behandelt (Nr. 74)[359]. So kann man hier eine Reihe kontinuierlicher Maßnahmen des Kaisers gegen die Attacke der Dänen in der Küstenregion rekonstruieren: Nach Erhalt der Nachricht von der Verwüstung in Friesland sandte Karl im Frühjahr 810 seine *nuntii* im ganzen Reich zur Mobilmachung[360]. Einige Probleme dieser Mo-

355) Vgl. MGH Capit. 1 Nr. 73, Inskription S. 164: *De causis propter quas homines exercitalem obedientiam dimittere solent.*

356) MGH Capit. 1 Nr. 73 c. 6 S. 165: *Dicunt ipsi comites, quod alii eorum pagenses non illis obediant nec bannum domni imperatoris adimplere volunt, dicentes quod contra missos domni imperatoris pro heribanno debeant rationem reddere nam non contra comitem.* Vgl. hierzu NELSON, Literacy S. 260; NELSON, The voice of Charlemagne S. 80. Vgl. jedoch auch MGH Capit. 1 Nr. 73 c. 9 S. 165: *Quod super omnia maius fiunt inoboedientes ipsi pagenses comiti et missos decurrentes, quam antea fuissent.*

357) MGH Capit. 1 Nr. 64 c. 12 S. 153 (=Nr. 65 c. 11 S. 154). Ebd. Nr. 64 c. 13 S. 153 behandelt außerdem den *herisliz*, nämlich das Verlassen einer Heerfahrt. Dazu SCHMINCK, Herisliz, in: HRG 2 Sp. 92–94; SCHMIDT-WIEGAND, Harisliz, in: RGA 14 S. 12 f.; Krah, Herisliz, in: HRG² 2 Sp. 962–964. Vgl. GANSHOF, Note sur les „Capitula de causis“ S. 4.

358) Möglich ist die Reichsversammlung in Aachen, die wahrscheinlich im Mai oder Juni stattfand. BM² 460b; GANSHOF, Note sur les „Capitula de causis“ S. 13 f.; PATZOLD, Episcopus S. 76.

359) Zur Ausstellung der beiden Kapitularien Nr. 74 und 80 in Boulogne vgl. DE CLERCQ, La législation (500–814) S. 215 f.; GANSHOF, Was waren die Kapitularien? S. 48 und 84; GANSHOF, Note sur les „Capitula de causis“ S. 15; HÄGERMANN, Karl der Große S. 583–586.

360) Siehe die anonymen Missi „810, Frühjahr“ in der Prosopographie.

bilmachung wurden auf der Beratung von 810 diskutiert und die Gegenmaßnahmen wurden in den Dokumenten für die Missi niedergeschrieben. Dazu gehörte Karls Befehl zum Aufbau der Flotte[361]. Ihre Besichtigung war der Zweck seines Besuchs in Boulogne[362].

In Boulogne wurde noch ein anderes Kapitular zum Rechtsvollzug im Reich ausgestellt (Nr. 80). Merkwürdigerweise bestimmen und erwähnen fast alle Kapitel (11 von 13 Kapiteln) die Funktionen der Missi im Gerichtswesen, bei der Kontrolle der Benefizien und Erhebung der Abgaben sowie bei der Verhängung der Geldbußen. Das 8. Kapitel schreibt vor, dass die Missi im Januar, April, Juli und Oktober ihre Legationsreise machen sollten. Während jeder einmonatigen Reise konnten sie viermal an verschiedenen Orten ihre Gerichtsversammlungen abhalten[363]. Besonders bemerkenswert ist das letzte Kapitel (c. 13): Die Missi sollten dem Volk „erneut" den Treueid abnehmen und dessen Bedeutung erklären[364]. Bemerkenswert deshalb, da dies die letzte allgemeine Vereidigung unter Karl war. Darin kann man die große Bedeutung dieser Legation zur Wiederetablierung der inneren Ordnung nach dem „schrecklichen Jahr 810"[365] sehen, obwohl es nicht sicher ist, ob Karl den Tod seines ältesten Sohnes Karl (†4. Dezember)[366] bereits vorausahnte und die daraus folgende Notwendigkeit der Neuregelung der Nachfolge erkannte.

Zu erwähnen ist außerdem die fragmentarisch überlieferte Kapitelliste, welche in der Forschung früher als „Capitulare Ambrosianum" und jüngst von Mordek als „Capitulare missorum de villis

361) Vgl. MGH Capit. 1 Nr. 64 c. 16 S. 153.

362) ARF a. 811 S. 135.

363) MGH Capit. 1 Nr. 80 c. 8 S. 177: *Volumus ut propter iustitias quae usque modo de parte comitum remanserunt quatuor tantum mensibus in anno missi nostri legationes suas exerceant, in hieme Ianuario, in verno Aprili, in aestate Iulio, in autumno Octobrio. Ceteris vero mensibus unusquisque comitum placitum suum habeat et iustitias faciat. Missi autem nostri quater in uno mense et in quatuor locis habeant placita sua cum illis comitibus, quibus congruum fuerit ut ad eum locum possint convenire.*

364) MGH Capit. 1 Nr. 80 c. 13 S. 177: *Ut missi nostri populum nostrum iterum nobis fidelitatem promittere faciant secundum consuetudinem iamdudum ordinatam; et ipsi aperiant et interpretentur illis hominibus, qualiter ipsum sacramentum et fidelitatem erga nos servare debeant.*

365) HÄGERMANN, Karl der Große S. 552–561. Zu dieser Zeit machte Karl sein Testament. Vita Karoli c. 33 S. 76.

366) ARF a. 811 S. 135.

inquirendis" bezeichnet[367] und auf 811 datiert wurde[368]. Die überlieferten Kapitel betreffen die Fiskalverwaltung. In diesem Kapitular spricht der Herrscher in der ersten Person Plural, während die Beauftragten in der zweiten Person Plural angesprochen werden[369]. Seine zwei Kapitel (cc. 22, 23) wurden nur rubrikartig formuliert, aber ihre Inhalte konnten von den Angesprochenen verstanden werden, wenn sie vom Herrscher mündlich angewiesen wurden.

Unter dem Aspekt der Verbindung von Kapitularien- und Missatswesen ist die Legation von 811 charakteristisch, denn nicht verschiedene Versionen einer inhaltlich mannigfaltigen Kapitelliste wie bei den anderen Legationen, sondern drei jeweils thematisch beschränkte Dokumente wurden an die Missi verteilt.

Offen bleibt die Frage, ob das Kapitular, das nur bei Ansegis überliefert ist, zur Legation von 810 gehörte oder zu der von 811[370]. Im ersten Kapitel ist bei der Todesstrafe verboten, dem herrscherlichen Missus mit Waffengewalt entgegenzutreten.

813

Das letzte umfangreiche Reformwerk Karls des Großen, das durch Kapitularien und Missi als Regierungsinstrumente durchgeführt wurde, wurde im Jahr 813 ins Werk gesetzt. Karl scheint dies schon 812 in Angriff genommen zu haben. Dass Karl der Große um 812 einen Rundbrief über den Taufordo an Metropoliten schickte und ihre Antworten forderte, kann man als eine Vorstufe der umfangreichen Reform des Reiches und der Kirche ansehen. Denn auf den Synoden von 813 wurde die Taufpraxis thematisiert[371]. Karls letztes Bestreben einer Reform des geistlichen und weltlich-politischen Lebens in seinem Reich war also mehrstufig[372]: 812 gab es den Schriftverkehr bezüglich

367) Die neuere Edition: MORDEK Nr. 10 S. 979 f. Zu diesem Kapitular vgl. METZ, Zur Erforschung S. 21–23.

368) MORDEK und SCHMITZ, Neue Kapitularien S. 361 f. Anm. 2.

369) Vgl. MORDEK Nr. 10 c. 19 S. 979: *De nostra ellimosina que dare iussimus, ut inquiratis si fuit facta an non vel quomodo.*

370) MGH Capit. 1 Nr. 70 S. 160 f. = Ansegis 3, 64–66 und App. 2, 34–35 S. 600–603, 676 f. Hierzu vgl. Ansegis, Einleitung S. 34–36.

371) KEEFE, Water and the Word 1 S. 87–90 und 147. Dieses Thema wurde allerdings schon in die Tagesordnung einer Versammlung von 811 aufgenommen. MGH Capit. 1 Nr. 72 c. 9 S. 163.

372) Wir können sogar im Jahr 811 eine Vorstufe dieser Reform erkennen, denn den fünf Synoden von 813 wurde wahrscheinlich eine gemeinsame Frageliste oder

des Taufritus; im Frühjahr 813 berief Karl in Aachen eine Reichsversammlung ein, auf der er die Abhaltung von fünf Synoden in Mainz, Reims, Tours, Chalon-sur-Saône und Arles entschied, denen jeweils kaiserliche Missi vorsaßen[373]. Deren Beratungsergebnisse sollten dann auf der nächsten Reichsversammlung vorgelegt werden[374]. Im September fand in Aachen wie geplant eine Reichsversammlung statt[375]. Die im Chronicon Moissiacense erwähnten 46 Kapitel, die

---

Tagesordnung vorgelegt, die auf den Memoranda von 811 haben basiert dürfte, wenn auch nicht der Text von Nr. 72 selbst, wie Ganshof meint. Vgl. GANSHOF, Note sur les „Capitula de causis", bes. S. 15–19; HARTMANN, Die Synoden S. 132 mit Anm. 16; SCHMITZ, Die Reformkonzilien S. 2; PATZOLD, Episcopus S. 76; SCHOLZ, Normierung durch Konzile S. 271 f. Vgl. das 44. Kapitel des Konzilsbeschluss von Reims, das das Kapitular vom Oktober 811 (Nr. 80) erwähnt. MGH Conc. 2,1 Nr. 35 c. 44 S. 258.

373) ARF a. 813 S. 138; BM² 476b.

374) MGH Conc. 2,1 Nr. 34 S. 253, Nr. 37 S. 274 und Nr. 38 S. 286. Zu den Konzilien vgl. HARTMANN, Die Synoden S. 128–140; PATZOLD, Episcopus S. 74–78; SCHOLZ, Normierung durch Konzile. Siehe ARN, BERNHARIUS, HILDEBALD (I), JOHANNES (II), NIBRIDIUS, RICHULF, WULFAR in der Prosopographie. Die in Mainz versammelten Synodalen forderten, dass herrscherliche Missi ausgesandt werden sollten, um mit Bischöfen in jeder Diözese Klöster der Kanoniker, der Mönche und der Nonnen zu untersuchen. MGH Conc. 2,1 Nr. 36 c. 20 S. 266: *De locis monasteriorum vel aedificiis providendis. XX. De inde dignum ac necessarium est, ut missi per quaeque loca directi simul cum episcopis uniuscuiusque diocesis perspiciant loca monasteriorum canonicorum pariter et monachorum similiterque puellarum, si in apto et congruo loco sint posita, ubi commodum necessarium possit adquiri, quod ad utilitatem pertinet monasterii, sicut in sancta regula dicitur.* Zur Rezeption dieses Kapitels in der Sammlung des Benedictus Levita vgl. SCHMITZ, Die Reformkonzilien S. 19 f. Unter den in Tours beschlossenen Kanones findet sich dagegen eine Beschwerde über die Vernachlässigung der Zinspflicht an die Kirche, obwohl die ehemaligen herrscherlichen Missi schon oft auf den regionalen Gerichtsversammlungen von diesen Missständen erfahren hatten. MGH Conc. 2,1 Nr. 38 c. 46 S. 292 f.: *Nonas ac decimas, quas qui res ecclesiasticas tenent solvere rectoribus eclesiarum ordinati sunt ad luminaria et stipendia clericorum, multis in locis abstractas esse vidimus. Quod saepe iam missis vestris in publicis indicavimus placitis. Sed inde hactenus aut parvum aut nullum consecuti sumus effectum.* Interessanterweise werden die Vorsitzenden der Synode in Tours in der Vorrede der Konzilsbeschlüsse weder als kaiserliche Missi bezeichnet noch namentlich genannt. Ebd. S. 286.

375) ARF a. 813 S. 138; BM² 479a. Hierzu vgl. HARTMANN, Die Synoden S. 140; PATZOLD, Episcopus S. 78.

auf dieser Versammlung ausgestellt wurden[376], sind nicht sicher zu identifizieren[377]. Von Hubert Mordek und Gerhard Schmitz wird ein Kapitular mit 40 Kapiteln, das in einigen Kapiteln auf die Synoden dieses Jahres, besonders die von Mainz Bezug nimmt, dieser Reichsversammlung zugeschrieben (Mordek Nr. 13)[378]. Aus dem Kontext lässt sich erklären, warum die Metropoliten als kaiserliche Missi den Synoden vorsaßen. Die Ergebnisse der Beratungen auf den einzelnen regional abgehaltenen Synoden sollten die Grundlage der Beratung in Aachen werden. Dieses Schema liegt auch den üblichen missatischen Legationen zugrunde: Die Berichte der Missi über ihre Legationsreisen sollten die Grundlage der Beratung auf der nächsten Versammlung im Zentrum werden. Die Vorgehensweise von 813, dass „eine Reichssynode nicht an einem Ort, sondern aufgeteilt auf mehrere Städte des Reiches tagte", ist „eine neue Erscheinung in der gesamten Konziliengeschichte", wie Wilfried Hartmann erklärt. Er sucht das Vorbild dafür in der *notitia Galliarum*, der Einteilung der Provinzen und Civitates in der Spätantike. Die um 811/813 einmal abgeschlossene (Wieder-)Einrichtung des Metropolitansystems basierte zwar auf dieser *notitia*, und der Kaiser hatte dieses hierarchische und regional klar eingeteilte System zur Verfügung, um es für die Reichsregierung zu verwenden[379], aber darin ist der Einfluss des Missatswesens nicht zu übersehen.

Zur Analyse der Verbindung von Kapitularien- und Missatswesen ist die Vorschrift im letzten Kapitel von Mordeks Nr. 13 sehr wichtig. Der alte Kaiser, der auf der Aachener Reichsversammlung Ludwig den Frommen öffentlich als Nachfolger und Mitkaiser einsetzte[380], war schon in der letzten Phase seiner Herrschaft. Deswegen befahl er seinen Missi zu untersuchen, wie und von wem die Normen, die er

376) Chron. Mois., a. 813 S. 122.

377) De Clercq, La législation (500–814) S. 247; Hartmann, Die Synoden S. 140; Patzold, Episcopus S. 78 f. Mordek und Schmitz lassen offen, ob man Mordek Nr. 12 mit diesem Aachener Kapitular gleichsetzen darf. Mordek und Schmitz, Neue Kapitularien S. 373.

378) Mordek und Schmitz, Neue Kapitularien S. 377 und 414–423 mit den Quellennachweisen.

379) Hartmann, Die Synoden S. 129 f.; Pangerl, Metropolitanverfassung S. 149–152 und 156–159.

380) BM² 479a.

lange Jahre durch die Kapitularien in seinem Reich gesetzt hatte, nun befolgt und erfüllt wurden[381].

Eine Zwischenbilanz der Zeit Karls des Großen

Bevor ich diesen Abschnitt über die Kapitularien Karls zusammenfasse, seien noch weitere Texte kurz erwähnt. Aus der Zeit Karls des Großen sind noch einige Dokumente überliefert, die nicht genau datierbar sind, aber mit dem Missatswesen zu tun zu haben scheinen. Das Kapitular Nr. 82 ist nur im Codex Vatikan Reg. Lat. 520 vollständig überliefert[382] und behandelt hauptsächlich die Maßnahmen gegen Räuber. Seiner Überschrift zufolge sollten die Missi aufgrund dieses Kapitulars Maßnahmen gegen sie ergreifen[383]. In diesem Kapitular werden die Missi als *missi nostri* oder *vos* angeredet und deswegen wird dieses Kapitular klar als ein direkt an die Missi gerichtetes Dokument angesehen. Trotzdem mussten sie dieses Dokument bekanntmachen, denn sonst hätte die Zusammenarbeit mit den anderen Würdenträgern (z. B. Judex, erwähnt in c. 7) nicht initiiert werden können. In der Forschung wird dieses Kapitular aufgrund des 21. Kapitel des Diedenhofener Kapitulars (Nr. 44)[384] vor die dortige Reichsversammlung vom Winter 805 oder sogar ins Jahr 804 datiert[385], aber diese Bezugnahme ist nicht sicher, zumal das 21. Kapitel des Diedenhofener Kapitulars keinen konkreten Schlüssel dazu liefert[386]. Nr. 56 „Capitula Karoli Magni (803–813)" könnte vielleicht auch mit dem Missatswesen zu tun haben, wenn die im 4. Kapitel erwähnten *homines fiscalini* und die Untersuchung zu Abstammung und Status bei ihren Verwandten als eine Art von fiskalischer Inquisition angesehen werden können, für die meistens die Missi dominici verantwortlich waren[387]. Dies wäre jedoch weniger wahrscheinlich, denn der *prior*

381) MORDEK Nr. 13 c. 40 S. 994.

382) In Paris Lat. 4404 nur cc. 1–4. MORDEK, Bibliotheca S. 462 und 829.

383) MGH Capit. 1 Nr. 82 S. 180: *Capitularem qualiter missi nostri de latronibus agere debent.*

384) MGH Capit. 1 Nr. 44 c. 21 S. 125: *De latronibus, sicut iam antea in alio capitulare commendavimus ita maneat.*

385) BM² 411; GANSHOF, Was waren die Kapitularien? S. 167; MORDEK, Bibliotheca S. 462 und 829.

386) Das 23. Kapitel des Kapitulars von Herstal (a. 779) z. B. behandelt schon die Strafen gegen Räuber. MGH Capit. 1 Nr. 20 c. 23 S. 51.

387) MGH Capit. 1 Nr. 56 c. 4 S. 143: *Ut homines fiscalini sive coloni aut servi in alienum dominium commorantes, a priore domino requisiti, non aliter eisdem con-*

dominus, der einem *alienum dominium* gegenübergestellt ist, kann nicht unbedingt als Herrscher interpretiert werden.

Die kombinierte Verwendung von Missats- und Kapitularienwesen begann etwa zur Mitte der Herrschaftszeit Karls des Großen um 789, ist aber erst nach der Kaiserkrönung intensiv in Gang gekommen. Dieser Regierungsapparat war zu seiner Zeit noch offen für weitere Veränderungen und scheint nicht zu einem fertig aufgebauten System geworden zu sein. Dies kann man zum Beispiel an der Mannigfaltigkeit der den Missi gegebenen Dokumente erkennen.

Schon in der ersten Phase dieser kombinierten Verwendung der beiden Instrumente wurden den Missi umfangreiche, relativ detaillierte Texte zugeteilt. Angesichts von Kapitularien wie der Admonitio generalis (Nr. 22) oder des Capitulare de villis (Nr. 32)[388] – und des besonders bei Nr. 22 sichtbaren Willens zur weiten Verbreitung des Textes – kann man vermuten, dass der Hof Karls des Großen schon vor der Wende zum 9. Jahrhundert fleißig Dokumente produzieren konnte. Somit hätte er den Missi zur Bekanntmachung und Verwirklichung des herrscherlichen Willens eigentlich immer detailliert geschriebene Texte zur Verfügung stellen können. Aber in der Tat wurden ihnen, besonders klar ersichtlich bei den Legationen von 789 und 801–803, neben den ausführlichen Kapitularien einfachere knappe Kapitellisten zugeteilt. Zur Verkündigung und Durchsetzung muss deshalb die Anwesenheit der Missi am Ort der Beratung, Entscheidung und Beauftragung vorausgesetzt werden. Während man bei der Kapitularien-„Gesetzgebung" eine klare Kontinuität zwischen Karl dem Großen und Ludwig dem Frommen sieht[389], gibt es einen klaren Unterschied zwischen den Kapitularien Karls und denen Ludwigs: Rubrikenartige Kapitularien sind nur aus der Zeit Karls überliefert[390].

---

cedantur, nisi ad priorem locum; ubi prius visus fuit mansisse, illuc revertatur et ibi diligenter inquiratur de statu ipsius cum cognatione eius. Zur fiskalischen Inquisition siehe unten Kapitel 3, § 2.

388) Dazu vgl. SCHNEIDER, Capitulare de villis, in: HRG² 1 Sp. 809–811. Dieses ist nicht präzise datierbar, entstand aber wahrscheinlich in etwa zwischen 792/793 und dem 4. Juni 800. Vgl. zuletzt CAMPBELL, The Capitulare de Villis, der versucht, das Capitulare de villis und die Brevium exempla in die Zeit kurz nach 794 zu datieren, als Karl begann, mit seinem Hof in Aachen ansässig zu werden.

389) SCHMITZ, Kapitulariengesetzgebung.

390) GANSHOF, Was waren die Kapitularien? S. 77 f. und 82. Vgl. MGH Capit. 1 Nr. 23, 24, 28, 37, 40, 43, 51, 53, 62, 63, 65 und MORDEK Nr. 8, 10 (c. 22).

Außerdem ist festzustellen, dass eine solche kurze Kapitelliste keineswegs eine abgekürzte Version des vollständig ausformulierten authentischen Kapitulars sein musste. Es gibt keine konkrete Basis für eine solche Vermutung. Vielmehr müssen wir voraussetzen, dass die Missi auf ihrer Legationsreise je nach Region oder Person wörtlich und inhaltlich unterschiedliche Versionen der Beschlüsse mit sich führen konnten, wie die Beispiele von 802 und 809 zeigen[391]. Allerdings hatten sie in ihrem Dossier für ihre Legationsreise ein wörtlich genau zu beachtendes Eidesformular[392] dabei, wie wir in den Dossiers von 789 und 802 feststellen können. Jedes Formular ist in enger Verbindung mit der den Missi übergebenen Kapitelliste überliefert, deren Kapitel teilweise sehr knapp formuliert sind[393]. Jedoch in einem spezifischen Bereich wie dem Treueid war der präzise Wortlaut durchaus wichtig.

Ein anderes Merkmal der Zeit Karls des Großen ist, dass man nach seiner Kaiserkrönung fast jedes Jahr eine missatische Legation mit den Kapitularien nachweisen kann. Außerdem verbanden sich einige chronologisch aufeinander folgende Aussendungen der Missi thematisch miteinander, sodass man diese jeweils als eine kontinuierliche Legation ansehen kann, wie etwa die Legationen von 801–803, 805–806, 810–811.

Das dritte Merkmal ist die häufigere Ausstellung von Kapitularien für die missatische Legationen, die sich jeweils auf einen Themenbereich beschränkten (Nr. 48, 50, 74, [80], 82).

Die Zeit Ludwigs des Frommen

818/819

Ludwig der Fromme hat sich nach dem Tod seines Vaters intensiv mit dem Reformprogramm im weltlichen und kirchlichen Bereich befasst, dessen Abschluss man an den Ergebnissen der Winterversammlung

---

391) Dennoch war Seeliger sehr kritisch gegenüber einer solchen Auffassung: „In jedem Falle aber möchte ich die von Boretius beliebte Erklärung mit einer Gegenüberstellung von Generalinstruktion und Spezialinstruktion oder mit einer Beziehung auf Missi verschiedener Gebiete als unbegründet verwerfen." SEELIGER, Kapitularien S. 82.

392) Für diesen Hinweis sei Herrn Prof. Dr. Stefan Esders sehr herzlich gedankt.

393) MGH Capit. 1 Nr. 23 c. 18 S. 63; BECHER, Eid S. 85–87; MORDEK, Bibliotheca S. 565 und 784. Zur Überlieferung des Eidesformulars von 802 in Verbindung mit den Kapitularien von 803, siehe oben Kapitel 2, § 2, 1, iv, „801/802–803".

in Aachen um die Jahreswende 818/819 sehen kann[394]. Da wir dank Ganshof mit dieser Versammlung sicher vier „Kapitularien" (Nr. 137–140) verbinden können[395], behandele ich hier hauptsächlich die Frage, auf welche Weise diese Dokumente mit dem Missatswesen zu tun hatten[396].

Der Astronomus berichtet, dass den Grund zur Beratung auf dieser Versammlung und dann zur Entstehung der Kapitularien die Berichte der Missi boten, die der Kaiser vorher ausgeschickt hatte[397]. Möglicherweise waren diese Missi mit jenen identisch, welche im Herbst 817 zur Kontrolle der Durchsetzung der 816 neu formulierten und verbreiteten Normtexte für Kanoniker, Kanonissen und Mönche ausgesandt wurden[398], weil sonst keine Spur der umfangreichen Aussendung von Missi zwischen dem Herbst 817 und dem Winter 818 in den Quellen sichtbar ist. Aber da Erzbischof Hetti von Trier im Sommer 817 als *legatus imperialis* tätig war, lässt es sich nicht ausschlie-

394) Dazu vgl. BOSHOF, Ludwig der Fromme S. 108–128.

395) GANSHOF, Note sur la date.

396) Das Proömium der schriftlichen Normsetzung von 818/819 spricht über verschiedene Bestimmungen im Bereich der Kirche und der Gerechtigkeit sowie die (mehrfachen) Aussendung(en) von Missi in den vergangenen Jahren, aber das bedeutet nicht unbedingt eine schriftliche Fixierung dieser Bestimmungen (als Kapitularien) und deren Durchsetzung durch die Missi. MGH Capit. 1 Nr. 137 S. 274: *Et quoniam, licet saepe de statu ecclesiarum et de iustitiis praeterito tempore ordinassemus et missos per singula loca destinassemus, et invidente diabolo per tirannicam pravitatem praepeditum fuisset, quia Dominus de his sua omnipotentia triumphare concessit et pacem undique donavit, oportebat ut hoc tempus pacis indultae in communem sanctae Dei ecclesie et omnium nostrorum utilitatem inpenderemus, tribus videlicet modis*. Bei der umfangreichen Aussendung der Missi von 814 ist von Kapitularien keine Rede. Siehe die anonymen Missi „814a" in der Prosopographie. Auch beim Versuch der Rechtsreform 816 scheint der entstandene Text nicht systematisch durch die Missi verbreitet worden zu sein. Vgl. PATZOLD, Veränderung S. 91 mit Anm. 111; zur anderen Meinung vgl. GANSHOF, Note sur la date S. 520 Anm. 3. Angesichts dieser Quellenlage beginne ich diesen Abschnitt über die kombinierte Einsetzung der Kapitularien und der Missi unter Ludwig mit der Legation von 818/819.

397) Astronomus c. 32 S. 390 und 392.

398) Zu ihnen siehe die anonymen Missi von „816b", „816c", „817. 9. a" und „817. 9. b" in der Prosopographie. Die dort zitierte Darstellung durch Ermoldus scheint die Legation von 817 mit jenen Missi zu verbinden, die im Winter 818 dem Kaiser Bericht erstatteten.

ßen, dass die mit allgemeineren Aufgaben beauftragten Missi seit dem Sommer 817 (oder noch früher) dauerhaft tätig gewesen sind.

Jedenfalls wurden auf der Grundlage der Berichte der Missi auf der Reichsversammlung verschiedene Themen diskutiert und an deren Ende entstanden vier Kapitularien. In Bezug auf die Verbreitung der einzelnen Dokumente ist zuerst Nr. 137 zu behandeln. Dort spricht der Kaiser in der ersten Person Plural. Dieses Dokument spielte sicher eine Rolle als Einleitung für die „folgenden" Kapitel (*subjecta capitula*), die je nach dem *ordo* mit dem gemeinsamen Wunsch und Konsens besprochen und entschieden wurden: nämlich die Kapitel für die *canonici*, d. h., die säkularen Geistlichen, die von den Mönchen zu befolgenden Kapitel, die den *leges mundanae* hinzuzufügenden Kapitel sowie die anderen „Kapitel mit dem eigenen Daseinszweck". Die einzelnen Kapitellisten entsprechen den folgenden Kapitularien: dem Capitulare ecclesiasticum (Nr. 138)[399], dem Capitulare Monasticum III (Nr. 170)[400], den Capitula legibus addenda (Nr. 139)[401] und den Capitula per se scribenda (Nr. 140)[402]. Fraglich ist aber, ob eine systematische Verbreitung von Nr. 137 zusammen mit den anderen Kapitularien beabsichtigt war. In der Tat ist dieses Dokument im Gegensatz zu den anderen Dokumenten nur in zwei Handschriften überliefert[403]. Die eine der beiden ist der Codex Paris Lat. 2718. Dieser Pariser Codex, der „zu weiten Teilen in Tachygraphie", in karolingischer Minuskel und Tironischen Noten, geschrieben worden ist, enthält neben Nr. 137 auch Nr. 138–140 und kann dem Skriptorium in Tours in der Zeit Ludwigs des Frommen, wo Kanzler Fridugis Abt war, zugeschrieben werden[404]. Der andere Co-

399) MGH Capit. 1 Nr. 138, Inskription S. 275: *Haec capitula proprie ad episcopos vel ad ordines quosque ecclesiasticos pertinentia, quae non solum hi observare sed etiam sibi subiectis vel comissis facienda perdocere debent.*

400) Dazu siehe unten.

401) MGH Capit. 1 Nr. 139, Inskription S. 281: *Incipiunt capitula quae legibus addenda sunt, quae et missi et comites habere et ceteris nota facere debent.* Dazu vgl. UBL, Sinnstiftungen eines Rechtsbuchs S. 195–200, mit seiner Bemerkung, dass diese Capitula trotz ihres Titels „weniger auf die *leges* Bezug als vielmehr auf die Kapitularien selbst" nehmen (S. 197).

402) MGH Capit. 1 Nr. 140, Inskription S. 287: *Item incipiunt alia capitula quae per se scribenda et ab omnibus observanda sunt.*

403) Vgl. das Handschriften-Register in MORDEK, Bibliotheca S. 1094 f.

404) MORDEK, Bibliotheca S. 422–430. Nur in diesem Codex überliefert sind auch die Ordinatio imperii (Nr. 136) und die Formulae imperiales. Vgl. BISCHOFF, Ka-

dex, Kopenhagen Gl. Kgl. Saml. 1943. 4°, enthält außer den Kapitularien von 818/819 verschiedene Texte wie Leges und Formeln, aber keine weiteren „Kapitularien". Dieser am Ende des 9. Jahrhunderts abgeschriebene Codex dürfte kodikologisch auf eine verlorene Vorlage zurückgeführt werden, die einige weitere sonst nur im Pariser Codex erhaltene Texte enthielt[405]. Im Kopenhagener Codex ist also nichts Konkretes über eine umfangreiche Verbreitung von Nr. 137 erkennbar. Daraus ist abzuleiten, dass die oben genannten Dokumente zusammen im „Hofarchiv" (*in publico archivo*) aufbewahrt wurden, wie der Kaiser in Nr. 137 anordnete[406]. Aber die Überlieferungslage spricht gegen eine reichsweite Verbreitung von Nr. 137 neben den anderen Dokumenten von 818/819. Dieses Dokument wurde zwar zur Erläuterung des Grundprinzips und -motivs der umfangreichen Normsetzung von 818/819 verfasst, aber es dürfte hauptsächlich vor Ort, auf der öffentlichen Versammlung und zur mündlichen Verlesung durch den Kaiser verwendet worden sein.

Zu den Dokumenten von 818/819 gehört noch eine Kapitelliste, Nr. 141. Ihre Überschrift zeigt, dass sie als Memorandum für die missatischen Legation verfasst wurde[407]. Vorauszusetzen ist allerdings, dass alle Missi, die nach dem Abschluss der Versammlung, wahrscheinlich im Frühjahr 819, ausgesendet wurden, auf ihrer Legation Nr. 138–141 als Dossier mit sich trugen, denn diese Dokumente erhalten viele Querverweise[408]. Auffällig ist, dass ein Kapitel mit solchem Verweis oft ohne konkrete Erläuterung verfasst wurde. Das 14. Kapitel von Nr. 138 über zerstörten Kirchen, den Neunten und Zehnten sowie über die Wohngebäude der Kanoniker besteht nur aus der Aufzählung der Themen und dem Verweis auf die anderen „folgenden" Kapitel[409]. Hierbei handelt es sich um das 5. Kapi-

---

talog 3 S. 79; PATT, Studien zu den ‚Formulae imperiales' S. 123–135. Gegen den Versuch, diese Handschrift einem sogenannten Leges-Skriptorium zuzuschreiben, vgl. UBL, Leges-Skriptorium (S. 47, 50–52, und 61 f. zu dieser Handschrift).

405) MORDEK, Bibliotheca S. 192–195; BISCHOFF, Katalog 1 S. 412.

406) MGH Capit. 1 Nr. 137 S. 275 (zitiert unten).

407) MGH Capit. 1 Nr. 141, hier S. 289: *Haec sunt capitula praecipue ad legationem missorum nostrorum ob memoriae causam pertinentia, de quibus videlicet causis ipsi agere debeant. Legatio omnium missorum nostrorum haec est.*

408) Vgl. PÖSSEL, Authors and recipients S. 259 f.

409) MGH Capit. 1 Nr. 138 c. 14 S. 277 f.: *De ecclesiis sane destructis vel de nonis et decimis sive claustris canonicorum, qualiter constitui et ordinari nobis placuerit, aliis capitulis subter adnotavimus.* Pössel betont den Zusammenhang zwischen

tel von Nr. 140 über den Neunten und Zehnten sowie die zerstörten Kirchen[410] und das 7. Kapitel von Nr. 141 über die Wohngebäude der Kanoniker[411]. Das 15. Kapitel von Nr. 138 über die Ehre der Kirche ist ohne Kenntnis des sehr ausführlichen 1. Kapitels von Nr. 139, das ohne schriftlichen Text schwer auswendig gelernt werden dürfte, nicht zu verstehen und durchzusetzen[412]. Und ohne Kenntnis die-

---

dem Ausdruck *adnotata subter* und der in vielen Handschriften erkennbaren Reihenfolge der betreffenden Kapitularien. PÖSSEL, Authors and recipients S. 260.

410) MGH Capit. 1 Nr. 140 c. 5 S. 287 f.: *De nonis et decimis considerandum est, ut de frugibus terrae et animalium nutrimine persolvantur. De opere vero vel restauratione ecclesiarum comes et episcopus sive abbas una cum misso nostro, quem ipsi sibi ad hoc elegerint, considerationem faciant, ut unusquisque eorum tantum inde accipiat ad operandum et restaurandum, quantum ipse de rebus ecclesiarum habere cognoscitur; similiter et vassi nostri aut in commune tantum operis accipiant quantum rerum ecclesiasticarum habent, vel unusquisque per se iuxta quantitatem quam ipse tenet. Aut si inter eos convenerit, ut pro opere faciendo argentum donent, iuxta aestimationem operis in argento persolvant: cum quo pretio rector ecclesiae ad praedictam restaurationem operarios conducere et materiam emere possit. Et qui nonas et decimas dare neglexerit, primum quidem illas cum lege sua restituat et insuper bannum nostrum solvat, ut ita castigatus caveat, ne saepius iterando beneficium amittat.* Auch das 6. Kapitel von Nr. 141 ist ohne Text dieses Kapitels nicht zu verstehen und durchzusetzen. Ebd. S. 289: *De nonis et decimis ut secundum iussionem nostram dentur.*

411) MGH Capit. 1 Nr. 141 c. 7 S. 289: *De locis dandis ad claustra canonicorum facienda, si de eiusdem ecclesiae rebus fuerit, reddatur ibi; si de alterius ecclesiae vel liberorum hominum, commutetur; si autem de fisco nostro fuerit, nostra liberalitate concedatur.*

412) MGH Capit. 1 Nr. 138 c. 15 S. 278: *Sed et de ecclesiarum honore, quomodo Deo adiuvante, quantum in nos est, vigeat, similiter in subter adnotatis capitulis insertum esse dinoscitur*; ebd. Nr. 139 c. 1 S. 281: *De honore ecclesiarum. Si quis aut ex levi causa aut sine causa hominem in ecclesia interfecerit, de vita conponat. Si vero foris rixati fuerint, et unus alterum in ecclesiam fugerit et ibi se defendendo eum interfecerit, si huius facti testes non habuerit, cum duodecim coniuratoribus legitimis per sacramentum adfirmet se defendendo eum interfecisse, et post haec sexcentos solidos ad partem ecclesiae quam illo homicidio polluerat et insuper bannum nostrum solvere cogatur; is vero qui interfectus est absque conpositione iaceat: ac deinde interfector secundum iudicium canonicum congruam facinori quod admisit paenitentiam accipiat. Si proprius servus hoc commiserit, iudicio aquae ferventis examinetur, utrum hoc sponte an se defendendo fecisset. Et si manus eius exusta fuerit, interficiatur, si autem non fuerit, dominus eius iuxta quod wirgildus illius est ad ecclesiam persolvat aut eum, si voluerit, eidem ecclesiae tradat. De ecclesiastico et fiscalino et beneficiario servo volumus, ut pro una vice wirgildus eius*

ses Kapitels ist auch das 5. Kapitel von Nr. 141 über dasselbe Thema nicht durchsetzbar[413].

Nicht zu übersehen ist allerdings die Tatsache, dass diese Kapitel in ihren Querverweisen nicht mit einer konkreten Benennung auf ein bestimmtes Dokument oder Kapitel verweisen, während die Teilnehmer an der Versammlung, besonders an der Beratung, wohl gewusst haben, welche Kapitel miteinander verknüpft waren. Aus dem Personenkreis dieser Teilnehmer dürften also höchst wahrscheinlich die Missi ausgewählt worden sein, sodass sie auf ihren regionalen Versammlungen den Inhalt und die Verwendung der sich gegenseitig erwähnenden Dokumente erklären konnten. Aber nur wenig ist darüber bekannt, wer auf dieser Legation zum Missus ernannt wurde. Es waren dies zumindest Albwin und Wigbald, deren Namen in der Überschrift einer Version von Nr. 141 genannt werden, die ein aus Corvey stammender Codex (Münster, Staatsarchiv, msc. VII. 5201) überliefert[414].

Aus dieser exemplarischen Erläuterung ist klar geworden: Die Missi dominici mussten die Gesamtheit dieser Dokumente mit sich führen, um alle Bestimmungen und die konkreten Maßnahmen bekannt zu machen und die Dokumente zu verbreiten. Auch die nächsten Empfänger der Texte in den Regionen, nämlich alle Würdenträger, die zu dieser Reform beitragen sollten, mussten möglicherweise über alle diese Schriftstücke verfügen, um ihren Inhalt weiter bekannt zu machen und umzusetzen, obwohl die Überschrift jedes Kapitulars seine Adressaten nennt – nämlich Bischöfe und andere kirchliche

---

pro eo conponatur, altera vice ipse servus ad supplicium tradatur. Hereditas tamen liberi hominis qui propter tale facinus ad mortem fuerit iudicatus ad legitimos heredes illius perveniat. Si in atrio ecclesiae, cuius porta reliquiis sanctorum consecrata est, huiuscemodi homicidium perpetratum fuerit, simili modo emendetur vel conponatur; si vero porta ecclesiae non est consecrata, eo modo conponatur quod in atrio conmittitur, sicut conponi debet quod in inmunitate violata conmittitur.

413) MGH Capit. 1 Nr. 141 c. 5 S. 289: *De honore ecclesiarum, ut per omnia eis exhibeatur, sicut nuper a nobis cum consensu omnium fidelium nostrorum constitutum est; et ut hoc missi nostri omnibus in sua legatione constitutis notum efficiant.* Die Fussnoten zu Nr. 138–141 in der MGH-Ausgabe nennen weitere Beispiele für Querverweise. Zum intertextuellen Zusammenhang zwischen den Kapitularien von 818/819, die außerdem die intertextuellen Bezüge auf die älteren Kapitularien haben, vgl. UBL, Sinnstiftungen eines Rechtsbuchs S. 195–199.

414) Siehe ALBWIN und WIGBALD in der Prosopographie.

Würdenträger (Nr. 138), Missi und Grafen (Nr. 139) sowie Missi (Nr. 141)[415].

Fast ohne gemeinsame Überlieferung dürfte das Capitulare monasticum III oder die Regula sancti Benedicti abbatis Anianensis sive collectio capitularis auch auf dieser Versammlung entstanden sein[416]. Dass Ludwig bei dieser Gelegenheit auch eine monastische Gesetzgebung unternommen hat, berichten die Reichsannalen[417] und das Prooemium generale (Nr. 137)[418]. Zu fragen ist, ob dieses monastische Kapitular durch dieselben Missi dominici zusammen mit den anderen oben erläuterten Kapitularien verbreitet wurde. Es gibt weitere ähnliche Fälle, nämlich Ludwigs Versuche der Durchsetzung der Kanoniker- und Klosterregel. Sowohl 816 als auch 817 wurden die

---

415) MGH Capit. 1 Nr. 138 S. 275; Nr. 139 S. 281; Nr. 141 S. 289 (diese sind alle oben zitiert). Die Überschrift von Nr. 140 besagt, dass die Bestimmungen dieses Kapitulars von allen zu befolgen sind, aber sie nennt keine bestimme Adressaten des Dokuments.

416) Die Bezeichnung „Capitulare monasticum III“ stammt von Mordek. Vgl. MORDEK, Bibliotheca S. 999. Die bessere Edition von Josef Semmler findet sich in CCM 1 Nr. 23 S. 501–536. Zu erwähnen ist auch noch eine stark an Benediktus Levita angelehnte Version (MGH Capit. 1 Nr. 170 S. 343–349). Zur Datierung vgl. SEMMLER, Zur Überlieferung S. 341–365. Nur im Codex Brüssel, Bibliothèque Royale Albert Ier, 10274–80 sind Nr. 170 und das 5. Kapitel von Nr. 138 gemeinsam überliefert. Dieses Kapitel betrifft Mönche und hat hier die Inskription: *In capitularibus quoque gloriosissimi principis hludouici sic inuenitur.* MORDEK, Bibliotheca S. 91.

417) ARF a. 819 S. 150: *Conventus Aquisgrani post natalem Domini habitus, in quo multa de statu ecclesiarum et monasteriorum tractata atque ordinata sunt, legibus etiam capitula quaedam pernecessaria, quia deerant, conscripta atque addita sunt.*

418) MGH Capit. 1 Nr. 137, hier S. 275: *Sed qualiter de his divina cooperante gratia consultu fidelium pro viribus et temporis brevitate, licet non quantum debuimus et voluimus sed quantum a Deo posse accepimus, egerimus et quid unicuique ordini communi voto communique consensu consulere studuerimus, ita ut quid canonicis proprie de his, quidve monachis observanda, quid etiam in legibus mundanis addenda, quid quoque in capitulis inserenda forent, adnotaverimus et singulis singula observanda contraderemus, tamen ut sive nostris sive successorum nostrorum temporibus rata forent et inviolabiliter Deo annuente conservarentur, libuit nobis ea quae congesta sunt ob memorie firmitatisque gratiam in unum strictim congerere et subiectis capitulis adnotare et in publico archivo recondere, ut successores Deo dispensante nostri nostra pia facta conservantes ipsi nihilominus bona facta sua successoribus suis servanda perdoceant.*

Verbreitung, Durchsetzung und Kontrolle dieser Regeln getrennt versucht: Während die Kanoniker- und Kanonissenregel von den geistlichen Missi verbreitet und deren Umsetzung kontrolliert wurden, spielten die monastischen Missi eine vergleichbare Rolle bei der Durchsetzung der Benediktsregel und der neu gesetzten monastischen Normen[419]. Es ist also vorstellbar, dass auch das Capitulare monasticum III, getrennt von der oben erläuterten Legation, von Missi aus dem monastischen Bereich verbreitet und die Einführung der neuen Regeln in den Klöstern von ihnen begutachtet wurde.

um 820/821

Während einige Texte im Kapitularienbereich von der Forschung auf um 820 oder 821 datiert werden, sind nicht alle Datierungen sicher genug, z. B. das nur sehr fragmentarisch überlieferte Kapitular über das Münzwesen (Nr. 146) oder die Disziplinierung des Hoflebens in Aachen (Nr. 147)[420]. Auch die hier in Bezug auf das Missatswesen zu behandelnden Kapitularien sind nicht genau datierbar, aber höchstwahrscheinlich zwischen die Legationen von 819 und 825/826 anzusetzen.

Diesbezüglich ist zunächst Nr. 143 (Capitula de functionibus publicis) zu behandeln. Diese aus fünf Kapiteln bestehende Kapitelliste ist in drei Handschriften überliefert. Interessanterweise ist sie in einer der dreien, Paris Lat. 2718, zweimal abgeschrieben. Der Grund für diese doppelte Abschrift in diesem Codex ist nicht klar[421]. Wir müssen allerdings die aus der zweiten Abschrift abzulesende Verbindung dieser Kapitelliste mit einer anderen bemerken: Nr. 143 folgte einerseits in Paris Lat. 2718 und auch in Paris nouv. Lat. 204, der wohl auch im zweiten Viertel des 9. Jahrhunderts in Tours angefertigt wurde[422], der Lex Salica, den Capitula legibus addenda (Nr. 139) und dem Capitulare Missorum von 819 (Nr. 141). Wenn die Reihen-

419) Siehe die anonymen Missi „816b“, „816c“, „817. 9. a“ und „817. 9. b“ in der Prosopographie.

420) MGH Capit. 1 S. 297 und 299 (beide = ca. 820?); MORDEK, Bibliotheca S. 548 (beide = 820?). Aber BM² 446 datiert Nr. 147 auf das Jahr 809 und BM² 565 datiert Nr. 146 in 814/15.

421) Bei der ersten Abschrift ist Nr. 143 in die Formulae imperiales eingeschoben. MORDEK, Bibliotheca S. 425.

422) MORDEK, Bibliotheca S. 621–624; BISCHOFF, Katalog 3 S. 234; UBL, Leges-Skriptorium S. 63 Anm. 80.

folge dieser Kapitularien in den Handschriften ihre zeitliche Folge andeutet, gewinnt das 5. Kapitel von Nr. 143 besondere Bedeutung: Es erwähnt die *capitula que praeterito anno legis Salicae per omnium consensum addenda esse censuimus*, die nun nicht mehr als *capitula*, sondern als *lex* angesehen (und befolgt) werden sollten[423]. Ob sie, wie Boretius und die ihm folgenden Forscher meinen, Nr. 142 (Capitula legi Salicae addita) sein könnten, ist unsicher. Ihnen zufolge wären zuerst Nr. 139 (a. 818/819), dann Nr. 142 (um 819/820) und zuletzt Nr. 143 (a. 821) erlassen worden[424]. Dass Nr. 142 und 143 keine gemeinsame Überlieferung haben, deutet allerdings vielmehr an, dass sie wenig miteinander zusammenhängen dürften[425]. Steffen Patzold sieht in Nr. 142 einen Zwischenstand der Beratungen, weil c. 7 das Problem der Differenzierung der Unfreien offen lässt und die Entscheidung dem Kaiser vorbehalten wird[426]. Das heißt, dass zwischen der Abfassung der Kapitelliste von Nr. 142 und der Abfassung zu der „in der Lex Salica nachzutragenden Kapitelliste" ein weiterer Schritt zu denken ist.

Überprüft werden soll nun die Inskription zu den Capitula legibus addenda von 818/819 (Nr. 139) im Codex Paris nouv. acq. Lat. 204, entstanden in Tours. Ihr zufolge seien diese auf der Aachener Versammlung als Nachträge zur Lex Salica promulgierten Kapitel auf der Reichsversammlung von Diedenhofen aufgrund der Beratung mit den Magnaten als *lex* anerkannt worden[427]. Da eine Reichsversammlung in Diedenhofen nach der Jahreswende 818/819 erst im Oktober

423) MGH Capit. 1 Nr. 143 c. 5 S. 295: *Generaliter omnes admonemus, ut capitula que praeterito anno legis Salicae per omnium consensum addenda esse censuimus iam non ulterius capitula sed tantum lex dicantur, immo pro lege teneantur.* Hierzu vgl. UBL, Sinnstiftungen eines Rechtsbuchs S. 200.

424) MGH Capit. 1 S. 292 und 295 Anm. 5; BM² 710 und 741; MORDEK, Unbekannte Texte S. 455 Anm. 40.

425) Vgl. das Handschriften-Register in MORDEK, Bibliotheca S. 1095 f.

426) MGH Capit. 1 Nr. 142 c. 7 S. 293: *Quia nullum de ecclesiastico aut beneficiario vel alterius personae servo discretionem lex facit, si ita ecclesiastici aut beneficiarii servi sicut liberorum tradi aut dimitti possunt, ad interrogationem domni imperatoris reservare voluerunt.* PATZOLD, Veränderung S. 71, 89 f. und 91 Anm. 111. Vgl. auch UBL, Sinnstiftungen eines Rechtsbuchs S. 209 f.

427) MGH Capit. 1 Nr. 139 S. 280: … *ipsasque postea, cum in Theodone villa generale conventum habuisset, ulterius capitula appelandum esse prohibuit, sed tantum lex dicenda immoque firmissime ab omnibus pro lege tenenda cum totius optimatum suorum consilio precepit.*

821 nachgewiesen werden kann[428], wurde diese einleitende Inskription in der Forschung auf Nr. 142 bezogen, obwohl dieser Codex Nr. 142 nicht enthält[429]. Auch wenn Nr. 139 und Nr. 142 vermutlich in zeitlicher Nähe entstanden[430], oder auch wenn das 12. Kapitel von Nr. 142, wie Boretius vermerkt, auf das 10. Kapitel von Nr. 139 verweist[431], ist die Annahme der Verwechslung von Nr. 139 und 142 von einem Abschreiber nicht überzeugend. Plausibler wäre die Vermutung, dass die 818/819 als Nachträge zur *lex* erlassenen *capitula* von Nr. 139 erst auf einer Diedenhofener Reichsversammlung offiziell als *lex* zur Geltung kamen, wobei ihre Bekanntmachung durch die Missi und die Zustimmung der regionalen Würdenträger vorausgesetzt wurden, wie dies bei der Leges-Reform von 803 der Fall war[432]. Daraus ist zu schließen, dass Nr. 143 nach der missatischen Legation von 819 mit einem zeitlichen Abstand auf der Diedenhofener Reichsversammlung niedergeschrieben wurde, auf derselben Reichsversammlung, auf der Nr. 139 endgültig als *lex* anerkannt wurde[433].

Das 1. und das 4. Kapitel von Nr. 143 zeigen, dass diese Kapitelliste wahrscheinlich durch die Missi weit und breit bekanntgemacht werden sollte[434]. Die in den oben genannten Pariser Codices zusam-

428) BM² 740d.

429) MGH Capit. 1 S. 280; BM² 710; MORDEK, Bibliotheca S. 622.

430) MORDEK, Unbekannte Texte; MORDEK, Fränkische Kapitularien S. 21 f. Die Überlieferung der beiden Kapitularien belegt diese Nähe allerdings nicht in ausreichendem Maße. Während Nr. 142 in der Leges-Handschrift Paris Lat. 4634 an Nr. 139 und Nr. 134 (Capitula legi addita, a. 816) anschließend aufgezeichnet wurde, findet sich diese Kapitelliste in den anderen Handschriften unter den Dokumenten der Legation von 829, nicht von 819. MORDEK, Bibliotheca S. 499, 513, 518, 599 und 710.

431) MGH Capit. 1 Nr. 142 S. 293 Anm. 13.

432) MGH Capit. 1 Nr. 40 c. 19 S. 116; ebd. Nr. 103 (um 806, Karl der Große an Pippin von Italien), hier S. 212; MORDEK, Bibliotheca S. 551. KRAH, Zur Kapitulariengesetzgebung in und für Neustrien S. 569 f.; SIEMS, Handel und Wucher S. 438 f.

433) Wenn diese Diedenhofener Reichsversammlung mit der quellenmäßig nachgewiesenen Versammlung vom Oktober 821 zu identifizieren ist, muss ich doch die wichtige Frage offen lassen, warum der Verfasser von Nr. 143 die Nr. 139 auf „das vergangene Jahr", also 820, datierte. UBL, Intentionen der Gesetzgebung S. 98–101, ist zuletzt zur gleichen Auffassung gekommen. Vgl. auch UBL, Sinnstiftungen eines Rechtsbuchs S. 210 mit Anm. 82.

434) MGH Capit. 1 Nr. 143 c. 1, S: 294: *Volumus firmiter omnibus in imperio nostro nobis a Deo conmisso notum fieri, ut...*; c. 4 S. 295: *Omnibus notum sit, quia...*

men mit Nr. 143 überlieferte Kapitelliste Nr. 144 (Capitula de iustitiis faciendis) war dagegen wahrscheinlich nicht zur Verbreitung bestimmt, obwohl die beiden Codices ihr die Überschrift *Capitula legis Salicae addenda* geben[435]. Sie dürfte einen Zwischenstand der Beratung dokumentieren, wie ihre Ausdrucksweise zeigt[436].

Ein Dokument aus dieser Zeit sei noch zu erwähnen. Die nur in der Ansegis-Sammlung überlieferten zwölf Kapitel werden zusammen als ein Dokument betrachtet und als Capitula missorum (Nr. 148) bezeichnet[437]. Diese Kapitelliste kann auf 821 datiert werden und scheint hauptsächlich für das westfränkische Gebiet bestimmt gewesen zu sein[438]. Gerhard Schmitz vermutet, dass diese Kapitelliste eine nordwestfränkische Version der missatischen Unterlagen, ein „Capitulare missorum speciale“ sein dürfte. Die Bestimmungen in den Kapiteln 5, 7 und 8 hängen mit Flandern, Tournai sowie dem Küstengebiet zusammen. Auch die geographische Lage des Klosters Fontenelle, in dessen Archiv Ansegis die Vorlage des Textes gefunden haben dürfte, begründet seine Vermutung[439]. Offen zu lassen sind die Fragen, ob dieses Kapitular auch auf der Diedenhofener Versammlung niedergeschrieben wurde und ob Nr. 143 und Nr. 148 zur selben Legation gehörten.

---

435) MORDEK, Bibliotheca S. 427 und 622. Hierzu PATZOLD, Veränderung S. 68 Anm. 21.

436) Das 2. Kapitel wird als Wunsch des Kaisers in der dritten Person formuliert: *Vult domnus imperator, ut …*; das 3. Kapitel zeigt, was in Bezug auf die königliche Abgabe beschlossen werden sollte; im 5. Kapitel (und wahrscheinlich auch im 4.) spricht der Kaiser selbst im Pluralis majestatis. MGH Capit. 1 Nr. 144 S. 295 f. DEPREUX, Zur Nützlichkeit S. 96–99, betrachtet Nr. 144 und Nr. 145, die gemeinsam überliefert sind, als „Arbeitsmaterial einer einzigen Reichsversammlung“, deren „Besprechungen und Beschlüsse“ der Text von Nr. 143 widerspiegelt. Ihm zufolge muss man Nr. 143 nicht mehr als eigenständiges Kapitular ansehen, weil der Codex Wolfenbüttel Blankenburg 130 die von Boretius getrennt behandelten Kapitellisten Nr. 178 (Episcoporum ad Hludowicum imperatorem relatio) und Nr. 143, als eine Einheit behandelt. Vgl. MORDEK, Bibliotheca S. 930 f., hier S. 931: *TITULUM III. ITEM DOMNI HLUDOUUICI IMPERATORIS.*

437) MGH Capit. 1 Nr. 148 S. 300 f. = Ansegis, 4, 1–12 S. 620–625.

438) Ansegis, Einleitung S. 37. Aufgrund der Thematisierung der Vasallen in der Marca im 4. Kapitel meint Archibald Ross Lewis, dass dieses Kapitular auch in Katalonien gültig gewesen sei. LEWIS, The development S. 72 Anm. 18; Ansegis, 4,4 S. 621 f.

439) Ansegis, Einleitung S. 37.

825–826

Im August 825 fand die Reichsversammlung in Aachen statt[440], als deren Ergebnis man die Admonitio ad omnes regni ordines (Nr. 150) ansehen kann[441]. Im letzten der ersten 11 Kapitel[442] der Admonitio an die weltlichen und kirchlichen Würdenträger mahnte der Kaiser alle zu gegenseitiger Liebe und Eintracht, zur Befolgung der herrscherlichen Anordnungen im Allgemeinen und dann besonders zur Ehrerbietung gegenüber den herrscherlichen Missi sowie zum Gehorsam gegen die durch sie gegebenen Befehle[443]. Im 12. Kapitel ist die Rede von den Missi, die für die Inspektion des Lebenswandels der Würdenträger, besonders der Bischöfe und Grafen, eingesetzt werden, damit der Kaiser wisse, wie jeder seinen Teil zu dem herrscherlichen *ministerium* der Reichsregierung beitrage[444]. In den folgenden Kapiteln werden „diese" Missi mehrmals erwähnt als *praedicti missi nostri*[445]. Wer diese Missi waren, erfahren wir aus dem Doku-

440) BM² 797c.

441) MGH Capit. 1 Nr. 150 S. 303–307 = Ansegis, 2, 1–24 S. 521–541; BM² 798 und 799; GANSHOF, Was waren die Kapitularien? S. 85 f. Anm. 212; SCHMITZ, Ansegis, Einleitung S. 38 f.; PATZOLD, Episcopus S. 140–146, bes. S. 140 mit Anm. 240 zur Datierung. Vgl. jedoch Guillots vorsichtigere Datierung der Admonitio zwischen 823 und 825. GUILLOT, Une ordinatio méconnue S. 378.

442) Kapitelzählung nach Ansegis.

443) Ansegis 2, 11 S. 529: *Omnibus etiam generaliter dicimus, ut caritatem et pacem ad invicem habeatis et generalem iussionem nostram generaliter observare decertetis et missis nostris pro qualicumque scilicet aut ecclesiastica aut publica utilitate vel oportunitate a nobis directis nostri honoris causa honorem exhibeatis et propter nostrae auctoritatis venerationem ea, quae per illos iniungimus agere, non neglegatis.*

444) Ansegis 2, 12 S. 530: *Et quoniam, sicut diximus, unusquisque vestrum partem ministerii nostri per partes habere dinoscitur, volumus studere et per clamatores et per alia quaelibet certa indicia et per missos nostros, quos ad hoc ordinaverimus, qualiter unusquisque ad hoc certare studuerit, et per commune testimonium, id est episcoporum de comitibus, comitum de episcopis, comperire, qualiter scilicet comites iustitiam diligant et faciant et quam religiose episcopi conversentur et praedicent, et amborum relatu de aliorum fidelium in suis ministeriis consistentium aequitate et pace atque concordia cognoscere. Similiter etiam volumus, ut omnes illis et illi omnibus, de communi societate et statu a nobis interrogati, verum testimonium sibi mutuo perhibere possint.*

445) So im 19. Kapitel über das Zollwesen. Ansegis 2, 19 S. 537. Vgl. auch Ansegis 2, 20 S. 538 (*missi nostri, quorum superius mentionem fecimus*; über die Reparatur der Brücke). Die Missi, die der Kaiser *huius rei gratia* (nämlich wegen der Münz-

ment, das der Kaiser ihnen auf diese Legation mitgab. Diese in der Forschung als Commemoratio missis data bekannte Liste der vier Kapitel (Nr. 151)[446] ist nur bei Ansegis überliefert und schließt sich dabei gerade an die Admonitio (Nr. 150) an. Im ersten Kapitel sind die 10 Missatica und die Namen der 20 zuständigen Missi aufgelistet[447]. In den folgenden zwei Kapiteln werden die Aufgaben der Missi erläutert, von denen im Zusammenhang dieser Studie die folgenden wichtig sind: Die Missi müssen während ihrer Legation an zwei oder drei Orten ihre Versammlung abhalten, dort öffentlich den Sinn und Zweck ihrer Legation erklären und bekanntmachen, was der Kaiser in seinen *capitula*, nämlich Nr. 150, festgesetzt hat, um eine Nichterfüllung ihrer missatischen Aufgaben zu vermeiden[448]. Da das 18. Kapitel von Nr. 150 am 11. November den Termin für die Münzreform festlegt[449], sollte die Bekanntmachung dieser Admonitio in den einzelnen Regionen natürlich vor diesem Termin abgeschlossen sein. Die Missi dürften also etwa drei Monate Zeit gehabt haben, wenn sie direkt nach der Versammlung im August ihre Legationsreise antraten.

In Ansegis' Sammlung folgt diesen zwei Kapitellisten noch ein langes Kapitel, das im Kontext dieser Legation niedergeschrieben wurde. Dieses so genannte Legationis capitulum (Nr. 152) scheint ein Mandat für die Missi gewesen zu sein und wurde als Reaktion des Kaisers auf das erste und nicht befriedigende Ergebnis der Legation von 825 verfasst[450]. Der Kaiser, der im Text direkt seine Missi anredet, erinnert sie an ihre missatischen Aufgaben. Sie werden dazu ermahnt, die im *capitulare* des vorigen Jahres, nämlich Nr. 150, niedergeschriebenen Bestimmungen durchzusetzen. Außerdem sollen sie Mitte Mai zusammen mit allen Bischöfen, Äbten, Grafen, kaiserlichen Vasallen und den anderen Würdenträgern in ihrem Missaticum eine Versammlung abhalten, wenn möglich an zwei oder drei Orten.

---

reform) *dirigere per singulos comitatus [volumus]*, sind vielleicht auch identisch mit diesen Missi. Ansegis 2, 18 S. 535–537. Im Gegensatz dazu sind die *missi ad hoc specialiter constituti* im 17. Kapitel andere Personen, die für die Gastung der Gesandten sorgen sollten. Ansegis 2, 17 S. 535. Hierzu siehe FROTHAR in der Prosopographie.

446) MGH Capit. 1 Nr. 151 S. 308 f. = Ansegis 2, 25–27 S. 541–547. Zu dieser Kapitelliste vgl. Ansegis, Einleitung S. 38 f.

447) Ansegis 2, 25 S. 541–545.

448) Ansegis 2, 26 und 27 S. 545–547.

449) Ansegis 2,18 S. 535–537.

450) Ansegis 2, 28 S. 547–549. Vgl. Ansegis, Einleitung S. 39.

Angesichts des Termins von Mitte Mai wurde Nr. 152 wahrscheinlich Anfang 826 niedergeschrieben und an die Missi geschickt.

Bei dieser Legation kann man erkennen, wie systematisch der Kaiser die Kommunikation zwischen dem Zentrum und den Regionen konzipierte. Die regionale Versammlung in den einzelnen Missatica, deren Abhaltung klar geregelt wurde, wurde zum Knotenpunkt der durch die Missi und Kapitularien vermittelten Kommunikation bestimmt. Dass dieses Dossier der Legation von 825–826 trotz der Anordnung zur systematischen Vervielfältigung von Nr. 150, wofür hauptsächlich die Erzbischöfe und Grafen in ihren Bischofsstädten verantwortlich waren[451], fast ausschließlich bei Ansegis überliefert ist[452], dürfte damit zusammenhängen, dass die Sammlung von Ansegis kurz nach dieser Legation, nämlich um 827, entstand und sofort im Reich rezipiert und verbreitet wurde[453]. Wer einen Codex der Ansegis-Sammlung besaß, die auch Nr. 150 enthielt, dürfte nicht mehr auf eine auf Pergamentblätter geschriebene Kopie von Nr. 150 angewiesen gewesen sein. Die Spärlichkeit der von Ansegis unabhängigen Überlieferung von Nr. 150 kann in diesem Sinn die Bedeutung der Legation von 825–826 für die Reichsregierung Ludwigs nicht verringern und muss keinen Misserfolg dieser Legation bedeuten.

Noch eine weitere Kapitelreihe ist hier zu betrachten, die nur bei Ansegis überliefert ist. Boretius hat diese Reihe von 10 Kapiteln unter dem Titel „Responsa missis data“ (Nr. 155) als Einheit ediert[454]. Diese Kapitel dürften die Reaktionen des Kaisers und seiner Berater auf die Berichte der Missi sein[455], obwohl Pokorny diese Kapitel nicht als „Responsa“, sondern als ein Kapitular ansieht[456]. Dass diese Liste Entscheidungen zu vielen Einzelfällen aus verschiedenen Regionen aufzeichnet[457], spricht gegen die Vermutung, dass dieses Schrift-

451) Ansegis 2, 24 S. 540 f.

452) Eine vollständige Überlieferung ist sonst nur im Codex Wolfenbüttel, Blankenburg 13o, festzustellen. MORDEK, Bibliotheca S. 931 f.

453) Ansegis, Einleitung S. 189–191 und 282 ff.

454) MGH Capit. 1 Nr. 155 S. 314 f. = Ansegis, App. 3 S. 679–681: *ITEM CAPITULA PRINCIPUM PRAECLARISSIMORUM ECCLESIASTICA SIMUL ET MUNDANA DOMNI HLUDOWICI AUGUSTI ET HLOTHARII CAESARIS, QUAE SUPRASCRIPTAM VIDENTUR HABERE RATIONEM.*

455) BM² 827; Ansegis, Einleitung S. 17.

456) POKORNY, Eine Brief-Instruktion S. 64 Anm. 35.

457) Zumindest behandelt das 2. Kapitel den Streit zwischen Bischof Gerfrid von Münster und einem nicht identifizierbaren Grafen Liutrigus, das 5. Kapitel zwei

stück als Ganzes systematisch an die Missi verteilt wurde. Es wird wohl eher die Aufzeichnung der Ergebnisse der Beratung sein, und ein einzelner Missus bzw. ein Missi-Paar brauchte nur die vom Hof entschiedenen Gegenmaßnahmen in der sein Missaticum betreffenden Angelegenheit zu wissen.

828–829

Die Reihe der Dokumente, welche dem Willen der beiden Kaiser und ihrer Berater entspringen, sich angesichts der großen Krise des Reichs mit Gott zu versöhnen, zeigt uns, wie ein umfangreiches, reichsweit zu leistendes Reformwerk auf der Basis der Schriftlichkeit und des Missatswesens umgesetzt wurde[458]. Im Dezember 828 wurden zunächst zwei Rundschreiben (Nr. 185 A und B)[459] als Ergebnis einer kleineren Hofberatung im Reich versandt. In diesen Rundschreiben werden die Abhaltung von vier großen Synoden und die reichsweite Aussendung der Missi dominici angekündigt. In der Fassung an die *fideles* im Allgemeinen (Nr. 185 A) wird angeordnet, den Missi bei ihrer Untersuchung und Berichtigung der Missstände zu helfen. Die längere Fassung (Nr. 185 B), wohl an die Bischöfe gerichtet, ist der

Frauen im Missaticum von Besançon, das 6. Kapitel die Güter, die ein Markgraf einem Sohn Bosos (vielleicht BOSO (I), Graf in Italien), schenkte, und das 9. Kapitel den Streit zwischen Helisachar und Heiminus von Sitten einerseits und dem Grafen Maginarius von Sens andererseits. Ansegis, App. 3, 2; App. 3, 5; App. 3, 6; App. 3, 9 S. 679 f.

458) Zur Situation und den Dokumenten vgl. GANSHOF, Am Vorabend; DE JONG, The penitential state S. 148–184.

459) Die von der älteren Forschung als interpolierte Verfälschung bewertete längere Fassung der „Hludowici et Hlotharii epistola generalis“ (Nr. 185 B = MGH Conc. 2,2 Nr. 50B) sollte nach den Analysen von Mayke de Jong und Steffen Patzold als echtes Dokument angesehen werden. Außerdem dürfte die „Constitutio de synodis anno 829. in regno Francorum habendis“ (Nr. 184 = MGH Conc. 2,2 Nr. 50A) nach Patzold eine Umarbeitung von Nr. 185 B sein. DE JONG, The penitential state S. 172–174; PATZOLD, Episcopus S. 545–551. Dabei könnte man vermuten, dass die letzten zwei Sätze von Nr. 184 (*Volumus etiam ipsorum conventum fieri octavas Pentecosten; missi vero nostri incipiant legationem peragere octavas Paschae.*) nicht ursprünglich zu Nr. 186 (Agenda der Synoden), das in den Handschriften auf Nr. 184 folgt, gehörten, wie Patzold meint, sondern zu Nr. 185 B, denn sonst wäre unklar, wann der in Nr. 185 B erwähnte „bestimmte Termin (*tempus constitutum*)“ sei. Diese Terminangabe dürfte beim Abschreiben in direkter Verbindung mit den Akten des Pariser Konzils von 829, einem der vier genannten Konzilien, zusammen mit dem Eschatokoll ausgelassen worden sein.

Einberufungsbrief, in dem die vier Orte der Synode und deren Vorsitzende genannt sind.

Danach folgt die zweite Phase der Textausstellung am Aachener Hof. Sicher vor dem Termin der missatischen Legation, nämlich dem 4. April, sind die Capitula de missis instruendis (Nr. 187) zu datieren. Andererseits scheint Nr. 187 den Missi vor ihrer Legationsreise nicht systematisch mitgegeben worden zu sein[460]. Der Formulierung nach dürfte dieser Text eine Tagesordnung sein. Mit diesem Text wird wohl der Kaiser die als Missi auszusendenden Personen wahrscheinlich am Hof über ihre Legation mündlich instruiert haben.

Schwer zu behandeln sind die Capitula ab episcopis in placito tractanda (Nr. 186)[461]. Diese Kapitelliste ist allerdings der in den meisten Handschriften vorhandenen Inskription[462] zufolge die Tagesordnung der einzuberufenden Synoden, die den Bischöfen zur Vorbereitung vorher zugeschickt wurde. Deswegen müssen diese sechs Kapitel vor dem 23. Mai, dem Termin für die Synoden, entstanden sein. Nicht zu übersehen sind die Kapitel 3 und 4, die die schon bestellten Missi erwähnen[463]. Während Nr. 186 wohl das Dokument ist, das „nach" der Legation verwendet werden sollte, ist Nr. 188 (das Capitulare missorum) das Dokument „für" die Legation. Zumindest das 2. Kapitel über die missatische Inquisition und das 4. Kapitel über den Treueid stimmen inhaltlich mit der wahrscheinlich mündlich gegebenen Instruktion von Nr. 187 überein[464]. Außerdem wurde den

460) Dieser Text ist im Gegensatz zu den anderen Dokumenten von 828/829 nur in drei Handschriften (die vierte, Paris lat. 4631, ist „eine leicht veränderte Kopie" des 15. Jahrhunderts von Paris. Lat. 4628 A. MORDEK, Bibliotheca S. 508) überliefert. Vgl. das Handschriftenregister in MORDEK, Bibliotheca S. 1101–1103; PATZOLD, Benedictus Levita S. 76 f. Der Text zählt zu „Material, das 829 im Zuge der internen Beratungen bei Hof niedergeschrieben und genutzt worden ist; Zugang dazu hatte nur jemand, der 828/829 engen Kontakt zum Hof hatte". PATZOLD, Benedictus Levita S. 73.

461) Der von Boretius und Krause als 7. Kapitel edierte Befehl an die Missi zur Untersuchung des Mobilmachungspotenzials dürfte zu einem anderen uns unbekannten, aber auch 829 verkündeten Kapitular gehören. MORDEK, Bibliotheca S. 14. Dieses Kapitel ist Nr. 188 c. 5 S. 10 sehr ähnlich.

462) MORDEK, Bibliotheca S. 14, 21, 62, 83, 468, 498, 511, 528, 572, 598, 792 und 824.

463) MGH Capit. 2 Nr. 186, cc. 3 (über OTGAR) und 4 (über ALBERICH [I]), hier S. 7.

464) MGH Capit. 2 Nr. 187, hier S. 8; Nr. 188, cc. 2 und 4 S. 10.

Missi die Tractoria de coniectu missis dando (Nr. 189) verliehen, damit sie zusammen mit ihren Begleitern während ihrer Legationsreise gut versorgt und beherbergt wurden[465]. Das Dossier, das die Missi im Frühjahr 829 mit sich führten, bestand also aus drei Dokumenten[466].

Im Spätfrühling und Frühsommer fanden die geplanten Synoden statt. Anders als 813 wurden die Vorsitzenden der Synoden nicht als herrscherliche Missi benannt[467]. Aber wie 813 sollten die Ergebnisse der Beratung auf diesen Synoden zur weiteren Diskussion vor die Reichsversammlung gebracht werden, und daher wurde die umfangreiche Episcoporum ad Hludowicum imperatorem Relatio (Nr. 196) zusammengesetzt[468]. Wie sie auf der Reichsversammlung vom Au-

465) MGH Capit. 2 Nr. Nr. 189 S. 10 f.

466) PATZOLD, Benedictus Levita S. 71–79 und 83 f., legt mit der Analyse des Codex Barcelona Ripoll 40 dar, dass es jeweils zwei Fassungen von Nr. 191 und Nr. 193 gab: die ältere (Nr. 191 ohne c. 8 und Nr. 193 ohne c. 7) und die jüngere Fassung (wie sie in der MGH-Edition gedruckt sind). Nr. 191 und Nr. 193 in den älteren Fassungen seien bereits im Frühjahr 829 den Missi zur Legation übergeben worden, während die jüngere, „beschlossene Endversion" der beiden Kapitellisten Nr. 191 und Nr. 193 im Sommer 829 auf der Wormser Reichsversammlung entstanden sei. Sein Gedankengang ist klar und scheint fast plausibel, aber ein Problem bleibt unerklärt: Die Inskription von Nr. 191 in den beiden Codices Berlin Phill. 1737 und Hamburg Cod. 141 a in scrinio, die auch die „ältere" Fassung im Sinn Patzolds überliefern, lässt mich vermuten, dass diese neun-Kapitel-Version von Nr. 191 „nach" der Legation aufgrund des Berichts der Missi entstand: *Haec sunt capitula quae aliqui ex missis ad nostram notitiam detulerunt anno XVI imperii nostri.* MORDEK, Bibliotheca S. 54 und 155. Vielleicht diskutiert Patzold dieses Problem in seinem angekündigten Aufsatz eingehend: Steffen PATZOLD, Die Kapitularien der Jahre 828/29 und die Handschrift Barcelona, Archivo de la Corona de Aragón, Ripoll 40, in: Philippe DEPREUX, Stefan ESDERS und Steffen PATZOLD (Hrsg.), *Regnum semper reformandum*: Causes et mobiles de la législation capitulaire de Louis le Pieux en 829 / Hintergründe und Ziele der Kapitulariengesetzgebung Ludwigs des Frommen im Jahr 829 (in Druckvorbereitung).

467) Hingegen lässt sich feststellen, dass die Bischöfe auf der Pariser Synode eine Aussendung der Missi zur Besserung der *diversorum malorum patratores* forderten. MGH Conc. 2, 2 Nr. 50 (Paris, 829) c. 69 = III. c. 2 S. 670–672, hier S. 671: *Sunt etiam et alia plura flagitia pernecessario corrigenda que nos ideo hic inserere non necessarium duximus, quoniam satis evidenter in vestris capitulis conpraehensa esse scimus, que vos vestra auctoritate et fidelium consultu per strenuos missos vestros corrigenda esse censuistis.*

468) MGH Capit. 2 Nr. 196 S. 26–51.

gust 829 in Worms[469] verwendet wurde, ist nicht klar. Aber anlässlich dieser Versammlung wurden drei Kapitularien niedergeschrieben: Nr. 191 (das Capitulare Wormatiense), Nr. 192 (das Capitulare missorum Wormatiense) und Nr. 193 (das Capitulare pro lege habendum Wormatiense)[470]. Hier wie im Jahr 819 ist der Versuch einer inhaltlichen Klassifizierung der Kapitel zu beobachten: Während Nr. 191 zumeist kirchliche Angelegenheiten behandelt, betreffen die Kapitel von Nr. 193 hauptsächlich[471] die Leges. Diesen drei Kapitularien sind wörtliche Zitate aus der Ansegis-Sammlung mit Verweisen auf die Kapitelzahl gemein. Wegen der Vollständigkeit dieser Zitate brauchten die Missi neben diesen dreien keine älteren Texte, um die Bestimmungen in den neuen Kapitularien öffentlich bekannt zu machen und zu erklären.

Eine Zwischenbilanz der Zeit Ludwig des Frommen

Die Anzahl der quellenmäßig fassbaren missatischen Legationen unter Ludwig dem Frommen, die mit einer Kapitularienausstellung verbunden waren, ist im Vergleich zur Regierungszeit Karls des Großen geringer. Aber die Texte der Kapitularien Ludwigs des Frommen waren viel ausführlicher und umfangreicher als die seines Vaters. Obwohl rubrikartige Kapitel auch unter Ludwig zu finden sind, begleiten sie Verweise auf andere Texte, die die Missi ebenfalls zur Hand hatten, wie das Beispiel der Legation von 819 zeigt. Die Zeitgenossen konnten damit in der Regel durch die Lektüre der Kapitularientexte den Inhalt richtig verstehen. In diesem Zusammenhang sind auch Ludwigs Anstrengungen um die „authentischen“ Normtexte zu verstehen, deren Exemplare am Hof verfügbar sein sollten. Solche Bemühungen sind z. B. bei der Verbreitung der Texte von 816, 818/819 und 825 klar zu erkennen. Diese Tendenz kann man wohl mit Karls Angst am Ende seiner Regierung verbinden, die Ludwig vielleicht bei der Aachener Versammlung von 813 mit eigenen Augen sah[472]. In Bezug auf die Reform von 813 ist die von 828/829 zu erwähnen. Während Karl vor der großen Reichsversammlung in Aachen fünf Synoden an verschiedenen Orten des Reiches unter Leitung der Missi abhalten ließ, schuf Ludwig noch eine weitere Vorstufe zu den an vier Orten

469) BM² 865c.

470) MGH Capit. 2 Nr. 191 S. 11–14; Nr. 192 S. 14–17; Nr. 193 S. 17–20.

471) Die Ausnahme ist z. B. c. 7, das eine Anordnung an die Missi ist. MGH Capit. 2 Nr. 193 c. 7 S. 19 f.

472) Vgl. BM² 479a und b; KIKUCHI, Carolingian capitularies S. 75.

abgehaltenen Synoden, nämlich die missatische Legation. Aufgrund der Erkenntnisse dieser Legation mussten die Geistlichen sich auf den Synoden miteinander beraten. Die Ergebnisse dieser Beratung wurde dem Kaiser als Vorschläge vorgelegt. Dann fand die große Reichsversammlung in Worms statt, worauf drei Kapitularien niedergeschrieben wurden. Mit diesen drei Dokumenten reisten die herrscherlichen Missi wieder in ihre Missatica ab, um die für die Reform notwendigen Maßnahmen durchzuführen.

Nicht zu übersehen ist der Versuch der „Kategorisierung“ der gleichzeitig ausgestellten Kapitularien am Kaiserhof, der bei den Legationen von 819 und Sommer 829 erkennbar ist. Dahinter könnte die Absicht gestanden haben, dass die Missi oder örtliche Empfänger der Texte systematisch im Dossier jeder Legation nachschlagen und so leichter die gesuchte Bestimmung finden konnten. Da allerdings diese als „kirchlich“, „volksrechtlich“ oder „missatisch“ etikettierten Kapitellisten sich inhaltlich nicht strikt von einander unterscheiden und auch Kapitel einer „anderen“ Kategorie enthalten, ist es schwer zu beurteilen, inwieweit diese Kategorisierung praktisch von Bedeutung war. Der Umstand, dass kein Nachfolger in den einzelnen Teilreichen darin fortfuhr, die neuen Bestimmungen und Normen in den verschiedenen Dokumenten nach Kategorien einzuteilen, dürfte zu einer negativen Antwort führen.

Die Zeit Ludwigs II. von Italien

Da die Kapitularien Ludwigs II. jeweils nur in wenigen Handschriften überliefert sind[473], ist es nicht möglich, aus der Überlieferungsbreite etwas Aussagekräftiges abzuleiten. Die folgenden Erläuterungen über die missatischen Tätigkeiten dieses Kaisers in Bezug auf das Kapitularienwesen müssen deswegen hauptsächlich auf dem Text des jeweiligen Kapitulars selbst beruhen[474].

473) Vgl. MORDEK, Bibliotheca S. 1104 (Handschriftenregister).

474) Nr. 202 (von Boretius/Krause bezeichnet als: Hlotharii capitulare missorum, 832. 2.) wird von Mathias Geiselhart Ludwig II. zugeschrieben. GEISELHART, Die Kapitulariengesetzgebung S. 201–205. Vgl. zuletzt auch MISCHKE, Die postume Zusammenführung S. 193 Anm. 1. Dieses Kapitular listet hauptsächlich das auf, was die Missi auf ihrer Legationsreise von Stadt zu Stadt untersuchen sollten. MGH Capit. 2 Nr. 202 S. 63–65. Ludwigs Kapitularien zwischen 850 und 856 zeigen keine konkrete Verbindung zum Missatswesen, obwohl es vorstellbar ist, dass die Teilnehmer an der Beratung/Reichsversammlung in Pavia diese Texte mit nach

865

Die Capitula Papiae optimatibus ab imperatore pronuntiata (Nr. 216) wurden ihrem Protokoll zufolge am 4. Februar 865 in der Pfalz Pavia veröffentlicht[475]. Im Text dieser Kapitelliste ist von der Rolle der herrscherlichen Missi keine Rede, während das 3. Kapitel über die Gastung des Herrschers und seiner *legati* spricht: Die Grafen und die Fiskalbeamten sollten die Pfalzen wieder herrichten, damit sie in diesen ohne Belastung der Kirche den Herrscher und seine *legati* empfangen könnten[476]. Außerdem verkündet der Kaiser im 7. Kapitel die Aussendung seiner *legati strenui* zur Inspektion, während eine Frist für die Befolgung der bis dahin vernachlässigten Anordnungen des Herrschers gewährt wird[477]. Die mit Nr. 216 gemeinsam überlieferte Liste von fünf Kapiteln[478] stimmt inhaltlich mit dem Kapitular überein und trägt in beiden Handschriften die Überschrift *Legatio*. Daher wird diese Kapitelliste in der Forschung als Capitulare missorum (Nr. 217) bezeichnet und als Text angesehen, den die Missi (oder Legaten, wie sie Nr. 216 bezeichnet) auf ihrer Legation mitbrachten[479]. In der Tat können fünf Missi nachgewiesen werden, die im März und April dieses Jahres tätig waren und deswegen mit den *legati* von Nr. 216 identisch sein dürften[480].

Hause nahmen: MGH Capit. 2 Nr. 211–215 S. 83–91. Die Ausnahme ist das 9. Kapitel von Nr. 212 (a. 850), das über den ehrenhaften Empfang der *missi domni ac genitoris nostri ac nostri vel apostolici* spricht. MGH Capit. 2 Nr. 212 c. 9 S. 85.

475) MGH Capit. 2 Nr. 216, hier S. 92.

476) MGH Capit. 2 Nr. 216 c. 3 S. 92: *Sancimus nihilominus, ut singuli comites et exactores rei publicae in suis ministeriis legalem procurent populo facere iustitiam, pupillos et viduas protegant, per loca solita restaurent palatia, quibus, cum iter dictaverit, nos legatosque nostros valeant recipere, ne gravetur aeclesia…*

477) Ebd. c. 7 S. 93: *Haec olim saepe inculcata et augustali nostra sanctione promulgata, quia ex parte in aliquibus neglecta videntur, hactenus acriori ulcisci debuerant examine; attamen nostra mansuetudine, ut corrigantur, quantulumcumque largimur spatium, quo quique neglecta emendare valeant, destinaturi post modicum legatos strenuos emendata inquirere; qui vero neglegens repertus fuerit, propriis honoribus nostro privabitur iuditio.*

478) MORDEK, Bibliotheca S. 148 und 266 f.

479) MGH Capit. 2 Nr. 217 S. 93 f. Zu den beiden Dokumenten vgl. BZ 233 und 234.

480) Siehe AISTULFUS, EBERHARD (III), JOHANNES (VI), PETRUS (IV) und WINIGIS (II) in der Prosopographie.

865/866

Um die Jahreswende 865/866[481] bereitete Ludwig mit der Constitutio promotionis exercitus observationis partibus Beneventi[482] einen Feldzug nach Benevent vor, um dort gegen die Sarazenen zu kämpfen. Dieses Dokument und die damit verbundenen Aufgaben der Missi haben dementsprechend einen fast ausschließlich militärischen Charakter. Aufgrund der im 1. Kapitel bestimmten Kriterien sollten alle Waffenfähigen mobilisiert werden. Das 2. Kapitel beauftragt die Missi mit der Kontrolle einer möglichen Vernachlässigung und Bestrafung durch Vermögenskonfiskation und Verbannung, wobei die Bekanntmachung (*Omnibus enim notum esse volumus …*) dieser Bestimmungen vorausgesetzt wird. Deshalb wurden wohl die Missi auch mit der Kundgabe beauftragt. Dieses Kapitular ist in dem Sinn einzigartig im karolingischen Italien, dass das 3. Kapitel die räumliche Abgrenzung von Missatica im Text darstellt. Obwohl die Identifizierung einzelner zuständiger Missi sehr schwer ist[483], umfasst der in Missatica eingeteilte Raum das ganze Regnum Italiae unter Ludwigs Herrschaft von Friaul und Ticino/Tessin im Norden bis Spoleto im Süden. Da das 12. Kapitel ankündigt, der Kaiser wolle mit dem aus dem ganzen Reich aufgebotenen Heer Mitte März von Ravenna bis Pescara marschieren, waren den Missi etwa zwei Monate für diese Legation vorbehalten.

Die Zeit Karls des Kahlen

vor 853

In den früheren 840er Jahren fanden einige Synoden im Westfrankenreich statt, auf denen die Geistlichen bisweilen dem König vorschlugen, er möge seine Missi abordnen. Es ging ihnen dabei um die Wiederherstellung der Ordnung im Bereich der Kirche, besonders um die Restitution der Kirchengüter nach dem Bruderkrieg, wozu man sich den Einsatz der treuen, sich gegen die Mächtigen durchsetzenden und bestechungssicheren Missi des Herrschers erhoffte. Interessanterweise baten die Geistlichen 845 den König um die Aussendung von Missi aus

481) BZ 249.

482) MGH Capit. 2 Nr. 218 S. 94–96.

483) Die Missi waren ANDREAS (II), ARTHEMIUS, EREMBERTUS, ERIULFUS, ERMENFRID (II), HISELMUNDUS, IOTSELMUS, JOHANNES (VII), LANDEBERT, MACEDO, PETRUS (VI), RIMMO, RODSELMUS, TEODOLDUS, TEUTMUNDUS, WULFERICUS.

beiden Ständen, nämlich von geistlichen und weltlichen Vertrauten[484]. Es ist nicht völlig klar, ob Karl der Kahle diese Vorschläge annahm und seine Missi ausschickte. Die missatischen Tätigkeiten des Abtes Lupus von Ferrières, der Bischöfe Heribald von Auxerre und Prudentius von Troyes zwischen 844 und 845 kann man möglicherweise als Reaktion des Königs auf die oben genannten Vorschläge betrachten, obwohl man diesbezüglich keinen konkreten Zusammenhang nachweisen kann[485].

846 fand eine Reichsversammlung in Épernay – einem der Reimser Kirchengüter – statt[486], wobei die Kanones der vorangegangenen Synoden dem König und den weltlichen Großen vorgelegt wurden, damit sie ihre Zustimmung zu den Ansprüchen der Geistlichen geben konnten. Aber letztlich wurden nur 19 von 83 *capitula* vom König und den weltlichen Magnaten angenommen und als herrscherliche *capitula* (Nr. 257) niedergeschrieben[487]. Das 11. Kapitel dieser Liste bestimmte die Aussendung der Missi zur Inspektion der Kirchengüter[488]. Offen bleibt allerdings die Frage, ob diese Missi die sehr knapp geschriebene, teilweise rubrikartige Liste von 19 Artikeln auf

484) MGH Conc. 3 Nr. 7 (Ver, 844. 12.) c. 2 S. 40 (= KRAUSE I 129): *Tandem igitur ad propriam et ceterorum correctionem conversi quaesumus, ut scelerum patratores et apostolicę disciplinae contemptores missis a latere vestro probate fidei legatis absque respectu personarum et excaecatione munerum coerceantur*; Nr. 11 (eigentlich in Beauvais 845. 4.) c. 20 S. 94 f.: *Et ne magnificentiam vestram illuc vestrę dignitati indecens et inhonesta inpellat necessitas, quo non trahit voluntas, et partim necessitate, partim etiam subreptione, quia aliter, quam se rei veritas habeat, vobis dictum vel postulatum fuit, maxime quod ad rem publicam pertinuit aut praereptione in beneficiario iure aut in alode absumptum habetur, videtur nobis utile et necessarium, ut fideles et strenuos missos ex utroque ordine per singulos comitatus regni vestri mittatis, qui omnia diligenter inbrevient, quę tempore avi ac patris vestri vel in regio specialiter servitio vel in vasallorum dominicorum beneficiis fuerunt, et quid vel qualiter aut quantum exinde quisque modo retineat, et secundum veritatem renuntietur vobis…*; Nr. 11 (Meaux, 845. 6. – Paris, 846. 2.) c. 42 S. 104: *Monenda est sollertia regia, ut strenuos et fideles missos per regnum sibi commissum dirigat; et investigent ac diligenter inbrevient res ecclesiasticas, quas per subreptionem atque ignorantiam quorumcumque in alodem ipse aut pater suus donavit.*

485) Siehe HERIBALD*, LUPUS* und PRUDENTIUS* in der Prosopographie.

486) AB a. 846 S. 52.

487) Hierzu vgl. SCHNEIDER, Zur rechtlichen Bedeutung der Kapitularientexte S. 282 f.

488) MGH Capit. 2 Nr. 257 c. 11 S. 262 (= KRAUSE I 133): *Ut missi dirigantur, qui inquirant, si praecepta a nobis de rebus ecclesiarum ad proprium sint facta.*

ihre Reise mitnahmen. Denn die Missi dürften kein Schriftstück zur Bekanntmachung aller Entscheidungen in Épernay gebraucht haben, wenn sie diesmal hauptsächlich zur Untersuchung der Lage der Kirchengüter abgeordnet werden sollten. Im Dunklen bleibt der Fall von 847. Als Lothar I., Ludwig der Deutsche und Karl der Kahle sich im Februar 847 in Meersen trafen, beschlossen sie, in ihren einzelnen Reichen jeweils ihre Missi einzusetzen. Ob dieser Plan von ihnen verwirklicht wurde, wissen wir nicht[489].

853–854

853 ist das Jahr, in dem sich zum ersten Mal unter der Herrschaft Karls des Kahlen eine breite Aussendung von Missi mit Dokumenten quellenmäßig feststellen lässt. Ab diesem Jahr wurde der Einsatz von Missi im Westfrankenreich reaktiviert. Zunächst berief Karl im April eine Synode in Soissons ein. Es gibt zwei Überlieferungszweige dieser Synode. Einerseits ist das Verhandlungsprotokoll mit 12 Kanones (Kanones Version B) überliefert. Daneben gibt es eine weitere Version der Kanones (Version A), die mit dem Kapitular (Nr. 259) zusammen überliefert ist[490]. Aus diesem Dokument wird deutlich, dass für die einzelnen in Soissons eingesetzten Missi (oder Missusgruppen) ihre Missatica als Tätigkeitsgebiete bestimmt waren, auch wenn der tatsächliche geographische Rahmen nicht klar ist[491]. Da allerdings die Teilnehmer nur aus der Francia und Burgund kamen[492], dürften die Missatica auch nur in der Francia und Burgund eingerichtet worden sein. In Bezug auf das Dossier der Missi ist das 7. Kapitel der Kanones Version A zu beachten. Das lautet, der König habe die folgenden Kapitel vorgelegt und mit dem bischöflichen Beschluss befohlen und bestätigt, sie im ganzen Reich bekannt zu machen und durchzusetzen. Was diesem Kapitel folgt, ist das Kapitular (Nr. 259). Die Missi mussten also jeweils in ihrem Missaticum den Inhalt des

---

489) MGH Capit. 2 Nr. 204 c. 7 S. 69: *Ut in singulis partibus regni missi idonei constituantur, qui querelas pauperum et oppressiones sive quorumcumque causas examinare et secundum legis aequitatem valeant definire. Et si ab uno in aliud regnum huiusmodi praesumptores confugerint, ibi similiter opprimantur.*

490) MGH Conc. 3 Nr. 27 (Soissons, 853. 4.) S. 253–262 (Bemerkungen zu den Texten und deren Überlieferung). Bei MGH Capit. 2 sind die Kanones als Nr. 258 (S. 263–266) und das Kapitular als Nr. 259 (S. 266–270) ediert.

491) MGH Conc. 3 Nr. 27 c. 12 S. 289: *Ut missi nostri omnibus per illorum missaticum denuntient, ne …*

492) Vgl. die Teilnehmerliste in den online angebotenen Anhängen.

Kapitulars bekanntmachen und durchsetzen[493]. Fragwürdig ist hingegen, ob die Kanones selbst zum Dossier gehörten. Da die Missi in den Kapiteln 1–6 des Kapitulars angewiesen werden, immer mit den örtlichen Bischöfen (und gegebenenfalls auch mit den klösterlichen Vorstehern) die Untersuchung über die kirchlichen und monastischen Angelegenheiten durchzuführen, dürfte die Verbreitung der Kanones, die vielleicht die meisten Bischöfe schon hatten, nicht zu ihren Aufgaben gezählt haben[494].

Im November traf Karl mit seinem Bruder Lothar in Valenciennes zusammen. In den Adnuntiationes der beiden Herrscher ist von den Missi dominici die Rede[495]. Dass Karl wirklich seine Missi in seinem Reich einsetzte, zeigt das kurz danach ausgestellte Kapitular. Auf dem Rückweg von dieser Zusammenkunft erließ Karl in Servais ein Kapitular (Nr. 260), das quasi als Mandat an die Missi formuliert wurde[496]. Am Ende des Dokuments wird eine Liste der Namen von 43 Missi hinzugefügt, wobei wieder nur im Westfrankenreich nördlich der Loire Missatica eingerichtet wurden[497]. In Bezug auf das Dossier der Legation ist zu erwähnen, dass diesem Dokument zwei Eidesformulare beigefügt wurden[498]. Das Kapitular selbst enthält einige Erwähnungen älterer Kapitularien. Während im 6. Kapitel eine Bestimmung aus Ansegis' Sammlung mit der Kapitelzahl vollständig zitiert wird, ist nicht deutlich, was das 7. Kapitel mit dem Satz: *secundum quod in capitularibus avi et patris nostri scriptum habetur, inde fiat*,

---

493) MGH Conc. 3 Nr. 27, Kanones A c. 7 S. 283: *Septima actione eidem sacrae synodo idem christianissimus domnus rex Karolus haec, quae sequuntur, capitula proposuit et consultu eorundem episcoporum ea per regnum suum innotescenda, exercenda et conservanda commonuit, praecepit et confirmavit.* Die Kapitel 8–12 der Kanones Version B sind inhaltlich mit dem Kapitular vergleichbar. Ebd. S. 284 f. Anm. 183, 185, 187 und 188.

494) Ebd. S. 284–287. Mordek bestreitet, dass das in Handschriften der Capitula Bischof Isaaks von Langres überlieferte Capitulum de immunitatibus et placitis incertum, si non falsum (Mordek Nr. 26 S. 1021 f.) „als eine weitere, nicht für Missi bestimmte Fassung von Capitulare missorum [Suessionense (Nr. 259)] c. 7 zu gelten hat".

495) MGH Capit. 2 Nr. 206, Adnuntiatio Karoli c. 7 S. 76: *De iustitiis per episcopos et missos ac comites nostros in regno nostro studendis.* Vgl. ebd. Nr. 206, Adnuntiatio domni Hlotharii, cc. 1, 2 und 4 S. 75.

496) MGH Capit. 2 Nr. 260 S. 270–276, hier S. 271: *Karolus gratia Dei rex dilectis et fidelibus missis nostris per regnum nostrum constitutis salutem.*

497) Ebd. S. 275 f.

498) Ebd. S. 274.

meint[499]. Das 11. Kapitel – und auch das nur im Codex Paris Lat. 4626 überlieferte 14. Kapitel – spricht über die Erlangung der Kapitularien seines Großvaters und Vaters am Hof, „falls man sie benötigt, aber von den Missi nicht erlangen kann“[500]. Daraus ist zu schließen, dass die Missi für ihre Tätigkeit vielleicht eine Abschrift von älteren Kapitularien brauchten. Diese dürfte allerdings nicht unbedingt mit der 827 entstandenen Ansegis' Sammlung identisch sein[501]. Zum Beispiel fordert das 2. Kapitel die Erledigung von fünf Angelegenheiten, „(Y) wie es in den Kapitularien unseres Großvaters und Vaters bestimmt ist“.

Inter omnes iustitias, quas ordinaverunt [sc. Lotharius et Karolus], ut unusquisque habeat, primo consideraverunt de honore ecclesiarum Dei et orfanorum ac viduarum causis et de regalibus iustitiis. Tum maxime (a) *de raptoribus puellarum et viduarum causis et sanctimonialium et* (b) *de his, qui presbyteros flagellare praesumunt, et* (c) *qui presbyteros de ecclesiis sine episcoporum consensu eicere vel recipere*

499) Ebd., cc. 6 und 7 S. 273.

500) Ebd. c. 11 S. 274.

501) Karls Absicht, im Westfrankenreich die Kapitulariensammlung von Ansegis zu verbreiten, scheint mir, zumindest für das Jahr 853, also nicht so „apparently“ zu sein, wie Janet L. Nelson meint. NELSON, Literacy S. 288. Gerhard Schmitz hält es auch mit Heinrich Brunner für „ziemlich wahrscheinlich“, dass die Missi „sich […] aus dem Hofarchiv Abschriften des Ansegis besorgen.“ SCHMITZ, Ansegis, Einleitung S. 289. Obwohl er in cc. 4, 5, und 13 des Kapitulars Karls des Kahlen von 854 (Nr. 261) Spuren davon findet, dass die „Sammlung [von Ansegis] auch hier die Vorlage gebildet hat“ (ebd. S. 289), bedeutet das nicht, dass die Missi bei der Legation von 853 und 854 mit der Sammlung von Ansegis auf die Reise gingen. Ohne Verweis auf eine Kapitelzahl konnte man nur unter Schwierigkeiten in dieser Sammlung nachschlagen und ein betreffendes Kapitel finden. Wenn die Sammlung 853 systematisch unter den Missi verbreitet worden wäre, ist schwer zu verstehen, warum Karl und seine Berater (darunter Hinkmar von Reims) 857 neben der sogenannte Collectio de raptoribus einen kleinen Auszug aus den Kapitelsammlungen von Ansegis und Benedictus Levita zusammengestellt haben. Obwohl neun von elf Kapiteln dieses Auszugs aus Ansegis aufgenommen sind, gibt es keinen Verweis darauf. Die Missi der Legation von 857 mussten diese kleine Kapitelsammlung mit sich führen und öffentlich bekannt machen. MGH Conc. 3 c. 4 S. 390; ebd. S. 394–396 mit Anm. 32–42. Die Kapitularien von 860 (Nr. 270) und 862 (Nr. 272) zitierten jeweils ein Kapitel aus dieser kleinen Kapitelsammlung. SCHMITZ, Ansegis, Einleitung S. 290. Den Ansatz einer systematischen Verwendung und Vervielfältigung der Kapitelsammlung von Ansegis (mit Ergänzungen) kann man vielleicht erst im Jahr 864 finden.

aut (d) *censum de manso vel* (X) *ex his, quae domnus et genitor noster in suis capitularibus ecclesiis in immunitate concessit, exigere non timent, et* (e) *qui censa de rebus ecclesiasticis ad ecclesias persolvere detractant, ut firmiter inquirantur et acriter distringantur et plena iustitia inde fiat,* (Y) *secundum quod in capitularibus avi et patris illorum statutum habetur; et ipsi per certos fideiussores ad praesentiam illius, in cuius regno tales inventi fuerint, perducantur, ut inde ipse commendet, quid de tali homine fiat, qui nec Deum timet nec contra sanctos canones facere nec legem et praeceptum regium infringere pertimescit, salva censura ecclesiastica et episcopalis poenitentiae vindicta*[502].

Die Angelegenheiten (a) und (e) sind zwar in den Kapitularien von 818/819 behandelt, die tatsächlich von Ansegis in seine Kapitelsammlung aufgenommen wurden[503], aber ein (c) betreffendes Kapitel wurde meines Wissens erst 829 in Worms formuliert[504]. Die Angelegenheit (b) ist vor 853 nie in den Kapitularien behandelt worden, obwohl dieses Problem in der Tagesordnung für die Wormser Reichsversammlung von 829 erwähnt wird[505]. Die Dokumente, welche die große Reform von 828 und 829 betreffen, sind in der Tat oft mit der originalen Ansegis-Sammlung überliefert[506]. Möglicherweise hatten Karl und die Großen in Valenciennes und Servais einen Codex als Nachschlagewerk zur Hand, der die Kapitelsammlung von Ansegis um die Dokumente von 828–829 erweiterte[507]. Aber die Angelegenheit (d) ist meines Wissens nirgendwo in den überlieferten Kapitularien thematisiert. Außerdem erscheint der Begriff *capitulare* irreführend. Es dürfte kein „Kapitular" überliefert sein, mit dem Ludwig der Fromme einer Kirche oder einem Kloster die Immunität verliehen hätte, wie es im Wortlaut von (X) heißt. Hier muss man vielleicht an *capitulare* (verwendet hier im Plural, *capitularia*) im Sinne von kaiserlichen Privilegien denken. Da ein Privileg in den Quellen oft als *praeceptum* bezeichnet ist, also als „Befehl", darf man vielleicht vermuten, dass der Verfasser dieses Kapitulars von Servais die beiden

502) MGH Capit. 2 Nr. 260 c. 2 S. 271 f.

503) Wegen (a): MGH Capit. 1 Nr. 138, cc. 22–25 S. 278 f. = Ansegis I, 97–100 S. 489–493. Wegen (e): MGH Capit. 1 Nr. 140 c. 5 S. 288 = Ansegis IV, 38 S. 645.

504) MGH Capit. 2 Nr. 191 c. 1 S. 12.

505) MGH Capit. 2 Nr. 190 c. 1 S. 11.

506) Mordek, Bibliotheca S. 1100–1103. Ich verdanke diesen Verweis Herrn Dr. Takuro Tsuda.

507) Die Verwendung der erweiterten Ansegis-Sammlung ist im Kapitular von 864 nachweisbar. Siehe unten.

Wörter *capitulare* und *praeceptum* verwechselt hat, oder sogar für Synonyme gehalten hat, weil die beiden im Wortsinn jeweils eine herrscherliche Anordnung bedeuten konnten. Eine Nebeneinanderstellung von *capitula* und *praecepta* eines Herrschers kann man zum Beispiel in einem Brief des Papstes Leo IV. an Kaiser Lothar I. finden[508].

Fazit: Das Dossier der Missi vom Herbst 853 bestand aus dem Kapitular (Nr. 260) einschließlich der Formeln für den allgemeinen Treueid, einer – in welcher Form auch immer – Abschrift älterer, als „Kapitularien" erkannter herrscherlicher Anordnungen und vielleicht auch einer Aufzeichnung der Diskussion beim Herrschertreffen in Valenciennes[509]. Wenn die 42 Missi wussten, wie sie auch ohne Querverweis diese Abschrift als Nachschlagewerk für ihre Legation, besonders für die Durchsetzung von Nr. 260, verwenden sollten, ist es sehr wahrscheinlich, dass sie bei der Beratung in Servais oder sogar auch in Valenciennes anwesend waren.

In der Einleitung dieses Kapitulars befiehlt Karl den Missi, ihm bis zum Termin des nächsten Herrschertreffens Bericht über ihre Legation zu erstatten[510]. Der Termin wird im Text nicht deutlich genannt, aber Karl traf im Februar 854 wieder mit Lothar I. zusammen, diesmal in Lüttich[511]. Ob Karl im November 853 diesen Termin meinte, bleibt offen. Aber nachdem er sich im Juni 854 erneut mit seinem Bruder in Attigny getroffen hatte, entschied er sich, die Legationspolitik vom November 853 weiterzuführen: Die Missi sollten weiter danach streben, die Anordnungen von Nr. 260 durchzuführen, wofür er gegebenenfalls zusätzliche Missi einsetzen wollte[512]. Diesem Kapitular von Attigny (Nr. 261) wurde auch ein Eidesformular beigefügt,

508) Epistolae selectae Leonis IV Nr. 29, in: MGH Epp. 5, hier S. 601: *De capitulis vel preceptis imperialibus vestris vestrorumque etiam pontificum predecessorum inrefragabiliter custodiendis et conservandis*… Vgl. BH 270; Jaffé³ 5595.

509) MGH Capit. 2 Nr. 206 S. 75 f.

510) MGH Capit. 2, Nr. 260 S. 271: … *quantum vel qualiter inde factum habueritis, unusquisque vestrum, sicut in missaticis constituti estis, de unoquoque missatico nobis ad conloquium, quod in proximo cum fratribus nostris habebimus, renuntiare procuret.*

511) Die Akten: MGH Capit. 2 Nr. 207, 76–78.

512) MGH Capit. 2 Nr. 261 S. 277 f., hier c. 1 S. 277: *De missis pro latronibus, scilicet ut addantur et suppleantur missi, qui illa peragant, quae in capitulis continentur, quae supra in Silvaco illum edidisse praescripsimus.*

dessen Wortlaut allerdings von dem von 853 abweicht[513]. Dennoch ist hier eine kontinuierliche Legation festzustellen.

857

Das anlässlich der Reichsversammlung von Quierzy ausgestellte Kapitular (Nr. 266) begleitet die Collectio de raptoribus, d. h. ein Schriftstück gegen Kirchenräuber, und ein kleiner Auszug aus den Kapitulariensammlungen von Ansegis und Benedictus Levita[514]. Die Missi dürften dieses Kapitular und den Kapitularienauszug nicht von der Reichsversammlung mit nach Hause genommen haben, sondern erst später zugesandt bekommen haben. Denn die Missi werden am Anfang des Kapitulars namentlich adressiert[515]. Überliefert, wenn auch nur in einer Handschrift (Paris Lat. 4626), ist daneben noch eine Ansprache eines Missus in Burgund (Nr. 267)[516]. Er wollte die ihm zugestellten Kapitel von Quierzy auf der regionalen Versammlung bekanntmachen, wobei er die Kapitel aus der oben genannten Kapitulariensammlung relativ frei zitiert[517].

860

In diesem Jahr fand ein Zusammentreffen der drei karolingischen Herrscher, d. h. Ludwigs des Deutschen, Karls des Kahlen und Lothars II. in Koblenz statt. Nach dem Abschluss der Friedensverhandlung verkündete Karl die Akten, welche aus fünf Teilen mit jeweils einer Überschrift bestehen: nämlich (A) *capitula* für die *missi discurrentes*, (B.) ein Auszug des in Koblenz von Ludwig dem Deutschen ab-

---

513) Ebd. c. 13 und Formular zum *sacramentum* S. 278.

514) MGH Capit. 2 Nr. 266 S. 285–291 = MGH Conc. 3 Nr. 38 S. 383–396.

515) Ebd. S. 389. Die genanten Missi sind Bischof HUNFRID (II) von Thérouanne und die Grafen ENGISCALCHUS sowie BERENGAR (II) in der einen Fassung und ISEMBARD (II) und Bischof JONAS (II) von Autun in der anderen Fassung.

516) MORDEK, Bibliotheca S. 481.

517) MGH Capit. 2 Nr. 267 S. 291 f. = MGH Conc. 3 Nr. 38 Anhang S. 397 f., hier S. 397: *Propter cognitas vobis necessitates et nimias perturbationes, quę in regno isto evenerunt, sicut scitis, senior noster Karolus plurimos a fideles regni sui, tam episcopos quam abbates et comites atque reliquos regni sui fideles mediante Februario mense apud Carisiacum congregans hęc capitula ab ipsis confirmata nobis transmisit, ut ea vobis denuntiaremus, ut et vos cum omni timore dei et legali imperio observare cum iustitia studeatis omnesque christiani, qui in nostro consistunt missatico.*

gelegten Eides (aber überschrieben als „Bestätigung unserer Herren“), (C.) ein Abriss der in Koblenz von den Anwesenden gebilligten Kapitel[518], (D.) eine Proklamation der Könige und (E.) Exzerpte aus früheren Kapitularien Karls des Großen, Ludwigs des Frommen und Karls des Kahlen mit der Anweisung für die nun ausgesandten Missi[519].

861

Die Constitutio Carisiacensis de Moneta (Nr. 271) war an *omnibus regni nostri fidelibus* adressiert und in Form eines Mandats (*commendatio*) abgefasst. Diese Constitutio betrifft den Kampf des Königs gegen die in Umlauf befindlichen schlechten Münzen, in welchem die Missi die führende Rolle spielen sollten[520]. Dieses Dokument sollte beim *cancellarius* des Hofes aufbewahrt werden und von da aus durch die Missi verbreitet werden[521]. Diese Missi scheinen aber nicht erst diesmal, sondern schon vorher eingesetzt worden zu sein, da der König am Anfang des Texts offenbar die mangelnde Sorgfalt einiger Missi bei ihrer bisherigen Tätigkeit beklagt[522]. Diese Missi dürften mit denen identisch sein, die 860 nachweisbar sind. In diesem Sinn war diese Constitutio ein Zusatz zum missatischen Dossier der vorjährigen Legation.

518) Die Missi sollten sie bekanntmachen. MGH Capit. 2 Nr. 270 A c. 2 S. 297.

519) MGH Capit. 2 Nr. 270 A–E S. 297–301. Zu diesen Akten vgl. oben Kapitel 1, § 3. Vgl. auch die mögliche Erwähnung der Dokumente von 857 in den missatischen Anweisungen von 860: ... *illa capitula, quae ante per regnum nostrum observanda misimus cum capitulis episcopalibus et progenitorum nostrorum imperatorum, adcognitent* ... MGH Capit. 2 Nr. 270 A c. 3 S. 298 mit Anm. 3.

520) MGH Capit. 2 Nr. 271 S. 301 f.

521) Ebd. S. 301: *Propterea necessarium duximus, ut commendationem nostram ex hoc scribere rogaremus, quae ex more in nostro palatio apud cancellarium retineatur et inde per missos nostros dirigatur, ut nemo per ignorantiam, nemo per industriam ab ea valeat deviare.*

522) Ebd. S. 301: *Pervenit ad nos, quia, quod ad timorem incutiendum, ne aliquis bonum denarium, id est merum et bene pensantem, reicere audeat, more praedecessorum nostrorum pro generali utilitate regni nostri commendavimus, aliqui missi ad hoc constitutum exequendum minus intelligentes devotionem voluntatis nostrae et obsequentes intentioni suae voluntatis quasdam adinventiones, quod multum Dominus detestatur, et in mallatione et in exactione intromittunt; cum in eo, quod ad regni utilitatem iubetur et agitur, non privata contra generalem utilitatem commoditas neque aliquod turpe lucrum, quod in christiana religione et in regia dignitate aut in missorum fidelium sinceritate non condecet, se debet ullo modo miscere.*

862

Auf der Reichsversammlung vom Juni 862 in Pîtres wurde ein Kapitular ausgestellt[523]. Obwohl von dessen Verbreitung und Bekanntmachung durch Missi keine Rede ist, scheint vorausgesetzt worden zu sein, dass die Missi im Reich jeweils in den abgegrenzten Missatssprengeln eingesetzt werden sollten oder schon eingesetzt wurden, da das 2. Kapitel fordert, dass einzelne Bischöfe, Missi und Grafen jeweils in ihren Amtssprengeln Massnahmen gegen die Räuber ergreifen sollten[524]. Möglicherweise lagen ihnen ältere Dokumente wie das Dossier von Quierzy 857 und die Akten von Valenciennes und Servais des Jahres 853 bei der Durchführung der Bestimmungen von Pîtres vor[525].

864

Auf der Reichsversammlung vom Juni 864 in Pîtres wurde das umfangreichste Kapitular der Herrschaft Karls des Kahlen ausgestellt[526]. In der MGH-Ausgabe finden sich drei Teile: (A) Adnuntiatio domni Karoli apud Pistas mit drei Kapiteln; (B) Edictum mit 37 Kapiteln; (C) „Et post haec omnia lecta“ mit drei Kapiteln[527]. Da in einigen Handschriften alle drei Teile, in anderen nur der Teil (B) überliefert sind, ist zu vermuten, dass hauptsächlich die als Edictum bezeichneten 37 Kapitel zur systematischen Verbreitung gedacht waren. Die Kapitel aus der Sammlung von Ansegis werden in verschiedenen Kapiteln von Nr. 273, teils mit, teils ohne Kapitelzählung (aber manchmal mit einer Fehlzählung), großenteils wörtlich zitiert, wobei der von Hinkmar von Reims verwendete Codex der Ansegis-Sammlung

523) MGH Capit. 2 Nr. 272 S. 302–310 = MGH Conc. 4 Nr. 10 B S. 96–106.

524) Vgl. MGH Conc. 4 Nr. 10 B c. 2, hier S. 101: ... *id est, ut unusquisque episcopus in sua parrochia et missi in illorum missaticis et comites in illorum comitatibus cum maximo studio et summa diligentia curam habeant, ut quicumque raptores et prędatores, ubi sunt, cuiuscumque homines sint, ad rationem deducantur et secundum legem, quae ibi mala facta habent, emendent aut solvant secundum legale placitum aut per indulgentiam sibi impetrent perdonari.*

525) Ebd., cc. 2 und 3, hier S. 101 f.

526) AB a. 864 S. 113: *Capitula etiam ad triginta et septem consilio fidelium suorum more praedecessorum ac progenitorum suorum regum constituit et ut legalia per omnem regnum suum obseruari precepit* [sc. Karl der Kahle]. Vgl. eine Vorstellung von der *lex* in diesem Kapitular: MGH Capit. 2 Nr. 273 (B) c. 6 S. 313 (*Et quoniam lex consensu populi et constitutione regis fit...*). Vgl. hierzu TSUDA, War die Zeit Karls des Großen S. 37 und 41 f.

527) MGH Capit. 2 Nr. 273 S. 310–328.

mit anderen Kapitularien als Vorlage diente[528]. Die Vorschriften in den Kapiteln mit einem Verweis auf ältere Kapitularien außer der Ansegis' Sammlung sind auch so konkret, dass man sie ohne Rückgriff auf originale Kapitularientexte begreifen kann[529]. Man hätte deshalb keinen weiteren Text nachschlagen müssen, um die Bestimmungen in den einzelnen Kapiteln zu verstehen. Dieses Kapitular war also gleichsam eigenständig. Obwohl die Missi in einigen Kapiteln erwähnt sind[530], ist von der Bekanntmachung durch sie im Text selbst keine Rede[531]. Dagegen sollten Erzbischöfe und Grafen für die Vervielfältigung des Kapitulars verantwortlich sein, wie bei der Legation von 825[532]. Da wir nicht wissen, wer bei der Legation von 864 die Missi waren, ist es nicht klar, wie viele Erzbischöfe und Grafen der Erzbischofsstädte damals Missi waren.

865

Nach dem Herrschertreffen in Tusey sandte Karl vier Missi[533] nach Burgund. Sie brachten dabei ein Kapitular mit. Im Gegensatz zum Kapitular von 864 sind die Zitate aus älteren Kapitularien nicht vollstän-

528) Ansegis, Einleitung S. 290–296.

529) MGH Capit. 2 Nr. 273, (B) Edictum, cc. 2 (*secundum quod in capitularibus avi et patris nostri statutum habetur*; dieses Kapitel ist allerdings ein fast wörtliches Zitat von Nr. 260 c. 2), 3 (*secundum consuetudinem et capitula praedecessorum nostrorum*), 27 (*juxta regium capitulare, quod domnus et genitor noster anno XVI. regni sui capitulo VII. constituit*), 33 (*in praefatis praedecessorum et progenitorum nostrorum capitulis invenitur*) S. 312, 321 und 324.

530) Vgl. ebd. (B) cc. 2, 3, 5, 15, 21, 22 und 27 S. 312 f., 316, 319 und 321. In c. 35 wird die Aussendung der Missi in die einzelnen Grafschaften zur Kontrolle der Münzreform angekündigt. Ebd. S. 327.

531) Im 3. Kapitel der Adnuntiatio redet der Herrscher die Teilnehmer der Versammlung und die Empfänger des Kapitulars, die wahrscheinlich Grafen und Bischöfe sind, mit *vos* an. Sie scheinen mit der Bekanntmachung des Kapitulars beauftragt zu werden. Ebd. (A) c. 3 S. 311: … *quae nunc etiam ad nostram communem salutem et pacem atque honorem hic fidelium nostrorum consensu atque consilio constituimus, vobis per scriptum nota facere volumus, ut illa plenius audire et ad illud scriptum recurrendo, quod in singulis comitatibus dari et relegi atque haberi praecipimus, firmius retinere et certius observare possitis. Quae etiam ab episcopis vel eorum ministris per singulos comitatus de eorum parochiis aperto sermone, ut ab omnibus possint intelligi, tradi volumus.*

532) Ebd. (B) c. 36 S. 327.

533) Siehe GAUZLIN, FULCO (V), WALTARIUS und LANTUINUS in der Prosopographie.

dig. Bei Verweisen auf die Kapitularien seiner Vorgänger wie *sicut in capitularibus avi et patris nostri continetur*[534] ist es schwer, ohne Vorlage der Bestimmungen nur durch die Lektüre den Inhalt des Kapitulars zu verstehen. Diese vier Missi mussten allerdings wissen, was durch ein solches Kapitel angeordnet wurde, damit sie die betreffenden Artikel im Nachschlagewerk, vielleicht Ansegis' Kapitelsammlung oder seiner ergänzten Fassung, finden konnten[535]. Daraus darf man schließen, dass diese Missi am Hof mündlich vom König instruiert worden waren.

869

Überliefert ist ein Kapitular (*capitula*) mit 16 Kapiteln, in dessen Proömium es heißt, dass es im Juli 869 von Karl auf einer Versammlung weltlicher und kirchlicher Großer in Pîtres erlassen (*constituta* und *denuntiata*) wurde[536]. Auch dieses unter Hinkmars Einfluß zustandegekommene Kapitular zitiert frühere Kapitularien. In c. 9 werden wörtlich nach der Kapitelsammlung von Ansegis zwei Sätze zitiert, ohne den Verweis auf eine konkrete Kapitelnummer[537]. Dieses Kapitel erwähnt auch das Kapitular Ludwigs des Frommen von 829 (Nr. 191). Gemeint ist das 1. Kapitel dieses Kapitulars, aber die Quellenangabe ist vage[538]. Gerhard Schmitz findet außerdem in cc. 4, 8 und 10 Bezüge auf Ansegis[539]. In anderen Kapiteln werden ältere Kapitularien Karls des Kahlen wieder ohne konkreten Verweis wörtlich zitiert oder als Vorlage benutzt[540]. Dieses Kapitular ist, so meint Schmitz, „ohnehin streckenweise im paränetischen Stil einer Admonitio gehalten, und so begnügte er [d.h. Hinkmar] sich meist mit allgemeinen Hinweisen auf die *capitula* bzw. die *constitutio avi et patris nostri*, deren Gehalt er in seine Darlegungen einbaute“[541].

534) Vgl. MGH Capit. 2 Nr. 274 c. 9, hier S. 331. Vgl. auch c. 2 S. 330; cc. 10–11 S. 331.

535) Vgl. Ansegis, Einleitung S. 296.

536) MGH Capit. 2 Nr. 275 S. 332–337, hier S. 333 (mit Datierung) = MGH Conc. 4 Nr. 31 A S. 354–360, hier S. 354.

537) Ebd. c. 9, S. S. 357; Ansegis, Einleitung S. 296.

538) MGH Conc. 4 Nr. 31 A c. 9, S. S. 357 mit Anm. 28: *sicut in capitulis patris nostri anno XVI imperii eius factis continetur.*

539) Ansegis, Einleitung S. 296 f.

540) MGH Conc. 4 Nr. 31 A, cc. 1, 2, 3, 4, 9 und 10 S. 355–357.

541) Ansegis, Einleitung S. 297.

Wo aber „ältere Kapitularien" erwähnt sind, kann man nicht immer konkrete Vorlagen finden. Obwohl Karl zum Beispiel im 7. Kapitel die Gehorsamspflicht der Erzbischöfe und Bischöfe gegenüber dem König mit verschiedenen Autoritäten wie den heiligen Kanones, dem Kirchenrecht und älteren Kapitularien begründen wollte, gebe es, wie Wilfried Hartmann bemerkt, weder im Kirchenrecht noch in den Kapitularien eine solche Bestimmung[542]. Diesem Kapitular liegt vielleicht die Vorstellung zugrunde, dass die geschriebenen Kapitel (*capitula*) immer und ewig als Normen gelten sollten[543]. Jedenfalls konnten die Empfänger dieses Kapitulars wahrscheinlich ohne Nachschlagewerke dessen Inhalt verstehen.

Mit den Kapiteln 5 und 11 lässt sich feststellen, dass die Missi damals gemeinsam mit Bischöfen, Grafen und anderen Würdenträgern an der Reichsregierung mitwirken[544], obwohl sich keine ausschließlich den Missi gegebene Aufgabe in diesem Kapitular findet. Von der Bekanntmachung durch die Missi ist im Text wiederum keine Rede.

873

Anfang 873 fand eine Reichsversammlung in Quierzy statt, auf der ein Kapitular mit 12 Kapiteln niedergeschrieben wurde[545]. Feststellbar ist, dass die Missi auch in diesem Jahr jeweils in ihren Missatica tätig waren, wobei sie hauptsächlich neben den Grafen für die Auf-

542) MGH Conc. 4 Nr. 31 A c. 7 S. 356 mit Anm. 20: … *ut secundum sanctos canones et iuxta leges, quas ecclesia catholica probat et servat, et secundum capitula avi et patris nostri hoc emendare curent, et sicut temporibus avi et patris nostri iusta et rationabilis consuetudo fuit.* Siehe auch ebd. c. 5 S. 356 mit Anm. 17.

543) Ebd. c. 3 S. 355 f.: *Et capitula, quę avus et pater noster pro statu et munimine sanctę dei ęcclesię ac ministrorum eius et pro pace ac iusticia populi et quiete regni constituerunt, et quae nos cum fratribus nostris regibus et nostris ac eorum fidelibus communiter constituimus, sed et quae nos consilio et consensu episcoporum ac ceterorum dei et nostrorum fidelium pro suprascriptis causis in diversis placitis nostris conservanda statuimus, permanere inconvulsa decernimus.*

544) Ebd., cc. 5, 11 S. 356, 359.

545) MGH Capit. 2 Nr. 278 S. 342–347; AB a. 873 S. 189: … *cum consilio fidelium suorum, secundum morem praedecessorum ac progenitorum suorum, leges paci Ecclesiae et regni soliditati congruas promulgauit* [*sc.* Karl der Kahle] *et ab omnibus obseruari decreuit.* Vgl. hierzu TSUDA, War die Zeit Karls des Großen S. 37 f. und 41 f.

rechterhaltung der öffentlichen Sicherheit verantwortlich waren[546]. Auch dieses Kapitular beruhte auf älteren Kapitularien, wobei die Reimser erweiterte Version der Kapitelsammlung von Ansegis wohl als Vorlage diente[547]. Da die einzelnen Vorschriften im Kapitular ohne diese Vorlage deutlich genug sind, hatten die Empfänger des Kapitulars bei der Bekanntmachung und Durchsetzung nicht unbedingt eine Kapitelsammlung nachzuschlagen.

874

Karl der Kahle berief 874 zwei große Versammlungen ein[548]. Die zweite fand am 1. Juli in Attigny statt. Überliefert ist eine wahrscheinlich im Namen Karls des Kahlen ausgestellte Kapitelliste, die aus drei Kapiteln besteht und verschiedene Streitigkeiten in der Diözese Barcelona behandelt[549]. Obwohl *fideles missi* des Königs im 3. Kapitel mit der Untersuchung der Sachverhalte bezüglich der Kirche San Esteban und des Grundbesitzes der Kathedrale beauftragt werden[550], ist unklar, inwieweit diese Kapitelliste verbreitet wurde und ob die königlichen Missi dazu beitrugen. Einerseits nämlich ist sie nur durch den frühneuzeitlichen Druck Jacques Sirmonds überliefert und andererseits behandelt sie ausschließlich Angelegenheiten in der Diözese Barcelona[551].

---

546) MGH Capit. 2 Nr. 278, cc. 1, 2, 4 und 11 S. 343–346. Ein *missaticum* als missatischer Amtsbezirk wird erwähnt in cc. 1 und 2. Zu den Aufgaben der Missi zählte die Einsetzung guter Schöffen. Ebd. c. 9 S. 346. Zu bemerken ist, dass in diesem Kapitular nicht die Missi, sondern die Grafen für die Treueidabnahme verantwortlich waren. Ebd. c. 5 S. 345.

547) Ansegis, Einleitung S. 297 f.

548) Zum ersten *placitum* in Douzy vgl. HARTMANN, Die Synoden S. 331 f. Siehe auch die anonymen Missi „874, vor 6. 13.“ und „874. 6.“ in der Prosopographie.

549) MGH Conc. 4 Nr. 41 S. 597–600. Siehe Überschrift der Kapitelliste. Ebd. S. 598: *Anno incarnationis dominicae DCCCLXXIV haec quae sequuntur capitula domnus rex Karolus in Attiniaco Kalendas Iulii statuit*. Vgl. AB a. 874 S. 196, die allerdings nur berichten, dass der König von Douzy *per Attiniacum* nach Compiègne reiste. Zur Versammlung in Attigny vgl. HARTMANN, Die Synoden S. 333.

550) MGH Conc. 4 Nr. 41 c. 3 S. 599 f. Die Missi wurden wahrscheinlich tatsächlich zur Untersuchung in die Spanische Mark entsandt. Siehe die anonymen Missi „nach 874. 7. 1.“ in der Prosopographie.

551) Vgl. CHANDLER, Carolingian Catalonia S. 146 f.: „In 874, the affairs of the Spanish March were important enough to be considered at a kingdom-wide church council. The March was clearly an integrated part of the kingdom.“

876

Nach seiner Kaiserkrönung verließ Karl der Kahle Rom und hielt im Februar auf dem Rückweg in die Francia in Pavia eine Versammlung, auf der seine Herrschaft über Italien bestätigt wurde[552]. In Pavia wurde ein Kapitular ausgestellt, das ein merkwürdiges Kapitel enthält: Bischöfe sollten demnach in ihren eigenen Bistümern über die Macht und Autorität eines Missus dominicus verfügen[553]. François Bougard ist der Meinung, dass diese Bestimmung in Italien keinen großen Einfluss hatte und dass das Missatswesen sich vor und nach 876 nicht wesentlich veränderte[554]. Als dieses Kapitular nach Karls Heimkehr jedoch erneut in Ponthion veröffentlicht wurde, scheint diese Bestimmung keine geringe Bedeutung gehabt zu haben, denn dort versammelten sich zahlreicher denn je unter Karl dem Kahlen die westfränkischen Bischöfe[555]. Möglicherweise nahmen diese Bischöfe „mit der missatischen Autorität" das Kapitular mit nach Hause und machten es vor Ort bekannt. Denn nur diejenigen, die bei der Versammlung anwesend waren und neben dem Schreiben auch mündlich instruiert wurden, konnten verstehen, was vage Hinweise auf ältere Kapitularien und Gewohnheit in einigen Kapiteln bedeuteten[556]. Unklar ist dagegen, ob

552) MGH Capit. 2 Nr. 220 S. 98–100 = MGH Conc. 5 Nr. 3 A & B S. 19–21.

553) MGH Conc. 5 Nr. 3 C c. 12 S. 23: *Ipsi nihilominus episcopi singuli in suo episcopio missatici nostri potestate et auctoritate fungantur.* Siehe die anonymen Missi „876. 2." in der Prosopographie. Bemerkenswert ist auch das 5. Kapitel, das die Befolgung der durch Schreiben oder *legatos* gegebenen Anordnungen des Kaisers in der Ferne befielt. Ebd. c. 5 S. 22: *... et quae ab eo seu per epistolam seu per legatos praecipiuntur, a nullo impune audeant violari.*

554) BOUGARD, La justice S. 296–299. Die Synode vom August 877 zu Ravenna, die von Papst Johannes VIII. einberufen wurde und an der Bischof Adalgar von Autun als kaiserlicher Missus teilnahm, beschloss allerdings, dass weder Missus, noch Graf, noch Judex in kirchlichen Gebäuden eine Gerichtsversammlung halten und dort eine Bewirtung erwarten durften. Hier sollte es sich nicht nur um weltliche, sondern auch um geistliche Missi des Herrschers handeln. MGH Conc. 5 Nr. 8 (Ravenna, 877. 8.) c. 19 S. 72: *Ut saeculares in domibus ecclesiarum neque placitum neque hospitium sibi vindicent. In domibus ecclesiarum neque missus, neque comes vel iudex, quasi pro consuetudine, neque placitum, neque hospitium vindicent, sed in publicis rebus domos restituant, in quibus placitum teneant, et secundum antiquam consuetudinem hospitentur.*

555) Siehe die anonymen Missi „876. 2." in der Prosopographie.

556) MGH Conc. 5 Nr. 3, C, cc. 4 (*sicut avi et genitoris nostri monent edicta*), 11 (*secundum antiquam consuetudinem*), 12 (*secundum capitulare avi et genitoris*

die anderen Dokumente, die auf der Versammlung von Ponthion verwendet wurden, danach systematisch im Westfrankenreich verbreitet werden sollten.

Neben den Bischöfen, denen allen auf diesen Versammlungen die missatische Befugnis erteilt wurde, waren andere Missi im Reich bereits vorher eingesetzt worden, zu denen vielleicht schon nicht wenige Bischöfe zählten: Das 13. Kapitel bestimmt, dass die Bischöfe und Grafen diesen Missi berichten mussten, wenn sie ihre Amtskollegen nicht von der „Plünderung und Zerstörung (*praedae et devastationes*)“ – d. h. die Unterdrückung der Nachbarn durch die Nötigung zu ihrer Gastung – zurückhalten konnten, damit diese Missi die letzteren bestrafen konnten[557].

877

Im Juni/Juli[558] hielt Karl eine Reichsversammlung ab und bestimmte die Maßnahmen zur Reichsregierung unter Ludwig dem Stammler während seiner Anwesenheit. Diese Bestimmungen wurden schriftlich formuliert, in der Form von *capitula*[559]. Die Handschriften, welche die Dokumente von 877 überliefert hatten, sind heute leider verloren. Außer Nr. 282 cc. 1–2, das Georg Heinrich Pertz aus einem heute unauffindbaren Teil des Codex Paris Lat. 4761 edierte[560], verdanken wir ausschließlich der frühneuzeitlichen Edition von

---

nostri), 13 (*secundum capitulare avi et genitoris nostri*) und 15 (*praedecessorum et progenitorum nostrorum iudicium experietur*) S. 21 und 23 f.

557) Ebd. c. 13 S. 23: *Praevideant quoque secundum ministerium unusquisque [sc. episcopus et comes] suum, ne in potestate illorum praedae et devastationes fiant. Et si aliqui hoc facere temptaverint, omni sua virtute illis resistant. Et si ipsi per se constringere se emendationem illos non potuerint, constitutis missis nostris renuntient, ut ipsorum iuditio legaliter secundum capitulare avi et genitoris nostri emendent.*

558) Es gibt eine Diskrepanz zwischen der Darstellung in den Annalen von St-Bertin und der Überschrift dieses Kapitulars: Während Hinkmar von Reims für die Versammlung in Quierzy die Datierung *kalendis iulii* hat, wurde das Kapitular seiner Überschrift zufolge am 14. Juni niedergeschrieben. AB a. 877 S. 212; MGH Capit. 2 Nr. 281 S. 355.

559) AB a. 877 S. 212 f.: *Inde placitum suum generale kalendis iulii habuit [sc. Karl der Kahle] ubi per capitula qualiter regnum Franciae filius suus Hludouuicus cum fidelibus eius et regni primoribus regeret, usque dum ipse Roma rediret, ordinauit, et quomodo tributum de parte regni Franciae quam ante mortem Hlotharii habuit sed et de Burgundia exigeretur disposuit, scilicet ut …*

560) MGH Capit. 2 S. 361; Mordek, Bibliotheca S. 544.

Jacques Sirmond die Kenntnis der Texte von Nr. 280[561], 281 und 282 cc. 3–4[562].

Hier zu behandeln sind Nr. 281 und Nr. 282. Nr. 281 ist allem Anschein nach ein Protokoll der Beratung, wahrscheinlich ihrer letzten Phase, wie die Inskription andeutet: *de quibus quaedam ipse definivit, et de quibusdam a fidelibus responderi iussit*[563]. Die einzelnen Bestimmungen wurden zwar vom Herrscher festgelegt (*constituta*), aber zu ihrer Festlegung war die Zustimmung der anwesenden Großen nötig. Dieser „Dialog“ dauert vom ersten Kapitel bis zum neunten, in welchem die *fideles* sagen, „die anderen Kapitel brauchen keine Zustimmungserklärung (*responsio*), weil Eure Weisheit sie bestimmten und festsetzten.“[564] Ein anderes Merkmal, das den Charakter dieser Kapitelliste als Protokoll, als nicht verbreitungsreifes Dokument, verdeutlicht, ist die Knappheit einiger Kapitel wie *De regno Aquitanico* (c. 24) oder *De monetis* (c. 29). Rubrikartige Kapitel waren unter Karl dem Großen nicht ungewöhnlich, aber in den relativ gut formulierten Kapitularien Karls des Kahlen finden sie sich in der Regel nicht. Wahrscheinlich haben wir ein Dokument vor uns, das noch überarbeitet werden sollte.

Diese Vermutung wird durch Nr. 282 untermauert. Nr. 282 (877. 6. 16.) ist ein Auszug von vier Kapiteln aus Nr. 281 (877. 6. 14.)[565]. Während Nr. 281 eine protokollhafte Aufzeichnung der Entscheidung auf der Großversammlung von Quierzy gewesen zu sein scheint, war Nr. 282 öffentlich vor den Anwesenden durch Kanzler Gauzlin zu verlesen, bevor ihnen erlaubt wurde, die Versammlung zu verlassen. Merkwürdig ist bei diesem Fall, dass Nr. 282 als offiziell schriftlich fixiertes Dokument anerkannt worden zu sein scheint, weil es bei den Königserhebungsritualen von Karls Sohn und Enkel erwähnt wurde (Nr. 283 B und C; Nr. 285)[566].

561) Dazu siehe die anonymen Missi „877. 5./6./7.“ in der Prosopographie.

562) MGH Capit. 2 S. 353, 355 und 361; Mordek, Bibliotheca S. 1109.

563) MGH Capit. 2 Nr. 281 S. 355.

564) MGH Capit. 2 Nr. 281 c. 9, RP S. 358.

565) MGH Capit. 2 Nr. 282 S. 361 f.: *quia de ipsis capitulis quaedam capitula excerpta habebat, quae in illorum omnium notitiam recitari volebat. Et tunc iussit Gauzlenum cancellarium, ut haec sequentia capitula in populum recitaret.* Vgl. die kürzere Inskription von Nr. 282 bei Pertz: *Haec capitula fecit domnus Karolus imperator et adnuntiari iussit novissime apud Carisiacum.* MGH LL 1 S. 541.

566) Die *capitula* von Quierzy wurden auch in einem mahnenden Brief Hinkmars von Reims an Ludwig den Stammler, den er ihm im November 877, kurz vor sei-

Im Anschluss an diese Reichsversammlung wurden Missi ausgesandt, um die Normannen an der Seine mit einem Tribut zu belegen[567]. Es dürften allerdings andere Personen gewesen sein als die, die die Beschlüsse von Quierzy in den Regionen bekannt machen sollten. Während in Nr. 282 von Missi keine Rede ist, zeigt das Kapitel 18 von Nr. 281, dass Missi in der Zeit der Reichsversammlung im Westfrankenreich tätig waren[568]. Ob diese Missi in Quierzy waren, ist unklar. Aber nur die Anwesenden konnten die Beschlüsse in den Regionen öffentlich erklären, denn der offizielle Auszug (Nr. 282) enthält nur einen kleinen Teil von Nr. 281, während der Text von 281, auch wenn dieser nicht als solcher weit verbreitet worden wäre, nähere Bestimmungen nicht genau erkennen lässt[569]. Nur wer vom Herrscher oder seinem Stellvertreter mündlich instruiert wurde, konnte die Beschlüsse vollständig erklären.

Eine Zwischenbilanz der Zeit Karls des Kahlen

Wie Georges Tessier bemerkte, gab es eine formale Veränderung der missatischen Dokumente unter Karl dem Kahlen. Die Kapitularien konnten in einer Briefform („dans le cadre d'une lettre missive“) an die Missi verfasst werden[570]. Diese neue Form setzte sich allerdings nicht durch. Nur die Kapitularien vom Herbst 853 und von 857 wurden wie Mandate an die Missi formuliert. Bei anderen Kapitularien Karls sind zwar die Aufgaben der Missi erwähnt, aber von ihrer Rolle bei der Bekanntmachung der Texte ist nur selten die Rede. Wir können aufgrund der nachgewiesenen Einsetzung von Missi nur ver-

---

ner Königserhebung, als eine Art Fürstenspiegel sandte, erwähnt. Ad Ludovicum Balbum regem. Novi regis instructio ad rectam regni administrationem, cc. 7 und 8, in: PL 125 Sp. 986D–988B (= SCHRÖRS Reg. 417).

567) Siehe die anonymen Missi „877. 5./6./7.“ in der Prosopographie.

568) MGH Capit. 2 Nr. 281 c. 18 S. 360: *Et missi nostri, qui per omne regnum nostrum constituti sunt, missaticum nostrum, prout eis opportunum fuerit, agere non negligant.* Das 21. Kapitel behandelt vielleicht die Traktorien für die herrscherlichen Missi. Ebd. c. 21 S. 360; Ansegis 4, 28 S. 639 f.; Ansegis, Einleitung S. 298.

569) Neben den oben genannten stichwortartigen Kapiteln gibt es unklare Bestimmungen.: cc. 20 und 21 fordern zum Beispiel die Bestrafung der Übeltäter *sicut in capitularibus antecessorum nostrorum et in nostro continetur* (c. 20) oder *sicut in capitulari avi et domni ac genitoris nostri continetur* (c. 21). Aber ohne Verweis auf die Vorlage (bei c. 21 vielleicht Ansegis 4, 28) ist es unmöglich, nur mit dem Text von Nr. 281 die Strafe festzusetzen.

570) TESSIER, Introduction, in: D KdK 3 S. 35.

muten, dass sie diese Kapitularien in den Regionen verkündeten und verbreiteten.

v) Missi dominici als Boten

Zunächst ist festzuhalten, dass die Vermittler der Herrscherkapitularien als Missi dominici bezeichnet wurden. Im frühen Mittelalter musste der Wille oder die Entscheidung des Herrschers in Form von Briefen, Mandaten oder Erlassen, wenn nicht von Angesicht zu Angesicht, immer durch Vermittler weitergeleitet und bekanntgemacht werden. Diese Vermittler waren oft Boten. Die Missi dominici, welche die Kapitularien als Ausdruck der vom Herrscher eingeforderten Normen mit sich führen, weiterleiten, bekanntmachen und durchsetzen sollten, waren auch Boten, wie ihre Bezeichnung klar zeigt. Denn während die Missi dominici teils bevollmächtigte, teils spezifisch beauftragte Stellvertreter des Herrschers waren, behielt ihre Bezeichnung *missus* ihre eigentliche Bedeutung als „Boten" bei[571]. Die die Kapitularien verbreitenden Missi waren aber keineswegs einfache Boten. Die Übersendung eines Briefes und die Bekanntmachung eines Kapitulars sind nicht ohne weiteres gleichzusetzen. Die Missi dominici sollten vorbildhaft das verwirklichen, wozu der Herrscher in seinem Kapitular aufforderte, wie dies schon in der ersten Phase der Verbindung von Kapitularien- und Missatswesen betont wurde[572]. Trotzdem muss man hier die Eigenschaft der Missi als Boten genau betrachten, wenn man die Frage beantworten will, warum die Personen, die mit der Bekanntmachung der Kapitularien beauftragt wurden, spätestens seit 789, wie oben ausgeführt, *missi (dominici)*, also (Königs-)Boten, genannt wurden.

Hierbei kann man aus Volker Sciors Überlegungen zu frühmittelalterlichen Boten viel lernen. Besonders aufschlussreich auch für die Betrachtung des Zusammenhangs zwischen den Kapitularien und den Missi ist dabei Sciors Hinweis auf die Treue eines Boten und seine Vertrauenswürdigkeit bei der Vermittlung des Willens seines Absenders, mit denen eine zuverlässige „Reproduktion" der Botschaft verwirklicht werden konnte[573]. Diese Vorstellung von einem guten

571) KRAUSE S. 194 f.

572) MGH Capit. 1 Nr. 23 c. 37 S. 64.

573) Über die „Treue" der Boten: „Die hier geforderten Qualitäten wie Eignung und Zuverlässigkeit bezogen sich darauf, bei der Übertragung den Willen des Senders zu erfüllen. Sie betrafen allerdings wohl weniger die (uns heute vielleicht näher liegende) exakte Buchstabentreue gegenüber der Vorlage als vielmehr

Boten dürfte auf beiden Seiten, d. h. bei Absender und Empfänger der Botschaft, gleichermaßen bestanden haben, denn die beiden erwarteten, dass die Botschaft sinngetreu übermittelt wurde. Auch im Bereich der Kapitularien gilt diese Vorstellung. Die Vermittler dieser Dokumente sollten treu und vertrauenswürdig sein, um den Willen des Herrschers zu verbreiten und ihm Akzeptanz zu verschaffen. Dieser Gesichtspunkt wird umso wichtiger, je genauer man jenen Text liest, den der Salzburger Erzbischof als Missus auf einer regionalen Synode vor seinen Suffraganen vorgelesen hat. Auf dieser Versammlung hat der Missus ein Kapitular Karls des Großen bekanntgemacht[574]. Dabei bezeichnete er Bischöfe, Äbte, Grafen und *iudices* (Richter) als *legati* des Kaisers, die allerdings den Missi untergeordnet wurden, als er über die Weiterleitung und Durchsetzung der im Kapitular vorgeschriebenen Normen sprach[575]. Wenn diese Rhetorik für die Betreffenden einen Sinn hatte, darf man davon ausgehen, dass die Zeitgenossen das Kapitularienwesen im Rahmen des Gesandtschafts- oder Botenwesens verstanden. Das heißt, der in einem Kapitular vermittelte Herrscherwille wurde deshalb für gültig gehalten, weil er durch zuverlässige Boten und Stellvertreter vermittelt wurde.

Wenn durch einen authentischen Boten eine Botschaft Gültigkeit erlangte[576], ist zu fragen, was die Authentizität eines Boten, hier konkret eines Missus dominicus, ausmachte. Es ist unklar, wodurch seine

---

die Treue gegenüber dem vom Sender intendierten Sinn. Sie waren also nicht so sehr auf die Bewahrung des exakten Wortlauts und der exakten äußeren Form gerichtet, sondern eher auf die sinngemäße Weitergabe der Aussage." SCIOR, Stimme S. 93. „Damit aber zielt die Sicherung einer Botschaft [...] ursprünglich nicht auf die authentische Formulierung der Nachricht selbst, sondern auf die Zuverlässigkeit des Boten: Die Durchsetzung der Intention ist vorrangig gegenüber dem authentischen Wort. Die Reproduktion der Botschaft war demnach genau dann erfolgreich, wenn der Bote jenen Sinn der Botschaft reproduziert hatte, den der Sender intendiert hatte." SCIOR, Stimme S. 93 f. Vgl. zuletzt auch SCIOR, Vergegenwärtigung.

574) Es handelt sich um das Capitulare ecclesiasticum Caroli Magni (a. 805–813), ediert in: MORDEK und SCHMITZ, Neue Kapitularien S. 396–414; MORDEK, Bibliotheca S. 981–989 (Nr. 12). Im Salzburger Kontext sind nur die ersten beiden Kapitel, jedoch ohne Nummerierung überliefert. SCHNEIDER, Karolingische Kapitularien S. 493–496.

575) SCHNEIDER, Karolingische Kapitularien S. 488 f.

576) Vgl. den Befehl, den von einem kaiserlichen Missus überbrachten authentischen Text wortgetreu abzuschreiben, bei MGH Conc. 2,1 Nr. 39 S. 459. Dort geht es um die Kanoniker- und Kanonissenregel von 816.

Kompetenz als Missus dominicus konkret beglaubigt wurde. Wenn er ein direkt an ihn adressiertes Mandat mit einem missatischen Auftrag bei sich trug, konnte er damit öffentlich beweisen, dass er Missus dominicus war. Darauf dürfte die Überlieferung von zwei Mandaten an zwei Missi Ludwigs des Frommen, nämlich Jonas von Orléans und Badurad von Paderborn, hinweisen[577]. Vielleicht führten die Missi ein Symbol der herrscherlichen Autorität mit sich, wie beispielsweise ein Siegel des Königs oder einen Siegelring[578]. Damit muss nicht unbedingt ein gesiegeltes Mandat gemeint sein. Im frühen Mittelalter konnte auch eine mündliche Anordnung mit einem Siegel beglaubigt werden. Dieser Gebrauch des Siegels war nicht nur bei Königen, sondern auch bei Herzögen und Grafen in der Merowingerzeit üblich[579]. Auch in der Karolingerzeit scheint eine solche Verwendung des Sie-

577) Dazu unten Kap. 2, § 2, 2 über Mandate. Zu diesen Missi siehe JONAS (I) und BADURAD in der Prosopographie. Außerdem können die an die einzelnen Missi adressierten Kapitularien herangezogen werden. Siehe z. B. MGH Capit. 2 Nr. 260 S. 270–276 (in der Form eines Mandats mit der Namenliste der Missi); MGH Conc. 3 Nr. 38 S. 383–396.

578) Adalhard von Corbie brachte 813 ein Siegel an seiner missatischen Urkunde an, obwohl dieses Siegel verloren gegangen ist. ChLA 88 Nr. 29 (Nonantola, 813. 6. 4.) S. 111 (Zitat) und 114 f. (Abbildung): *... et ne forte a quolibet corumperentur, de uno sigillo utroque sigilari fecimus.* Hierzu vgl. BOUGARD, Adalhard de Corbie S. 55 f. DEPREUX, Gesandteninstruktion S. 52 mit Anm. 9, vermutet, „dass Fibeln und weitere kunstvolle Objekte beispielsweise aus Bergkristall als Amtszeichen gedient haben".

579) WERNER, Missus – Marchio – Comes S. 220 mit Anm. 105; MCKITTERICK, Written Word S. 68; STIELDORF, Siegelkunde S. 35 f. McKitterick führt zwei Beispiele an. Lex Baiwariorum, II, 13 S. 307: *Si quis iussionem ducis sui contempserit vel signum quale usus fuerit dux transmittere, aut anulum aut sigillum, si neglexerit venire aut facere quod iussum est, XV sold pro neglecto donet in publico et sic impleat iussionem*; Lex Alamannorum, E codd. A, XXVII,1: *De his, qui sigillum ducis neglexerit aut mandatum vel signum, qualecumque mandaverit, 12 solidos sit culpabilis; et si negare voluerit, quod ad illum nuntius non pervenisset, cum quinque nominatos iuret, si eum sacramentum dominus praebere voluerit*; c. 2: *Si autem sigillum comite* (*comitis* bei E codd. B) *neglexerit vel mandatum, cum sex solidis conponat*; c. 3: *Si autem centurioni* (*centurionis* bei E codd. B) *sigillum aut mandatum neglexerit, tres solidos sit culpabilis; aut si negare voluerit, quod ad illum nuntius non pervenisset, secundum quod debuit solvere, ita iuret.* MGH LL 5,1 S. 86 f. Aber MCKITTERICK, ebd., ist vorsichtig und schließt die Möglichkeit nicht aus, dass die hier betroffenen *iussiones* die schriftlichen Anordnungen gewesen sein könnten.

gels noch in Gebrauch gewesen zu sein: Ein Befehl Karls des Großen konnte entweder mit einem (geschriebenen) Mandat oder mit einem Siegel (mündlich?) übermittelt werden[580]. Brigitte Bedos-Rezak fasst die Funktion des Siegels im Frühmittelalter folgendermaßen zusammen: „Spoken words were, as written words, authenticated by seals, liminal agents operating at the very hinge of these two modes of communication. In either case royal authority acquired the effect of presence when extended beyond the person of the ruler through representation. As an apparatus of state administration, seals produced an order of reality grounded in permanence by obscuring the contingency inherent in the individual ruler as a person with the continuing symbolic activity of statehood."[581] Ein Vergleich zwischen zwei Originalmandaten dürfte uns bei Überlegungen zu Boten, Mandaten und Symbolen zur Autorisierung helfen. Das oben genannte Mandat an Badurad von Paderborn hat kein Siegel auf dem Pergament. Dagegen weiset ein Mandat Ludwigs II. von Italien an Bischöfe, Grafen und andere Amtsträger bezüglich der Klostergüter von Monte Amiata eine einem Diplom ähnliche, relativ feierliche Form mit in karolingischer Minuskel geschriebenem Text und Spuren eines auf das Pergament gedrückten Siegels auf[582]. Die formalen Unterschiede zwischen diesen beiden Mandaten dürften damit zusammenhängen, wie der Benutzer oder der Vorleser des Texts vom Herrscher als Mandatsgeber autorisiert wurde. Das Mandat für Badurad brauchte vielleicht deswegen kein Siegel, weil Badurad als Missus dominicus

---

580) MGH Capit. 1 Nr. 61 (a. 809) c. 14 S. 149: *Ut sacramenta quae ad palatium fuerunt adhramita in palatio perficiantur; et si consacramentales homines cum ipso venire renuerint, iussione dominica cum indiculo aut sigillo ad palatium venire cogantur*. Wir müssen allerdings hier vorsichtig sein, weil das Wort *sigillum* auch ein „gesiegeltes Mandat" oder ein „Beglaubigungsschreiben" bedeuten konnte. NIERMEYER, Lexicon, Art. sigillum. Das Wort *sigillo* des Kapitulars von 809 fehlt der Paris-Vatikan-Version, die vielleicht eine ergänzte Version von Nr. 62 mit den Kapiteln von Nr. 61 und 63 gewesen sein dürfte (dazu siehe oben). Ebd. Nr. 62 c. 29, Anm. k S. 151: … *Et si consacramentales homines cum ipso venire renuerint, iussione dominica aut indiculo ad palatium venire cogantur*.

581) BEDOS-REZAK, Ritual in the royal chancery S. 30.

582) ChLA 62 Nr. 37 (um 853) S. 133. Siehe auch ein weiteres Mandat Ludwigs II. von Italien an alle Getreuen, das in einem Placitum inseriert ist: D Lu II. 7 S. 78 = ChLA 90 Nr. 26 (Lucca, 853. 4.), hier S. 94: … *ut hoc certjus credidisset de anulo suo supter iusserat sigellari*. Dazu BZ 93. Siehe ADALBERT (III) in der Prosopographie.

bereits Stellvertreter des Kaisers war. Im Gegensatz dazu musste das Mandat für Monte Amiata vor den versammelten geistlichen und weltlichen Amtsträgern durch jemanden, in diesem Fall vielleicht durch den Abt dieses Klosters, verlesen werden, der über keine herrscherliche Autorität verfügte. Deswegen musste das Mandat selbst durch das Siegel Autorität entfalten. Aber diese Überlegungen müssen ohne konkrete Erwähnung in den Quellen Hypothese bleiben[583].

Auch unter einem pragmatischen Aspekt trägt das Botenwesen zu einem besseren Verständnis der Rolle der Missi bei der Bekanntmachung des Herrscherwillens bei. Einem Boten wurde die Botschaft sowohl schriftlich als auch mündlich anvertraut[584]. Dazu eine aufschlussreiche Bemerkung von Reinhard Schneider: Einige Worte in einem Brief Karls des Großen an Ghaerbald von Lüttich (... *sicut superius diximus* [*sc. in hac epistola*: Ergänzung von Schneider]) „lassen es übrigens nicht ganz unwahrscheinlich sein, daß des Kaisers *verbum* auch schriftlich „gesagt“ werden konnte“[585]. Eine mündlich überbrachte Botschaft könnte sogar wichtiger als eine schriftliche gewesen

583) Für Agobard von Lyon, der in seinem Kampf gegen die Juden um Lyon sehr irritiert war, schienen sogar die besiegelten Mandate im Namen des Kaisers oder die kaiserlichen Anordnungen (*capitularia sanctionum*), welche die mit den kaiserlichen Traktorien ausgestatteten Missi mitbrachten, inhaltlich verdächtig zu sein. Agobardi Lugdunensis opera omnia Nr. 11, hier S. 192: ... *indiculos, licet ex sacro nomine uestro recitarentur, et uestro anulo essent signati, nullatenus tamen credidimus ex iudicio uestro tales prodisse; ... Deinde uenerunt et praedicti missi, habentes in manibus tractoriam stipendialem et capitularia sanctionum, que non putamus uestra iussione existere talia.* Allerdings zog Agobard hier die Authentizität der kaiserlichen Texte nicht in Zweifel. Er beklagte vielmehr, dass böse Personen in der Umgebung Ludwigs den Inhalt der Anordnungen zugunsten der Juden beeinflusst hätten. Dazu vgl. BÜHLER, Capitularia Relecta S. 331; MORDEK, Kapitularien und Schriftlichkeit S. 46; GEISEL, Die Juden S. 609 f., 626 f. und 638 f. mit Anm. 282. Vgl. Agobardi Lugdunensis opera omnia Nr. 11, hier S. 191 f.: *Venerunt Gerricus et Fredericus, quos praecucurrit Eurardus, missi quidem uestri, non tamen per omnia uestra agentes, sed ex parte alterius...*

584) Vgl. z. B. Die Briefe des heiligen Bonifatius und Lullus Nr. 86 S. 192. Eine schriftliche Mitteilung oder Anweisung, welche ein Bote neben mündlich anvertrauten Mitteilungen mit sich brachte, ist in den Quellen manchmal als *capitulare* bezeichnet. Vgl. Leonis III. papae epp. Nr. 10 (808–814) S. 102 f. (von Leo III. an Karl den Großen) ; Epistolae variorum inde a morte Caroli Magni Nr. 10 (826) und Nr. 11 (826/827) S. 313–315 (die beiden von Venerius von Grado an Ludwig den Frommen).

585) SCHNEIDER, Schriftlichkeit und Mündlichkeit S. 264. Der hier behandelte

sein: „Dem Boten, der eine Briefsendung von Wichtigkeit zu überbringen hatte, wurde vom Absender mitunter ein gewisser, je nach Umständen sogar der vertraulichste Teil der Botschaft zur mündlichen Weitergabe an den Empfänger aufgetragen“[586]. In diesem Sinn darf man auch bei der Bekanntmachung der Kapitularien die Bedeutung der Mündlichkeit nicht übersehen.

vi) Verbreitung der zu befolgenden Normen und Befugnis der Missi

Vor dem Hintergrund der Vergleichbarkeit mit dem Botenwesen will ich einen Blick auf die pragmatischen Aspekte der Verbreitung von Normen durch die Missi dominici werfen. Die Kapitularien, die neu zu verkündende Normen und/oder zu vollziehende Anordnungen enthielten, wurden entweder direkt auf den Reichsversammlungen oder später durch Boten an die Missi übergeben. In jedem Fall mussten die Missi auf ihrer Legation diese Schriftstücke mit sich führen und ihren Inhalt veröffentlichen. Aber in den Kapitularien selbst finden sich keine Bestimmungen, dass die Missi diese Schriftstücke systematisch kopieren lassen und verbreiten sollten. Die Anordnungen Ludwigs des Frommen von 825 zur schriftlichen Verbreitung der Dokumente, wiederholt durch Karl den Kahlen 864, machen dies im Wesentlichen zur Aufgabe der Erzbischöfe. Obwohl das Missatswesen im Jahr 825 auf der Kirchenorganisation und Metropolitanverfassung beruhte, ist von einer Rolle der Missi bei dieser schriftlichen Verbreitung der Kapitularien nicht die Rede[587]. In der Zeit Karls des Großen wurde ein

---

Brief ist MGH Capit. 1 Nr. 124 S. 244–246, hier S. 246 = ECKHARDT, Die Kapitulariensammlung S. 119 (Nr. 69).

586) SCHALLER, Briefgedichte S. 111. Vgl. HOFFMANN, Brieftechnik S. 145–147; KÖHN, Latein und Volkssprache S. 348.

587) Admonitio ad omnes regni ordines c. 26, MGH Capit. 1 Nr. 150 S. 307: *Volumus etiam, ut capitula quae nunc et alio tempore consultu fidelium nostrorum a nobis constituta sunt a cancellario nostro archiepiscopi et comites eorum de propriis civitatibus modo, aut per se aut per suos missos, accipiant, et unusquisque per suam diocesim ceteris episcopis, abbatibus, comitibus et aliis fidelibus nostris ea transcribi faciant et in suis comitatibus coram omnibus relegant, ut cunctis nostra ordinatio et voluntas nota fieri possit. Cancellarius tamen noster nomina episcoporum et comitum qui ea accipere curaverint notet et ea ad nostram notitiam perferat, ut nullus hoc praetermittere praesumat. Vassi quoque nostri nobis famulantes volumus ut condignum apud omnes habeant honorem, sicut a genitore nostro et a nobis saepe admonitum est.* Vgl. auch MGH Capit. 2 Nr. 273 (a. 864), (A) Adnuntiatio, c. 3 S. 311 und (B) Edictum, c. 36 S. 327.

Kapitular sogar den Missi nicht immer vom Hof systematisch ausgehändigt. Zu erwähnen ist in diesem Kontext das 6. Kapitel der Capitula per missos cognita facienda. Darin ist angeordnet, dass, wer über dieses Kapitular verfüge, eine Abschrift davon an die anderen Missi, die es nicht haben, übermitteln solle, damit niemand seine Unkenntnis entschuldigen könne[588]. Außerdem gab es Dokumente, deren systematische, schriftliche Verbreitung von Anfang an nicht beabsichtigt wurde, wie Manuskripte der Ansprachen des Herrschers[589] oder Protokolle der Verhandlungen[590]. Im Folgenden soll es also darum gehen, wie die Missi den Inhalt – nicht nur den geschriebenen Text – der zentralen Entscheidungen bekanntmachen und durchsetzen sollten.

Zunächst ist zu fragen, wie schnell die Missi in ihren Missatica den Inhalt der Entscheidung des Reichszentrums zu verkünden hatten. Diese Frage ist nicht immer klar zu antworten. Aber gut vorstellbar ist, dass sie ihre Legationsreise bis zur Abhaltung der nächsten Reichsversammlung abschließen mussten, auf der sie dem Herrscher Bericht erstatten sollten[591]. Für die Missi vom Frühjahr 803 galt wahrscheinlich die nächste Versammlung drei oder vier Monate später[592]. Die im November 834 abgeordneten Missi mussten bis Juni des nächsten Jahres, d. h. innerhalb von sechs oder sieben Monaten, ihre Legation durchführen und dem Kaiser Bericht erstatten, obwohl sie bei dieser Legation kein Kapitular gehabt haben dürften[593]. Die mit den Terminen für die nächsten Versammlungen bestimmte Dauer einer Legation könnte von Fall zu Fall unterschiedlich gewesen sein. Ein *fidelis* Lothars II. namens Gundwin, der mit einer Untersuchung der Güterlage in der Lyoner Gegend beauftragt wurde, hatte z.B. zwischen dem Herrschertreffen in Gondreville (Juni 859) und dem in Koblenz (Juni 860), also ein Jahr später, seine Legation zu vollenden und vor den Herrschern in Koblenz Bericht darüber erstatten[594]. Dagegen mussten vielleicht die Missi Karls des Kahlen von

588) MGH Capit. 1 Nr. 67 c. 6 S. 157 mit Anm. y: *Quicumque ista capitula habet, ad alios missos ea transmittat qui non habent, ut nulla excusatio de ignorantia fiat. Et hoc missi nostri ante nativitatem domini omnibus cognitum faciant.*

589) Z. B. MGH Capit. 1 Nr. 25 und MGH Capit. 2 Nr. 187, dazu siehe oben.

590) Z. B. MGH Capit. 1 Nr. 33, 96 und das „Frankfurter Kapitular", MGH Conc. 2,1 Nr. 19 G. Hierzu siehe oben.

591) Siehe oben Kapitel 2, § 1.

592) MGH Capit. 1 Nr. 40, cl 29 S. 116.

593) Siehe die anonymen Missi „834. 11." in der Prosopographie.

594) Siehe GUNDWIN in der Prosopographie.

864 sehr schnell reisen, weil zwischen dem Tag der Versammlung (25. Juni 864) und dem Termin der Einführung neuer Münzen (11. November) gerade einmal vier Monate lagen[595]. Es ist also schwer, einen verbindlichen Zeitrahmen allgemein für missatische Legationen abzustecken[596].

Wie aber nun vermochten die Missi während ihrer Legationsreise die Bekanntmachung und Durchführung der herrscherlichen Entscheidungen zu leisten? Dass Schriftlichkeit und Mündlichkeit im karolingischen Rechtsleben keine Alternativen waren, ist von der Forschung anerkannt. Die Frage, welches von diesen bei der karolingischen „Gesetzgebung" konstitutiv gewesen sei, ist inzwischen obsolet. Man weiß um die komplementäre Wirkung dieser zwei Medien sowohl bei der Festlegung der neu einzuführenden Normen als auch bei ihrer Bekanntmachung, Verbreitung und Durchsetzung in den Regionen[597]. Aus diesem Blickwinkel ist nun auch das Missatswesen zu betrachten.

Da die (früh-)mittelalterliche Gesellschaft durch die Oralität – nicht völlig beherrscht, aber stark – geprägt war[598], ist bei der Betrachtung der Kommunikation in dieser Gesellschaft neben dem uns überlieferten Geschriebenen auch die Funktion der Mündlichkeit zu berücksichtigen. Mündlichkeit und Schriftlichkeit sind dabei, wie gesagt, nicht als Dichotomie zu verstehen. Stattdessen muss ihre Verschränkung beachtet werden, wenn man die mittelalterliche Kultur als „mündlich-schriftliche Mischkultur" verstehen will. Aus diesem Blickwinkel treten neben die „zwei direkten Kommunikationskanäle (einen gesprochenen zwischen Sprecher und Hörer oder einen geschriebenen zwischen Schreiber und Leser)" auch „zwei diagonale Kanäle". „So gibt es zum einen das Vorlesen aus einem Schrifttext vor einer Zuhörerschaft (die Information kommt vermittels des Vorlesenden vom Schreiber zum Hörer) und zum anderen die schriftliche Aufnahme einer mündlichen Aussage (vermittels des Protokollführers kommt jetzt die Information vom Sprecher zum Leser)."[599] Bei den zwei Phasen im Kommunikationsprozess, nämlich Äußerung

595) MGH Capit. 2 Nr. 273 (B) c. 10 S. 315.

596) Siehe auch die oben erläuterte Legation von 825–826.

597) SCHNEIDER, Schriftlichkeit und Mündlichkeit S. 259 und 262–265; NELSON, Literacy S. 280 f.; MCKITTERICK, Zur Herstellung S. 4; MORDEK, Kapitularien und Schriftlichkeit S. 35–37; PATZOLD, Veränderung.

598) Vgl. dazu VOLLRATH, Das Mittelalter.

599) GREEN, Eine orale Gesellschaft, Zitat aus S. 334.

(das Reden und das Schreiben) und Rezeption (das Hören und das Lesen), funktionierten also die Mündlichkeit und die Schriftlichkeit nebeneinander.

Zu diskutieren ist hier nicht, welches der beiden Medien, Schriftlichkeit oder Mündlichkeit, für den Geltungsanspruch der Kapitularien „konstitutiv“ war. Schon bei der Entstehung eines „offiziellen“ Dokumentes auf einer Beratung verbanden sich gesprochene Worte und geschriebene Texte miteinander. Nach der Beschreibung Hinkmars von Reims sollten die *adnuntiationes* eines karolingischen Herrschertreffens einmal geschrieben, den Beratern vorgelesen und dann vor dem versammelten Publikum veröffentlicht werden[600]. Wenn der Herrscher seinen Missi einen Auftrag gab oder Anordnungen traf, geschah dies sowohl mündlich[601] als auch schriftlich. Daher ist es naheliegend, dass auch die Missi bei der Vermittlung des herrscherlichen Willens Schriftlichkeit und Mündlichkeit gleichermaßen anwendeten[602].

Während die Missi in den Gerichtsurkunden oft als Paar oder Gruppe auftreten, scheint die Bekanntmachung eines Kapitulars nicht selten durch einen Missus alleine bei einer Versammlung in seinem Missaticum geleistet worden zu sein[603]. Zum Beispiel verlas Graf Stephan von Paris 803 in einer regionalen Zusammenkunft das Capitulare legibus additum, um die Zustimmung der versammelten Scabini/Schöffen, Bischöfe, Äbte und Grafen zu bekommen[604].

---

600) AB a. 862 S. 94 f.: ... *scriptas ac consiliariis recitatas adnuntiationes quas de illorum conventu debuerunt populo nuntiare*...

601) Vgl. MGH Capit. 1 Nr. 58 c. 6 S. 145: *Nam et hoc antea vobis ore proprio iniunximus et nequaquam intellexistis.* Dieser Vorwurf Karls des Großen gegen seinen Missus weist darauf hin, dass seine Anordnung wegen dieser Angelegenheit (Brücken und Zölle) in diesem Fall nur mündlich getroffen wurde, also der Kaiser nicht die Lektüre eines Kapitulars oder eines Mandates forderte.

602) Vgl. MGH Capit. 1 Nr. 85, hier S. 184 = ECKHARDT, Die Kapitulariensammlung Nr. LXIV, Praefatio S. 100: ... *Nunc autem admonemus uos, ut capitularia uestra relegatis et, queque uobis per uerba commendata sunt recolatis et tale exinde certamen habere studeatis, pro quo* ...; c. 7 S. 102: *Deinde ut istam ępistolam et sepius legatis et benę saluam faciatis, ut ipsa inter nos et uos in testimonium sit, utrum sic factum habeatis, sicut ibi scriptum est, aut non habeatis.*

603) Siehe ARN (für das Kapitular von 806) in der Prosopographie.

604) Dies ist beschrieben in der Überschrift des Capitulare legibus additum von 803 in Paris Lat. 4995. Siehe STEPHAN in der Prosopographie. Dieses Bestätigungsverfahren des Kapitulars in Paris ist allerdings ungewöhnlich. KRAH, Zur Kapitulariengesetzgebung in und für Neustrien S. 569 f. Nach Mordek zeigen

Egal, ob eine herrscherliche Entscheidung auf einer Reichsversammlung oder bei einer anderen Gelegenheit am Hof beschlossen wurde, musste sie, oft formuliert als „Kapitular", vom Zentrum in die verschiedenen Regionen gebracht und verbreitet werden, wobei sie, in der Regel auf einer schriftlichen Grundlage, mündlich als *adnuntiatio* vor Publikum proklamiert werden musste[605]. Die Frage ist, inwieweit nun die Missi an das schriftliche Dokument „wörtlich" gebunden waren und ob sie die Möglichkeit hatten, den Inhalt in eigenen Worten zu verkünden.

Christina Pössels Studie über den Zusammenhang zwischen den inneren Strukturen der Kapitularientexte und den Empfängern dieser Texte, meistens den Missi, ist zwar wichtig, aber dieser Befund hilft uns meines Erachtens nur dabei, die Empfänger der Kapitularientexte zu ermitteln[606]. Bei der Analyse der Bekanntmachungsweise der Kapitularien sind auch die *adnuntiationes* oder *admonitiones* der Missi vor Publikum in Betracht zu ziehen. Zwei Überschriften vom Capitulare missorum 803 lauten: *De causis admonendis* oder *De causis audiendis*[607]. Also mussten die Missi höchstwahrscheinlich alle Kapitel dieses Kapitulars verlesen. Einige Kapitel über die Aufgaben der Missi sind im Verlauf des Textes dieses Kapitulars eingestreut – also nicht gesondert am Ende des Textes, wie Pössel das als ein exemplarisches Merkmal der missatischen Kapitularien anführt. Es scheint, dass die Missi neben den von den Zuhörern zu beachtenden Dingen auch ihre Aufgaben bekannt machten, damit sie reibungslos vollzogen werden konnten. Es ist unwahrscheinlich, dass das gleiche nicht auch für die geschickt strukturierten Kapitularien gelten könnte. Auch wenn die Aufgaben der Missi am Ende des Kapitulars zusammengestellt wurden, so mussten sie bei der Bekanntmachung doch auch laut verlesen werden. Die Verlesung der Kapitel, die „über die Amtsführung der Missi selbst" handeln, sei „bei einer missatischen Ansprache zwecks Bekanntmachung eines Kapitulars ganz funktionslos" gewesen, so Rudolf Pokorny[608]. Doch die Erklärung der Aufgaben der Missi und

---

„solch[e] ungewöhnliche[n] Sicherungsmechanismen" die herausragende Bedeutung dieses Kapitulars. MORDEK, Fränkische Kapitularien S. 18.

605) NELSON, Literacy S. 266 f.

606) PÖSSEL, Authors and recipients S. 259–265. Sie selbst postuliert keine allgemeine Gültigkeit dieser These für alle Kapitularien.

607) MGH Capit. 1 Nr. 40 S. 115 mit Anm. a.

608) POKORNY, Eine Brief-Instruktion S. 77 Anm. 89 mit den Beispielen von MGH Capit. 1 Nr. 64 und 66.

der Zwecke der Legation war auf jeden Fall sehr wichtig für die reibungslose Durchführung der Legation[609].

Die Missi mussten die zu beachtenden Normen vor den Zuhören auch erläutern. Zum Beispiel hatten die Missi von 789, also gerade am Anfang des verbundenen Kapitularien- und Missatswesens, bei der Einführung der allgemeinen Vereidigung zu erklären, dass jeder sein Recht behalten könne und solle[610]. Obwohl das Kapitularienwesen auf Einheitlichkeit abzielt, mit anderen Worten, dass die Empfänger der Texte oder die Adressaten der Anordnungen zum Beispiel „mit gleicher Hingabe“ (*aequali intentione*)[611] agieren sollten, scheint es bei der Bekanntmachung der Kapitularien Spielraum für Spontaneität der Missi gegeben zu haben. Die stichwortartigen Kapitel konnten wahrscheinlich nur mit frei gesprochener Erläuterung verständlich werden. Wenn ein Kapitel eines Kapitulars eine frühere Bestimmung in den Leges (z. B. *sicut lex est*) oder eine Gewohnheit (*consuetudo*) erwähnt, findet sich der Hinweis, dass die Missi bei der Bekanntmachung solcher Normtexte den Zuhörern erklären sollten, was mit der *lex* oder der *consuetudo* gemeint war, deren Kenntnis nicht bei allen Teilnehmern auf den regionalen missatischen Versammlungen vorauszusetzen war. Auch die einfachen Rückgriffe auf frühere Kapitularienbestimmungen ohne konkrete Zitate wurden, wenn die Textvorlage nicht vorhanden war, erst durch eine Erläuterung verständlich[612].

---

609) Vgl. Ansegis 2, 26–27 S. 545–547.

610) MGH Capit. 1 Nr. 25 c. 5 S. 67: *Explicare debent ipsi missi, qualiter domni regi dictum est, quod multi se conplangunt legem non habere conservatam, et quia omnino voluntas domni regis est, ut unusquisque homo suam legem pleniter habeat conservata; et si alicui contra legem factum est, non est voluntas nec sua iussio. Verumtamen si comis aut missus vel quislibet homo hoc fecit, fiat annuntiatum domni regi, quia ipse plenissime haec emendare vult. Et per singulos inquirant, quale habeant legem ex nomine. Et nullatenus sine comite de ipso pago istam legationem perficiant, excepto si ille comis in alia utilitate domni regis non fuerit aut aliqua infirmitates eum non detenuerit [quod ibi esset, non habeat].* Nicht nur Grafen, sondern auch Missi werden ermahnt, das Recht nicht zu verletzen. Vgl. hierzu FRIED, Karl der Große S. 236 f.

611) MGH Capit. 1 Nr. 22, Proömium S. 54 = Admonitio generalis, Proömium S. 184: *Quapropter, ut praediximus, aliqua capitula notare iussimus, ut simul haec eadem vos ammonere studeatis, et quaecumque vobis alia necessaria esse sciatis, ut et ista et illa aequali intentione praedicetis.*

612) Steffen Patzold meint allerdings, „dass die frühere Bestimmung, ein älteres *capitulare*, allgemein bekannt war und es daher genügte, nur noch einmal an diese ältere, noch immer in Schriftform vorliegende und gültige Norm zu erinnern“.

Ein Kapitular kann außerdem den Umständen gemäß resümiert, erläutert, anders ausgedrückt oder übersetzt worden sein. In einigen Kapitularien finden sich Bestimmungen, den Inhalt erklärend einzuschärfen. Im Codex Paris Lat. 4626 ist das Capitulare missorum in Theodonis villa datum primum, mere ecclesiasticum (MGH Capit. 1, Nr. 43) mit der folgenden Inskription überliefert: *EXCARPSV CAPLI. DOMNO IMPERATORE KAROLI QVEM IESSE EPISCOPUS EX ORDINATIONE IPSIUS AUGVSTI secum detulit omnibus hominibus notum faciendum.* In der Tat finden sich hier nur die Kapitel 9 und 15 dieses Kapitulars und die Kapitel 2–6, 8–12, 16 und 20–22 des 805 in Diedenhofen gleichzeitig ausgestellten Kapitulars (Capitulare missorum in Theodonis villa datum secundum, generale, MGH Capit. 1, Nr. 44), das in dieser Handschrift direkt Nr. 43 folgt[613]. Der hier erwähnte Bischof Jesse von Amiens, der als Karls *missus* 799 nach Rom und 802 nach Konstantinopel gesandt wurde und 811 als einer der Zeugen des Testaments Karls belegt ist, gehörte zum Personenkreis, zu dem Karl engere Beziehungen hatte[614]. Aus der Person Jesses und dem Ausdruck *ex ordinatione ipsius augusti* kann man folgern, dass er 805 als Missus die Kapitularien bekannt machen musste, und dass er dabei nach irgendeinem Maßstab – wahrscheinlich nach örtlichen Umständen in seinem Missaticum – eine Auslese der Kapitel vorgenommen hat[615].

PATZOLD, Normen im Buch S. 346. Zu den oft in Kapitularien gefundenen Wiederholungen älterer Normsetzungen vgl. HARTMANN, Die Synoden S. 475; HARTMANN, Rechtskenntnis S. 2; HARTMANN, Karl der Große und das Recht S. 186.

613) MORDEK, Bibliotheca S. 478 f.

614) Siehe JESSE in der Prosopographie.

615) Hierzu vgl. zuletzt DEPREUX, Gesandteninstruktion S. 57. Eine Auswahl der Instruktionen oder Informationen kam im Lauf der „Befehlskette" auch auf dem niedrigeren Niveau wahrscheinlich nicht selten vor. Zum Beispiel sind die Capitula Frisingensia secunda ein Auszug aus den Capitula de examinandis ecclesiasticis (MGH Capit. 1 Nr. 38), den ein bayerischer Bischof, vielleicht Atto von Freising, vorgenommen hat. Das Auswahlprinzip war systematisch und zweckmäßig und der Bearbeiter, ein Bischof, hat nur jene sieben Kapitel von den insgesamt 17 Capitula de examinandis ecclesiasticis ausgewählt und verkürzend zusammengefasst, die für die Examinatio der Diözesanpriester nötig waren. MGH Capit. episc. 3 S. 206–208. Hier wird auch deutlich, dass es nicht unbedingt notwendig war, den Text einer Anordnung „völlig wörtlich" zu übernehmen, um die am Hof oder auf der Reichsversammlung konzipierte Ordnung des Reiches in der einzelnen Region zu verwirklichen.

Außerdem konnten die Missi bei der Bekanntmachung der Kapitularien auch ihre eigenen Ansprachen formulieren[616]. Einige als Musteransprachen verfasste Texte sind überliefert[617]. Ein burgundischer Missus Karls des Kahlen hat aus dem Text der kleinen Kapitulariensammlung, die ihm mit dem Kapitular von 857 gegeben wurde, anhand von nicht wortgenauen Zitaten und Ergänzungen durch andere Kapitel sein Redemanuskript formuliert. Am Anfang der Rede gibt er bekannt, dass das 857 auf der Reichsversammlung in Quierzy beschlossene Kapitular bei ihm angekommen ist, damit er dieses öffentlich bekannt mache[618]. Aber Spuren dieses Kapitulars finden sich im Text des Redemanuskripts nur selten. Dass ein königlicher Missus ein neu erlassenes Kapitular völlig ignoriert hätte, ist unvorstellbar. Vielmehr hat er wahrscheinlich neben der (wörtlichen?) Verkündung des Kapitulars eine Rede gehalten, die er aus seinen Vorlagen frei ausgearbeitet hat[619].

---

616) Carlo De Clercq führt die folgenden Dokumente als „Instructions promulguées par des missi" Karls des Großen an: MGH Capit. 1 Nr. 59, 38, 116, 117, 85, und 121. De Clercq, La législation (500–814) S. 223–228. Vgl. z. B. MGH Capit. 1 Nr. 121 S. 239 f.: *Ammonitionem domni Caroli imperatori audite, fratres dilectissimi. Pro salute vestra huc missi sumus, ut admoneamus vos, quomodo secundum Deum iuste et bene vibatis et secundum hoc seculum cum iustitia et cum misericordia convertimini. Ammonemus vos inprimis [...] Deus vos conservet, dilectissimi fratres.* Zu diesem Text vgl. Buck, Admonitio S. 158–238, 376–394 und 397–401 (Transkription der zwei Handschriften). Zu MGH Capit. 1 Nr. 38 „Capitula de examinandis ecclesiasticis" vgl. BM² 378; De Clercq, La législation (500–814) S. 224 f.; Semmler, Reichsidee S. 64; Hartmann, Die Synoden S. 125 f. mit Anm. 38; Mordek und Glatthaar, Von Wahrsagerinnen S. 48 f. mit Anm. 62; MGH Capit. episc. 3 S. 206 f.; Buck, Admonitio S. 350–353. Siehe oben Kapitel 2, § 2, 1, iv, „801/802–803". Vgl. hierzu zuletzt auch Depreux, Gesandteninstruktion S. 61 f.

617) Vgl. MGH Conc. 4 Nr. 3 (a. 860), F S. 40–42.

618) ... *senior noster Karolus plurimos fideles regni sui, tam episcopos quam abbates et comites atque reliquos regni sui fideles mediante Februario mense apud Carisiacum congregans hęc capitula ab ipsis confirmata nobis transmisit, ut ea vobis denuntiaremus* ... MGH Conc. 3 Nr. 38 Anhang S. 397 f., Zitat aus S. 397.

619) Siehe Mordeks Äußerung zu den stichwortartigen Kapiteln, die zu den heutigen Gesetzesvorstellungen nicht passen, aber damals als gültig zu betrachten waren: „Das macht ja den Reiz am Mittelalter aus: die Vielfalt der Formen, die Fülle der Improvisation und daß auch im rechtlichen Bereich von uniformem Schematismus keine Rede sein kann. Es wäre ungut, wollten wir jenen Großzügigeren ihren legeren Spielraum nehmen und dafür unsere strengere Auffassung

Die oben beschriebenen Beispiele sind Belege für die Befugnis der Missi, bei der Bekanntmachung eines Kapitulars in ihrem Zuständigkeitsbereich bedeutsame und nützliche Kapitel auszuwählen oder sogar eine eigens formulierte Ansprache hinzuzufügen. Dies scheint vom Zentrum/Herrscher auch erwartet worden zu sein.

Bedeutsam ist außerdem das Problem der Sprachen. Karl Ferdinand Werner macht darauf aufmerksam, dass es notwendig gewesen sein muss, bei der Bekanntmachung der Anordnungen entweder mündlich Wort für Wort in die Volkssprache zu übersetzen oder eine schriftliche Übersetzung vorzubereiten[620]. Dass man zum Verstehen (*intelligere*) der verkündeten Anordnungen eine Übersetzung brauchte, betont auch Michael Richter[621]. Die Notwendigkeit einer Übersetzung bei der Verkündung in den einzelnen Regionen wird umso wahrscheinlicher, als die Zeitgenossen ja bereits bei der Diskussion um die Rechtslage ältere normative Texte vorzulesen und zu übersetzen pflegten[622].

---

von Akkuratesse und Ordnung noch posthum antragen.“ MORDEK, Karolingische Kapitularien S. 31.

620) WERNER, Missus – Marchio – Comes S. 116 mit Anm. 27.

621) RICHTER, Die Sprachenpolitik.

622) Vgl. Ann. Laures. emend. a. 802 S. 45 f.: *Et mense Octimbrio congregauit uniuersalem synodum in iam nominato loco et ibi fecit episcopos cum presbyteris seu diaconibus relegi uniuersos canones, quas sanctus synodus recepit, et decreta pontificum et pleniter iussit eos tradi coram omnibus episcopis, presbiteris et diaconibus. Similiter in ipso synodo congregauit uniuersos abbates et monachos, qui ibi aderant; et ipsi inter se cunuentum faciebant et legerunt regulam sancti patris Benedicti et eam tradiderunt sapientes in conspectu abbatum et monachorum. [...] Sed et ipse imperator interim, quod ipsum synodum factum est, congregauit duces, comites et reliquo christiano populo cum legislatoribus et fecit omnes leges in regno suo legi et tradi unicuique homini legem suam et emendare, ubicumque necesse fuit et emendatum legem scribere, et ut iudices per scriptum iudicassent et munera non accepissent, sed omnes homines, pauperes et diuites in regno suo iusticiam habuissent.* Zur Interpretation des hier mehrfach verwendeten Verbs *tradere* im Sinne von „übersetzen“ vgl. SCHNEIDER, Schriftlichkeit und Mündlichkeit S. 264; RICHTER, Die Sprachenpolitik S. 424 f.; HARTMANN, Karl der Große und das Recht S. 178; HARTMANN, Karl der Große S. 132. Dagegen übersetzt P. D. King dieses *tradere* in den Lorscher Annalen mit „expound (ausführen, erklären)“. KING, Charlemagne S. 145. Vgl. KAISER, Die Capitula Remedii S. 163 Anm. 62 („öffentlich bekannt machen“). Art. tradere, in: NIERMEYER, Lexicon, gibt diesem Wort in der Wortkombination von *relegere et tradere* in einem Brief Karls des Großen an Ghaerbald von Lüttich die Bedeutung von „öffentlich bekannt machen“, während

Im Bereich der Kapitularien sind zum Beispiel zwei zufällig überlieferte Stücke anzuführen: das sogenannte Trierer Kapitular und die Exhortatio ad plebem christianam. Das Trierer Kapitular ist ein Stück, das in der Kapitularien-Ausgabe von Boretius als Hludowici capituli legibus addendi versio francica gedruckt ist. Das ist eine interlinear geschriebene althochdeutsche Übersetzung der Capitula legibus addenda (a. 818/819). Aber diese Übersetzung wird sprachlich auf die Mitte des 10. Jahrhunderts datiert und daher ist es schwer, auch bei der Bekanntmachung anderer Kapitularien durch die Missi eine ähnliche Übersetzungspraxis vorauszusetzen[623]. Die Exhortatio ist eine am Anfang des 9. Jahrhunderts (bald nach 802) in Bayern entstandene sowohl auf Latein als auch auf Althochdeutsch verfasste Ermahnung an die Laien bezüglich der Taufe, des Glaubensbekenntnisses, des Vaterunser usw[624]. Sie ist zwar kein Kapitular, aber sie spricht vom Befehl Karls des Großen (*dominationis nostrae mandatum*), wodurch sie als ein Versuch des Vollzugs der Kapitularienanordnungen anzusehen ist[625]. Dass uns weder eine volkssprachliche Übersetzung der Kapitularien noch ein volkssprachlicher Text der Rede eines Missus überliefert ist, könnte zum einen dadurch erklärt werden, dass praktische administrative Dokumente wie Mandate, die nur einmalige oder kurzfristige Bedeutung hatten, sowohl original als auch abschriftlich nur selten überliefert sind[626]. Zum anderen ist

---

Schneider und Richter auch hier *tradere* als „übersetzen" verstehen. Vgl. auch McCormick, The liturgy of war S. 11 f. mit Anm. 49, der vorsichtig vermeidet, die Wörter *tradere* und *interpretes* in diesem Brief Karls im Kontext der „Übersetzung" zu verstehen.

623) Edition des Trierer Kapitulars: MGH Capit. 1 Nr. 182 S. 378–381; Steinmeyer, Sprachdenkmäler S. 305–308 (Nr. 40). Dazu vgl. Werner, Missus – Marchio – Comes S. 199 Anm. 27; Mordek, Bibliotheca S. 734–738; Ruth Schmidt-Wiegand, Trierer Capitulare, in: VL² 9 (1995) Sp. 1040 f.; Ansegis, Einleitung S. 368 f.

624) Edition in Steinmeyer, Sprachdenkmäler S. 49–54 (Nr. 9). Dazu McKitterick, The Frankish Church S. 86 und 194 f. mit Anm. 1; Edwards, German vernacular literature S. 146; Esders und Mierau, Der althochdeutsche Klerikereid S. 184; Hummer, Alsace S. 135; Diesenberger, Predigt und Politik S. 100 Anm. 40 S. 177 und 188.

625) Steinmeyer, Sprachdenkmäler S. 51.

626) Vgl. Mersiowsky, Regierungspraxis S. 118–124; Depreux, Gesandteninstruktion S. 51 f. Wir haben zwar ein Bruchstück der althochdeutschen Übersetzung der Lex Salica, dessen Handschrift – im Gegensatz zu der früheren Zuschreibung zu Fulda – der Mainzer Schreibschule des 2. Viertels des 9. Jahrhunderts zugeordnet werden kann, aber ihre Einordnung im konkreten Rechtsleben ist noch

auf die *adnutiationes* der karolingischen Könige von 860 hinzuweisen. Überliefert ist eine auf Latein geschriebene Kapitelreihe, aber ihre Rubriken zeigen, dass die Herrscher vor den Anwesenden Ansprachen jeweils in der *lingua Theodisca* oder in der *lingua Romana* gehalten haben[627]. Hier ist zu bemerken, dass die Verben im Perfekt stehen, wie *adnuntiavit*, *recapitulavit* oder *dixit*. Wenn also dieses Dokument als ein Protokoll der Versammlung entstand, kann man hier klar ein Charakteristikum der frühmittelalterlichen Überlieferung erkennen: Latein war nämlich in der Regel die Sprache zur Aufzeichnung der Normen, egal welche Sprache tatsächlich bei ihrer Verkündung gesprochen wurde[628].

Auch die Texte im Bereich der Kapitularien, welche die Missi bei ihrer Legation benutzt haben, sind als lateinische Texte überliefert. Zwei überlieferte Redemanuskripte der Missi auf Latein[629] sind jeweils in Italien und in Burgund verlesen worden. Während man in Italien das gesprochene Latein immer noch ohne Übersetzung verstanden haben könnte, war es im Westfrankenreich um die Mitte des 9. Jahrhunderts schon nicht mehr möglich, dass ein *illiteratus* Sprecher der romanischen Volkssprache irgendeine Mitteilung in – selbst einfachem – Latein (*sermo humilis* oder *rusticus*) verstand[630]. Wenn dieses Redemanuskript eines burgundischen Missus von ihm persönlich angefertigt wurde, stellt sich daher die Frage, warum er es auf Latein verfasste. Drei Möglichkeiten sind vorzuschlagen: 1) Eine parallel dazu angefertigte Übersetzung ist verloren gegangen. 2) Dieser Missus hat vor Ort auf Basis des Manuskripts frei auf Romanisch gesprochen. 3) Die Teilnehmer der vom Missus versammelten regionalen Versammlung waren *literati*, mindestens gebildet genug, das gesprochene Latein zu verstehen. Letzteres ist freilich schwer haltbar,

---

weiter zu untersuchen. Vgl. SONDERREGGER, Althochdeutsche Lex Salica, in: VL² 1 Sp. 303–305. Vgl. zuletzt auch UBL, Sinnstiftungen eines Rechtsbuchs S. 167 mit Anm. 9, der für die Entstehung dieser Übersetzung unter Karl dem Großen in Fulda eintritt.

627) MGH Capit. 2 Nr. 242 S. 157 f.

628) Nicht wenige volkssprachige Begriffe wurden allerdings latinisiert in die karolingischen Normtexte aufgenommen. Vgl. dazu, insbesondere im Bereich der Kapitularien, SOUSA COSTA, Studien zu volkssprachigen Wörtern.

629) MGH Capit. 1 Nr. 121 S. 238–240 (a. 802) und ebd. 2 Nr. 267 S. 291 f. = MGH Conc. 3 Nr. 38 Anhang S. 397 f. (a. 857).

630) Einen kurzen Überblick der sprachlichen Situation im frühmittelalterlichen Westeuropa bietet BANNIARD, La voix et l'écriture.

weil selbst die Teilnehmer auf den Herrschertreffen, die zur Führungsschicht des Reiches gehörten[631], die Reden der Herrscher in der Volkssprachen hören wollten[632]. Also dürfen wir bei der Bekanntmachung der Kapitularien im westfränkischen Raum eine Übersetzung voraussetzen, während es offen bleiben muss, ob man sich dabei auf einen schriftlich fixierten Text stützte oder mündlich frei sprach[633].

Im Osten des Großreiches, nämlich im „germanischen“ Sprachgebiet, wo Latein nicht die Muttersprache der Bevölkerung war, lässt sich die Volkssprachlichkeit im Rechtsleben noch einfacher feststellen. Neben den oben genannten volkssprachlichen Übersetzungen sind die volkssprachlichen Glossen zu weltlichen wie kirchlichen Normtexten[634] und weitere volkssprachliche rechtliche Texte wie ein Klerikereid aus der Freisinger Diözese anzuführen. Betrachten wir dazu einige Texte, die wohl dem Erzbischof Arn von Salzburg zuzuschreiben sind. Man vermutet, dass er sie auf seinen Provinzialsynoden vorgelesen hat, weil die Anwesenheit von Laien auf einer Synode in der Karolingerzeit keineswegs ungewöhnlich war[635]. Zu betrachten ist zunächst der Synodalsermo Arns auf einer nicht sicher identifizierbaren Synode, von der nicht bekannt ist, ob auch Laien anwesend waren und diesen Sermo gehört haben. Dort werden allerdings das von Laien zu leistende Fasten und die schlechte Gewohnheit der Laien in Bezug auf das Fasten thematisiert[636]. Im Vergleich dazu ist bei den Capitula de examinandis ecclesiasticis[637] wahrscheinlicher, dass Arn

631) Zu den Anwesenden bei den karolingischen Herrschertreffen siehe oben Kapitel 1, § 3.

632) Vgl. z. B. den Straßburger Eid von 842 und die *adnuntiationes* von 860 in Koblenz. Nithard, III, 5 S. 112–118; MGH Capit. 2 Nr. 242 S. 157 f. Vgl. NELSON, How Carolingians created consensus S. 72–75.

633) Vgl. SELLERT, Aufzeichnung des Rechts und Gesetz S. 88 Anm. 125: „Daß der Adel aber Latein wenigstens *verstehen* konnte, ist nicht ganz ausgeschlossen. Denkbar ist immerhin auch, daß die lateinischen Texte *ad hoc* übersetzt worden sind. Das galt mit Einschränkungen jedenfalls für die Texte der Kapitularien.“

634) Es ist zwar schwer, Motivation und Funktionskontext solcher Glossierungen genau zu bestimmen. Aber es ist recht denkbar, dass diese volkssprachlichen Glossen dazu gedient haben könnten, die des Lateins unkundigen Laien besser über die Normen zu belehren. HARTMANN, Rechtskenntnis S. 3; ESDERS und MIERAU, Der althochdeutsche Klerikereid S. 187 f. mit Anm. 36.

635) HARTMANN, Laien.

636) POKORNY, Synodalsermo S. 393 f.

637) Zur möglichen Verbindung dieses Dokuments mit Arn siehe oben Kapitel 2, § 2, 1, iv, „801/802–803“.

sie vor den Laien verlesen hat. Von insgesamt 17 Kapiteln betreffen die Kapitel 12–15 die Laien. Den Laien sollte nach Kapitel 13 „befohlen" (*iubetur*) werden, das Vaterunser und das Glaubensbekenntnis zu lernen, und nach Kapitel 15 sollten sie „belehrt" (*doceantur*) werden, sich verschiedenen Sünden zu enthalten. Die direkten Adressaten dieser zwei Kapitel waren die die Laien kontrollierenden Geistlichen. Im Gegensatz dazu ist das 12. Kapitel anscheinend direkt an die weltlichen Eigenkirchenherren gerichtet, und das 14. Kapitel an alle Gläubigen[638]. Konnten sie alles auf Latein Gesprochene verstehen? Wahrscheinlich wurden sie in der Volkssprache angesprochen.

Also, auch wenn im Bereich der Kapitularien fast ausschließlich lateinische Texte überliefert sind, dürfen wir annehmen, dass die Volkssprache, spätestens seit der Mitte des 9. Jahrhunderts, tatsächlich in der öffentlichen Sphäre des karolingischen politisch-rechtlichen Lebens nördlich der Alpen benutzt wurde.

Wenn ein Missus selbst den Text seiner Rede auf Latein formulierte und in die Volkssprache übersetzte, dürfte das Risiko eines Sinnverlustes bei der Übersetzung gering gewesen sein. Aber bei der sinngetreuen Weitergabe der herrscherlichen Anordnungen und neugesetzten Normen in einem gegebenen Text (hier einem Kapitular) waren zwei Dinge für die zuständigen Missi unabdingbar. Zum einen mussten sie den Inhalt der Anordnungen und die Absicht des Herrschers dahinter gut verstehen. Zum anderen mussten sie die örtliche Volkssprache gut beherrschen. In diesem Sinn war ein einheimischer Großer als Missus, der in seinem Einsatzbereich die Volkssprache täglich benutzte, gegenüber einem Fremden zweifellos im Vorteil.

vii) Ergebnis: Kommunikationskette

Beide Medien, nämlich die Stimme eines Missus dominicus und die geschriebenen Texte der Herrscheranordnungen, funktionierten nebeneinander zur Bekanntmachung und Durchsetzung des Willens des Herrschers. Die im Zentrum entstandenen Dokumente – oder Dossiers für die Legation – wurden oft durch eigene Arbeiten des Missus wie Bearbeitungen oder Textzusätze, Reden oder Briefe ergänzt. Aber sie sollten immer dem herrscherlichen Willen entsprechen. In der Forschung scheint Mordeks These breite Akzeptanz zu finden, wonach „es zumindest in der Frühzeit der Kapitulariengesetzgebung für die Geltung eines Textes weniger auf die formale Unangreifbar-

638) MGH Capit. 1 Nr. 38, cc. 12–15 S. 110.

keit […] als vielmehr auf die sachliche Authentizität, d. h. auf die inhaltliche Ordnungsgemäßheit [ankam]“[639]. Diese These wird noch verständlicher, wenn man die Rolle der Missi beim Kapitularienwesen in Betracht zieht.

2. Mandate und Briefe

Neben den Kapitularien, welche die Missi zumeist vom Zentrum aus in die Regionen verbreiten sollten, gab es noch einen anderen Weg der schriftlichen Kommunikation. So spielten auch Briefe und Mandate in der karolingischen Regierungspraxis eine wichtige Rolle. Durch diese Medien sind Anordnungen, Fragen und Antworten, Informationen zwischen dem Zentrum und den Regionen, zwischen den verschiedenen Regionen oder innerhalb einer Region gegeben und empfangen worden. Obwohl originale Briefe und Mandate kaum überliefert sind, können uns die wenigen Stücke und auch die Kopialüberlieferung z. B. in Briefsammlungen wertvolle Informationen zur Kommunikation im administrativen Bereich liefern[640] – wertvoll deshalb, weil sie anders als die meisten Kapitularien Einzelfälle betrafen, also nicht nur möglicherweise wirklichkeitsferne Normen oder Soll-Bestimmungen wiedergeben[641]. Da auch die Missi Absender und Empfänger solcher Schreiben waren, werden in diesem Abschnitt diese Schriftstücke im Zusammenhang mit den missatischen Tätigkeiten untersucht.

i) Schriftliche Kommunikation: Vorbereitung, Frage und Antwort

Das Ergebnis einer Legation war, wie schon oben erörtert wurde, dem Herrscher zumeist bei der nächsten Reichsversammlung zu berichten und dabei wurde oft verlangt, einen schriftlichen Bericht abzufassen[642]. Es ist ein Brief an Karl den Großen überliefert, durch

639) Mordek, Karolingische Kapitularien S. 35. Erneut: Mordek, Kapitularien und Schriftlichkeit S. 37; Mordek, Fränkische Kapitularien S. 30.

640) Zu den Briefen und Mandaten in der karolingischen Regierungspraxis vgl. Mersiowsky, Regierungspraxis, besonders S. 118–124 zu ihrer Überlieferungsmöglichkeit. Vgl. zuletzt auch Depreux, Gesandteninstruktion S. 51 f.

641) Mersiowsky, Regierungspraxis S. 164 f. Vgl. zuletzt auch Depreux, Gesandteninstruktion S. 54–56.

642) Siehe oben Kapitel 2, § 1, 2. Es ist manchmal jedoch unklar, ob der Bericht mündlich oder schriftlich erstattet werden sollte. Vgl. MGH Capit. 1 Nr. 23 cc. 27 und 35 S. 64.

den der Missus Viernarius Bericht über seine Inquisition von 780 in Digne erstattete und um weitere Instruktionen bat[643]. Aber auch bevor eine Legation zum Abschluss kam, mussten die Missi gegebenenfalls eine Anfrage an den Hof richten. Eine solche Anfrage in einer Notlage ist zum Beispiel in einem Kapitular, den sogenannten Capitula de missorum officiis (810), von Karl dem Großen den Missi ausdrücklich befohlen worden, damit sie ihren Auftrag richtig durchzuführen[644]. Dabei war briefliche Kommunikation zwischen dem Hof und einem einzelnen Missus/einer Missusgruppe üblich. Obwohl uns keine solche Anfrage von Seiten der Missi überliefert ist, haben wir einige Antwortschreiben des Hofes auf Fragen, welche die Missi stellten[645]. Zwei Stücke haben sich aus der Zeit Karls des Großen[646] und ein Stück aus der Zeit seines Sohnes Ludwig erhalten[647]. Auch wenn

643) Gallia chr. nov. Marseille Nr. 41 Sp. 33 f.; GANSHOF, L'usage de l'écrit S. 12. Siehe ARIMODUS und VIERNARIUS in der Prosopographie.

644) MGH Capit. 1 Nr. 66 c. 1 S. 155: *Ut tales sint missi in legatione sua, sicut decet esse missos imperatoris strenuos, et perficiant quod eis iniunctum fuerit aut, si non potuerint, domno imperatori notum faciant quae difficultas eis resistat, ne illud perficere possint*. Daneben gibt es auch die Bestimmung für die Missi, dem Herrscher (erst!) bei der nächsten Reichsversammlung Zweifelsfragen zu unterbreiten, um dort darüber zu diskutieren. Vgl. MGH Capit. 1 Nr. 44 c. 13 S. 125 Nr. 58 c. 2 S. 145 und Nr. 145 c. 4 S. 297. GANSHOF, Was waren die Kapitularien? S. 49 f. Dass allerdings die letzten zwei Kapitel jeweils in einem Antwortschreiben auf die Anfrage eines Missus/einiger Missi zu finden sind, ist auch bemerkenswert, weil das bedeutet, dass der Hof, d. h. der Herrscher selbst und seine engen Berater, ohne Beratung mit den anderen Großen des Reiches damals nicht definitiv darauf antworten konnte oder wollte.

645) GANSHOF, Was waren die Kapitularien? S. 26. Überliefert ist ein an Karl den Großen gerichteter Brief des Missus Maginarius, der mit einer eher diplomatischen Aufgabe nach Benevent delegiert wurde. Er berichtete dem König seine und seiner Kollegen Notlage. Höchstwahrscheinlich bat er den König in diesem Brief um Rat und weitere Anweisungen, aber die letzten 12 oder 13 Zeilen sind wegen der ungünstigen Überlieferungslage unlesbar. Cod. Carol. Append. 1 S. 655–657 = ChLA 16 Nr. 629 S. 59–65 = Telma Nr. 2957 (a. 788). Siehe MAGINARIUS in der Prosopographie.

646) MGH Capit. 1 Nr. 58 S. 145 f.; POKORNY, Eine Brief-Instruktion. DAVIS, Charlemagne's practice S. 294–298, liest das erste Stück im Kontext der Kommunikation und Zentralisierung im Bereich der Reichsverwaltung und weist zugleich auf die Grenzen ihrer Standardisierung hin.

647) MGH Capit. 1 Nr. 145 S. 296 f. Aber diese Antwort richtet sich nicht unbedingt an einen Missus/Missi. Der Empfänger könnte ein Graf gewesen sein. Vgl.

die Antwort gegebenenfalls nicht vom König, sondern von einem dazu berechtigten Höfling erteilt wurde[648], machte diese Kommunikation zwischen dem Hof und den Missi in den Regionen es möglich, ihre Tätigkeit auch während ihrer Legationen besser im Sinne des Hofes zu kontrollieren.

Außerdem konnte ein Missus bei einem anderen Missus anfragen, wie ein in der Formularsammlung von St-Denis überliefertes Brieffragment zeigt. Der Absender dieses Briefs, wahrscheinlich Wulfar vor seiner Erhebung zum Reimser Erzbischof, bat seinen Kollegen, wahrscheinlich Fardulf von St-Denis, um einen Rat für seine Legation, *quomodo ipsam [legationem] agere debeamus*. Wulfar ersuchte ihn überdies, ihm *illam paginam, que coram domino imperatore et nobis omnibus lecta est*, – ein Dokument als Ergebnis der Beratungen von 802 könnte gemeint sein – zu senden[649]. Hinkmar von Reims hat mahnend – und wahrscheinlich auf einen an ihn gerichteten Brief[650] antwortend – einen Brief an Graf Harduin gesandt, der sich zusam-

---

MGH Capit. 1 S. 296; GANSHOF, Was waren die Kapitularien? S. 26. Die nur im Appendix der Ansegis-Sammlung überlieferten zehn Kapitel sind von Boretius als ein Stück mit dem Namen „Responsa missis data" ediert (MGH Capit. 1 Nr. 155 S. 314 f. = Ansegis, App. 3, 1–10 S. 679–681). Auch wenn diese Kapitelreihe als ganzes eine Einheit bildet, scheint sie mir weder eine Antwort des Kaisers auf die ihm von den Missi gestellten Fragen noch ein zu verbreitendes Kapitular – wie Pokorny meint: POKORNY, Eine Brief-Instruktion S. 64 Anm. 35. – zu sein, sondern eine Aufzeichnung des Ergebnisses einer Beratung am Hof, entweder nach den Anfragen oder den Ergebnisberichten der Missi. Denn die hier behandelten Angelegenheiten betrafen verschiedene Missatica, zum Beispiel c. 5 Besançon c. 6 vielleicht Italien und cc. 9–10 Sens. Siehe oben Kapitel 2, § 2, 1, iv, „825–826".

648) POKORNY, Eine Brief-Instruktion S. 63–78.

649) Collectio sancti Dionysii Nr. 24, in: MGH Form. S. 509 f. Vgl dazu LEVISON, Formularbuch, bes. S. 293–304; FRIED, Karl der Große S. 520 f. Siehe oben Kapitel 2, § 2, 1, iv, „801–803" und unten WULFAR in der Prosopographie. Obwohl Wulfar neben der oben geschriebenen Bitte in diesem Brief dem kaiserlichen Mandat folgend versucht, dem Abt etwas Bestimmtes im Detail mitzuteilen (*Haec idcirco per singula studuimus scribere, quia epistola superius dicta per scriptum vobis [in]notescere iussit de singulis*), ist dessen Inhalt wegen der fragmentarischen Überlieferung nicht klar. Aber auch hier findet sich eine Kommunikationslinie – vom Kaiser über einen Missus an einen anderen Missus.

650) Nach der unten beschriebenen Angelegenheit Wiperts ist von einer Anklage gegen Harduin am Hof die Rede. Darüber forderte Hinkmar genauere Informationen an, *quia non expresse litteris eandem (sc. Harduinus) intimaverat accusationem*. HRE III c. 26 S. 340.

men mit seinem Bruder Hadebold als *missi regis in hoc regno* bemühen sollte, Übeltäter, die *homines* eines Wipert, nach den Gesetzen (*legibus*) zu kontrollieren, wenn er beim König nicht in Ungnade fallen wolle. Wo das Missaticum der beiden lag, ist unklar. Aber wenn Hinkmar in diesem Brief seine Bereitschaft zur Hilfe zeigte (*Quod ipse quoque certaret agere, nisi corporali detineretur infirmitate*), dürfte sich aus dieser beabsichtigten Zusammenarbeit erschließen, dass Hinkmar als Missus über diese Angelegenheit sprach und dass die beiden Missatica benachbart waren[651]. So konnte eine Zusammenarbeit zwischen den in verschiedenen Missatica eingesetzten Missi verwirklicht werden.

Nicht nur Kapitularien, Mandate und Briefe, welche die direkte Kommunikation zwischen dem Hof und den Missi darstellten und der Durchsetzung ihrer Tätigkeit dienten, sandten die karolingischen Herrscher, sondern auch Schreiben an andere Personen, „um den Boden für missatische Eingriffe zu bereiten, ihren Beauftragten Unterstützung zu sichern und ihnen ein Forum zu schaffen"[652]. Manchmal gab der Herrscher den Betreffenden in den Regionen bekannt, dass er – wahrscheinlich besonders als Reaktion auf die Bitte der Betreffenden, wie der Brief Ludwigs des Frommen an Bischof Aldrich von Le Mans zeigt[653] – seine Missi mit einem bestimmten Auftrag ausgesandt hat oder aussenden wollte[654]. Die Verkündigung der Aussendung der Missi konnte auch in einer anderen Form geleistet werden: Karl der Kahle verkündete in seinen *apices*, dass er auf die Bitte des Abtes Frothar von Charroux seine Missi, nämlich Pfalzgraf Himemno und seinen *iunior* Hiterius, hinsichtlich der Güterangelegenheiten dieses Klosters zur Untersuchung gesandt hat. Er befahl den Würdenträgern

651) Ebd. S. 340; SCHRÖRS Reg. 552. Es ist nicht klar, inwiefern die in den letzten Zeilen des Briefs erwähnten Dinge, wegen derer Harduin beim König (*apud regem*, hier doch wahrscheinlich nicht beim Königsgericht) angeklagt wurde, mit seiner missatischen Tätigkeit zu tun hatten. Jedenfalls zeigte Hinkmar seine Bereitschaft, ihm zu helfen, wenn er genauere Information darüber bekommen könnte.

652) MERSIOWSKY, Regierungspraxis S. 138. Zu den „Empfehlungsschreiben" vgl. auch DEPREUX, Gesandteninstruktion S. 53.

653) Urk. Le Mans Nr. 44 S. 300 f. = D LdF 351 (834. 3. 1. – 835. 6. 24.) S. 876 f.; BM² 937. Dazu MERSIOWSKY, Regierungspraxis S. 138 f.

654) Vgl. D Lo I. 42 (um 840) S. 129 f. Siehe JOHANNES (III) in der Prosopographie.

im Allgemeinen, die Missi bei ihrer Legationsreise zu unterstützen[655]. Dieses Dokument konnte die Arbeit der Missi sicherlich unterstützen, wobei allerdings nicht klar ist, wie häufig ein Missus dominicus bei seiner Legation ein solches Schreiben vom Herrscher erwarten konnte[656]. Zum anderen forderte der Herrscher seine *fideles* auf, gegebenenfalls als Hilfskräfte für die herrscherlichen Missi zu arbeiten. Zwei Mandate Ludwigs des Frommen sind erhalten, in denen er jeweils einem anonymen Getreuen befahl, einmal selbst, einmal durch seinen Sohn, die Berichte der bald zu erwartenden Missi dem Kaiser in Tours zukommen zu lassen[657]. Unter den oben genannten Beispielen sind Ludwigs Mandate an seine *fideles* auch deshalb bemerkenswert, weil er abschätzen konnte, wann ungefähr die Missi bei diesen *fideles* ankamen und ob ihn die Botschaften der Missi in einem begrenzten Zeitraum erreichen konnten[658]. Dass der Herrscher gegebenenfalls genau den Reiseplan eines Missus erfasste, zeigt Ludwigs Mandat an einen Grafen G. Diesem Grafen war befohlen worden, am 18. Dezember in der kaiserlichen *villa Heilambrunno* einen Missus H. zu besuchen und nach der Durchsetzung der ihm *de verbo nostro [= imperatoris]* durch diesen Missus zu gebenden Anordnungen zu streben, gemeinsam mit den anderen Grafen und den kaiserlichen Getreuen. Hier gilt dieses Mandat als Beglaubigung des von dem Mis-

---

655) D KdK Nr. 376, 2 S. 334–336. Dieses Dokument darf zu den „Mandaten mit Privilegiencharakter“ in Mark Mersiowskys Sinn gezählt werden. MERSIOWSKY, Regierungspraxis S. 156 f.

656) Als Beispiel für die Unterstützung der Missi durch herrscherliche Schreiben wird von Mersiowsky noch der Brief Lothars I. angeführt, der im Verhandlungsprotokoll des Konzils in Rom vom Dezember 853 erwähnt wird. MGH Conc. 3 Nr. 32 S. 334. Dazu vgl. MERSIOWSKY, Regierungspraxis S. 139 Anm. 136. Außerdem ist anzuführen: MGH Capit. 2 Nr. 185 A (Rundschreiben Ludwigs des Frommen und Lothars I. an ihre *fideles*, Ende 828) S. 4: *Quapropter volumus, ut vos omnes propter communem salutem et regni honorem ac populi utilitatem obedientes et adiutores missis nostris in omnibus pro viribus esse non neglegatis.*

657) Einharti epistolae Nr. 21 und 22 S. 120 f. = D LdF B 18 und B 19 S. 1223 f. = Einhards Briefe Nr. 20 und 21 S. 112–115. Dazu MERSIOWSKY, Regierungspraxis S. 145. Dass die herrscherlichen Missi die herrscherlichen Vasallen als ihre eigenen Missi gebrauchten, ist belegt, obwohl es offen bleibt, ob der Herrscher vorher seine Vasallen dazu angewiesen hatte. Ein Beispiel ist zu finden in Urk. Languedoc Nr. 174 Sp. 355–357.

658) Zu den verschiedenen Datierungsversuchen der beiden Mandate und den jeweils möglichen Aufenthalten des Kaisers in Tours siehe die anonymen Missi „818, Sommer/830, Anfang/832, Herbst? (H.)“ in der Prosopographie.

sus mündlich Vorgetragenen[659], obwohl die Frage danach offenbleibt, warum Ludwig den Grafen nicht direkt mit diesem Mandat angewiesen hat[660].

Nicht nur die Herrscher, sondern auch andere Personen schrieben Briefe, um die Tätigkeit der Missi reibungslos verlaufen zu lassen. In einem Brief an Abt Gunthar von Corbie forderte Hinkmar, unter Mitwirkung eines *missus regis* einen flüchtigen Mönch zu verfolgen[661]. Allerdings wird aus dem von Flodoard registrierten Text nicht klar, ob Hinkmar selber in dieser Angelegenheit als örtlich zuständiger Missus einen Rat gegeben hat und ob der hier erwähnte *missus regis* einmalig nur für diese Angelegenheit oder dauerhaft in die Region um Corbie delegiert wurde. Jedenfalls wusste er um die geplante Intervention dieses *missus regis*. Für dessen Tätigkeit dürfte dieser Brief Hinkmars mehr oder weniger hilfreich gewesen sein, indem er den Abt auf die Zusammenarbeit mit diesem Missus vorbereitete[662].

---

659) Einharti epistolae Nr. 20 (832, vor 12. 18.?) S. 120 = D LdF B 17 ([829, 832?] vor 12. 18.) S. 1223 = Einhards Briefe Nr. 19 (kurz vor 829. 12.?) S. 110 f. Siehe den anonymen Missus „829. 12.? (H.)“ in der Prosopographie.

660) Es ist denkbar, dass der Kaiser (oder der Hof) es aus Gründen der Arbeitsökonomie vermied, alle Anordnungen schriftlich zu erklären: Wenn neben diesem Graf G. auch *alii comites*, gegebenenfalls außerdem *fideles nostri*, ähnliche Mandate vom Kaiser empfangen hätten, wäre die zu schreibende Textmenge ziemlich groß gewesen. Auch ist möglich, dass es hier um eine regionale Versammlung ging, an der der Missus die vom Zentrum mitgebrachten Anordnungen (egal ob in Form von Kapitularien oder nicht) bekannt machen sollte. Jedenfalls kann man hier ein ähnliches Schema der Verbreitung des Herrscherwillens wie bei der Bekanntmachung der Kapitularien erkennen. Der Missus war zuständig und verantwortlich dafür.

661) HRE III c. 24 S. 324; SCHRÖRS Reg. 475. Martina Stratmann präzisierte aufgrund Gunthars Amtszeit (ca. 876–880) Schrörs Datierung von 873–880 auf ca. 876–880. HRE S. 324 Anm. 20.

662) Obwohl es in einem anderen Kontext verstanden werden soll, vgl. auch das Beispiel in HRE III c. 28 S. 353 f. (SCHRÖRS Reg. 226), wo Hinkmar an Theodacer, Propst der Reimser Kathedrale, über Königin Irmintruds Fürbitte für Gislold schrieb, der Vorgänger Theodacers war, aber das Kirchenvermögen veruntreut hatte. Hinkmar folgte ihrer Bitte und befahl, dass Gislold als *missus regine (sc. Irmintrudis)* ehrenhaft empfangen werden sollte, weil er die Botschaft der Königin an die Kanoniker mitbrachte: *et quia dixerat se missaticum habere ex parte regine ad canonicos, mandat, ut, si venerit ad eos, sicut missus regine venerabiliter suscipiatur.* Ebd. S. 354. Hier scheint Hinkmars Brief quasi als Garantie der Sicherheit

Auch die Betroffenen in den Regionen, die durch die Missi kontrolliert werden sollten, bezeichneten diese eindeutig mit dem Missustitel, wenn es um deren missatische Tätigkeit ging. Bischof Frothar von Toul richtete an Hetti von Trier die Anfrage, wann der Erzbischof *pro legatione vobis iniuncta* in seine Diözese kommen wolle und wann das vor kurzem angekündigte *sinodale concilium* einberufen werden solle, weil er selber *secundum imperiale praeceptum* vom Oktober bis spätestens zum 30. November abwesend sei. Obwohl keine weiteren Informationen über diese Angelegenheit vorliegen, kann nicht ausgeschlossen werden, dass Hetti im Hinblick auf Frothars Plan den Besuch der Touler Diözese verschieben sollte[663].

Unter kommunikativen Gesichtspunkten ist auch die Reaktion der zu Kontrollierenden auf die missatische Tätigkeit wichtig. Einhard hat zum Beispiel in seinen Briefen einmal eine Beschwerde gegen, einmal einen Dank für die herrscherlichen Missi zum Ausdruck gebracht[664]. Solche Reaktionen könnten durchaus Einfluss auf die missatische Tätigkeit ausgeübt haben, obwohl es in diesem Fall keine Nachricht von den Folgen gibt[665].

So arbeiteten die Missi in einem Kommunikationsnetzwerk, um den – aktiven oder reaktiven – herrscherlichen Willen durchzusetzen. Im folgenden Abschnitt soll der Weg der Anordnungen vom Hof des Herrschers in die Regionen im Mittelpunkt stehen.

ii) Mandate an die Missi und Ernennung der Missi

Während man in nicht wenigen Quellen Hinweise finden kann, dass ein Missus *per iussionem regis/imperatoris* tätig war, sind uns nur wenige Mandate überliefert, welche konkrete herrscherliche Anordnungen an die Missi enthalten. Um 833 schickte Kaiser Ludwig der Fromme ein Mandat an Bischof Badurad von Paderborn. Durch dieses Schreiben befahl Ludwig Badurad als *missus noster*, den Grafen, die das Recht des Klosters Corvey verletzten, das *praeceptum*,

---

Gislolds gewirkt zu haben. Zu Gislolds Person und seiner Veruntreuung vgl. ebd. III c. 28 S. 353 mit Anm. 7 (SCHRÖRS Reg. 225).

663) Frothar Nr. 18 S. 126 (= MGH Epp. 5 Nr. 12 S. 284). Zur Datierung dieses Briefes auf 825 siehe FROTHAR in der Prosopographie.

664) Einharti epistolae Nr. 23 (gegen Ende 832) und Nr. 51 (828?–840) S. 121 und 135 = Einhards Briefe Nr. 22 (nach Herbst 834?) S. 116f. und Nr. 33 (828?–840) S. 150f. Siehe die anonymen Missi „nach 834 Herbst (A.)“ und „828?–840 (*comes N. et iudex N.*)“ in der Prosopographie.

665) Vgl. MERSIOWSKY, Regierungspraxis S. 149f.

das er diesem Kloster früher als Immunität gegeben hatte, vorzulesen und durch die kaiserliche Autorität – mit dem zukünftigen Verlust seiner Gnade drohend – dessen Einhaltung zu befehlen[666]. Dieses Mandat, dessen Original uns glücklicherweise überliefert ist, hat auf der Rückseite des Pergaments die Adresse: *Ad Baderadum episcopum ...... et missum nostrum*[667]. Ohne Zweifel hat Ludwig hier die missatische Qualifikation und Befugnis Badurads beachtet und betont – denn nur als örtlicher Bischof konnte er seine Aufgabe nicht ausführen. Wenn Badurad schon vorher zum Missus ernannt worden war – obwohl das nur aus dem Wortlaut dieses Mandates hervorgeht –, musste er sicher wissen, dass er dort kaiserlicher Missus war. Dass der Kaiser in seinem Mandat den Adressaten ausdrücklich mit dem Missustitel angesprochen hat, musste Badurad bewusst machen, dass er sich als Stellvertreter des Kaisers, nicht als Bischof, in diese Angelegenheit einmischen sollte[668].

Außerdem konnte der Herrscher, wenn nötig, sogar brieflich einen Mann zu seinem Missus ernennen, wie ein Mandat Ludwigs des Frommen an Bischof Jonas von Orléans zeigt. Hier wird Jonas befohlen, zusammen mit Abt Henricus von Micy, beide als Missi des Kaisers, eine das Kloster St-Calais betreffende Angelegenheit zu er-

666) Urk. Westfalen Nr. 10 S. 28 f. = D LdF 330 ([Worms, 833. 6.]) S. 815–817 (Text des Mandats bei BADURAD in der Prosopographie). Zur Datierung um/nach Juni 833 vgl. auch BM² 924.

667) Faksimile: SYBEL und SICKEL (Hrsgg.), Kaiserurkunden in Abbildungen. Text, I, 7a. „Die Lücke in der Adresse nahm [...] wohl der Pergamentstreifen ein, welcher den Brief schloß." Urk. Westfalen S. 29.

668) Vgl. auch zwei Briefe Einhards an die Missi, jeweils über ihre Behandlung seiner *homines*, in deren Protokoll er die Adressaten mit der *missus*-Titulatur anredete. Hier ging es ihm um ihre missatische Qualifikation und Funktion. Einharti epistolae Nr. 23 (gegen Ende 832) und Nr. 51 (828?–840) S. 121 und 135 = Einhards Briefe Nr. 22 (nach Herbst 834?) S. 116 f. und Nr. 33 (828?–840) S. 150 f. Bei dem letzteren Fall ist das klar, denn er erwähnte ihre Begünstigung *tam in heribannis, quam in aliis causis ad vestrum missaticum pertinentibus*. Sonst ist kein Brief Einhards erhalten, den er an jemanden als *missus dominicus* richtete, obwohl er zum Beispiel einigen Erzbischöfen schrieb, die in der Zeit Ludwigs des Frommen relativ oft als *missi imperatoris* nachweisbar sind. Einharti epistolae Nr. 43 S. 131 (an Otgar von Mainz), Nr. 44 S. 132 (an Otgar), Nr. 45 S. 132 f. (an Hetti von Trier) und Nr. 49 S. 134 (wahrscheinlich an einen unbekannten Erzbischof) = Einhards Briefe Nr. 4 (826?–840) S. 78 f., Nr. 8 (826?–840) S. 86 f., Nr. 10 (828–840) S. 90 f. und Nr. 25 (828–840) S. 122 f.

ledigen[669]. Vermutlich war diese Qualifikation der beiden Männer als *missi imperatoris* sehr wichtig für die Betreffenden, denn dieses Mandat, wenn es auch teilweise interpoliert wurde, ist zusammen mit anderen Dokumenten im Anschluss an die Gesta Aldrici überliefert, um zu zeigen, wer mit welcher Autorität diese Angelegenheit regelte[670].

Hier ist zum Vergleich Karls des Großen Mandat an Fulrad von St-Quentin heranzuziehen. In diesem auf 806 datierbaren Mandat[671] wird Fulrad aufgetragen, mit seinen wie vorgeschrieben ausgerüsteten Leuten – also *nicht* mit den aufzubietenden Leuten in seinem Missaticum – zum Versammlungsort Staßfurt in Sachsen zu kommen. Dabei bezeichnet Karl Fulrad nur mit dem Titel *abbas*, ohne Missustitel, obwohl er damals Missus in der Gegend um Lüttich gewesen sein muss[672]. Allerdings musste Karl in diesem Fall Fulrad nicht als seinen Missus bezeichnen: Fulrad sollte wie die anderen Mächtigen – dieses Mandat ist eine Fassung des Rundschreibens[673] – nur mit seinen Leu-

---

669) Urk. Le Mans Nr. 53 S. 315 = D LdF 386 (838, Sommer) S. 960–962, hier S. 962: *Quapropter volumus, ut missus noster sis una cum Henrico abbate et eosdem monachos plena auctoritate canonum et regulari atque nostra ad proprium monasterium redire compellatis.* Hier ist anzumerken, dass das Ziel der Bischof von Le Mans und das Kloster St-Calais waren, die zur Kirchenprovinz von Tours gehörten. Jonas' Bischofssitz und das Kloster Micy gehörten hingegen zum Erzbistum Sens. Da in der Zeit Ludwigs des Frommen der Erzbischof von Tours derartige Angelegenheiten gegebenenfalls selbst als Missus regelte, agierten Jonas und Heinrich hier als „außerordentliche" Missi. Siehe JONAS (I) und HENRICUS in der Prosopographie.

670) Vgl. Mersiowskys Bemerkung: „In den meisten Fällen findet sich die Überlieferung [der Mandate] nicht im Archiv der Empfänger, an die der Befehl gerichtet war, sondern in dem des Begünstigten." MERSIOWSKY, Regierungspraxis S. 163. Das andere Mandat für Jonas, das die gleiche Angelegenheit betrifft, erwähnt allerdings ihn und Heinrich ohne Missustitel. Ob ihre vorherige Ernennung zu Missi hier vorauszusetzen ist und ob dieses Mandat deswegen zeitlich nach dem oben erwähnten Mandat zu datieren ist, muss hier offen bleiben. Urk. Le Mans Nr. 54 S. 316 = D LdF 387 (838, Sommer) S. 962 f. Dass das oben genannte Mandat an Badurad von Paderborn, heute im Staatsarchiv Münster, Fürstabtei Corvey, Urkunden Nr. 4, wahrscheinlich seit dem Ende der Legation Badurads im Kloster Corvey aufbewahrt wurde, kann auch ein Beleg dafür sein, dass die Beteiligung eines Missus an der Konfliktbeilegung für die Betreffenden entscheidend war.

671) Vgl. BM² 418; GANSHOF, Deux documents de Charlemagne S. 87–91.

672) MGH Capit. 1 Nr. 75 S. 168. Siehe FULRAD (II) in der Prosopographie.

673) Mordek weist auf die Möglichkeit hin, dass dieses Mandat „in allgemeiner Form auch als Kapitular hätte ergehen können". MORDEK, Bibliotheca S. 281.

ten (*cum hominibus tuis*) zum *placitum nostrum generale* kommen und brauchte zu diesem Zweck keine Qualifikation als herrscherlicher Missus. Aus diesem Vergleich ist zu vermuten, dass Ludwig beim oben genannten Beispiel bewusst an Badurad als Missus, nicht bloß als Bischof, seinen Befehl gesandt hat. Die karolingischen Herrscher dürften, nach Umständen, ein und denselben Mann bewusst mit oder ohne Missustitel angesprochen haben.

Wenn herrscherliche Mandate – nach Mark Mersiowsky meistens als Reaktion auf die Verletzungen verbriefter Rechte[674] – auch an andere Würdenträger ausgesandt wurden, ist zu überlegen, warum in bestimmten Fällen die Mandatare ausdrücklich als herrscherliche Stellvertreter, *missi dominici*, anerkannt werden sollten. Eine genauere Untersuchung der Funktionen und Bedeutung der Missi in den einzelnen Regionen im Vergleich zu den anderen Würdenträgern ist erforderlich. Hier soll es einstweilen genügen festzuhalten, dass es in gewissen Kontexten für alle Beteiligten von Bedeutung sein konnte, wenn der Königsbote seinen Titel explizit führte[675].

Ein in dieser Hinsicht schwer interpretierbares Beispiel bietet ein Dokument, welches Gerhard Schmitz entdeckt hat. Es handelt sich um Hinkmars Mandat an seine *confratres et comministri* in Laon, das Schmitz zwischen 853 und 875 und mit einiger Sicherheit ins Jahr 868 datiert. Im ersten Teil dieses Mandats zitiert Hinkmar wörtlich das Mandat Karls des Kahlen an ihn[676]. Obwohl weder Karl ihn noch Hinkmar selbst sich als Missus bezeichnet, dürfte er als solcher dieses Mandat empfangen haben. Zum einen, weil der in diesem Schreiben problematisierte Missstand in Laon den von Klerikern betriebenen Wucher betrifft und dessen Kontrolle in den karolingischen Kapitularien zu den Aufgaben der Missi gezählt wird[677]; zum anderen, weil

674) MERSIOWSKY, Regierungspraxis S. 140–142.

675) In Bezug auf die Missi in Italien sind noch weitere Mandate überliefert. Zu anderen Beispielen herrscherlicher Mandate für die Missi siehe ADALBERT (III), BOSO (I), OSCHISUS und SAMSON in der Prosopographie.

676) SCHMITZ, Wucher in Laon mit der Edition S. 556–558. Zur Datierung ebd. S. 542–544. Zu dieser Quelle vgl. auch BÜHLER, Capitularia Relecta S. 386 f.; SIEMS, Handel und Wucher S. 791–797; MERSIOWSKY, Regierungspraxis S. 144 f., 148 f. und 155; MGH Epp. 8,2 Nr. 221 S. 280.

677) Vgl. MGH Capit. 1 Nr. 46 (a. 806) c. 11 S. 132. Dieses Kapitel ist quasi als Ansprache einer Person, wahrscheinlich des Kaisers im Pluralis majestatis wie bei den anderen Kapiteln dieses Kapitulars, aber möglicherweise auch eines Missus vor Ort, formuliert. Der Sprecher berichtet den Zuhörern, die in zweiter Person

die von Hinkmar nach Laon geschickten Missi ihrerseits noch einige *missi* aus den (wahrscheinlich örtlichen) Laien bestellen sollten. Dabei wirkten sie alle – Hinkmar, die von ihm nach Laon geschickten Missi und wiederum deren Missi in der Laoner Grafschaft – *per mandatum domni nostri regis Karoli*, *ex banno domni regis* oder *auctoritate domni regis*[678]. Dieser Umstand ist besser verständlich, wenn Hinkmar *missus regis* war. Also können wir Karls Mandat als eines an seinen Missus verstehen[679]. Warum Karl in diesem Mandat Hinkmar nicht als seinen Missus tituliert hat, bleibt unklar. Ob Hinkmar selbst sich bei dieser Angelegenheit als Missus gesehen hat oder nicht, muss auch offen bleiben, da uns der Anfang und wahrscheinlich auch das Ende des Mandats Hinkmars nicht überliefert sind. Jedenfalls ist hier noch anzumerken, dass Hinkmar dem Mandat an seine Missi in Laon eine Abschrift von Karls Mandat hinzugefügt hat. Damit kommen wir zum Thema des Weiterleitens herrscherlicher Befehle[680].

---

angesprochen werden, vom Wucher: *Usura est ubi amplius requiritur quam datur; verbi gratia si dederis solidos decem et amplius requisieris, vel si dederis modium unum frumenti et iterum super aliud exigeris.* Zur Thematisierung des Wuchers in den karolingischen Rechtsquellen wie Kapitularien und Konzilsbeschlüssen siehe SCHMITZ, Wucher in Laon S. 546–551; SIEMS, Handel und Wucher S. 717–848.

678) SCHMITZ, Wucher in Laon S. 557. Hier ist auch anzumerken, dass die nach Laon abgesandten Missi durch Hinkmar quasi als Königsboten qualifiziert sind, obwohl Karl dem Erzbischof befohlen hat, durch „Hinkmars“ Missus den Klerikern in Laon Wucher zu verbieten (… *quam ob rem per missum vestrum eis mandatis, ne* …): Sie seien auf Karls Befehl nach Laon gekommen (*qui per mandatum domni nostri regis Karoli Laudunum venistis*), und noch ausdrücklicher, sie seien königliche Missi (*vos missi illius [sc. regis, non Hincmari!] renuntiate domno regi* …). Sie scheinen nicht gegenüber dem Ernennenden, hier Hinkmar, sondern gegenüber dem König verantwortlich gewesen zu sein. Daher ist anzunehmen, dass ein Missus regis – berechtigt durch die, in unserem Fall mit Karls Mandat konkretisierte, königliche Autorität – weitere Missi „regis“ hätte einsetzen können. Die Zitate jeweils aus SCHMITZ, Wucher in Laon S. 556, 557 und 558.

679) Schon so eingeschätzt von SCHMITZ, Wucher in Laon S. 542. Wenn Hinkmar dabei wirklich als Missus dominicus mit dieser Angelegenheit beschäftigt war, kann man hier eine Veränderung des geographischen Rahmens einzelner Missatica erkennen. Denn obwohl das Bistum Laon zur Reimser Kirchenprovinz gehörte, war Laon 853 einem anderen Missaticum zugeteilt worden als jenem, dem der Erzbischof von Reims – also Hinkmar – vorstand.

680) Vorher ist noch ein Stück zu erwähnen, das Mark Mersiowsky im Kontext der konkreten Aufträge für die Missi angeführt hat. Es handelt sich um ein Dokument, das exakt bestimmt, was und in welcher Reihenfolge die Missi Karls des

iii) Die Weiterleitung des herrscherlichen Befehls durch die Missi in die Regionen

Die Befehlsstruktur des Karolingerreiches lässt sich, wie erwähnt, als Kommunikationskette beschreiben. Die Befehlsvermittlung über die kirchliche Hierarchie lässt sich dabei quellenmäßig besonders gut fassen[681]. Was hier zu analysieren ist, ist die Rolle und Stellung der Missi dominici in dieser Kommunikationskette. Für die frühmittelalterliche Herrschaftspraxis eine immer strikt zu befolgende bürokratische Regelung vorauszusetzen, wäre anachronistisch; einem Missus selbst konnte die Ambiguität der Grenze zwischen seiner missatischen und der seinem üblichen Amt zukommenden Befugnis bewusst sein[682].

Großen vor dem Papst sagen und tun sollten (MGH Capit. 1 Nr. 111 S. 225 = ChLA 17 Nr. 655 S. 64 f.). Mersiowsky weist auf die Möglichkeit hin, dass auch die anderen Missi solche ausführlicheren, anders gesagt strikt bestimmten Anweisungen, die quasi einer Regie gleichkamen, gehabt haben könnten. (Mersiowsky, Regierungspraxis S. 138) In diesem Kontext ist das Beispiel der Missi des bayerischen Herzogs Tassilo, Arn von Salzburg und Abt Hunrich von Mondsee, im Jahr 787 zu Rom heranzuziehen: Sie baten Papst Hadrian um die Friedensvermittlung zwischen Tassilo und Karl dem Großen. Trotz Karls Bereitschaft, Frieden zu schließen, mussten sie jedoch ablehnen, *quia non ausi fuissent de eorum parte ullam firmitatem facere.* ARF a. 787 S. 74 und 76. Dass diese Missi nicht dazu befugt waren, über etwas zu entscheiden, ist nicht unwahrscheinlich, wenn die folgende Beschreibung der später überarbeiteten Version der Reichsannalen nicht irreführend ist: *[missi ducis] responderunt sibi de hac re nihil esse commissum nec se de hoc negotio aliud facturos, quam ut responsa regis atque pontificis domino suo [sc. Tassiloni] reportarent.* Ann. q. d. Einhardi a. 787 S. 77. Vgl. auch Äußerungen der kaiserlichen Missi nach Rom bei der Disputation über das „Filioque“. Ratio de symbolo fidei inter Leonem III papam et missos Caroli imperatoris, in: MGH Conc. 2, Suppl. 2 S. 287–294. Mir scheint allerdings eine solche strikte Festlegung bei den Tätigkeiten der Missi in der inneren Reichsregierung, besonders in der Zeit Karls des Großen, als die Kapitularien oft nur stichwortartige Bestimmungen enthielten, weniger üblich gewesen zu sein. Im Vergleich zu den diplomatischen Angelegenheiten, bei denen die Handlung und Aussage der Gesandten sehr genau festgelegt sein musste, dürfte der Spielraum bei innenpolitischen Angelegenheiten größer gewesen sein.

681) Vgl. oben Kapitel 2, § 2, 1, iii–vii über die Bekanntmachung der Kapitularien; Werner, Missus – Marchio – Comes S. 197–204; Gravel, Distances. Zum „Kettenbriefprinzip“ vgl. auch Mersiowsky, Regierungspraxis S. 157–164.

682) Vgl. Hinkmars von Reims Brief an den Grafen Goiramnus. HRE III c. 26 S. 343 (Schrörs Reg. 555: 875–882). Vgl. auch ebd. c. 26 S. 345 f. (Schrörs Reg. 408: 876–877) an Graf Amalbert.

Beispielsweise brauchte eine Person in einem Mandat oder einem administrativen Brief zu einem bestimmten Zeitpunkt nicht als Missus bezeichnet zu werden, auch wenn sie schon als solche zu identifizieren war. So sprach Karl der Kahle in seinem zwischen 853 und 860 zu datierenden Brief Erzbischof Wenilo von Sens nur als *Waniloni venerabili archiepiscopo* an, obwohl dieser Mitte der 850er Jahre manchmal als Karls Missus tätig war. Dabei sollte Wenilo als zuständiger Erzbischof über die Diözesanverwaltung von Nevers, mit der zwei königliche Stellvertreter – eine dieser zwei Personen ist im Brief als *dilectus missus noster* bezeichnet – beauftragt wurden, Aufsicht führen: Seine missatische Befugnis dürfte hier nicht notwendig gewesen sein[683]. Interessanterweise titulierte Hinkmar von Reims in seinen zahlreichen – meistens in der von Flodoard registrierten Form überlieferten – Briefen an Geistliche meines Wissens niemals sich selbst oder die Adressaten als *missus dominicus*, während die herrscherlichen Aufträge und seine erzbischöfliche Befugnis manchmal erwähnt wurden[684]. Nur

---

683) Allerdings unter dem Vorbehalt, dass der spätere Teil dieses Briefes nicht überliefert ist. D KdK Nr. 224, 1 S. 563 f., Zitat auf S. 564. Siehe WENILO in der Prosopographie. Vgl. auch das oben erwähnte Mandat Karls des Großen an Fulrad von St-Quentin.

684) HRE III c. 21 S. 276 (SCHRÖRS Reg. 274: Anfang 870; MGH Epp. 8,2 Nr. 256 S. 322: Januar 870) an Bertulf von Trier: *In huius etiam Bertulfi ordinatione iam pridem iussione Karoli regis Hincmarum Laudunensem [et al.] transmiserat*; c. 21 S. 282 (SCHRÖRS Reg. 321: 869 – Juni 872; MGH Epp. 8,2 Nr. 339 S. 462: vor Juni 872) an Erpuin von Senlis: *pro mandato regis regulariter exequendo* (Vgl. zu diesem Befehl ebd. S. 282 Anm. 131); c. 21 S. 283 (SCHRÖRS Reg. 60: ca. 850–853) an Pardulus von Laon: *de ieiunio a regina mandato*; c. 23 S. 306 (SCHRÖRS Reg. 301: 868–871; MGH Epp. 8,2 Nr. 327 S. 438) an Hilmerad von Amiens: *pro quodam presbitero mandans et interdicens auctoritate metropolitana, ut...*; c. 23 S. 307 (SCHRÖRS Reg. 220: 868; MGH Epp. 8,2 Nr. 217 S. 275 f.: August–November[?] 868) an Odo von Beauvais: *pro synodo, quam rex preceperat habendam non in tempore congruo, petens consilium, quid inde agere debeat*; c. 23 S. 309 (SCHRÖRS Reg. 270; MGH Epp. 8,2 Nr. 291 S. 411 f.: 869–870) an Odo von Beauvais: *pro itinere suo ad regem*; c. 23 S. 309 (SCHRÖRS Reg. 290: Ende 870; MGH Epp. 8,2 Nr. 280 S. 407: November/Dezember 870) an Odo von Beauvais: *litteris regis, quibus preceperat episcopos regni a domno Hincmaro convocari, ut prohiberent filium ipsius regis Karlomannum a presumptione cessare*; c. 23 S. 313 (SCHRÖRS Reg. 277: März 870; MGH Epp. 8,2 Nr. 248 S. 312: 8. März – 15. September 869) an Raginelm von Noyon: *pro visitatione Morinensis ecclesie post obitum Hunfridi episcopi iuxta dispositionem regis*; c. 23 S. 314 (SCHRÖRS Reg. 249: 869; MGH Epp. 8,2 Nr. 247 S. 312: Dezember 868 – September 869) an Willibert von Châlons: *pro inqui-*

in den Briefen an die weltlichen Großen sind er und die Adressaten jeweils eindeutig als Missus tituliert[685]. Diese Tendenz in Hinkmars

---

renda causa iuxta regis mandatum, que versabatur inter episcopos Hodonem et Rothadum (vgl. im Zusammenhang dazu auch das Weiterleiten des Königsbefehls durch Hinkmar in: c. 23 S. 314 [SCHRÖRS Reg. 333: 870–873; MGH Epp. 8,2 Nr. 337 S. 462: 869 – Juni 872] an Hildebold von Soissons [Nachfolger des oben erwähnten Bischofs Rothad]: *pro quadam ecclesia, de qua contentio agitabatur inter ipsum et Hodonem Belvacensem episcopum, quam rex destrui precipiebat*); c. 23 S. 317 (SCHRÖRS Reg. 433: ca. April 878) an Franko von Lüttich: *pro litteris commonitoriis, quas iussione regis mittebat Hugoni imperatoris Lotharii nepoti, rogans, ut et idem Franco missum suum talem cum misso ipsius mitteret, qui eum salvum ducere et reducere posset* (vgl. zu dieser Angelegenheit auch c. 19 S. 260 [SCHRÖRS Reg. 434: ca. April 878] an Ludwig den Stammler: *qualiter commonuerit ex precepto regis ipsius Hugonem, Lotharii regis filium, super malefactis, que agebat, et de hominibus suis ad regem cum hostili apparatu dirigendis*; sein Brief an Hugo ist: HRE III c. 26 S. 344 [SCHRÖRS Reg. 432]); c. 24 S. 322 (SCHRÖRS Reg. 331: 860–873; MGH Epp. 8,2 Nr. 341 S. 464: 861 – Dezember 872) an Abt Trasulph von Corbie und seine Mönche: *pro quodam fratre, qui presumptive abscesserat a monasterio; quem a rege receptum in gracia preceperat idem pontifex ad monasterium festine reverti, pro quo rex rogaverat, ut mandaret, quatinus in monasterio pacifice susciperetur, donec eius conversationis modus a rege et eodem archiepiscopo tempore oportuno disponeretur*; c. 24 S. 326 f. (SCHRÖRS Reg. 468: Ende 879) an Hugo abbas: *de his, que sibi idem reges pro custodienda Tornacensi parrochia mandaverant [...] et quid sibi mandatum postea ex parte regum vel ipsius Hugonis in hac causa per Warinum clericum fuerit, quasque litteras deinde prefati reges eidem miserint*; c. 25 S. 329 (SCHRÖRS Reg. 539: 845–882) an die Mönche von St-Médard in Soissons: *pro Hainoardo monacho, qui veniam pro excessibus suis aput regem postulaverat; de quo ex verbo regis mandat, ut ...*; c. 25 S. 330 (SCHRÖRS Reg. 118: 861) an einige Dekane von Soissons: *Admonetque per has litteras eosdem decanos et metropolitana precipit auctoritate, ut ...*; c. 28 S. 353 (SCHRÖRS Reg. 511: wohl 849–853) an seine *ministri* Ausoldus, Gerolus und Hadricus wegen der Untersuchung gegen einen *ministerialis* Raganfred: ... *mandans etiam eidem Ragamfredo ex auctoritate dei ac sua praecipiendo, ut cum ipsis in eadem permaneat inquisitione*; c. 28 S. 353 (SCHRÖRS Reg. 225: vor April 853) an den Propst der Kathedralkanoniker Gisloldus: *pro facultatibus sibi commissis et indebite usurpatis, qui pro hac re inregulariter ab ipso discesserat, monetque auctoritate canonica, ut redeat* ... Einmal in diesen Kapiteln der Historia ist der oben behandelte Theodacer, Ex-Propst der Reimser Kirche, als *missus regine* bezeichnet. Ebd. S. 354. In seinem Brief an einen Mönch Anselm (wahrscheinlich von Hautvillers) forderte Hinkmar Sorgfalt bei der Aufzeichnung des Besitzes des Klosters, damit *missi dominici nichil ibi falsum possint invenire.* Ebd. c. 28 S. 356 mit Anm. 22 (SCHRÖRS Reg. 64: 853). Wenn sich auch diese Anordnung der Besitzaufzeichnung auf c. 1 des Ka-

Briefen soll natürlich nicht leichtfertig verallgemeinert werden, denn eine statistische Analyse der meistens nur in Regestenform überlieferten Texte ist keineswegs definitiv aussagekräftig[686]. Außerdem bleibt offen, ob dieser Kontrast Hinkmar selbst zugeschrieben werden kann

---

pitulars von Soissons (MGH Conc. 3 Nr. 27 c. 1 S. 284 f.: April 853, über ihre Inquisition) stützt, worin die Forschung seit Heinrich Schrörs übereinstimmt (SCHRÖRS, Hinkmar S. 73 f. mit Anm. 7; PERELS in: MGH Epp. 8,1 S. 35 Anm. 9 f.; HARTMANN in MGH Conc. 3 S. 284 Anm. 189; STRATMANN in: HRE S. 356 Anm. 22), kann Hinkmar nicht unbedingt zu den Missi vom Frühling 853 gezählt werden, denn die Befugnis dieser Missi war beschränkter im Vergleich zu den späteren Missi Karls des Kahlen ab November 853, zu denen Hinkmar gehörte, oder den Missi Karls des Großen und Ludwigs des Frommen. Vielleicht sandte Hinkmar als zuständiger Diözesanbischof diese Anweisung an jenen Mönch. In diesem Sinn ist Schrörs' Beschreibung dieser Missi als „ausserordentliche Königsboten" (SCHRÖRS, ebd. S. 74) im Gegensatz zu der Bewertung von Krause als ordentliche (KRAUSE I 135) noch bedenkenswert. Die Missi Karls des Kahlen sind unten im Kapitel 3, § 7 ausführlich zu behandeln.

685) HRE III c. 26 S. 336 f. (SCHRÖRS Reg. 547: 855–882) an den *vir illuster* Liutard: *mandat illi ex auctoritate dei et sancte Marie et sancti Remigii et sua episcopali necnon ex banno regis, cuius missus ipse pontifex erat, ut … […] quia, si aliter fecerit, tam per episcopalem auctoritatem quam per missaticum regis, quod inde rectum fuerit, sustinebit*; c. 26 S. 340 (SCHRÖRS Reg. 552: 871?–882) an den Grafen Harduin: … *conmonens eundem Harduinum, ut cum fratre suo Hadeboldo decertet, quatinus hec mala legibus emendentur et cessent, ne ipsi, qui missi erant regis in hoc regno, pro talibus offensam illius incurrant*; c. 26 S. 343 (SCHRÖRS Reg. 555: 875–882) an den Grafen Goiramnus: *quia, si non fecerit, distringetur gravius ab illo tam de ministerio episcopali quam de missatico regis*; c. 26 S. 345 (SCHRÖRS Reg. 546: ca. 855–882) an den Grafen Achadeus: *quod, si aliquid inde raperet, tam ipsum quam suos excommunicaret et alienos ab omni christianitate faceret atque per suum missaticum, quod de illo comite fieri debet, qui in suo comitatu iniusticiam faciat, exequi procuraret*; c. 26 S. 345 (SCHRÖRS Reg. 408: 876–877) an den Grafen Amalbert: … *quia missus imperatoris erat et capitula ipsius pro defensandis advenis et necestuosis habebat*. Vgl. auch das Regest des Briefes an Pfalzgraf Erlwin, in dem Hinkmar ihn darum bat, zu versuchen, zugunsten der Reimser Kirche von Ludwig dem Deutschen als sein *missus* ernannt zu werden. HRE III c. 26 S. 341 (SCHRÖRS Reg. 374: 870–28. August 876). Dazu vgl. HANNIG, Zentrale Kontrolle S. 22 f.; PAULUS, Das Pfalzgrafenamt S. 146 f.

686) Vgl. zum Beispiel das Regest des Briefes an Graf Bertram von Tardenois, HRE III c. 26 S. 342 (SCHRÖRS Reg. 67: Juni/Juli 854). Hinkmar gab ihm durch diesen Brief eine Anweisung zur Abnahme des Treueides. Obwohl Hinkmar 854 als *missus* mit dieser Aufgabe in der Gegend um Reims beauftragt wurde, ist er in dem kurzen Regestentext nicht als *missus* qualifiziert. Vgl. MGH Capit. 2 Nr. 261

oder doch eher Flodoard. Trotzdem ist es nicht sinnlos zu analysieren, in welchem Fall, wenigstens tendenziell, jemand, der „als Missus" wahrgenommen wurde, eine Rolle in der karolingischen Befehlsstruktur spielte.

Es gibt ein Briefformular, dessen ursprünglicher Absender nach Ganshof wahrscheinlich Missus gewesen ist[687]. In diesem Formular ist ein Brief des Königs zitiert, dessen Inhalt auf der Diskussion einer Reichsversammlung basiert[688]. Aber ob der Absender, der diese Abschrift der königlichen Fastenanordnung weitergeleitet hat, tatsächlich ein Missus war, ist unklar. Denn im Text selbst wird er weder durch Titel noch durch Prädikat charakterisiert. Hier sollen daher vergleichbare Beispiele betrachtet werden, um Ganshofs Identifizierung des Briefabsenders als Missus zu überprüfen.

Um das Ergebnis gleich vorweg zu nehmen: Es findet sich kein klarer Beleg für den Zusammenhang zwischen der Fastenanordnung und den Missi dominici, vielmehr dagegen: Bei der Weiterleitung und Durchsetzung des allgemeinen Fastenbefehls scheinen die (Erz-)Bischöfe ohne Missustitel ihre Pflicht erfüllt zu haben, wenigstens nach den uns überlieferten Quellen. In einem nur fragmentarisch überlieferten Brief von 810 an Bischof Egino von Konstanz mahnt Erzbischof Richulf von Mainz, ohne sich selbst als Missus zu bezeichnen, aufgrund des kaiserlichen Befehls (… *iussionem domni imperatoris*)

S. 278 c. 13 mit dem Eidesformular und der Namensliste der Personen, die am 3. Juli in Reims ihren Eid leisteten.

687) Formulae Salicae Merkelianae Nr. 63: Indiculum regalem admonitio, in: MGH Form. S. 262. Dazu vgl. GANSHOF, L'usage de l'écrit S. 9 Anm. 24. Zu den „salischen Formeln Merkels" vgl. ZEUMER, Ueber die älteren fränkischen Formelsammlungen S. 85–91; BUCHNER, Die Rechtsquellen S. 53; RIO, Frankish Formulae S. 54 f. und 127–132. Alice Rio lehnt die von der älteren Forschung angenommene Vierteilung dieser Sammlung in den vielleicht ursprünglich getrennt entstandenen Kompilationen ab und datiert sie als ganzes Werk auf die Zeit zwischen der Regentschaft Ludwigs des Frommen und der Odos. Jedenfalls ist es schwierig, einem bestimmten karolingischen König das dem hier behandelten Briefformular zugrunde liegende Mandat zuzuschreiben, zumal die in diese Sammlung aufgenommenen Briefformulare durch die Vielfalt von Absender, Empfänger und Inhalt charakterisiert werden.

688) MGH Form. S. 262: *Cognoscat sanctitas vestra, quia domnus rex ille nobis dedit sua epistola, et in ipsa epistola habet insertum: 'Ut […]. Et hoc sciatis, quia in nostrum placitum consideratum habemus ea facere, ut pius Dominus a multis tribulationes nos eripuit.'*

zum dreitägigen Fasten[689]. Wenn der König solche Anordnungen an die (Erz-)Bischöfe sandte, musste auch er sie nicht als seine Missi qualifizieren, wie man bei einem Rundbrief Karls des Großen an die Bischöfe sieht, dessen Exemplar an Bischof Ghaerbald von Lüttich erhalten ist[690].

Obwohl es in den Quellen keine direkte Erklärung dafür gibt, warum bei der Fastenanordnung die missatische Qualifikation fehlte, könnte man doch vermuten, dass die bischöfliche Initiative die Betonung der herrscherlichen Stellvertreterschaft entbehrlich machte. Folgende Beispiele der vom Hof ausgehenden Fastenanordnung sind anzuführen: Das in der MGH-Edition als Nr. 21 mit dem Titel „Capitulare episcoporum" edierte Stück, das neuerdings Mordek als „Capitulare Haristallense secundum speciale" auf 779 datiert und als Herrscherkapitular ediert hat, ist zuerst zu nennen[691]. Durch welchen Typ Boten dieses Kapitular, das Ganshof als „Rundschreiben" bezeichnet[692], vielleicht zusammen mit dem Capitulare Haristallense von 779 im Reich verbreitet wurde, ist allerdings nicht klar. Dieses „rundschreibenartige" – also vielleicht nicht durch die mit der Durchsetzung beauftragen Missi, sondern direkt an einzelne Betroffene gesandte – Kapitular erklärt am Anfang des Textes, dass dieses *capitulare* mit dem Konsens der Bischöfe erlassen worden sei[693]. Etwa 12 Jahre später schrieb Karl in einem Brief an seine Gemahlin Fastrada, dass er und seine Getreuen anlässlich des Feldzuges gegen die Awaren „auf Weisung der Priester" (*ordinaverunt sacerdotes nostri*) gefastet hätten[694]. Weitere Erwähnungen zum allgemeinen Fasten als Dank für oder Bitte um Gottes Gnade finden sich auch unter seinem Sohn: in der Ordinatio imperii von 817 und dem Rundbrief im Namen Lud-

---

689) MGH Capit. 1 Nr. 127 S. 249. Vgl. dazu MERSIOWSKY, Regierungspraxis S. 121, 136 und 161 f.

690) MGH Capit. 1 Nr. 124 S. 244–246; ECKHARDT, Die Kapitulariensammlung S. 116–119 (Nr. 69). Zu diesem Rundbrief vgl. GANSHOF, L'usage de l'écrit S. 9; ECKHARDT, Die Kapitulariensammlung S. 47–49; MERSIOWSKY, Regierungspraxis S. 136 und 161.

691) MGH Capit. 1 Nr. 21 S. 51 f.; MORDEK, Zweites Kapitular von Herstal S. 44–52. Zu Namen und Gattung dieses Textes vgl. ebd. S. 2–4.

692) GANSHOF, Was waren die Kapitularien? S. 96.

693) MGH Capit. 1 Nr. 21 S. 52: ... *constitutum in hoc episcoporum consensu.*

694) Epp. variorum Nr. 20, in: MGH Epp. 4 S. 528 f.

wigs des Frommen und Lothars I. von 829[695]. Interessanterweise sind auch diese zwei Dokumente nicht für Missi verfasste Anweisungen. Unter Lothar I. gibt es noch ein weiteres Beispiel nach dem Tod seines Vaters. In einem militärischen Kontext, nämlich vor dem Feldzug gegen die Sarazenen, fordert Lothar I. 847 dreitägiges Fasten in seinem Reich, um Gottes Barmherzigkeit zu erlangen[696]. Dieses Kapitular hätte durch die Missi im Reich verbreitet werden können. Grund dafür wäre gewesen, dass dieses Stück nicht nur die allgemeine Fastenanordnung, sondern auch andere sowohl kirchliche als auch weltliche Themen behandelt – zu denen auch die Vorbereitung des Feldzuges gehört, auf die ich unten zurückkomme – und deshalb den Funktionsbereich der Missi dominici betraf.

Obwohl die karolingischen Herrscher, wie oben angeführt, mehrmals durch allgemeines Sonderfasten um Gottes Gnade gebeten haben[697], wäre diese Praxis vor allem im kirchlich-religiösen Kontext

---

695) Ordinatio imperii, MGH Capit. 1 Nr. 136, Proömium S. 271: *Idcirco necessarium duximus, ut ieiuniis et orationibus et elemosinarum largitionibus apud illum obtineremus quod nostra infirmitas non praesumebat.* Hierzu Chron. Mois. a. 817 S. 138: *Tunc omni populo placuit ut ipso se uiuentem constitueret unum ex filiis suis imperare sicut Karolus pater eius fecerat ipsum. Tunc tribus diebus ieiunatum est ab omni populo. Hac letanie facte. Post hec iam dictus imperator Clotarium qui erat maior natu, ymperatorem elegit.* Der Rundbrief vom Dezember 828, MGH Conc. 2,2 Nr. 50 B S. 601 (= MGH Capit. 2 Nr. 185 A S. 5): *Et ut haec omnia successum habeant, volumus, ut generale triduanum ieiunium secunda feria post octavas Pentecosten celebrandum iudicetur et generaliter ab omnibus cum summa devotione observetur.* Vielleicht wiesen die Bischöfe darauf im August 829 vor dem Kaiser hin. MGH Capit. 2 Nr. 196 (a. 829) S. 27. Eine weitere Fastenanordnung Ludwigs des Frommen von 823, um Gott zu versöhnen, erwähnt der Astronomus (Astronomus S. 420–422). Vgl. dazu BOSHOF, Lothar I S. 16, der die Beschreibung „böser Zeichen" des Astronomus in Zusammenhang mit der Geburt Karls des Kahlen stellt.

696) MGH Capit. 2 Nr. 203 c. 13 S. 67 = MGH Conc. 3 Nr. 12 S. 138: *Ut autem hęc omnia competenter implere possimus, ieiunio triduano per omne regnum nostrum devotissime Christi misericordiam pro nostris peccatis exorandum censemus.* Zu diesem Kapitular vgl. BZ 46. Vgl. auch MCCORMICK, The liturgy of war, hier bes. S. 6–15, der in seiner Untersuchung der liturgischen Zeremonien vor und bei Feldzügen auch die Fastenanordnungen der karolingischen Herrscher behandelt.

697) Michael McCormick weist mit einem Zitat von Amalar von Metz darauf hin, dass die herrscherliche Fastenanordnung schon in der Zeit Amalars, also in der ersten Hälfte des 9. Jahrhunderts, üblich geworden ist. MCCORMICK, The liturgy of war S. 12 Anm. 52; Amalarius, Liber officialis, Libellus IV c. 37 (De observati-

zu analysieren und dabei an die Initiative der Geistlichen zu denken, wie die oben zitierten Worte *constitutum in hoc episcoporum consensu* des Herstaler Kapitulars von 779 nahelegen[698]. In der Tat scheint die allgemeine Fastenanordnung ohne das Zutun der Missi durchgesetzt worden zu sein. In einem Erzbischof Arn von Salzburg zuzuschreibenden „Synodalsermo“ spricht der Prediger aufgrund des Rundbriefs Karls des Großen von 805, von dem ein einziges Exemplar an Bischof Ghaerbald von Lüttich überliefert ist, über die allgemeine Fastenanordnung und ihre Durchsetzung. Wenn Arn wirklich Verfasser dieser Predigt war, ist es merkwürdig, dass er in diesem Text keineswegs seine missatische Funktion erwähnte, während seine Tätigkeit als *missus* in Bayern besonders zwischen 802 und 807 beweisbar ist[699]. Auch auf der Ebene einzelner Diözesen kann man die gleiche Situation erkennen. In den bischöflichen Kapitularien ist von der Fastenanordung des Herrschers die Rede, zum Beispiel in dem Kapitular Ghaerbalds[700], oder in den Capitula Frisingensia ter-

---

one dierum per annum), 19, in: Amararii Opera 1, hrsg. v. J. M. HANSSENS S. 524: *Observatur etiam apud nos in aliquibus locis unus dies, id est secunda feria; qui non deputatus est in observatione a memoratis auctoribus ...; quem adhuc solent nostri principes in ieiunio ligare, quando indicitur triduanum ieiunium instar Ninivitarum.*

698) Vgl. das 15. Kapitel der Concordia episcoporum (813): *Ieiunia pro quibuslibet necessitatibus, quae pontifices in parrochiis suis rationabiliter constituunt, omni custodia observanda esse censemus, sicut ab eis* [sc. den Konzilien von 813] *constitutum est.* MGH Conc. 2,1 S. 299. Vgl. auch das Verbot, „ohne vernünftigen Grund kirchlich zu fasten“, MGH Capit. 1 Nr. 22 c. 48 S. 57; Nr. 35 c. 23 S. 103; zum Fasten für das allgemeine Wohlergehen vgl. auch die päpstliche Mahnung an die Bischöfe am Schluss der Synode von Ravenna 898, MGH Capit. 2 Nr. 230 S. 126 = MGH Conc. 5 Nr. 43 D S. 444 f.: *Cumque deo auxiliante ad propria veneritis, ieiunium indicite, laetaniam celebrate rogantes et obsecrantes pium et misericordem dominum, ut furorem mitigat, iram a populo avertat, pacem tribuat, scismata et seditiones comprimat, discordiam auferat, retroacta peccata tergat et miserando aboleat...* Zu dieser Synode vgl. HARTMANN, Die Synoden S. 390–395.

699) Interessanterweise wird das im Rundbrief befohlene dreitägige Sonderfasten in ein regelmäßiges wöchentliches Fasten während des ganzen Jahres umgewandelt. Hier kann man einen Spielraum des Vermittlers in der Befehlskette sehen. POKORNY, Synodalsermo, hier bes. S. 383–389. Die Edition findet sich auf S. 390–394. Siehe ARN in der Prosopographie.

700) Ghaerbald II c. 8, MGH Capit. episc. 1 S. 28: *Si indictum ieiunium propter aliquam necessitatem denuntiatum quis infrangere ausus fuerit et non secundum quod ei denuntiatum fuit a presbytero ecclesiae vel a comite et decanis, ut hoc scia-*

tia[701]. Adventius von Metz stellte – hier wieder in einem militärischen Kontext – beim Einfall der Normannen 867 ein Mandat aus, in dem er seinen Priestern aufgrund der Anordnung des Königs dreitägiges Fasten befahl, um Gott um seine Hilfe im Abwehrkrieg zu bitten[702]. Flodoard registrierte einen Brief Hinkmars von Reims an seine zwei Archipresbyter oder Archidiakone, Sigloard und Ausold[703], in dem er schrieb, wie man das dreitägige Fasten leisten sollte, das der König nach Beratungen der Bischöfe und der anderen *fideles* angeordnet hatte. Obwohl dieser Brief zwischen 853 und August 871 datiert werden kann, also in die Zeit, in der Hinkmar mehrmals als Missus tätig war, ist von seiner missatischen Qualifikation keine Rede[704]. Wenn dieses allgemeine Fasten *pro pace sancte dei ecclesie* angeordnet wurde, war die Qualifikation als herrscherliche Missi offensichtlich nicht notwendig[705].

---

mus et ante nos venire faciant. Daraus wird klar, dass auch die Grafen in die Weiterleitungskette eingefügt werden konnten.

701) Capitula Frisingensia tertia c. 9, MGH Capit. episc. 3 S. 224: *Admonemus vos, ut publicum triduanum ieiunium, a palatio domini regis seu a nostra sede quando vobis iniunctum et adnuntiatum fuerit, non incaute et circuminspecte illud agatis; sed vos, primitus exemplo bono ostenso, docete et admonete populum, ut diligenter et absque repraehensione ulla illud agant et custodiant, ne praevaricatores sacrorum canonum vos ipsi vobisque commissi esse inveniamini*; Vgl. auch Kapitular Haitos von Basel c. 8, MGH Capit. episc. 1 S. 212: *Indictum vero ieiunium, quando a palatio vel a domo fuerit denuntiatum, ab omnibus generaliter observetur*. Haito wurde 811 nach Konstantinopel als *legatus*, um 820 nach Spoleto als *missus* gesandt und scheint deswegen dem Hof nahe gewesen zu sein. Siehe HAITO in der Prosopographie. Ein *ieiunium a palatio denuntiatum* könnte aber eine Fastenanordnung der Königin sein, wie es der von Flodoard registrierte Brief Hinkmars von Reims an Pardulus von Laon *de ieiunio a regina mandato* erwähnt. MGH Epp. 8,1 Nr. 17 S. 33 = HRE III c. 21 S. 283. Zur Liturgie in Notzeiten vgl. auch Angilbert von St-Riquier, Institutio sancti Angilberti abbatis de diuersitate officiorum, XI. Qualiter pro tribulatione cruces sequi debent, in: CCM 1 S. 300: *In tempore autem illo, cum pro qualibet tribulatione cruces sequendae, ieiunia obseruanda et dei omnipotentis misericordia maxime est deprecanda …*

702) MISONNE, Mandement, Edition des Mandats auf S. 72: *Ex iussione regia nobis indirecta, cognosce ut per omnem nostram parochiam indictum triduanum facere precepimus jejunium.*

703) Dazu vgl. STRATMANN, Hinkmar von Reims als Verwalter S. 26 f.

704) HRE III c. 28 S. 355; SCHRÖRS Reg. 530; MGH Epp. 8,2 Nr. 320 S. 428.

705) In diesem Kontext des von Geistlichen befohlenen Fastens ist auch das c. 9 der Admonitio ad omnes regni ordines zu berücksichtigen, obwohl es darin nicht

Im Vergleich zum Fastengebot kann man die Rolle der Missi bei der Vermittlung des Befehls zum Heeresaufgebot sehr viel besser feststellen. Neben dem direkt an den einzelnen Betroffenen geschickten Mobilmachungsmandat – uns ist der oben genannte Brief Karls des Großen an Fulrad von St-Quentin überliefert[706] – gibt es klare Beispiele, dass die Missi beim Aufgebot die Kommunikationskette verbinden sollten. So sollten sie die im Memoratorium de exercitu in Gallia occidentali praeparando von 807 schriftlich niedergelegten Aufgebotsinstruktionen den Vasallen in Neustrien mündlich bekannt machen[707]. Das 3. Kapitel der Capitula per episcopos et comites nota facienda, die Karl der Große als Kaiser promulgiert hat, verlangt, dass alle bereit sein sollten, sofort mit dem Kaiser in den Krieg zu ziehen, sobald der herrscherliche Missus oder sein Brief bei ihnen ankommen sollte[708]. Obwohl die Missi hier nicht schriftlich per Brief, sondern persönlich die Mobilmachung verkünden sollen, ist es nicht klar, ob diese Missi selbst das aufgebotene Heer führen oder nur die Rolle der Vermittler des Mobilmachungsbefehls spielen sollten. In der Tat lässt sich zeigen, dass mindestens im Fall des Aufgebots von 808 zwei Typen von Missi voneinander zu unterscheiden sind: einerseits die Missi, die das Kapitular bekanntmachen und das Aufgebot vorbereiten soll-

---

unbedingt um ein allgemeines Sonderfasten für den Frieden geht. MGH Capit. 1 Nr. 15o c. 9 S. 304: *Omnes vero laicos monemus, ut [...] et ieiunia ab illis [sc. episcopis et Dei sacerdotibus] communiter indicta reverenter observent et suos observare doceant et compellant.*

706) MGH Capit. 1 Nr. 75 S. 168.

707) MGH Capit. 1 Nr. 48 c. 3 S. 135. Dazu NELSON, Literacy S. 278. Hier ist zu bemerken, dass in diesem Kapitel bestimmt ist, der einzelne Missus solle *de verbo nostro (=imperatoris)* die Instruktion des Aufgebots zu den kaiserlichen Vasallen weiterleiten.

708) MGH Capit. 1 Nr. 54 c. 3 S. 141: *Ut omnes praeparati sint ad Dei servitium et ad nostram utilitatem, quandoquidem missus aut epistola nostra venerit, ut statim nobiscum venire faciatis.* Zur Datierung dieses Kapitulars vgl. MGH Capit. 1 S. 141 (für 805–808, wahrscheinlich 808); GANSHOF, L'usage de l'écrit S. 7 f. für 808; GANSHOF, Was waren die Kapitularien? S. 165 (und wahrscheinlich nach ihm auch MORDEK, Bibliotheca S. 554) datiert das Kapitular zwischen 802 und 813, wobei er sich auf De Clercq bezieht. Aber DE CLERCQ, La législation (500–814) S. 221 f. scheint mir nachzuweisen, dass dieses Kapitular vielleicht nach 807 (das Jahr der Hungersnot) und vor 811 (das Todesjahr Karls des Jüngeren, der im Kapitel 4 erwähnt ist) promulgiert wurde.

ten, und andererseits die Missi, die das Heer führen sollten[709]. Jedenfalls zeichnet sich die Rolle der Missi bei der Mobilmachung – Musterung der Wehrpflichtigen, Einberufung, Bestrafung von Kriegsdienstverweigerern usw. – im Kapitularienbereich klar ab[710]. So ließe sich erklären, warum Erzbischof Hetti von Trier sich in seinem Brief an Bischof Frothar von Toul ausdrücklich als kaiserlicher Legat (*legatus Hludwici serenissimi imperatoris*) titulierte, als er ihn 817 zum Feldzug gegen Bernhard von Italien aufforderte[711], obwohl der kaiserliche Befehl auch hier, wie die oben ausführten Fasten- und Gebetsan-

---

709) MGH Capit. 1 Nr. 50 (Capitulare missorum de exercitu promovendo), hier besonders die Inskription und c. 8 S. 137f.: *Brevis capitulorum quam missi dominici habere debent ad exercitum promovendum;* (c. 8.) *Istius capitularii exemplaria quatuor volumus ut scribantur: et unum habeant missi nostri, alterum comes in cuius ministeriis haec facienda sunt, ut aliter non faciant neque missus noster neque comes nisi sicut a nobis capitulis ordinatum est, tertium habeant missi nostri qui super exercitum nostrum constituendi sunt, quartum habeat cancellarius noster.*

710) Vgl. MGH Capit. 1 Nr. 25 c. 6 S. 67; ebd., 34 c. 13b S. 100f. (= ECKHARDT, Capitularia missorum specialia S. 502); ebd. Nr. 99 c. 13 S. 207; MGH Capit. 2 Nr. 186 c. 7 (gehört vielleicht zu einem anderen Kapitular als Kapitel 1–6. Vgl. MORDEK, Bibliotheca S. 14.); ebd. Nr. 188 c. 5 S. 10; ebd. Nr. 218, cc. 2 und 3 S. 95; ebd. Nr. 273 (B) c. 27 S. 321f.; ebd. Nr. 273 (C) c. 1 (*unicuique nuntius*) S. 328. Siehe auch die anonymen Missi „810, Frühjahr“ und „817, Herbst“ in der Prosopographie. Zur Mobilmachung unter Karl dem Großen vgl. GANSHOF, Frankish institutions under Charlemagne S. 62–64; FRANCE, The composition. Militärische Missi konnten auch durch die Kapitularien namentlich bekannt gemacht werden: MGH Capit. 2 Nr. 203 c. 11 und Namenliste S. 67f. (= MGH Conc. 3 Nr. 12 S. 137 und S. 139); ebd. Nr. 218 c. 3 S. 95. Vgl. auch ein Formular der Tractoria für die Vasallen, die der Kaiser *mittimus ad has partes ad exercitum promovendum et heribannum exactandum.* Sie sind aber nicht ausdrücklich als *missi* genannt. Form. Imp. Nr. 7 S. 292. Ein Formular des Privilegs zur Freistellung von der Heerespflicht, das einem anderen merowingischen Formular des *indiculum* zu demselben Zweck (Cartae Senonicae Nr. 19, in: MGH Form S. 193) ähnelt, ist mit der Datierung *anno […] 10. regni domni Hludowici regis in orientali Frantia* überliefert. Dieses Privileg ist in der Form eines Mandats formuliert und deswegen an die königlichen Beamten adressiert, die dieses Privileg der Freistellung beachten sollten. Genannt sind hier ein Graf, seine Nachfolger, seine Untergebenen und *missi dominici per tempores discurrentes.* Collectio Pataviensis Nr. 3, in: MGH Form. S. 457f.

711) Frothar Nr. 26 S. 136 (= MGH Epp. 5 S. 277).

ordnungen, über die kirchliche Hierarchie übermittelt worden ist[712]. Und wahrscheinlich konnte Frothar nur deshalb die Mobilmachung der Grafen, Äbte, Äbtissinnen und kaiserlichen Vasallen in seiner Diözese befehlen, weil er diesen Befehl im Namen des Kaisers von einem kaiserlichen Missus erhalten hatte. Als Bischof hätte er diese Kompetenz nicht gehabt[713]. Dass Hetti hier explizit als kaiserlicher Missus tätig war, fällt umso mehr ins Auge, als er sich in einem etwas späteren Brief (Ende 818–Anfang 819) an Frothar nicht als Missus, sondern vielmehr bewusst als *archiepiscopus* vor einem *episcopus* ausweist, obwohl er ihn nach dem *mandatum domni imperatoris* anwies, die Einhaltung der monastischen Regel und die Bauten für die Kanoniker zu kontrollieren[714]. Aus diesem Vergleich kann man schließen, dass es irgendeinen, wenn auch keinen strikten, Maßstab dafür gegeben haben muss, ob man besser mit oder ohne die Missustitulatur einen Herrscherbefehl weiterleiten sollte[715].

Die bisher beschriebenen Beispiele zeigen keine Besonderheit der auf Schriftlichkeit beruhenden missatischen Legation. Schriftlichkeit fand sich natürlich nicht ausschließlich im Missatswesen, sondern in vie-

712) Neben dieser Befehlslinie haben wir eine Nachricht im Chronicon Moissiacense, dass Ludwig der Fromme zur schnellen Mobilmachung ins ganze Reich seine *nuntii* ausgesandt hat. Chron. Mois. a. 817 S. 139: *Quo conperto, imperator misit confestim nuncios per uniuersum regnum et imperium suum, ut pariter conglobati occuparent [] additos Italie, quod ita factum est.*

713) Vgl. eine der Begründungen für die Verweigerung des Kriegsdienstes, die auf die Tagesordnung der Hofberatung von 811 gesetzt wurden. MGH Capit. 1 Nr. 73, Inskription und c. 1 S. 164: *De causis propter quas homines exercitalem oboedientiam dimittere solent. In primis discordantes sunt et dicunt, quod episcopi, abbates, et eorum advocati potestatem non habeant de eorum tonsis clericis et reliquis hominibus.* Hierzu auch MERSIOWSKY, Regierungspraxis S. 160 mit Anm. 246.

714) Frothar Nr. 29 S. 142–144. Vgl. auch das Einladungschreiben zu einer Synode Arns von Salzburg an seinen Suffragan um 800, in dem er sich nur *archiepiscopus* nannte, obwohl er in diesem Zeitraum oft als herrscherlicher *missus* in Bayern tätig war. MGH Conc., 2,1 Nr. 22 A S. 196 f.

715) Zur unterschiedlichen Titulierung des Erzbischofs Arn von Salzburg in den bayerischen Urkunden vgl. BROWN, Unjust seizure S. 120; INNES, Charlemagne, justice and written law S. 181 f.: Wenn ein Streit nicht mit einem Gerichtsurteil, sondern mit einem Kompromiss endete, mit anderen Worten, wenn Arn als Friedensstifter agierte, wurde er in den Urkunden nicht als herrscherlicher Missus, sondern einfach als (Erz-)Bischof bezeichnet.

len Bereichen der karolingischen Regierungspraxis[716]. Aber durch die Analyse dieser Beispiele sollte deutlich werden, dass die Klassifizierung einer Person als „Missus dominicus“ in der Befehls- und Regierungsstruktur des Reiches nicht ständig, sondern kontext- oder situationsabhängig war. Es scheint einige Bereiche gegeben zu haben, in denen die in dem Mandat oder Brief klar mit der Titulatur *missus* bezeichnete Qualifikation als herrscherlicher Stellvertreter wünschenswert, sinnvoll oder erforderlich war. Einer dieser Bereiche war die Inquisition, deren Problematik im nächsten Kapitel über die Tätigkeit der Missi der einzelnen Herrscher kurz behandelt wird.

Ergebnis des Kapitels 2

Das Missatswesen war ein Instrument für die Herrscher, Entfernungen innerhalb des Reiches zu überwinden. Dafür mussten sich Menschen zwischen dem Zentrum und den Regionen bewegen oder durch Briefe, Mandate und Kapitularien schriftlich miteinander kommunizieren[717]. Die Missi dominici waren, wie ihre Bezeichnungen sagen, Boten der Herrscher. In einzelnen Fällen war die Einsetzung aus der Ferne durch ein herrscherliches Mandat möglich. Aber das prinzipielle Schema der Aussendung der Missi muss man sich so vorstellen: Wer sich am Hof neben dem Herrscher – sei es als Hofamtsträger, sei es als Berater, sei es als Teilnehmer einer Reichsversammlung – aufhielt, konnte als sein Missus ausgeschickt werden. Vor der Entsendung wollte der Herrscher persönlichen Kontakt zu möglichen Kandidaten für ein Missaticum haben, wofür die Reichsversammlung die beste Gelegenheit war.

Wenn der Herrscher durch die Kapitularien (als Medium, dessen Träger/Vermittler die Missi dominici als herrscherliche Stellvertreter waren) eine (religiöse, strafrechtliche, moralische, die Verwaltung betreffende usw.) *admonitio* in sämtlichen Bereichen des Lebens für alle Bewohner in seinem Reich geben wollte, scheinen die formalen Elemente der Kapitularientexte selbst keinen definitiven Geltungsanspruch gehabt zu haben. Dabei ist ein Kapitular nicht einfach in der Kategorie der modernen „Gesetzgebung“ oder „Legislation“ zu betrachten. Wenn der Inhalt der *admonitio* mit dem Text des Kapitu-

716) GANSHOF, L'usage de l'écrit; NELSON, Literacy; SCHIEFFER (Hrsg.), Schriftkultur.

717) JÉGOU, Les déplacements S. 227–232; GRAVEL, Distances.

lars als herrscherlicher Wille wahrgenommen und garantiert werden konnte, ging es darum, wer diese *admonitio* vor dem Publikum bekanntmachen sollte, um dessen Inhalt besser zu verwirklichen. Diese Träger der *admonitiones* waren die Missi dominici. Indem sie, persönlich oder schriftlich aus der Ferne, mit dem Herrscher Kontakt hatten, sich zwischen dem Reichszentrum und den Regionen bewegten und in den Regionen sowohl schriftlich als auch mündlich/persönlich mit den Menschen in den Regionen verkehrten, konnten sie Verbindungen zwischen dem Zentrum und den Regionen herstellen: Sie waren oft sowohl Stellvertreter des Herrschers als auch Vertreter ihrer Region.

3. Missi dominici unter den einzelnen karolingischen Herrschern: Charakteristische Merkmale des Missatswesens der jeweiligen Herrscher

Die Verwendungsweise der Missi dominici unterschied sich bei den verschiedenen Herrschern, auch wenn einige grundlegende Merkmale gemeinsam waren. In diesem Kapitel werden die Charakteristika des Missatswesens unter einzelnen Karolingern dargestellt. Betrachtet werden nicht nur die konkreten Tätigkeiten der Missi in den Regionen, sondern auch die in den normativen Quellen – besonders in den Kapitularien – erhaltenen Vorschriften für die Missi, welche als herrscherliche Erwartungen an die Missi interpretiert werden können.

Bevor ich das Missatswesen unter den karolingischen Herrschern behandle, muss ich kurz die Vorstufe erwähnen, nämlich die Königsboten in der Merowingerzeit. Zum einen sandten die merowingischen Könige diplomatische Gesandtschaften aus – hier geht es nicht nur um Gesandte an fremde Herrscher/Völker, sondern auch an die fränkischen Herrscher der anderen Teilreiche und an die am Rande des Frankenreiches ansässigen Völker –, wobei nicht nur die Terminologie der Quellen (*nuntii*, *missi* und *legati*), sondern auch die soziale und politische Stellung der Gesandten die gleiche war wie in der Karolingerzeit[1]. Zum anderen konnten die Könige bei einzelnen innenpolitischen Angelegenheiten zur Durchsetzung ihrer Interessen ihre „Sonderbeauftragten" abschicken. Dabei wurden viele Amtsträger des Hofes mit Aufgaben wie Steuereinzug, Führung eines Feldzugs, Inquisition oder Durchsetzung der Jurisdiktion beauftragt und in das Reich ausgesandt[2].

1) GANSHOF, Merowingisches Gesandtschaftswesen; HANNIG, Pauperiores vassi S. 342. Sie waren „in der Regel Würdenträger des Hofes, Bischöfe, Herzöge, *patricii* oder Grafen; also mit sehr wenigen Ausnahmen Mitglieder der gallo-römischen oder der germanischen (fränkischen oder burgundischen) Aristokratie" (GANSHOF, ebd. S. 171). Vgl. die Liste aller Gesandten ins Ausland und an den Papst bei: SELLE-HOSBACH, Prosopographie 511–613 S. 173 f.

2) WAITZ, Verfassungsgeschichte 2,2 S. 114–116; KRAUSE S. 196; SELLE-HOSBACH, Prosopographie 511–613 S. 15 f.; HEIDRICH, Titulatur S. 163 Anm. 429 und 178 Anm. 516; HANNIG, Pauperiores vassi S. 341–351. Vgl. GUILLOT, Des réformes

Aber in den Dokumenten, die nahe dem Königshof entstanden, ist von den Königsboten fast nie die Rede. Die Edikte der merowingischen Könige sprechen nie von *missi* oder *legati*, die zur Bekanntmachung oder Durchsetzung derselben ausgeschickt worden wären. Auch die Königsurkunden der Zeit erwähnen keine herrscherlichen *missi (de palatio nostro/regis) discurrentes*[3]. Dass die Fälscher von St-Calais in ihren gefälschten Schutz- und Immunitätsurkunden der merowingischen Könige die *missi de palatio nostro* der Reihe von Befehlsempfängern hinzufügten, spiegelt daher den Gebrauch in der Karolingerzeit wider[4] oder vielleicht die Vorstellung von herrscherlichen Missi um die Entstehungszeit der Fälschungen in der zweiten Hälfte des 9. Jahrhunderts[5]. Erst in den Hausmeierurkunden sind *missi discurrentes (mei/nostri)* erwähnt. Die ältere Forschung war der Auffassung, dass diese *missi discurrentes* die Vorläufer der hochkarolingischen, institutionalisierten Missi als Bevollmächtige des Herrschers gewesen seien[6]. Durch die Analyse der Quellen aus der Merowingerzeit, in denen von *missi discurrentes* die Rede ist, kam dagegen Jürgen Hannig zu dem Schluss, dass die *missi discurrentes* in den Hausmeierurkunden keineswegs die Vorläufer der hochkarolingischen administrativen Königsboten waren, sondern niedrige Beamte zur Pfalz- und Fiskalverwaltung, die man mit den *actores*, *agentes* und *exactores* gleichsetzen könnte[7]. Dazu eine einschränkende Bemerkung: Die Stellung der *missi discurrentes* am Ende einer Kette von Befehlsempfängern muss nicht unbedingt auf eine niedrige Stellung in der Amtshierarchie verweisen. Sie standen vielleicht deswegen am Ende, weil sie anders als andere Amtsträger nur zeitweise entsandt wurden. Wenn *missi discurrentes* zusammen mit *amici nostri* am Ende der Adressatenreihe in der Schutzurkunde Karl Martells für Bonifatius ge-

---

carolingiennes avant la lettre S. 17–23, der die *missi* der Merowinger denen der Karolinger nach 789 gegenüberstellt.

3) Heidrich, Titulatur S. 163; Heidrich, Schutz S. 17; D Merov. S. 35.

4) Als eine ihrer Vorlagen gilt eine Urkunde Pippins des Jüngeren für das Kloster St-Calais, welche die *missi de palatio nostro* erwähnt. D PdJ 14 (Verberie, 760. 6. 10.), hier S. 20. Vgl. die Literatur in der vorangehenden Anmerkung.

5) D Merov. 19 S. 56; Nr. 116 S. 229. Zu den Fälschungen von Le Mans vgl. Goffart, The Le Mans forgeries. Zu den anderen gefälschten Urkunden der Merowinger, die königliche Missi erwähnen, siehe Nr. 27 (für St-Denis) S. 74.

6) Vgl. Krause S. 198 f.

7) Hannig, Pauperiores vassi.

nannt werden, zeigt ihre Stellung nicht ihren niedrigen Rang[8]. Jedenfalls scheinen die *missi discurrentes* in der Adressatenreihe der karolingischen Herrscherurkunden keineswegs niedrige Funktionsträger gewesen zu sein. In einer Schutzurkunde Ludwigs des Frommen für das Kloster Santa Grata findet sich folgende Formel: „kein Graf, kein Bischof oder kein *missus discurrens* soll dort irgendeine Herrschaft oder gewalttätige Macht ausüben, es sei denn, dass die kanonische Autorität es befiehlt."[9]

§ 1 Pippin der Jüngere

Unter Pippin dem Jüngeren ist die Anzahl der nachweisbaren Missi geringer als unter seinen Nachfolgern. Die meisten von ihnen wurden entweder nach Italien oder als Empfangsgesandtschaften in den Süden des Reichs ausgesandt, auf jeden Fall im Kontext des diplomatischen Kontakts mit dem Papsttum[10]. Als Missi mit innenpolitischen Aufgaben sind nur wenige Personen nachweisbar. Neben Guichingus und Chlodio, die Pippin kurz vor seiner Königserhebung mit einer Untersuchung der entfremdeten Güter von St-Denis beauftragte, sind nur die Legation von Formoldus und Leutarius um 751 sowie jene Missi

8) Die Adressaten von D Arnulf. 11 (Karl Martell, um 723) S. 26–28, hier S. 27: *Dominis sanctis et apostolicis in Christo patribus episcopis ducibus comitibus vicariis, domesticis vel omnibus agentibus iunioribus nostris seu missis discurrentibus et amicis nostris* ... Zu dieser Adressatenreihe vgl. auch GUILLOT, Des réformes carolingiennes avant la lettre S. 26–29, der auch die *missi discurrentes* im Zusammenhang mit den *amici* des Hausmaiers interpretiert und ihre persönlichen Beziehungen zu ihm betont. Mir scheint es allerdings zu weit zu gehen, dass er aufgrund der Analyse dieser Adressatenreihe folgert, dass diese *missi discurrentes* von Karl nicht mit seiner *potestas* delegiert (das sei Guillot zufolge kennzeichnend für merowingische Königsboten), sondern mit seiner *auctoritas* (das sei kennzeichnend für karolingische Missi) ausgestattet seien. Dazu zuletzt vgl. DAVIS, Inventing the *missi* S. 15 mit Anm. 11.

9) Catalunya Carolíngia 2,1 Nr. 1 S. 259–262, hier S. 261 = D LdF 222 (Frankfurt, 823. 6. 21.) S. 545–548, hier S. 547: *Et nullus episcopus aut comes vel missus discurrens ibi aliquam dominationem aut tyrannidam potestatem exerceant, nisi quemadmodum canonica auctoritas iubet.* Dieser Formel folgt die Bestätigungsurkunde Karls des Karlen von 844. D KdK Nr. 45 (Toulouse, 844. 6. 9.), 1 S. 124–127, hier S. 127.

10) Siehe z. B. AUTCHAR, BURCHARD (I), CHRODEGANG, FULRAD (I), HIERONYMUS, IMMO (I), REMIGIUS, ROTHARD in der Prosopographie.

bekannt, die 768 in Aquitanien eingesetzt wurden[11]. Die Überlieferung zeigt also, dass Pippin seine Missi nicht intensiv zur Reichsregierung verwendete.

§ 2 Karl der Große (einschließlich der Missi seines Bruders und seiner Söhne)

In der früheren Phase der Regierung Karls des Großen sind nur sporadisch Missi nachweisbar, aber sichtbar ist eine Tendenz in deren Verwendungsweise. Während in den neu/erneut ins Frankenreich integrierten Regionen wie Aquitanien, Italien, Bayern und Sachsen die Missi des karolingischen Königs als seine Stellvertreter relativ häufig oder sogar ständig eingesetzt worden zu sein scheinen, ist dies im Kerngebiet des Frankenreiches nicht regelmäßig der Fall[12]. Die Quellen über die Missi dieser Zeit und dieser Gegend sind spärlich im Vergleich zu den Quellen aus späterer Zeit und den Randgebieten[13]. Wenn diese Überlieferungslage mehr oder weniger die damalige Situation der Missuseinsetzung widerspiegelt, kann man daraus schließen, dass die Intensivierung des Missatswesens in den Regionen außerhalb der Francia begonnen hat[14]. Für Bayern ist das Beispiel des Erzbishofs Arn von Salzburg aussagekräftig, der gerade nach der Eroberung der Region mehrmals als Missus nachweisbar ist[15]. Auch

11) Siehe CHLODIO, FORMOLDUS, GUICHINGUS, LEUTARIUS und die anonymen Missi „768“ in der Prosopographie.

12) Die Sonderstellung der Missi als herrscherliche Stellvertreter in den eroberten Regionen ist in der Forschung seit langem bekannt. Vgl. schon WAITZ, Verfassungsgeschichte 3 S. 445–448.

13) Eine in den Formulae Salicae Merkelianae enthaltene Formel der *notitia*, die zur Aufzeichnung einer durch einen *missus* abgehaltenen Gerichtsverhandlung verwendet werden soll, wird wegen der Bezeichung der Beisitzer als *rachinburgi* auf diese frühe Phase datiert und stammt vielleicht aus dem Kerngebiet. Formulae Salicae Merkelianae Nr. 27, in: MGH Form. S. 251 (= KRAUSE I 21). Vgl. Rio, Legal practice S. 127–132; SCHMIDT-WIEGAND, Rachinburgen, in: RGA 24 S. 47–49.

14) Vgl. zuletzt auch DAVIS, Inventing the *missi* S. 30 f., die betont, dass die Missi „in the most creative ways“ in den eroberten Regionen verwendet wurden.

15) Siehe ARN in der Prosopographie mit den Einträgen von seinen Missatskollegen. Vgl. HANNIG, Zur Funktion S. 274–281; BROWN, Unjust seizure S. 102–123 (über die Zeit zwischen 791 und 811). Zur weiteren Entwicklung zwischen 802 und 807 vgl. HANNIG, Zur Funktion S. 281–288; WOLFRAM, Salzburg, Bayern,

in Septimanien und der Provence sind Karls Missi früh nachweisbar[16]. Zu erwähnen ist noch das älteste Kapitular für Sachsen, nämlich die Capitulatio de partibus Saxoniae, die wohl in die erste Hälfte der 780er Jahre datiert werden dürfte. Im Kapitel 34 dieser Capitulatio wird eine allgemeine Versammlung der Sachsen verboten. Solche großen Versammlungen sollten nur durch einen Missus dominicus auf Karls Befehl abgehalten werden[17]. Man braucht zwar nicht ohne weiteres diesen *missus* als ständigen Stellvertreter des Königs in Sachsen anzusehen. Er dürfte nur bei Gelegenheit eingesetzt und ausgesandt worden sein[18]. Wichtig ist aber, dass dieser Missus den Grafen übergeordnet sein sollte, die als Verwalter nur eine kleinere Gerichtsversammlung abhalten konnten. Er wurde also zwischen den König und die Grafen in Sachsen gestellt, die nicht selten auch aus dem sächsischen Adel stammten[19]. Da in dieser Zeit in Sachsen noch keine Bistümer eingerichtet wurden, dürfte eine solche regionale Versammlung unter der Leitung des königlichen Missus ein wesentliches Instrument für den König gewesen sein, die Region Sachsen und die sächsische Bevölkerung in das Frankenreich und dessen Herrschaftsstruktur zu integrieren[20].

Wie zeigte sich die Lage in Aquitanien? Das erste Kapitular, in dem herrscherliche Missi erwähnt sind, ist das so genannte aquitanische Kapitular Pippins von 768[21]. In diesem Jahr konnte Pippin der

---

Österreich S. 185–188; Freund, Bayerns Bischöfe S. 218–226. Vgl. zuletzt auch Davis, Inventing the *missi* S. 23–28.

16) Vgl. ADALBERT (I), ARIMODUS, FULCO (I), GIBUINUS, GUALTARIUS und VIERNARIUS in der Prosopographie.

17) MGH Capit. 1 Nr. 26 c. 34 S. 70: *Interdiximus ut omnes Saxones generaliter conventus publicos nec faciant, nisi forte missus noster de verbo nostro eos congregare fecerit; sed unusquisque comes in suo ministerio placita et iustitias faciat. Et hoc a sacerdotibus consideretur, ne aliter faciat.* Vgl. Springer, Die Sachsen S. 228 f. Zur Datierung der Capitulatio vgl. McKitterick, Charlemagne S. 253. Dagegen ist Springer, Die Sachsen, S. 221–230.

18) Es ist fraglich, ob man diesen Missus mit der Tätigkeit des Mainzer Erzbischofs verbinden darf, wie Hannig meint: „… insoweit wird der Mainzer Erzbischof auch seinen Wirkungsbereich als *missaticum* verstanden haben." Hannig, Zentrale Kontrolle S. 14.

19) Becher, Rex, Dux und Gens S. 112.

20) Vgl. Hannig, Zentrale Kontrolle S. 14. Als ein Hinweis auf die Rolle der Missi in Sachsen kurz nach der Kaiserkrönung Karls siehe Poeta Saxo, a. 803 S. 48.

21) Ich folge der Datierung von BM² 105. Martin Gravel datiert dieses Kapitular vorsichtig zwischen 766 und 768. Gravel, Du rôle des *missi* S. 69 Anm. 36.

Jüngere erst nach der Ermordung des aquitanischen Herzogs Waifar seine Herrschaft im Land durchsetzen[22]. In Saintes hat er bestimmt, fränkische Grafen und Vasallen in Aquitanien einzusetzen. Das Kapitular von 768 scheint auch in Saintes proklamiert worden zu sein. Das letzte Kapitel bestimmt die Stellung der Missi in Aquitanien. Diese Missi sollten mit den örtlichen *seniores* zum Nutzen des Königtums und der Kirche zu einer Übereinkunft finden, die niemand anfechten solle[23]. Aber die Bedeutung und Wirksamkeit dieser Maßnahme bleibt unklar, weil Pippin wenige Monate später starb. Obwohl Karl der Große das Kapitular Pippins von 768 kurz nach seinem Regierungsantritt erneuerte[24], scheint er bis 778 (Einsetzung der fränkischen Grafen in Aquitanien) keine besondere herrschaftliche Maßnahme in Aquitanien veranlasst zu haben. Denkbar ist zumindest, dass diese Missi, wenn auch kurzfristig, in der Phase der Eingliederung Aquitaniens ins Karolingerreich das Interesse des karolingischen Herrschers vertreten sollten. In der Provence darf man sich vielleicht eine ähnliche Situation vorstellen. Hier zu erwähnen sind zum Beispiel die Missi Arimodus und Viernarius, die 780 in Digne eine Gerichtsversammlung abhielten, wobei sie zur Durchführung ihrer Legation schriftlich mit dem Hof in Kontakt blieben. Sie dürften – wie die anderen von Karl nach Aquitanien geschickten Missi, besonders die militärischen – zu den direkten Intervenienten des Hofs in einer Region zählen[25].

Die gerade erwähnte militärische Funktion der Missi bedarf einer kurzen Darstellung. Wenn nicht der Herrscher selbst sein Heer führte, konnte er das Kommando an seine Getreuen übergeben. Diese militärischen Stellvertreter des Herrschers werden in den Quellen manchmal als *missi* bezeichnet. Aber aus den überlieferten Quellen ist

---

22) Die folgende Darstellung der Zeit Karls des Großen und Ludwigs des Frommen beruht auf WOLFF, L'Aquitaine et ses marges; KASTEN, Königssöhne S. 272–377; KASTEN, Laikale Mittelgewalten.

23) MGH Capit. 1 Nr. 18 c. 12 S. 43: *Ut quicquid missi nostri cum illis senioribus patriae ad nostrum profectum vel sanctae ecclesiae melius consenserint, nullus contendere hoc praesumat.*

24) Rosamond McKitterick hat neuerdings betont, es sei nicht völlig klar, ob dieses Kapitular durch Karl den Großen allein oder durch die beiden Brüder (Karl und Karlmann) bestätigt worden ist. MCKITTERICK, Charlemagne S. 80 und 237. Zu diesem Kapitular vgl. auch DE CLERCQ, La législation (500–814) S. 145 f.; GANSHOF, L'usage de l'écrit S. 2.

25) Siehe ARIMODUS und VIERNARIUS in der Prosopographie.

zu schließen, dass die zeitgenössische Terminologie für herrscherliche Stellvertreter nicht einheitlich war und nicht zu einem bestimmten Terminus standardisiert worden ist, obwohl einige Kapitularien zeigen, dass ein Heerführer „offiziell" den Titel des Missus tragen konnte[26]. Das war auch der Fall, als Karl 782 von Sachsen in die Francia zurückkam, während er seine drei Hofamtsträger – Kämmerer Adalgis, Stallgraf Gailo und Pfalzgraf Worad – damit beauftragte, mit dem ostfränkischen und sächsischen Aufgebot gegen die Slawen zwischen Elbe und Saale zu marschieren[27]. Die Beschreibungen dieses Ereignisses in den Reichsannalen und in ihrer revidierten Version geben uns Anlass dazu, Überlegungen zur zeitgenössischen Vorstellung von militärischen Stellvertretern der Herrscher anzustellen. Zuerst ist zu erwähnen, dass die Titulatur dieser stellvertretenden Heerführer in den beiden Quellen unterschiedlich ist: einerseits *missi*, andererseits *legati*. Zweitens gibt es einen auffälligen Kontrast zwischen den hier als Missi bezeichneten drei Heerführern und Theoderich. Dieser Graf Theoderich, Verwandter des Königs (*propinquus regis*)[28], hörte die Nachricht vom Aufstand der Sachsen unter der Leitung Widukinds und führte selbst ein Heer aus dem Gebiet Ribuarien nach Sachsen. Aber nirgends ist er als *missus* bezeichnet. Hier dürfte die folgende Beobachtung interessant sein, dass die Königssöhne, auch wenn ihre Väter sie mit dem Heer ins Grenzgebiet oder nach außerhalb „aussandten"[29], meines Wissens niemals als *missi* bezeichnet wurden[30]. Eine Beschreibung eines Feldzugs in den Annalen konnte zwar stark vom Interesse und Wortschatz des Verfassers abhängig sein. Zum Beispiel: Während die Reichsannalen beim Feldzug gegen

---

26) MGH Capit. 1 Nr. 50 (a. 808) c. 8 S. 138; ebd. Nr. 69 (a. 803, Bayern) c. 9 S. 159; MGH Conc. 3 Nr. 12 (a. 847, Mittelreich) S. 139. Vgl. MGH Capit. 1 Nr. 104 (Capitula Francica) c. 3 S. 213: *Ut missi nostri una cum sociis, qui in eorum scara commanere videntur episcopis, abbatibus, comites seu vassi nostri cum omni generalitate si necesse fuerit, ubicumque eis iniunctum fuerit, festinare nullatinus tardent.*

27) ARF a. 782 S. 60; Ann. q. d. Einhardi, a. 782 S. 61. Dazu siehe ADALGIS (I), GAILO und WORAD in der Prosopographie.

28) Zur Verwandtschaft Theoderichs mit Karl dem Großen siehe die verschiedenen Meinungen in: HLAWITSCHKA, Die Vorfahren S. 76–78; SETTIPANI, La préhistoire S. 173–176.

29) In den karolingischen Annalen findet sich ein formelhafter Ausdruck *rex misit/dirigit N. filium suum* oft.

30) Vgl. KASTEN, Königssöhne S. 274–297.

die Bretonen Audulf klar als *missus* des Königs bezeichnen, stellen die Annalen von Xanten nur die Aussendung des Heeres, ohne Erwähnung von Audulf, dar[31]. Aber es handelt sich im Fall von 782 nicht um eine Unbestimmtheit der Geschichtsschreibung, sondern vielleicht um eine klare Unterscheidung, wer der herrscherliche Stellvertreter war. Während Familienmitglieder des Königs ohne Missustitel Heere führen konnten, benötigten andere Amtsträger, auch wenn sie zur politischen Führungsschicht gehörten, einen Titel wie Missus, um als Stellvertreter des Königs das Kommando zu führen.

Wir müssen uns jetzt dem Thema Missi in den Regionen zuwenden. Nach der oben behandelten früheren Phase wurden zweimal Missi mit Kapitularien nach Aquitanien entsandt: 789 und 802[32]. Diese beiden Legationen sollten zwar jeweils im Rahmen der wahrscheinlich reichsweiten Aussendung der Missi stattfinden, aber diese Missi dürfen nicht ohne weiteres mit denen dieser Zeit in den anderen Regionen gleichgesetzt werden. Zum einen gab es seit 781 in Aquitanien ein „Unterkönigtum", obwohl dies nicht als eine ständige Mittelgewalt eine hierarchische Herrschaftsstruktur zwischen dem Gesamtherrscher und den örtlichen Großen in Aquitanien schaffen konnte[33]. Zum anderen kann man bei der Legation von 789 eine Besonderheit der Missi in Aquitanien erkennen. Neben der Admonitio generalis und dem Duplex legationis capitulare hatten die aquitanischen Missi Mancio und Eugerius eine zusätzliche Kapitelliste bei sich, die eindeutig zur Fortsetzung der Maßnahmen des Kapitulars von 768 ausgestellt wurde[34]. Die Stellung der Missi in Aquitanien

31) ARF a. 786 S. 72: *Tunc domnus Carolus rex misit exercitum suum partibus Brittaniae una cum misso suo Audulfo sinescalco*; Ann. Xant. a. 786 S. 39: *Karolus misit exercitum suum Brittaniam.*

32) Siehe Kapitel 2, § 2, 1, iv, „789" und „801/802–803" sowie MANCIO und EUGERIUS in der Prosopographie. BUCK, „Capitularia imperatoria" S. 10, meint, diese Missi seien „im Rahmen einer außerordentlichen missatischen Legation" ausgesandt worden, obwohl er keinen Grund dafür anführt.

33) KASTEN, Laikale Mittelgewalten. Vgl. auch GRAVEL, Distances S. 301 f. Das 5. Kapitel eines Kapitulars (Nr. 67) dürfte Martin Gravel zufolge eine Einschränkung der Macht der Königssöhne in Aquitanien und in Italien widerspiegeln. MGH Capit. 1 Nr. 67 c. 5 S. 157: *Similiter direximus missos in Aequitania et Langobardia, ut omnes fugitivos et adventicios ad nostrum placitum adducant.*

34) Siehe Kapitel 2, § 2, 1, iv, „789".

scheint noch dieselbe gewesen zu sein[35], obwohl sie daneben natürlich auch die 789 vorgeschriebenen Aufgaben übernahmen wie ihre Kollegen in anderen Regionen. Die missatische Delegation in Aquitanien hatte noch den Charakter einer direkten Intervention des Gesamtherrschers in einer entfernten Region[36].

Karls Missi waren auch in Italien tätig, wo wir auf eine langobardische Tradition treffen. Besonders für das 8. Jahrhundert lässt sich die Aussendung von Missi durch die langobardischen Könige nachweisen, die ihre Hofbeamten wie den *maiordomus* und *notarius* zur Beilegung der regionalen Streitigkeiten in die Regionen entsandten. Da diese Hofbeamten auch sonst in der Königspfalz in Pavia zu Gericht saßen, kann man hier eine Erweiterung oder eine Einmischung der höfischen Gerichtsbarkeit in den Regionen beobachten[37]. Angesichts dieser langobardischen Vorgeschichte ist die Tatsache wichtig, dass die herrscherlichen Missi schon vor der Bekanntmachung der Admonitio generalis von 789 mehrmals in italienischen Kapitularien erwähnt wurden: Im Kapitular, das Karl der Große 781 bei seinem zweiten Italienzug promulgierte, werden zum Beispiel herrscherliche Missi genannt, die in ihrem Tätigkeitsraum herumreisen mussten[38]. Auch bemerkenswert ist, dass die frühkarolingischen Missi, die von der Francia aus nach Italien geschickt wurden, hauptsächlich Geistliche waren, wie François Bougard beobachtet[39]. Dies ist damit zu erklären, dass die Missi dieser Zeit neben den administrativen Aufgaben oft auch mit den diplomatischen Verhandlungen am Papsthof beauftragt wurden[40]. Außerdem ist zu beobachten, dass die italienischen Missi der Regierungszeit Karls des Großen oft nicht durch König Pippin von Italien, also nicht von Pavia als Zentrum der italienischen Königsherrschaft aus, sondern durch Karl über die Alpen abgeordnet

35) MGH Capit. 1 Nr. 24 c. 10 S. 65: *De missis nostris, quicquid apud illis seniores consensaverit.*

36) Vgl. GRAVEL, Distances S. 297–304.

37) TAURINO, Osservazioni S. 77 f. Anm. 4; WICKHAM, Italy S. 39; BOUGARD, La justice S. 178; BOUGARD, *Tempore barbarici*? S. 337.

38) MGH Capit. 1 Nr. 90 c. 10 S. 191: *De latronibus qui ante missi nostri minime venerunt, ut comites eos perquirant et ipsos aut per fideiussores aut sub custodia serventur, donec missi ibidem revertunt.*. Vgl. ebd. Nr. 90 c. 8 S. 190 f. und Nr. 94 c. 10 S. 199.

39) BOUGARD, La justice S. 178.

40) Siehe z. B. POSSESSOR und RABIGAUD in der Prosopographie.

wurden[41]. Unter den Personen, die mehrmals oder dauerhaft nach Italien als Missi delegiert und in der Forschung als Experten der italienischen Verhältnisse bezeichnet wurden[42], ist Adalhard von Corbie ein besonders prägnantes Beispiel, das deutlich über das in den Kapitularien erkennbare Modell eines Missus hinausgeht, wie Jennifer Davis unterstreicht: „Er hatte (in Italien) die wichtigste Beziehung zu Karl dem Großen und schuf ein Herrschaftsnetzwerk parallel zu dem eines Unterkönigs"[43]. Interessant ist die Aussage eines anonymen Verfassers um die Wende des 9. und 10. Jahrhunderts, dass Karl nach der Eroberung des Regnum Italiae jährlich seine Missi dorthin aussandte[44], was allerdings quellenmäßig nicht nachweisbar ist. Hier wird man doch den tiefen Eindruck unter den italienischen Bewohnern beobachten, den die transalpine Königs- und Kaiserherrschaft Karls bei der italienischen Bevölkerung erweckte.

Die ältere Lehre, wonach in der Zeit Karls grundsätzlich Ortsfremde jährlich wechselnd als Missi in einen Distrikt geschickt worden seien[45], wurde schon von Wilhelm Alfred Eckhardt kritisiert: Auch Karls Missi waren – mit Ausnahme der gerade erörterten Missi in Italien – oft örtliche Mächtige, die dauerhaft diese Funktion ausübten[46]. Welche Bedeutung aber hatte das Jahr 802 für die Geschichte

---

41) Die folgenden Missi wurden gemeinsam von Karl und Pippin geschickt: AIO, CHADALOH, GAIDUALDUS, HARTMANN und IZZO. HALABOLD ist der einzige Missus, der von Pippin allein delegiert wurde. Siehe die einzelnen Einträge in der Prosopographie. Die von Pippin promulgierten Kapitularien erwähnen allerdings manchmal *missi nostri* und *missus dominicus*, d. h. Pippins Missi. MGH Capit. 1 Nr. 94 c. 10 S. 199; Nr. 95 c. 5 S. 201; Nr. 100 c. 4 S. 208; Nr. 102 c. 16 S. 211. Vgl. ebd. Nr. 99 c. 13 S. 207 (*si de palacio nostro aut filii nostri missus veniat…*).

42) Vgl. TELLENBACH, Der großfränkische Adel S. 44 f.; KELLER, Zur Struktur S. 128 f.; NOBLE, Republic S. 154. Siehe z. B., ANGILBERT (I), ITHERIUS, MAGINARIUS in der Prosopographie..

43) DAVIS, Inventing the *missi* S. 23. Siehe ADALHARD (I) in der Prosopographie.

44) Libellus de imperatoria potestate S. 195 f.: *et quando imperator adveniebat Romam vel suus legatus, mittebantur iudices a palatio singulis annis, qui per cuncta Romanorum confinia legalia vendicabant placita, compellentes habitatores locorum illorum venire ad placitum, iudicantibus eorum iudicibus rectam legem in praesentia imperialium iudicum; et si alterius gentis invenirentur habitatores, regali iudicio iudicabantur.*

45) Z. B. WAITZ, Verfassungsgeschichte 3 S. 161 f.; KRAUSE S. 210–221.

46) ECKHARDT, Capitularia missorum specialia.

des Missatswesens? Denn die Forschung ist darüber fast einig, dass es 802 eine „Reform“ dieses Regierungsinstruments gab. Früher beruhte diese Auffassung großenteils auf der wohlbekannten Erklärung der Legation dieses Jahrs in den Lorscher Annalen, dass der Kaiser nicht die *pauperiores vassi de infra palatio*, sondern die Mächtigen wie Erzbischöfe, Bischöfe, Äbte, Herzöge und Grafen als seine Missi überall ins Reich geschickt habe[47]. Hier wurde von der Forschung ein Wechsel unter den Trägern des missatischen „Amtes“ gesehen[48]. Wer an diese „Personalreform“ von 802 glaubte, betonte die Schwäche der *pauperiores vassi*, die vermeintlich vor der „Reform“ als Missi ausgesandt worden seien. Dass nach 802 die Mächtigen, die eigentlich durch die Missi zu kontrollieren gewesen seien, als Missi eingesetzt wurden, habe zum Verfall der missatischen „Institution“ als Kontrollorgan geführt[49].

Mit den Arbeiten Jürgen Hannigs und der Prosopographie der vorliegenden Arbeit läßt sich nun überzeugend nachweisen, dass es um 802 keine „Personalreform“ gab[50]. Wie können wir dann die Aussage der Lorscher Annalen interpretieren? Hannig sieht hier zwar keine Veränderung in der Verwendungsweise der herrscherlichen Missi oder in der Regierungsstruktur, aber eine neue Betonung im Bereich der politischen Ideologie. Er unterstreicht die christliche Tugend der Verweigerung von *munera*, die seit dem späteren 8. Jahrhundert in verschiedenen Texten hoch geschätzt wurde. Die Emphase der Lorscher Annalen, dass die Mächtigen keine *munera* anzunehmen brauchen, sollte Hannig zufolge einen Versuch des Kaiserhofes wi-

---

47) Ann. Laures. emend. a. 802 S. 45.

48) Vgl. GANSHOF, Frankish institutions under Charlemagne S. 25 f.

49) Vgl. neuerdings noch SCHNEIDER, Das Frankenreich S. 55: „Tragendes Motiv für diese Maßnahme [von 802] war die Hoffnung, daß derjenige, der im jeweiligen Königsbotensprengel über eigene fundierte Macht verfüge, wirksamer im Königsdienst tätig werden könne. Dies dürfte sich als Illusion erwiesen haben. Denn die Maßnahmen von 802 legen auch nahe, von einem Verzicht auf Durchsetzung der ursprünglichen Missatsidee auszugehen. Es scheint fast, als habe die Zentralgewalt nur noch ihr Gesicht wahren wollen.“ Vgl. FRIED, Karl der Große S. 519–526: „Die Übertragung der Missatgewalt konnte – jedenfalls in der Zeit Karls des Großen – Einfluß nehmen auf die rivalisierenden Auseinandersetzungen des regionalen Adels. Darin bestand ein erheblicher Nutzen für die Königsmacht, lag aber auch für die Zukunft Gefahr“ (S. 520).

50) HANNIG, Pauperiores vassi; INNES, Charlemagne's government S. 83 f. Siehe oben Kapitel 1.

derspiegeln, die Teilnahme der Mächtigen an der Reichsverwaltung, in deren Zentrum der Kaiser stand, wiederum mit der neuen politischen Ideologie zu definieren und zu untermauern[51]. Hannigs Auffassung ist keineswegs falsch, aber zu ergänzen. Zuerst muss man die Rhetorik der Lorscher Annalen im Vergleich zur Kapitelliste vom Frühling 802 interpretieren. Während die Kapitelliste den Missi die Annahme von *munera* verbietet[52], charakterisiert der Verfasser der Lorscher Annalen, wahrscheinlich Erzbischof Richbod von Trier[53], die neuen Kandidaten für ein Missaticum als diejenigen Personen, die keine *munera* brauchen[54]. Während die Lorscher Annalen die *pauperiores vassi* für ungeeignet zur missatischen Tätigkeit halten, erwähnt die Kapitelliste von 802 in diesem Kontext die *vassi* nicht. In der Tat kann man beobachten, dass die herrscherlichen Vasallen und andere Personen ohne hohes Amt auch nach Karls Kaiserkrönung und besonders unter seinen Nachfolgern wie zuvor als herrscherliche Missi eingesetzt wurden[55]. Man kann vielleicht in der Darstellungsweise der Lorscher Annalen eine gesteigerte Aufmerksamkeit auf die Persönlichkeit der Missi unter der politischen Führungsschicht sehen, zu einer Zeit, als die Bedeutung des Missatswesens in der gesamten Regierungsstruktur immer größer wurde[56]. Man muss dennoch nach Karls Kaiserkrönung einen Wendepunkt im karolingischen Missatswesen sehen[57]. Die weiträumige Aussendung der Missi sowie die kombinierte Verwendung des Missats- und des Kapitularienwesens

---

51) HANNIG, Pauperiores vassi S. 363–374.

52) MGH Capit. 1 Nr. 33 c. 1 S. 92: ... *et per nullius hominis adulationem vel praemium, nullius quoque consanguinitatis defensione vel timore potentum rectam iustitia via inpediretur ab aliquo.*

53) FICHTENAU, Kaisertum S. 287–309.

54) Ann. Laures. emend. a. 802 S. 45: ... *archiepiscopos et reliquos episcopos et abbates cum ducibus et comitibus, qui iam opus non abebant super innocentes munera accipere.*

55) Siehe GAIDUALDUS, GERMANUS, HERIBERT (I), HUASMUOT, IZZO, KISALHARD, ORENDIL und RIMIGARIUS in der Prosopographie. Für die Zeit nach Karl dem Großen siehe unten die Prosopographie, passim. Vgl. auch SALTEN, Vasallität und Benefizialwesen S. 160 f.

56) Nicht übersehen werden darf dabei, dass keine Quellen für Richbods Tätigkeit als Missus dominicus überliefert sind.

57) Vgl. MCKITTERICK, Charlemagne S. 256–263. Vgl. jedoch DAVIS, Inventing the *missi* S. 32–36, die den Beginn der innovativen Verwendung der Missi nicht erst um 802 ansetzt, sondern in den 780er Jahren sieht.

wurden erst nach 801 sehr rege und die Einteilung des Reichs in die Missatica lässt sich im Frühling 802 zum ersten Mal quellenmäßig nachweisen[58]. Diese Verbindung des Missatswesens mit dem Kapitularienwesen und das daraus entstandene Kommunikationssystem in seinem riesigen Reich ist als größte Leistung Karls bezüglich der herrscherlichen Missi zu konstatieren. Auch eine Ergänzung zur Lex Ripuaria dürfte die Situation um 802/803 widerspiegeln, zumal die Festsetzung der Rolle der Missi dominici in den Leges[59] darauf hinweisen kann, dass ihre systematische Verwendung in der Reichsregierung üblicher geworden ist – oder werden musste.

Im Laufe der Intensivierung des Missatswesens unter Karl dem Großen wurden den Missi verschiedene Befugnisse erteilt und Rollen zugewiesen, auch wenn sie nicht immer alle Funktionen auf einmal erfüllen mussten[60]. So sind zum Beispiel die ersten drei Aufschwünge des Kapitularien-Missatswesens unter Karl, d. h. 789, 802–803 und 805–806[61], jeweils in einem spezifischen politischen Kontext[62], mit dem allgemeinen Treueid verbunden[63]. Dabei mussten die Missi während ihrer Legation den Bewohnern der einzelnen Regionen den nach einem bestimmten Formular geleisteten Treueid abnehmen[64]. Erwäh-

---

58) Siehe oben Kapitel 2, § 2, 1.

59) Vgl. MGH Capit. 1 Nr. 41 (Capitulare legi Ribuariae additum) c. 8 S. 118: *XLVIII. cap. Qui filios non habuerit et alium quemlibet haeredem sibi facere voluerit, coram rege vel coram comite et scabineis vel missis dominicis, qui tunc ad iustitias faciendas in provincia fuerint ordinati, traditionem faciat.* Vgl. Lex Ribuaria c. 50,1 S. 101: *Si quis procreatione filiorum vel filiarum non habuerit, omnem facultatem suam in presentia regis, sive vir mulieri sive mulier viro seu cuicumquelibet de proximis vel extraneis adoptare in hereditate vel adfatimi[re] per scripturarum seriem seu per traditionem et testibus adhibetis, secundum legem Ribvariam licentiam.*

60) GANSHOF, Frankish institutions under Charlemagne S. 24 f., listet verschiedene Funktionen der Missi auf. Zu den vielseitigen und situativ angepassten Tätigkeiten der Missi unter Karl dem Großen vgl. zuletzt DAVIS, Inventing the *missi.*

61) Siehe oben die Beschreibung der jeweiligen Legationen in Kapitel 2, § 2, 1, iv.

62) Zu 789 und 802 vgl. BECHER, Eid. Zu 806 vgl. FRIED, Erfahrung und Ordnung S. 145–178; KASCHKE, Tradition und Adaption.

63) Diese Tendenz bestand weiter, sowohl unter Karl selbst (811 und 813) als auch in der Zeit seiner Nachfolger: Die beiden weiteren Aktivierungen des Kapitularien-Missatswesens unter Ludwig dem Frommen (829) und unter Karl dem Kahlen (853–854) sind wieder mit dem allgemeinen Treueid verbunden.

64) Der allgemeine Treueid, dessen Herkunft im spätrömischen Militärrecht liegt, wird in der frühmittelalterlichen politischen Ordnung, deren Mittelpunkt der Kö-

nenswert ist auch das Inquisitionsrecht der Missi. Karl Ferdinand Werner betrachtet die *inquisitio* als den Kern des Missatswesens[65]. Denn das Inquisitionsrecht, das zuerst Heinrich Brunner ausführlich untersuchte, „hat nur der König und die Partei, der er es verleiht. Inquisitionsgewalt hat gleichfalls nur der König und der Richter, dem er sie überträgt.“[66] „Rechtsverfahren, welche die Sphäre des Königs betrafen, wichen vom sonst üblichen Rechtsverfahren ab – vor allem hinsichtlich der Beweiserhebung. So findet sich bei frühmittelalterlichen Infidelitäts- ebenso wie bei Fiskalprozessen das Inquisitionsprinzip angewandt“[67]. Diese Inquisition durch die herrscherlichen Missi war keine Neuerfindung der Karolinger. Die fiskalische Inquisition hatte ihre Wurzel schon in der römischen Zeit. Zum Schutz des Fiskalrechts und zur Bewahrung des Steuereinkommens verwendeten auch die merowingischen Könige diese Inquisition[68]. In der Karolin-

nig bildete, als rechtliche Grundlage verstanden. ESDERS, Rechtliche Grundlagen. Auch im merowingischen Frankenreich schworen die Reichsbewohner manchmal, zum Beispiel die Großen eines Regnums bei der Königserhebung oder die Bewohner einer bestimmten Stadt bei der Unterwerfung während des Bruderkriegs dem König den Treueid, obwohl sich die Forschung aufgrund der dürftigen Quellenlage darin nicht einig ist, ob in der Merowingerzeit schon eine „allgemeine“ Vereidigung existierte. HOLENSTEIN, Huldigung S. 103–109; BECHER, Eid S. 14 f., 94 ff. und 214. In der Praxis gab es zwischen der merowingischen und der karolingischen Zeit keinen Unterschied in der Hinsicht, dass die in die Regionen entsandten Stellvertreter des Herrschers den Treueid abnahmen. BECHER, Eid S. 139–143.

65) „L'*inquisitio*, le noyau de tout le système missatique, établit par un interrogatoire public des représentants de la région, si les hommes qui on reçu leur office(!) de la main de l'empereur (*qui ad hoc a nobis constituti sunt; … officium sibi commissum*), l'ont »administré« selon la volonté de Dieu, c'est-à-dire selon les lois chrétiennes, et selon les ordres de l'empereur. Il s'agit donc, de tout évidence, et selon les possibilités techniques et mentales de l'époque, de véritables fonctionnaires dans une administration qui, dans les meilleures périodes du régime carolingien, a su rappeler jusqu'aux populations de régions très lointaines l'existence d'un gouvernement central, en ne lassant aucun doute que l'origine unique de tout pouvoir administratif soit dans la personne même de »princeps«, de l'empereur.“ WERNER, Missus – Marchio – Comes S. 227.

66) BRUNNER, Zeugen- und Inquisitionsbeweis S. 146–247, Zitat aus S. 146 f.; BRUNNER, Schwurgerichte S. 84–126.

67) ESDERS, Rechtliche Grundlagen S. 427. Vgl. auch BÜHRER-THIERRY, Évêques et pouvoir S. 209–217.

68) ESDERS, Die römischen Wurzeln.

gerzeit waren die Hauptträger der Inquisitionsgewalt die herrscherlichen Missi. Ein Graf konnte auch ein Inquisitionsverfahren einleiten, aber nur dann, wenn der Herrscher ihn damit beauftragte oder wenn einer Partei, z. B. einem Kloster oder einer Kirche, vom Herrscher das Inquisitionsrecht verliehen worden war[69]. Dieses missatische In-

69) BRUNNER, Zeugen- und Inquisitionsbeweis S. 209–220. Angesichts solcher Sonderbeauftragung muss man den Grafen Waning und den Vasallen Ruadpert, die vom *rex* Ludwig mit einer Inquisition bezüglich der Güter von St. Gallen ohne Missustitel beauftragt wurden, nicht unbedingt als *missi* ansehen, wie Philippe Depreux vermutet. DEPREUX, Prosopographie S. 373 und 418; UB St. Gallen 2, Anhang Nr. 18 S. 395 = ChLA 102 Nr. 51 S. 125–127 = Chart. Sangall. Nr. 322 ([816–vor 828]) S. 300 f. Zu einer anderen Tätigkeit siehe RUADPERT (I) in der Prosopographie. Waning war örtlicher Graf vom Nibelgau. BORGOLTE, Die Grafen Alemanniens S. 276–278. Aus der Prosopographie der Missi wird z. B. der *fidelis* Karls des Großen Hildericus ausgeschlossen, der mit der Untersuchung und (Wieder-)Herstellung der *iustitia* des Klosters Farfa beauftragt wurde. Interessanterweise wurde er nicht als herrscherlicher *missus* bezeichnet, als Karl den Amtsträgern in der Gegend um Farfa durch ein Mandat befahl, Hildericus bei seiner Tätigkeit zu unterstützen. D KdG 172 (Regensburg, 791. 8. 28.) S. 230 f. Dazu WAITZ, Verfassungsgeschichte 3 S. 447 Anm. 4, der ihn als Missus ansieht. Hildericus scheint bei der Ausstellung einer auch auf den August 791 in Regensburg datierten Urkunde für Farfa nicht am Hof gewesen zu sein, mit der Karl dem Kloster das von Hildericus, seiner Mutter und seiner Frau geschenkte Gut bestätigte: Die Bitte um die Bestätigung wurde durch die Gesandtschaft des Klosters an den König übermittelt. D KdG 171 (Regensburg, 791. 8.) S. 229 f. Vgl. BM² 312 und 313. Vielleicht versah Hildericus seine Aufgabe als Vogt des Klosters: Er ist in den Urkunden von 791 und 798 als solcher nachweisbar. Reg. Farfa 2 Nr. 166 (= Doc. 150) S. 125 und Nr. 187 (= Doc. 171 = MANARESI Nr. 10 S. 29 f.) S. 142. Zu diesem Gastalden und Vogt Hildericus und seiner Familie (die Hilderici) vgl. COSTAMBEYS, Power and patronage S. 237–240. COSTAMBEYS, ebd. S. 238 mit Anm. 88, datiert das gerade oben genannte Mandat auf 796, ohne Mühlbachers Datierung zu erwähnen. Zu anderen Beispielen vgl. auch Form. imp. Nr. 31 S. 310; BM² 662 = ChLA 101 Nr. 31 S. 105 = D LdF 138 (Aachen, 818. 6. 2.) S. 351–353 (Richouin/Richwin/Rihwin. Vgl. BORGOLTE, Die Grafen Alemanniens S. 206–209); BM² 841 = Chart. Stavelot-Malmedy Nr. 29 S. 75–77 = D LdF 262 (Theux, 827. 5. 25.) S. 654–656 (Pfalzgraf Jasto und *magister parvulorum* Wirnit. KRAUSE II 88. Vgl. DEPREUX, Prosopographie S. 274 und 398); BM² 845 = UB St. Gallen 1 Nr. 312 S. 289 f. = Chart. Sangall. Nr. 324 S. 302 f. = D LdF 268 (Aachen, 828. 2. 12.) S. 669–671 (Graf Liutharius ohne Missustitel. Siehe LIUTHARIUS in der Prosopographie); BM² 987 = Urk. Württemberg Nr. 182 = D LdF 393 (Frankfurt, 839. 2. 17.) S. 973–975 (Vasall Poppo, *perspicere, inspicere, inbreviare*. KRAUSE II 110. Siehe POPPO* in der Prosopographie). Außerdem: BM² 735

quisitionsverfahren ist in Bezug auf die Einführung des allgemeinen Treueides (789) zu betrachten. Schon 802 wurde in Freising ein Inquisitionsverfahren aufgrund des Treueides durchgeführt, den die Leute „dieses Jahr" dem Kaiser gelobt hatten[70].

Diese Inquisition wurde weiter mit anderer Politik verbunden. Regionale Rechtsgewohnheiten wurden durch missatische Inquisitionsverfahren bestätigt und sogar aufgezeichnet. Die regionale Versammlung in Rižana/Risano dient hierbei als ein gutes Beispiel[71]. Wurde eine Zeugenbefragung zur Herbeiführung von Gerichtsentscheidungen durchgeführt, diente sie auch zur Aufzeichnung von fiskalischen Rechten, obwohl die Forschung sich über die Art und den Zeitpunkt des Zustandekommens der einzelnen überlieferten Reichsurbare/Reichsgutsurbare nicht einig ist[72]. Die Untersuchung des Kronguts war auch eine der Aufgaben der Missi, während sich aller-

---

= ChLA 102 Nr. 4 S. 18 f. = D LdF 194 (Aachen, 821. 2. 15.) S. 479–481 (*fidelis* Gerold ohne Missustitel, *Unde deprecatus est nos, ut super hac re iustissimam inquisitionem facere iuberemus: fidelis Geroldus*. Siehe GEROLD (III) in der Prosopographie). Schwierig zu interpretieren sind die Fälle, in denen die Quellen weder den Begriff *missus* noch *inquisitio* erwähnen. Zum Beispiel BM² 917; D LdF 323 (Béville-le-Comte, 833. 1. 8.) S. 799–801 (Abt Simeon und Vasall Hildemann. KRAUSE II 98. Vgl. DEPREUX, Prosopographie S. 249 und 376). MERSIOWSKY, Die Urkunde in der Karolingerzeit S. 536 f. mit Anm. 538, scheint eine undatierte Zeugenaussage über die Stellung des Klosters St. Gallen zum Bischof von Konstanz (UB St. Gallen 2, Anhang Nr. 22 S. 398 = Chart. Sangall. Nr. 218 S. 208) mit einer missatischen Inquisition zu verbinden. Hinweise darauf finde ich jedoch weder in dieser Zeugenaussage noch in einer Urkunde Ludwigs des Frommen, durch die der Kaiser das Übereinkommen zwischen dem Kloster und dem Bischof bestätigte. Chart. Sangall. Nr. 219 S. 208 f. = D LdF 85 (Aachen, 816. 1. 27.) S. 207–210.

70) Trad. Freising Nr. 186 (Freising, 802. 8. 4.) S. 178 f. Siehe ADALWIN in der Prosopographie. Bischof Liudo von Autun und Graf Adalhard führten im 3. Viertel des 9. Jahrhunderts auf einer Gerichtsversammlung eine Inquisition über den Streitfall zwischen Erzbischof Wulfad von Bourges und dem Grafen Ecchardus von Mâcon. Interessanterweise bekräftigen die Versammelten ihre Aussage einerseits durch den dem König gelobten Treueid, andererseits durch das beim Taufritus abgelegte Glaubensbekenntnis. Graf Ecchardus ist 858 als Missus König Ludwigs des Deutschen belegbar. UB Saint-Benoît-sur-Loire Nr. 24 (Mont, 866/875) S. 57–59. Siehe ADALHARD (IV) und ECCHARDUS in der Prosopographie.

71) Vgl. ESDERS, Regionale Selbstbehauptung. Siehe AIO, CHADALOH und IZZO in der Prosopographie.

72) Gemeint sind die sog. Brevium exempla, das Churrätische Urbar und das Lorscher Urbar. Vgl. VERHEIN, Studien zu den Quellen zum Reichsgut der Karo-

dings bei jeder Legation verändern konnte, was die Missi in den königlichen Gütern untersuchen sollten[73]. In diesem Zusammenhang ist ein Beispiel zu erwähnen, welches allerdings kein Inquisitionsverfahren im eigentlichen Sinn war. Nachdem Karl der Große dem Kloster Fulda mit einer Urkunde vom 7. Januar 777 ein Fiskalgut in Hammelburg geschenkt hatte[74], scheint die tatsächliche Besitzeinweisung erst am 8. Oktober vor den zwei Grafen Nithard und Heimo und zwei königlichen Vasallen stattgefunden zu haben. Dabei beschworen die örtlichen *nobiliores*, dass sie die *veritas* über die Grenzfeststellung sagten[75]. Ähnliche Verfahren wurden später, aber bereits kurz nach diesem Fall, vor den Missi durchgeführt[76].

---

lingerzeit. II. S. 373 ff.; METZ, Zur Erforschung S. 23–37; HÄGERMANN, Quellenkritische Bemerkungen S. 51–56, 58–60. Vgl. auch HEIDRICH, Befragung.

73) Vgl. NELSON, Literacy S. 273; CAMPBELL, The Capitulare de Villis S. 261 f.; MISCHKE, Kapitularienrecht S. 57–61; FRIED, Karl der Große S. 220; DEPREUX, Gesandteninstruktion S. 54. Da das sog. Capitulare Ambrosianum/Capitulare missorum de villis inquirendis nur fragmentarisch überliefert ist (siehe oben Kapitel 2, § 2, 1, iv, „811"), wissen wir nicht, ob auch die verlorenen Kapitel 1–17 (und gegebenenfalls Kapitel 24 ff.) fiskalische Angelegenheiten betreffen, sodass das Kapitular als Ganzes ein spezifisch für die Fiskalverwaltung abgefasstes Stück wäre. Jedenfalls zählen diese sechs Kapitel zu den wichtigsten Quellen für die Erforschung des karolingischen Reichtsguts. METZ, Zur Erforschung S. 21–23. Auch in der späteren Zeit: MGH Capit. 2 Nr. 217 (865 von Ludwig II. von Italien) c. 4 S. 93: *De statu rei publicae inquirendum, ubi, cum iter dictaverit domnus imperator, recipi debeant per singula ministeria ab eo directi legati.* Die missatische Untersuchung der königlichen Güter konnte auch zur Basis einer Reichsteilung werden. Vgl. AB a. 870 S. 173: ... *secundum quod communes nostri missi rectius inuenerint* ... Die Beauftragung von Missi war allerdings nicht die einzig mögliche Maßnahme zur Inventarisierung: Karl der Kahle befahl z. B. 869 durch ein Rundschreiben, dass Bischöfe, Äbte, Äbtissinnen, königliche Vasallen und Grafen schriftliche Inventare von ihren *honores* und *beneficia* aufstellen und zur Reichsversammlung mitbringen sollten. AB a. 869 S. 152 f. (= D KdK Nr. 318, 3 S. 200): *Et antequam ad Conadam pergeret, per omne regnum suum litteras misit, ut episcopi, abbates et abbatissae breues de honoribus suis, quanta mansa quisque haberet, futuras kalendas mai deferre curarent, uassalli autem dominici comitum beneficia et comitis uassallorum beneficia inbreuiarent et praedicto placito aedium breues inde deferrent* ... Dazu MERSIOWSKY, Regierungspraxis S. 137 mit Anm. 128.

74) UB Fulda Nr. 77 S. 140–147 (= D KdG 116 S. 162 f.).

75) UB Fulda Nr. 83 S. 151–154. Vgl. zur unsicheren Datierung des Dokuments, ebd. 152 f.

76) Siehe z. B. EBERHARD (I), LANDRICH* und RICHARD (I) in der Pro-

Im Übrigen reichte das Reichsgut zur stabilen Regierung des Großreiches nicht aus, und die karolingischen Herrscher verwendeten auch die Kirchengüter als finanzielle und administrative Grundlage ihrer Königsherrschaft. Beispielshalber genannt seien die Haft im Kloster, die Herberge und Gastung des Königs und seiner Beamten sowie die Verleihung von Kirchengütern auf Befehl des Königs (*precaria verbo regis data*) an königliche Getreue. Der Heeresdienst von Kirchenleuten zählt auch dazu[77]. Deswegen ist es bedeutungsvoll, dass Pippin der Jüngere direkt nach seiner Königserhebung die Aufzeichnung der Kirchengüter im Reich anordnete, wie es in den sog. Murbacher Annalen notiert ist[78]. Dies weist auf eine umfangreiche Untersuchung der Güter in verschiedenen Regionen hin, obwohl die knappe Notiz dieser Annalen nicht erklärt, ob diese Untersuchung durch Königsboten durchgeführt wurde oder ob jede Bischofskirche und jedes Kloster selbst seinen Besitz inventarisierte. Sicher ist dagegen, dass Karl der Große durch die missatische Untersuchung die Kirchengüter zu erfassen versuchte. Stefan Esders zählt die Inventarisierung und den Schutz von Kirchengut durch *inquisitiones* zu den neuen Merkmalen der fiskalischen Inquisition unter den Karolingern. Dies rührte daher, dass vermehrte Schenkungen von Fiskalgütern an kirchliche Institutionen im Austausch gegen Reichsdienste den „öffentlichen" Charakter des Kirchenguts vermehrten[79]. In diesem Sinn hatten die herrscherlichen Missi viele Gelegenheiten, durch ihre Inquisitionen der Fiskal- und Kirchengüter zur finanziellen Verwaltung beizutragen[80].

---

sopographie. Siehe auch das Beispiel von GUNTRAM und RICHARD (I), die nach der *inquisitio* vor dem König zur Einweisung vor Ort geschickt wurden.

77) Zu den hier genannten Aspekten vgl. LESNE, propriété ecclésiastique II/2 S. 382 ff.; BRÜHL, Fodrum S. 25–53, 107–115; PRINZ, Klerus; NELSON, The church's military service; NELSON, The church in town; KASTEN, Fakt oder Fiktion, hier bes. S. 339–344.

78) Ann. Alam. a. 751; Ann. Guelf. a. 751; Ann. Nazar. a. 751 S. 152 f.: *Pippinus rex elevatus [est]. Res ecclesiarum descriptas atque divisas.*

79) ESDERS, Die römischen Wurzeln S. 25. Dazu ausführlich: BRUNNER, Zeugen- und Inquisitionsbeweis S. 163–166. Vgl. auch FRIED, Karl der Große S. 363–365.

80) Siehe ANGILBERT (I), LANDRICH*, RESMO und RICHARD (I) in der Prosopographie. Zur Zeit Ludwigs des Frommen vgl. AMBROSIUS, ANSPERT, POPPO*, SMARAGD und TEUTBERT in der Prosopographie. Zur Zeit Ludwigs II. von Italien vgl. die anonymen Missi „862" in der Prosopographie.

Man kann also beobachten, dass die herrscherlichen Missi unter Karl dem Großen in der Reichsverwaltung viele neue Funktionen bekamen und dass diese Funktionen mehr oder weniger miteinander verbunden waren.

§ 3 Ludwig der Fromme

Die Auffassung der älteren Forschung, wonach die Blütezeit der missatischen „Institution", die wesentlich auf der starken Persönlichkeit Karls des Großen beruht habe, mit dem Tod dieses Kaisers geendet hätte und dass diese „Institution" danach verfallen wäre[81], wurde von der neueren Forschung korrigiert[82]. Unter dem Aspekt der „Systematik" kann man wohl sagen, dass Ludwig der Fromme die Missi dominici am effizientesten organisierte und verwendete. Die Gliederung der Missatica ist zuerst zu nennen. Bei der Legation von 825 ist der Grundsatz erkennbar, dass ein Erzbischof neben einem weltlichen Großen – nämlich Grafen – in seiner Kirchenprovinz kaiserlicher Missus sein sollte. Dies ist aber keine selbstverständliche Entwicklung seit der Herrschaft seines Vaters. Der zweite karolingische Kaiser musste eine solche Systematisierung des Missatswesens versuchen, da, wie Brigitte Kasten zu Recht als einen charakteristischen Kontrast zwischen Karls und Ludwigs Regierungspraxis betont, „Karl der Große zum Pragmatismus im Herrschaftsstil, Ludwig der Fromme dagegen zur Institutionalisierung der Herrschaftsformen neigte"[83].

Das gerade erwähnte stark hierarchisch definierte Schema des Missatswesens wurde nicht unmittelbar nach dem Regierungsantritt Ludwigs eingeführt. Die erste umfangreiche Aussendung der Missi unter Ludwig erfolgte zwar schon 814, dabei scheinen allerdings einzelne Distrikte der missatischen Legation nicht gemäß der Gliederung

---

81) Krause S. 197 und 222–234; Thompson, The decline. Thompson führt als Ansatz für seine Auffassung das Werk Émile Bourgeois' an (Thompson, The decline S. 291 Anm. 2; Bourgeois, Kiersy-sur-Oise S. 242), aber Bourgeois spricht nicht über einen Verfall der missatischen Institution, sondern über ihre Elastizität und die tatsächliche Veränderung im Lauf des 9. Jahrhunderts. Zur Auffassung, dass die Reichsregierung von der Persönlichkeit Karls abhängig gewesen und nicht fest genug organisiert gewesen sei, vgl. Ganshof, Charlemagne's failure (zuerst 1947 auf Französisch); Ganshof, La fin du règne de Charlemagne.

82) Vgl. Ganshof, Les réformes judiciaires; Werner, Hludovicus Augustus.

83) Kasten, Königssöhne S. 136.

der Kirchenprovinzen bestimmt worden zu sein. Das einzig sicher nachweisbare Missaticum von 814 umfasste die *partibus Borgundiæ ac Septimaniæ*[84]. Bei der Bekanntmachung der Kapitularien von 819 lässt sich nachweisen, dass zwei Missi mit der Bekanntmachung der Kapitularien in Sachsen beauftragt wurden, die allerdings weder der zuständige Erzbischof noch ein mächtiger Graf um Mainz oder Köln waren[85]. Die systematische Einteilung der Missatica von 825 und die deutliche Ausschließung von Aquitanien und Bayern, die jeweils von einem eigenen *rex* („Unterkönig") organisiert werden sollten, hängen wohl mit jenem politischen Denken zusammen, das sich um 825 bezüglich der hierarchisch-politischen Ordnung im Frankenreich entwickelte: Jede Person sollte ihrem *locus* und *ordo* gemäß an der Herrschaft partizipieren und damit in das *ministerium* des Herrschers eingebunden werden[86]. Vor dieser Systematisierung von 825 waren Ludwigs Missi z. B. in Bayern tätig, wie Graf Hatto, der zumindest 822 zweimal ein missatisches Inquisitionsverfahren einleitete[87].

In diesem Zusammenhang muss man die Verfeinerung der Kapitularien unter Ludwig erwähnen, welche die Missi während ihrer Legation zu verwenden hatten. Wie oben festgestellt[88], wurden die Texte selbst so ausführlich, dass die Missi weniger auf ihr Gedächtnis angewiesen waren, um den Inhalt eines Kapitulars in den Regionen zu erörtern, durchzuführen und die Einhaltung zu kontrollieren. Die zugleich ausgestellten Kapitularien, aus denen sich die Dossiers für die missatischen Legationen zusammensetzten, hatten manchmal

---

84) UB Cluny Nr. 3 (814/815. 2. 6.) S. 6. Siehe OSTORICUS und die anonymen Missi „814a" in der Prosopographie. KRAUSE I 66; DEPREUX, Prosopographie S. 182, sehen einen *Engilpoto missus dominicus* als Ludwigs Missus. Engilpoto wird als Zeuge der Schenkung eines Willipert an die Freisinger Kirche bezeichnet. Mit *dominicus* ist aber nicht Kaiser Ludwig, sondern Bischof Hitto von Freising gemeint. Denn Willipert bekam die geschenkten Güter als *beneficium* von Hitto zurück, der tatsächlich in der Urkunde als *domnus episcopus* bezeichnet ist. Zudem steht neben Engilpoto auch *Deothart vicarius dominicus* als Zeuge. Er war wahrscheinlich auch *vicarius* des Bischofs. Deswegen nehme ich Engilpoto nicht in die Prospopgraphie auf.

85) Siehe ALBWIN und WIGBALD in der Prosopographie.

86) Vgl. GUILLOT, Une ordinatio méconnue; GUILLOT, L'exhortation; KASTEN, Königssöhne S. 137 f., 178–187; PATZOLD, Episcopus S. 140 ff. SASSIER, Représentation.

87) Siehe HATTO in der Prosopographie.

88) Siehe Kapitel 2, § 2, 1, iv, „Die Zeit Ludwigs des Frommen".

Querverweise. Mit diesen Arbeitsmaterialien dürfte die Bewältigung der Aufgaben der Missi effizienter geworden sein, aber die mit dem Kapitularienwesen verbundene Aussendung der Missi erfolgte unter Ludwig seltener als in den letzten 14 Jahren der Regierungszeit seines Vaters.

Eine weitere systematische Verwendung der Missi unter Ludwig ist auch bei den Urkundenausstellungen infolge missatischer Untersuchungen zu erkennen[89]. Wie Philippe Depreux gezeigt hat, schickte Ludwig viel häufiger als andere Karolinger seine Missi zu Untersuchungen und aufgrund ihres Berichts traf der Kaiser dann seine Entscheidung. Laut Depreux konnte diese Verwendungsweise der Missi in der Regierungszeit Ludwigs das Hofgericht ersetzen[90]. Dies ging parallel mit der Weiterentwicklung der Institution der *inquisitio* unter Ludwig dem Frommen[91]. Dies könnte auch im Kontext des 825 konkretisierten Ideals verstanden werden, dass jede Person ihrem *locus* und *ordo* gemäß an der Herrschaft partizipieren und das *ministerium* des Herrschers mit ihm teilen sollte.

89) Die karolingischen Herrscher stellten ihre Herrscherurkunden bisweilen aufgrund des Berichts einer missatischen Legation aus – nach einer missatischen Untersuchung oder nach einer missatischen Inquisition (eine dem Inquisitionsverfahren zufolge von den Missi durchgeführte Untersuchung). Allerdings bieten die Herrscherurkunden, die auf einer missatischen Untersuchung beruhen, meistens keine genauere Informationen über die betreffende Untersuchung. Außerdem wurden die Ausdrücke *inquisitio* und *inquirere* nicht immer als Termini technici verwendet. WEITZEL, Dinggenossenschaft S. 392 f. Schwer zu beantworten ist auch die Frage der Qualifikation der mit der Untersuchung Beauftragten, die keine *missus/legatus*-Titel haben. Vgl. Form. imp. Nr. 46, hier S. 322. Dafür wäre eine eigene Studie nötig: In der vorliegenden Arbeit sind solche Fälle grundsätzlich nicht in die Prosopographie aufgenommen.

90) DEPREUX, L'absence de jugement. In diesem Kontext heranzuziehen ist eine in den Formulae Imperiales überlieferte Formula der Kaiserurkunde, die aufgrund der von Missi durchgeführten Untersuchung zur Restitution der widerrechtlich von einem Grafen entzogenen Freiheit der Bewohner in einer Villa ausgestellt wurde. Form. imp. Nr. 5 S. 291 (= KRAUSE II 94): ... *et nos hoc ita verum esse, fidelibus missis nostris, illum et illum, inquirentibus et nobis renuntiantibus* ... Émile Bourgeois wies darauf hin, dass unter Ludwig die Missi häufiger mit zeitlich und inhaltlich beschränkten Aufträgen ausgesandt wurden. BOURGEOIS, Kiersy-sur-Oise S. 242. Obwohl Bourgeois für seine Aussage keine Quellen und Literatur anführte, könnte seine Aussage mit dem hier genannten Gebrauch der Missi zusammenhängen.

91) WEITZEL, Dinggenossenschaft S. 390–416; JÉGOU, Les enjeux sociaux.

Es ist zu betonen, dass Ludwig auch zwischen 830 und 840, also in der Zeit, in der nicht wie bis dahin üblich Kapitularien ausgestellt wurden, Missi als seine Stellvertreter reichsweit einsetzen konnte, wofür eine weiträumige Aussendung von Missi im Jahr 834 ein Beispiel sein kann[92]. Bezüglich der Missi als administrative Stellvertreter in dieser späteren Regierungszeit ist zu erwähnen, dass Bischof Badurad von Paderborn um 833 in der Gegend um sein Bistum mehr oder weniger dauerhaft kaiserlicher Missus gewesen zu sein scheint[93]. Daneben ist eine Aussendung von Missi für viele Einzelfälle nachweisbar. Man kann vermuten, dass Ludwig der Fromme sich nach der Zeit der „Krise“ innenpolitisch auf seine zuverlässigsten Personen stützen wollte.

§ 4 Lothar I. und seine Söhne

1. Lothar I.

Lothars I. Kapitularienausstellung begann mit seinem ersten Aufenthalt in Italien 822–823. Außer einem Kapitular von 847 mit einem stark militärischen Charakter wurden dann alle seine Kapitularien anlässlich von Aufenthalten in Italien veröffentlicht[94]. In Bezug auf das Missatswesen sind Lothars Kapitularien dadurch bemerkenswert, dass sich fast keine Erwähnung von Missi in den Texten findet[95], wenn man das Hlotharii capitulare missorum (Nr. 202) mit Mathias Geiselhart seinem Sohn Ludwig II. zuschreibt[96].

---

92) Siehe die anonymen Missi „834. 4.“ in der Prosopographie. Siehe auch die anonymen Missi „834. 11.“ in der Prosopographie.

93) Siehe BADURAD in der Prosopographie.

94) Zu den Kapitularien Lothars I. vgl. GEISELHART, Die Kapitulariengesetzgebung.

95) In einer Kapitelliste, die Lothar I. 832 in Pavia mit der Zustimmung seiner Getreuen aus den Kapitularien Karls des Großen und Ludwigs des Frommen exzerpierte und in Italien für gültig erklärte, finden sich zwei Kapitel, die herrscherliche Missi erwähnen. Sie wurden aus den Capitula legibus addenda aus dem Jahr 819 herausgezogen. MGH Capit. 2 Nr. 201, cc. 8 und 9 S. 61. Vgl. MGH Capit. 1 Nr. 139, cc. 16 und 18 S. 284 f.

96) GEISELHART, Die Kapitulariengesetzgebung S. 201–205; MISCHKE, Die postume Zusammenführung S. 193 Anm. 1.

Das 7. Kapitel des Capitulare Olonnense ecclesiasticum alterum (Nr. 164) in der Wolfenbüttler Fassung hat eine Erwähnung der Missi in Bezug auf Xenodochien, aber *ipsi missi* scheinen keinen Bezug auf den Text dieses Kapitulars zu haben[97]. Ob diese Missi diejenigen waren, die mit der Bekanntmachung und Umsetzung der drei Kapitularien von 825 (Nr. 163, 164 und 165) beauftragt wurden, ist nicht klar. In Bezug auf 825 sind noch die vier Kapitel überliefert, die Boretius unter dem Titel „Capitula de inspiciendis monasteriis" edierte[98]. Obwohl diese nur in einem einzigen Codex überlieferte Kapitelliste keinen sicheren Anhaltspunkt für eine Datierung bietet, weist Geiselhart darauf hin, dass sie im Zusammenhang mit den drei Olonnenser Kapitularien von 825 zusammengestellt worden sein könnte, weil diese Liste zur Untersuchung der Klöster hinsichtlich der Befolgung der Regula Benedicti aufgezeichnet wurde, während das 7. Kapitel des Capitulare Olonnense ecclesiasticum primum (Nr. 163) von 825 – das erste und einzige Mal – „zweifellos" auf die Durchsetzung der Aachener Institutio canonicorum Bezug nimmt[99]. Geiselhart irrt sich allerdings, wenn er die *abbates, qui ab episcopis electi sunt ad conspiciendum regulae observationem in monasteriis*, als Missi des Kaisers Lothar interpretiert[100]. Diese von den Bischöfen erwählten (und eingesetzten) Missi können nicht jene kaiserlichen Missi gewesen sein, die mit der Bekanntmachung und Durchsetzung der in den Kapitularien formulierten Normen und Entscheidungen beauftragt wurden.

Im Frühjahr oder Sommer 847 hielt Lothar I. im Beisein seines Sohnes Ludwig II. von Italien eine Versammlung an einem Ort in der Francia ab, deren Beschlüsse in der Form eines Kapitulars überliefert sind[101]. Ein für diese Studie interessanter Aspekt des Kapitulars besteht darin, dass Missi verschiedener Arten erwähnt sind, obwohl

97) MGH Capit. 1 Nr. 164 c. 7 S. 328 f.: *De senodochiis precipimus, ut quicumque illas habet, omnia secundum Deum et secundum canones inde faciat; et quicquid inde non fuit datum pauperibus post obitum domni Pippini in omnibus fiat restauratum. Quod si aliquis hoc facere noluerit, de ipsos senodochios non habeat potestatem, usque dum veniat cum ipsis missis in nostra presentia; et missi cum ipso episcopo illa imbrevient in nostra presentia.*

98) MGH Capit. 1 Nr. 160 S. 321 f.

99) GEISELHART, Die Kapitulariengesetzgebung S. 145–149 und 173–175.

100) GEISELHART, Die Kapitulariengesetzgebung S. 173–177.

101) MGH Capit. 2 Nr. 203 S. 65–68 = MGH Conc. 3 Nr. 12 S. 133–139. Zu diesem Kapitular mit seiner Datierung auf 847 vgl. DUPRAZ, Le Capitulaire de Lothaire I; ZIELINSKI, Italienzug; BZ 46.

es keinen konkreten Hinweis darauf gibt, dass die Bekanntmachung dieses Kapitulars den Missi anvertraut wurde. Das 7. Kapitel bestimmt die Wiederherstellung der Kirche St. Peter in Rom, die durch die Heiden zerstört wurde. Dabei wollte der Kaiser dem Papst Briefe und Gesandte (*missi*) senden, um zum Mauerbau um die Kirche herum aufzurufen[102]. Die kaiserlichen Briefe scheinen nicht genug gewesen zu sein. Die Missi sollten wahrscheinlich mit der Kurie darüber diskutieren und gegebenenfalls die Bauarbeiten kontrollieren. Im 11. Kapitel ist die Rede von Missi, die in Benevent den Frieden zwischen Sikonulf und Radelchis herstellen und eine gerechte Teilung des *regnum Beneventanum* verwirklichen sollten, damit die beiden im Austausch für die kaiserliche Anerkennung ihre Unterstützung bei der Vertreibung der Sarazenen eidlich versprechen konnten[103]. Am Ende werden die Missi als Heerführer gegen die Sarazenen namentlich aufgelistet. Jedenfalls musste jemand diese Beschlüsse reichsweit bekannt machen, weil nicht alle Bischöfe bei der Versammlung anwesend waren, wie man aus dem 8. Kapitel erkennen kann[104].

Dieser Befund ist in Zusammenhang mit zwei weiteren Beobachtungen zu interpretieren. Zum einen ist aus den Urkunden feststellbar, dass Lothar zu Untersuchungen, zur Rechtsprechung usw. ebenso wie andere karolingische Herrscher seine Missi einsetzte.[105]

102) MGH Conc. 3 Nr. 12 c. 7 S. 136: *Quia pro peccatis nostris et offensionibus aecclesia beati Petri hoc anno a paganis vastata est et direpta, omni desiderio et summa instancia elaborare cupimus, qualiter aecclesia restauretur et deinceps ad eam paganorum accessio prohibeatur. Itaque decernimus et hoc apostolico per litteras nostras et missos mandamus, ut murus firmissimus circa aecclesiam beati Petri construatur. Ad hoc vero opus collationem peccunię ex omni regno nostro fieri volumus, ut tantum opus, quod ad omnium gloriam pertinet, omnium subsidio compleatur.* Diese Missi sind nicht mit jenen kaiserlichen Missi in Rom gleichzusetzen, deren Einsetzung neben den päpstlichen Missi die Constitutio Romana vom November 824 bestimmt. Vgl. MGH Capit. 1 Nr. 161, cc. 4 und 6, hier S. 323. Dazu zuletzt SCHÄPERS, Lothar I. S. 126–134. Der Libellus de imperatoria potestate thematisiert den ständigen Aufenthalt des kaiserlichen Missus in Rom, allerdings teilweise historisch nicht richtig. Libellus de imperatoria potestate, bes. S. 197 ff.

103) MGH Conc. 3 Nr. 12 c. 11 S. 137.

104) MGH Conc. 3 Nr. 12 c. 8 S. 137: *Admonendi erunt episcopi per omne regnum domni imperatoris Hlotharii, ut praedicent in aecclesiis suis et civitatibus eos* …

105) Vgl. SCHÄPERS, Lothar I. S. 315, die betont, dass Lothar auch in der Zeit nach dem Scheitern der Rebellion zwischen 834 und 840 in Italien aktiv seine

Auch die charakteristische Verwendungsweise der Missi unter seinem Vater, nämlich die Urkundenausstellung aufgrund des Berichts einer missatischen Legation, wurde von seinem Sohn übernommen. Die Legation der Missi Lothars I., die Bischöfe Agiprand von Florenz und Petrus von Volterra, ist hier interessant, weil wir ihren Verlauf deutlich verfolgen können: Lothar I. beauftragte durch ein Mandat diese Bischöfe als Missi mit einer Untersuchung; diese reisten nach Siena, um dort eine Gerichtssitzung zu halten. Nach der Verhandlung zwischen den Parteien wurde ein Inquisitionsverfahren eingeleitet; aufgrund des Berichts der Missi über die Inquisition stellte Lothar eine Urkunde für die Kirche von Arezzo aus, in der über die Rolle der Missi berichtet wird[106].

Zum anderen gibt es keinen Hinweis, dass Lothar nach den karolingischen Herrschertreffen, auf denen manchmal – z. B. 847[107] und 853[108] – von der Einsetzung und Aussendung von Missi die Rede war, tatsächlich seine Missi systematisch mit einem bestimmten Normtext (z. B. Ergebnisse eines Herrschertreffens) ausgesandt hätte. Natürlich könnten Zufälle und Bedingtheit der Überlieferung unser Bild Lothars verzerren. Aus unseren Beobachtungen ergibt sich aber trotzdem ein Profil Lothars: Er hatte wenig Interesse am Missatswesen als weiträumiger Kommunikationsstruktur und unterscheidet sich darin von seinem Bruder Karl und seinem Sohn Ludwig II.

2. Ludwig II. von Italien

Im Vergleich zu seinem Vater verwendete Ludwig seine Missi etwas systematischer. Zum einen sind einige *Capitula missorum*, nämlich Kapitellisten für eine missatische Legation aus der Zeit Ludwigs überliefert: Die von Boretius/Krause als „Hlotharii capitulare missorum“ bezeichnete Kapitelliste wird von Geiselhart Lothars Sohn Ludwig II. zugeschrieben[109]. Fast alle Kapitel ordnen eine Untersuchung durch die Missi an. Ansonsten ist eine Aufzeichnung einer *legatio* von 865 überliefert. Dieses Dokument erinnert uns an die rubrikartig ver-

---

Missi verwendete. Zu den Missi Lothars in Italien in den ersten Jahren der Regentschaft Ludwigs II. vgl. EITEN, DasUnterkönigtum S. 143 und 155; SCHÄPERS, Lothar I. S. 419 f.

106) Siehe AGIPRAND und PETRUS (II) in der Prosopographie.

107) MGH Capit. 2 Nr. 204 c. 7 S. 69.

108) MGH Capit. 2 Nr. 206, Adnuntiatio domni Hlotharii, cc. 1, 2 und 4 S. 75.

109) MGH Capit. 2 Nr. 202 S. 63–65.

fassten *Capitularia missorum* in der Zeit Karls des Großen[110]. Aufgrund der Quellenlage scheint aber die Verbindung des Missats- und Kapitularienwesens unter Ludwig nicht so fruchtbar gewesen zu sein wie unter Karl dem Großen, Ludwig dem Frommen oder Karl dem Kahlen.

In personaler Hinsicht hatte zum anderen das Missatswesen Ludwigs eine Besonderheit zu bieten. Man kann zunächst dort besser als bei den anderen Karolingern beobachten, dass einige Missi diese Funktion mehrmals ausübten, d. h., dass bestimmte Personen langfristig mit missatischen Aufgaben betraut wurden. Als Beispiel ist Erzbischof Angilbert II. von Mailand zu nennen[111]. Auch weltliche Große wie Adalbert von Tuszien sind jahrelang mehrmals als Missi belegt[112]. Aber diese mehrfachen Legationen bedeuten nicht unbedingt die Dauerhaftigkeit einer missatischen Funktion in einer bestimmten Region. Während Adalbert 853 und 871 in Lucca, seinem Machtzentrum, als Missus tätig war, waren die Missi in Tuszien bei der großen Legation von 865 Erzkanzler Johannes, Graf Winigis und Bischof Petrus von Arezzo[113]. Zwischen 857 und 858 waren die Missi in Tuszien zwei kaiserliche Vasallen, Heribrand und Johannes, also weniger mächtige Personen[114].

In Bezug auf die Mandate für Einzelfälle ist Ludwigs Missatswesen charakteristisch. Wie François Bougard schon hervorgehoben hat, kann man unter den Missi Ludwigs viele Personen aus administrativ „niedrigerem" Rang sehen, einerseits herrscherliche Notare, Hofrichter, Vasallen und Hofkapelläne, und andrerseits lokale Amtsinhaber wie Gastalden. Sie wurden mit relativ „einfachen" Missionen beauftragt: Es ging um „weniger bedeutende" Fälle, Investituren nach bereits gerichtlich entschiedenen Zuweisungen oder Anwesenheit bei einem Tausch, der mehr oder weniger das Fiskalrecht betraf[115]. Diese Verwendung der „weniger mächtigen" Personen als herrscherliche Missi war nicht völlig neu, ist aber tatsächlich oft unter Ludwig nach-

110) MGH Capit. 2 Nr. 217 S. 93 f.
111) Siehe ANGILBERT (II) in der Prosopographie.
112) Siehe ADALBERT (III) in der Prosopographie.
113) Siehe JOHANNES (VI), PETRUS (IV) und WINIGIS (II) in der Prosopographie.
114) Siehe HERIBRAND und JOHANNES (V) in der Prosopographie.
115) BOUGARD, La justice S. 181 f. Ein Gegenbeispiel ist allerdings die Legation von HERIBRAND und JOHANNES (V).

weisbar. Dies kann man auch als Zeichen einer systematischen Verwendung von Missi betrachten.

Die Verbindung der missatischen Tätigkeit mit dem Herrscherhof wird unter Ludwig II. von Italien am besten sichtbar. Hofkapellan Aistulfus, Seneschall Eberhard und Erzkanzler Johannes waren sogar Missi bei der allgemeinen Legation von 865. Außerdem begleiteten viele Inhaber von Hofämtern wie Hofrichter, Hofnotar und Hofkapellan die Missi auf ihren Legationsreisen und sind als Beisitzer auf missatischen Gerichtssitzungen belegt[116].

Aus der Zeit Ludwigs sind zudem einige auffällige Beispiele überliefert. Drei 865 zusammen in Tuszien eingesetzte Missi reisten nicht gemeinsam. Sie hielten verschiedene Versammlungen getrennt voneinander ab[117]. Auch bei den Missi in Como 865 kann man eine getrennte Durchführung der Gerichtssitzungen erkennen[118].

3. Lothar II.

Über die Einsetzung der Missi durch Lothar II. zur Reichsverwaltung sind wir nicht gut informiert[119]. Es ist deswegen schwierig, seine Verwendungsweise der Missi mit der der anderen Karolinger zu vergleichen[120].

---

116) BOUGARD, La justice S. 189–194. Siehe z. B. AISTULFUS, EBERHARD (III) und JOHANNES (VI) in der Prosopographie.

117) Siehe JOHANNES (VI), PETRUS (IV) und WINIGIS (II) in der Prosopographie.

118) Siehe AISTULFUS und EBERHARD (III) in der Prosopographie. Vgl. die Legation von OSCHISUS im Jahre 871.

119) Siehe GUNDWIN und die anonymen Missi „870, vor 8. 8." in der Prosopographie.

120) Während seines Ehestreits in den 860er Jahren reisten viele geistliche und weltliche Große aus seinem Reich in seinem Auftrag nach Rom. 860. 12./861. 2.: Graf Liutfrid (LIUTFRID [II]), Graf Walther, Erzbischof Thietgaud von Trier und Bischof Atto von Verdun (Epistolae ad divortium Lotharii II. regis pertinentes Nr. 1, in: MGH Epp. 6 S. 209 f.; ebd. Nr. 2, hier S. 211; BM² 1292a und 1293; BH 533 und 534; Jaffé³ 5742 und 5743); Frühling 864: Bischof Rathold von Straßburg (AB a. 864 S. 112; BM² 1303a und 1304; BH 697; Jaffé³ 5906); Herbst 866: Erzbischof Ado von Vienne und Graf Walther (AB a. 866 S. 129; BM² 1313b; BH 818; Jaffé³ 6050); 866/876. 9.: Graf Walther oder Graf Christian (Nicolai I. papae epistolae Nr. 14 S. 230–232; BM² 1313; BH 786 und 842; Jaffé³ 6070 und 6056); 867. 7.– 868. 5.: Kanzler Grimland (Nicolai I. papae epistolae Nr. 17 S. 236–238; AB a. 868 S. 143; BM² 1316 und 1317a; BH 849; Jaffé³ 6063).

§ 5 Pippin I. und Pippin II. von Aquitanien

Da die Missi der aquitanischen Könige nur sporadisch erkennbar sind, ist eine systematische Beurteilung ihrer Verwendung nicht möglich. Hier bietet sich die Möglichkeit, kurz zu überprüfen, ob Pippin I. von Aquitanien in seinem Reich seine eigenen Kapitularien ausgestellt, und gegebenenfalls durch Missi bekanntgemacht und umgesetzt hat. Léon Levillain meint, der Ausdruck *misso de jussione Pipini regis* in der missatischen Notitia vom 9. April 834 weise auf „un capitulaire *de missis* de l'année courante qui ne nous est pas parvenu" hin[121]. Aber diese Vermutung ist nicht überzeugend. Dieser Missus Agnar ist vielmehr Missus *ad hoc*[122]. Die andere Vermutung Levillains, dass die in der Translatio Sancti Filiberti beschriebene Diskussion und Entscheidung (Erlaubnis zur Überführung von Reliquien) auf der aquitanischen Reichsversammlung im Frühling 836 ein Kapitel eines dort erlassenen, aber verschollenen Kapitulars gewesen sein könnte[123], bleibt eine Hypothese ohne sichere Grundlage. Wie schon oben erwähnt, kann man das von Boretius als Nr. 149 edierte Stück nicht als Pippins Kapitular ansehen[124]. Dies waren vielmehr Anweisungen des Kaisers Ludwig in der Angelegenheit des Klosters St. Croix in Poitiers, für deren Durchführung Pippin verantwortlich war. In der Tat kann man in seinem Privileg für dieses Kloster eine Form der Umsetzung dieser Anweisungen sehen[125]. Dies passt zum von Brigitte Kasten erklärten Schema: „Der Oberherrscher gibt die Rechtsordnungen, der Unterkönig verkündet sie und sorgt für ihre Durchführung." Ein Unterkönig war nur Mittler des Rechts, weder Rechtsschöpfer noch Urheber des Rechts[126].

In Bezug auf die Befehlsstruktur im Regnum Aquitanorum ist das 8. Kapitel des Kapitulars Ludwigs hinsichtlich St. Croix in Poitiers zu erwähnen. In diesem Kapitel bestimmte der Kaiser, dass die Nonnen des Klosters, falls nötig, durch Befehl Pippins I. Ramnulfus als ihren

---

121) D Aq, Introduction S. xxvii–xxviii; UB Nouaillé Nr. 14, hier S. 27.

122) Siehe AGNAR in der Prosopographie.

123) D Aq, Introduction S. xxv–xxvii.

124) Siehe oben Kapitel 2, § 2, 1.

125) D Aq Nr. 3 (825. 4. 1.) S. 11 f. Dazu BM^2 762; NELSON, Carolingian royal funerals S. 153 f.

126) KASTEN, Königssöhne S. 332 ff., Zitat aus S. 333.

Missus haben sollten[127]. Ein vergleichbares Schema der Missiabordnung durch kaiserliche Initiative ist auch im 10. Kapitel der Capitula Missorum von 821 zu erkennen: Der kaiserliche Missus sollte dem Königssohn Pippin den Befehl des Kaisers mitteilen, dass er einen geeigneten Missus mit der Errichtung von Deichen entlang der Loire beauftragen sollte[128].

§ 6 Ludwig der Deutsche und seine Söhne

„In Deutschland sind die Königsboten in keiner Weise, weder als wandernde, noch als ständige in Anwendung gekommen; das Institut der Königsboten ist von Ludwig dem Deutschen und seinen Nachfolgern ein für alle Mal und prinzipiell abgelehnt worden. [...] Denn die Missi, welche unter seiner und Arnolfs Regierung noch vielfach begegnen, können hier nicht in Betracht kommen, da sie insgesamt zur Klasse derer gehören, welche einen einzelnen Auftrag zu besorgen haben. Von keinem einzelnen lässt sich mit nur einiger Sicherheit nachweisen, dass er allgemeine Vollmacht oder ständige missatische Gewalt besessen habe. [...] Das wandernde, sich seiner Aufgabe bewusste und dieselbe streng durchführende deutsche Königtum hat die den karolingischen Sendboten übertragenen Pflichten wieder auf sich genommen, dadurch die regelmässige Thätigkeit der missi discurrentes überflüssig gemacht, das Institut der Königsboten überhaupt beseitigt“[129]. Diese Auffassung Krauses wird von der neueren For-

127) MGH Capit. 1 Nr. 149 c. 8 S. 302: *Item, si quando necesse fuerit, per iussionem domni Pippini regis Ramnulfum specialiter missum habeant; quando uero necesse non fuerit, advocatus earum per se iustitiam faciat et accipiat.* (= Krause II 82) Ob Ramnulfus tatsächlich als Missus tätig war, ist allerdings anhand der Quellen nicht nachzuweisen.

128) Ansegis 4,10 S. 624: *De aggeribus iuxta Ligerim faciendis, ut bonus missus eidem operi praeponatur et hoc Pippino per nostrum missum mandetur, ut et ille ad hoc missum ordinet, quatenus praedictum opus perficiatur.*

129) Krause S. 250 f. Hannig, Zur Funktion S. 272–274, untersucht die Missi Ludwigs des Deutschen nach der „Blütezeit der Kapitulariengesetzgebung“ nicht, da dieser „gezwungen“ gewesen sei, „seine *missi* für diesen Raum [d. h. das Ostfrankenreich] im Einzelfall aus seiner unmittelbaren Hofgesellschaft zu nehmen, da es ihm nicht mehr gelang, [...] die Spitzen des Regionaladels für seine Interessen einzuspannen“. (Zitat aus S. 272) In diesem Sinn scheint Hannig mit Krause einer ähnlichen Meinung zu sein.

schung korrigiert. Krauses Beobachtung, dass es im Ostfrankenreich nach 840 keine in einem klar definierten Missaticum dauerhaft beauftragten Missi gab, trifft zu. Aber wenn er selbst einen wesentlichen Unterschied zwischen „ordentlichen" und „außerordentlichen" Missi hinsichtlich ihrer Kompetenz leugnet[130], sollten wir die mehrmals, gegebenenfalls jahrelang kontinuierlich dokumentierten Tätigkeiten der ostfränkischen Königsboten ernsthaft in Betracht ziehen[131]. In diesem Sinn hebt Eric J. Goldberg zu Recht Ludwigs intensive Verwendung der *missi ad hoc* hervor. Indem Ludwig hohe Würdenträger als seine Missi mit „verschiedenen königlichen Geschäften" („a wide range of royal business") betraute, konnte er über einen Herrschaftsapparat für die direkte Einflussnahme in den Regionen verfügen[132]. Wie Roman Deutinger beobachtet hat, sind jedoch die Missi der ostfränkischen Könige lokale Große, die „nicht aus der herrscherlichen Initiative, sondern aufgrund einer entsprechenden Anfrage" mit einer Gerichtsgewalt beauftragt worden seien. Dass mehrere Personen wie die Grafen Ato und Hildebold sowie der Vasall Ruadpert in derselben Region mehrfach als Missi nachgewiesen sind[133], interpretiert Deutinger „als Ausdruck sowohl ihrer regionalen Verankerung als auch einer über den Augenblick hinaus reichenden Verstetigung des Mandats". Deutinger verdeutlicht außerdem, dass einige Pfalzgrafen im Ostfrankenreich des späteren 9. Jahrhundert als Stellvertreter des Königs in einzelnen Regionen missatische Funktionen hatten. Hin-

---

130) Vgl. KRAUSE S. 252–255.

131) KRAUSE S. 298–300. Siehe Einträge in der Prosopographie, *passim*. Überliefert ist ansonsten eine Formel, für die wahrscheinlich eine Urkunde vom Jahr 871 als Grundlage verwendet wurde. Sie betrifft die Beilegung eines Besitzstreits zwischen dem Fiskus und einer anderen Partei, wobei königliche Missi als Vertreter des Fiskus erschienen. Collectio Sangallensis Salomonis III. tempore conscripta Nr. 10, in: MGH Form. S. 403 f., hier S. 403: ... *propter diuturnissimas lites reprimendas et perpetuam pacem conservandam factus est conventus principum et vulgarium [...] ad dividendam marcham inter fiscum regis et populares possissiones [...] et habuerunt primi de utraque parte, et regis videlicet missi et seniores eius servi, et nobiliores popularium et natu provectiores. Et secundum iusiurandum, quod utrique antea in reliquiis sanctorum commiserunt, diuturnissima retractione et ventilatissimis hinc inde sermocinationibus iuxta memoriam et paternam relationem, prout iustissime poterant, deliberaverunt, ut ...*

132) GOLDBERG, Struggle for Empire S. 222 f.

133) Siehe ATO, HILDEBOLD sowie RUADPERT (I) und (II) in der Prosopographie.

sichtlich dieser beiden parallel zu beobachtenden Entwicklungen ist zu betonen, dass bevollmächtigte Stellvertreter der ostfränkischen Herrscher in den Regionen mit den mit dem Herrscher/Hof zusammenhängenden Titeln bezeichnet wurden[134].

Welche Rolle spielten Missi im Ostfrankenreich bei der Kommunikation zwischen dem Zentrum und einzelnen Regionen? Man kann zwar nicht definitiv sagen, dass Ludwig und seine Nachfolger auf die Normsetzung durch Kapitularien völlig verzichtet hätten. Aber wir können keine konkrete Spur davon finden, dass die ostfränkischen Herrscher Kapitularien als Steuerungsinstrument benutzt und sie weiträumig durch ihre Missi hätten verbreiten lassen[135]. Dies ist umso merkwürdiger, als zumindest Ludwig der Deutsche aus eigener Erfahrung Kenntnis von der Regierungsweise seines Vaters gehabt haben muss[136]. Im Ostfrankenreich, zumindest im süddeutschen Raum, war es wohl nicht schwierig für die gebildeten Geistlichen, von Kapitularien Kenntnis zu bekommen, wenn, wie Gerhard Schmitz vermutet, „dort jedes bessere Kloster und jede Kathedralkirche mindestens ein Ansegis-Exemplar besessen haben dürfte“[137]. Außerdem boten ihm die Herrschertreffen nach der Reichsteilung von 843 manchmal eine Gelegenheit, sich an die weiträumige Abordnung der Missi sowie das Kapitularienwesen als mögliche Optionen der Reichsregierung zu erinnern[138]. Dabei sind zwei *adnuntiationes* Ludwigs auf den Herr-

134) DEUTINGER, Königsherrschaft S. 165–187.

135) Vgl. DEUTINGER, Königsherrschaft S. 162 f. und 395 f. HARTMANN, Ludwig der Deutsche S. 150–152, geht vom Verlust einer großen Anzahl von Kapitularien, hier von durch Ludwig den Deutschen erlassenen Verordnungen, aus. GOLDBERG, Struggle for Empire S. 228 f., schätzt dagegen die mündliche Gesetzgebung des Königs hoch: „Die Tatsache, dass Ludwig kein Kapitular ausgestellt zu haben scheint, bedeutet nicht, dass er ein inaktiver Gesetzgeber.“

136) Zumindest ist erkennbar, dass Ludwig bei der Verleihung eines Immunitätsprivilegs für das Kloster Stablo das *capitulare* seines Vaters als rechtliche Grundlage für die Bestrafung – aber ohne konkretes Zitat – heranziehen konnte. D LdD 147 (Aachen, 873. 6. 10.) S. 204–206 (für das Kloster Stablo), hier S. 205: *Et ut nullus iudex vel missus audeat pro ipsis decimis dona accipere; et si aliquis pro hoc subtraxerit, sicut in capitulari domni genitoris nostri continetur, ita qui fecerit emendare cogatur*. Dazu vgl. SCHNEIDER, Zur rechtlichen Bedeutung der Kapitularientexte S. 284.

137) Ansegis, Einleitung S. 215. Zur Rolle der ostfränkischen Geistlichen bei der Gesetzgebung vgl. GOLDBERG, Struggle for Empire S. 220.

138) Vgl. 847 in Meersen über die Missi (MGH Capit. 2 Nr. 204 c. 7 S. 69); 860 in Koblenz über die Kapitularien (ebd. Nr. 242, Capitula ab omnibus conservanda

schertreffen besonders beachtenswert. Zum einen sprach er 860 in Koblenz in der Volkssprache (*lingua Theodisca*). Aus dem auf Latein aufgezeichneten Text können wir vermuten, dass die Kenntnis von den früheren Kapitularien mehr oder weniger das Gemeingut derjenigen war, die sich an der ostfränkischen Reichsregierung beteiligten und ihren Herrscher zum Herrschertreffen begleiteten[139]. Zum anderen ist die *adnuntiatio* in Savonnières 862 zu betrachten. Hier sprach der ostfränkische König nochmals über die *capitula* seiner Vorgänger. Aber die Beschlüsse unter den Herrschern einschließlich der Aussendung von (wahrscheinlich regelmäßig einzusetzenden) Missi zur gegenseitigen Kommunikation für die gemeinsame Durchführung der *emendatio* und Aufrechterhaltung der *iustitia* in den einzelnen Reichen wurden von den ostfränkischen und lotharingischen Anwesenden abgelehnt[140].

---

c. 9 S. 156).

139) MGH Capit. 2 Nr. 242, Adnuntiatio domni Hludowici regis apud Confluentes lingua Theodisca, cc. 6–7 S. 158: c. 6: … *Et qui hoc transgressus fuerit, sicut tempore antecessorum nostrorum consuetudo fuit et in illorum capitulis continetur, volumus, ut hoc in illis transgressoribus emendetur*; c. 7: … *Et si quis hoc praesumpserit, secundum legem et sicut in capitularibus progenitorum nostrorum continetur, sic hoc emendare cogatur*. Vgl. GOLDBERG, Struggle for Empire S. 229.

140) Sie wurden also nicht verwirklicht, im Gegensatz zur Auffassung von MORDEK, Fränkische Kapitularien S. 28. MGH Capit. 2 Nr. 243 c. 3 S. 163 f.: *Et volumus, ut, sicut nobis convenit, ut inter nos fideles missi discurrant et, quae in uniuscuiusque nostrum regno emendanda sunt et alter alteri innotuerit, emendentur et casae Dei et sacerdotes ac servi Dei legem et honorem debitum habeant et unusquisque fidelium nostrorum in regnis nostris, cuiuscumque nostrum sit homo, legem et iustitiam et in se et in suis proprietatibus et in suis honoribus habeat, sicut tempore antecessorum nostrorum habuerunt, et sicut inter nos iam convenit et in illis capitulis est constitutum, quae antecessores nostri reges constituerunt, et sicut nos apud Marsnam firmavimus, et sicut nunc proxime apud Confluentes statuimus, donec adiuvante Deo congruo tempore et opportuno loco iterum simul conveniamus et una cum communi fidelium nostrorum consilio, quae perfecta non fuerint, pacifice tractemus atque perficiamus et ita nos ad invicem adiuvemus, ut cum Dei adiutorio nos et fideles nostros salvemus et oppressoribus sanctae ecclesiae resistamus*; vgl. auch die ähnlich formulierten c. 3 der Adnuntiatio Karoli und c. 3 der Adnuntiatio Hlotharii, ebd. S. 164; einen Zusatz in vier Handschriften, ebd. 165 Anm. *: *Quoniam istas, quae praecedunt, adnuntiationes Hludowicus et Hlotharius cum illorum sequacibus, postquam coram omnibus, qui adfuerunt, trium regum consiliariis fere ducentis, tam episcopis quam abbatibus et laicis, relectas peni-*

Wenn die administrative Schriftlichkeit im Ostfrankenreich nicht wesentlich unterging[141], kann man also vermuten, dass Ludwig und seine Nachfolger für die Steuerung der regionalen Herrschaft die beiden Regierungsinstrumente Kapitularien und Missi nicht verbinden und einsetzen mussten. Angesichts des verkleinerten Herrschaftsraums der ostfränkischen Könige konnten sie auch ohne die Kombination dieser Steuerungsinstrumente durch ihre aktive Reisetägigkeit und Reichsversammlungen direkten Kontakt mit regionalen Amtsträgern halten[142]. Auch in Anbetracht von nachgewiesenen Missi kann man also insgesamt eine Veränderung in der Verwendungsweise der Missi im Ostfrankenreich sehen.

Bei den Söhnen Ludwigs des Deutschen ist besonders die Verwendung von Missi durch Karl III. zu erwähnen. François Bougard und Simon McLean betonten, dass Karl das Zentrum seiner Herrschaft in Italien wieder in Pavia hatte und in gerichtlichen Angelegenheiten aktiv seine Missi einsetzte[143]. In der Tat ist zu beobachten, dass verschiedene Missi bereits im Jahre 880, also gleich nach seinem Herrschaftsantritt in Italien, tätig waren[144]. Diese Politik stand aber in der italienischen Tradition des Missatswesens und wurde nicht in die anderen Regionen unter seiner Herrschaft eingeführt. Das Missatswesen unter Karl III. scheint allerdings nirgends in Zusammenhang mit dem Kapitularienwesen fungiert zu haben[145].

---

tus reiecerunt, ne populo legerentur, ut causa Hlotharii penitus taceretur… Dazu SCHNEIDER, Brüdergemeine S. 161 f.

141) JOHANEK, Die Raffelstetter Zollordnung, bes. S. 92 ff.; DEUTINGER, Königsherrschaft S. 394 f.; GOLDBERG, Struggle for Empire S. 211–215. Vgl. zuletzt auch TSUDA, War die Zeit Karls des Großen S. 41 f.

142) DEUTINGER, Königsherrschaft S. 163. Vgl. zuletzt auch TSUDA, War die Zeit Karls des Großen S. 44.

143) BOUGARD, La justice dans le royaume d'Italie aux IXe–Xe siècles S. 153; MACLEAN, Legislation S. 399.

144) ADALBERT (IV), ADALROCH, ADELHARD, ALBERICH (II), GRAUSO, JOHANNES (VIII), und die anonymen Missi „880. 1." in der Prosopographie. Karl hatte jedoch bereits als König in Alemannien seine Missi eingesetzt. Siehe ADALBERT (V) in der Prosopographie. Vgl. spätere Beispiel in Alemannien: GOZBERT, HILDEBOLD, RUADHOH, RUADPERT (II), SALOMO (II) in der Prosopographie.

145) Sonst sind zwei Formeln aus der Zeit Karls III. aus der Gegend um St. Gallen überliefert. Die eine betrifft eine missatische Inquisition und die andere eine Konfliktbeilegung durch Missi. Formulae Sangallenses miscellaneae Nr. 9, in: MGH Form S. 383 f., hier S. 304 (= KRAUSE II 211): *Tunc iussu missorum impe-*

§ 7 Karl der Kahle und seine Söhne

Im Westfrankenreich Karls des Kahlen blieb das Missatswesen besser erhalten als in den Reichen seiner Brüder und Neffen. Aber schon in der älteren Forschung ist die historische Bewertung des Missatswesens unter Karl unterschiedlich. Während Émile Bourgeois die Mitwirkung des Königs und der *fideles* für den Erhalt der Ordnung und des Friedens im Reich betonte[146], sah Krause im Missatswesen Karls einen Verfall, den die Usurpation des Missatsamts durch die regionalen Machthaber verursacht habe. Seit der Studie Werners wird das Missatswesen im Westfrankenreich unter Karl dem Kahlen in der Forschung positiv eingeschätzt. Im Folgenden führe ich einige Merkmale seines Missatswesens an.

Die Aufgaben der Missi in der früheren Phase Karls, d. h. vom Anfang seiner Herrschaft bis zum Frühling 853, lagen vor allem im kirchlichen Bereich. Die Missi wurden zum Beispiel mit der Inspektion von Klöstern, der Untersuchung des Zustandes von Reichs- und Kirchengut oder gegebenenfalls seiner Restitution beauftragt. Zwar wurden die 853 aus Soissons ausgesandten Missi mit der Bekanntmachung von Bestimmungen für weltliche Amtsträger wie Grafen beauftragt ([c. 7] *ex banno nostro praecipiant, ne…* / [c. 8] *ex verbo nostro denuntient atque praecipiant, ut…*, usw.), aber ohne richterliche Befugnis und ohne explizit delegierte Durchführungskraft[147]. Das Königtum brauchte selbstverständlich eine derartige Untersuchung der Güter nach dem Ende des Bruderkriegs und angesichts der wiederholt sich ergebenden Unordnung besonders in Aquitanien, um durch die materiellen Ressourcen seine Machtbasis zu festigen.

---

ratoris domini A., sacramento prius in sanctorum reliquiis peracto, decem primores de comitatu N. et alii […] diviserunt eundem saltum hoc modo, ut …; ebd. Nr. 10 S. 384 (= Krause II 210): *Qui dum pertinacissime obstitissent et se nulla ratione ea se reddituros illi firmarent, perduca est causa in notitiam missorum principalium. Qui, convocatis undique civibus, iuramento praemisso et fide data, compulerunt eos, ut, omni simulatione vel generis propinquitate seu personarum acceptione postposita, veritatem ita proferrent, sicut conspectu ipsius imperatoris facere deberent.*

146) Bourgeois, Kiersy-sur-Oise S. 242 ff.

147) MGH Conc. 3 Nr. 27, Kapitular, cc. 7–12 S. 287–289. Vgl. oben Kapitel 2, § 2, 1, iv, „vor 853“ und auch „853–854“ zu den Missi in Soissons im Frühling 853, wobei zur Aufgabe der Missi außer der Bekanntmachung der königlichen Anordnungen auch die Untersuchung des Kirchenbesitzes und die Meldung darüber beim König gehörten.

In der späteren Phase von Karls Kapitularienausstellung, d. h. ab 857, aber noch deutlicher ab 862, sind die Missi neben den Bischöfen und den Grafen in der alltäglichen Reichsverwaltung eingesetzt worden[148]. In dieser Zeit zitierte Karl häufiger frühere Kapitularien, sowohl nach der Kapitulariensammlung von Ansegis[149] als auch nach einer Dokumentation älterer Kapitularien[150]. In den Zitaten kann man allerdings einige Textänderungen finden, wodurch Missi anstelle von Grafen erwähnt[151] oder Grafen den Missi hinzugefügt wurden[152]. Im Text der Kapitularien insgesamt tauchen sie und ihre Zusammenarbeit mit Grafen oder Bischöfen häufiger auf. Dazu ist noch zu bemerken, dass die drei Funktionsträger, also Bischöfe, Missi und Grafen, häufig nebeneinander erwähnt werden[153]. Den Wortlaut *episcopi, missi et comites* kann man in Kapitularien Karls des Großen und Ludwigs des Frommen ganz selten finden[154]. In den Kapitularien Karls des Kahlen werden Bischöfe, Missi und Grafen angewiesen, zusammenwirkend *justitia*, *pax* und *concordia* im Reich zu bewahren[155]. Wenn man außerdem Missi als Königsstellvertreter betrachtet, lässt sich dieser Wortlaut *episcopi, missi et comites* als ein Bild harmonischer Herrschaft deuten, das zur Vorstellung der konsensualen Herr-

148) Vgl. oben Kapitel 2, § 2, 1, iv, von „853–854" bis „877".

149) Aber auch schon im Kapitular von Servais 853. Vgl. oben Kapitel 2, § 2, 1, iv, „853–854".

150) Zur Dokumentation der Kapitularien Karls durch Hinkmar von Reims vgl. NELSON, Legislation.

151) Z. B. MGH Capit. 2 Nr. 273 (B) c. 1 nach Ansegis 2, 23.

152) Z. B. MGH Capit. 2 Nr. 278 c. 1 S. 343 nach ebd. Nr. 260 c. 7 S. 273.

153) MGH Conc. 3 Nr. 38, cc. 2, 4, 5, (6) und 9 S. 389–391. Vgl. auch MGH Capit. 2 Nr. 268 (Item adnuntiatio Karoli regis) S. 294 (Treffen mit Lothar II., St-Quentin 857); MGH Conc. 4 Nr. 10 c. 2 S. 100 f. und c. 4 S. 102–106; MGH Capit. 2. Nr. 273 (B.) c. 3 S. 312 f.; ebd. Nr. 274 c. 14 S. 331 f. (aber nur zur Verteidigung am Fluss); MGH Conc. 4 Nr. 31 c. 5 S. 356.

154) Vor der Regierungszeit Karls kennen wir vier Kapitel, in denen Bischöfe, Missi und Grafen zugleich auftreten, aber meiner Meinung nach stehen alle diese vier Kapitel nicht im Kontext von Eintracht oder *iustitia*. MGH Capit. 1 Nr. 130 c. 2 S. 257 handelt von Glaubensbekenntnis und Gebet; ebd. Nr. 140 c. 8 S. 288 von der Ausbesserung der Brücken; ebd. Nr. 140 c. 5 S. 287 und MGH Capit. 2 Nr. 191 c. 9 S. 13 von der Reparatur der Kirchen.

155) Schon in MGH Capit. 2 Nr. 206, Adnuntiatio Karoli c. 7, im Zusammenhang mit c. 6 S. 76 (853).

schaft passen würde, die in der Zeit Karls immer deutlicher erkennbar wurde[156].

Zwischen diesen zwei Phasen gab es eine besondere, aber mit den anderen beiden sich teilweise überschneidende Phase, nämlich die zehn Jahre zwischen 847 und 857. In dieser Phase wurden Karls Kapitularien kurz vor oder nach einem karolingischen Herrschertreffen ausgestellt. Mit den bei solchen Zusammenkünften proklamierten Kapitularien übereinstimmend, forderten die karolingischen Herrscher in dieser Phase das gegenseitige Zusammenwirken von Missi in anderen Missatica und in anderen Reichen, um *lex*, *justitia*, *pax* und *concordia* nicht nur in den einzelnen Teilreichen, sondern auch zwischen Brüdern (Onkel und Neffe 857) und den drei karolingischen *regna* zu schaffen und zu bewahren[157]. Das bedeutet, dass die Großen in jedem Reich aufgefordert waren, an der Herstellung der friedlichen Herrschaft im Ganzen mitzuwirken.

Aus diesen Beispielen scheint schon klar geworden zu sein, dass ein karolingischer Herrscher je nach den Umständen mit verschiedenen Absichten die Missi als Instrument benutzte.

Zu erwähnen ist auch die Verbindung der Reichsversammlung mit dem Missatswesen unter Karl dem Kahlen, die schon im 2. Kapitel erläutert ist. Wenn wir unter diesem Gesichtspunkt die Teilnehmerliste der westfränkischen Reichsversammlungen betrachten, fällt auf, dass sich die Zahl der Teilnehmer aus Aquitanien vor und nach dem Jahr 862 (oder vielleicht schon 859) offenbar verändert[158]. Es scheint mir möglich zu vermuten, dass es einen wichtigen Zusammenhang zwischen der Zusammensetzung der Teilnehmer und der politischen Absicht des Königs gab. In diesem Bezug konnte auch ein Veranstaltungsort einer Reichsversammlung eine symbolische Bedeutung annehmen; Orléans, wo die Königserhebung Karls des Kahlen im Juni 848 mit Anwesenden aus dem ganzen Reich erfolgte, liegt zum Beispiel nahe dem Kreuzungspunkt der Grenzlinien zwischen der Fran-

---

156) Neuerdings zu diesem Thema APSNER, Vertrag und Konsens.

157) MGH Capit. 2 Nr. 204 c. 7 S. 69; ebd. Nr. 206, Adnuntiatio domni Hlotharii c. 2 S. 75; ebd. Nr. 260, Proömium S. 271 und c. 8 S. 273; ebd. Nr. 268, Item Adnuntiatio Hlotharii c. 1 S. 294 f. Ebd. Nr. 243, Adnuntiatio domni Hludowici c. 3 S. 163 und Adnuntiatio Karoli c. 3 S. 164 wurden später (862) verkündigt und scheinen vielmehr die Missi dominici als rein diplomatische Gesandte zwischen den karolingischen Herrscher zu behandeln.

158) Vgl. die Teilnehmerliste in den online angebotenen Anhängen.

cia, Burgund und Aquitanien, wie Janet L. Nelson feststellt[159]. Wenn nach 862 die Personen aus dem südlichen Teil des Reiches öfter an den in der Francia abgehaltenen Reichsversammlungen teilnahmen, könnte diese Tatsache also beispielsweise das Symbol dafür sein, dass die Aufenthaltsorte des Königs, wo auch immer, als Zentrum des Reiches anerkannt wurden und Personen aus dem ganzen Reich anziehen konnten.

Die Forschungsliteratur verwies auf ein weiteres charakteristisches Merkmal der westfränkischen Reichsversammlungen: das *concilium mixtum*. Nach Thomas Bauers Auffassung „sind die entscheidenden Kriterien für ein *concilium mixtum* a) die Verschmelzung der beiden Reinformen – geistliche Synode und weltliche Zusammenkunft – zu einer räumlichen und zeitlichen Einheit“ und b) „die aktive und gleichberechtigte Teilnahme sowohl von Geistlichen als auch von Weltlichen“[160]. Ein solches *concilium mixtum* fand im Westreich am häufigsten statt, nämlich dreizehnmal[161]. Eine solche Klassifizierung der Versammlungen – ein *concilium mixtum* oder nicht – ist zwar angesichts der heutigen Forschungslage nicht durchsetzbar[162]. Aber Bauers Ansatz gibt uns Anlass zur Überlegung über einen Aspekt der politischen Situation des Westfrankenreichs. Als Grund für die Häufigkeit derartiger *concilia mixta* führt Bauer „eine gegenseitige und gleichsam vertraglich abgesicherte Zuordnung von Kirche und Königtum im Westfrankenreich“ an[163]. Die Annahme eines solchen Dualismus ist jedoch unangemessen. Es ist unmöglich, die Geschichte des Westfrankenreichs im 9. Jahrhundert nur mit Antagonismus oder Synergismus zwischen dem Königtum und der Kirche zu beschreiben. Es ist doch erkennbar, dass das Königtum, die Weltlichen und die Geistlichen im Westfrankenreich auf den Reichsversammlungen gut zusammenarbeiteten. Zwar ist es schwierig, die weltlichen Gro-

159) NELSON, Legislation S. 102 und Appendix 2.

160) BAUER, Kontinuität S. 38 f. und 55.

161) Die von Bauer als *concilium mixtum* klassifizierten Versammlungen im Westfrankenreich sind die von: Coulaines (843. 11.), Toulouse (844. 6.), Beauvais (845. 4.), Soissons (853. 4.), Quierzy (853. 5.), Quierzy (857. 2.), Pîtres (861. 6.), Verberie (863. 10.), Pîtres (864. 6.), Soissons (866. 8.), Quierzy (868. 12.), Verberie (869. 4.) und Pîtres (869. 7.). Bauer untersucht den Zeitraum von 843 bis 870. BAUER, Kontinuität S. 55–57.

162) EICHLER, Fränkische Reichsversammlungen S. 29–51; EICHLER, Karolingische Höfe und Versammlungen S. 142–146.

163) Ebd. S. 57.

ßen als Einheit zu behandeln, aber ohne ihre Teilnahme an der Verwaltung konnte das Ordnungssystem des Reichs nicht funktionieren. Ich stimme Rudolf Schieffer zu, dass „die überraschende Regelmässigkeit, mit der Karl Reichsversammlungen abhielt, die regelmäßige Beteiligung von weltlichen und geistlichen Großen an der Reichsverwaltung zeigt“[164]. Die weltlichen und geistlichen Großen wirkten „gemischt“ zusammen.

Aber es gibt hier ein Problem: Wie war der Zusammenhang zwischen den weltlichen und geistlichen Großen auf örtlicher Ebene? Schon früh, spätestens seit der Admonitio generalis (789), wurde wiederholt gefordert, dass der Frieden, die Eintracht und die Übereinstimmung zwischen Bischöfen und Grafen erhalten bleiben sollen[165]. Auch Karl der Kahle erließ eine gleichartige Bestimmung, aber er fügte einen Faktor hinzu: Missi dominici. Wie wir schon oben gesehen haben, wirkten Missi dominici kollektiv zusammen, indem sie eine gemischte Gruppe von weltlichen und geistlichen Großen formten[166]. Als Missi dominici spielten die weltlichen (Grafen) und geistlichen (Bischöfe, Äbte) Magnaten wahrscheinlich in der Regel die gleiche Rolle[167]. Die zunehmende Zahl der Missi dominici ermöglichte es, ein derartiges Zusammenwirken immer üblicher zu machen. Zudem scheint es möglich, dass Karl vorhatte, durch Missi die Eintracht zwischen Bischöfen und Grafen, die nicht Missi waren, herzustellen. Auf dem Treffen mit Lothar I. in Valenciennes 853 forderte Karl in seiner Verlautbarung die Eintracht und die gegenseitige Hilfe zwischen Bischöfen und Grafen, damit *iustitia* geschaffen würde[168]. Gerade im

164) SCHIEFFER, Regno e Chiesa sotto Carlo il Calvo S. 11 mit dem Verweis auf NELSON, Legislation, Appendix 2.

165) MGH Capit. 1. Nr. 22 c. 62 S. 58 = Admonitio generalis c. 61 S. 210: *Ut pax sit et concordia et unianimitas cum omni populo christiano inter episcopos, abbates, comites, iudices et omnes ubique seu maiores seu minores personas…* Vgl. KAISER, Royauté et pouvoir épiscopal S. 153 mit Anm. 68; PATZOLD, Consensus S. 46 f.

166) Siehe oben, Kapitel 1, § 2.

167) Es konnte allerdings den Umständen entsprechend einen Unterschied hinsichtlich der Macht zwischen einigen Missi geben. Vgl. z. B. Missi Pfalzgraf HIMEMNO und sein *junior* HITERIUS in der Prosopograhie; MGH Capit. 2 Nr. 270 S. 297–301 (Unterschied der *districtio* zwischen *missi maiores* und *missi discurrentes* im Kapitular 860). Vgl. oben Kapitel 1, § 3.

168) MGH Capit. 2 Nr.206, Adnuntiatio Karoli c. 6 S. 76: *De concordia et mutuo adiutorio episcopi et comitis ad iustitias faciendas et divinum ministerium exequendum.*

nächsten Kapitel erklärte Karl, was diese *iustitia* sei. Diejenigen, die diese *iustitia* erstreben sollen, sind die Bischöfe, Missi und Grafen[169]. Die Formel *episcopi, missi et comites* war, wie oben erwähnt, in den früheren karolingischen Kapitularien selten und trat erst seit 857 öfter auf. Diese zwei Kapitel erlauben uns also die Vermutung, dass Karl hier zwischen Bischöfen und Grafen Missi einschob, um durch deren Beisein Eintracht zu schaffen, weil ein Missus im Prinzip Stellvertreter des Königs, nämlich „Alter ego" des Königs war, egal ob dieser Missus Bischof, Abt, Graf oder ein anderer Amtsträger war. Obwohl diese zwei Kapitel nicht in das Kapitular von Servais 853 aufgenommen sind, tritt das Zusammenwirken von Bischöfen, Missi und Grafen wieder in den Kapitularien von Quierzy 857[170], von Pîtres 862[171], von Pîtres 864[172], von Douzy 865[173], und von Pîtres 869[174] auf. Man kann also im Westfrankenreich gleichsam eine Entwicklung der Missi zu einem normalen Amt in der alltäglichen Reichsregierung beobachten.

Was hat diese Entwicklung verursacht? Mehr als eine Vermutung ist nicht möglich, aber eine chronologische Übereinstimmung mit den Veränderungen bei der regionalen Herrschaft ist nicht zu übersehen. Vor 855 verließ sich Karl bei der Herrschaft in Aquitanien auf seine örtlichen Anhänger. Ein bemerkenswertes Beispiel: 852 saß Graf Bernhard von Auvergne als *missus domini ac gloriosissimi Caroli regis [...] pro suo messatico quod domnus ac gloriosissimus Carolus magnus(!) rex ei iniunctum habet* einer Gerichtsversammlung vor[175]. Allein aus der dabei entstandenen Urkunde wird die wirkliche Situation nicht klar, aber es ist möglich, dass Karl während seines Herrschaftsaufbaus in Aquitanien, das er gleichsam „wiedererobern" wollte, einen örtlichen Großen als seinen Stellvertreter verwendete. Bernhard hatte nach der Königskrönung in Orléans 848, spätestens ab dem Mai 849 Karls Herrschaft in Aquitanien anerkannt[176]. Wie schon erwähnt,

169) Ebd. c. 7 S. 76: *De iustitiis per episcopos et missos ac comites nostros in regno nostro studendis.*

170) MGH Conc. 3 Nr. 38, cc. 2, 4, 5, (6) und 9 S. 389–391. Vgl. auch MGH Capit. 2 Nr. 268, die zweite *adnuntiatio* Karls S. 294.

171) MGH Conc. 4 Nr. 10, cc. 2 und 4 S. 101 und 105.

172) MGH Capit. 2. Nr. 273 (B.) c. 3 S. 313 f.

173) Ebd. Nr. 274 c. 14 S. 332.

174) MGH Conc. 4 Nr. 31 c. 5 S. 356.

175) Siehe BERNHARD (II) in der Prosopographie.

176) AUZIAS, L'Aquitaine S. 268 mit Anm. 65.

scheint Karl in dieser Zeit allerdings keine Missi in Aquitanien eingesetzt zu haben, die mit denen in der Francia gleichzustellen wären. Bernhards Stellung als Missus könnte also eine besondere sein, aber das bleibt eine Annahme. Karl führte jedenfalls 855 wieder ein System der Herrschaft durch einen Königssohn ein, was die ältere Forschung „Unterkönigtum" nannte[177]. Er setzte seinen zweitältesten Sohn Karl als König von Aquitanien ein[178]. Im nächsten Jahr betraute Karl der Kahle seinen ältesten Sohn Ludwig den Stammler mit der Herrschaft in Neustrien, wobei Ludwig zur Festigung des politischen Bündnisses mit den Bretonen die Tochter des bretonischen Fürsten Erispoë heiratete[179]. Trotz der mehrmaligen Aufstände in Neustrien und Aquitanien, die 858 zur Invasion Ludwigs des Deutschen führten[180], behielt Karl noch bis 860 seine Politik der regionalen Herrschaft durch seine Söhne bei. Er übergab zum Beispiel 860 die wichtigste Abtei in Neustrien, St-Martin in Tours, seinem ältesten Sohn[181]. Nach der Versöhnung mit Robert dem Tapferen wurde Ludwig zusammen mit Adalhard, Onkel der Königin Irmintrud, als *baiulus* mit der Verteidigung gegen die Normannen beauftragt[182]. Aber 862 erhoben sich diese Königssöhne gegen ihren Vater. Ludwig verlor das Kloster St-Martin[183]. Obwohl er später mit seinem Vater versöhnt wurde, hatte er als Herrscher in der halboralen Gesellschaft vielleicht einen Nachteil, da er stammelte[184]. Außerdem starb Karl der Jüngere 866 infolge eines Unfalls, den er bereits im Jahr 864 erlitten hatte[185]. Seit 862 konnte sich Karl also bei der regionalen Herrschaft nicht auf seine Söhne stützen. In diesem Kontext kann man das Krönungsritual der Königin Irmintrud von 866 als Fruchtbarkeitszauber betrachten[186]. Sie sollte ihm,

177) Vgl. EITEN, Das Unterkönigtum; KASTEN, Königssöhne.

178) AB, a. 855 S. 70.

179) AB. a. 856 S. 72.

180) AB. a. 856 S. 72, a. 857 S. 74 und a. 858 S. 77 f. Vgl. NELSON, Charles the Bald S. 183 f.

181) AB. a. 860 S. 84.

182) AB. a. 861 S. 85–87.

183) AB. a. 862 S. 88–91.

184) Regino, Chronicon, a. 878 S. 114.

185) AB. a. 864 S. 105 und a. 866 S. 130.

186) AB a. 866 S. 129; KANTROWICZ, The Carolingian King S. 86–88; Ordines coronationis 1, Ordo VI S. 80–86. Vgl. auch SCHRAMM, Der König von Frankreich 1 S. 23 f.; GARVER, Childbearing S. 221 f.; MISTRY, Ermentrude's consecration.

obwohl nicht mehr ganz jung, weitere Söhne gebären[187]. Wie oben gesagt, gab es in der ersten Hälfte der 860er Jahre eine Erweiterung der Teilnehmer an den Reichsversammlungen, was zur Vergrößerung der Reichweite der Missiaussendung geführt haben dürfte. Aus diesem Zusammenhang kann man schließen, dass es sich hier um Karls politische Wendung von der einen zur anderen Herrschaftsform handelt. Karl verzichtete also vielleicht schon 862 auf die regionale Herrschaft durch Königssöhne, denen er nicht mehr völlig vertrauen konnte, und wollte stattdessen mit einer anderen Herrschaftsmethode, nämlich durch die Missi dominici als seine Stellvertreter, die Regionen des Westfrankenreiches regieren.

Ein abschließender Blick auf die Reichsversammlungen unter Karl dem Kahlen: Wenn man mit Philippe Depreux annimmt, dass die Reichsversammlung das erweiterte *palatium* im politischen Sinn war und dass Mitglieder dieses *palatium* im politischen Sinn *proceres* des Reichs waren, weil das *palatium* im 9. Jahrhundert von Zeitgenossen als das Reich aufgefasst werden konnte, kann man aus dem Zustand der Reichsversammlung eine Vorstellung des westfränkischen Reichs ableiten[188]. Timothy Reuter kommt zu einem ähnlichen Ergebnis, wenn er sagt, dass das frühmittelalterliche Gemeinwesen sich nur bei den Versammlungen verwirklichen konnte[189]. Entsprechend lässt sich das Charakteristikum des Reichs Karls des Kahlen folgendermaßen darstellen: Es bestand in den engen Beziehungen zwischen dem

187) Karls Ehe mit Richildis 870 (AB a. 870 S. 169) war nicht nur von politischem Vorteil durch ihre im Mittelreich mächtige Familie, sondern auch für Karls Hoffnung auf weitere Söhne. In einer Urkunde Karls für Notre-Dame zu Paris vom 12. Mai 872 bittet er im Austausch für seine Schenkung um Gebete an den Geburtstagen seiner Eltern, an seinem Geburtstag und Krönungstag, am Hochzeitstag mit Richildis und – interessanterweise – am Geburtstag zukünftiger Kinder. D KdK Nr. 364, 2 S. 312–315. Dazu vgl. KANTOROWICZ, ebd. Die Annalen von St-Bertin zeichnen zweimal die Geburten (und Tode) der Söhne Karls auf. AB a. 875 S. 197, a. 876 S. 210 und a. 877 S. 211. Da es sehr selten vorkommt, dass das genaue Geburtsdatum eines frühmittelalterlichen Menschen – sogar Karls des Großen – bekannt ist (NELSON, Charles the Bald S. 92), darf man aus diesem Interesse an den neu geborenen Königssöhnen schließen, dass Karl und sein Hofkreis, besonders Hinkmar – Verfasser der Annalen –, aufrichtig weitere Königssöhne erhofften.

188) DEPREUX, Prosopographie S. 29–39; De ordine palatii c. 4 S. 56 mit Anm. 103. Dazu auch FRIED, Herrschaftsverband; EICHLER, Karolingische Höfe und Versammlungen, bes. S. 122; DEPREUX, Der karolingische Hof, bes. S. 142 f.

189) REUTER, Assembly politics S. 442 ff.

König und den weltlichen und geistlichen Großen, wie diese sich bei einer Reichsversammlung klar manifestierten. Auffällig ist aber auch, dass die auf einer Versammlung, nämlich am Hof im weiteren Sinn, ernannten Missi als „Alter ego“ des Königs in die regionalen Zuständigkeitsbereiche streben sollten, um dort die am Hof (angeblich) vollzogene Eintracht (*concordia*) zwischen dem (durch die Missi vertretenen) Königtum, den Weltlichen und den Geistlichen zu reproduzieren.

Schließlich sei kurz das Missatswesen unter Karls Sohn und seinen Enkeln erwähnt. Aus der Regierungszeit Ludwigs des Stammlers von nur knapp zwei Jahren ist lediglich ein einziger Missus bekannt, und zwar aus Katalonien[190]. Es ist daher schwierig, seine Politik des Missatswesens zu behandeln. Aus der Zeit seiner Söhne ist ebenfalls nur ein Beispiel überliefert: In dem Kapitular, das König Karlmann im März 884 zu Ver ausstellte, sind die herrscherlichen Missi mit verschiedenen Dingen beauftragt[191]. Nicht dokumentiert ist, ob die Missi bereits früher in seiner Regierungszeit eingesetzt worden waren, oder erst bei dieser Gelegenheit. Wiederum ist schwierig, nur anhand dieses einen Kapitulars über „sein“ Missatswesen zu sprechen. Wahrscheinlich waren Kapitel- und Kapitulariensammlungen die Informationsquellen über das frühere Missatswesen, da Karlmann und seine Berater mehrmals die *capitula* und *capitularia* der Vorgänger heranzogen[192].

---

190) Siehe TEUTARIUS in der Prosopographie. Vgl. LEWIS, The development S. 115, der meint, dass man nach 870 keine Missi mehr in Septimanien und Katalonien finden könne. Siehe aber auch BERNHARD (III) in der Prosopographie.

191) MGH Capit. 2 Nr. 287, cc. 2 und 3 S. 372 (Verfolgung der Räuber und Abführung zum Hofgericht) sowie c. 9 S. 374 (Unterstützung der Bischöfe).

192) MGH Capit. 2 Nr. 287, Prooemium, cc. 2, 4 und 11 S. 371–374. Vgl. den Synodalbrief von Fismes (Anfang April 881) an Ludwig III. von Westfranken, Karlmanns Bruder, den Hinkmar von Reims verfasst haben dürfte. Auch in diesem Mahnbrief an den jungen König sind verschiedene Kapitel aus den Kapitulariensammlungen herangezogen. Erkennbar ist hier, welche Rolle in der Reichsregierung Hinkmar – erfahrener Missus in der Zeit Karls des Kahlen – und die anderen Synodalen von den herrscherlichen Missi erwarteten. MGH Conc. 5 Nr. 15, A c. 4 S. 181 (Kontrolle der Mönchs-, Kanoniker- und Kanonissengemeinschaften) c. 6, Appendix (Exzerpte der früheren Kapitularien, bes. Karls des Kahlen) (2) S. 186 f. (Abnahme der Buße von Friedensverletzern), Appendix (8) S. 188 (Überwachung von Raub- und Plünderungsdelikten), Appendix (9) S. 188 (Überwachung von Delikten, in denen Nachbarn wegen des Weidens und der Beschlagnahmung des Pferdefutters belästigt werden), Appendix (13) S. 188 (Bekanntmachung einer Anordnung), Appendix (14) S. 189 (Untersuchung der in Eigentum gegebenen, d. h.

Der König verstarb jedoch vorzeitig im Dezember 884[193] und die Verbindung von dem Missats- und Kapitularienwesen wurde Geschichte.

entfremdeten Kirchengüter), Appendix (15) S. 189 (Kontrolle der Abgabe des Neunten und Zehnten), Appendix (16) S. 189 (Kontrolle des Verbots, in kirchlichen Gebäuden und an Feiertagen eine Gerichtsversammlung zu halten), Appendix (17) S. 189 (Bekanntmachung des Verbots, in der Oster- und Weihnachtzeit eine Gerichtsversammlung zu halten) und Appendix (18) S. 189 (Bekanntmachung der Bestimmung bezüglich der Bestrafung schuldhafter Kolonen).

193) Ann. Vedastini, a. 884 S. 56.

Zusammenfassung und Folgerungen

Hier ist auf die am Anfang gestellte Frage zu antworten: War das Missatswesen in der Karolingerzeit eine Institution? Besser sollte man vielleicht fragen, ob das karolingische Missatswesen mit der Denkkategorie „Institut/Institution“ richtig erfasst werden kann.

Wie ich im 3. Kapitel darstellt habe, hatte jeder karolingische Herrscher seine eigene Verwendungsweise der Missi. Sogar ein und derselbe Herrscher verwendete seine Missi während seiner Regierungszeit nicht immer in gleicher Weise. Das ist gut vorstellbar, weil die Missi seine Stellvertreter waren. „Theoretisch“ konnte der Auftraggeber die Aufgabe und die zu Beauftragenden wählen, jeweils nach der politischen Situation, der Notwendigkeit, den potenziellen Handlungsspielräumen der Missikandidaten oder ihrer eigenen Macht. Um diese Veränderungsmöglichkeit in der Verwendung der Missi besser erfassen zu können, scheint die Denkkategorie „Institut/Institution“ nicht geeignet zu sein.

Wir müssen die Tatsache ernst nehmen, dass das Wort *missus* im Frühmittelalter kein Terminus technicus für einen bestimmten Typ von Boten war. Die als Missi eingesetzten Personen sind nicht selten auch *legati* genannt worden und für die Bezeichnung ihrer Aufträge sind die Wörter *missaticum* und *legatio* benutzt worden, wobei ein Unterschied der Ausdrücke keinen Einfluss auf die Funktion der Missi gehabt zu haben scheint. Die Varianten in der Wortwahl waren den diplomatischen Gesandtschaften und den innenpolitisch-administrativen Königsboten gemeinsam. Diese Unbestimmtheit der Termini könnte darauf hinweisen, dass die Zeitgenossen bestimmte Befugnisse nicht mit einem bestimmten Titel verbanden. Dieser Eindruck wird dadurch verstärkt, dass dieselbe Person nicht selten sowohl als innenpolitischer Missus wie auch als diplomatischer Missus eingesetzt wurde. Angesichts der vielfältigen Funktionen der Missi, besonders der für Einzelfälle eingesetzten, lässt sich nicht sagen, dass die Karolinger versucht hätten, eine fest etablierte „Institution“ der Missi dominici zu schaffen. Von Bedeutung war in der Karolingerzeit die Tatsache, dass die Missi die Stellvertreter der sie aussendenden Herrscher waren. Damit sollte man nicht über einen „Verfall“, ein „notwendiges Scheitern,“[1]

1) HANNIG, Zur Funktion S. 270.

oder „Entwicklung“ und „Niedergang“ der „missatischen Institution“ sprechen[2], sondern sie als flexibel nutzbares Instrument eines karolingischen Herrschers verstehen, über das er je nach politischer oder sozialer Lage und aufgrund seiner persönlichen Beziehungen zu adligen Machthabern verfügen konnte, obwohl er immer die schon existierende Machtkonstellation in Betracht ziehen musste. Die Flexibilität, die das karolingische Missatswesen hatte, war eher ein Vorteil[3].

Aus der Diskrepanz zwischen der älteren verfassungsgeschichtlichen Auffassung und der neueren, auf der ausführlichen Analyse einzelner regionaler Gesellschaften basierenden ergeben sich neue Fragen. Zugespitzt formuliert: Die verfassungsgeschichtliche Auffassung sieht einerseits eine Delegation der Staats- oder Königsgewalt als Grundlage des Missatswesens und betont die Aspekte der Einmischung in die regionalen Gesellschaften und ihrer Kontrolle im Sinn des zentralen Herrschertums. Die andere Auffassung kann von der schon existierenden Herrschaftsstruktur in einer regionalen Gesellschaft ausgehen: Wenn der Herrscher einen regionalen Machthaber zum dortigen Missus, also seinem Stellvertreter ernannte, dürfte diese Einsetzung eine Legitimation zur Machtausübung der zum Missus ernannten Person in der betreffenden regionalen Gesellschaft bedeutet haben. Welche Auffassung stellt die Essenz des karolingischen Missatswesens richtig dar? Diese zugespitzt gestellte Frage ist allerdings nicht als Entweder-oder zu beantworten. Zum besseren Verständnis des karolingischen Missatswesens ist es nötig, diese beiden Aspekte parallel zu betrachten.

Ein Missus war ein Stellvertreter des Herrschers, wie das Kapitular von 809 explizit zeigt: *Quod missos nostros ad vicem nostram mittimus*[4]. Einige Quellen zeigen allerdings, dass die Zeitgenossen innerhalb der Missi einen Unterschied oder eine Abstufung wahrnahmen[5].

---

2) Schon ähnlich formuliert von DEUTINGER, Königsherrschaft S. 186: „Ein solches System ist allerdings auch unter Karl dem Großen und Ludwig dem Frommen zwar umfassend geplant, aber nie vollständig durchgeführt worden, und deshalb kann man nicht einmal eindeutig von einem Rückgang des Instituts in der spätkarolingischen Epoche sprechen.“

3) Ähnlich schon bei HANNIG, Zur Funktion, 298 f. Vgl. für die Zeit Karls des Großen auch DAVIS, Inventing the *missi*. Vgl. die Interpretation der Regierung Karls des Großen im Allgemein von Jennifer R. Davis: DAVIS, A pattern for power; DAVIS, Charlemagne's settlement; DAVIS, Charlemagne's practice.

4) MGH Capit. 1 Nr. 63 c. 11 S. 152.

5) Vgl. die Beispiele der Briefe Hinkmars von Reims, oben Kapitel 2, § 2, 2, iii.

Laut den Bestimmungen verschiedener Kapitularien konnten Missi auf ihrer Legationsreise je nach ihrem Rang Lebensmittel bekommen[6]. Es ist schwer vorstellbar, dass der Pfalzgraf Himemno und sein *junior* Hiterius als Missi durch die Delegation gleichgestellt worden sind[7]. Einen Unterschied in der Vollzugsgewalt (*districtio*) innerhalb der Missi zeigt das in Tusey ausgestellte Kapitular Karls des Kahlen aus dem Jahr 860[8]. Diese Beispiele mögen andeuten, dass die Tätigkeit von Missi sehr stark von der eigenen Macht oder Machtbasis der Beauftragten abhängig war. Hannig hat in einem anderen Kontext betont, dass die Erzbischöfe und Bischöfe in ihrem Amtssprengel auch ohne Missustitel schon latente Missi gewesen seien[9]. Die Tatsache, dass hauptsächlich örtliche Machthaber als Missi – bald dauerhaft, bald mit einem bestimmten Auftrag – eingesetzt wurden, spricht klar dafür, dass für die Durchsetzung des einem Missus überlassenen herrscherlichen Auftrags die eigene Macht, die hohe soziale Stellung und das hohe Ansehen des Beauftragten wirklich notwendig waren. Der Erfolg einer missatischen Delegation hing denkbar von der Persönlichkeit der Beauftragten ab[10]. Auch die Frage ist zu erwähnen, aus welcher Initiative der Herrscher seinen Missus abordnete. Deutinger bemerkt, dass im spätkarolingischen Ostfrankenreich die königlichen Missi immer öfter „nicht aus herrscherlicher Initiative, sondern aufgrund einer entsprechenden Anfrage“ „vom König mit einem Mandat versehen“ wurden[11]. Diese Beobachtung ist plausibel, aber man muss doch beachten, dass die Ernennung eines lokalen Großen zum Missus auf Initiative der Betreffenden schon unter Karl dem Großen feststellbar ist[12].

---

6) Siehe oben Kapitel 1, § 1, 2 und § 3.

7) Siehe auch HIMEMNO und HITERIUS in der Prosopographie.

8) MGH Capit. 2 Nr. 270 (E) c. 7 S. 301.

9) HANNIG, Zentrale Kontrolle S. 10–16. Ein Satz der Synodalansprache des Erzbischofs Arn von Salzburg kann diese These unterstützen: *Quamvis enim specialiter missos suos ad talia opera delegasset nuntianda et exsequenda, tamen unicuique in officio sibi commisso percepit specialiter in suo loco et ordinem suum esse legatum, episcopum unumquemque in sua diocese per omni a canonica auctoritate et regulari super populum scilicet universum, super suos primo canonicos, deinde super abbates et monachos similiter et abbatissas et deo virgines consecratas, super comites et iudices* […]. SCHNEIDER, Karolingische Kapitularien S. 488 f.

10) Vgl. DAVIS, Charlemagne's practice S. 47–89.

11) DEUTINGER, Königsherrschaft S. 186.

12) Vgl. z. B. ATTO von Freising in der Prosopographie.

Andererseits gibt es einige Quellen, die deutlich zeigen, dass die Delegation als Missus mit der Übergabe einiger zusätzlichen Befugnisse verbunden war. In den Gesta des Bischofs Aldrich von Le Mans findet sich eine Abschrift eines Mandats Ludwigs des Frommen an Jonas von Orléans, in dem Ludwig Jonas zum Missus ernennt und ihm eine Angelegenheit im Kloster St-Calais anvertraut[13]. Die Tatsache, dass dieses Mandat im Kreis der Betroffenen abgeschrieben worden ist, lässt vermuten, dass Jonas dieses Mandat als Beweis der Delegation mitbrachte und erst damit seine Aufgabe erfüllen konnte. Dass die durch die Missi geleistete Inquisition rechtlich auf dem von den betroffenen Personen gegenüber dem Herrscher abgelegten Treueid beruhend vollgezogen worden ist, deutet an, dass nur die Delegation den Missi eine solche Inquisition ermöglichte[14]. Die Bedeutung der Delegation wird am deutlichsten in den Fällen, in denen Äbte als Missi fungierten. Obwohl sie seit der früheren Karolingerzeit immer mehr in die Führungsschicht der Reichsregierung integriert worden sind[15], hatten sie eigentlich keine Gerichtsbarkeit[16] und keinen Amtssprengel wie eine Diözese. Erst mit den Befugnissen des Missus konnte ein Abt Gericht halten und außer seinem Kloster und Klosterbesitz mit einem Herrschaftsbereich versehen werden[17].

Was den Missi delegiert und zugewiesen werden konnte, waren allerdings nicht nur Macht oder Befugnisse. Der Zweck der Aussen-

13) Gesta Aldrici Nr. 53 S. 315 f.= D LdF 386 (838, Sommer, interpoliert) S. 960–962.

14) Siehe oben Kapitel 3, § 2 zur missatischen Inquisition.

15) Felten, Laienäbte S. 99–174.

16) In Hübners Liste der Gerichtsurkunden ist ein ungewöhnliches Beispiel zu finden, in dem ein Abt Jepro zusammen mit Graf Abbo einem Gericht vorsaß. UB Nouaillé Nr. 5 S. 6–8.

17) In diesem Zusammenhang möchte ich jenes Proömium der Capitula per episcopos et comites nota facienda zu interpretieren versuchen, das bisher als Beleg für die Bekanntmachung der Kapitularien durch Grafen, Bischöfe und Äbte zitiert worden ist: *Capitula quae volumus, ut episcopi, abbates et comites qui modo ad casam redeunt per singula loca eorum nota faciant et observare studeant, tam infra eorum parrochias et missaticos seu ministeria eorum convicinantium qui in exercitu simul cum equivoco nostro perrexerunt*. MGH Capit. 1 Nr. 54 S. 141. Die Wortfolge *parrochias et missaticos seu ministeria* scheint der vorhergehenden Reihe *episcopi, abbates et comites* entsprechen. Wenn nur die Äbte auf dieser Reichsversammlung zu Missi ernannt worden sind, könnte diese Maßnahme ihren Grund darin haben, dass der Herrscher für jeden Abt einen Zuständigkeitsbereich zur Bekanntmachung des Kapitulars feststellen musste.

dung von Missi wird nicht selten damit erklärt, es geschehe *ad justitias faciendas*, wie es sich schon im programmatischen Kapitular von Herstal findet[18]. Zu den Aufgaben der Missi wurden in den Kapitularien neben der Entscheidung von Rechtsfällen mit ihrer richterlichen Befugnis noch Aufsicht und Kontrolle über die Gerichtsbarkeit anderer Amtsträger wie Grafen und *judices* gezählt. Die beiden hatten das gleiche Ziel: Durchsetzung der Gerechtigkeit. Die Herstellung und Bewahrung von *pax* und *justitia* war die Aufgabe der karolingischen Herrscher[19]. In der Arenga einer Urkunde, die aufgrund des Berichts einer missatischen Legation ausgestellt wurde, erklärt Ludwig der Fromme, dass die Konfliktbeilegung und die Bewahrung der Eintracht nicht nur das herrscherliche *ministerium*, sondern auch das *ministerium* jedes Christen sei. Das herrscherliche *ministerium* sei es jedoch, den hergestellten Frieden und die Eintracht durch seine Autorität zu bewahren[20].

18) MGH Capit. 1 Nr. 20 (a. 779) c. 21 S. 51: *Si comis in suo ministerio iustitias non fecerit, misso nostro de sua casa soniare faciat usque dum iustitiae ibidem factae fuerint; et si vassus noster iustitiam non fecerit, tunc et comis et missus ad ipsius casa sedeant et de suo vivant quousque iustitiam faciat.* Dass Bischof Maurontus von Marseille 779 in Herstal war und auf seine Bitte die Missi wegen des Besitzstreites nach Septimanien geschickt wurden, dürfte mit dem Kapitular von Herstal zu tun haben. Siehe VIERNARIUS in der Prosopographie. Obwohl Magnou-Nortier uns zu Recht auf die vielfältigen Bedeutungen der Wendung *iustitias facere* aufmerksam macht, scheint mir allerdings etwas tendenziös zu sein, wie sie viele Quellenaussagen in Bezug auf öffentliche Abgaben zu deuten versuchte. Das hier behandelte Kapitel des Herstaler Kapitulars sei ihrer Auffassung gemäß auch in Bezug auf die Fiskalverwaltung, also nicht auf die Gerichtsbarkeit, zu interpretieren. MAGNOU-NORTIER, Note sur l'expression *iustitiam facere*. Vgl. allerdings SIEMS, Bestechliche und ungerechte Richter S. 557 mit Anm. 200, der das 21. Kapitel des Herstaler Kapitulars wieder in Bezug auf die gerechten Urteile interpretiert.

19) Vgl. NELSON, Kings with justice; MCKITTERICK, Perceptions.

20) BM² 719; Reg. Farfa 2 Nr. 265 (= Doc. 247) S. 204 = D LdF 180 (Aachen, 820. 4. 28.) S. 445–447, hier S. 446: … *quia non solum regis uel imperatoris, uaerum etiam uniuscuiusque hominis christiani ministerium esse cognoscitur, ut si quos inter se discordantes uel contentionem habentes inuenerit, eos, qua possit instantia, ad concordiam ac pacem studeat reuocare, ideo ministerio nostro conueniens esse iudicamus, ut si quando quilibet fidelium nostrorum de qualicumque causa inter se litigauerint, et sua sponte deposita lite secundum domini et saluatoris nostri praeceptum se pacificauerint, eandem pacificationem atque concordiam nostrae auctoritatis confirmemus oraculo, quatenus eorum bonis operibus, etiam et nostra uolun-*

Der Brief eines Priesters Atto an Ludwig den Frommen ist in diesem Zusammenhang sehr aufschlussreich. Er erbittet in einer Notsituation die Hilfe des Kaisers: Atto, ehemaliger Sklave der Karolinger, sang die Messe an der Kirche eines Klerikers namens Frotwin auf dessen Versprechen hin, ihm die Hälfte seiner Zehnteinkünfte als Lohn zu geben. Aber Frotwin brach sein Wort und prügelte zusammen mit seinen drei Verwandten Atto fast zu Tode. Attos Bittgebet an Gott und den heiligen Remedius ebenso wie seine Berufung auf den Namen des Kaisers scheint nutzlos gewesen zu sein: Frotwin und seine Verwandten sagten hochmütig, dass kein Heiliger und keine Person ihn retten könne. Dann zwangen sie ihn zu einem Schwur, lebenslang weder beim Kaiser noch bei seinen Missi Klagen vorzubringen. Trotz dieses erpressten Eides beschwerte Atto sich endlich beim Kaiser über Frotwins Tat und bat um seine Hilfe[21]. Hier ist die zeitgenössische Erkenntnis zu sehen, dass neben dem Herrscher selbst sein Missus auch diejenige Person war, auf die man wegen seiner *iustitia* seine letzte Hoffnung setzen konnte: Übliche hohe Würdenträger wie Grafen und Bischöfe sind hier nicht erwähnt. Frotwin und seine Verwandten selbst befürchteten eine Einmischung der herrscherlichen

tas in eorum concordia confirmanda coniungatur, et acquiramus nobis apud Deum bonum meritum in eo quod fidelium nostrorum pacificationi communicamus. Zum in dieser Urkunde erläuterten Konflikt und dessen Beilegung durch die Missi siehe ANSEGIS in der Prosopographie. Die Arenga ist einzigartig. HAUSMANN und GAWLIK, Arengenverzeichnis Nr. 1721 S. 298. Nach HAUSMANN/GAWLIK gibt es kein zweites Beispiel von Arengen aus der Karolingerzeit, welche die Schlichtung von Streitigkeiten (*contentio, discordia*) mit dem herrscherlichen *ministerium* verbinden. Ebd. S. 668 und 682 (Index). Vgl. ZWIERLEIN, Studien zu den Arengen S. 251–255, 315 f. und 333 f.

21) Epp. variorum Nr. 25, in: MGH Epp. 5 S. 339 f.: ... *Ego miser miserrimus petivi Dei misericordiam et sanctum Remedium, et reclamavi per nomen vestrum. Et illi dixerunt, nec sancti nec homo ullus me liberare debuisset de manibus eorum. Postea traxerunt me ad altare sancti Remedi et fecerunt me iurare stabilitatem ad illa ecclesia. Et alium sacramentum fecerunt me iurare, ut non debuissem a diebus meis reclamare me ad vestram pietatem nec ad missum vestrum, si me fecissent iustitiam. Tunc petivi iustitiam meam ad illos, sed minime inveni. Modo timeo in consecrationem meam, timeo, quod illi non timuerunt. Propter hoc deprecor sanctitatem vestram, ut iustitiam meam valeam pervenire. Quod non possum invenire nec iustitiam nec misericordiam apud illos, nisi per misericordiam vestram; et pro redemptione animae patris vestri, cui servus antea fui.* Vgl. PERELS, Ein erhaltener Brief; Reg. Alsatiae Nr. 511 (814 – vor 840. 6. 20.) S. 323; STRATMANN, Schriftlichkeit S. 105.

Autorität, gleichviel ob durch den Kaiser selbst oder durch seine missatischen Stellvertreter, obwohl sie anscheinend in ihrer regionalen Gesellschaft erfolgreich ihre Kontrolle über Atto ausüben konnten. Wenn also der Herrscher hauptsächlich für *pax*, *justitia*, sowie *concordia* verantwortlich war, waren seine Missi die zweiten Verantwortlichen. Ich möchte auch in Erinnerung rufen, dass Schriftverkehr, wie etwa die Rückfragen der Missi und die Antworten vom Hof, auf das Bewusstsein der Missi hinweisen dürfte[22], dass sie eine Abweichung von den ihnen aufgetragenen Aufgaben vermeiden, also genau nach Absicht des Hofes verfahren sollten. Eine der wesentlichen Grundlagen des Missatswesen im alltäglichen innenpolitischen Bereich war, dass der Herrscher und seine Missi als seine Stellvertreter dessen Verantwortung gemeinsam tragen und einen gemeinsamen Willen haben sollten.

Abschließend ist das Ergebnis der vorliegenden Arbeit thesenhaft zu formulieren. Das karolingische Missatswesen beruhte wesentlich auf den herrschenden Personen – einzelnen Herrschern und missatischen Beauftragten. Jeder Herrscher hatte sein eigenes Konzept, wie und wann seine Bevollmächtigten eingesetzt werden sollten, sodass das Erscheinungsbild des Missatswesens – obwohl sicher auch durch die Überlieferungslage bedingt – unter den einzelnen Herrschern unterschiedlich sein kann. Bei der Auswahl und Ernennung der Missi waren persönliche Beziehungen zwischen dem Herrscher und den Beauftragten oft nicht unwesentlich. Der Herrscher und seine Missi hatten persönlich und schriftlich Kontakt vor, während und nach ihren Legationen. Diese intensive Kommunikation zwischen dem Herrscher und den Missi intensivierte Verbindungen zwischen dem Hof und den Regionen, in denen die Missi sowohl mit der herrscherlichen Autorität als auch durch die Ausübung ihrer eigenen Macht die örtliche Gesellschaft in Ordnung bringen und halten sollten. Das in der vorligenden Arbeit dargelegte Bild des Missatswesens scheint gut zur Vorstellung zu passen, wonach verschiedene Gruppen und mitwirkende Personen, die jeweils eine Gruppe oder einen Verband vertraten, die Grundlage der transpersonalen politischen Ordnung der Karolingerzeit waren[23]. Das karolingische Missatswesen war also ein von den Personen abhängiges Regierungsinstrument für die Herr-

22) POKORNY, Eine Brief-Instruktion.
23) Vgl. STROTHMANN, Karolingische politische Ordnung.

scher. Das zu Beginn der vorliegenden Arbeit zitierte Grußwort Ludwigs des Frommen vermag das Wesentliche des karolingischen Missatswesen gut zum Ausdruck zu bringen:

„Strenge Dich in dieser Angelegenheit an, wie Wir wohl auf Dich vertrauen, und wie Du diesbezüglich Unseren Willen kennst“[24].

---

24) D LdF 387 S. 963: *Tale ex hoc habeto studium, sicut per te bene confidimus, et sicut in hoc nostram cognoscis voluntatem.*